高等医学院校医药学专业化学教材

# 无机化学

（供药学、中药学等专业使用）

主　编　游文玮　吴　红
副主编　仲维清　赵先英

科学出版社
北　京

## 内容简介

全书共分15章，简要介绍物理化学的基础知识及物质结构的基本理论，重点阐述化学平衡理论、溶液理论及无机元素性质。本书注意与后续相关课程的衔接，简化物理化学内容，突出无机化学的基础理论及常见无机单质、化合物的性质。为拓宽学生的知识面，加强与生命科学领域的联系，各章节穿插介绍了与教学内容相关的典型案例，简要介绍了生物无机化学的基本知识。

本书可作为高等医科院校药学、中药学专业本科生教材，也可作为药学相关专业学生的自学参考书。

**图书在版编目(CIP)数据**

无机化学 / 游文玮，吴红主编. —北京：科学出版社，2012.9

ISBN 978-7-03-035539-3

Ⅰ.①无… Ⅱ.①游…②吴… Ⅲ.①无机化学-药学院-教材 Ⅳ.①061

中国版本图书馆CIP数据核字(2012)第214893号

责任编辑：谭宏宇 / 责任校对：刘珊珊
责任印制：刘　学 / 封面设计：殷　靓

科学出版社 出版
北京东黄城根北街16号
邮政编码：100717
http://www.sciencep.com
南京展望文化发展有限公司排版
广东虎彩云印刷有限公司印刷
科学出版社发行　各地新华书店经销

*

2012年9月第　一　版　开本：787×1092　1/16
2022年7月第十五次印刷　印张：26 1/4
字数：581 000

**定价：55.00元**

# 《无机化学》编写委员会

**主　编**　游文玮　吴　红

**副主编**　仲维清　赵先英

**编　委**　（以姓氏笔画为序）

王海波　（第四军医大学）
王　越　（中国药科大学）
韦柳娅　（潍坊医学院）
乔　洁　（山西医科大学）
仲维清　（第二军医大学）
刘毅敏　（第三军医大学）
李　珊　（青岛大学）
吴　红　（第四军医大学）
邹　敏　（南方医科大学）
陈　惠　（第四军医大学）
周长江　（第二军医大学）
赵先英　（第三军医大学）
阎　芳　（潍坊医学院）
游文玮　（南方医科大学）

# 前　言

本书是在多年来无机化学教学实践的基础上，由南方医科大学（原第一军医大学）、第二军医大学、第三军医大学、第四军医大学、青岛大学、潍坊医学院、山西医科大学、中国药科大学等八所院校集体编写的统编教材。无机化学是药学、中药学专业本科生的必修课程，在本书的编写过程中，始终坚持实事求是、理论联系实际的原则，注重教材的科学性、先进性和适用性。在保证全书理论知识连贯性的基础上，力求突出药学专业课程设置的特点，精简了与后续课程重复的内容，适当增加了与生命科学领域相关的知识内容介绍。本书力求文字表达简明扼要，内容叙述由浅入深，例题选择有代表性，能启发学生思维，以提高学生分析问题和解决问题的能力。

全书分为基础理论和元素化学两部分，基础理论部分包括物理化学基本原理、溶液理论及物质结构理论。物理化学基本原理主要介绍化学热力学基本概念和常用术语、化学反应速率及影响反应速率的主要因素、氧化还原反应和电极电位的原理及应用、化学平衡和标准平衡常数。溶液理论主要讨论稀溶液依数性、酸碱理论与酸碱平衡、电解质溶液理论及难溶电解质的沉淀溶解平衡。物质结构理论主要介绍原子结构、分子结构及配位化合物的理论发展和基本概念，讨论物质结构与性质之间的关系。元素化学部分按元素概论、非金属元素和金属元素分类介绍，总结周期表中各类元素的单质及其化合物基本性质及反应规律，重点讨论常见元素的单质及化合物的各类反应及应用。

本书有关的化学名词采用全国自然科学名词审定委员会公布的《化学名词》（科学出版社，1991 年）所推荐的名称。量和单位按照国家标准 GB 3100～3102—1993 所规定的符号和单位。

在本书的编写过程中参考了一些国内外教材和资料，已在书后参考文献中列出。第二军医大学张欣荣教授在本书的编写过程中提出了许多宝贵的意见，给予了很大的帮助，在此一并表示诚挚的感谢。

由于编者水平有限，书中错误和疏漏之处在所难免，诚请同行和广大读者给予批评指正，编者将不胜感激。

编　者

2012 年 6 月

# 目　录

前言

第 1 章　绪论 …… 1
1.1　无机化学的发展和研究内容 …… 1
1.2　化学与药学的关系 …… 2
1.2.1　化学与药物来源的关系 …… 2
1.2.2　化学与药物制剂的关系 …… 3
1.2.3　化学与药理作用的关系 …… 3
1.3　无机化学的学习方法 …… 3

第 2 章　化学热力学初步 …… 6
2.1　热力学常用术语 …… 6
2.1.1　体系和环境 …… 6
2.1.2　状态和状态函数 …… 7
2.1.3　过程和途径 …… 7
2.2　热力学第一定律 …… 8
2.2.1　热和功 …… 8
2.2.2　内能 …… 8
2.2.3　热力学第一定律 …… 9
2.3　化学反应的热效应 …… 9
2.3.1　化学反应的热效应 …… 9
2.3.2　反应进度 …… 11
2.3.3　热化学方程式 …… 12
2.3.4　盖斯定律 …… 13
2.3.5　标准摩尔生成焓 …… 14
2.3.6　标准摩尔燃烧焓 …… 15
2.4　化学反应的方向 …… 16

2.4.1 自发过程 …… 17
2.4.2 熵与熵变 …… 17
2.4.3 吉布斯自由能变与化学反应的方向 …… 19
习题 …… 23

**第3章 化学反应速率** …… 25
3.1 化学反应速率的定义及表示方法 …… 25
3.1.1 化学反应速率 …… 25
3.1.2 平均速率和瞬时速率 …… 26
3.2 反应速率理论简介 …… 28
3.2.1 碰撞理论 …… 28
3.2.2 过渡态理论 …… 30
3.3 浓度对化学反应速率的影响 …… 31
3.3.1 基元反应、简单反应与复合反应 …… 31
3.3.2 质量作用定律 …… 32
3.3.3 速率方程式 …… 33
3.3.4 简单级数反应 …… 35
3.4 温度对化学反应速率的影响 …… 39
3.4.1 温度与速率常数的关系 …… 39
3.4.2 温度对化学反应速率影响的原因 …… 41
3.5 催化剂对化学反应速率的影响 …… 42
3.5.1 催化剂 …… 42
3.5.2 催化作用理论简介 …… 42
3.5.3 生物催化剂——酶 …… 44
习题 …… 45

**第4章 化学平衡** …… 48
4.1 化学反应的可逆性和化学平衡 …… 48
4.1.1 可逆反应 …… 48
4.1.2 化学平衡 …… 48
4.2 标准平衡常数 …… 49
4.2.1 实验平衡常数 …… 49
4.2.2 标准平衡常数表达式 …… 49

4.2.3 标准平衡常数的有关计算 …… 51
4.3 标准平衡常数 $K^{\ominus}$ 与 $\Delta_r G_m^{\ominus}$ 的关系 …… 52
4.4 化学平衡的移动 …… 54
4.4.1 浓度对化学平衡的影响 …… 54
4.4.2 压力对化学平衡的影响 …… 55
4.4.3 温度对化学平衡的影响 …… 55
习题 …… 57

**第5章 溶液** …… 59
5.1 溶液 …… 59
5.1.1 物质的量和物质的量浓度 …… 59
5.1.2 摩尔分数和质量摩尔浓度 …… 61
5.1.3 质量分数和质量浓度 …… 62
5.2 稀溶液的依数性 …… 63
5.2.1 稀溶液的蒸气压下降 …… 63
5.2.2 稀溶液沸点的升高 …… 67
5.2.3 稀溶液的凝固点降低 …… 68
5.2.4 稀溶液的渗透压 …… 70
5.2.5 稀溶液依数性之间的关系 …… 76
5.3 强电解质溶液理论 …… 76
5.3.1 强电解质溶液 …… 76
5.3.2 离子的活度和活度因子 …… 77
5.3.3 离子强度 …… 78
习题 …… 81

**第6章 酸碱平衡** …… 83
6.1 酸碱理论 …… 83
6.1.1 酸碱电离理论 …… 83
6.1.2 酸碱质子理论 …… 83
6.1.3 酸碱电子理论 …… 85
6.2 酸碱平衡 …… 86
6.2.1 水的质子自递平衡 …… 86
6.2.2 酸碱平衡 …… 87

6.3 溶液pH的计算 …… 91
6.3.1 一元弱酸(碱)溶液酸度的计算 …… 91
6.3.2 多元酸(或多元碱)水溶液酸度的计算 …… 93
6.3.3 两性物质溶液酸度的计算 …… 94
6.3.4 拉平效应和区分效应 …… 96
6.3.5 同离子效应和盐效应 …… 96
6.4 缓冲溶液 …… 97
6.4.1 基本概念 …… 97
6.4.2 缓冲溶液的作用原理 …… 98
6.4.3 缓冲溶液pH的计算公式 …… 98
6.4.4 缓冲能力与缓冲范围 …… 98
6.4.5 缓冲溶液的分类及选择 …… 100
6.4.6 缓冲溶液的配制 …… 100
6.4.7 人体血液中的缓冲系 …… 101
习题 …… 103

**第7章 难溶强电解质溶液的沉淀溶解平衡** …… 105
7.1 标准溶度积常数 …… 105
7.1.1 标准活度积常数和标准溶度积常数 …… 105
7.1.2 难溶强电解质的溶解度与溶度积的关系 …… 107
7.1.3 影响难溶强电解质溶解度的因素 …… 109
7.2 溶度积规则 …… 111
7.2.1 离子积 …… 111
7.2.2 溶度积规则 …… 111
7.2.3 溶度积规则的应用 …… 112
7.3 生物矿化现象 …… 116
7.3.1 正常矿化 …… 117
7.3.2 异常矿化 …… 118
习题 …… 119

**第8章 氧化还原反应与电极电势** …… 121
8.1 基本概念 …… 121
8.1.1 氧化值 …… 121

8.1.2 氧化还原半反应和氧化还原电对 …… 122
8.2 原电池 …… 123
8.2.1 原电池的概念 …… 123
8.2.2 原电池符号 …… 124
8.2.3 常见电极类型 …… 125
8.3 电极电势 …… 126
8.3.1 电极电势 …… 126
8.3.2 电池电动势和化学反应吉布斯(Gibbs)自由能的关系 …… 129
8.3.3 影响电极电势的因素 …… 130
8.4 电极电势的应用 …… 133
8.4.1 判断氧化剂和还原剂的相对强弱 …… 133
8.4.2 判断氧化还原反应进行的方向和程度 …… 133
8.5 电势图解及其应用 …… 136
习题 …… 138

**第9章 原子结构** …… 140
9.1 原子结构理论 …… 140
9.1.1 氢原子光谱 …… 141
9.1.2 Bohr 理论 …… 142
9.2 氢原子的量子力学模型 …… 144
9.2.1 电子的波粒二象性 …… 144
9.2.2 海森堡测不准原理 …… 145
9.2.3 波函数和原子轨道 …… 146
9.2.4 量子数 …… 147
9.2.5 波函数的图形表示 …… 148
9.3 核外电子的排布和元素周期系 …… 153
9.3.1 屏蔽效应和钻穿效应 …… 153
9.3.2 多电子原子轨道能级 …… 154
9.3.3 核外电子排布原理 …… 156
9.3.4 原子的电子层结构和元素周期系 …… 156
9.4 元素基本性质的周期性 …… 158
9.4.1 有效核电荷($Z^*$) …… 158
9.4.2 原子半径($r$) …… 158

9.4.3 元素的电离能 …… 160
9.4.4 电子亲和能 …… 161
9.4.5 元素的电负性 …… 162
习题 …… 163

第10章 分子结构 …… 165
10.1 离子键理论 …… 165
10.1.1 离子键的形成与特点 …… 165
10.1.2 离子的电荷、电子构型和半径 …… 167
10.2 共价键理论 …… 169
10.2.1 经典路易斯学说 …… 170
10.2.2 现代价键理论 …… 170
10.2.3 杂化轨道理论 …… 175
10.2.4 价层电子对互斥理论 …… 180
10.2.5 分子轨道理论 …… 186
10.3 金属键理论 …… 192
10.3.1 自由电子理论 …… 192
10.3.2 能带理论 …… 193
10.4 分子间作用力 …… 195
10.4.1 分子的极性 …… 195
10.4.2 分子间的作用力 …… 196
10.4.3 氢键 …… 199
习题 …… 201

第11章 配位化合物 …… 203
11.1 配合物的基本概念 …… 203
11.1.1 配合物的组成 …… 203
11.1.2 配合物的命名 …… 205
11.1.3 配位化合物的异构现象 …… 206
11.2 配合物的化学键理论 …… 207
11.2.1 价键理论 …… 207
11.2.2 晶体场理论 …… 210
11.3 配合物的稳定性 …… 215

11.3.1　配位平衡常数 …… 215
11.3.2　影响配合物稳定性的因素 …… 217
11.4　配合物在医学中的应用 …… 222
11.4.1　配合物的抗癌作用 …… 222
11.4.2　配合物的解毒作用 …… 223
11.4.3　配合物的临床诊断作用 …… 223
习题 …… 224

**第12章　元素概论** …… 227
12.1　元素在自然界中的分布及分类 …… 227
12.2　无机物的基本类型及基本性质 …… 229
12.2.1　氧化物 …… 229
12.2.2　氢化物 …… 229
12.2.3　含氧酸 …… 231
12.2.4　碱 …… 236
12.2.5　无机盐 …… 236
12.3　无机化学基本反应类型和无机物的制备方法 …… 239
12.3.1　无机化学基本反应类型 …… 239
12.3.2　无机物的制备方法 …… 239
习题 …… 242

**第13章　非金属元素** …… 243
13.1　卤素 …… 243
13.1.1　卤素通性 …… 243
13.1.2　卤素单质 …… 244
13.1.3　卤化氢及氢卤酸 …… 246
13.1.4　卤化物和卤素互化物 …… 248
13.1.5　卤素的氧化物 …… 249
13.1.6　卤素含氧酸及其盐 …… 250
13.1.7　类卤素 …… 252
13.1.8　卤素的生物效应及常见药物 …… 253
13.2　氧族元素 …… 253
13.2.1　氧族元素通性 …… 253

13.2.2 氧族元素单质 …… 254
13.2.3 水和过氧化氢 …… 255
13.2.4 硫化氢和硫化物 …… 258
13.2.5 硫的含氧化合物 …… 259
13.2.6 硒和碲的含氧化物 …… 263
13.2.7 氧族元素的生物效应及常见药物 …… 263
13.3 氮和磷 …… 265
13.3.1 氮族元素的通性 …… 265
13.3.2 氮族元素单质 …… 266
13.3.3 氮族元素氢化物 …… 268
13.3.4 氮族元素氧化物 …… 273
13.3.5 氮族元素卤化物 …… 275
13.3.6 氮族元素硫化物 …… 276
13.3.7 氮族元素含氧酸及其盐 …… 276
13.3.8 氮族元素的生物学效应及常见药物 …… 280
13.4 碳族元素 …… 280
13.4.1 碳族元素的通性 …… 281
13.4.2 碳单质的性质 …… 282
13.4.3 CO 和 $CO_2$ 的性质 …… 283
13.4.4 碳酸及其盐的性质 …… 285
13.4.5 碳的硫化物和卤化物 …… 287
13.4.6 硅及其化合物 …… 287
13.4.7 碳和硅的生物学效应及常见药物 …… 291
13.5 硼族元素 …… 291
13.5.1 硼族元素的通性 …… 291
13.5.2 硼和铝单质的性质 …… 292
13.5.3 硼和铝的氢化物 …… 293
13.5.4 硼的含氧化合物 …… 294
13.5.5 铝的含氧化合物 …… 296
习题 …… 298

**第 14 章 金属元素** …… 304
14.1 概述 …… 304

14.1.1 金属元素在周期表中的位置和基本性质 …… 304
14.1.2 金属单质的化学性质 …… 305
14.2 碱金属和碱土金属 …… 306
14.2.1 碱金属和碱土金属的通性 …… 307
14.2.2 单质的性质 …… 308
14.2.3 氧化物的性质 …… 309
14.2.4 氢氧化物的性质 …… 311
14.2.5 常见盐 …… 312
14.2.6 配合物 …… 313
14.2.7 对角线规则 …… 313
14.2.8 碱金属和碱土金属的生物效应和常见无机药物 …… 313
14.3 过渡金属 …… 314
14.3.1 过渡元素的基本性质 …… 314
14.3.2 铬和锰 …… 318
14.3.3 铁系元素和铂 …… 326
14.3.4 铜、银和锌、汞 …… 333
14.3.5 过渡元素的生物效应和常用药物 …… 342
14.4 镧系元素和锕系元素 …… 343
14.4.1 镧系元素的原子结构与元素的性质 …… 344
14.4.2 镧系元素的重要化合物 …… 346
14.4.3 稀土元素的生物学效应及常用药物 …… 346
14.4.4 锕系元素概述 …… 347
习题 …… 349

**第 15 章 生物无机简介** …… 354
15.1 生物金属元素总论 …… 354
15.1.1 生物元素的分类 …… 354
15.1.2 生物金属元素的选择与演化 …… 355
15.1.3 生命所需的金属元素 …… 356
15.2 生物配体及其金属配合物 …… 357
15.2.1 氨基酸和多肽的金属配合物 …… 357
15.2.2 蛋白质的金属配合物 …… 357
15.2.3 金属特化单元和辅基 …… 358

15.2.4 核酸的金属配合物 …… 358
15.3 金属配合物与核酸 DNA 的作用 …… 358
15.3.1 金属配合物键合 DNA 的研究现状 …… 358
15.3.2 小分子配合物键合 DNA 研究的新动向 …… 362
15.3.3 大自然对核酸-金属相互作用的利用 …… 362
15.4 无机药物化学 …… 364
15.4.1 无机药物简介 …… 364
15.4.2 无机抗癌药物设计原理 …… 366

**参考文献** …… 369
**中英文对照表** …… 371
**附录 1 有关计量单位** …… 385
**附录 2 一些基本的物理常数** …… 386
**附录 3 一些物质的热力学数据(298.15 K)** …… 387
**附录 4 常见弱酸、弱碱的解离常数** …… 391
**附录 5 常见难溶电解质的溶度积常数(298.15 K)** …… 392
**附录 6 常见配合物的累积稳定常数** …… 395
**附录 7 标准电极电势表(298.15 K、101.325 kPa)** …… 397

# 第1章　绪　　论

**内容摘要**

本章主要介绍无机化学的发展及研究内容。从药物来源、药物制剂、药理作用等方面浅谈化学与药学之间的关系。简要介绍无机化学的学习方法，强调学生在学习过程中要努力提高自主学习的能力，用辩证思维的方法去分析和解决实际问题。

化学是研究物质的组成、结构、性质及其变化规律和变化过程中能量关系的科学。简言之，化学是研究物质变化的科学。它通过实验观察来认识物质的变化规律，并将这些规律应用于科学技术的发展，以达到认识自然、利用自然和改造自然的目的。化学的研究范围极其广泛，按研究对象或研究目的不同，可将化学分为无机化学、有机化学、高分子化学、分析化学和物理化学五大分支学科。

## 1.1　无机化学的发展和研究内容

化学科学的发展在人类日常生活的各个方面都发挥着重要的作用，甚至与人类的文明进程息息相关。

在化学学科发展的早期阶段，由于受生产力水平的限制，最初化学工作者的研究多以实用为目的，所研究的对象多为矿物等无机物，所以近代无机化学的建立就标志着近代化学的创始。从这个意义上看，早期的化学发展史也就是无机化学发展史。对建立近代化学学科贡献最大的化学家有三人，即英国的罗伯特·玻意耳(Robert Boyle)、法国的安托万-洛朗·拉瓦锡(Antoine-Laurent Lavoisier)和英国的约翰·道尔顿(John Dalton)。

玻意耳在化学方面进行过很多实验，如磷、氢的制备，金属在酸中的溶解以及硫、氢等物质的燃烧。他从实验结果阐述了元素和化合物的区别，1661 年首次提出元素的概念，指出元素是一种不能分出其他物质的物质，明确地把“化学确定为科学”，不再把化学看成仅是以实用为目的的技艺。这些新概念和新观点，把化学这门科学的研究引上了正确的路线，对建立近代化学作出了卓越的贡献。

拉瓦锡采用天平作为研究物质变化的重要工具，进行了硫、磷的燃烧，锡、汞等金属在空气中加热的定量实验，确立了物质的燃烧是氧化作用的正确概念，推翻了盛行百年之久的燃素说。拉瓦锡在大量定量实验的基础上，于 1774 年提出质量守恒定律，即在化学变化中，物质的质量不变。1789年，在他所著的《化学概要》中，提出第一个化学元素分类表和新的化学命名法，并运用正确的定量观点，叙述当时的化学知识，从而奠定了近代化学的基础。由于拉瓦锡的提倡，天平开始普遍应用于化合物组成和变化的研究。

1799年，法国化学家J. L. 普鲁斯特(J. L. Proust)归纳化合物组成测定的结果，提出定比定律，即每个化合物各组分元素的重量皆有一定比例。结合质量守恒定律，1803年，道尔顿提出原子学说，宣布一切元素都是由不能再分割、不能毁灭的称为原子的微粒所组成。并从这个学说引申出倍比定律，即如果两种元素化合成几种不同的化合物，则在这些化合物中，与一定重量的甲元素化合的乙元素的重量必互成简单的整数比。这个推论得到定量实验结果的充分验证。原子学说建立后，化学这门科学开始宣告成立。

19世纪后半叶，俄国化学家门捷列夫(D. L. Mendeleev)发现了元素周期律，并根据元素周期律编制了第一个元素周期表，把当时已经发现的63种元素全部列入表里，从而初步完成了使元素系统化的任务。他还在表中留下空位，预言了类似硼、铝、硅等未知元素，若干年后，他的预言都得到了证实。元素周期律的建立奠定了现代无机化学的基础。

20世纪以后，无机化学由单一的元素性质研究转向化合物的微观结构研究，借助于量子力学理论和先进的化学、电学、磁学、电子计算机等实验技术，人们对原子、分子微观结构有了进一步的了解，在原子和分子结构理论方面有了突破性的进展。建立了现代价键理论、分子轨道理论和配位键理论。随着原子能、电子、宇航、激光等新兴工业和尖端科学技术对具有特殊性能的无机材料的需求日益增多，为无机化学的发展提供了广阔的前景。当前无机化学正从描述性的科学向推理性的科学过渡，从定性的科学向定量的科学发展、从宏观结构理论向微观结构理论深入，一个比较完整的理论化、定量化和微观化的现代无机化学体系正在迅速建立起来。

无机化学是化学科学中发展最早的一个分支。现代无机化学的研究内容非常广泛，除有机化合物以外，周期表中所有一百多种元素及其化合物的制备及性质都是无机化学的研究对象。无机化学有许多分支学科，如元素无机化学、制备无机化学、配位化学等。近20多年来，由于无机化学与其他学科之间的相互渗透，大大开拓了无机化学的研究内容，产生了一些新的边缘学科。如今，无机化学已经深入到固体无机化学、原子簇化学、新型材料无机化学、能源化学、金属有机化学、生物无机化学等各个领域。

## 1.2 化学与药学的关系

药学科学是生命科学的一部分，生命科学以人体为主要研究对象，探索疾病发生和发展的规律，寻找预防和治疗的途径。这种预防和治疗主要依靠药物，用药物来调整因疾病而引起的种种异常变化。药学学科需要以化学学科中的多门化学课程为基础，合成药物的研发、天然药物的提取以及药剂学、药理学、药用材料等研究都需要依靠化学知识。

### 1.2.1 化学与药物来源的关系

化学药物是药物的重要分支。化学药物按来源可分为天然药物、人工合成药物和半人工合成药物。很早以前，人类就开始使用植物或矿物治疗某些疾病。20世纪30年代以来，药物化学家们合成了成千上万种化学药物。其中有些合成药物是以天然产物为先导化合物，通过对其分子进行简化、改造、修饰或优化，从而发现并合成了具有新型结构及特殊药理作用的新药。目前在新药开发中，以无机物为主的制剂大量出现，这也是学习无机化学的学生们所面临的重要任务。

无论是天然药物还是合成药物的生产与检验都离不开化学方法。药物合成主要用到无机反应或有机反应。药物的分离、纯化、鉴定乃至检测它们在体内的代谢物则离不开化学分析与仪器分析的方法。

### 1.2.2　化学与药物制剂的关系

药物制成不同的剂型后，要对其稳定性、生物利用度和药物代谢动力学等进行评价，从而选择一种或多种适宜的剂型，这就需要用到物理化学的相关知识。例如固体分散体具有较高的生物利用度，利用物化中的低共熔相图原理，当药物与载体以低共熔比例共存时，制成的药物具有均匀的微细分散结构，可大大改善其溶出速度。

### 1.2.3　化学与药理作用的关系

无机化学与药学的关系除体现在很多药物本身即是无机物，其制备方法及性质研究均涉及化学方法外，还体现在其基本结构与功能的理论研究上，不同的结构会有不同的功能，以此指导药物的合成与应用，成为药学的基本法则之一。许多药物的药理作用机制可以通过它们的化学结构进行解释。例如磺胺类药物与对氨基苯甲酸(PABA)化学结构相似，竞争性抑制二氢叶酸合成酶，从而阻止叶酸的合成，而叶酸的代谢产物四氢叶酸是细菌合成嘌呤、胸腺嘧啶核苷和脱氧核糖核酸(DNA)的必需物质，因此抑制了细菌的生长繁殖。

磺胺类药物之所以能和PABA产生竞争性拮抗，是由于二者的分子大小和电荷分布极为相似。磺胺类药物可以取代PABA的位置，生成无功能的化合物，妨碍了二氢叶酸的合成。这种代谢拮抗是寻找新药的途径之一，已广泛用于抗菌、抗疟以及抗肿瘤药物的设计中。

## 1.3　无机化学的学习方法

本课程的内容分为基础理论和元素化学两大部分。基础理论部分分别介绍化学热力学、化学动力学的基础知识以及原子结构、分子结构、晶体结构、配合物结构的基本理论，系统讨论酸碱平衡、沉淀平衡、氧化还原平衡、配位平衡等四大化学平衡；元素化学部分重点介绍元素周期表中各区元素的通性及重要元素的单质、化合物的性质及制备。

无机化学是药学、中药学专业学生进入大学后接触的第一门化学课，也是一门主干课程。通过本课程的学习，使学生掌握必要的无机化学基本理论和基本知识，了解这些理论知识在本专业中的应用，为后续化学课程和药学课程的学习打好理论基础；通过配套的无机化学实验课的训练，掌握一些基本实验技能，培养学生分析问题和解决实际问题的能力。

在学习无机化学的过程中，要重点处理好以下几个问题。

1. 要善于归纳总结，寻找知识点的内在联系

无机化学内容多，知识点分散，记忆困难。在学习中必须首先学会寻找知识点，解剖知识点的基本要素，弄清各个概念的基本内涵，力求融会贯通，在理解的基础上记忆。例如，“杂化轨道”的概念包含以下几个要素，第一，杂化的前提是在成键过程中能量相近的原子轨道才能杂化；第二，杂化轨道仍然是原子轨道；第三，杂化后杂化轨道的数目与原来的原子轨道总数相等，但能量和空间的伸展方向不同。记住这几点要素，杂化轨道的概念即可牢记心中。另外，每一章节往往有很多知识点，记住单个知识点之后，要善于串联相关知识点，形成块状记忆。例如，同样是化学平衡内容，就可以“平衡”为主线，将相关章节的知识点串联起来，比较相互之间的异同点，便能达到整体记忆的效果。

2. 要用辩证的思维方法去学习

大多数化学理论均是在收集观察实验现象、计算处理实验数据、归纳总结实验结果的基础上建立起来的，大多是定性或半定量的理论模型，许多化学理论还不够完善，即使能用数学公式表达出来，往往也都附带许多限制条件。所以要带着批判的眼光去学习，要用辩证的思维方法去分析和解决问题。例如，在共价键理论一节中，先后介绍经典路易斯学说、现代价键理论、杂化轨道理论、价电子对互斥理论以及分子轨道理论，这些理论都有其成功和不足之处，运用这些理论，可以从不同的角度和深度来描述共价化合物的分子结构，它们也有一条共同主线，链接点就是各种理论的优缺点。在准确掌握各种化学理论要点之时，还要牢记它们的适用范围，把各种理论联系起来，才能准确运用所学理论去解决实际问题，真正做到活学活用。

3. 要重视实践训练

化学就其本质和本源而言是一门实验科学，在任何时期，新理论的发现和验证都要通过实验，因此，在无机化学的学习过程中要充分认识到化学实验的重要性。通过实验课的训练，不仅要使学生掌握有关实验的基本操作和技能，而且还要培养学生观察实验现象、正确记录结果和处理数据的能力，培养学生严谨的治学态度，提高学生的科研能力。要善于发现问题，并学会利用各种参考资料，运用所掌握的理论和知识去分析和解决实际问题，变应试学习为研究性学习。

**【科学家简介】 罗伯特·玻意耳(Robert Boyle,1627～1691)**

英国物理学家和化学家，1627 年 1 月 25 日出生于爱尔兰的利斯尔城。1659 年玻意耳利用由 R. 胡克(R. Hooke)研制成的真空泵，开始对空气的性质进行研究。1660 年出版了第一部著作《论空气的重量及物理力学性质的新实验》。1662 年玻意耳发现了气体的玻意耳定律。1663 年，玻意耳被选为英国伦敦皇家学会会员。1680 年被推选为皇家学会会长，因为身体不好，他谢绝了任命，后来隐居在祖传的庄园里著书立说。玻意耳终身未婚。1691 年 12 月 30 日，因病在伦敦去世，终年 64 岁。

玻意耳在物理学方面最主要的成就是发现了玻意耳-马略特定律，即温度恒定时，气体的体积和压强成反比。他最重要的化学著作是1661年出版的《怀疑的化学家》，此书的出版标志着近代化学从炼金术中脱胎出来。从玻意耳开始化学被看做是一门理论科学，它不再是经验记忆。因此，恩格斯说："是玻意耳把化学确立为科学"。对旧的元素概念的清除，是玻意耳对近代化学的第二个贡献。他认为无论是亚里士多德的"土、气、火、水四元素"理论还是帕拉采尔苏斯等医学化学家们的"盐、硫、汞三要素"学说，都不能看做是化学元素，只有那些由复合物分解后，得到的最终产物才能被看成为元素。玻意耳坚决主张一切实验成果应该清楚而迅速地予以报道，以便让其他人重做、证实和受益。从那以后，这一主张就成为一条公认的科学原则。玻意耳运用实验主义的哲学来研究物质以及使其所能发生的变化，从这个意义上讲，玻意耳堪称化学之父。

# 第2章　化学热力学初步

**内容摘要**

本章主要介绍化学热力学的基本概念和常用术语，如体系和环境、状态和状态函数以及过程和途径等，阐明敞开体系、封闭体系、孤立体系以及等温过程、等压过程、等容过程、绝热过程之间的区别。应用化学热力学第一定律，系统讨论内能变化($\Delta U$)与热($Q$)和功($W$)的关系，阐明恒容热效应和恒压热效应概念，定义状态函数焓($H$)及标准摩尔生成焓($\Delta_f H^\ominus$)、标准摩尔燃烧焓($\Delta_c H_m^\ominus$)，介绍利用盖斯定律和$\Delta_f H^\ominus$、$\Delta_c H_m^\ominus$计算化学反应热效应的方法。为了预测化学反应的方向，简要介绍热力学第二定律和热力学第三定律，导出状态函数熵($S$)、吉布斯自由能($G$)以及标准生成吉布斯自由能($\Delta_f G_m^\ominus$)的定义，阐述计算化学反应的标准摩尔吉布斯自由能变($\Delta_r G_m^\ominus$)的方法以及利用吉布斯公式$\Delta G = \Delta H - T\Delta S$的计算结果来判断化学反应过程的自发性。

化学反应过程不仅有质量的变化，而且总伴随着有能量的吸收或释放。例如煤燃烧时放热，原电池可以产生电能，又如人们通过摄取食物获得能量，通过对外做功而释放能量。热力学是讨论反应过程中能量相互转变规律的一门科学。而化学热力学则是把热力学原理与方法用于研究化学现象以及与之相关的物理现象的分支学科。通过探究能量转变的规律，以期解决化学反应的方向和限度等问题。

热力学所讨论的是大量质点的平均行为，即物质的宏观性质，而不涉及个别粒子的个体行为或物质的微观性质。而且，热力学只考虑反应的起始状态和最终状态，不考虑反应进行的时间和细节，因此，热力学并不解决反应过程的速度以及到达平衡的时间问题。

在以后的物理化学课程学习中，还会系统地学习化学热力学理论，因此本章中只简单介绍化学热力学的初步知识，以便大家能从宏观角度解释一些化学问题。

## 2.1　热力学常用术语

### 2.1.1　体系和环境

在进行热力学研究时，往往人为地把一部分物质与其他物质分开，作为研究对象。这部分被划分出来的研究对象称为体系或系统(system)。体系以外且与之密切相关的其余部分称为环境(surrounding)。例如，烧杯中装有水溶液，当我们研究水溶液中的化学反应时，则水溶液就是体系，烧杯和空气就是环境；当我们研究水溶液、烧杯与空气的热量交换时，则把水溶液和烧杯一起作为体系，空气作为环境。体系和环境之间的界限可以是实际的，也可以是假想的。

体系与环境之间可以进行物质的交换，也可以进行能量的交换，根据物质和能量的交换情况，可以将体系分为三种：

敞开体系(open system)　　体系和环境之间既有物质交换，又有能量交换。

封闭体系(closed system)　　体系和环境之间只有能量交换，没有物质交换。

孤立体系(isolated system)　　体系和环境之间既没有物质交换，也没有能量交换。

假如一个普通的瓶子内装有热水，若以瓶内的热水作为体系，在室温下打开瓶塞，则瓶中的水分子会不断蒸发进入空气(环境)，空气也可以溶解于水(体系)，同时热量可以散发，即形成敞开体系。如果盖上瓶塞，水蒸气不可能散失到空气中，而空气也不可能进入体系，但能量交换仍可进行，即形成封闭体系。如果把瓶子放在密闭的真空保温瓶中，使体系和环境之间既无物质交换又无能量交换，则可以近似地认为是孤立体系。

显然，绝对的孤立体系是不存在的。在热力学中，我们主要研究封闭体系。

### 2.1.2　状态和状态函数

由一系列表征体系性质的物理量所确定下来的体系的存在形式称为体系的状态(state)。借以确定体系状态的物理量称为体系的状态函数(state function)。例如，我们把某理想气体作为研究的体系，其物质的量 $n=1$ mol、压强 $p=1.013\times10^5$ Pa、体积 $V=22.4$ L，温度 $T=273.15$ K，我们就说它处于 273.15 K 下的标准状态*。这里的 $n$、$p$、$V$、$T$ 就是体系的状态函数。

体系的状态是由一系列状态函数确定下来的，状态一定则体系的各状态函数都有确定的数值。体系的一个状态函数或几个状态函数发生了变化，则体系的状态发生变化。体系发生变化前的状态称为始态(initial state)，变化后的状态称为终态(final state)。显然，体系变化的始态和终态一经确定，各状态函数的改变量也就确定了。状态函数的变化值用希腊字母 $\Delta$ 表示，如 $\Delta T$ 表示状态函数温度的变化值，$\Delta p$ 表示状态函数压强的变化值等。

有些状态函数，如物质的量 $n$ 和质量 $m$ 等，所表示的体系的性质具有加和性，称为体系的广度性质(extensive properties)。如某体系的物质的量 $n=3$ mol，则它等于体系各部分的物质的量之和。也有些状态函数，如压强 $p$ 和温度 $T$ 等，所表示的体系的性质不具有加和性，这类性质称为体系的强度性质(intensive properties)。如温度为 300 K 的两杯水混合后，温度仍然为 300 K，而不是 600 K。

### 2.1.3　过程和途径

体系状态发生变化的经过称为过程(process)，完成这个过程的具体步骤称为途径(path)。常见的热力学过程有：

等温过程(isothermal process)　　指体系在恒定温度(与环境温度相等)条件下进行

* 物理化学有关标准态压强有不同的规定，本书取 $p=1.013\times10^5$ Pa。

的过程。

等压过程(isobaric process)　指体系在恒定压力(与环境压力相等)条件下进行的过程。

等容过程(isochoric process)　指体系的体积恒定不变的过程。

绝热过程(adiabatic process)　指体系与环境之间没有热传递的过程。

体系从始态变到终态,可以经历不同的途径。例如,一定量的理想气体由始态(298 K,101.3 kPa)变到终态(313 K,301.9 kPa),可采取两种途径,一是先等压再等温,二是先等温再等压。如图 2-1 所示。虽然两种途径不同,但是状态函数的总变化值是相同的($\Delta T$=15 K,$\Delta p$=200.6 kPa)。

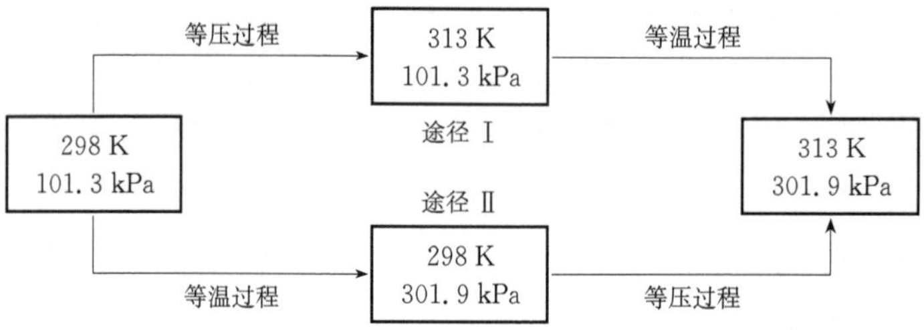


图 2-1　体系变化的途径

# 2.2　热力学第一定律

## 2.2.1　热和功

体系的状态发生变化时,体系和环境之间必然伴随着能量交换,而能量交换的形式可以概括为热和功。通常把体系与环境之间因温度不同而交换或传递的能量称为热(heat),以符号 $Q$ 表示。体系与环境之间除热以外的其他各种能量交换形式称为功(work),以符号 $W$ 表示。热力学上把功分为两类,一类是因体积改变所作的“体积功”,用 $W_{ex}$表示;另一类是体积功以外的其他功,称为“有用功”,用 $W'$表示。热和功的单位都用焦耳(J)或千焦(kJ)表示。热力学上规定,体系吸收热量 $Q$ 为正值,体系放出热量 $Q$ 为负值;环境对体系做功 $W$ 为正值,体系对环境做功 $W$ 为负值。

热和功不是状态函数,它们只在体系的变化过程中才表现出来,其值不仅与体系的始态和终态有关,而且与过程的具体途径有关。因此,不能说体系含有多少热和功,而应该说在某过程中体系做了多少功、吸收了多少热。例如,1 mol 的理想气体,从初始态(100 kPa,1.0 L)等温膨胀到终态(10.0 kPa,10.0 L),如果恒外压 10 kPa 一步膨胀,体系做功为−90 J;如果分两步膨胀,第一步恒外压 50 kPa 自动膨胀至压力 50 kPa、体积 5.0 L,第二步恒外压 10 kPa 自动膨胀至压力 10 kPa、体积 10.0 L,体系做功为−130 J。由此可见,不同途径体系对外做功不同,如果分无穷多步恒外压膨胀(可逆过程),体系对外做功最大。

## 2.2.2　内能

体系内部储藏着各种形式的能量,例如体系内分子运动的动能,组成体系的各质点相互吸引和排斥的能量，分子内各种粒子（原子、原子核、电子）及其相互作用的能量等，人们把体系内部所具有的各种能量的总和称为内能（internal energy），又称为热力学能，用符号 $U$ 表示，单位一般为 $kJ \cdot mol^{-1}$。

内能是体系自身的性质，仅取决于体系的状态，状态一定内能的数值就确定，当然其数值还与体系中所含物质的数量成正比，所以内能是具有广度性质的状态函数。

由于体系内部各种粒子的运动方式和相互作用极其复杂，体系内能的绝对值无法确定，但对于解决实际问题并无妨碍，我们只需要知道变化过程中的内能改变量就足够了。若体系始态的内能为 $U_1$，终态的内能为 $U_2$，则体系由始态变化到终态时，内能的改变量可表示为 $\Delta U=U_2-U_1$，其具体数值可以通过体系和环境之间的能量交换求得。

### 2.2.3　热力学第一定律

自然界的一切物质都具有能量，能量有各种不同的形式，能够从一种形式转化为另一种形式，从一个物体传递给另一个物体，而在转化和传递过程中能量的总数不变。这就是热力学第一定律（the first law of thermodynamics），也称为能量守恒定律（law of conservation of energy）。热力学第一定律的实质是能量守恒定律在热传递过程中的具体描述。

根据热力学第一定律，对于一个封闭体系，体系在变化前具有的内能为 $U_1$，变化后的内能为 $U_2$，则变化过程中，内能的变化量为 $\Delta U=U_2-U_1$。如果在变化过程中，体系从环境吸收的热量为 $Q$，同时，环境对体系做的功为 $W$、根据能量守恒定律，体系内能的变化量应为

$$\Delta U = U_2 - U_1 = Q + W \qquad (2-1)$$

式(2-1)是热力学第一定律的数学表达式。其物理意义是体系吸收的热量加上环境对体系做的功，等于体系内能的变化值。

例如，一封闭体系经历某过程，从环境吸收 100 kJ 的热量，同时该体系对环境做功 20 kJ，则该过程中体系内能的改变量为

$$\Delta U = Q + W = 100\ \text{kJ} + (-20\ \text{kJ}) = 80\ \text{kJ}$$

即体系的内能增加 80 kJ。

## 2.3　化学反应的热效应

### 2.3.1　化学反应的热效应

化学反应的进行，总是伴随着放热或吸热。如果反应体系的始态（即反应物）和终态（即产物）具有相同的温度，并且反应过程中除体积功外不做其他功，则伴随反应放出或吸收的热量称为化学反应的热效应，简称反应热（heat of reaction）。

影响化学反应热效应的因素很多，比如温度、压强、体积、物质的量等。为了研究方便，总是固定一些因素，在一定条件下得出化学反应的热效应。如果某化学反应是在密闭

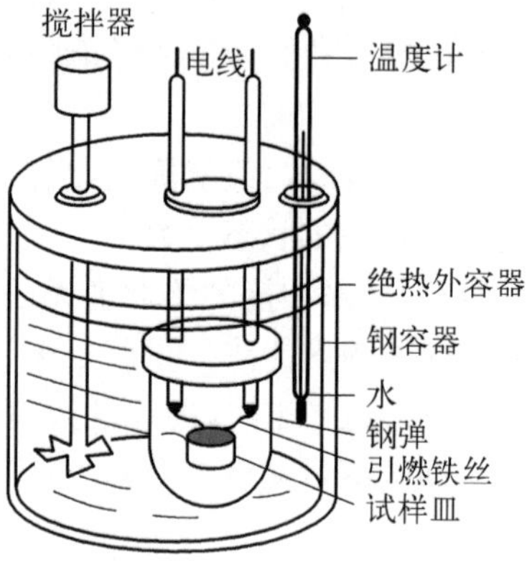


图 2-2　弹式量热计

反应器中进行，则体积始终保持不变，其反应热称为恒容反应热($Q_v$)。

图 2-2 是一种弹式量热计，常用来测定一些有机物燃烧反应的恒容反应热。把有机物置于充满高压氧气的钢弹中，用电火花引燃，反应是在等容的钢弹中进行的。反应产生的热量使水及整个装置温度升高，其升高值可用精密的温度计测出。由于钢弹是密闭容器，反应过程中总体积可认为是不变的，这样测定的热效应是恒容反应热。

在恒容过程中，体系不做体积功，即 $W=0$。由热力学第一定律得到

$$Q_v = \Delta U - W = \Delta U \qquad (2-2)$$

式(2-2)表明，对于封闭体系，在恒温、恒容且不做非体积功的条件下，恒容反应热等于体系内能的改变量。如果是吸热反应，那么体系从环境吸收的热量，全部用于体系内能的增加。

实际上，化学反应通常是在恒温、恒压条件下进行的，如果体系不做非体积功，此过程的热效应称为恒压反应热，用符号 $Q_p$表示。可用图 2-3 所示的保温杯式量热计来测量，适用于中和热、溶解热以及其他溶液反应的热效应。保温杯式量热计由保温和测温两部分组成，镀银的保温瓶胆使这种仪器具有绝热性能，以保证反应过程与外界不发生热交换，溶液的温度变化可由较精确的温度计读出。

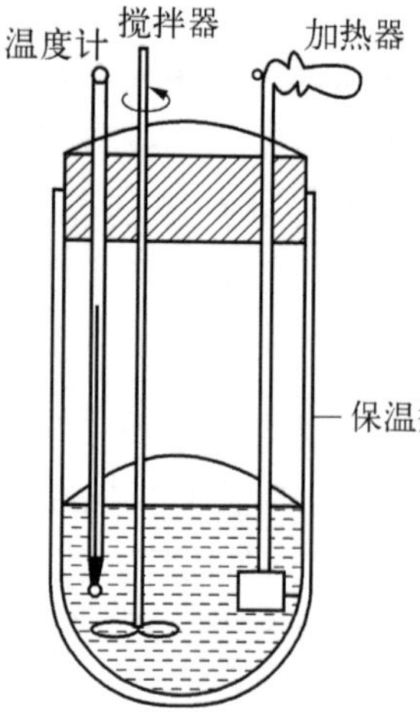


图 2-3　保温杯式量热计

由于反应在等压条件下进行，其体积功 $W$ 为 $-p\Delta V$，(如体系膨胀，$\Delta V>0$，$W<0$，此时体系对环境做功)将其代入式(2-1)，得

$$\Delta U = Q_p - p\Delta V$$

即

$$Q_p = \Delta U + p\Delta V \qquad (2-3)$$

可见，恒压反应热不等于恒容反应热，在数值上，恒压反应热等于体系的内能改变值和体积功之和。

由于在恒压过程中 $p_1=p_2=p_{环}$，故式(2-3)可展开为：

$$\begin{aligned} Q_p &= \Delta U + p\Delta V \\ &= (U_2 - U_1) + p(V_2 - V_1) \\ &= (U_2 + pV_2) - (U_1 + pV_1) \\ &= (U_2 + p_2V_2) - (U_1 + p_1V_1) \qquad (2-4) \end{aligned}$$

式(2-4)中的$U$、$p$、$V$均为体系的状态函数，故其组合$U+pV$必然也是状态函数，代表体系的一种性质。热力学上把$U+pV$定义为新的状态函数，叫做焓(enthalpy)，符号为$H$，单位为$kJ \cdot mol^{-1}$。

$$H = U + pV \tag{2-5}$$

焓这一状态函数也和体积、内能等一样，是体系固有的一种性质，在一定状态下每种物质都有特定的焓。由于体系内能的绝对值不能测定，所以焓的绝对值也无法测得。但体系由始态到终态的焓变($\Delta H$)则可以测定。

根据焓的定义，由式(2-4)可得：

$$Q_p = H_2 - H_1 = \Delta H \tag{2-6}$$

上式表明，对于封闭体系，在不做非体积功的等温恒压过程中，恒压反应热在数值上等于体系的焓变。因此，如果某化学反应过程的焓变为正值，表示体系从环境吸收热量，反应过程是吸热的，称为吸热反应；反之，如果某化学反应的焓变为负值，表示体系向环境释放热量，反应过程是放热的，称为放热反应。热不是状态函数，但由于焓是状态函数，所以在等压、不做非体积功的条件下，反应热就只取决于体系的始态和终态，而与变化的途径无关。这样，我们就能够比较简单地去求算反应热了。

由式(2-2)和(2-3)还可以看出，恒容反应热和恒压反应热不相等。将式(2-2)代入(2-3)，则有

$$Q_p = Q_v + p\Delta V \tag{2-7}$$

从式(2-7)看出，恒容反应热和恒压反应热的差值为$p\Delta V$。当反应物和生成物都处于固态或液态时，由于反应前后体系的体积变化较小，$\Delta V \approx 0$，$p\Delta V$可忽略，因此，$Q_p \approx Q_v$。在有气体参加的化学反应中，假定所有气体均为理想气体，$Q_p$和$Q_v$的关系为：

$$Q_p = Q_v + \Delta nRT \tag{2-8}$$

式中，$\Delta n$是反应前后气态物质的物质的量之差。摩尔气体常数$R=8.314\ Pa \cdot m^3 \cdot mol^{-1} \cdot K^{-1} = 8.314\ J \cdot mol^{-1} \cdot K^{-1} = 8.314\ kPa \cdot L \cdot mol^{-1} \cdot K^{-1}$。

### 2.3.2 反应进度

在化学反应过程中放热(或吸热)多少以及$\Delta U$和$\Delta H$的数值都与反应进行的程度有关。为描述化学反应进行的程度，引入了反应进度(extent of reaction)的概念，以符号$\xi$(读作“可赛”)表示。

对于任一化学计量方程：

$$a\mathrm{A} + d\mathrm{D} = g\mathrm{G} + h\mathrm{H} \tag{2-9}$$

也可以表示为

$$g\mathrm{G} + h\mathrm{H} - a\mathrm{A} - d\mathrm{D} = 0$$

或简写成通式

$$\sum \nu_B \cdot \mathrm{B} = 0$$

式中，若$B$表示反应体系中的任意组分，$\nu_B$表示给定反应方程式中相应组分的计量系数。

$\nu_B$对反应物为负，对产物为正。

当反应未发生，即$t=0$时，各组分的物质的量分别为$n_0(A)$、$n_0(D)$、$n_0(G)$、$n_0(H)$；反应进行到$t$时刻时，各组分物质的量分别为$n(A)$、$n(D)$、$n(G)$、$n(H)$，则反应进度定义为：

$$\xi=\frac{\Delta n_B}{\nu_B}=\frac{n(A)-n_0(A)}{\nu_A}=\frac{n(D)-n_0(D)}{\nu_D}=\frac{n(G)-n_0(G)}{\nu_G}=\frac{n(H)-n_0(H)}{\nu_H} \tag{2-10}$$

由式(2-10)可知，反应进度$\xi$的SI单位为mol。不难看出，对于计量系数确定的化学方程式，在同一时刻用反应体系中任一物质表示反应进度，其数值完全一致。但是，对于同一个化学反应，若化学方程式的写法不同，则在同一时刻反应进度的数值不同。

**例2-1** $H_2$和$Cl_2$反应生成HCl的化学方程式可以写成：

(1) $H_2+Cl_2 = 2HCl$　　　　(2) $\frac{1}{2}H_2+\frac{1}{2}Cl_2 = HCl$

若反应起始时刻，$H_2$、$Cl_2$、HCl物质的量分别为10 mol、20 mol和0 mol，反应进行到$t$时刻，$H_2$、$Cl_2$、HCl物质的量分别为5 mol、15 mol和10 mol，分别求反应(1)和反应(2)在$t$时刻的反应进度。

**解**：各组分物质的量变化为：

$$\Delta n_{H_2}=5-10=-5(\text{mol})$$

$$\Delta n_{Cl_2}=15-20=-5(\text{mol})$$

$$\Delta n_{HCl}=10-0=10(\text{mol})$$

对反应(1)，由公式(2-10)得反应进度

$$\xi=\frac{-5}{-1}=\frac{-5}{-1}=\frac{10}{2}=5(\text{mol})$$

同理，对反应(2)得

$$\xi=\frac{-5}{-\frac{1}{2}}=\frac{-5}{-\frac{1}{2}}=\frac{10}{1}=10(\text{mol})$$

可见，反应进度与组分无关，但与反应方程式的写法有关。对任一反应，当各组分物质的量改变与其计量系数数值相等时，则反应进度为1摩尔($\xi=1$ mol)，即进行了一摩尔反应。例如对反应(1)，指消耗1 mol $H_2$和1 mol $Cl_2$，生成2 mol HCl时的反应进度；而对反应(2)，指消耗0.5 mol $H_2$和0.5 mol $Cl_2$，生成1 mol HCl时的反应进度。

### 2.3.3 热化学方程式

在热化学中，将标明反应热效应的方程式称为热化学方程式。例如，25℃、标准状态

下，石墨氧化反应放热 393.5 kJ · $mol^{-1}$，相应的热化学方程式为：

$$C(石墨) + O_2(g) = CO_2(g) \qquad \Delta_r H_m^{\ominus}(298.15) = -393.5\ kJ \cdot mol^{-1}$$

$\Delta_r H_m^{\ominus}$称为标准摩尔焓变，单位为 kJ · $mol^{-1}$。$H$ 左下角的"r"代表化学反应(reaction)，右下角的"m"代表摩尔(mol)，右上角的"⊖"代表热力学标准状态(简称标态)；括号内的数字为热力学温度，单位为 K；负号表示放热，正号表示吸热。$\Delta_r H_m^{\ominus}$常略去下标"m"，简写为 $\Delta_r H^{\ominus}$。对于热力学标准状态的定义为：气态物质的标态表示压力为 101.3 kPa($p^{\ominus}$)，溶液的标态指溶质活度为 1 mol · $kg^{-1}$(或 1 mol · $L^{-1}$，$c^{\ominus}$)，纯液体和纯固体的标态是指处于标准压力下的纯净物。

$\Delta_r H_m^{\ominus}$表示反应按照给定的方程式进行 1 mol 反应，即 $\xi$=1 mol 时的焓变。例如，在上述反应中，1 mol 石墨和 1 mol $O_2$(g)完全反应生成 1 mol $CO_2$(g)时的焓变为 −393.5 kJ · $mol^{-1}$。

书写热化学方程式时应注意以下几点：

1) 要注明反应的温度和压力。如果温度为 298.15 K，压力为 $p^{\ominus}$(101.3 kPa)时，习惯上不再予以注明。

2) 化学式的右侧要用括号注明物质的状态。可分别用小写的 s(solid)、l(liquid)、g(gas)表示该物质是固态、液态或气态；如果物质有几种晶型也应注明是哪一种；如为水溶液时，用 aq(aqueous solution)表示。例如：

$$2H_2(g) + O_2(g) = 2H_2O(l) \qquad \Delta_r H^{\ominus} = -571.6\ kJ \cdot mol^{-1}$$

$$2C(石墨) + O_2(g) = 2CO(g) \qquad \Delta_r H^{\ominus} = -221.0\ kJ \cdot mol^{-1}$$

$$Ag^+(aq) + Cl^-(aq) = AgCl(s) \qquad \Delta_r H^{\ominus} = -65.5\ kJ \cdot mol^{-1}$$

3) $\Delta_r H^{\ominus}$的单位是 kJ · $mol^{-1}$，此处的摩尔表示反应进度。对于代表同一化学反应的不同化学计量方程式，由于摩尔的基本单元不同，$\Delta_r H^{\ominus}$的数值大小不同，其数值大小与方程式中各物质的计量系数之间成正比关系。

4) 在相同条件下，正反应和逆反应的反应热数值相等，符号相反。

### 2.3.4　盖斯定律

化学反应的热效应可以用实验方法测得，但许多化学反应由于速率过慢、测量时间过长、热量散失而难以测准反应热，也有一些化学反应由于条件难以控制、产物不纯，也难于测准反应热，于是如何通过热化学方法计算反应热，成为化学家们关注的问题。

1840 年前后，俄国科学家盖斯(Hess)根据实验事实指出，不管化学反应是一步完成的，还是分几步完成的，该反应的热效应相同。换言之，即反应的热效应只与始态和终态有关，而与变化的途径无关，这就是盖斯定律。实验表明，盖斯定律只对非体积功为零的恒容过程或恒压过程才完全正确。

盖斯定律实际上是热力学第一定律的必然结果。因为焓(或内能)是状态函数，只要化学反应的始态和终态给定了，则 $\Delta H$(即 $Q_P$)或 $\Delta U$(即 $Q_V$)便是定值，至于通过什么具体途径来完成这一反应，则与它完全无关。

盖斯定律是热化学的基本定律。根据盖斯定律可以使热化学方程式像普通代数方程式那样进行运算，利用已知的化学反应的热效应来间接求得那些难于测准或无法测量的化学反应热效应。

**例 2-2** 石墨和氧气生成 CO 的反应热不易直接测准，因为很难使产物中不混有 $CO_2$。若已知：

(1) $C(石墨) + O_2(g) \longrightarrow CO_2(g)$ $\Delta_r H_m^\ominus(1) = -393.5\ kJ \cdot mol^{-1}$

(2) $CO(g) + \frac{1}{2}O_2(g) \longrightarrow CO_2(g)$ $\Delta_r H_m^\ominus(2) = -283.0\ kJ \cdot mol^{-1}$

求：反应(3) $C(石墨) + \frac{1}{2}O_2(g) \longrightarrow CO(g)$ 的 $\Delta_r H_m^\ominus(3)$。

**解**：由于反应(3)=反应(1)-反应(2)：

$$C(石墨) + \frac{1}{2}O_2(g) \longrightarrow CO(g)$$

根据盖斯定律得
$$\begin{aligned}\Delta_r H_m^\ominus(3) &= \Delta_r H_m^\ominus(1) - \Delta_r H_m^\ominus(2) \\ &= (-393.5) - (-283.0) \\ &= -110.5(kJ \cdot mol^{-1})\end{aligned}$$

## 2.3.5 标准摩尔生成焓

等温等压条件下，化学反应的热效应($\Delta_r H$)等于生成物焓值的总和减去反应物焓值的总和，如果能够知道参加化学反应的各物质焓的绝对值，就能直接计算出任一化学反应的热效应。但实际上，焓的绝对值是无法测定的，为了解决这一困难，人们采用了一个规定相对值的方法定义物质的焓值，从而可以较方便地计算出反应的 $\Delta_r H$。

化学热力学规定，某温度下，由处于标准状态的各种元素的最稳定单质生成标准状态下的1摩尔某纯物质的热效应，称为该温度下这种纯物质的标准摩尔生成焓(standard molar enthalpy of formation)，简称标准生成焓，用符号 $\Delta_f H_m^\ominus(T)$表示，298.15 K 时的标准生成焓可以简写为 $\Delta_f H^\ominus$。单位为 $kJ \cdot mol^{-1}$ 或 $J \cdot mol^{-1}$。$H$ 左下角的 f 表示"生成(formation)"，$H$ 右上角的"$\ominus$"表示物质处于热力学标准状态。

按上述定义，最稳定单质的标准生成焓 $\Delta_f H^\ominus$ 都等于零。如果一种物质有几种同素异形体，最稳定的却只有一种。如碳有金刚石和石墨，石墨是最稳定单质；磷有红磷和白磷，白磷是最稳定单质；氧有氧气和臭氧，氧气是最稳定单质；硫有单斜硫和斜方硫，斜方硫是最稳定单质等。

一般化学反应的反应热既可以通过实验直接测定，也可以利用参与反应的各物质的标准摩尔生成焓计算得到。

根据盖斯定律可以推导出：化学反应的标准摩尔焓变等于生成物的标准摩尔生成焓的总和减去反应物的标准摩尔生成焓的总和。

对于任意一个化学反应

$$aA + dD = gG + hH$$

若所有物质均处于温度为 $T$ 的标准状态下，该反应的标准摩尔焓变为

$$\Delta_r H_m^\ominus = [g\Delta_f H_m^\ominus(G) + h\Delta_f H_m^\ominus(H)] - [a\Delta_f H_m^\ominus(A) + d\Delta_f H_m^\ominus(D)] \qquad (2-11)$$

或表示为

$$\Delta_r H_m^\ominus = \sum \nu_i \Delta_f H_m^\ominus(\text{生成物}) - \sum \nu_i \Delta_f H_m^\ominus(\text{反应物}) \qquad (2-12)$$

式中，$\nu_i$ 表示化学反应式中物质 $i$ 的化学计量数。只要查到反应中有关物质的标准摩尔生成焓的数据，应用式(2－11)或式(2－12)就可计算出任一化学反应的标准摩尔焓变。

**例 2－3**　在光合作用下，

$$6CO_2(g) + 6H_2O(l) = C_6H_{12}O_6(s) + 6O_2(g)$$

若已知 $\Delta_f H^\ominus C_6H_{12}O_6(s) = -1\,273.0\ kJ \cdot mol^{-1}$，计算该反应的标准摩尔焓变 $\Delta_r H^\ominus$，并判断此反应是吸热反应还是放热反应。

**解：** 已知 $\Delta_f H^\ominus C_6H_{12}O_6(s) = -1\,273.0\ kJ \cdot mol^{-1}$

查表得

| 物　质 | $CO_2(g)$ | $H_2O(l)$ | $O_2(g)$ |
|---|---|---|---|
| $\Delta_f H^\ominus(kJ \cdot mol^{-1})$ | －393.5 | －285.8 | 0 |

由式 2－12 得

$$\begin{aligned}\Delta_r H^\ominus &= [\Delta_f H_m^\ominus(C_6H_{12}O_6,\ s) + 6\Delta_f H_m^\ominus(O_2,\ g)] \\ &\quad - [6\Delta_f H_m^\ominus(CO_2,\ g) + 6\Delta_f H_m^\ominus(H_2O,\ l)] \\ &= [(-1\,273.0) + 0] - [6\times(-393.5) + 6\times(-285.8)] \\ &= 2\,802.8(kJ \cdot mol^{-1})\end{aligned}$$

由于 $\Delta_r H^\ominus = 2\,802.8\ kJ \cdot mol^{-1} > 0$，可判断此反应为吸热反应。

尽管反应的标准摩尔焓变 $\Delta_r H_m^\ominus$ 与反应温度有关，但在一般的温度范围内 $\Delta_r H_m^\ominus$ 变化不大，所以可以近似地认为与 298.15 K 的 $\Delta_r H_m^\ominus$ 数值相等。

## 2.3.6　标准摩尔燃烧焓

对有机化合物来说，因为分子结构比较复杂，大多数有机物很难、甚至不能从单质直接合成，所以有机化合物的生成焓难以直接测定。但大部分有机化合物容易燃烧，可以通过实验测定燃烧过程的热效应。热力学规定，在标准压力和指定温度下，1 mol 物质完全燃烧时所产生的恒压热效应，称为标准摩尔燃烧焓（standard molar enthalpy of combustion），用 $\Delta_c H_m^\ominus$ 表示（右下标 c 表示 combustion），单位为 $kJ \cdot mol^{-1}$。

定义中完全燃烧是指物质燃烧后生成最稳定的化合物或单质。如物质中的 C 变成 $CO_2(g)$，H 变成 $H_2O(l)$，S 变成 $SO_2(g)$，N 变成 $N_2(g)$，O 变成 $O_2(g)$ 等，规定这些生成

物的标准燃烧焓为零。例如，1 mol 葡萄糖在足量的氧气中完全燃烧，反应式为：

$$C_6H_{12}O_6(s)+6O_2(g) \longrightarrow 6CO_2(g)+6H_2O(l)$$

放出 2 802.5 kJ 的热，即 $\Delta_c H_m^{\ominus}=-2\,802.5\ kJ\cdot mol^{-1}$。

利用标准摩尔燃烧焓，可以求算有机反应的焓变。如图 2-4 所示，一条途径是反应物直接燃烧变成燃烧产物(途径Ⅰ)，另一条途径是反应物先变成生成物再转变成为燃烧产物(途径Ⅲ、Ⅱ)，途径虽不同，但两条途径的反应焓变相等。由此可以推导出由标准燃烧焓计算反应热效应的公式

$$\Delta_r H_m^{\ominus}=\sum \nu_i \Delta_c H_m^{\ominus}(\text{反应物})-\sum \nu_i \Delta_c H_m^{\ominus}(\text{生成物}) \tag{2-13}$$

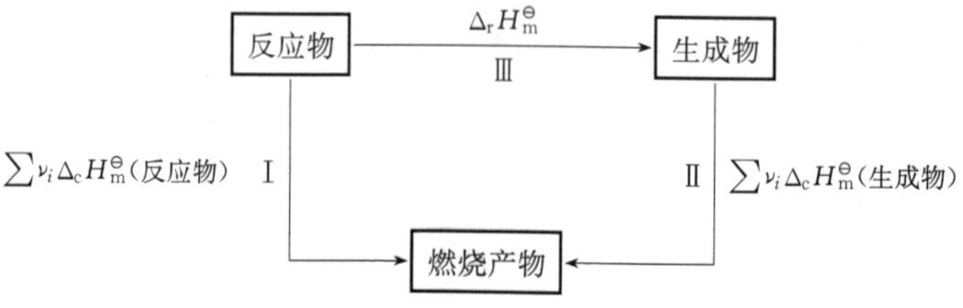


图 2-4　标准燃烧焓与反应焓变的关系

由此可知，计算反应热效应只要用反应物的标准燃烧焓总和减去生成物标准燃烧焓的总和就可以了。

**例 2-4**　已知 $\Delta_c H_m^{\ominus}(CH_3COOH,l)=-874.2\ kJ\cdot mol^{-1}$；$\Delta_c H_m^{\ominus}(C_2H_5OH,l)=-1\,366.8\ kJ\cdot mol^{-1}$；$\Delta_c H_m^{\ominus}(CH_3COOC_2H_5,l)=-2\,238.1\ kJ\cdot mol^{-1}$。

求反应 $CH_3COOH(l)+C_2H_5OH(l) \longrightarrow CH_3COOC_2H_5(l)+H_2O(l)$ 的反应热效应 $\Delta_r H_m^{\ominus}$。

**解：** 根据式(2-13)得

$$\begin{aligned}\Delta_r H_m^{\ominus}&=\Delta_c H_m^{\ominus}(CH_3COOH,l)+\Delta_c H_m^{\ominus}(C_2H_5OH,l)-\Delta_c H_m^{\ominus}(CH_3COOC_2H_5,l)\\&=(-874.2)+(-1\,366.8)-(-2\,238.1)\\&=2.9(kJ\cdot mol^{-1})\end{aligned}$$

## 2.4　化学反应的方向

热力学第一定律解决了变化过程中体系与环境之间的能量交换或传递的问题，但不能解决在一定条件下，体系状态发生改变的方向以及这种改变所能达到的限度问题，它们只能由热力学第二定律来解决。本节将讨论各物质处于标准状态时化学反应进行的方向。非标准状态下的情况将在以后介绍。

### 2.4.1　自发过程

自然界中所发生的一切变化都具有一定的方向性。例如，水总是自动地从高处向低处流，直至两处的水位相同；热会自动地由高温物体向低温物体传递，直至两物体的温度相等；气体会自动地由高压区向低压区流动，直至两区的压力相等。若要使上述过程逆向进行，则必须分别借助于抽水机、制冷机、压缩机等外力对其做功才能实现，这种在一定条件下不需要依靠外力而自动进行的过程，称为自发过程。若自发过程为化学过程，则称为自发反应。自发过程的逆过程叫做非自发过程，自发反应的逆过程叫做非自发反应。

从以上例子可以归纳出，自发过程具有下列特征：

1）单向性　　自发过程只朝一个方向进行；欲使其逆向进行，环境必须对体系做功。

2）具有做功能力　　在一定条件下进行自发过程的体系具有做功能力。例如从高处流下的水可以推动水轮机作机械功。

3）有一定限度　　任何自发过程做功的能力都是有限的，当做功能力完全丧失时，自发过程就停止进行。例如热传导到两物体温度相等时就停止。

**案例 2－1**

自然界中自发过程比比皆是，为什么许多过程我们观察不到？例如，氢气和氮气合成氨的过程就是自发过程，空气中存在大量 $N_2$ 与 $H_2$，我们为何闻不到氨味？又如，金刚石与石墨互为同素异形体，它们的价值有天壤之别。金刚石转化为石墨也是自发的，为何我们能够永久保存金刚石呢？

其实，能自发进行的过程，并不意味着立刻就可以完成。合成氨的反应虽然是自发的，但由于在室温下反应速率太小，无法被人所察觉。而金刚石转化石墨的过程更加缓慢，大可不必为金刚石的失值而担忧。有关反应速率的问题属于化学动力学的范畴，该内容将在后面的章节中介绍。那么决定自发过程方向的因素是什么呢？能否从理论上建立一个化学反应方向的判据呢？这就是接下来要讨论的主要问题。

### 2.4.2　熵与熵变

自然界中能自发进行的化学反应大多数是放热反应，这是因为反应体系倾向于最低的势能状态。但像碳酸钙分解这样的吸热反应也能在一定条件下（温度高于 1 123 K）自发进行。显然，某体系能否自发进行，除了倾向于达到最低势能状态外，一定还与体系的另一特性有关。此性质决定于体系内部质点的状态。例如，密闭的箱子用隔板隔成两半，一半装有氮气，一半装有氧气，两边气体的压力和温度相同。当去掉隔板后，两种气体自动扩散，均匀混合成散乱的无序状态。同样，冰的融化、NaCl 晶体的溶解、$CaCO_3$ 的分解等都是由排列有序、混乱度较小的状态向排列无序、混乱度较大的状态进行。由此可推断，体系质点混乱度（disorder）增大是反应自发进行的又一动力。或者说，化学反应自发进行的动力，不仅取决于体系的焓变，还取决于体系的混乱度。

为了定量地描述体系的混乱度，热力学引入了一个状态函数——熵(entropy)，作为体系内部质点混乱度的量度，用符号 $S$ 表示。每种物质都有各自的熵值，体系的混乱度越大，熵值就越大。熵的 SI 单位是 $J \cdot K^{-1}$，其大小具有加和性。

热力学第二定律(the second law of thermodynamics)指出，自发过程总是朝着使总熵(包括系统与环境的熵)增加的方向进行。即

$$\Delta S_{总} = \Delta S_{系统} + \Delta S_{环境} \geqslant 0 \tag{2-14}$$

其中，大于号表示自发过程的方向是导致总熵增加，等号表示自发过程的限度，变化到总熵不再增加时就会停止。换言之，可以把 $\Delta S_{总}$ 当做自发反应的判据：$\Delta S_{总} \geqslant 0$ 的过程可能自发进行，但其速率不得而知；$\Delta S_{总} < 0$ 的过程则一定不会自发进行。

**案例 2-2**

在常压下，0℃以下的水会自发地结成冰，显然这是一个熵降低的过程，为什么该过程能自发进行？

20 世纪初，人们从一系列低温实验中总结经验，得出了热力学第三定律(the third law of thermodynamics)：在 0 K 时，任何纯物质完整晶体的熵值等于零。即：

$$S_0 = 0 \quad (\text{下标“0”表示 0 K}) \tag{2-15}$$

如果将一种纯净晶体从 0 K 升温到任一温度 $T$，并测量这个过程的熵变，则

$$S_T - S_0 = \Delta S$$

由于 $S_0 = 0$，所以

$$\Delta S = S_T \tag{2-16}$$

热力学规定：标准状态下，1 mol 某纯物质的规定熵称作标准摩尔熵(standard molar entropy)，用符号 $S_m^{\ominus}$ 表示，SI 单位为 $J \cdot K^{-1} \cdot mol^{-1}$。

关于熵值的大小，一般有以下规律：

1) 同一物质聚集状态发生改变时，熵值也发生改变。气态的最高，固态的最低。即 $S_m(g) > S_m(l) > S_m(s)$。

2) 在相同的物理状态下，分子中的原子数目或电子数目越多，摩尔熵越大。因为较多的运动着的原子或电子能造成较大的混乱度。

3) 同一物质在不同温度时，其摩尔熵随温度升高而增大。

4) 摩尔质量相同的不同物质，结构越复杂，$S_m^{\ominus}$ 越大。

5) 对于气态物质，压力越大，微粒运动的自由程度越小，摩尔熵就小。

化学反应的标准摩尔熵变 $\Delta_r S_m^{\ominus}$ 可以由纯物质的标准摩尔熵 $S_m^{\ominus}$ 计算得到。因为熵是具有广度性质的状态函数，所以在标准状态下化学反应的熵变应等于生成物标准熵之和减去反应物标准熵之和，即

$$\Delta_r S_m^\ominus = \sum \nu_i \Delta_f S_m^\ominus(\text{生成物}) - \sum \nu_i \Delta_f S_m^\ominus(\text{反应物}) \tag{2-17}$$

$S_m^\ominus$和 $\Delta_r S_m^\ominus$受温度的影响较小，因此在一般的温度范围内可以近似地用 298.15 K 的相应数据代替计算。

**例 2-5**　计算下列反应在 298.15 K 时的标准摩尔熵变 $\Delta_r S_m^\ominus$：

$$2SO_2(g) + O_2(g) \longrightarrow 2SO_3(g)$$

**解**：由附录查得，各物质的标准摩尔熵如下：

| 物　质 | $SO_2(g)$ | $O_2(g)$ | $SO_3(g)$ |
|---|---|---|---|
| $S_m^\ominus(J \cdot K^{-1} \cdot mol^{-1})$ | 248.2 | 205.2 | 256.8 |

根据式 2-17 得：

$$\begin{aligned}\Delta_r S_m^\ominus &= 2 \times S_m^\ominus(SO_3, g) - [2 \times S_m^\ominus(SO_2, g) + S_m^\ominus(O_2, g)] \\ &= 2 \times 256.8 - 2 \times 248.2 - 205.2 \\ &= -188.0(J \cdot K^{-1} \cdot mol^{-1})\end{aligned}$$

此反应的 $\Delta_r S_m^\ominus < 0$，故在 298.15 K、标准状态下，体系的熵值减小，这是因为反应后气体的计量系数小于反应前的计量系数(即 $\Delta n < 0$)。

可以看出，虽然熵值增大有利于反应的自发进行，但是与反应焓变一样，仅仅用熵变作为化学反应自发性的判据也是不准确、不全面的。如上例中 $SO_2$ 氧化成 $SO_3$ 的反应在 298.15 K、标准态下是一个自发反应，但其 $\Delta_r S_m^\ominus < 0$。又如水转化为冰的过程，其 $\Delta_r S_m^\ominus < 0$，但是当 $T < 273.15$ K 时，该过程为自发过程。事实表明，化学反应的方向不仅与反应的焓变和熵变有关，还与温度有关。

### 2.4.3　吉布斯自由能变与化学反应的方向

美国著名的物理化学家吉布斯(J. W. Gibbs)在全面研究了影响化学反应自发性的因素后，提出了一个综合体系焓变、熵变和温度关系的新函数，称为吉布斯自由能(简称自由能)，用 $G$ 表示，其定义为

$$G = H - TS \tag{2-18}$$

由于焓($H$)、温度($T$)、熵($S$)都是状态函数，由状态函数组合起来的新函数——吉布斯自由能($G$)也是状态函数，单位是 $kJ \cdot mol^{-1}$。

在等温、等压条件下，化学反应的摩尔吉布斯自由能变($\Delta_r G_m$)与摩尔焓变($\Delta_r H_m$)、摩尔熵变 $\Delta_r S_m$ 以及温度 $T$ 之间有如下关系：

$$\Delta_r G_m = \Delta_r H_m - T\Delta_r S_m \tag{2-19}$$

式(2-19)称为吉布斯公式。

吉布斯指出，在等温、等压的封闭体系中，不做非体积功的条件下，$\Delta_r G_m$ 可以作为热

化学反应自发性的判据，即

$\Delta_r G_m < 0$　自发过程，化学反应正向进行

$\Delta_r G_m = 0$　平衡状态

$\Delta_r G_m > 0$　非自发过程，化学反应逆向进行

表明在等温、等压的封闭体系内，且不做非体积功的前提下，化学反应总是朝着吉布斯自由能($G$)减小的方向进行。当体系的吉布斯自由能不再改变($\Delta_r G_m = 0$)时，化学反应达到平衡状态，即体系的吉布斯自由能降低到最小值。这就是最小自由能原理。

从式 2-19 可以看到，在等温、等压的条件下，$\Delta_r G_m$ 取决于 $\Delta_r H_m$、$\Delta_r S_m$ 和 $T$。下面分四种情况分别讨论。

1) 若 $\Delta_r H_m < 0$(放热)，$\Delta_r S_m > 0$(熵增)，则 $T$ 为任何值时，均有 $\Delta_r G_m < 0$，故反应在任何温度下均能自发进行。

2) 若 $\Delta_r H_m > 0$(吸热)，$\Delta_r S_m < 0$(熵减)，则 $T$ 为任何值时，均有 $\Delta_r G_m > 0$，故反应在任何温度下均不能自发进行。

3) 若 $\Delta_r H_m > 0$(吸热)，$\Delta_r S_m > 0$(熵增)，则只有当 $T > \dfrac{\Delta_r H_m}{\Delta_r S_m}$ 时，$\Delta_r G_m < 0$，反应能自发进行；当 $T < \dfrac{\Delta_r H_m}{\Delta_r S_m}$ 时，$\Delta_r G_m > 0$，反应不能自发进行。

4) 若 $\Delta_r H_m < 0$(放热)，$\Delta_r S_m < 0$(熵减)，则只有当 $T < \dfrac{\Delta_r H_m}{\Delta_r S_m}$ 时，$\Delta_r G_m < 0$，反应能自发进行；当 $T > \dfrac{\Delta_r H_m}{\Delta_r S_m}$ 时，$\Delta_r G_m > 0$，反应不能自发进行。

这四种情况可以归纳于表 2-1。

**表 2-1　$\Delta_r H_m$、$\Delta_r S_m$、T 对 $\Delta_r G_m$ 及反应自发性的影响**

| 情况 | $\Delta_r H_m$ 的符号 | $\Delta_r S_m$ 的符号 | $\Delta_r G_m$ 的符号 | 反应方向 |
|---|---|---|---|---|
| 1 | − | + | − | 任何温度下均为自发反应 |
| 2 | + | − | + | 任何温度下均为非自发反应 |
| 3 | + | + | 低温，+ | 当 $T < \dfrac{\Delta_r H_m}{\Delta_r S_m}$ 时，为非自发反应 |
| | | | 高温，− | 当 $T > \dfrac{\Delta_r H_m}{\Delta_r S_m}$ 时，为自发反应 |
| 4 | − | − | 低温，− | 当 $T < \dfrac{\Delta_r H_m}{\Delta_r S_m}$ 时，为自发反应 |
| | | | 高温，+ | 当 $T > \dfrac{\Delta_r H_m}{\Delta_r S_m}$ 时，为非自发反应 |

式(2-19)是非标准状态下反应的摩尔吉布斯自由能变的计算，如果化学反应在标态下进行，则式(2-19)可以改写为

$$\Delta_r G_m^\ominus = \Delta_r H_m^\ominus - T\Delta_r S_m^\ominus \tag{2-20}$$

标准摩尔反应吉布斯自由能变 $\Delta_r G_m^\ominus$(standard molar Gibbs free energy of reaction)除了

可根据式(2－20)求算外，还可由标准摩尔生成吉布斯自由能求算。在标准状态下，由最稳定的纯态单质生成单位物质的量的某物质时的吉布斯自由能变称为该物质的标准摩尔生成吉布斯自由能(standard molar Gibbs free energy of formation)，以 $\Delta_f G_m^\ominus$表示，单位为 $kJ \cdot mol^{-1}$。类似于标准摩尔生成焓的定义，不难理解，任何最稳定的纯态单质的标准摩尔生成吉布斯自由能均为零。附录 3 中列出了在 298.15 K 时一些常见物质的标准摩尔生成吉布斯自由能的数据。

化学反应的标准摩尔吉布斯自由能变($\Delta_r G_m^\ominus$)的计算方法和标准摩尔焓变($\Delta_r H_m^\ominus$)、标准摩尔熵变($\Delta_r S_m^\ominus$)的计算原则相同，即与反应的始态和终态有关，而与变化的具体途径无关。在标准状态下，化学反应的标准摩尔吉布斯自由能变($\Delta_r G_m^\ominus$)按下式计算：

$$\Delta_r G_m^\ominus = \sum \nu_i \Delta_f G_m^\ominus(\text{生成物}) - \sum \nu_i \Delta_f G_m^\ominus(\text{反应物}) \tag{2-21}$$

即反应的标准摩尔吉布斯自由能变等于生成物的标准摩尔生成吉布斯自由能之和减去反应物的标准摩尔生成吉布斯自由能之和。

**例 2－6**　计算下列反应的 $\Delta_r G_m^\ominus$，并由此判断反应能否自发进行：

$$CaO(s) + CO_2(g) \xlongequal{\quad} CaCO_3(s)$$

**解：**由附录查得 298.15 K 时各物质的 $\Delta_f G_m^\ominus$：

| 物　质 | $CaO(s)$ | $CO_2(g)$ | $CaCO_3(s)$ |
|---|---|---|---|
| $\Delta_f G_m^\ominus/(kJ \cdot mol^{-1})$ | －603.3 | －394.4 | －1 129.1 |

由式(2－21)得：

$$\begin{aligned}\Delta_r G_m^\ominus &= \Delta_f G_m^\ominus(CaCO_3, s) - [\Delta_f G_m^\ominus(CaO, s) + \Delta_f G_m^\ominus(CO_2, g)] \\ &= -1\,129.1 - [(-603.3) + (-394.4)] \\ &= -131.4(kJ \cdot mol^{-1})\end{aligned}$$

$\Delta_r G_m^\ominus < 0$，所以反应可以自发进行。

另外，热力学中没有指定标准态的温度数值，而前面也提到，温度变化对 $\Delta_r H_m^\ominus$和 $\Delta_r S_m^\ominus$的影响又较小，因此，在求算 $\Delta_r G_m^\ominus(T)$的近似值时，可采用 298.15 K 时的 $\Delta_r H_m^\ominus$和 $\Delta_r S_m^\ominus$数值代替其他温度的相应变量：

$$\Delta_r G_m^\ominus(T) = \Delta_r H_m^\ominus(298.15\ K) - T\Delta_r S_m^\ominus(298.15\ K) \tag{2-22}$$

利用式(2－22)，不仅可以近似地计算出温度 $T$ 时反应的标准摩尔吉布斯自由能变，还能估算出 $\Delta_r H_m^\ominus > 0$、$\Delta_r S_m^\ominus > 0$ 的化学反应在等温、标态下自发进行的最低温度，以及 $\Delta_r H_m^\ominus < 0$、$\Delta_r S_m^\ominus < 0$ 的化学反应自发进行的最高温度。

**例 2－7**　上例中的逆反应 $CaCO_3(s) \xlongequal{\quad} CaO(s) + CO_2(g)$，已知 $\Delta_r H_m^\ominus(298.15\ K) = 178.3\ kJ \cdot mol^{-1}$，$\Delta_r S_m^\ominus(298.15\ K) = 160.4\ J \cdot K^{-1} \cdot mol^{-1}$，求反应在 1 200 K 时的$\Delta_r G_m^\ominus$及反应自发进行的最低温度。

**解：** 根据式1-22得：

$$\Delta_r G_m^\ominus(1\,200\text{ K}) = \Delta_r H_m^\ominus(298.15\text{ K}) - 1\,200\Delta_r S_m^\ominus(298.15\text{ K})$$
$$= 178.3 - \frac{1\,200 \times 160.4}{1\,000}$$
$$= -14.18(\text{kJ}\cdot\text{mol}^{-1})$$

要使反应自发进行，必须满足 $\Delta_r G_m^\ominus(T) < 0$，因为 $\Delta_r H_m^\ominus(298.15\text{ K}) > 0$、$\Delta_r S_m^\ominus(298\text{ K}) > 0$，所以

$$T > \frac{\Delta_r H_m^\ominus(298.15\text{ K})}{\Delta_r S_m^\ominus(298.15\text{ K})} = \frac{178.3 \times 1\,000}{160.4} = 1\,112(\text{K})$$

即 $CaCO_3$ 分解的最低温度为1 112 K。同时也可以看出，温度对 $\Delta_r G_m^\ominus$ 的影响不可忽略。

**【科学家简介】 吉布斯(Josiah Willard Gibbs，1839～1903)**

美国物理化学家。1839年2月11日生于康涅狄格州的纽黑文(New Haven)。1854～1858年在耶鲁大学学习。1863年获耶鲁大学工程学博士学位并留校任助教。1866～1868年去欧洲进修，在巴黎、柏林和海德堡各一年，就学于H. G. 马格纽斯，G. R. 基尔霍夫和H. V. 亥姆霍兹等著名科学家。1869年回国后继续任教。1870年后任耶鲁大学的数学物理教授。1903年4月28日在纽黑文逝世。

吉布斯在1873～1878年发表的三篇论文中，以严密的数学形式和严谨的逻辑推理，导出了数百个公式，特别是引进热力学势处理热力学问题，在此基础上建立了关于物相变化的相律，为化学热力学的发展做出了卓越的贡献。1902年，他把玻尔兹曼和麦克斯韦所创立的统计理论推广和发展成为系统理论，从而创立了近代物理学的统计理论及其研究方法。

作为物理化学家的吉布斯在热力学和统计热力学方面作出了突出的贡献。1873年他发表了关于热力学的第一篇论文《流体热力学的图示法》，从熵概念出发，用体系参数的变化表示体系内能的变化，得出热力学的基本方程，他将熵和温度作为热力学坐标，扩展热力学状态的二维图示法，这种方法在工业上获得广泛的应用。同年他又发表第二篇论文《物质的热力学性质的几何曲面表示法》，此文将坐标扩展为三维——内能、体积和熵，这就便于说明热力学平衡态纯净物质不同相共存时，热力学性质以及在给定条件下这些状态的稳定性。这两篇文章发表后立即引起英国的麦克斯韦的高度重视，将其成果向欧洲大陆介绍。1876年和1878年先后分两部分发表了被人们称为"伟大论文"的第三篇论文《关于复相物质的平衡》，文章长达300页包括七百多个公式。前两篇文章是讨论单一化学物质(单组分)体系，这篇文章则讨论多组分复相体系，还提出化学势的概念，导出相律，使物理化学得到很大发展。

吉布斯为人谦虚，不善交际，治学严谨，为19世纪最出色的科学家之一，被美国科学院及欧洲14个科学机构选为院士或通讯院士，并多次被授予荣誉学位。曾获得伦敦皇家学会的科普勒奖章。如今美国化学会的主要奖励就是吉布斯奖章。纽约大学还建造了他的半身铜像。

# 习　题

1. “标准态”与“标准状况”含义是否相同？

2. 有人说“焓是体系内部所含的热”，这种说法是否正确？

3. 状态函数 $H$、$U$、$p$、$V$、$T$ 是否都具有加和性？

4. 如下概念的物理意义有何区别：

(1) 封闭体系和孤立体系；

(2) 功、热和能；

(3) 热力学能和焓；

(4) 生成焓、燃烧焓和反应焓；

(5) 过程的自发性和可逆性。

5. “凡是体系的温度升高时就一定吸热，而温度不变时，则体系既不吸热也不放热。”这种说法正确吗？

6. 反应 $C_3H_8(g)+5O_2(g)═══3CO_2(g)+4H_2O(l)$ 在敞开容器体系中燃烧，测得其298 K的恒压反应热为 $-2\ 220\ kJ\cdot mol^{-1}$，求：

(1) 反应的 $\Delta_r H_m^\ominus$ 是多少？

(2) 反应的 $\Delta U$ 是多少？

7. 已知下列数据

(1) $Zn(s)+\frac{1}{2}O_2(g)═══ZnO(s)$　　$\Delta_r H_m^\ominus(1)=-350.5\ kJ\cdot mol^{-1}$

(2) $S$(斜方)$+O_2(g)═══SO_2(g)$　　$\Delta_r H_m^\ominus(2)=-296.8\ kJ\cdot mol^{-1}$

(3) $SO_2(g)+\frac{1}{2}O_2(g)═══SO_3(g)$　　$\Delta_r H_m^\ominus(3)=-98.9\ kJ\cdot mol^{-1}$

(4) $ZnSO_4(s)═══ZnO(s)+SO_3(g)$　　$\Delta_r H_m^\ominus(4)=236.6\ kJ\cdot mol^{-1}$

求 $ZnSO_4(s)$ 的标准生成热。

8. 煤中含有硫，燃烧时会产生有害的 $SO_3$，用便宜的生石灰消除炉中的 $SO_3$ 减少污染，其反应如下：$CaO(s)+SO_3(s)═══CaSO_4(s)$。在298.15 K，101.325 kPa时，$\Delta_r H=-402.0\ kJ$，$\Delta_r G=-345.7\ kJ$。此反应在室温下自发进行，问：保持此反应自发进行的最高炉温是多少？

9. 氮化硼是优良的耐高温绝缘材料，可用反应 $B_2O_3(s)+2NH_3(g)═══2BN(s)+3H_2O(g)$ 制取，试用热力学数据，通过计算回答：

(1) 反应的 $\Delta_r H_m^\ominus$ 和 $\Delta_r S_m^\ominus$ 是多少?

(2) 反应的 $\Delta_r G_m^\ominus(298.15\ K)$=? 298.15 K 时是否自发?

(3) 正反应自发进行的温度条件是什么?

10. 试用热力学原理说明用一氧化碳还原三氧化二铝制备单质铝是否可行。

# 第3章　化学反应速率

**内容摘要**

本章主要介绍化学反应速率及影响反应速率的主要因素。在介绍化学反应速率表示方法的基础上，重点阐述浓度、温度、催化剂对反应速率的影响，讨论一级、二级和零级反应，并分析它们的基本特征，简要介绍反应速率理论、化学反应的机理及酶催化的特征。

对任何一个化学反应来说总有两个最基本的问题：一是化学反应的方向和限度，即可能性；二是化学反应的快慢，即现实性。化学热力学可以解决化学反应的方向和限度问题，但热力学认为可以自发进行的化学反应，实际上并不一定都能实现。例如，汽车尾气中的有害气体 CO 和 NO，两者反应生成无害的 $CO_2$ 和 $N_2$

$$CO(g) + NO(g) = CO_2(g) + N_2(g)$$

该反应的 $\Delta_r G_m^{\ominus} = -334\ kJ \cdot mol^{-1}$，从热力学上判断，常温下该反应自发进行的趋势很大，但实际上反应极慢，没有现实意义。所以，除了要从热力学的角度研究化学反应的可能性之外，还必须考虑化学反应的速率，即化学反应的现实性。

研究化学反应速率的科学称为化学动力学(chemical kinetics)，它主要研究化学反应速率、反应机制及影响反应速率的因素。化学动力学研究的最终目的是揭示化学反应的本质，使人们更好地控制反应过程，以满足实际生产和科学研究的需要。同样，研究生物体内各类反应的速率和历程，对认识生命现象、疾病的发生和药物的作用等也是十分重要的。

## 3.1　化学反应速率的定义及表示方法

### 3.1.1　化学反应速率

化学反应速率(rate of a chemical reaction)是衡量化学反应过程进行的快慢的物理量，即反应系统中各物质的数量随时间的变化率。

通常可以用反应物浓度或生成物浓度随时间的变化率来表示。在一般的化学反应方程式中，各物质的化学计量系数常常不相同，因而用反应物或生成物浓度随时间的变化率表示同一反应的反应速率时，其数值就会不同。为使反应速率具有单一值，现采用反应进度 $\xi$ 随时间的变化率来表示反应速率。用反应进度表示的反应速率可定义为单位体积内反应进度随时间的变化率，即

$$\gamma = \frac{1}{V}\frac{\mathrm{d}\xi}{\mathrm{d}t} \tag{3-1}$$

式(3－1)中 $\gamma$ 为反应速率；$V$ 为反应系统的体积。
因

$$\mathrm{d}\xi = \frac{\mathrm{d}n_{\mathrm{B}}}{\nu_{\mathrm{B}}} \tag{3-2}$$

将式(3－2)代入式(3－1)，整理得

$$\gamma = \frac{1}{\nu_{\mathrm{B}}}\frac{\mathrm{d}c_{\mathrm{B}}}{\mathrm{d}t} \tag{3-3}$$

式(3－3)中 $c_{\mathrm{B}}$ 为 B 的物质的量浓度；$\nu_{\mathrm{B}}$ 为 B 的化学计量数。反应速率 $\gamma$ 的量纲为浓度·时间$^{-1}$，例如 $\mathrm{mol \cdot L^{-1} \cdot s^{-1}}$。

用反应进度表示的反应速率 $\gamma$ 与选择何种反应物还是生成物无关，且反应速率 $\gamma$ 只有单一数值。例如，对一任意化学反应

$$a\mathrm{A} + b\mathrm{B} \longrightarrow g\mathrm{G} + h\mathrm{H}$$

有

$$\gamma = -\frac{1}{a}\frac{\mathrm{d}c_{\mathrm{A}}}{\mathrm{d}t} = -\frac{1}{b}\frac{\mathrm{d}c_{\mathrm{B}}}{\mathrm{d}t} = \frac{1}{g}\frac{\mathrm{d}c_{\mathrm{G}}}{\mathrm{d}t} = \frac{1}{h}\frac{\mathrm{d}c_{\mathrm{H}}}{\mathrm{d}t}$$

注意：由于反应物随反应的进行而减少，$\mathrm{d}c_{\mathrm{A}}/\mathrm{d}t$ 和 $\mathrm{d}c_{\mathrm{B}}/\mathrm{d}t$ 为负值，故其前取负号，使 $\gamma$ 为正值；在表示反应速率时，必须写明化学反应计量方程式。例如合成氨反应

$$\mathrm{N_2 + 3H_2 = 2NH_3}$$

$$\gamma = -\frac{1}{1}\frac{\mathrm{d}c_{\mathrm{N_2}}}{\mathrm{d}t} = -\frac{1}{3}\frac{\mathrm{d}c_{\mathrm{H_2}}}{\mathrm{d}t} = \frac{1}{2}\frac{\mathrm{d}c_{\mathrm{NH_3}}}{\mathrm{d}t}$$

对绝大多数化学反应而言，其反应速率随着反应的进行而不断改变，因而反应速率又有平均速率和瞬时速率两种表示方式。

### 3.1.2 平均速率和瞬时速率

化学反应的平均速率(average rate)是在一段时间间隔内反应中某组分浓度变化的平均值，用 $\overline{\gamma}$ 表示，即

$$\overline{\gamma} = -\frac{\Delta c}{\Delta t} \tag{3-4}$$

式(3－4)中 $\Delta c$ 为末了时刻的浓度减去初始时刻的浓度；$\Delta t$ 为末了时刻减去初始时刻，负号表示 $c$ 为反应物。以 $H_2O_2$ 水溶液在 $I^-$ 催化下的分解反应为例来说明平均速率

$$H_2O_2(aq) \xlongequal{I^-} H_2O(l) + \frac{1}{2}O_2(g)$$

在 298.15 K 时，测定不同时间 $O_2$ 的量，就可以计算出 $H_2O_2$ 浓度，从而求出 $H_2O_2$ 的分解速率。若 $H_2O_2$ 的初始浓度为 0.80 $mol \cdot L^{-1}$，测定 $O_2$ 的时间间隔为 20 min，$H_2O_2$ 的分解速率如表 3－1 所示。

**表 3－1　$H_2O_2$ 溶液的分解速率(298.15 K)**

| $t$/min | $c(H_2O_2)/(mol \cdot L^{-1})$ | $\bar{\gamma}/(mol \cdot L^{-1} \cdot min^{-1})$ | $\gamma/(mol \cdot L^{-1} \cdot min^{-1})$ |
|---|---|---|---|
| 0 | 0.80 | — | — |
| 20 | 0.40 | $2.0\times10^{-2}$ | $1.4\times10^{-2}$ |
| 40 | 0.20 | $1.0\times10^{-2}$ | $7.5\times10^{-3}$ |
| 60 | 0.10 | $5.0\times10^{-3}$ | $3.8\times10^{-3}$ |
| 80 | 0.050 | $2.5\times10^{-3}$ | $1.9\times10^{-3}$ |

表 3－1 可知，反应刚开始时，反应速率较快，随着反应的进行，$H_2O_2$ 不断被消耗，其浓度也相应减小，因而反应速率逐渐变慢。

由于 $H_2O_2$ 的分解速率是随 $H_2O_2$ 的浓度变化而变化的，浓度又随时间的变化而改变，为了确切地表示 $H_2O_2$ 在某一时刻分解的真实速率，就应该用瞬时速率(instantaneous rate)来表示。瞬时速率即令 $\Delta t$ 趋近于零时的速率，即

$$\gamma = \lim_{\Delta t \to 0} \frac{-\Delta c(H_2O_2)}{\Delta t} = -\frac{dc(H_2O_2)}{dt} \tag{3-5}$$

通常所说的反应速率均指瞬时速率。

反应的瞬时速率可通过作图法求得。将表 3－1 中 $H_2O_2$ 浓度对时间作图，得图 3－1。图中曲线上各相应时间点的斜率取绝对值，即为各时刻的瞬时速率。

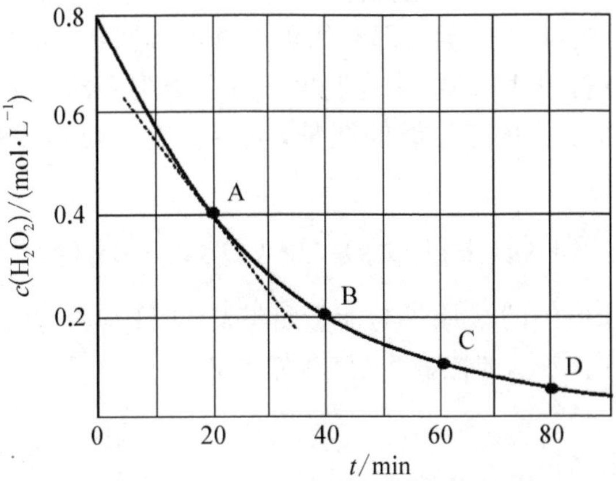


图 3－1　$H_2O_2$ 分解反应的浓度-时间曲线

表 3-1 还列出了 $H_2O_2$ 在 20 min、40 min、60 min、80 min 时分解的速率。表 3-1 和图 3-1 清楚地表明，每一时刻 $H_2O_2$ 分解的瞬时速率都不相同。

# 3.2 反应速率理论简介

自然界的化学反应速率千差万别，有些反应瞬间完成，如火药爆炸、离子反应等；有些反应慢到难以觉察，如常温常压下氢气与氧气化合生成水、煤和石油在地壳内的形成等。为了探讨影响化学反应速率的内在因素，从 19 世纪末开始，人们就从分子结构和分子运动的微观角度来寻找化学反应速率的规律，逐渐形成了两种较为成熟的理论，即碰撞理论和过渡状态理论。

## 3.2.1 碰撞理论

1. 有效碰撞

1918 年，路易斯(W. C. M. Lewis)在阿伦尼乌斯(S. A. Arrhenius)活化能概念的基础上，结合气体分子运动论，建立了反应速率的碰撞理论(collision theory)。该理论认为，若要发生化学反应，在反应物分子接近时其旧化学键断裂，产物分子的新化学键形成，而旧键的断裂和新键的形成是通过反应物分子间的碰撞实现的。但是，并非所有的碰撞都会引起化学反应的发生。理论计算表明，在 273.15 K、101.3 kPa 时，气体分子间的碰撞可高达 $10^{32}$ 次 $\cdot L^{-1} \cdot s^{-1}$，如果每一次碰撞都发生化学反应，则与碰撞频率 $10^{32}$ 次 $\cdot L^{-1} \cdot s^{-1}$ 相对应的反应速率约为 $10^{8}\ mol \cdot L^{-1} \cdot s^{-1}$，那么一切气体反应都在瞬间完成，这显然与事实不符。实际上，一般气体反应速率约为 $10^{-4}\ mol \cdot L^{-1} \cdot s^{-1}$。这表明，不是所有的碰撞都会导致化学反应。

路易斯碰撞理论认为，在气体反应中，反应物分子不断发生碰撞，在无数次碰撞中只有少数或极少数分子才能发生反应，能够发生化学反应的碰撞称为有效碰撞(effective collision)，大部分不发生反应的碰撞称为弹性碰撞(elastic collision)。要发生有效碰撞，反应物分子必须具备两个条件：一是反应物分子必须具有足够的能量，只有能量足够高的分子互相碰撞，才能破坏分子内部旧的化学键生成新物质；二是碰撞时要有合适的方向，只有在反应的部位发生碰撞，才能发生旧键的断裂和新键的形成。如果碰撞的部位不合适，即使反应物分子具有足够的能量，也不会发生反应。例如水与一氧化碳的反应

$$CO(g) + H_2O(g) \longrightarrow CO_2(g) + H_2(g)$$

只有当能量足够高的 CO 中的 C 原子与能量足够高的 $H_2O$ 中的 O 原子靠近，并且沿着 O—C…O—H 直线方向碰撞，才能发生反应，如图 3-2(Ⅱ)所示，(Ⅰ)为弹性碰撞，不会发生反应。

2. 活化分子与活化能

反应物分子中具有较高能量并能够发生有效碰撞的分子称为活化分子(activated

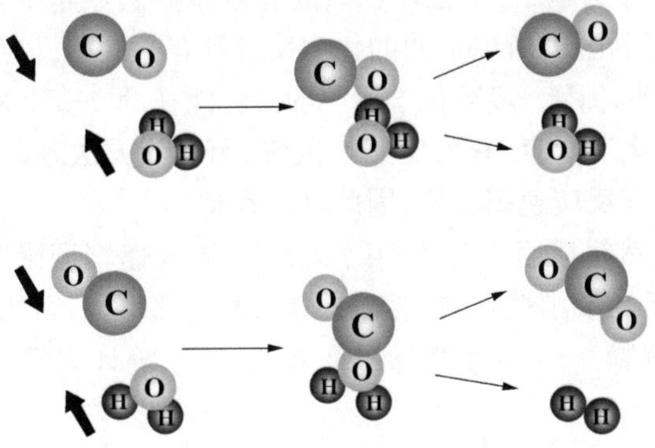


(Ⅰ)弹性碰撞　(Ⅱ)有效碰撞

图 3-2　分子碰撞的位置示意图

molecule)。活化分子具有的最低能量与反应物分子的平均能量之差称为活化能(activation energy)*，即

$$E_a = E_c - E_{平} \tag{3-6}$$

式(3-6)中 $E_a$ 为活化能；$E_c$ 为活化分子具有的最低能量；$E_{平}$ 为反应物分子的平均能量。活化能 $E_a$ 是取值大于零的物理量，单位为 $kJ \cdot mol^{-1}$。

活化能与活化分子之间的关系可以从气体分子的能量分布规律来理解。根据气体分子运动理论，气体分子以极高的速率运动并相互之间频繁碰撞，由于碰撞等原因，分子间不断进行着能量的重新分配，使得每个分子具有的能量不断变化。但从统计结果分析，在一定温度下，具有一定能量的分子数目是不随时间变化的。图 3-3 所示的是一定温度下气体分子的能量分布曲线，横坐标 $E$ 表示气体分子的能量，纵坐标($\Delta N/N\Delta E$)表示具有能量为 $E \sim (E+\Delta E)$范围内单位能量区间的分子数与分子总数的比值，此比值称为分子分数。曲线下的总面积表示具有各种能量分子分数的总和，其值等于 1；阴影部分的面积表示活化分子；阴影部分的面积与整个曲线下总面积之比是活化分子在分子总数中所占的比值，即活化分子分数。

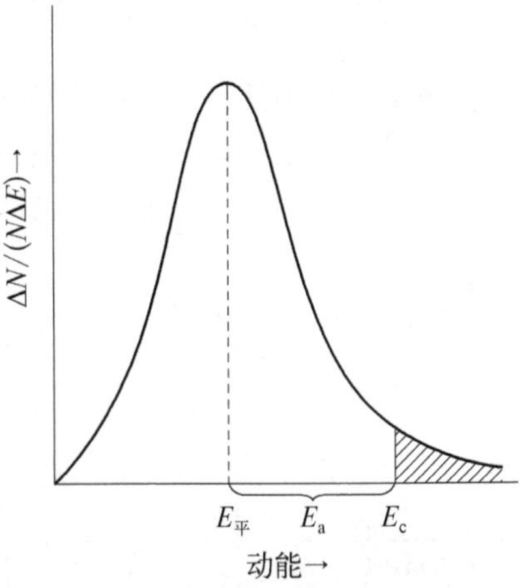


图 3-3　气体分子的能量分布曲线

气体分子能量分布曲线表明，活化分子占分子总数的比值小。

化学反应速率与反应的活化能密切相关。当温度一定时，活化能越小，其活化分子分数越大，单位体积内的有效碰撞次数越多，反应速率越快；

* 活化能的另一种说法：基元反应的活化能是活化分子的平均能量与反应物分子的平均能量之差。关于活化能的定义，目前尚未完全统一，随着反应速率理论的发展，人们对活化能的理解也在逐步深化。

反之，活化能越大，活化分子分数越小，单位体积内的有效碰撞次数越少，反应速率越慢。因为不同的反应具有不同的活化能，所以不同的化学反应具有不同的反应速率，活化能是决定化学反应速率快慢的根本原因。多数化学反应的活化能在 60～250 $kJ \cdot mol^{-1}$之间。活化能小于 40 $kJ \cdot mol^{-1}$的化学反应，其反应速率极快，用一般方法难以测定；而活化能大于 400 $kJ \cdot mol^{-1}$的反应，其反应速率极慢，因此难以察觉。

碰撞理论描述了一幅虽然粗糙但十分明确的反应图像，为速率理论的发展奠定了基础。但在具体处理时，把分子当成刚性球体，忽略了分子的内部结构，因此，对一些比较复杂的反应，常不能给予合理解释。1935 年艾林(H. Eyring)在统计力学和量子力学的基础上，提出了过渡态理论。

### 3.2.2 过渡态理论

1. 活化中间体

过渡态理论(theory of transition state)认为，化学反应并不是通过反应物分子的简单碰撞完成的。在反应过程中反应物分子在碰撞中先形成一种高能量的过渡态，处于过渡态的分子称为活化中间体。具有高能量的活化中间体不稳定，它既能较快地分解为反应物，也能转化成产物。以下面简单反应模式说明这一观点。

$$A+B-C \rightleftharpoons [A\cdots B\cdots C] \rightarrow A-B+C$$

当反应物 A 与 B—C 相互接触时，分子 B—C 中的旧键减弱，但又没有完全断裂，同时，A 与 B 间的新键逐渐形成，但又未完全形成，因此，形成一种不稳定的活化中间体[A…B…C]。这种活化中间体可能分解成原来的反应物，也可转化成反应物。过渡态理论认为，形成活化中间体是一种快步骤，很快就达到平衡，活化中间体转化成产物则是一种慢步骤，它控制着整个化学反应的速率。

2. 活化能与反应热

能形成活化中间体的反应物分子具有比一般分子更高的能量。过渡态理论认为，处于过渡态的活化中间体分子所具有的能量与反应物分子的平均能量之差，称为活化能，用符号 $E_a$表示。由于活化中间体能量高，不稳定，可以转化成产物，也可以分解为原来的反应物。若产物分子的能量低于反应物分子的能量，多余的能量则以热的形式释放出来，反应即为放热反应；反之，反应为吸热反应。反应过程的能量变化如图 3-4 所示。

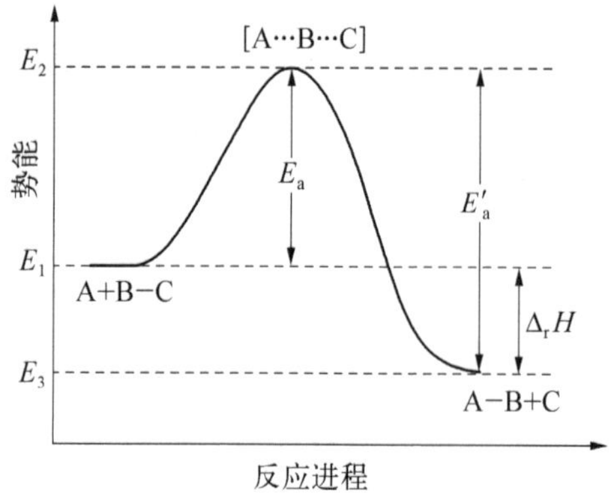


图 3-4　反应过程的能量变化

由图 3-4 可见，活化能犹如反应的能垒，反应物分子必须越过这个能垒，反应才能进行。化学反应也就是反应物分子吸收足够能量以克服能垒的过程。此例中产物的势能低于反应物的势能，即正向反应为放热反应，其逆反应则为吸热反应，且正反应放出的热量与逆反应吸收的热量相等，如果反应是在

等压条件下进行，这个热量就是等压反应热，它等于正向反应的活化能与逆向反应的活化能之差，即

$$\Delta_r H = E_a - E'_a \tag{3-7}$$

过渡态理论把反应速率与反应的微观过程联系起来，进一步从微观结构和反应过程的能量变化来说明反应速率，但由于微观反应的复杂性，反应速率理论还有待不断研究和完善。

**案例 3-1　飞秒化学**

化学动力学作为一门独立的学科已有一百多年的历史，其发展经历了从宏观动力学到微观动力学的两个主要阶段。宏观动力学主要研究化学反应速率与反应过程中温度、浓度、压力和催化剂等之间的关系，但是从宏观上去解释化学反应，无法完整描述化学反应中分子的真实变化过程。而从微观的分子层次上观察、研究化学反应，在技术上难度非常大，因为化学反应中分子真实变化过程的时间往往是在皮秒($10^{-12}$ s)和飞秒($10^{-15}$ s)的数量级。能观察到化学反应中分子的真实变化过程是人们多年来追逐的一个梦想。

从 20 世纪中叶开始，化学反应的动力学研究进入了微观动力学时代。1949 年和 1953 年，诺里什(G. W. Norish)、波特(G. Porter)和艾根(M. Eigen)分别发展了闪光光解和驰豫技术，并研究了寿命为微秒的反应中间体。后来，李远哲和美国化学家赫休巴赫(D. R. Herschbach)用交叉分子束和激光技术研究分子反应动力学，能够确定从反应物到过渡态的能量变化，两位科学家因此获得了 1986 年的诺贝尔化学奖。20 世纪 80 年代，埃及物理化学家泽伟尔(A. H. Zewail)教授利用飞秒激光脉冲技术研究化学反应的机理，首次直接从实验中观察到化学反应的过程，真正实现对基元反应的“实时”检测，实现了人们在分子层次上观察化学反应的梦想，并创立了飞秒化学的分支，因此荣获 1999 年诺贝尔化学奖。

随着飞秒化学研究的发展，可以进一步了解发生在气相、液相、固相、团簇和界面中分子的动力学行为，也可望从量子态-态相互作用的层次上对化学反应过程的实现控制。此外，还可以帮助我们了解发生在生物体系中的种种变化。这一切，将使人类对世界的认识产生深远的影响。

## 3.3　浓度对化学反应速率的影响

化学反应速率主要取决于反应物的本性，但外界条件的改变也会影响反应速率。影响反应速率的外界因素主要有浓度、温度和催化剂。本节讨论反应物浓度对反应速率的影响。

### 3.3.1　基元反应、简单反应与复合反应

一般的化学反应方程式是根据反应物与产物写出反应的总结果，这种方程式表示了

反应物与产物之间的计量关系，但它反映不出反应物是怎样转变成产物的。实际上，许多化学反应并不是一步完成的，而是要经过几个中间步骤才能生成最终产物。

由反应物一步直接生成产物的反应称为基元反应(elementary reaction)。如下例反应就是基元反应

$$CO(g) + H_2O(g) \longrightarrow CO_2(g) + H_2(g)$$

由一个基元反应组成的反应称为**简单反应**。由两个或两个以上基元反应组成的反应称为**复合反应**(complex reaction)。例如反应

$$H_2(g) + I_2(g) \longrightarrow 2HI(g)$$

经研究发现，该反应是一个复合反应，它经历了两个步骤，也就是两个基元反应，即

$$I_2(g) \rightleftharpoons 2I(g) \qquad \text{(快反应)}$$

$$2I(g) + H_2(g) \longrightarrow 2HI(g) \qquad \text{(慢反应)}$$

慢反应步骤限制了整个复合反应的速率，故该慢反应步骤称为速率控制步骤(rate-determining step)。

一个化学反应所经历的途径或具体步骤称为反应机制或反应机理(reaction mechanism)。基元反应表明了从反应物到产物所经历的实际过程，即反应机理。判断一个化学反应是基元反应还是复合反应须经过反应机理的研究才能确定。

基元反应中反应物微粒数之和称为反应分子数(molecularity of reaction)。此处的微粒可为分子、离子、自由原子或自由基等。常见的基元反应有单分子反应、双分子反应和三分子反应。例如氯乙烷的分解反应是单分子反应

$$C_2H_5Cl \longrightarrow C_2H_4 + HCl$$

二氧化氮与一氧化碳的反应是双分子反应

$$NO_2 + CO \longrightarrow NO + CO_2$$

氢分子与碘原子的反应为三分子反应

$$H_2(g) + 2I(g) \longrightarrow 2HI(g)$$

三分子反应较为少见，因为要三个分子同时碰撞且发生反应的可能性很小。三分子以上的反应至今尚未发现。

### 3.3.2 质量作用定律

实验表明，当其他条件一定时，增加反应物浓度能加快反应速率。这是因为在一定温度下增加反应物浓度时，单位体积内活化分子的数目也相应增多，单位体积内有效碰撞次数必然增加，因而化学反应速率加快。

1867年，挪威化学家古柏(C. M. Guldberg)和瓦格(P. Waage)通过大量化学实验，总结出了基元反应的反应速率与反应物浓度之间的定量关系。当温度一定时，基元反应的反应速率与各反应物浓度幂(化学反应计量方程式中相应的系数为指数)的乘积成正

比，这就是化学反应速率的质量作用定律(mass action law)。例如基元反应

$$CO(g) + H_2O(g) \longrightarrow CO_2(g) + H_2(g)$$

质量作用定律的数学式为

$$\gamma = kc_{CO} \cdot c_{H_2O} \tag{3-8}$$

式(3-8)中 $k$ 为速率常数(rate constant)，它在数值上等于单位浓度 1 mol·$L^{-1}$时的反应速率。$k$ 值的大小是由反应物的本性所决定的，与反应物浓度无关，但受温度、催化剂和溶剂等的影响。一般来说，$k$ 值越大，反应速率就越快。

在应用质量作用定律时要注意以下几点：

1) 质量作用定律只适用于基元反应。对于复合反应，质量作用定律只适用于其中的每一步基元反应，但不适用于总反应。

2) 纯固态或纯液态反应物的浓度不写入质量作用定律表达式中。例如碳的燃烧反应

$$C(s) + O_2(g) \longrightarrow CO_2(g)$$

$$\gamma = k \cdot c_{O_2}$$

3) 在稀溶液中进行的反应，若溶剂参与反应，也不写入质量作用定律表达式中。例如蔗糖稀溶液的水解反应

$$C_{12}H_{22}O_{11}(\text{蔗糖}) + H_2O \longrightarrow C_6H_{12}O_6(\text{葡萄糖}) + C_6H_{12}O_6(\text{果糖})$$

$$\gamma = k \cdot c_{C_{12}H_{22}O_{11}}$$

### 3.3.3 速率方程式

表示反应速率与反应物浓度之间定量关系的数学式称为速率方程式(rate equation)。对于基元反应，可根据质量作用定律按化学反应方程式直接写出速率方程式；而对于复合反应，必须通过实验来确定速率方程式。任一化学反应

$$aA + bB \longrightarrow \text{产物}$$

其速率方程式为

$$\gamma = kc_A^{\alpha} \cdot c_B^{\beta} \tag{3-9}$$

式(3-9)中 $k$ 为速率常数；$\alpha$ 为浓度项 $c_A$ 的指数；$\beta$ 为浓度项 $c_B$ 的指数。$\alpha$ 和 $\beta$ 不一定是反应物的化学计量系数，只能通过实验来确定。

对于已知反应机理的复合反应，可由质量作用定律推导出速率方程式。例如反应

$$2N_2O_5(g) \longrightarrow 4NO_2(g) + O_2(g)$$

实验证明，该反应由三步基元反应组成：

$$(\text{I})\ N_2O_5(g) \longrightarrow NO_3(g) + NO_2(g) \qquad (\text{慢反应})$$

$$(\text{II})\ NO_3(g) = NO(g) + O_2(g) \qquad (快反应)$$

$$(\text{III})\ NO_3(g) + NO(g) = 2NO_2(g) \qquad (快反应)$$

第一步反应进行得很慢，控制了总反应的速率，所以总反应速率取决于生成 $NO_3$(g)的速率，根据质量作用定律得其速率方程式

$$\gamma = kc_{N_2O_5}$$

实验也证明该反应的反应速率仅与 $N_2O_5$的浓度成正比。

在速率方程式中，各反应物浓度幂中的指数称为反应级数(order of reaction)。所有反应物的反应级数之和称为该反应的总反应级数，一般而言，反应级数均指总反应级数。反应级数是由实验确定的，其值与化学反应方程式中各反应物的化学计量数无关。

**例 3-1** 在 1 073 K 时，测定反应 $2NO(g) + 2H_2(g) = N_2(g) + 2H_2O(g)$ 生成 $N_2$的速率，数据见表 3-2。根据表 3-2 中数据试求出该反应的反应级数及速率方程式。

**表 3-2 NO 与 $H_2$的反应速率(1 073 K)**

| 实验序号 | $c$(NO)/(mol·L$^{-1}$) | $c$($H_2$)/(mol·L$^{-1}$) | $\gamma$($N_2$)/(mol·L$^{-1}$·s$^{-1}$) |
|---|---|---|---|
| 1 | $6.00\times10^{-3}$ | $1.00\times10^{-3}$ | $3.20\times10^{-3}$ |
| 2 | $6.00\times10^{-3}$ | $2.00\times10^{-3}$ | $6.38\times10^{-3}$ |
| 3 | $6.00\times10^{-3}$ | $3.00\times10^{-3}$ | $9.59\times10^{-3}$ |
| 4 | $1.00\times10^{-3}$ | $6.00\times10^{-3}$ | $0.49\times10^{-3}$ |
| 5 | $2.00\times10^{-3}$ | $6.00\times10^{-3}$ | $1.98\times10^{-3}$ |
| 6 | $3.00\times10^{-3}$ | $6.00\times10^{-3}$ | $4.42\times10^{-3}$ |

**解：** 求反应级数

设该反应的速率方程式为

$$\gamma = k \cdot c^x(NO) \cdot c^y(H_2)$$

求式中的 $x$、$y$ 值。由 1、2 组实验数据可写出其速率方程式

$$\gamma_1 = k \cdot c^x(NO) \cdot c_1^y(H_2)$$

$$\gamma_2 = k \cdot c^x(NO) \cdot c_2^y(H_2)$$

两式相除，得

$$\frac{\gamma_1}{\gamma_2} = \left(\frac{c_1(H_2)}{c_2(H_2)}\right)^y$$

代入实验数据

$$\frac{3.20\times10^{-3}}{6.38\times10^{-3}} = \left(\frac{1.00\times10^{-3}}{2.00\times10^{-3}}\right)^y$$

得

$$y = 1$$

同理可得

$$x = 2$$

该反应的反应级数为 3。

将表格中的数据分别代入公式 $\gamma = k \cdot c^2(\text{NO}) \cdot c(\text{H}_2)$，求速率常数 $k$ 值。

例如，将序号 4 的数据代入，得

$$0.48 \times 10^{-3} = k \times (1.00 \times 10^{-3})^2 \times 6.00 \times 10^{-3}$$

$$k = 8.00 \times 10^4 (\text{L}^2 \cdot \text{mol}^{-2} \cdot \text{s}^{-1})$$

同理可求出其他实验组的 $k$ 值，然后求出 $k$ 的平均值

$$k_{平} = 8.42 \times 10^4\ \text{L}^2 \cdot \text{mol}^{-2} \cdot \text{s}^{-1}$$

该反应的速率方程式为

$$\gamma = 8.42 \times 10^4 \cdot c^2(\text{NO}) \cdot c(\text{H}_2)$$

注意，反应级数与反应分子数是两个不同的概念。反应分子数是参加基元反应的分子数目，其值只能是正整数；反应级数是由实验确定的速率方程式中各反应物浓度幂的指数和，它可以是简单的正整数，如 0、1、2、3 等，也可以是分数、负数，负数表示该物质对反应起阻滞作用。

### 3.3.4　简单级数反应

简单级数的反应通常指反应级数为 0、1、2、3 等的反应。化学反应速率方程式反映了反应速率与浓度的关系，而实际工作中往往需要了解浓度与反应时间之间的关系。下面讨论一级、二级和零级反应浓度与时间的关系。

1. 一级反应

反应速率与反应物浓度的一次方成正比的反应为一级反应(first order reaction)。其速率方程为

$$\gamma = -\frac{\text{d}c}{\text{d}t} = kc \tag{3-10}$$

对式(3-10)定积分

$$\int_{c_0}^{c} \frac{-\text{d}c}{c} = \int_0^t k\text{d}t$$

得

$$\ln\frac{c_0}{c} = kt \tag{3-11}$$

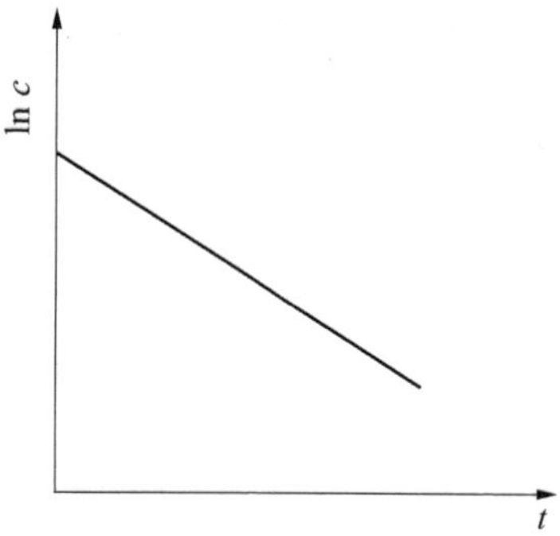


图 3-5　一级反应的 $\ln c - t$ 曲线

或
$$\ln c = \ln c_0 - kt \tag{3-12}$$

$$\lg \frac{c_0}{c} = \frac{kt}{2.303} \tag{3-13}$$

上述三个方程式中 $c_0$ 为反应物的初浓度($t=0$ 时的浓度);$c$ 为反应物 $t$ 时刻的浓度。以上三个方程式都表示一级反应的反应物浓度与时间关系的方程式。若以 $\ln c$ 对 $t$ 作图,得到一条直线,如图 3-5 所示,直线的斜率为 $-k$,$k$ 的量纲为[时间]$^{-1}$。

通常将反应物消耗一半所需的时间称为反应的半衰期(half life),用 $t_{1/2}$ 表示。由式(3-13)可求得一级反应的半衰期

$$t_{1/2} = \frac{0.693}{k} \tag{3-14}$$

从式(3-14)可以看出,在一定温度下,一级反应的半衰期为常数,它与反应物的初始浓度无关,因而半衰期也可以作为判断一级反应的一个依据。

一级反应很常见,许多热分解反应、分子内重排反应、放射性元素的衰变等都符合一级反应规律。许多药物在生物体内的代谢也常近似地看做一级反应。低浓度的水解反应因水的浓度视为常数,可按一级反应处理,如稀蔗糖溶液的水解,此类反应称为准一级反应。

**例 3-2**　某药物分解 30%即失效。药物初始浓度为 5.0 mg・mL$^{-1}$,在室温下放置 20 个月后浓度降为 4.2 mg・mL$^{-1}$。设此药物分解为一级反应,问标签上注明使用的有效期是多少?

**解:** 根据一级反应的反应物浓度与时间关系的方程式和已知条件,可求得该药物的有效期,即

$$\lg \frac{c_0}{c} = \frac{kt}{2.303}$$

$$k = \frac{2.303}{t}\lg\frac{c_0}{c} = \frac{2.303}{20}\lg\frac{5.0}{4.2} = 8.72\times10^{-3}(\text{月}^{-1})$$

$$t = \frac{2.303}{k}\lg\frac{c_0}{c_0 - x}$$

$$t = \frac{2.303}{0.00872}\lg\frac{5.0}{5.0-5.0\times30\%} = 41(\text{月})$$

**例 3-3**　某药物在人体内代谢过程为一级反应,若上午 8 时注射后,经过 4 h、12 h 时分别测得血中该药浓度为 4.80 mol・L$^{-1}$、2.22 mmol・L$^{-1}$,若需维持疗效,血中药物浓度应保持为 3.7 mmol・L$^{-1}$。试问:(1) 该药物在血液中的半衰期为多少?(2) 应在何时注射第二针?

**解：**(1) 该药物在人体内代谢过程为一级反应，满足一级反应速率方程

$$k = \frac{1}{t}\ln\frac{c_0}{c}$$

设注射后 4 h 为起始点 ($t=0$)，则其余时间点为 $t-4$。

$$k = \frac{1}{t}\ln\frac{c_0}{c} = \frac{2.303}{8}\lg\frac{4.80}{2.22} = 9.64\times10^{-2}(\text{h}^{-1})$$

$$t_{1/2} = \frac{\ln 2}{k} = \frac{\ln 2}{0.0964} = 7.19(\text{h})$$

即该药物在血液中的半衰期为 7.19 h。

(2) 当浓度为 3.7 $\text{mmol}\cdot\text{L}^{-1}$ 时

$$t' = \frac{1}{k}\ln\frac{c_{t=4}}{c_{t=t}} = \frac{1}{9.64\times10^{-2}}\lg\frac{4.8}{3.7} = 1.71(\text{h})$$

$$t = 4 + 1.71 = 5.71(\text{h})$$

从 8:00 算起，应在约 13:40 左右注射第二针。

2. 二级反应

反应速率与反应物浓度的二次方成正比的反应为二级反应(second order reaction)。二级反应通常有两种类型

(1)　　$a\text{A} \longrightarrow$ 产物

(2)　　$a\text{A} + b\text{B} \longrightarrow$ 产物

在类型(2)中，如果 A 和 B 的初始浓度相等，且在反应过程中始终按等计量反应，则在数学处理时可与类型(1)相同，即本章所讨论的类型。其速率方程为

$$\gamma = -\frac{\text{d}c_\text{A}}{\text{d}t} = kc_\text{A}^2 \tag{3-15}$$

与一级反应类似处理，定积分，得

$$\frac{1}{c_\text{A}} - \frac{1}{c_{\text{A}_0}} = kt \tag{3-16}$$

以 $1/c$ 对 $t$ 作图得一条直线，如图 3-6 所示，直线的斜率为 $k$，$k$ 的量纲为[浓度]$^{-1}$·[时间]$^{-1}$。

由半衰期定义可得

$$t_{1/2} = \frac{1}{kc_0} \tag{3-17}$$

二级反应的半衰期与反应物的初始浓度成反比。

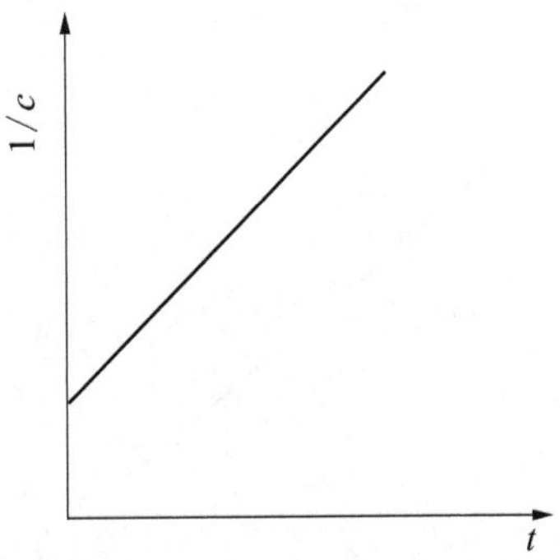

图 3-6　二级反应的 $1/c-t$ 曲线

在溶液中的许多有机反应都是二级反应，如一些加成反应、取代反应、分解反应等。

**例 3-4** 乙酸乙酯在 25℃的皂化反应为二级反应

$$CH_3COOC_2H_5 + NaOH \longrightarrow CH_3COONa + C_2H_5OH$$

设乙酸乙酯与氢氧化钠的初始浓度都是 0.010 0 mol · L$^{-1}$，反应 20 min 后，氢氧化钠的浓度降低了 0.005 66 mol · L$^{-1}$。求(1) 反应速率常数；(2) 半衰期。

**解**：(1) 由式(3-16)得

$$k = \frac{1}{t}\left(\frac{1}{c} - \frac{1}{c_0}\right)$$

$$= \frac{0.005\,66}{20 \times 0.010\,0 \times (0.010\,0 - 0.005\,66)}$$

$$= 6.52(\text{mol}^{-1} \cdot \text{L} \cdot \text{min}^{-1})$$

(2) 求半衰期

$$t_{1/2} = \frac{1}{kc_0}$$

$$= \frac{1}{6.52 \times 0.01} = 15.3(\text{min})$$

3. 零级反应

反应速率与反应物浓度无关的反应为零级反应(zero order reaction)。温度一定时，其反应速率为常数，即

$$\gamma = -\frac{dc}{dt} = k \qquad (3-18)$$

定积分，得

$$c_0 - c = kt \qquad (3-19)$$

以 $c$ 对 $t$ 作图得一条直线，如图 3-7 所示，直线斜率为 $-k$，$k$ 的量纲为[浓度] · [时间]$^{-1}$。

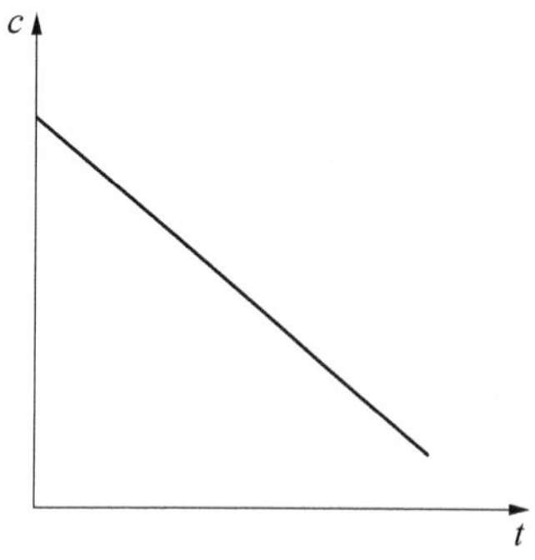

图 3-7 零级反应的 $c$-$t$ 曲线

零级反应的半衰期为

$$t_{1/2} = \frac{c_0}{2k} \qquad (3-20)$$

零级反应的半衰期与反应物的初始浓度成正比。

某些光化学反应、表面催化反应、电解反应都是零级反应。它们的反应速率分别只与光强度、表面状态、通过的电量有关。

近年来发展的一些缓释长效药，其释药速率在相当长的时间范围内比较恒定，也属于零级反应。如女性避

孕药左旋18-甲基炔诺酮，将其制成长效缓释埋植剂，研究证明该埋植剂具有零级释放动力学特征，在体内长期维持稳定的药物释放量，在体内每天释药约30 μg，一次植入可有效地避孕5年。

将具有简单级数的几种反应的特征总结于表3-3中。

表3-3 简单级数反应的特征

| 反应级数 | 基本方程式 | 直线关系 | 斜率 | $t_{1/2}$ | $k$ 的量纲 |
|---|---|---|---|---|---|
| 零级 | $c_0-c=kt$ | $c-t$ | $-k$ | $\frac{c_0}{2k}$ | [浓度]·[时间]$^{-1}$ |
| 一级 | $\ln\frac{c_0}{c}=kt$ | $\ln c-t$ | $-k$ | $\frac{0.693}{k}$ | [时间]$^{-1}$ |
| 二级 | $\frac{1}{c}-\frac{1}{c_0}=kt$ | $\frac{1}{c}-t$ | $k$ | $\frac{1}{kc_0}$ | [浓度]$^{-1}$·[时间]$^{-1}$ |

## 3.4 温度对化学反应速率的影响

前面讨论了反应物浓度对反应速率的影响。对大多数化学反应来说，温度对反应速率的影响比浓度的影响更为显著。

### 3.4.1 温度与速率常数的关系

一般来说，化学反应都随着温度的升高而反应速率增大。归纳许多实验结果，发现若反应物浓度恒定，温度每升高10 K，反应速率就增加到原来的2～4倍。1889年阿伦尼乌斯根据大量的实验数据，提出了速率常数与温度之间的关系式，即著名的阿伦尼乌斯方程式

$$k=A\cdot e^{-\frac{E_a}{RT}} \tag{3-21}$$

式(3-21)中，$k$ 为温度为 $T$ 时反应的速率常数；A为指前因子或频率因子；$E_a$为阿伦尼乌斯活化能，简称活化能；$R$ 为气体常数。

式(3-21)也可表达为对数形式

$$\ln k=\frac{-E_a}{RT}+\ln A \tag{3-22}$$

或

$$\lg k=-\frac{E_a}{2.303RT}+\lg A \tag{3-23}$$

从阿伦尼乌斯方程式可知：① 对某一反应，活化能 $E_a$可视为常数，温度升高，速率常数 $k$ 值增大，反应速率加快；② 对反应温度相同、A值相近的反应，速率常数与活化能成反比，活化能越大，反应越慢；③ 速率常数 $k$ 与绝对温度 $T$ 成指数关系，温度的微小变化，将导致 $k$ 值的较大变化，尤其是对活化能较大的反应。当温度增加时，速率常数增大较快，反应速率也就增大较快。

设在温度 $T_1$ 和 $T_2$ 时的反应速率常数分别为 $k_1$ 和 $k_2$，则由式(3－23)得

$$\lg k_1 = -\frac{E_a}{2.303RT_1} + \lg A$$
$$\lg k_2 = -\frac{E_a}{2.303RT_2} + \lg A$$

两式相减，得

$$\lg \frac{k_2}{k_1} = \frac{E_a}{2.303R}\left(\frac{T_2 - T_1}{T_2 T_1}\right) \tag{3-24}$$

式(3－24)在解题或求活化能时很有用。在不同温度下测定两个对应的速率常数值，代入式(3－24)就得到反应的活化能；或在计算时知道了活化能和一个温度下的速率常数，求另一温度下的速率常数等。

**例 3－5** 反应 $2NO_2(g) \xlongequal{} 2NO(g) + O_2(g)$ 的活化能为 114 $kJ \cdot mol^{-1}$。在 600 K时，$k = 0.75\ mol^{-1} \cdot L \cdot s^{-1}$。计算 700 K 时的 $k$ 值。

**解** 将 $E_a = 114\ kJ \cdot mol^{-1}$，$T_1 = 600\ K$，$T_2 = 700\ K$ 代入式(3－24)，有

$$\lg \frac{k_2}{k_1} = \frac{114}{2.303 \times 0.008\,314}\left(\frac{700 - 600}{700 \times 600}\right) = 1.42$$
$$\frac{k_2}{k_1} = 26$$

在 600 K 时，$k_1 = 0.75\ mol^{-1} \cdot L \cdot s^{-1}$，得

$$k_2 = k_1 \times 26 = 0.75 \times 26 = 19.5(mol^{-1} \cdot L \cdot s^{-1})$$

**例 3－6** $CO(CH_2COOH)_2$ 在水溶液中的分解反应速率常数在 20℃和 30℃时分别为 $4.45 \times 10^{-4}\ s^{-1}$、$1.67 \times 10^{-3}\ s^{-1}$，试求反应的活化能及 40℃时的速率常数。

**解：** 已知 $T_1 = 293$ K 时，$k_{293} = 4.45 \times 10^{-4}\ s^{-1}$，$T_2 = 303$ K 时，$k_{303} = 1.67 \times 10^{-3}\ s^{-1}$。根据速率常数的量纲可知此反应为一级反应。

将已知数据带入式(3－24)，得

$$\ln \frac{1.67 \times 10^{-3}}{4.45 \times 10^{-4}} = \frac{E_a}{8.314}\left(\frac{303 - 293}{293 \times 303}\right)$$
$$E_a = 97.6(kJ \cdot mol^{-1})$$

再将 $E_a$ 的值带入式(3－24)，由 $k_{303}$ 的值求出 $k_{313}$，有

$$\ln \frac{k_{313}}{1.67 \times 10^{-3}} = \frac{97.6}{8.314 \times 10^{-3}}\left(\frac{313 - 303}{303 \times 313}\right)$$
$$k_{313} = 5.76 \times 10^{-3}(s^{-1})$$

### 3.4.2　温度对化学反应速率影响的原因

温度对反应速率的影响主要体现在对速率常数 $k$ 的影响，升高温度，反应速率常数 $k$ 增大，反应速率相应加快。

升高温度之所以能够增加反应速率，一方面是由于反应物分子的运动速率增大了，增加了单位时间内分子间的碰撞次数。根据计算，温度每升高 10℃，碰撞频率增加 2%左右，实际上反应速率一般是成倍地增加。升高温度不仅增大了分子间的碰撞频率，更主要的是活化分子分数增加，有效碰撞增多，因而反应速率加快。

图 3－8 中的阴影部分表示活化分子的相对数目。当温度从 $T_1$ 升高到 $T_2$ 时，分子的能量和运动速率普遍增大，从而使得活化分子的数目迅速增多。正是由于升高温度时活化分子的分数增大了，使得有效碰撞的次数增多，反应速率相应地变大。

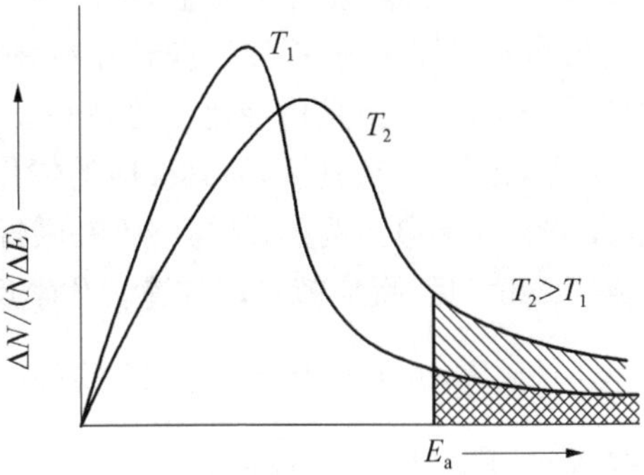


图 3－8　温度升高活化分子比率增大

**案例 3－2　温度对药物的影响**

氧氟沙星(Ofloxacin，OFLX)又名氟嗪酸，是第三代喹诺酮类抗菌药物。经过多年的临床研究证明氧氟沙星对全身性的、局部皮肤黏膜等多种类型以及由各种细菌引起的感染显示了优良的效果，因其疗效好、副作用小而在临床上得到广泛的应用。一般来说药物的稳定性易受温度和湿度、光照射的影响。药物在受热环境影响下易产生分解、氧化等反应，影响药效。用差示扫描量热法(DSC)、热重法(TG)和微分热重法(DTG)研究了氧氟沙星的热分解动力学，得到热分解速率常数与温度之间的关系如表 3－4 所示。

**表 3－4　不同温度下氧氟沙星分解的速率常数**

| $t$/ ℃ | 25 | 50 | 100 |
|---|---|---|---|
| $k$ | $2.33\times10^{-8}$ | $2.24\times10^{-7}$ | $8.35\times10^{-6}$ |
| $-\lg k$ | 7.63 | 6.65 | 5.08 |

从以上三个特定温度下的反应速率常数可见：氧氟沙星随温度升高，分解速率加快，稳定性降低。根据药品$-\lg k$ 值和药品商品规定贮存期的相关性，$7.5<-\lg k<11$ 的区间内，贮存有效期为 3 年。因此，常温(25℃)下，氧氟沙星贮存有效期为 3 年。建议氧氟沙星最好在规定的 10℃低温下保存。

## 3.5 催化剂对化学反应速率的影响

### 3.5.1 催化剂

存在较少量就能显著地改变反应速率而其本身并无损耗的物质称为催化剂(catalyst)。这种能改变反应速率的作用称为催化作用(catalysis)。能使反应速率加快的催化剂称为正催化剂;能使反应速率减慢的催化剂称为负催化剂或阻化剂。一般提到催化剂,若无明确指出是负催化剂时,则表示正催化剂。

有些反应的产物可作为其反应的催化剂,从而使反应速率加快,这一现象称为自动催化(autocatalysis)。例如,高锰酸钾在酸性溶液中与草酸的反应,开始反应较慢,一旦反应生成了 $Mn^{2+}$ 后,反应就自动加速。化学反应式为

$$KMnO_4 + H_2SO_4 + H_2C_2O_4 \longrightarrow MnSO_4 + K_2SO_4 + H_2O + CO_2$$

产物 $Mn^{2+}$ 就是该反应的催化剂。

催化剂通常具有如下的基本特点:

1) 催化剂在化学反应前后的质量和化学组成不变。由于催化剂往往要参与化学反应,其物理性质可能变化,如 $MnO_2$ 在催化 $KClO_3$ 分解放氧反应后虽仍为 $MnO_2$,但由较大的晶体变为细粉。

2) 催化剂用量少,但对反应速率影响大。如每升 $H_2O_2$ 中加入 2 μg 的铂(极细的铂粉),即可显著促进 $H_2O_2$ 的分解(生成 $H_2O$ 和 $O_2$)。

3) 在可逆反应中,能催化正向反应的催化剂也同样能催化逆向反应。催化剂只能加速化学平衡的到达,但不能使化学平衡发生移动,更不能改变化学反应的方向和平衡常数的值。

4) 催化剂具有特殊的选择性。一种催化剂通常只能加速一种或少数几种反应,同样的反应物应用不同的催化剂可得到不同的产物。例如乙醇的分解反应,在 200~250℃、Cu 作催化剂时,产物为乙醛和氢气;在 250~300℃、$Al_2O_3$ 作催化剂时,产物为乙烯和水。

### 3.5.2 催化作用理论简介

催化剂之所以能加快反应速率,是由于它参与了化学反应,改变了反应途径,降低了反应的活化能。图 3-9 形象地表示出有催化剂存在时由于改变了反应途径,使反应沿着活化能较低的途径进行。设在没有催化剂情况下,下列反应需要的活化能为 $E_a$

$$A + B \xrightarrow{E_a} AB(\text{无催化剂})$$

如果物质 C 是这个反应的催化剂,那么在 C 的参与下,原来的反应途径可设想改变成如下新途径

$$A + C \xrightarrow{E_{a1}} [AC](\text{中间产物})$$

$$[AC]+B \xrightarrow{E_{a2}} AB+C$$

第一步反应的活化能为 $E_{a1}$，第二步反应的活化能为 $E_{a2}$。$E_{a1}$、$E_{a2}$ 均小于原反应途径的活化能 $E_a$。

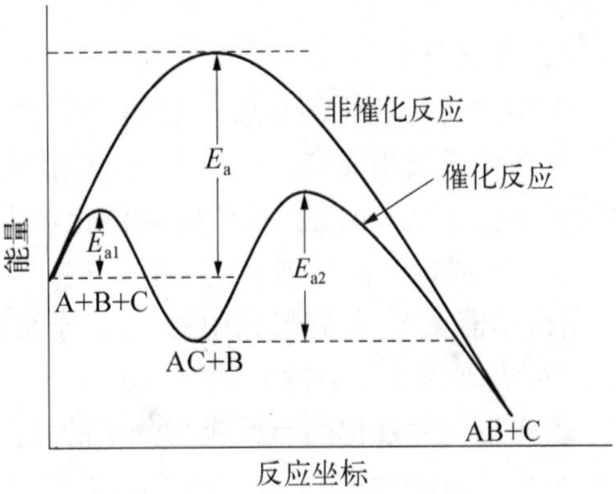


图 3-9　催化剂降低反应活化能的示意图

从图 3-9 中也可看出，催化剂同等程度地降低正、逆反应的活化能，使得正、逆反应同样加速。

催化反应改变反应机理的方式十分复杂，对于不同的催化反应，降低活化能的机理是不同的，可分为均相催化（homogeneous catalysis）和多相催化（heterogeneous catalysis）两种。

1. 均相催化理论

均相催化是催化剂处在溶液或气相中与反应物形成均相体系的催化作用。均相催化反应是由于催化剂与反应物形成中间产物而改变了反应的途径，降低了活化能，使反应加快。如 $H_2O_2$ 水溶液的分解反应，无催化剂时

$$2H_2O_2(aq) = 2H_2O(l)+O_2(g) \qquad E_a = 75.3\ kJ \cdot mol^{-1}$$

$I^-$ 催化时

$$2H_2O_2(aq) \overset{I^-}{=} 2H_2O(l)+O_2(g) \qquad E'_a = 56.6\ kJ \cdot mol^{-1}$$

$I^-$ 催化的具体过程为

$$H_2O_2\ (aq)+I^-\ (aq) = H_2O(l)+IO^-\ (aq) \qquad E_{a1}$$

$$IO^-\ (aq)+H_2O_2(aq) = H_2O(l)+O_2(g)+I^-\ (aq) \qquad E_{a2}$$

反应物 $H_2O_2$ 与催化剂 $I^-$ 形成中间产物 $IO^-$，改变了反应的途径，降低了反应的活化能，使反应加快。均相催化理论又称为中间产物学说。

在药物生产和药物制剂中，溶液中的反应最常见，溶液的酸碱性对反应速率影响很大。酸碱催化是液相催化中研究最多、应用最广泛的一类均相催化反应。例如，蔗糖和淀粉的水解反应都是以 $H^+$ 为催化剂；过氧化氢分解、醇醛缩合都是以 $OH^-$ 为催化剂；葡萄糖的变旋、酯类的水解，既可被 $H^+$ 催化，也可被 $OH^-$ 催化。酸碱催化剂在反应中起提供或接受质子的作用，因 $H^+$ 是一个半径很小的正电荷，故电场强度大，容易接近其他分子中电子密度较高的部分，又不受对方电子云的排斥，易于形成新的化学键，且质子转移是一个相当快的过程，从而具有催化作用。例如，甲醇与乙酸的酸催化生成酯的反应

$$CH_3OH+H^+ = CH_3OH_2^+$$

$$CH_3OH_2^+ + CH_3COOH = CH_3COOCH_3 + H_2O + H^+$$

酸碱催化的特点在于催化过程中发生质子转移，酸碱催化剂的催化能力取决于其给

出或接受质子的能力，即酸碱的强度。在酸催化反应中，酸性越强，催化能力也越强。

均相催化因催化剂与反应物分子有充分的接触，故有较高的催化活性，又因均相催化剂的活性中心比较均一，选择性较高，副反应较少。但均相催化剂有难以分离、回收和再生的缺点。

2. 多相催化理论

多相催化是催化剂自成一相与反应物构成非均相体系的催化作用，多见于固相催化剂催化气相或液相反应。一般来说，多相催化反应按以下五步进行：① 反应物从本体扩散到固体催化剂表面；② 反应物被催化剂表面吸附；③ 反应物在催化剂表面上进行化学反应；④ 生成物从催化剂表面上脱附；⑤ 生成物从催化剂表面扩散到本体。如合成氨反应，用铁作催化剂，首先气相中的 $N_2$ 分子被铁的活化中心吸附，使 $N_2$ 分子的化学键减弱、断裂、解离成 N 原子，然后气相中的 $H_2$ 分子与 N 原子作用，生成 $NH_3$。

多相催化因催化剂与反应物分子的接触不够充分，催化活性较差，又因固相催化剂表面状态复杂，各个活性中心的结构不尽相同，因而反应产物种类较多，选择性较差，且对反应机理的研究也较困难。在工业上，催化剂常常附着于一些不活泼的多孔性物质上，这种物质称为催化剂的载体。载体的作用是使催化剂分散在载体上，产生较大的表面积。

从化学反应动力学角度来看，催化剂与浓度、温度一样是影响化学反应速率的一种因素，但催化作用尤为显著。据统计，现代化学工业产品 80％以上都要依靠催化反应获得，生物体内的各种生化反应是靠酶催化来进行的。研制新的催化剂是化学领域中的一个重要的课题。

### 3.5.3 生物催化剂——酶

迄今为止，人们已发现了两类生物催化剂，一类是酶（enzyme），另一类是核酶（ribozyme）。酶是由生物或微生物产生的一种具有催化能力的特殊蛋白质，是机体内催化各种代谢反应最主要的催化剂；核酶是具有高效、特异催化作用的核酸，是近年来发现的一类新的生物催化剂，其作用主要是参与 RNA 的剪接。被酶催化的反应物称为底物（substrate）。以酶为催化剂的反应称为酶催化反应（enzyme catalysis）。几乎所有在生物体内进行的化学反应都是在酶的催化下完成的，如蛋白质、糖类、脂肪等的分解与合成基本上都是酶催化反应。食物中蛋白质的消化即水解，在体外需使用浓的强酸或强碱，煮沸相当长的时间后水解才能完成。但在人的消化道中，酸性或碱性都不太强，温度只有 37℃左右，蛋白质却能被迅速消化，这就是由于消化液中含有胃蛋白酶等，能催化蛋白质的水解。可以认为，没有酶的催化作用就没有生命现象。

酶除了具有一般催化剂的共性外，还具有下列特征：

1）高度的特异性。一种酶只对一种或某一类反应起催化作用，如 $\alpha$-淀粉酶作用于淀粉分子的主链，使其水解成糊精；而 $\beta$-淀粉酶只水解淀粉分子的支链，生成麦芽糖。

2）高度的催化活性。对同一化学反应来说，酶的催化效率比非酶催化一般高 $10^6$～$10^{12}$ 倍。如存在于血液中的碳酸酐酶能催化 $H_2CO_3$ 分解为 $CO_2$ 和 $H_2O$，1 个碳酸酐酶分子 1 min 能催化 $1.9\times10^7$ 个 $H_2CO_3$ 分子。正因为血液中存在如此高效的催化剂，才能及时完成排放 $CO_2$ 的任务，以维持血液正常的 pH。

3) 酶要在一定 pH 范围及一定温度范围内才能有效地发挥作用。由于酶是蛋白质(或核酸),温度过高将使其变性而失去催化能力,人体中大多数酶的最适温度在 37℃左右。此外,体系 pH 的改变,会影响酶蛋白的荷电状态从而改变酶的活性。在一定条件下,能使酶发挥最大活力的 pH 称为酶的最适 pH。各种酶的最适 pH 不同,一般在 6.0~8.0 之间。

**【科学家简介】 泽伟尔(A. H. Zewail,1946~)**

著名物理化学和化学物理学家。泽伟尔教授 1946 年 2 月 26 日出生于埃及,1967 年毕业于埃及亚历山大大学,1969 年赴美国宾夕法尼亚大学化学系攻读博士学位,1974 年获博士学位。1976 年被聘为加州理工学院化学系教授,两年后成为终身教授。1990 年以来,泽伟尔教授当选为美国科学院院士、美国艺术和科学院院士、第三世界科学院(意大利)院士。因利用飞秒激光脉冲研究化学反应方面的开拓性工作,1999 年荣获诺贝尔化学奖。此外,他还获得了以色列、埃及等国家的多项荣誉和奖章。

泽伟尔教授从 20 世纪 70 年代后期就开始利用超快激光研究化学反应。几十年来,他通过飞秒技术化学实验去研究化学反应的中间过程,从分子层次上去探索基元反应,通过超快光谱去观察反应的过渡态,以揭示化学反应的本质。在 $ICN \longrightarrow I + CN$ 的实验中,他第一次测得了光解反应的过渡态寿命约为 200 飞秒,这是人类首次直接从实验上观察到过渡态的变化过程。在 $NaI \longrightarrow Na + I$ 的光解反应中,他第一次观察到了反应的过渡态在势能面上的震荡和解离的全过程。泽伟尔教授还研究了一系列从简单到复杂的化学和生物体系中各种类型的反应,包括单分子、双分子反应,其中有异构化、解离、电子转移、质子转移、分子内部的弛豫过程,还有许多生物过程的反应。他在实验观察的基础上,也从理论上对这些过程进行了计算,并给出了很好的解释。泽伟尔教授的工作实现了化学家了解化学反应全过程和本质的梦想。

## 习 题

1. 理解下列基本概念:

(1) 基元反应、复合反应

(2) 反应级数、反应分子数

(3) 质量作用定律、速率方程式

(4) 活化分子、活化能

2. 试写出下列化学反应的反应速率表达式

(1) $N_2(g) + 3H_2(g) \xlongequal{} 2NH_3(g)$

(2) $N_2O_4(g) \xlongequal{} 2NO_2(g)$

3. 判断下列说法是否正确:

(1) 温度升高使反应速率加快的主要原因是:温度升高使碰撞次数增多,从而使反应速率加快。

(2) 双分子反应一定是基元反应。

(3) 一个化学反应的级数越大，其反应速率也越大。

(4) 若反应(1)的活化能为 $E_{a1}$，反应(2)的活化能为 $E_{a2}$，且 $E_{a1} > E_{a2}$，则在同一温度下，一定是 $k_1 < k_2$。

4. 温度升高或降低，可逆反应的正、逆向化学反应速率都加快或减慢，为什么化学平衡会移动？

5. 甲醛(HCHO)是烟雾中刺激眼睛的主要物质之一，由臭氧与乙烯反应生成

$$O_3(g) + C_2H_4(g) \xlongequal{} 2HCHO(g) + \frac{1}{2}O_2(g)$$

反应的速率方程为 $\gamma = k \cdot c(O_3) \cdot c(C_2H_4)$，已知 $k = 2.0 \times 10^3\ L \cdot mol^{-1} \cdot s^{-1}$。在受严重污染的空气中，臭氧和乙烯的浓度分别为 $5.0 \times 10^{-8}\ mol \cdot L^{-1}$ 和 $1.0 \times 10^{-8}\ mol \cdot L^{-1}$。试计算

(1) 该反应的反应速率；

(2) 若空气中臭氧和乙烯的浓度保持不变，经过多长时间甲醛浓度增至 $1.0 \times 10^{-8}\ mol \cdot L^{-1}$(若超过此浓度，甲醛将对眼睛有明显刺激作用)？

6. 某药物的分解反应为一级反应，在体温 37℃时，反应速率常数 $k$ 为 $0.46\ h^{-1}$，若服用该药物 0.16 g，问该药物在胃中停留多长时间才能分解掉 90%。

7. 在 130 g 水溶液中含有 0.30 mol 的蔗糖和 0.10 mol 的 HCl，以旋光仪测得在 48℃经过20 min后有 32%的蔗糖发生了水解(一级反应)。求：(1) 速率常数；(2) 40 min 后已水解蔗糖的分数。

8. 证明一级反应完成 99.9%所需要的时间近似为半衰期的 10 倍。

9. 某反应物 A 和等量的 B 混合，1 h 后有 75%的 A 发生了反应，分别按一级反应和二级反应计算 2 h 后 A 还剩下多少？

10. 气体 A 的分解反应为 A(g)→产物，当 A 的浓度为 $0.50\ mol \cdot L^{-1}$时，反应速率为 $0.014\ mol \cdot L^{-1} \cdot s^{-1}$。如果该反应分别属于(1) 零级反应、(2) 一级反应、(3) 二级反应，则当 A 的浓度等于 $1.0\ mol \cdot L^{-1}$时，反应速率常数各是多少？

11. 某酶促反应的活化能是 $50\ kJ \cdot mol^{-1}$，试估算此反应在发热至 40℃的病人体内比在正常人(体温 37℃)体内加快的倍数(不考虑温度对酶活力的影响)。

12. 在 25℃时鲜牛奶大约 4 h 变酸，但在 5℃的冰箱中可保持 48 h。假定反应速率与变酸时间成正比，求牛奶变酸反应的活化能。

13. 某一级反应在 40℃时 15 min 内反应 20%，50℃时 3 min 内反应 20%，计算反应的活化能。

14. 阿托品的水解反应为一级反应，水解速率常数 $k$ 在 40℃为 $0.016\ s^{-1}$。若反应的活化能为 $32.2\ kJ \cdot mol^{-1}$，计算：(1) 30℃时反应 1 min 后阿托品的剩余百分数；(2) 当半衰期 $t_{1/2} = 1\ h$ 时反应的温度。

15. 尿素的水解反应为

$$CO(NH_2)_2 + H_2O \xlongequal{} 2NH_3 + CO_2$$

25℃无酶存在时，反应的活化能为 120 kJ・$mol^{-1}$，当有尿素酶存在时，反应的活化能降为 46 kJ・$mol^{-1}$，反应速率为无酶存在时的 $9.4\times10^{12}$ 倍，试计算无酶存在时，温度要升到何值才能达到酶催化时的速率？

16. 已知某药物分解反应为一级反应，在 100℃时测得该药物的半衰期为 170 天，该药物分解 20%为失效，已知 10℃时其有效期为 700 天。若改为室温下(25℃)保存，该药物的有效期为多少天？

17. 已知青霉素 G 的分解反应为一级反应，37℃时反应的活化能为 84.8 kJ・$mol^{-1}$，指前因子为 $4.2\times10^{12}$ $h^{-1}$。试求 37℃时该反应的速率常数。

# 第4章　化学平衡

**内容摘要**

本章从热力学出发阐述化学平衡和标准平衡常数等概念，推导出标准平衡常数与反应的吉布斯自由能变化的关系，从热力学角度讨论影响化学平衡的因素。

一个化学反应实用价值的大小主要取决于反应进行的限度。在一定条件下，不同的化学反应进行的限度是不相同的。有些反应进行得比较彻底，反应物几乎全部转化为生成物，然而大多数化学反应进行到一定程度即达平衡状态。因此，研究化学反应的方向和限度及影响化学平衡的因素具有十分重要的意义。本章将应用热力学基本原理来讨论以上问题。

## 4.1　化学反应的可逆性和化学平衡

### 4.1.1　可逆反应

绝大多数化学反应都是可逆反应。所谓可逆反应，是指在同一条件下，既可以按反应方程式从左向右进行（正向），也可以从右向左（逆向）进行的反应。一般用符号"$\rightleftharpoons$"表示。

例如，在一定温度下，将氢气和碘蒸气装入密闭容器中，它们将发生反应，生成气态的碘化氢，同样条件下，碘化氢也可分解为氢气和碘蒸气，这两个反应同时发生，且方向相反，用方程式表示为

$$H_2(g) + I_2(g) \rightleftharpoons 2HI(g)$$

虽然多数反应都是可逆反应，但可逆的程度不同。通常将可逆程度极微小的反应称为不可逆反应。即反应物几乎能完全转变为生成物，而在同样条件下，生成物几乎不能转回成反应物。例如：

$$C_6H_{12}O_6(s) + 6O_2(g) = 6CO_2(g) + 6H_2O(l)$$
$$HCl + NaOH = NaCl + H_2O$$

### 4.1.2　化学平衡

可逆反应在一定条件下不能单方向完全反应。对于任一可逆反应，例如，在密闭容器

中$N_2(g)$和$H_2(g)$合成$NH_3(g)$的反应

$$N_2(g) + 3H_2(g) \rightleftharpoons 2NH_3(g)$$

当反应刚开始时$N_2(g)$和$H_2(g)$的分压最大，正向反应的反应速率最快。随着反应的进行，$N_2(g)$和$H_2(g)$的分压逐渐降低，正向反应的反应速率逐渐减小，而且随着$NH_3(g)$的分压逐渐增加，逆向反应的反应速率逐渐增大，当正向反应的反应速率与逆向反应的反应速率相等时，$N_2(g)$、$H_2(g)$和$NH_3(g)$的分压不再随时间变化。

在可逆反应中，当正向反应的反应速率与逆向反应的反应速率相等时体系所处的状态称为化学平衡，当可逆反应达到化学平衡时，正向反应与逆向反应都仍在继续进行，只不过是它们的反应速率相等，而反应方向相反，反应结果互相抵消。此时，反应物和产物的浓度或分压不再发生变化，可逆反应进行到最大限度。可见，化学平衡是一种动态平衡。

必须指出，化学平衡是相对的和有条件的动态平衡，当外界条件改变时，原来的化学平衡被破坏，直至在新条件下又建立起新的化学平衡。

## 4.2 标准平衡常数

### 4.2.1 实验平衡常数

对于任意可逆的溶液反应，如：

$$aA + bB \rightleftharpoons dD + eE$$

实验结果表明，在一定温度下达到平衡时，各反应物和产物的浓度间有如下关系：

$$K = \frac{[D]^d[E]^e}{[A]^a[B]^b} \tag{4-1}$$

即在一定温度下，可逆反应达到平衡时，产物的浓度以其系数为幂的乘积与反应物的浓度以其系数为乘幂的乘积之比是一个常数。这个常数叫做实验平衡常数。通常是由实验方法测定的，用符号$K$表示。实验平衡常数不一定没有单位。

### 4.2.2 标准平衡常数表达式

由于热力学平衡常数是以标准热力学函数来定义的，因此，我们把热力学平衡常数称为标准平衡常数(standard equilibrium constant)，以符号$K^\ominus$表示。

上反应式在达到平衡时

$$K^\ominus = \frac{([D]/c^\ominus)^d([E]/c^\ominus)^e}{([A]/c^\ominus)^a([B]/c^\ominus)^b} \tag{4-2}$$

对于气体反应，$K^\ominus$的表达式为

$$K^\ominus = \frac{[p(D)/p^\ominus]^d\,[p(E)/p^\ominus]^e}{[p(A)/p^\ominus]^a\,[p(B)/p^\ominus]^b} \tag{4-3}$$

式(4-3)中 $p(A)$、$p(B)$和 $p(D)$、$p(E)$分别表示反应物和生成物的平衡分压。反应物和产物的平衡浓度的幂指数，是配平后化学方程式中各物质的化学计量数。

标准平衡常数 $K^{\ominus}$与反应物的本性及温度有关，而与组分的浓度或分压无关。它是在一定温度下可逆反应达到平衡时的特征常数。$K^{\ominus}$值越大，表示反应达到平衡时的产物浓度或分压越大，即反应进行的完全程度越大。因此，标准平衡常数 $K^{\ominus}$是一定温度下化学反应可能进行的最大限度的量度。

书写标准平衡常数表达式时应注意以下几点：

1) 式中 $c^{\ominus}=1\ \mathrm{mol}^{-1}$，为标准浓度，$p^{\ominus}=101.3\ \mathrm{kPa}$，称为标准压力。$c/c^{\ominus}$称为相对浓度，$p/p^{\ominus}$称为相对压力。以下各章将平衡相对浓度均简写为[D]。可见标准平衡常数 $K^{\ominus}$没有单位，对于溶液反应，$K$ 与 $K^{\ominus}$数值相等，在简化计算中常用 $K$ 代替 $K^{\ominus}$。式(4-2)简写为

$$K=\frac{[\mathrm{D}]^d\,[\mathrm{E}]^e}{[\mathrm{A}]^a\,[\mathrm{B}]^b}$$

式中[A]、[B]和[D]、[E]分别表示反应物和生成物的相对平衡浓度。

2) 如果在反应物或生成物中有固体或纯液体，则不把它们写入表达式中，如：

$$\mathrm{CaCO_3(s)} \rightleftharpoons \mathrm{CaO(s)}+\mathrm{CO_2(g)}$$

$$K^{\ominus}=\frac{p(\mathrm{CO_2})}{p^{\ominus}}$$

在稀溶液中进行的反应，若溶剂参与反应，由于溶剂的量很大，浓度基本不变，可以看成一个常数，也不写入表达式中，如：

$$\mathrm{HAc}+\mathrm{H_2O} \rightleftharpoons \mathrm{H_3O^+}+\mathrm{Ac^-}$$

$$K^{\ominus}=\frac{[\mathrm{H_3O^+}][\mathrm{Ac^-}]}{[\mathrm{HAc}]}$$

3) 标准平衡常数表达式及 $K^{\ominus}$值与反应方程式的写法有关，如：

$$\mathrm{N_2(g)}+3\mathrm{H_2(g)} \rightleftharpoons 2\mathrm{NH_3(g)}$$

$$K_1^{\ominus}=\frac{[p(\mathrm{NH_3})/p^{\ominus}]^2}{[p(\mathrm{N_2})/p^{\ominus}][p(\mathrm{H_2})/p^{\ominus}]^2}$$

若反应式写成：
$$\frac{1}{2}\mathrm{N_2(g)}+\frac{3}{2}\mathrm{H_2(g)} \rightleftharpoons \mathrm{NH_3(g)}$$

$$K_2^{\ominus}=\frac{p(\mathrm{NH_3})/p^{\ominus}}{[p(\mathrm{N_2})/p^{\ominus}]^{\frac{1}{2}}\,[p(\mathrm{H_2})/p^{\ominus}]^{\frac{3}{2}}}$$

$K_1^{\ominus}$和 $K_2^{\ominus}$数值不同，它们之间的关系为 $K_1^{\ominus}=(K_2^{\ominus})^2$。

4) 当几个反应相加(或相减)得到一总反应时，则总反应的标准平衡常数等于各分步反应标准平衡常数之积(或商)。这就是多重平衡规则。

例如,某温度下,已知下列两反应

$$H_2S + H_2O \rightleftharpoons H_3O^+ + HS^-$$

$$K_1^\ominus = \frac{[H^+][HS^-]}{[H_2S]}$$

$$HS^- + H_2O \rightleftharpoons H_3O^+ + S^{2-}$$

$$K_2^\ominus = \frac{[H^+][S^{2-}]}{[HS^-]}$$

若两式相加,得 $$H_2S + 2H_2O \rightleftharpoons 2H_3O^+ + S^{2-}$$

$$K^\ominus = \frac{[H^+]^2[S^{2-}]}{[H_2S]}$$

则可从两个反应的标准平衡常数求得多重平衡常数 $K^\ominus$。

$$K^\ominus = K_1^\ominus \cdot K_2^\ominus$$

### 4.2.3 标准平衡常数的有关计算

利用某一反应的标准平衡常数,可以从反应物的初始浓度计算达到平衡时反应物及产物的浓度及反应物的转化率。某反应物的转化率是指反应达到平衡时反应物已转化的量(或浓度)占初始量(或浓度)的百分数。即

$$\text{某反应物转化率}\ \alpha = \frac{\text{某反应物已转化的量}}{\text{某反应物初始量}} \times 100\%$$

**例 4-1** 在温度 $T$ 时,CO 和 $H_2O$ 在密闭容器内发生反应:

$$CO(g) + H_2O(g) \rightleftharpoons CO_2(g) + H_2(g)$$

平衡时,$p_{eq}(CO) = 10\ kPa$,$p_{eq}(H_2O) = 20\ kPa$,$p_{eq}(CO_2) = 20\ kPa$。试计算:

(1) 此温度下该可逆反应的标准平衡常数;

(2) 反应开始前反应物的分压力;

(3) CO 的平衡转化率。

**解:**(1) 在等温、等容下,由理想气体状态方程可知各种气体的分压力变化关系是由化学反应方程式中的化学计量数决定的。$H_2$ 的平衡分压力为

$$p_{eq}(H_2) = p_{eq}(CO_2) = 20\ kPa$$

此温度下该可逆反应的标准平衡常数为

$$K^\ominus = \frac{[p_{eq}(CO_2)/p^\ominus][p_{eq}(H_2)/p^\ominus]}{[p_{eq}(CO)/p^\ominus][p_{eq}(H_2O)/p^\ominus]}$$

$$= \frac{(20/101.3)(20/101.3)}{(10/101.3)(20/101.3)} = 2.0$$

（2）由反应方程式中各物质的计量关系可知：

$$p_0(CO) = p_{eq}(CO) + p_{eq}(CO_2) = 10 + 20 = 30(kPa)$$
$$p_0(H_2O) = p_{eq}(H_2O) + p_{eq}(CO_2) = 20 + 20 = 40(kPa)$$

（3）CO 的平衡转化率为

$$\alpha(CO) = \frac{p_0(CO) - p_{eq}(CO)}{p_0(CO)} = \frac{30-10}{30} \times 100\% = 66.7\%$$

## 4.3 标准平衡常数 $K^\ominus$ 与 $\Delta_r G_m^\ominus$ 的关系

我们知道，在等温等压下的封闭体系中，可以用反应的吉布斯自由能变化 $\Delta G$ 来判断反应自发进行的方向，当 $\Delta G=0$ 时体系处于平衡状态。在一定条件下，化学反应达到平衡状态时，其平衡常数为一定值。用反应的 $\Delta G$ 和平衡常数都能描述平衡状态，显然，它们之间必有一定的关系。

对于化学反应

$$aA + bB \rightleftharpoons dD + eE$$

根据热力学推导，在恒温恒压下，当各种物质处于不同浓度时，其反应的自由能变化为：

$$\Delta_r G_m = \Delta_r G_m^\ominus + RT\ln Q \qquad (4-4)$$

式(4－4)称为化学反应等温方程式(isothermal equation)。式中，$\Delta_r G_m$是反应的任意状态摩尔自由能变；$\Delta_r G_m^\ominus$是此反应的标准态摩尔自由能变；$R$ 是气体常数，$T$ 是热力学温度。$Q$ 的表达式对溶液反应与气体反应有所不同。

对溶液反应：

$$Q = \frac{c_r^d(D) \cdot c_r^e(E)}{c_r^a(A) \cdot c_r^b(B)} \qquad (4-5)$$

我们称 $Q$ 为“反应商”(reaction quotient)。式(4－5)中 $c_r(A)$、$c_r(B)$和 $c_r(D)$、$c_r(E)$分别表示反应物和生成物的相对浓度。$Q$ 单位为 1。注意，纯液体或纯固体不写进 $Q$ 的表达式中。

对气体反应：

$$Q = \frac{(p_D/p^\ominus)^d\ (p_E/p^\ominus)^e}{(p_A/p^\ominus)^a\ (p_B/p^\ominus)^b} \qquad (4-6)$$

式(4－6)中，$p_A$、$p_B$和 $p_D$、$p_E$分别表示反应物和产物的分压，单位为 kPa。$p^\ominus=101.3$ kPa，表示标准压力。

当反应达到平衡时，反应的摩尔自由能变 $\Delta_r G_m = 0$，此时反应物和生成物的浓度（气体则为分压）为平衡时的浓度或分压，反应商 $Q$ 可用 $K^\ominus$ 代替，由式(4-4)可得：

$$0 = \Delta_r G_m^\ominus + RT\ln K^\ominus$$

$$\Delta_r G_m^\ominus = -RT\ln K^\ominus \tag{4-7}$$

式(4-7)也称为化学反应的等温方程式。常表示为

$$\lg K^\ominus = \frac{-\Delta_r G_m^\ominus}{2.303RT} \tag{4-8}$$

式(4-8)表明了标准自由能变化 $\Delta_r G_m^\ominus$ 与标准平衡常数 $K^\ominus$ 之间的关系。在一定温度下，当 $\Delta_r G_m^\ominus$ 为负值时，其绝对值越大，$K^\ominus$ 值也越大，表示反应进行得越完全；当 $\Delta_r G_m^\ominus$ 为正值时，则数值越大，$K^\ominus$ 值就越小，表示反应进行得就越不完全。可以利用 $\Delta_r G_m^\ominus$ 计算指定反应的 $K^\ominus$ 值。

若将式(4-7)代入式(4-4)，则得

$$\Delta_r G_m = -RT\ln K^\ominus + RT\ln Q$$

亦可写成：

$$\Delta_r G_m = RT\ln \frac{Q}{K^\ominus} \tag{4-9}$$

从式(4-9)中的 $Q$ 值与 $K^\ominus$，可得出 $\Delta_r G_m$ 值，从而可作为一个可逆反应进行方向和限度的判据：

当 $Q < K^\ominus$ 时，$\Delta_r G_m < 0$，正向反应能自发进行；

当 $Q = K^\ominus$ 时，$\Delta_r G_m = 0$，反应处于平衡状态；

当 $Q > K^\ominus$ 时，$\Delta_r G_m > 0$，正向反应不能自发进行，逆向反应能自发进行。

由此可见，根据 $Q$ 值与 $K^\ominus$ 值的相对大小与从 $\Delta_r G_m$ 值的正负，判断反应进行的方向和限度所得的结论完全一致。因此，两者都可作为化学反应方向和限度的判据。

**例 4-2** 由 $\Delta_f G_m^\ominus$ 数据计算反应 $N_2(g) + 3H_2(g) \rightleftharpoons 2NH_3(g)$ 在 298 K 时的 $K^\ominus$ 值。

**解：**

| | $N_2(g)$ | $+ 3H_2(g)$ | $\rightleftharpoons 2NH_3(g)$ |
|---|---|---|---|
| $\Delta_f G_m^\ominus(\text{kJ}\cdot\text{mol}^{-1})$ | 0 | 0 | $-16.45$ |

$$\Delta_r G_m^\ominus = 2\times(-16.45) = -32.90(\text{kJ}\cdot\text{mol}^{-1})$$

$$\Delta_r G_m^\ominus = -2.303RT\lg K^\ominus$$

$$\lg K^\ominus = \frac{-(-32.90\times 1\,000)}{2.303\times 8.314\times 298} = 5.766$$

$$K^\ominus = 5.83\times 10^5$$

**例 4-3** 欲用 $MnO_2$ 和 HCl 反应制备 $Cl_2(g)$，已知该反应的方程式为

$$MnO_2(s) + 4H^+(aq) + 2Cl^-(aq) \longrightarrow Mn^{2+}(aq) + Cl_2(g) + 2H_2O(l)$$

试问在 298.15 K 标准态时，反应能否自发发生？若用 12.0 $mol \cdot L^{-1}$ 的 HCl，其他物质仍为标准态，298.15 K 时反应能否自发进行？

**解**：(1) $MnO_2(s) + 4H^+(aq) + 2Cl^-(aq) \longrightarrow Mn^{2+}(aq) + Cl_2(g) + 2H_2O(l)$

| | $MnO_2(s)$ | $4H^+(aq)$ | $2Cl^-(aq)$ | $Mn^{2+}(aq)$ | $Cl_2(g)$ | $2H_2O(l)$ |
|---|---|---|---|---|---|---|
| $\Delta_f G_m^\ominus (kJ \cdot mol^{-1})$ | −465.1 | 0 | −131.2 | −228.1 | 0 | −237.1 |

$$\Delta_r G_m^\ominus = -228.1 + 2 \times (-237.1) - (-465.1) - 2 \times (-131.2) = 25.2 (kJ \cdot mol^{-1})$$

$\Delta_r G_m^\ominus > 0$，故在 298.15 K 标准态下，该反应不能自发进行。

(2) 用 12.0 $mol \cdot L^{-1}$ 的 HCl 时

$$Q = \frac{(c_{Mn^{2+}}/c^\ominus) \cdot (p_{Cl_2}/p^\ominus)}{(c_{H^+}/c^\ominus)^4 \cdot (c_{Cl^-}/c^\ominus)^2} = \frac{(1.0/1.0) \times (101.3/101.3)}{(12.0/1.0)^4 \times (12.0/1.0)^2} = 3.3 \times 10^{-7}$$

$$\Delta_r G_m = \Delta_r G_m^\ominus + RT \ln Q = 25.2 + [8.314 \times 298.15 \times \ln(3.3 \times 10^{-7})] \times 10^{-3} = -11.7 (kJ \cdot mol^{-1})$$

$\Delta_r G_m < 0$，故用 12.0 $mol \cdot L^{-1}$ 浓 HCl 在 298.15 K 时该反应可以自发进行。

## 4.4 化学平衡的移动

化学平衡是相对的，有条件的。一个化学反应达到平衡后，如果改变外界条件(浓度、压力、温度)，原来的平衡就被破坏，化学反应向某一方向自发进行，直到建立新的平衡为止。这种因外界条件的改变，使化学反应从一种平衡状态向另一种平衡状态移动的过程，称为化学平衡的移动(shift of chemical equilibrium)。

下面分别讨论浓度、压力和温度对化学平衡移动的影响。

### 4.4.1 浓度对化学平衡的影响

一个化学反应达到平衡后，如果增加反应物的浓度或者减小生成物的浓度都会使 $Q < K^\ominus$，根据式(4-9)可知，当 $Q < K^\ominus$ 时，则 $\Delta_r G_m < 0$，这时正向反应将继续自发进行，直到反应体系中各物质的浓度商等于该反应的标准平衡常数，即 $Q = K^\ominus$ 时，反应在新条件下达到新的平衡状态。在一定温度下，改变浓度可以使化学平衡发生移动，但标准平衡常数保持不变。

在实际工作中，为了尽可能利用某一反应物，常用过量的另一反应物和它作用，即增大另一反应物的浓度，并将生成物从反应体系中不断地分离出去，以便得到更多的生成物。

### 4.4.2 压力对化学平衡的影响

压力的变化对没有气体参加的反应影响不大，因为压力对固体和液体的体积影响极小。对气体反应来说，增大压力，气体体积缩小，相当于增大气体物质的浓度。增大一个体系的压力时，所有气体的分压都要增大。现以氨的合成反应为例来说明压力对平衡的影响。

$$N_2(g)+3H_2(g)\rightleftharpoons 2NH_3(g)$$

在一定温度下，上述反应达到平衡时，各物质的分压为 $p(N_2)$，$p(H_2)$，$p(NH_3)$。则：

$$\frac{[p(NH_3)/p^\ominus]^2}{[p(N_2)/p^\ominus][p(H_2)/p^\ominus]^3}=K^\ominus$$

如果使体系的压力增加到原来总压的两倍，则：

$$Q=\frac{[2p(NH_3)/p^\ominus]^2}{[2p(N_2)/p^\ominus][2p(H_2)/p^\ominus]^3}=\frac{1}{4}K^\ominus$$

因为温度不变，$K^\ominus$就不变，增大压力，$Q<K^\ominus$，则 $\Delta_r G_m<0$，所以平衡向正反应方向移动，即反应向生成氨的方向移动。随着反应的进行，$p(NH_3)$升高，$p(N_2)$和 $p(H_2)$降低，最后达到新的平衡。

压力变化只对那些反应前后气体物质的量有变化的反应有影响。恒温下，增大压力，平衡向气体物质的量减少的方向移动；减少压力，平衡向气体物质的量增大的方向移动。但是，压力变化对反应前后气体总物质的量相等的反应的平衡位置没有影响。

与反应体系无关的气体（指不参加反应的气体）的引入，在定容条件下，各组分气体分压不变，对化学平衡无影响；在定压条件下，无关的气体引入，使反应体系体积增大，各组分气体的分压减少，化学平衡向气体物质的量增加的方向移动。

综上所述，压力对平衡移动的影响，要考虑反应前后气体物质的量是否改变，还要看各反应物和生成物的分压是否改变。

### 4.4.3 温度对化学平衡的影响

温度对化学平衡的影响与浓度或压力对化学平衡的影响有本质的区别。当化学反应达到平衡以后，浓度或压力的改变并不影响 $K^\ominus$，而当温度改变时，$K^\ominus$值也将改变。从热力学概念可以导出温度与标准平衡常数的关系式。

对于一个给定的平衡体系来说，有：

$$\Delta_r G^\ominus=-RT\ln K^\ominus$$
$$\Delta_r G^\ominus=\Delta_r H^\ominus-T\Delta_r S^\ominus$$

将两式合并得：

$$\ln K^{\ominus}=-\frac{\Delta H^{\ominus}}{RT}+\frac{\Delta S^{\ominus}}{R}$$

设某一可逆反应，在温度 $T_1$ 和 $T_2$ 时，标准平衡常数分别为 $K_1^{\ominus}$ 和 $K_2^{\ominus}$。$\Delta_r H^{\ominus}$ 和 $\Delta_r S^{\ominus}$ 在一定温度范围内变化不大，则：

$$\ln K_1^{\ominus}=-\frac{\Delta H^{\ominus}}{RT_1}+\frac{\Delta S^{\ominus}}{R}$$

$$\ln K_2^{\ominus}=-\frac{\Delta H^{\ominus}}{RT_2}+\frac{\Delta S^{\ominus}}{R}$$

将上两式相减并加以整理得：

$$\ln\frac{K_2^{\ominus}}{K_1^{\ominus}}=\frac{\Delta H^{\ominus}(T_2-T_1)}{RT_1T_2}$$

或 $$\lg\frac{K_2^{\ominus}}{K_1^{\ominus}}=\frac{\Delta H^{\ominus}(T_2-T_1)}{2.303RT_1T_2} \qquad (4-10)$$

式(4－10)称为 Van't Hoff 方程，说明温度对标准平衡常数的影响。如果是吸热反应，$\Delta_r H^{\ominus}$ 为正值，则温度升高时($T_2>T_1$)，$K_2^{\ominus}>K_1^{\ominus}$，即升高温度有利于吸热反应。若为放热反应，$\Delta_r H^{\ominus}$ 为负值，则温度升高时($T_2>T_1$)，$K_2^{\ominus}<K_1^{\ominus}$，即升高温度不利于放热反应的进行。

吕·查德里(Le Chatelier)在 1884 年归纳出一条普遍规律：任何已达平衡的体系，若改变平衡体系的条件之一，则平衡向削弱这个改变的方向移动。这条规律叫做 Chatelier 原理或平衡移动原理。这一原理不仅适用于化学平衡，也适用于物理平衡。但它只适用平衡体系，对没有达到平衡的体系，不能应用 Chatelier 原理。

### 案例 4－1　化学振荡

所谓化学振荡，是在化学反应过程中的反应物、中间体或产生物质随时间周期性重复的过程。在众多化学现象中，化学振荡现象最为令人惊奇。从 1873 年德国化学家地普曼的第一个"汞心脏"实验到著名的"B－Z"振荡实验，再到中学老师所熟悉的蓝瓶子实验以及碘时钟实验，至今化学家们陆续发现了许多化学振荡现象。

化学振荡现象是一种非平衡非线性现象。这种周期性重复的现象在自然界中是常见的，如潮汐、单摆、生物钟等。化学反应则很难发生这种现象，因为热力学第二定律，反应体系总是趋向平衡态。化学振荡必须严格控制反应条件，使之发生在远离平衡区。

化学振荡反应由于其奇异的动力学行为以及作为探索生命体内周期性现象的一种重要途径而备受关注，不仅吸引着化学家，同时也吸引着物理学家、数学家、生物学家等从事该领域的探索与研究。随着其实验和理论的研究更加广泛与深入，化学振荡现象在各个领域的应用也日益增多，已成为现代化学的前沿课题之一。

目前，在经典的BZ化学振荡反应的基础上，初步研究出不同的金属催化剂、无机酸、有机物以及木糖、乳酸、果汁、氨基酸和人血清等物质参与下的各种有趣的化学振荡反应现象，以及反应物种类、浓度、反应温度、搅拌速度等条件对振荡系统参数的影响。由于生命体系中存在许多振荡现象(如心跳、呼吸、新陈代谢以及ADP和ATP的周期性转化等)，故将一般封闭体系中的B-Z反应加入某种溶胶也会产生与生物体类似的振荡现象。

“生物钟”是由生物体内的振荡反应与物质自发转移所造成的。生物体系的化学振荡产生于溶胶中，其催化剂是由氨基酸两性表面活性剂与过渡金属配位化合物组成的。另外，生物体中的血红素、生物碱、核酸等都是含氮杂大环配合物，研究这类配合物催化的振荡反应以及生物体必须物质如氨基酸、维生素、糖类等参与的化学振荡反应，对探索“生物钟”现象的化学本质具有重要意义。

**【科学家简介】 吕·查德里(Le Chatelier Henri Louis, 1850～1936)**

法国化学家吕·查德里1850年10月8日出生于巴黎的一个化学世家。他的祖父和父亲都从事跟化学有关的事业和企业。当时法国许多知名化学家是他家的座上客，他从小就受到化学家们的熏陶，中学时代他特别爱好化学实验，一有空便到祖父开设的水泥厂实验室做化学实验。

1875年他以优异的成绩毕业于巴黎工业大学，1887年获博士学位，随即在高等矿业学校取得化学教授职位。吕·查德里是一位精力旺盛的科学家。他研究过水泥的煅烧和凝固、陶器和玻璃器皿的退火、腐蚀剂的制造以及燃料、玻璃和炸药的发展等问题。他还发明了热电偶和光学高温计，他发明的氧炔焰发生器，迄今还用于金属的切割和焊接。

他为防止矿井爆炸研究过火焰的物化原理，对热学的研究很自然将他引导到热力学的领域中去，使他得以在1888年宣布了一条他因而遐迩闻名的定律，那就是至今仍称为的吕·查德里定律。

吕·查德里原理的应用可使某些工业生产过程的转化率达到或接近理论值，有助于化学工业的合理化并指导化学家们最大限度地减少浪费，生产所希望的产品，其应用非常广泛。

## 习　题

1. 什么叫可逆反应？什么叫化学平衡？
2. 如何利用反应商和标准平衡常数判断可逆反应的方向？
3. 化学平衡发生移动时，标准平衡常数是否发生变化？标准平衡常数发生变化时，化学平衡是否发生移动？

4. 下列说法是否正确？为什么？

(1) 达到平衡时，各反应物和生成物的浓度一定相等。

(2) 对于放热反应来说，升高温度会使其标准平衡常数变小，反应的转化率降低。

(3) 一种反应物的转化率随另一种反应物的起始浓度不同而不同。

5. 700 K 时，$PCl_5(g) \rightleftharpoons PCl_3(g) + Cl_2(g)$，$PCl_5(g)$的起始压力为 $3.033\times10^5$ Pa，达平衡时 $K^\ominus=11.5$，求 $PCl_5(g)$的转化率为多少？

6. 肌红蛋白(Mb)是存在于肌肉组织中的一种缀合蛋白，具有携带 $O_2$ 的能力。肌红蛋白的氧合作用为

$$Mb(aq) + O_2(g) \rightleftharpoons MbO_2(aq)$$

在 310.15 K 时，反应的标准平衡常数 $K^\ominus=1.3\times10^2$，试计算当 $O_2$ 的分压力为 5.3 kPa 时，氧合肌红蛋白($MbO_2$)与肌红蛋白的平衡浓度的比值。

7. 已知反应 $CO(g) + H_2O(g) \rightleftharpoons CO_2(g) + H_2(g)$ 的 $\Delta_r H_m^\ominus = -41.2\ kJ\cdot mol^{-1}$，500 K 时 $K=126$，求 800 K 时的标准平衡常数。

8. 已知反应 $C(s) + H_2O(g) \rightleftharpoons CO(g) + H_2(g)$ 的 $\Delta_r G_m^\ominus = 91.32\ kJ\cdot mol^{-1}$，试求 298 K、101.3 kPa 时的标准平衡常数。

9. 已知 1 048 K 时，$CaCO_3$ 的分解压力为 14.59 kPa，分解反应的标准摩尔焓变 $\Delta_r H^\ominus = 109.32\ kJ\cdot mol^{-1}$，试计算 1 128 K 时 $CaCO_3$ 的分解压力。

10. 将 $Cl_2$，$H_2O$，HCl，$O_2$ 四种气体混合后，发生下列化学反应(吸热反应)：

$$2Cl_2(g) + 2H_2O(g) \rightleftharpoons 4HCl(g) + O_2(g)$$

当反应达到平衡时，若改变下列各小题前面的操作，对后面的平衡数值有何影响(条件未注明的是指温度不变、体积不变)？

| | |
|---|---|
| (1) 加 $O_2$ | $H_2O$ 的物质的量 |
| (2) 增大容器的体积 | $H_2O$ 的物质的量 |
| (3) 加 $O_2$ | HCl 的物质的量 |
| (4) 减小容器的体积 | $Cl_2$ 的物质的量 |
| (5) 减小容器的体积 | $Cl_2$ 的分压力 |
| (6) 减小容器的体积 | $K^\ominus$ |
| (7) 升高温度 | $K^\ominus$ |
| (8) 升高温度 | HCl 的分压力 |

# 第5章 溶　　液

**内容摘要**

本章介绍物质的量和物质的量浓度、质量摩尔浓度和摩尔分数、质量分数和质量浓度等概念。重点讨论稀溶液的依数性及其在医学上的应用。此外，还讨论强电解质溶液理论。

溶液(solution)是指含有两种或两种以上物质的均匀混合物。按聚集状态分类，溶液有气态溶液、液态溶液和固态溶液。大气是一种气态溶液，锌和铜形成的黄铜是固态溶液，而医院消毒用的“酒精”(乙醇和水的混合物)则是液态溶液。通常所讲的溶液多是指液态溶液。若液态溶液中只有一种组分是液态物质，其余是固态和气态物质，则该液态物质称作溶剂(solvent)，其余物质称作溶质(solute)。若溶液的组成都是液态物质，通常把含量较多的物质称作溶剂。但是当有水的时候，即使水的含量较少，习惯上还是把水看作溶剂，如“75%的消毒酒精”、“98%的浓硫酸”。

溶液对人体的生理活动有重大意义。人体摄取食物里的养分，经过消化，变成溶液，然后吸收。人体内氧气和二氧化碳也是溶解在血液中进行循环的。在药物的研究、生产和临床使用中，也常常涉及溶液，如医疗上用的葡萄糖溶液和生理盐水，医治细菌感染引起的各种炎症的注射液(如庆大霉素、卡那霉素)，各种眼药水等。本章首先介绍溶液组成的表示方法，然后着重介绍稀溶液的依数性及渗透压在医学上的意义，简要介绍强电解质溶液理论。

## 5.1 溶　　液

溶液的性质除与溶质、溶剂的本性有关外，还常与溶液中溶质和溶剂的相对含量有关，溶液的组成标度是指溶液中溶质和溶剂的相对含量。为了实际工作的需要或方便，对溶液的组成标度规定了相应的标准。

### 5.1.1 物质的量和物质的量浓度

物质的量(amount of substance)是表示物质数量的基本物理量。物质B的物质的量用符号 $n_B$ 表示。物质的量的基本单位是摩尔(mole)，单位符号为mol。

摩尔的定义是：摩尔是一系统的物质的量，该系统中所包含的基本单元数目与

0.012 kg $^{12}C$的原子数目相等。也就是说，只要系统中的基本单元 B 的数目与 0.012 kg $^{12}C$ 的原子数目相等，B 物质的量就是 1 mol。

在使用物质的量及其单位摩尔时，应注意的问题：

1) 0.012 kg $^{12}C$ 的原子数目是阿伏伽德罗常量(Avogadro constant)的数值，阿伏伽德罗常量 $L=(6.022\,136\,7\pm0.000\,003\,6)\times10^{23}\,mol^{-1}$，这个数的精确程度是随测量技术水平提高而提高的。可见，摩尔的定义是绝对定义，不随测量技术而改变。

2) 摩尔是物质的量的单位，不是质量的单位。质量的单位是千克，单位符号kg。

3) 基本单元应予指明。基本单元可以是分子、原子、离子、电子等实物微粒，也可以是它们的特定组合。例如，我们说 H、$H_2$、$H_2O$、$\frac{1}{2}H_2O$、$\frac{1}{2}SO_4^{2-}$、$(2H_2+O_2)$等的物质的量都是可以的。但是，如果说硫酸的物质的量，含义就不清了，因为没有用化学式指明基本单元，基本单元可能是 $H_2SO_4$ 或是$\frac{1}{2}H_2SO_4$。我们说 1 mol 的 $H_2SO_4$ 具有质量 98 g，1 mol 的$\frac{1}{2}H_2SO_4$具有质量 49 g，1 mol 的$\left(H_2+\frac{1}{2}O_2\right)$具有质量 18 g 都是正确的。

4) “物质的量”是一个整体的专用名词，文字上不能分开使用和理解。

物质 B 的物质的量 $n_B$可以通过 B 的质量和摩尔质量(molar mass)求算。B 的摩尔质量 $M_B$定义为 B 的质量除以 B 的物质的量，即

$$M_B=\frac{m_B}{n_B} \tag{5-1}$$

式中，$m_B$为物质 B 的质量；$n_B$是物质 B 的物质的量，摩尔质量的单位是千克每摩，符号为$kg\cdot mol^{-1}$。当以 $g\cdot mol^{-1}$为单位时，某原子的摩尔质量的数值等于其相对原子质量 $A_r$，某分子的摩尔质量的数值等于其相对分子质量 $M_r$。相对原子质量和相对分子质量的量纲是 1。

**例 5-1** 1.06 g $Na_2CO_3$ 的物质的量是多少？

**解：**

$$n(Na_2CO_3)=\frac{m(Na_2CO_3)}{M(Na_2CO_3)}=\frac{1.06}{106}=0.010(mol)$$

物质的量浓度(amount-of-substance concentration)用符号 $c_B$表示，定义为物质 B 的物质的量 $n_B$除以混合物的体积 $V$。对溶液而言，物质的量浓度定义为溶质的物质的量除以溶液的体积，即

$$c_B=\frac{n_B}{V} \tag{5-2}$$

式中，$c_B$为 B 的物质的量浓度；$n_B$为物质 B 的物质的量；$V$ 是溶液的体积。

物质的量浓度的 SI 单位是摩每立方米，符号为 $mol\cdot m^{-3}$。由于立方米单位太大，物质的量浓度的单位常以摩每立方分米代替，符号为 $mol\cdot dm^{-3}$，医学上常使用摩每升、毫摩每升及微摩每升这样一些单位，符号分别为 $mol\cdot L^{-1}$、$mmol\cdot L^{-1}$及 $\mu mol\cdot L^{-1}$。

在使用物质的量浓度时，必须指明物质的基本单元。如 $c(Na_2CO_3)=1\ mol \cdot L^{-1}$，$c\left(\frac{1}{2}Ca^{2+}\right)=4\ mmol \cdot L^{-1}$等。括号中的化学式符号表示物质的基本单元。基本单元中系数不同时，存在下列换算关系

$$c(xB)=\frac{1}{x}c(B) \tag{5-3}$$

**例 5-2** 临床上治疗碱中毒时常用 $NH_4Cl$ 针剂，其规格为每支 20.0 mL，含氯化铵($NH_4Cl$)0.16 g，试计算每支针剂中含 $NH_4Cl$ 的物质的量和该针剂的浓度(单位 $mmol \cdot L^{-1}$)。

**解**：$NH_4Cl$ 摩尔质量为 $53.5\ g \cdot mol^{-1}$

$$n(NH_4Cl)=\frac{m(NH_4Cl)}{M(NH_4Cl)}=\frac{0.16}{53.5}=3.0\times10^{-3}(mol)$$

$$c(NH_4Cl)=\frac{n(NH_4Cl)}{V}=\frac{3.0\times10^{-3}\times1\,000}{20.0/1\,000}=150(mmol \cdot L^{-1})$$

## 5.1.2 摩尔分数和质量摩尔浓度

摩尔分数(mole fraction)又称为物质的量分数(amount-of-substance fraction)用符号 $x_B$表示，B 的摩尔分数定义为 B 的物质的量与混合物的物质的量之比，即

$$x_B=\frac{n_B}{\sum_i n_i} \tag{5-4}$$

式中，$n_B$ 为 B 的物质的量；$\sum_i n_i$ 为混合物的物质的量。

若溶液由溶质 B 和溶剂 A 组成，则溶质 B 的摩尔分数为：

$$x_B=\frac{n_B}{n_A+n_B}$$

式中，$n_B$为溶质 B 的物质的量；$n_A$为溶剂 A 的物质的量。同理，溶剂 A 的摩尔分数为：

$$x_A=\frac{n_A}{n_A+n_B}$$

显然

$$x_A+x_B=1$$

溶质 B 的质量摩尔浓度(molality)用符号 $b_B$表示，定义为溶质 B 的物质的量 $n_B$除以溶剂的质量 $m_A$(kg)，即

$$b_B=\frac{n_B}{m_A} \tag{5-5}$$

式中，$n_B$为溶质 B 的物质的量；$m_A$为溶剂 A 的质量。$b_B$的单位是 $mol \cdot kg^{-1}$。溶质 B 的质量摩尔浓度也可以使用符号 $m_B$，为避免与质量符号 $m$ 混淆，本书中使用符号 $b_B$。

由于摩尔分数和质量摩尔浓度与温度无关，因此在物理化学中广为应用。

**例 5-3** 将 7.00 g 结晶草酸($H_2C_2O_4 \cdot 2H_2O$)溶于 93.0 g 水中，求草酸的质量摩尔浓度 $b(H_2C_2O_4)$和摩尔分数 $x(H_2C_2O_4)$。

**解：** 结晶草酸的摩尔质量 $M(H_2C_2O_4 \cdot 2H_2O) = 126\ g \cdot mol^{-1}$，而 $M(H_2C_2O_4) = 90.0\ g \cdot mol^{-1}$，故 7.00 g 结晶草酸中草酸的质量为

$$m(H_2C_2O_4) = \frac{7.00 \times 90.0}{126} = 5.00(g)$$

溶液中水的质量为

$$m(H_2O) = 93.0 + (7.00 - 5.00) = 95.0(g)$$

则

$$b(H_2C_2O_4) = \frac{5.00 \times 1\,000}{90.0 \times 95.0} = 0.585(mol \cdot kg^{-1})$$

$$x(H_2C_2O_4) = \frac{\dfrac{5.00}{90.0}}{\dfrac{5.00}{90.0} + \dfrac{95.00}{18.0}} = 0.010\,4$$

### 5.1.3 质量分数和质量浓度

物质 B 的质量分数(mass fraction)用符号 $\omega_B$表示，定义为物质 B 的质量 $m_B$除以溶液的质量 $m$，即

$$\omega_B = \frac{m_B}{m} \tag{5-6}$$

式中，$m_B$为溶质 B 的质量；$m$ 为溶液的质量。

质量分数也可用百分数表示，如将 15 g 氯化钠溶于 45 g 水，则其质量分数 $\omega_{NaCl} = \frac{15}{15+45} = 0.25$，也可表示为 25%。

质量浓度(mass concentration)用 $\rho_B$表示。定义为物质 B 的质量 $m_B$除以混合物的体积 $V$。即

$$\rho_B = \frac{m_B}{V} \tag{5-7}$$

式中，$m_B$为 B 的质量；$V$ 是溶液的体积。质量浓度常用的单位为千克每升或克每升，符号为 $kg \cdot L^{-1}$或 $g \cdot L^{-1}$等。

世界卫生组织提议：在医学上表示体液的组成时，凡体液中相对分子质量 $M_r$已知的

物质，均应用物质的量浓度。例如人体血液葡萄糖含量的正常值，过去习惯表示为70 mg%～100 mg%，意为每100 mL血液含葡萄糖70～100 mg，按此建议应表示为$c(C_6H_{12}O_6)=3.9\sim5.6\ \mathrm{mmol\cdot L^{-1}}$。对于未知其相对分子质量的物质则使用质量浓度$\rho_B$。

物质B的质量浓度$\rho_B$与B的浓度$c_B$之间的关系为：

$$\rho_B = c_B M_B \tag{5-8}$$

**例5-4** 市售浓硫酸密度为1.84 kg·L$^{-1}$，$H_2SO_4$的质量分数为0.96，计算物质的量浓度$c(H_2SO_4)$和$c\left(\frac{1}{2}H_2SO_4\right)$，单位用mol·L$^{-1}$。

**解：** $H_2SO_4$的摩尔质量为98 g·mol$^{-1}$，$\frac{1}{2}H_2SO_4$的摩尔质量为49 g·mol$^{-1}$。

$$c(H_2SO_4) = \frac{0.96\times1.84\times1000}{98} = 18(\mathrm{mol\cdot L^{-1}})$$

$$c\left(\frac{1}{2}H_2SO_4\right) = \frac{0.96\times1.84\times1000}{49} = 36(\mathrm{mol\cdot L^{-1}})$$

## 5.2 稀溶液的依数性

溶质溶解在溶剂中形成溶液。溶液的性质可分为两类：一类决定于溶质的本性，如溶液的颜色、体积、导电性和表面张力等；另一类与溶质的本性无关，主要取决于溶液中所含溶质微粒数的多少，如溶液的蒸气压下降、沸点升高、凝固点降低以及渗透压等，这类性质具有一定的规律性，但其变化规律只适用于稀溶液，所以统称为稀溶液的依数性(colligative properties of dilute solution)。

### 5.2.1 稀溶液的蒸气压下降

1. 蒸气压

在一定温度下，将某纯溶剂(如水)置于一密闭容器中，由于分子的热运动，液面上一些动能较高的水分子将克服液体分子间的引力自液面逸出，成为蒸气分子，形成气相(系统中物理性质和化学性质都相同的组成部分称为相)，这一过程称为蒸发(evaporation)。同时，气相中的蒸气分子也会接触到液面并被吸引到液相中，这一过程称为凝结(condensation)。开始时，蒸发过程占优势，但随着气相蒸气密度的增大，凝结的速率也随之增大，当液体蒸发的速率与蒸气凝结的速率相等时，气相(gas phase)与液相(liquid phase)达到平衡：

$$H_2O(l) \rightleftharpoons H_2O(g) \tag{5-9}$$

式中，l代表液相；g代表气相。这时，水蒸气的密度不再改变，它具有的压力也不再改变。

当液相蒸发速率与气相凝结速率相等时，液相和气相达到平衡，此时，蒸气所具有的压强称为该温度下的饱和蒸气压，简称蒸气压(vapor pressure)，用符号 $p$ 表示，单位是 Pa(帕)或 kPa(千帕)。蒸气压仅与液体的本性和温度有关，与液体的量以及液面上方空间体积无关。

蒸气压的大小与液体的本性有关，一定温度下，不同物质的蒸气压不同。一些液体的饱和蒸气压见表 5-1。

**表 5-1 一些液体的饱和蒸气压(20℃)**

| 物质 | 水 | 乙醇 | 苯 | 乙醚 | 汞 |
|---|---|---|---|---|---|
| 蒸气压/kPa | 2.34 | 5.85 | 9.96 | 57.6 | $1.6\times10^{-4}$ |

蒸气压的大小还与温度有关。温度不同，同一液体的蒸气压亦不相同。由于蒸发是一个吸热过程，因此当温度升高时，式(5-9)所表示的液相与气相间的平衡将向右移动，即蒸气压将随温度升高而增大。水的蒸气压与温度的关系见表 5-2。

**表 5-2 不同温度下水的蒸气压**

| $T$/K | $p$/kPa | $T$/K | $p$/kPa |
|---|---|---|---|
| 273 | 0.610 6 | 333 | 19.918 3 |
| 278 | 0.871 9 | 343 | 35.157 4 |
| 283 | 1.227 9 | 353 | 47.342 6 |
| 293 | 2.338 5 | 363 | 70.100 1 |
| 303 | 4.242 3 | 373 | 101.324 7 |
| 313 | 7.375 4 | 423 | 476.026 2 |
| 323 | 12.333 6 | | |

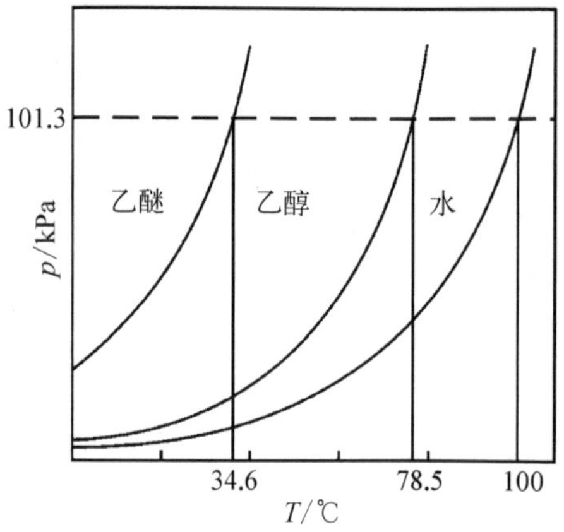


图 5-1 蒸气压与温度的关系图

图 5-1 反映了乙醚、乙醇、水等液体的蒸气压随温度升高而增大的情况。

固体直接蒸发为气体，这一现象称为升华(sublimation)，因此固体也具有一定的蒸气压。大多数固体的蒸气压都很小，只有少数固体如冰、碘、樟脑、萘等有较大的蒸气压。固体的蒸气压也随温度的升高而增大，表 5-3 列出了不同温度下冰的蒸气压。

无论固体还是液体，蒸气压大的称为易挥发性物质，蒸气压小的则称为难挥发性物质。本章讨论稀溶液依数性时，忽略难挥发性溶质自身的蒸气压，只考虑溶剂的蒸气压。

表 5-3 不同温度下冰的蒸气压

| $T$/K | $p$/kPa | $T$/K | $p$/kPa |
|---|---|---|---|
| 248 | 0.063 5 | 268 | 0.401 3 |
| 253 | 0.103 5 | 272 | 0.562 6 |
| 258 | 0.165 3 | 273 | 0.610 6 |
| 263 | 0.260 0 | | |

2. 溶液的蒸气压下降

实验证明，在相同温度下，当难挥发的非电解质溶于溶剂形成稀溶液后，稀溶液的蒸气压比纯溶剂的蒸气压低。这是因为纯溶剂的部分表面被溶质分子所占据，单位时间内从溶液中蒸发出的溶剂分子数比从纯溶剂中蒸发出的分子数少，因此，平衡时溶液的蒸气压必然低于纯溶剂的蒸气压，这种现象称为溶液的蒸气压下降（vapor pressure lowering）。由于溶质是难挥发性的，因此这里所说的溶液的蒸气压实际上是指溶液中溶剂的蒸气压。图 5-2 表示纯溶剂和溶液在密闭容器内蒸发-凝聚的情况。显然，溶液的浓度越大，溶液的蒸气压下降就越多。

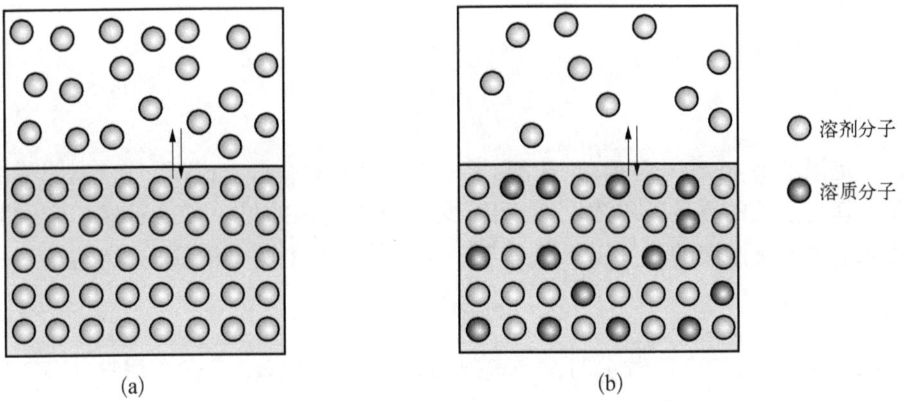


图 5-2 纯溶剂和溶液蒸发-凝聚示意图

(a) 纯溶剂蒸发示意图 (b) 溶液蒸发示意图

1887 年法国化学家拉乌尔（F. M. Raoult）根据大量实验结果，总结出如下规律：在一定温度下，难挥发性非电解质稀溶液的蒸气压等于纯溶剂的蒸气压乘以溶液中溶剂的摩尔分数。即

$$p = p^0 x_A \qquad (5-10)$$

式中，$p^0$ 为纯溶剂的蒸气压；$p$ 为同温度下溶液的蒸气压；$x_A$ 为溶液中溶剂的摩尔分数。

因为 $x_A < 1$，$p < p^0$。对于只有一种溶质的稀溶液，若 $x_B$ 为溶质的摩尔分数，由于

$$x_A + x_B = 1$$

因此
$$p = p^0(1 - x_B)$$
$$p^0 - p = p^0 x_B$$
即
$$\Delta p = p^0 x_B \tag{5-11}$$

式中，$\Delta p$ 为溶液的蒸气压下降。式(5－11)表明，在一定温度下，难挥发性非电解质稀溶液的蒸气压下降与溶液中溶质的摩尔分数成正比，而与溶质的本性无关。这是拉乌尔定律的另一数学表达式。

在稀溶液中，溶质的物质的量 $n_B$远远小于溶剂的物质的量 $n_A$，所以

$$x_B = \frac{n_B}{n_A + n_B} \approx \frac{n_B}{n_A} = \frac{n_B}{m_A/M_A}$$
$$\Delta p = p^0 \frac{n_B}{m_A/M_A} = p^0 M_A \frac{n_B}{m_A} \tag{5-12}$$

式中，$m_A$与 $M_A$分别为溶剂的质量和摩尔质量。设溶液的质量摩尔浓度为 $b_B$，则

$$b_B = \frac{n_B}{m_A} \tag{5-13}$$

由式(5－12)和式(5－13)得

$$\Delta p = p^0 M_A b_B = K b_B \tag{5-14}$$

在一定温度下，$p^0$ 为一定值，$p^0 \cdot M_A$为一常数，用 $K$ 表示。式(5－14)表明稀溶液的蒸气压下降与溶液的质量摩尔浓度成正比，是拉马尔定律的另一种表示式。它说明了难挥发性非电解质稀溶液的蒸气压下降只与一定量的溶剂中所含溶质的微粒数有关，而与溶质的本性无关。

**例 5－5**　已知 293 K 时水的饱和蒸气压为 2.338 kPa，将 3.00 g 尿素[$CO(NH_2)_2$]溶于 100 g 水中，试计算这种溶液的质量摩尔浓度和蒸气压分别是多少？

**解：**尿素的摩尔质量 $M$=60.0 g・mol$^{-1}$，溶液的质量摩尔浓度

$$b[CO(NH_2)_2] = \frac{3.00}{60.0} \times \frac{1\,000}{100} = 0.500(\text{mol} \cdot \text{kg}^{-1})$$

$H_2O$ 的摩尔分数

$$x(H_2O) = \frac{\frac{100}{18}}{\frac{100}{18} + 0.500 \times 0.1} = 0.991$$

尿素溶液的蒸气压

$$p = p^0(H_2O) \cdot x(H_2O) = 2.338 \times 0.991 = 2.32(\text{kPa})$$

## 5.2.2 稀溶液沸点的升高

1. 液体的沸点

液体的沸点(boiling point)是液体的蒸气压等于外压时的温度。液体的正常沸点(normal boiling point)是指外压为标准大气压即 101.3 kPa 时的沸点。例如水的正常沸点为 373.15 K。通常情况下,没有注明压力条件的沸点都是指正常沸点,简称沸点。

液体的沸点,随着外界压力的改变而改变。这种性质,常被应用于实际工作中。例如,采用减压蒸馏或减压浓缩的方法提取和精制物质,尤其是对热稳定性差的物质。又如,医学上常见的高压灭菌法,即在密闭的高压消毒器内加热,对热稳定性好的注射液和某些医疗器械、敷料消毒灭菌。

2. 稀溶液的沸点升高

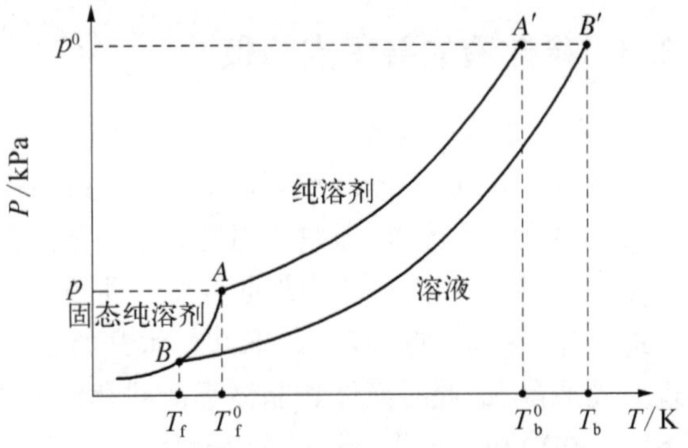


图 5-3 稀溶液的沸点升高和凝固点降低

实验证明,溶液的沸点高于纯溶剂的沸点,这一现象称为溶液的沸点升高(boiling point elevation)。溶液沸点升高的原因是溶液的蒸气压低于纯溶剂的蒸气压。在图 5-3中,横坐标表示温度,纵坐标表示蒸气压。$AA'$表示纯水的蒸气压曲线,$BB'$表示稀溶液的蒸气压曲线。由于溶液的蒸气压在任何温度下都低于同温度下纯水的蒸气压,所以 $BB'$处于 $AA'$的下方。当温度为 $T_b^0=$ 373.15 K 时,纯水的蒸气压等于外压 101.3 kPa,纯水开始沸腾,温度 $T_b^0$是纯水的沸点。而在此温度下,溶液的蒸气压低于 101.3 kPa,溶液并不沸腾,只有将温度升高到 $T_b$时,溶液的蒸气压等于外压101.3 kPa,溶液才沸腾,$T_b$为溶液的沸点。溶液的沸点升高 $\Delta T_b$,$\Delta T_b = T_b - T_b^0$。溶液沸点升高是由溶液的蒸气压下降引起的。溶液浓度越大,其蒸气压下降越多,沸点升高就越多,即稀溶液的沸点升高与蒸气压下降成正比:

$$\Delta T_b = K'\Delta p$$

根据拉乌尔定律

$$\Delta p = Kb_B$$

所以

$$\Delta T_b = K'Kb_B = K_b b_B \quad (5-15)$$

式中 $K_b$称为溶剂的沸点升高常数,它只与溶剂有关。表 5-4 列出了常见溶剂的沸点及 $K_b$值。

从式(5-15)可以看出,在一定条件下,难挥发性非电解质稀溶液的沸点升高只与溶液的质量摩尔浓度成正比,而与溶质的本性无关。

表 5-4 常见溶剂的沸点($T_b^0$)及沸点升高常数($K_b$)

| 溶 剂 | $T_b^0$/℃ | $K_b$/(K·kg·$mol^{-1}$) |
|---|---|---|
| 萘 | 218 | 5.80 |
| 乙酸 | 118 | 2.93 |
| 水 | 100 | 0.512 |
| 苯 | 80 | 2.53 |
| 乙醇 | 78.4 | 1.22 |
| 四氯化碳 | 76.7 | 5.03 |
| 氯仿 | 61.2 | 3.63 |
| 乙醚 | 34.7 | 2.02 |

### 5.2.3 稀溶液的凝固点降低

1. 纯液体的凝固点

凝固点(freezing point)是物质的固、液两相蒸气压相等时的温度。纯水的凝固点(273.15 K)又称为冰点,即在此温度时水和冰的蒸气压相等。

图 5-4 是水和溶液的冷却曲线图。曲线(1)为纯水的理想冷却曲线。从 $a$ 点处无限缓慢地冷却,达到 $b$ 点(273.15 K)时,水开始结冰。在结冰过程中温度不再变化,曲线上出现一段平台 $bc$,此时液体和晶体平衡共存。如果继续冷却,全部水将结成冰,然后温度再下降。在冷却曲线上,这个不随时间而变的平台相对应的温度 $T_f^0$ 称为该液体的凝固点。

曲线(2)是实验条件下水的冷却曲线。因为实验做不到无限缓慢地冷却,而是较快速强制冷却,当温度降到 $T_f^0$ 时不凝固,出现过冷现象。一旦固相出现,温度又回升而出现平台。

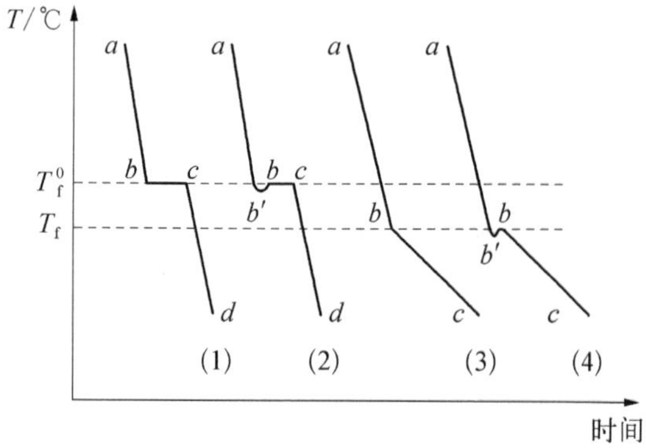

图 5-4 水和溶液的冷却曲线图

2. 稀溶液的凝固点降低

图 5-4 中的曲线(3)是溶液的理想冷却曲线。与曲线(1)不同,当温度由 $a$ 点处冷却,达到 $T_f$ 时,溶液中才开始结冰,$T_f < T_f^0$。随着冰的结出,溶液浓度不断增大,溶液的凝固点也不断下降,于是 $bc$ 并不是一段平台,而是一段缓慢下降的斜线。因此,溶液的凝固点是指刚有溶剂固体析出(即 $b$ 点)的温度 $T_f$。

曲线(4)是实验条件下溶液的冷却曲线。可以看出,适当的过冷使溶液凝固点的观察变得容易(温度降到 $T_f$ 以下 $b'$ 点又回升到最高点 $b$)。

实验证明,溶液的凝固点总是低于纯溶剂的凝固点,这一现象称为溶液的凝固点降低(freezing point depression)。溶液的凝固点降低也是由溶液的蒸气压下降而引起的。如图 5-3 所示,$AB$ 表示冰的蒸气压曲线,$AB$ 与 $AA'$ 相交于 $A$ 点,此时冰和水两相平衡共存，$A$ 对应的温度即纯水的凝固点 $T_f^0=273.15$ K，但在 273.15 K 时水溶液的蒸气压低于纯水的蒸气压，这时溶液与冰不能共存，冰将融化，即溶液在 273.15 K 时不能结冰。若温度继续下降，由于冰的蒸气压比溶液的蒸气压随温度降低得更快，当温度降至 $T_f$时，冰和溶液的蒸气压相等，此时，冰和溶液共存，这个平衡温度 $T_f$就是溶液的凝固点。溶剂的凝固点与溶液的凝固点之差($T_f^0-T_f$)就是溶液的凝固点降低 $\Delta T_f$。

对于稀溶液而言，溶液的凝固点降低 $\Delta T_f$与溶液的蒸气压下降 $\Delta p$ 成正比

$$\Delta T_f = K''\Delta p$$

而

$$\Delta p = Kb_B$$

所以

$$\Delta T_f = K''Kb_B = K_f b_B \quad (5-16)$$

式中，$K_f$称为溶剂的凝固点降低常数，它只与溶剂的本性有关。表 5-5 列出了一些溶剂的凝固点 $T_f^0$及 $K_f$值。

**表 5-5 常见溶剂的凝固点($T_f^0$)及凝固点降低常数($K_f$)**

| 溶 剂 | $T_f^0$/℃ | $K_f$/(K·kg·mol$^{-1}$) |
|---|---|---|
| 萘 | 80 | 6.90 |
| 乙酸 | 17 | 3.90 |
| 苯 | 5.5 | 5.10 |
| 水 | 0.0 | 1.86 |
| 四氯化碳 | −22.9 | 32.0 |
| 乙醚 | −116.2 | 1.80 |

从式(5-16)可以看出，难挥发性非电解质稀溶液的凝固点降低与溶液的质量摩尔浓度成正比，而与溶质的本性无关。

通过测定溶液的沸点升高和凝固点降低都可以推算溶质的摩尔质量(或相对分子质量)。但由于大多数溶剂的 $K_f$值大于 $K_b$值，因此同一溶液的凝固点降低值比沸点升高值大，所以灵敏度相对较高且实验误差相对较小。而且溶液的凝固点测定是在低温下进行的，不会引起生物样品的变性或破坏，溶液浓度也不会变化。因此，在医学和生物科学实验中凝固点降低法的应用更为广泛。

由式(5-16)，实验测定溶液的凝固点降低值 $\Delta T_f$，即可计算溶质的摩尔质量

$$\Delta T_f = K_f b_B = K_f \frac{m_B/M_B}{m_A}$$

所以

$$M_B = K_f \frac{m_B}{\Delta T_f \cdot m_A} \quad (5-17)$$

式中，$m_B$为溶质的质量；$m_A$为溶剂的质量；$M_B$为溶质的摩尔质量。

**例 5-6** 孕酮是一种雌性激素，将 1.50 g 孕酮试样溶于 10.0 g 苯中，所得溶液的凝固点下降 2.45 K，求孕酮的相对分子质量。

**解**：苯的 $K_f=5.10\ K \cdot kg \cdot mol^{-1}$，根据式(5-17)有

$$M_B = 5.10 \times \frac{1.50}{10.0 \times 2.45} = 0.312(kg \cdot mol^{-1}) = 312(g \cdot mol^{-1})$$

所以孕酮的相对分子质量为312。

溶液凝固点降低原理还有许多实际应用。在严寒的冬天，为防止汽车水箱冻裂，常在水箱中加入甘油或乙二醇以降低水的凝固点，防止水因结冰体积膨大而引起水箱胀裂。在实验室中，常用食盐和冰的混合物作制冷剂，可使温度降至$-22$℃，用氯化钙和冰混合，可使温度降至$-55$℃。在水产业和食品贮藏及运输中，食盐和冰混合而成的冷却剂使用广泛。

### 5.2.4 稀溶液的渗透压

1. *渗透现象与渗透压*

若在某容器中加入一定量的蔗糖溶液，再在蔗糖溶液的液面上小心地加一层水，在避免任何机械振动的情况下静置一段时间，由于分子本身的热运动，蔗糖分子将由溶液层向水层中运动，水分子从水层向溶液层运动，最后成为一个均匀的蔗糖溶液，这一过程称为扩散(diffusion)。

若用一种半透膜(semipermeable membrane)将蔗糖溶液和纯水隔开，如图5-5(a)所示。一段时间后，可以看到蔗糖一侧的液面不断上升，说明水分子不断地通过半透膜转移到蔗糖溶液中。这种溶剂分子通过半透膜进入到溶液中的过程，称为渗透作用，简称渗透(osmosis)。不同浓度的两种溶液用半透膜隔开，都会发生渗透作用。

半透膜的种类很多，通透性也不相同。它是一种只允许某些物质透过，而不允许另一些物质透过的薄膜，如动物的肠衣、动植物的细胞膜、毛细血管壁、人工制备的羊皮纸、火棉胶等都是半透膜。

图5-5(a)中的半透膜只允许水分子自由透过而不允许蔗糖分子透过。由于膜两侧单位体积内溶剂分子数不相等，单位时间内由纯溶剂进入溶液的溶剂分子数要比由溶液进入纯溶剂的溶剂分子数多，膜两侧渗透速度不同，其结果是溶液一侧的液面升高。因此，渗透现象的产生必须具备两个条件：一是有半透膜存在；二是膜两侧单位体积内溶剂

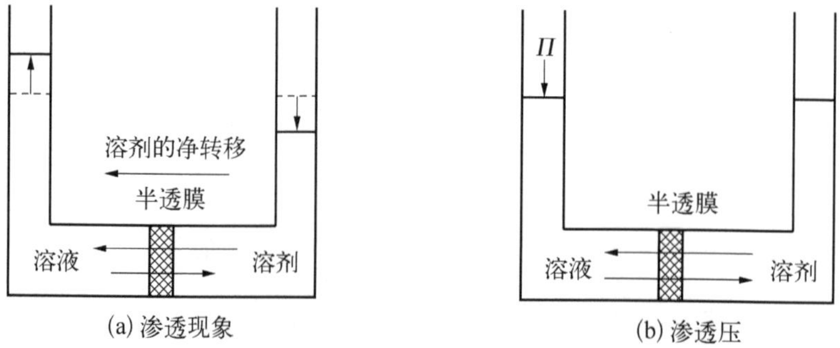


图5-5　渗透现象与渗透压

分子数不相等。由此，我们可以知道，渗透现象不仅在溶液和纯溶剂之间可以发生，在浓度不同的两种溶液之间也可以发生。渗透的方向总是溶剂分子从纯溶剂向溶液或是从稀溶液向浓溶液进行渗透。

由于渗透作用，在上述实验过程中蔗糖溶液的液面上升，随着溶液液面的升高，静水压增大，水分子从溶液进入纯水的速度加快。当静水压增大至一定值后，单位时间内从膜两侧透过的溶剂分子数相等，两侧液面不再发生变化，达到渗透平衡。

如图 5-5(b)所示，为了使渗透现象不发生，必须在溶液液面上施加一额外的压力。渗透压(osmotic pressure)在数值上等于：将纯溶剂与溶液以半透膜隔开时，为阻止渗透发生平衡所需要加给溶液的额外压强。渗透压用符号 $\Pi$ 表示，单位为 Pa 或 kPa。如果被半透膜隔开的是两种不同浓度的溶液，为阻止渗透现象发生，应在浓溶液液面上施加一额外压力，实验证明，此压力是浓溶液与稀溶液的渗透压之差。

若选用一种高强度且耐高压的半透膜将溶液和纯溶剂隔开，在溶液液面上施加大于渗透压的外压，则溶液中将有更多的溶剂分子通过半透膜进入溶剂一侧，这种使渗透作用逆向进行的过程称为反渗透(reverse osmosis)。反渗透可应用于溶液浓缩及海水淡化等方面。

2. 溶液的渗透压与浓度的关系

实验证明，在一定温度下，溶液的渗透压与它的浓度成正比；在一定浓度下，溶液的渗透压与绝对温度成正比。1886 年，荷兰物理化学家范托夫(van't Hoff)通过实验得出非电解质稀溶液的渗透压与溶液浓度及绝对温度的关系：

$$\Pi = c_B RT \tag{5-18}$$

式中，$\Pi$ 为溶液的渗透压(kPa)；$c_B$ 为溶液的物质的量浓度(mol·L$^{-1}$)；$T$ 为绝对温度(K)；$R$ 为气体常数(kPa·L·K$^{-1}$·mol$^{-1}$)。

范托夫公式的意义：在一定温度下，稀溶液渗透压的大小仅与单位体积溶液中溶质微粒数的多少有关，而与溶质的本性无关。

对于非电解质稀溶液来说，其物质的量浓度与质量摩尔浓度近似相等，即 $c_B \approx b_B$，因此，式(5-18)可改写为

$$\Pi \approx b_B RT \tag{5-19}$$

**例 5-7** 将 2.00 g 蔗糖($C_{12}H_{22}O_{11}$)溶于水，配制成 50.0 mL 溶液，求溶液在 37℃时的渗透压。

**解**：$M(C_{12}H_{22}O_{11}) = 342\ g \cdot mol^{-1}$

$$c(C_{12}H_{22}O_{11}) = \frac{2.00}{342 \times 0.05} = 0.117(mol \cdot L^{-1})$$

$$\Pi = c_B RT = 0.117 \times 8.314 \times 310.15 = 302(kPa)$$

通过实验测定难挥发性非电解质稀溶液的渗透压，可以推算溶质的摩尔质量(或相对分子质量)。

$$\Pi V = n_B RT = \frac{m_B}{M_B}RT$$

所以

$$M_B = \frac{m_B RT}{\Pi V} \tag{5-20}$$

式中，$m_B$为溶质的质量(g)；$M_B$为溶质的摩尔质量($g \cdot mol^{-1}$)。

此法主要用于测定高分子物质(如蛋白质)的相对分子质量。例如，浓度为 $1.00 \times 10^{-4} mol \cdot kg^{-1}$ 的某高分子化合物溶液的凝固点降低值 $\Delta T_f$ 为 $1.86 \times 10^{-4}$ K，一般已无法进行测量，而该溶液的渗透压 $\Pi$ 为 0.226 kPa，还能较准确地测量。因此，常用渗透压法测定高分子化合物的相对分子质量。但是，测定小分子溶质的相对分子质量用测定渗透压的方法则相当困难，故多用凝固点降低法测定。

**例 5-8** 将 35.0 g 血红蛋白溶于适量水中，配制成 1.00 L 溶液，在 293.15 K 时，测得溶液的渗透压为 1.33 kPa，试求血红蛋白的相对分子质量。

**解：** 根据式(5-20)有

$$M_B = \frac{35.0 \times 8.314 \times 298.15}{1.33 \times 1.00} = 6.52 \times 10^4 (g \cdot mol^{-1})$$

所以血红蛋白的相对分子质量为 $6.52 \times 10^4$。

3. 渗透压在医学上的意义

(1) 渗透浓度

由于渗透压是依数性，它仅与溶液中溶质粒子的浓度有关，而与溶质的本性无关。我们把溶液中能产生渗透效应的溶质粒子(分子、离子等)统称为渗透活性物质。渗透活性物质的物质的量除以溶液的体积称为溶液的渗透浓度(osmolarity)，用符号 $c_{os}$ 表示，单位为 $mol \cdot L^{-1}$ 或 $mmol \cdot L^{-1}$。根据范托夫定律，在一定温度下，对于任一稀溶液，其渗透压与溶液的渗透浓度成正比。因此，医学上常用渗透浓度来衡量溶液渗透压的大小。

**例 5-9** 计算 $50.0\ g \cdot L^{-1}$ 葡萄糖溶液、$9.00\ g \cdot L^{-1}$ NaCl 溶液和 $12.5\ g \cdot L^{-1}$ $NaHCO_3$ 溶液的渗透浓度(用 $mmol \cdot L^{-1}$ 表示)。

**解：** 葡萄糖($C_6H_{12}O_6$)的摩尔质量为 $180\ g \cdot mol^{-1}$，$50.0\ g \cdot L^{-1}$ 葡萄糖溶液的渗透浓度为

$$c_{os} = \frac{50.0 \times 1\,000}{180} = 278(mmol \cdot L^{-1})$$

NaCl 的摩尔质量为 $58.5\ g \cdot mol^{-1}$，生理盐水的渗透浓度为

$$c_{os} = 2 \times \frac{9.0 \times 1000}{58.5} = 308(mmol \cdot L^{-1})$$

$NaHCO_3$的摩尔质量为 84 g·mol$^{-1}$，12.5 g·L$^{-1}$ $NaHCO_3$溶液的渗透浓度为

$$c_{os} = 2 \times \frac{12.5 \times 1\,000}{84} = 298(\text{mmol} \cdot \text{L}^{-1})$$

表 5-6 列出了正常人血浆、组织间液和细胞内液中各种渗透活性物质的渗透浓度。

**表 5-6 正常人血浆、组织间液和细胞内液中各种渗透活性物质的渗透浓度**

| 渗透活性物质 | 血浆中浓度 /(mmol·L$^{-1}$) | 组织间液中浓度 /(mmol·L$^{-1}$) | 细胞内液中浓度 /(mmol·L$^{-1}$) |
|---|---|---|---|
| $Na^+$ | 144 | 137 | 10 |
| $K^+$ | 5.0 | 4.7 | 141 |
| $Ca^{2+}$ | 2.5 | 2.4 | |
| $Mg^{2+}$ | 1.5 | 1.4 | 31 |
| $Cl^-$ | 107 | 112.7 | 4.0 |
| $HCO_3^-$ | 27 | 28.3 | 10 |
| $HPO_4^{2-}$、$H_2PO_4^-$ | 2.0 | 2.0 | 11 |
| $SO_4^{2-}$ | 0.5 | 0.5 | 1.0 |
| 磷酸肌酸 | | | 45 |
| 肌肽 | | | 14 |
| 氨基酸 | 2.0 | 2.0 | 8.0 |
| 肌酸 | 0.2 | 0.2 | 9.0 |
| 乳酸盐 | 1.2 | 1.2 | 1.5 |
| 三磷酸腺苷 | | | 5.0 |
| 一磷酸己糖 | | | 3.7 |
| 葡萄糖 | 5.6 | 5.6 | |
| 蛋白质 | 1.2 | 0.2 | 4.0 |
| 尿素 | 4.0 | 4.0 | 4.0 |
| $c_{os}$ | 303.7 | 302.2 | 302.2 |

(2) 等渗、低渗和高渗溶液

渗透压相等的溶液互称为等渗溶液(isotonic solution)。渗透压不相等的溶液，相对而言，渗透压高的称为高渗溶液(hypertonic solution)，渗透压低的则称为低渗溶液(hypotonic solution)。

在临床医学上，溶液的等渗、低渗和高渗是以血浆的总渗透压为标准来衡量的。由表 5-6 可知，正常人血浆的渗透浓度约为 303.7mmol·L$^{-1}$，所以临床上规定，凡渗透浓度在 280～320 mmol·L$^{-1}$范围内的溶液称为等渗溶液；渗透浓度低于 280 mmol·L$^{-1}$的溶液称为低渗溶液；渗透浓度高于 320 mmol·L$^{-1}$的溶液称为高渗溶液。生理盐水(9.0 g·L$^{-1}$的 NaCl 溶液)和 12.5 g·L$^{-1}$的 $NaHCO_3$溶液是临床上常用的等渗溶液。但是，在实际应用时，个别略低于或略高于此范围的溶液，在临床上也看做是等渗溶液，如 50.0 g·L$^{-1}$的葡萄糖溶液和 18.7 g·L$^{-1}$的乳酸钠溶液。

体液渗透压的高低对人体的生理功能起着重要作用，现以红细胞在低渗、高渗和等渗溶液中的形态变化为例加以说明。

若将红细胞置于稀 NaCl 溶液[如 $c(\text{NaCl})=4.0\ \text{g}\cdot\text{L}^{-1}$]中，在显微镜下观察，可以看到红细胞逐渐膨胀，最后破裂，释放出红细胞内的血红蛋白将溶液染成红色，这种现象医学上称为溶血(hemolysis)[图 5-6(b)]。产生这种现象的原因是细胞内溶液的渗透压高于细胞外液，细胞外液的水向细胞内渗透所致。

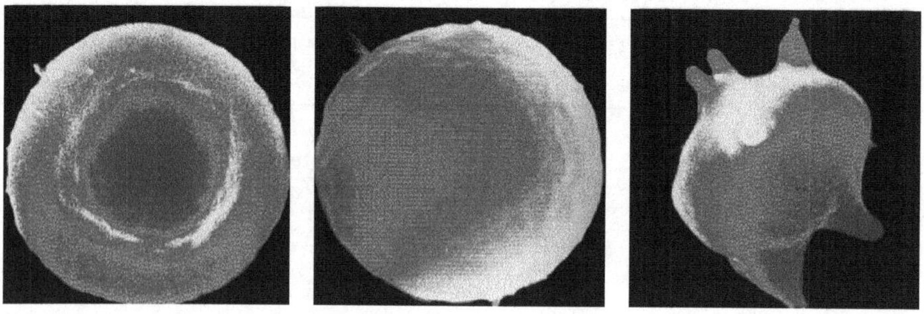

(a) (b) (c)

图 5-6 红细胞在不同浓度 NaCl 溶液中的形态变化

(a) $9.0\ \text{g}\cdot\text{L}^{-1}$的 NaCl 溶液 (b) $4.0\ \text{g}\cdot\text{L}^{-1}$的 NaCl 溶液 (c) $15\ \text{g}\cdot\text{L}^{-1}$的 NaCl 溶液

若将红细胞置于较浓的 NaCl 溶液[如 $c(\text{NaCl})\ 15\ \text{g}\cdot\text{L}^{-1}$]中，在显微镜下观察可见红细胞逐渐皱缩[图 5-6(c)]，皱缩的红细胞互相聚结成团，若此现象发生于血管中，将产生“栓塞”。产生这种现象的原因是细胞内溶液的渗透压低于细胞外液，红细胞内的水向细胞外渗透所致。

若将红细胞置于生理盐水($9.0\ \text{g}\cdot\text{L}^{-1}$的 NaCl 溶液)中，从显微镜下观察，红细胞既不会膨胀，也不会皱缩，维持原来的形态不变[图 5-6(a)]，这是由于生理盐水和红细胞内液的渗透压相等，细胞内外液处于渗透平衡状态。

从以上实例可知，溶液渗透压的高低直接影响着置于其中的红细胞的存在形态，溶液渗透压过高或过低都会使细胞活性遭到破坏，只有等渗溶液才能维持细胞的正常活性，保持正常的生理功能。所以在临床上，当病人需要大剂量补液时，一般要用等渗溶液。但是，也有使用高渗溶液的情况，如 $2.8\ \text{mol}\cdot\text{L}^{-1}$的葡萄糖溶液，就是常用的高渗溶液之一，只是在使用时，应采用小剂量、慢速度的注射，这样浓溶液会被体液逐渐稀释和吸收，不致引起局部高渗，否则将会产生不良后果。

(3) 晶体渗透压和胶体渗透压

在血浆等生物体液中含有电解质(如 NaCl、KCl、$\text{NaHCO}_3$等)、小分子物质(如葡萄糖、尿素、氨基酸等)以及高分子物质(如蛋白质、核酸等)等。在医学上，习惯把电解质和小分子物质统称为晶体物质，它们所产生的渗透压称为晶体渗透压(crystalloid osmotic pressure)；把高分子物质称为胶体物质，它们所产生的渗透压称为胶体渗透压(colloidal osmotic pressure)。血浆中胶体物质的含量(约为 $70\ \text{g}\cdot\text{L}^{-1}$)虽高于晶体物质的含量(约为 $7.5\ \text{g}\cdot\text{L}^{-1}$)，但是晶体物质的分子质量小，而且其中的电解质可以解离，单位体积血浆中的微粒数较多，而胶体物质的分子质量很大，单位体积血浆中的微粒数少，因此，人体血浆的渗透压主要是由晶体物质产生的。如 310.15 K 时，血浆的总渗透压约为 $7.7\times10^2$ kPa，其中胶体渗透压仅为 2.9～4.0 kPa。

**案例 5-1**

人体内各种半透膜（如毛细血管壁和细胞膜）的通透性不同，晶体渗透压和胶体渗透压在维持体内水、盐平衡功能上也各不相同。

细胞膜将细胞内液和细胞外液隔开，并且只让水分子自由通过，而 $K^+$、$Na^+$ 等离子却不易通过。因此，晶体渗透压对维持细胞内、外的水盐平衡起主要作用。如果由于某种原因引起人体内缺水，则细胞外液中盐的浓度将相对升高，晶体渗透压增大，于是细胞内液的水分子透过细胞膜向细胞外液渗透，造成细胞内失水。若大量饮水或输入过多葡萄糖溶液，则使细胞外液中盐的浓度降低，晶体渗透压减小，细胞外液中的水分子就向细胞内液中渗透，严重时可产生水中毒。向高温作业者供给盐汽水，就是为了维持细胞外液晶体渗透压的恒定。

毛细血管壁与细胞膜不同，它允许水分子、离子和小分子物质自由透过，而不允许蛋白质等高分子物质透过。因此，晶体渗透压对维持血浆与组织间液两者间的水盐平衡不起作用。胶体渗透压虽然很小，却对维持毛细血管内外的水盐平衡起主要作用。如果由于某种疾病造成血浆蛋白质减少时，则血浆的胶体渗透压降低，血浆中的水和盐等小分子物质就会透过毛细血管壁进入组织间液，造成血容量降低而组织间液增多，这是形成水肿的原因之一。因此，临床上对大面积烧伤或失血的病人，除补给电解质溶液外，还要输给血浆或右旋糖酐等代血浆，以恢复血浆的胶体渗透压并增加血容量。

一般说来，人体血液的渗透压值较为恒定，而尿液渗透压值的变化较大。临床检验时，测定尿液的渗透压值对于评价肾脏功能和作为一些疾病的诊断指标有重要意义。

(4) 体液渗透压的测定

由于直接测定溶液的渗透压比较困难，而测定溶液的凝固点降低比较方便，因此，临床上对血液、胃液、唾液、尿液、透析液、组织细胞培养液的渗透压的测定通常是用“冰点渗透压计”测定溶液的凝固点降低值来推算。

**例 5-10** 测得人体血液的凝固点降低值 $\Delta T_f=0.56$ K，求在体温 37℃时的渗透压。

**解：** 水的 $K_f=1.86\ \text{K}\cdot\text{kg}\cdot\text{mol}^{-1}$，根据式 $\Delta T_f=K_f b_B$

$$b_B=\frac{\Delta T_f}{K_f}$$

$$\Pi=b_BRT=\frac{\Delta T_f}{K_f}RT=\frac{0.56}{1.86}\times8.314\times(273.15+37)=7.8\times10^2(\text{kPa})$$

所以人体血液在体温 37℃时的渗透压为 $7.8\times10^2$ kPa。

### 5.2.5 稀溶液依数性之间的关系

难挥发性非电解质稀溶液的蒸气压降低、沸点升高、凝固点降低和渗透压都与溶剂中所含溶质的物质的量有关，即与单位体积内溶质的微粒数有关，而与溶质的本性无关，这些性质统称为稀溶液的依数性。

稀溶液的依数性之间有着内在联系，可以相互换算。由于是稀溶液，可以认为质量摩尔浓度 $b_B$ 与物质的量浓度 $c_B$ 近于相等。因此

$$\frac{\Delta p}{K}=\frac{\Delta T_b}{K_b}=\frac{\Delta T_f}{K_f}=\frac{\Pi}{RT}=b_B \quad (5-21)$$

稀溶液的依数性只适用于难挥发性非电解质的稀溶液。对于非电解质稀溶液来说，只要各溶液物质的量浓度相同，则单位体积内溶质的微粒数相同，其渗透压等依数性质的变化也相同，完全符合稀溶液定律。但是，电解质溶液就不一样，由于电解质在溶液中发生解离，单位体积溶液中溶质的微粒（分子和离子）数比相同浓度的非电解质溶液多，电解质稀溶液依数性的实验测定值与理论计算值之间存在着较大的偏差。为了使稀溶液的依数性公式适用于电解质溶液，范托夫建议在公式中引入一个校正因子 $i$，因此沸点升高、凝固点降低和渗透压的公式可改写为

$$\Delta T_b = iK_b b_B \quad (5-22)$$

$$\Delta T_f = iK_f b_B \quad (5-23)$$

$$\Pi = ic_B RT \approx ib_B RT \quad (5-24)$$

这样计算才能比较符合实验结果。校正因子 $i$ 的数值，严格说来应由实验测得，但由于强电解质在溶液中完全解离，对于强电解质的稀溶液来说，可忽略阴、阳离子间的相互影响，则 $i$ 值就近似等于“分子”电解质解离出的粒子个数。例如，AB 型强电解质（KCl、$CaSO_4$、$NaHCO_3$ 等）及 $AB_2$ 或 $A_2B$ 型强电解质（$MgCl_2$、$Na_2SO_4$ 等）的校正因子 $i$ 分别为 2 和 3。

**例 5-11** 临床上常用的生理盐水是 9.0 g · $L^{-1}$ 的 NaCl 溶液，求该溶液在 310.15 K时的渗透压。

**解：** NaCl 在稀溶液中完全解离，$i=2$，NaCl 的摩尔质量为 58.5 g · $mol^{-1}$，则

$$\Pi = iC_B RT = \frac{2\times 9.0\times 8.314\times 310.15}{58.5} = 7.9\times 10^2 (\text{kPa})$$

## 5.3 强电解质溶液理论

### 5.3.1 强电解质溶液

根据电解质在水溶液中解离程度的不同，可以把电解质分为强电解质和弱电解质。强

电解质(strong electrolyte)就是在水溶液中完全解离成离子的化合物,如 NaCl、$CuSO_4$ 等物质,它们的晶体是由离子组成的,因而在熔融状态下也能导电;弱电解质(weak electrolyte)是在水溶液中部分解离成离子的化合物,如 HAc、$NH_3 \cdot H_2O$ 等物质,它们大部分还是以分子的形式存在于溶液中。从结构上看,强电解质包括离子型化合物(如 NaCl)和强极性共价化合物(如 HCl)。它们在水溶液中全部解离为离子,不存在解离平衡。例如:

离子型化合物:$Na^+Cl^- \longrightarrow Na^+ + Cl^-$

强极性分子:$HCl \longrightarrow H^+ + Cl^-$

常用解离度来表示电解质的解离程度。解离度(degree of dissociation)$\alpha$ 指已解离的电解质分子总数与原有的电解质分子总数之比,表达式为

$$\alpha = \frac{\text{已解离的分子数}}{\text{原有分子总数}} \tag{5-25}$$

由于强电解质已解离的分子数等于原有的分子数,所以其解离度应为 100%。实际上通过凝固点降低法测得强电解质的解离度并不是 100%(如:25℃,0.1 $mol \cdot kg^{-1}$ 的 NaCl,实验测得其解离度 $\alpha$ 为 93%),如何解释这种现象呢?

1923 年,德拜(P. J. W. Debye)和胡克(E. Hückel)提出了离子相互作用理论(ion interaction theory),这个理论是对强电解质而言的,因此又称为强电解质溶液理论。

该理论认为,强电解质在溶液中是完全离解的,离子之间通过静电力相互作用,每一个离子都被周围电荷相反的离子包围着,形成所谓离子氛(ion atmosphere)。每一个阳离子周围有一个带负电荷的"离子氛",每一个阴离子周围又有一个带正电荷的"离子氛"。由于同种电荷相互排斥,异种电荷相互吸引,使得一个离子周围带相反电荷的离子并不均匀分布,从统计的角度来看,离子氛呈球形对称分布,如图 5-7 所示。

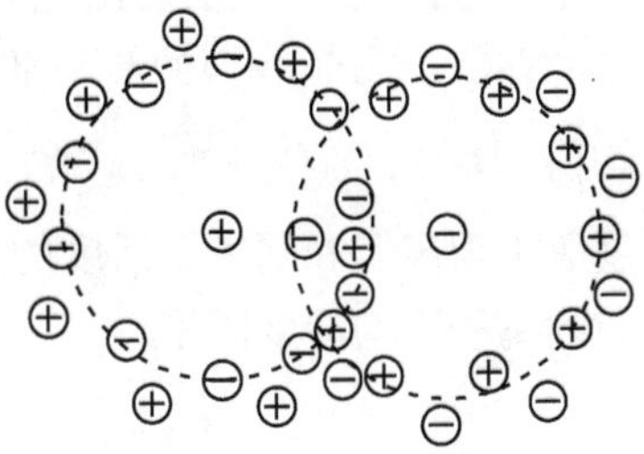
图 5-7 离子氛示意图

由于离子氛的存在,强电解质溶液中的离子并不是独立的自由离子,在外电场作用下,中心离子和它的离子氛向相反方向迁移,而且在迁移过程中离子氛不断被拆散又随时形成。这样,离子迁移的速率显然比没有离子氛时慢一些,使溶液的导电性降低,相当于溶液中离子数目的减少。当离子浓度较高时,阴阳离子之间还可以部分缔合形成离子对。离子对作为独立单位进行运动,会进一步降低自由离子的数目。

由于离子氛和离子对的存在,电解质溶液中的离子不能完全自由运动,离子的有效浓度降低。因此,强电解溶液的导电性比理论上要低一些,溶液的沸点升高、凝固点下降数值,以及用依数性或导电性测得的解离度与理论值之间都存在着一定的偏差。所以,实验测出的解离度,并不代表强电解质在溶液中的实际解离度,故称为"表观解离度"。

### 5.3.2 离子的活度和活度因子

根据离子相互作用理论,强电解质溶液中的离子不能百分之百地发挥离子应有的效

能，离子的有效浓度比理论浓度小。美国化学家路易斯(Lewis)将离子的有效浓度称为活度(activity)，它是电解质溶液中实际上能起作用的离子浓度，通常用 $a_B$表示。物质 B 的活度 $a_B$与溶液浓度 $c_B$的关系为

$$a_B = \gamma_B \cdot c_B/c^\ominus \tag{5-26}$$

式中，$\gamma_B$称为溶质 B 的活度因子(activity factor)；$c^\ominus$为标准态浓度(1 mol · L$^{-1}$)。本教材将 $c_B/c^\ominus$定义为物质 B 的相对浓度，用符号 $c_r$表示，它是一个单位为 1 的量。式(5.26)可写成

$$a_B = \gamma_B \cdot c_r \tag{5-27}$$

一般来说，由于 $a_B < c_r$，故 $\gamma_B < 1$。溶液离子浓度越大，离子之间的距离越小，离子间的牵制作用越强，活度与浓度间的差别越大，活度因子就越小。因此，我们可以得出：

1) 当离子浓度很小，且离子所带的电荷数也较少时，$a_B \approx c_r$，$\gamma_B \approx 1$。

2) 中性分子虽有活度和浓度的区别，但不像离子的区别那么大，一般把中性分子的活度因子视为 1。对于弱电解质溶液，因其离子浓度很小，通常也把弱电解质的活度因子视为 1。

在电解质溶液中，由于正、负离子同时存在，某一种离子的活度因子还不能由实验方法测定，但可用实验方法测出电解质溶液中离子的平均活度因子 $\gamma_\pm$。对于 1-1 型电解质(如 NaCl、$CuSO_4$等)的离子平均活度因子 $\gamma_\pm$，定义为阳离子和阴离子活度因子的几何平均值，即：$\gamma_\pm=\sqrt{\gamma_+ \cdot \gamma_-}$。式中 $\gamma_+$、$\gamma_-$ 分别是正、负离子的活度因子。电解质的离子平均活度等于阳离子和阴离子活度的几何平均值，即 $a_\pm=\sqrt{a_+ \cdot a_-}$。表 5-7 列出了一些强电解质的离子平均活度因子。

**表 5-7 一些强电解质的离子平均活度因子(25℃)**

| $c$ /(mol · L$^{-1}$) | 0.001 | 0.005 | 0.01 | 0.05 | 0.1 | 0.5 | 1.0 |
|---|---|---|---|---|---|---|---|
| HCl | 0.966 | 0.928 | 0.904 | 0.803 | 0.796 | 0.753 | 0.809 |
| KOH | 0.96 | 0.93 | 0.90 | 0.82 | 0.80 | 0.73 | 0.76 |
| KCl | 0.965 | 0.927 | 0.901 | 0.815 | 0.769 | 0.651 | 0.606 |
| $H_2SO_4$ | 0.830 | 0.637 | 0.544 | 0.340 | 0.265 | 0.154 | 0.130 |
| $Ca(NO_3)_2$ | 0.88 | 0.77 | 0.71 | 0.54 | 0.48 | 0.38 | 0.35 |
| $CuSO_4$ | 0.74 | 0.53 | 0.41 | 0.21 | 0.16 | 0.068 | 0.047 |

对于一般的稀溶液，当准确度要求不高时，常用离子(或分子)浓度代替活度。

## 5.3.3 离子强度

离子的活度因子不仅与自身的浓度和所带的电荷有关，还受溶液中其他离子的浓度和所带电荷的影响，为了表达这些影响，引入了离子强度(ionic strength)的概念，其定义为

$$I=\frac{1}{2}\sum_i c_i z_i^2 \tag{5-28}$$

式中，$I$ 为离子强度，单位为 $mol \cdot L^{-1}$；$c_i$ 和 $z_i$ 分别为溶液中离子 $i$ 的浓度和该离子的电荷数。

**例 5-12** 计算 $0.10\ mol \cdot L^{-1} Na_2SO_4$ 溶液的离子强度。

**解：** $I=\frac{1}{2}[c(Na^+)z^2(Na^+)+c(SO_4^{2-})z^2(SO_4^{2-})]$

$=\frac{1}{2}[(0.20)(+1)^2+(0.10)(-2)^2]=0.30(mol \cdot L^{-1})$

**例 5-13** 正常人体血浆中主要电解质离子浓度如下表 5-8 所示，计算血浆的离子强度。

**表 5-8 人体血浆中主要电解质离子浓度**

| 阳离子 | 浓度($mmol \cdot L^{-1}$) | 阴离子 | 浓度($mmol \cdot L^{-1}$) |
|---|---|---|---|
| $Na^+$ | 142 | $Cl^-$ | 103 |
| $K^+$ | 5 | $HCO_3^-$ | 27 |
| $Ca^{2+}$ | 2.5 | $HPO_4^{2-}$ | 1 |
| $Mg^{2+}$ | 1.5 | $SO_4^{2-}$ | 0.5 |

**解：** $I=\frac{1}{2}\sum_i c_i z_i^2$

$=\frac{1}{2}(142\times1^2+5\times1^2+2.5\times2^2+1.5\times2^2$

$+103\times1^2+27\times1^2+1\times2^2+0.5\times2^2)\times10^{-3}$

$=0.15\ (mol \cdot L^{-1})$

离子强度 $I$ 反映了离子间作用力的强弱，$I$ 值越大，离子间的作用力越强，活度因子就越小；$I$ 值越小，离子间的作用力越弱，活度因子就越大。

Debye-Hückel 从理论上推导出某离子的活度因子与溶液的离子强度的关系，方程如下

$$\lg\gamma_i=-Az_i^2\sqrt{I} \tag{5-29}$$

式中，$z_i$ 为离子 $i$ 的电荷数；$A$ 为常数，在 298.15 K 的水溶液中，$A$ 值约等于 0.509。

若求电解质离子的平均活度因子，式(5.29)可改为下列形式

$$\lg\gamma_{\pm}=-A|z_+\cdot z_-|\sqrt{I} \tag{5-30}$$

$z_+$ 和 $z_-$ 分别表示正、负离子所带的电荷数，但式(5.29)和式(5.30)只适用于离子强度小于

0.01 mol·L$^{-1}$的极稀溶液。对于离子强度较高的溶液，Debye－Hückel方程可修正为

$$\lg\gamma_i = \frac{-Az_i^2\sqrt{I}}{1+\sqrt{I}} \quad 或 \quad \lg\gamma_\pm = \frac{-A|z_+\cdot z_-|\sqrt{I}}{1+\sqrt{I}} \tag{5-31}$$

此式对离子强度高达0.1～0.2 mol·L$^{-1}$的1－1型电解质溶液，均可得到较好的结果。对于稀溶液，一般不考虑活度因子的校正；但在生物体内，电解质以一定浓度和一定比例存在于体液中，离子强度对酶、激素和维生素的功能影响却不能忽视。

**例5－14** 计算0.010 mol·L$^{-1}$ NaCl溶液在25℃时的离子强度、活度因子、活度和渗透压。

**解：** $I = \frac{1}{2}\sum_i c_i z_i^2$

$$= \frac{1}{2}[0.010\times(+1)^2 + 0.010\times(-1)^2] = 0.010(\text{mol}\cdot\text{L}^{-1})$$

$$\lg\gamma_\pm = -A|z_+\cdot z_-|\sqrt{I} = -0.509\times|(+1)\times(-1)|\times\sqrt{0.010} = 0.051$$

$$\gamma_\pm = 0.89$$

$$a_\pm = \gamma_\pm\cdot c_r = 0.89\times 0.010 = 0.0089$$

根据 $\Pi = iaRT$，$i=2$

$$\Pi = 2\times 0.0089\times 8.314\times 298.15 = 44.1(\text{kPa})$$

实验测得$\Pi$值为43.1 kPa，与上面计算出的$\Pi$值比较接近。若不考虑活度，$\Pi$的计算值为49.6 kPa，与实验值相差较大。

**【科学家简介】 拉乌尔(F. M. Raoult，1830～1901)**

法国著名的物理学家、化学家。1830年5月10日出生，1882年发现了稀溶液的凝固点降低规律，1887年提出了关于溶液蒸气压的最初经验公式，即溶液蒸气压相对降低值与溶质的浓度成正比。1890年成为巴黎科学院通讯会员，1899年成为彼得堡科学院通讯员。1901年4月1日去世。

拉乌尔在物理学和化学方面均有极高的成就，但他的最大贡献还是在有关溶液理论方面。继1799年意大利物理学家伏特(A. Volta)发明电池以后，化学家戴维(Davy)、法拉第(Faraday)、格罗特斯(Grotthuss)、希托夫(Hittorf)、拉乌尔和克劳修斯(Clausius)等人就陆续开展了电化学和溶液理论的研究，并取得了不少重要成果。但是对于溶液中电解质性质以及溶液性质的认识仍然很少。直到1887年，拉乌尔发表了他在溶液蒸气压方面的发现，人们对溶液的认识才迈出了一大步。范托夫用热力学方法论证了拉乌尔的经验公式与其他几个依数性的关系，此后，拉乌尔的经验公式正式命名为拉乌尔定律。也就是说，拉乌尔定律包括稀溶液的蒸气压下降、凝固点降低和沸点升高的定律。拉乌尔定律提供了测定难挥发、可溶性物质相对分子质量的新方法。拉乌尔的思想仍然是现代相平衡计算的基础。在某种形式上，这些理论在今天仍在被继续使用。

# 习 题

1. 每100 mL血浆含$K^+$和$Cl^-$分别为20 mg和366 mg,试计算它们的物质的量浓度,单位用$mmol \cdot L^{-1}$表示。

2. 如何用含结晶水的葡萄糖($C_6H_{12}O_6 \cdot H_2O$)配制质量浓度为$50\ g \cdot L^{-1}$的葡萄糖溶液500 mL? 设溶液密度为$1.00\ kg \cdot L^{-1}$,该溶液的物质的量浓度和葡萄糖$C_6H_{12}O_6$的摩尔分数是多少?

3. 静脉注射用KCl溶液的极限质量浓度为$2.7\ g \cdot L^{-1}$,如果在250 mL葡萄糖溶液中加入1安瓿(10 mL)$100\ g \cdot L^{-1}$ KCl溶液,所得混合溶液中KCl的质量浓度是否超过了极限值?

4. 10.00 mL饱和NaCl溶液重12.003 g,将其蒸发干后得到NaCl为3.173 g,试计算:(1) 该溶液的质量分数;(2) 该溶液的质量摩尔浓度;(3) 该溶液的浓度。

5. 浓度均为$0.01\ mol \cdot kg^{-1}$蔗糖、葡萄糖、HAc、NaCl、$BaCl_2$,其水溶液凝固点哪一个最高,哪一个最低?

6. 为了防止水在仪器中结冰,可以加入甘油(分子式$C_3H_8O_3$)以降低其凝固点,如需要冰点降至271 K,则在100 g水中应加入甘油多少克?

7. 将5.00 g某难挥发性非电解质固体溶于100 g水中,测得该溶液的沸点为100.512℃,试求溶质的相对分子质量及该溶液的凝固点。

8. 为什么在淡水中游泳,眼睛会红肿、疼痛?

9. 将1.01 g胰岛素溶于适量水中配制成100 mL溶液,测得298.15 K时该溶液的渗透压为4.34 kPa,试问该胰岛素的相对分子质量为多少?

10. 一种体液的凝固点是−0.50℃,求其沸点及此溶液在0℃时的渗透压(已知水的$K_f=1.86\ K \cdot kg \cdot mol^{-1}$,$K_b=0.512\ K \cdot kg \cdot mol^{-1}$)。

11. 临床用的等渗溶液有:(a) 生理盐水;(b) $12.5\ g \cdot L^{-1}$ $NaHCO_3$溶液;(c) $18.7\ g \cdot L^{-1}$ $NaC_3H_5O_3$(乳酸钠)溶液。若按下述比例混合,试问这几个混合溶液是等渗、低渗还是高渗溶液?

(1) $\frac{2}{3}(a)+\frac{1}{3}(c)$　　　　(2) $\frac{2}{3}(a)+\frac{1}{3}(b)$

(3) 在(a)、(b)、(c)三种等渗溶液中,任意取其中两种且以任意比例混合所得的混合溶液。

12. 计算$0.001\ mol \cdot L^{-1}$ NaCl溶液的离子强度。

13. Glucose, $C_6H_{12}O_6$, is a sugar that occurs in fruits. It is also known as "blood sugar" because it is found in blood and is the body's main source of energy. What is the molality of a solution containing 5.67 g of glucose dissolved in 25.2 g of water?

14. Automotive antifreeze consists of ethylene glycol ($C_2H_6O_2$), a nonvolatile nonelectrolyte. Calculate the boiling point and freezing point of a 25.0 mass % solution

of ethylene glycol in water.

15. Hemoglobin is a large molecule that carries oxygen in human blood. A water solution that contains 0.263 g of hemoglobin (abbreviated here as Hb) in 10.0 mL of solution has an osmotic pressure of 1.00 kPa at 25℃. What is the molar mass of hemoglobin?

# 第6章 酸碱平衡

**内容摘要**

本章简要介绍酸碱理论的发展,酸碱平衡的基本概念。讨论弱酸、弱碱溶液 pH 的计算。重点介绍缓冲溶液作用原理、pH 计算及其应用。

许多生理和病理现象与溶液的酸碱性有关,例如,人体的体液有不同的 pH,胃液酸性较强,pH 约为 1.0;而肠液 pH 因部位不同而异,pH 为 2.0～6.0;血液偏碱性,通常 pH 为 7.4;肾内的尿液却是酸性,通常 pH 为 4.5～7.0。许多药物本身就是酸和碱。药物的制备、分析和药理作用研究也常常涉及酸碱平衡。本章将讨论酸和碱的性质,酸碱解离平衡,溶液酸度及缓冲溶液的性质和计算。

## 6.1 酸碱理论

人们对酸碱的认识经历了一个由浅入深,由低级到高级的认识过程。最初的直观认识:酸——有酸味,能使石蕊试液变红;碱——有涩味,滑腻感,能使红色石蕊变蓝,并能与酸反应生成盐和水。随着人们对酸碱认识的扩展,相继提出了酸碱电离理论、酸碱质子理论和酸碱电子理论。

### 6.1.1 酸碱电离理论

1884 年,瑞典科学家阿伦尼乌斯(S. A. Arrhenius)提出酸碱电离理论。酸碱电离理论是阿伦尼乌斯根据他的电离学说提出来的。该理论认为在水中能电离出氢离子并且不产生其他阳离子的物质叫酸;在水中能电离出氢氧根离子并且不产生其他阴离子的物质叫碱。酸碱中和反应的实质是氢离子和氢氧根离子结合成水。这个理论取得了很大成功,但它的局限性也暴露出来。例如,气态氨与氯化氢反应迅速生成氯化铵,这个酸碱中和反应并没有水的生成。

由于阿伦尼乌斯的酸碱电离理论不能解释一些非水溶液中进行的酸碱反应等问题,1923 年丹麦的布朗斯台德(J. N. Bronsted)和英国的劳莱(T. M. Lowry)提出了酸碱质子理论。

### 6.1.2 酸碱质子理论

酸碱质子理论认为凡是能给出质子(proton)的物质都是酸,凡是能与质子结合的物质都是碱。即酸是质子的给予体,碱是质子的接受体。这样,一个酸给出质子后余下的部分自然就是碱,因为它本身就是与质子结合的。

从下面的例子可以看出(式中略去了 HB 和 B 可能出现的电荷),酸和碱可以是分子,也可以是阳离子和阴离子。酸和碱之间的这种相互对应关系称为酸碱的共轭关系。在同一式中,右边的碱是左边酸的共轭碱(conjugate base),左边的酸是右边碱的共轭酸(conjugate acid),两者组成一个共轭酸碱对(conjugate acid-base pair),它们仅仅相差一个质子。酸的酸性越强,它给出质子的能力越强,它的共轭碱接受质子的能力越弱;反之,酸的酸性越弱,它的共轭碱的碱性就越强。

它们的关系如下:

$$\text{酸(HB)} \rightleftharpoons \text{质子}(H^+) + \text{碱(B)}$$

$$HClO_4 \rightleftharpoons H^+ + ClO_4^-$$

$$H_2SO_4 \rightleftharpoons H^+ + HSO_4^-$$

$$HCl \rightleftharpoons H^+ + Cl^-$$

$$H_2PO_4^- \rightleftharpoons H^+ + HPO_4^{2-}$$

$$NH_4^+ \rightleftharpoons H^+ + NH_3$$

$$H_2O \rightleftharpoons H^+ + OH^-$$

以上这种共轭酸碱对的半反应都是不能单独存在的,因为酸并不能自动放出质子,质子也不能独立存在,而必须同时存在一种物质作为碱接受质子。反之,碱也必须从另外一种酸得到质子,才能变成共轭酸。酸性和碱性通过质子的给出和接受来体现,一切酸碱反应都是质子传递反应。

$$NH_3 + HCl \rightleftharpoons NH_4^+ + Cl^- \quad (H^+)$$

这个反应无论在水溶液或气相中,它的实质都是一样的。HCl 是酸,放出质子给 $NH_3$,然后转变成共轭碱 $Cl^-$,$NH_3$ 是碱,接受质子后转变成共轭酸 $NH_4^+$。强碱夺取了强酸放出的质子,转化为较弱的共轭酸和共轭碱。

有些物质既能给出质子,也能接受质子,这些物质被称为两性物质,如 $HPO_4^{2-}$、$H_2O$、$HCO_3^-$ 等都是两性物质(amphiprotic species)。

例如:

$$H_2O + HS^- \rightleftharpoons H_3O^+ + S^{2-} \quad (H^+)$$

$$HS^- + H_2O \rightleftharpoons OH^- + H_2S \quad (H^+)$$

$HS^-$ 既是酸又是碱,其水溶液显酸性还是碱性,取决于以上两个反应向右进行程度的大小。

酸碱质子理论不仅扩大了酸碱的范围，还可以把酸碱解离作用、中和反应、水解反应等都看做是质子传递的酸碱反应。由此可见，酸碱质子理论更好地解释了酸碱反应，摆脱了酸碱电离理论中酸碱必须在水中才能发生反应的局限性，解决了一些非水溶剂或气体间的酸碱反应，并把水溶液中进行的某些离子反应系统地归纳为质子传递的酸碱反应，加深了人们对酸碱和酸碱反应的认识。但是酸碱质子理论不能解释那些不交换质子而又具有酸碱性的物质，因此它也存在着一定的局限性。

### 6.1.3 酸碱电子理论

在酸碱质子理论提出的同年，美国化学家路易斯(G. N. Lewis)提出了酸碱电子理论。

酸碱电子理论是目前概括最广的酸碱理论。该理论认为，凡是能给出电子对的物质叫做碱；凡是能接受电子对的物质叫做酸。即酸是电子对的接受体，碱是电子对的给予体。因此，碱中给出电子的原子至少有一对孤对电子(未成键的电子对)，而酸中接受电子的原子至少有一个空轨道(外层未填充电子的轨道)，以便接受碱给予的电子对。这种由路易斯定义的酸和碱叫做 Lewis 酸和 Lewis 碱。

例如，三氟化硼分子中的硼原子，其外层只有六个电子，可以接受一对电子，因此 $BF_3$ 是 Lewis 酸。同样，在三氯化铝分子中的铝原子外层也是六个电子，也倾向接受一对电子，因此 $AlCl_3$ 也是 Lewis 酸；三氟化硼和三氯化铝都能与氨或乙醚这样的 Lewis 碱结合。酸碱反应的本质是酸从碱接受一对电子，形成配价键。

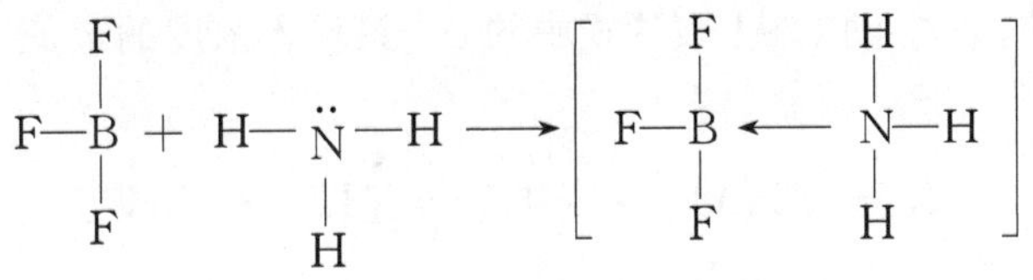

酸　　碱　　　　　酸碱配合物

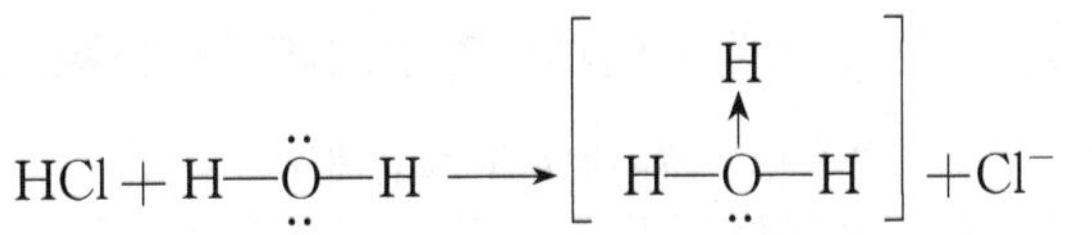

根据 Lewis 酸碱理论，Lewis 碱是具有孤对电子的化合物。例如：胺、醚、醇和硫醇；负离子，如 $RO^-$、$RS^-$、$OH^-$ 等；具有 π 电子对的化合物，如烯烃或芳香族化合物等。Lewis 酸有：$BF_3$、$AlCl_3$、$SnCl_4$、$FeCl_3$、$ZnCl_2$ 等分子；$Ag^+$、$Cu^{2+}$ 等金属离子；$R^+$，$RCO^+$，$NO^{2+}$，$H^+$ 等正离子。Lewis 酸是亲电试剂，Lewis 碱是亲核试剂。

Lewis 酸(碱)的范围极其广泛，不受某元素、某溶剂或某种离子的限制，如 $AlCl_3$、$BF_3$ 等不含 H 元素的物质都是酸，而有机化合物中的胺类、醚类等都是碱。几乎所有的化合物都可以看做是酸碱配合物。Lewis 酸碱反应包括除了氧化还原反应以外的几乎所有化学反应。

酸碱电子理论是目前应用最为广泛的酸碱理论，但该理论也有不足之处，酸碱电子理论对酸碱认识过于笼统，因而不易掌握酸碱的特征，也使不同类型反应之间的界限基本消除，其最大缺点是不能确定酸碱的相对强度。

# 6.2 酸碱平衡

## 6.2.1 水的质子自递平衡

对于水溶液体系，在酸的解离过程中，水分子接受质子，起了碱的作用；而在碱的解离过程中，水分子释放质子，起了酸的作用。因此，水是一种两性溶剂。由于水分子的两性，一个水分子可以从另一个水分子中夺取质子而形成 $H_3O^+$ 和 $OH^-$，即

$$H_2O + H_2O \rightleftharpoons H_3O^+ + OH^-$$

这种仅仅在溶剂分子之间发生的质子传递作用就称为溶剂的质子自递反应，反应的平衡常数称为溶剂的质子自递常数。水的质子自递常数又称为水的离子积(ionic product)，以 $K_w^\ominus$表示：

$$K_w^\ominus = \frac{[H_3O^+]}{c^\ominus} \cdot \frac{[OH^-]}{c^\ominus} \tag{6-1}$$

式中$[H_3O^+]$、$[OH^-]$分别表示质子传递作用达到平衡时 $H_3O^+$、$OH^-$ 的平衡浓度；$c^\ominus$为标准态浓度，$c^\ominus = 1\ mol \cdot L^{-1}$，其中$\frac{[H_3O^+]}{c^\ominus}$可以简写为相对浓度 $c_r(H^+)$，$\frac{[OH^-]}{c^\ominus}$简写为 $c_r(OH^-)$。

为了书写简便，通常可以略去表达式中的 $c^\ominus$，只代入浓度的数值，而不写出单位。式(6-1)可简写为

$$K_w = [H_3O^+] \cdot [OH^-] = [H^+] \cdot [OH^-] \tag{6-2}$$

或

$$K_w = C_r(H^+) \cdot C_r(OH^-) \tag{6-3}$$

25℃时，$K_w = 1.0 \times 10^{-14}$，表 6-1 为不同温度时水的离子积常数。

**表 6-1 不同温度时水的离子积常数**

| $T$/K | $K_w$ |
|---|---|
| 273.15 | $1.139 \times 10^{-15}$ |
| 283.15 | $2.290 \times 10^{-15}$ |
| 293.15 | $6.809 \times 10^{-15}$ |
| 298.15 | $1.008 \times 10^{-14}$ |
| 323.15 | $5.474 \times 10^{-14}$ |
| 373.15 | $5.5 \times 10^{-13}$ |

水的离子积的重要意义在于，它表明水溶液中$[H^+]$和$[OH^-]$乘积在一定温度下是一个常数。不管是酸性溶液还是碱性溶液，$H^+$ 和 $OH^-$ 都共存于其中。$[H^+]$增大，则$[OH^-]$减小；减小$[H^+]$，则$[OH^-]$增大；其中任何一个离子，其浓度都不可能是零。根据

水的离子积能计算出溶液的酸度和碱度，即溶液中的$[H^+]$和$[OH^-]$。

### 6.2.2 酸碱平衡

根据酸碱质子理论，酸或碱的强弱取决于物质给出质子或接受质子的能力大小。物质给出质子的能力愈强，其酸性也就愈强，反之就愈弱。同样，物质接受质子的能力愈强，碱性就愈强，反之也就愈弱。

在水中，酸给出质子或碱接受质子能力的大小可以用酸或碱的解离常数(dissociation constant)$K_a$或$K_b$来衡量。

1. 酸碱解离平衡与解离平衡常数

(1) 一元弱酸与弱碱

例如 HAc 在水溶液中的解离平衡：

$$HAc + H_2O \rightleftharpoons Ac^- + H_3O^+$$

解离反应的平衡常数为

$$K_a(HAc) = \frac{[H^+]\cdot[Ac^-]}{[HAc]}$$

$K_a$愈大，表明该弱酸的解离程度愈大，给出质子的能力就愈强。例如 25℃时，HAc 在水中的 $K_a=1.74\times10^{-5}$；而 HCN 的 $K_a=6.17\times10^{-10}$。显然 HCN 在水中给出质子的能力较 HAc 弱，故相对而言 HAc 的酸性就较 HCN 的强。

又如氨在水中的解离平衡为

$$NH_3 + H_2O \rightleftharpoons NH_4^+ + OH^-$$

解离反应的平衡常数为：

$$K_b(NH_3) = \frac{[NH_4^+]\cdot[OH^-]}{[NH_3]}$$

$K_b$愈大，表明该弱碱的解离平衡正向进行的程度愈大，接受质子的能力就愈强。例如 25℃时，$NH_3$在水中的 $K_b=1.79\times10^{-5}$；而苯胺($C_6H_5NH_2$)的 $K_b=3.98\times10^{-10}$。显然 $NH_3$在水中接受质子的能力较苯胺强，故相对而言苯胺的碱性较 $NH_3$的弱。对于一定的酸、碱，$K_a$或 $K_b$的大小同样与浓度无关，只与温度、溶剂有关。

(2) 多元酸与多元碱

多元酸(或碱)在水中的解离是逐级进行的。

例如 $H_2CO_3$，在水中分两步解离：

第一步：

$$H_2CO_3 + H_2O \rightleftharpoons H_3O^+ + HCO_3^-$$

$$K_{a1} = \frac{[H^+]\cdot[HCO_3^-]}{[H_2CO_3]}$$

第二步：

$$HCO_3^- + H_2O \rightleftharpoons H_3O^+ + CO_3^{2-}$$

$$K_{a2} = \frac{[H^+] \cdot [CO_3^{2-}]}{[HCO_3^-]}$$

由于 $CO_3^{2-}$ 对 $H^+$ 的吸引力强于 $HCO_3^-$ 对 $H^+$ 的吸引力，再加上一级解离对二级解离的抑制作用，故多元酸（或碱）逐级解离常数间的关系为

$$K_1 > K_2 > K_3 > \cdots$$

又如 $Na_2CO_3$ 这种二元碱，在水中的解离也是分两步进行。

第一步：

$$CO_3^{2-} + H_2O \rightleftharpoons OH^- + HCO_3^-$$

$$K_{b_1} = \frac{[OH^-] \cdot [HCO_3^-]}{[CO_3^{2-}]}$$

第二步：

$$HCO_3^- + H_2O \rightleftharpoons OH^- + H_2CO_3$$

$$K_{b_2} = \frac{[OH^-] \cdot [H_2CO_3]}{[HCO_3^-]}$$

总的解离平衡为

$$CO_3^{2-} + 2H_2O \rightleftharpoons 2OH^- + H_2CO_3$$

根据多重平衡原理，多元酸（或多元碱）总解离平衡的平衡常数为：

$$K = K_1 \times K_2 \times K_3 \times \cdots \tag{6-4}$$

2. 解离度

对于酸或碱这类电解质（electrolyte），在水中的解离程度还可以用解离度（degree of dissociation）的大小来表征，或者说，解离度的大小也可以用于比较弱酸（或弱碱）的相对强弱。

解离度一般用符号 $\alpha$ 表示，它是指某电解质在水中解离达到平衡时已解离的电解质浓度与电解质的原始浓度之比。

即：

$$解离度\ \alpha = \frac{解离部分的弱电解质浓度}{未解离前弱电解质浓度} \times 100\%$$

在水中，温度、浓度相同的条件下，解离度大的酸（或碱），解离平衡常数 $K$ 就大，该酸（或碱）的酸性（或碱性）相对就强。

**例 6-1**　HAc 在 25℃时，$K_a = 1.74 \times 10^{-5}$。求 0.20 mol·$L^{-1}$ HAc 的解离度。

**解：**

| | $HAc + H_2O \rightleftharpoons$ | $H_3O^+$ | $+ Ac^-$ |
|---|---|---|---|
| 平衡浓度 | $0.20(1-\alpha)$ | $0.20\alpha$ | $0.20\alpha$ |

$\because$ $$K_a(HAc)=\frac{[H^+]\cdot[Ac^-]}{[HAc]}$$

$\therefore$ $$1.74\times10^{-5}=\frac{(0.20\alpha)^2}{0.20(1-\alpha)}$$

解得 $\alpha=0.93\%$

3. 共轭酸碱对 $K_a$ 与 $K_b$ 的关系

(1) 一元弱酸及其共轭碱

$Ac^-$ 在水中存在以下解离平衡:

$$Ac^-+H_2O \rightleftharpoons HAc+OH^-$$

解离平衡常数为

$$K_b(Ac^-)=\frac{[HAc]\cdot[OH^-]}{[Ac^-]}$$

将 HAc 的解离平衡常数表达式与 $Ac^-$ 离子的解离平衡常数表达式相乘

$$\begin{aligned}K_a(HAc)\cdot K_b(Ac^-)&=\frac{[H^+]\cdot[Ac^-]}{[HAc]}\cdot\frac{[HAc]\cdot[OH^-]}{[Ac^-]}\\&=[H^+]\cdot[OH^-]\end{aligned}$$

因此,对于一元弱酸及其共轭碱,$K_a$ 与 $K_b$ 具有以下关系:

25℃ $$K_a\times K_b=K_w=1.0\times10^{-14} \tag{6-5}$$

可见,若某种弱酸的 $K_a$ 较大,它给出质子的能力较强,那么相对而言,其共轭碱的 $K_b$ 就会较小,该共轭碱接受质子的能力相对就较弱,碱性相对也就较弱。

例如 HAc 的 $K_a(HAc)=1.74\times10^{-5}$,是一种弱酸,但 $K_a$ 相对较大;而 $Ac^-$ 的 $K_b(Ac^-)$ 为

$$K_b(Ac^-)=\frac{1.0\times10^{-14}}{K_a(HAc)}=\frac{1.0\times10^{-14}}{1.74\times10^{-5}}=5.7\times10^{-10}$$

显然 $Ac^-$ 就是一种更弱的碱。

(2) 多元酸(或多元碱)

凡是能够释放出两个或更多质子的酸称为多元酸(polyprotic acid),凡是能够结合两个或更多质子的碱称为多元碱。例如,$H_2CO_3$、$H_3PO_4$、$H_2S$、$CO_3^{2-}$ 和 $PO_4^{3-}$。

现以多元酸 $H_2CO_3$ 为例,讨论各级解离常数之间的关系。将 $K_{a1}(H_2CO_3)$ 与 $K_{b_2}(CO_3^{2-})$ 两个平衡常数表达式相乘

$$\begin{aligned}K_{a1}(H_2CO_3)\cdot K_{b_2}(CO_3^{2-})&=\frac{[H^+]\cdot[HCO_3^-]}{[H_2CO_3]}\cdot\frac{[H_2CO_3]\cdot[OH^-]}{[HCO_3^-]}\\&=[H^+]\cdot[OH^-]\end{aligned}$$

同样，将 $K_{a2}(H_2CO_3)$ 与 $K_{b_1}(CO_3^{2-})$ 两个平衡常数表达式相乘可得

$$K_{a2} \times K_{b_1} = [H^+] \cdot [OH^-]$$

因此，二元酸及其共轭碱的解离常数之间具有以下关系：

$$K_{a1} \times K_{b_2} = K_{a2} \times K_{b_1} = [H^+] \cdot [OH^-] = K_w \qquad (6-6)$$

利用共轭酸碱对相应酸或碱的解离常数就能求得对应共轭碱或共轭酸的解离常数。

**例 6-2** 求 $H_2PO_4^-$ 离子的 $K_{b_3}$ 及 $pK_{b_3}$，并判断 $NaH_2PO_4$ 水溶液是呈酸性还是碱性。

**解：** $H_2PO_4^-$ 离子是 $H_3PO_4$ 的共轭碱，$H_3PO_4$ 又是一种三元酸。根据三元酸及其共轭碱解离常数之间的关系：

$$K_{a1} \times K_{b_3} = K_{a2} \times K_{b_2} = K_{a_3} \times K_{b_1} = [H^+] \cdot [OH^-] = K_w$$

因此：
$$K_{b_3} = \frac{K_w}{K_{a_1}}$$

查表得 $H_3PO_4$ 的 $K_{a1} = 7.52 \times 10^{-3}$，所以：

$$K_{b_3} = \frac{1.0 \times 10^{-14}}{7.52 \times 10^{-3}} = 1.3 \times 10^{-12}$$

∵
$$pK_{b_3} = -\lg K_{b_3}$$

∴
$$pK_{b_3} = 11.88$$

对于 $NaH_2PO_4$ 来说，它在水溶液中的解离情况较为复杂，主要有以下两个解离平衡存在：

酸式解离，即给出质子的解离反应：

$$H_2PO_4^- + H_2O \rightleftharpoons H_3O^+ + HPO_4^{2-}$$

碱式解离，即接受质子的解离反应：

$$H_2PO_4^- + H_2O \rightleftharpoons OH^- + H_3PO_4$$

对于这类两性物质，其水溶液是呈酸性还是碱性，可以根据不同解离过程相应的解离常数的相对大小来判断。对于本例，$H_2PO_4^-$ 的酸式解离相应的 $K_{a2} = 6.23 \times 10^{-8}$，碱式解离已求得 $K_{b_3} = 1.4 \times 10^{-12}$。显然，$K_{a2} > K_{b_3}$，说明 $H_2PO_4^-$ 在水溶液中的酸式解离能力要比其碱式解离能力强。因此，$NaH_2PO_4$ 溶液将以酸式解离为主，从而使溶液呈现弱酸性。

根据酸碱质子理论，酸碱在溶液中所表现出来的强度，不仅与酸碱的本性有关，也与溶剂的本性有关。我们所能测定的是酸碱在一定溶剂中表现出来的相对强度。同一种酸或碱，如果溶于不同的溶剂，它们所表现的相对强度就不同。例如 HAc 在水中表现为弱酸，但在液氨中表现为强酸，这是因为液氨夺取质子的能力（即碱性）比水要强得多。这种现象进一步说明了酸碱强度的相对性。

## 6.3 溶液pH的计算

溶液的 pH 可以通过测定或计算获得。计算的方法主要有代数法(又称计算法)和图解法两种,在此主要讨论酸碱质子理论中的代数法。

### 6.3.1 一元弱酸(碱)溶液酸度的计算

一元弱酸 HA 水溶液中有以下解离平衡:

$$HA + H_2O \rightleftharpoons H_3O^+ + A^-$$

$$H_2O + H_2O \rightleftharpoons H_3O^+ + OH^-$$

$$[H^+] = [OH^-] + [A^-] \tag{6-7}$$

上式说明,这种一元弱酸水溶液中的$[H^+]$来自两个方面,一方面是水解离的贡献,即

$$[OH^-] = \frac{K_w}{[H^+]}$$

$$[A^-] = \frac{K_a \cdot [HA]}{[H^+]}$$

另一方面是弱酸本身解离的贡献

将以上两个平衡关系代入式(6-7),整理可得:

$$[H^+] = \sqrt{K_a \cdot [HA] + K_w} \tag{6-8}$$

式(6-8)就是计算一元弱酸水溶液酸度的精确式。

显然,精确式的求解较为麻烦,实际工作中也常常没有必要,可以按计算的允许误差(5%)作近似处理。

1) 如果 $c_r \cdot K_a \geqslant 20K_w$,就可以忽略 $K_w$,即不考虑水解离的贡献:

$$[H^+] = \sqrt{K_a \cdot (c_r - [H^+])} \tag{6-9}$$

式(6-9)就是计算一元弱酸水溶液$[H^+]$的近似式。

2) 如果再满足 $\frac{c_r}{K_a} \geqslant 400$,则$[HA] \approx c_r$:

$$[H^+] = \sqrt{K_a \cdot c_r} \tag{6-10}$$

这就是计算一元弱酸水溶液$[H^+]$的最简式。

3) 如果只满足 $\frac{c_r}{K_a} \geqslant 400$,但不满足 $c_r \cdot K_a \geqslant 20K_w$:

$$[H^+] = \sqrt{K_a \cdot c_r + K_w} \tag{6-11}$$

对于一元弱碱，处理方法以及计算公式、使用条件也相似，只需把相应公式及判断条件中的 $K_a$ 换成 $K_b$，将[$H^+$]换成[$OH^-$]即可。

**例 6-3** 计算 $c(NH_4Cl)=0.10\ mol\cdot L^{-1}$ 的 $NH_4Cl$ 溶液的 pH(已知 $NH_3$ 的 $K_b=1.79\times10^{-5}$)。

**解**：由于 $NH_4Cl$ 为 $NH_3$ 的共轭酸，

$$K_a(NH_4^+)=\frac{K_w}{K_b(NH_3)}=\frac{1.0\times10^{-14}}{1.79\times10^{-5}}=5.59\times10^{-10}$$

$$\because\quad c_r\cdot K_a>20K_w,\quad \frac{c_r}{K_a}>400$$

$$\therefore\quad [H^+]=\sqrt{K_a\cdot c_r}$$

$$=\sqrt{5.56\times10^{-10}\times0.10}=7.5\times10^{-6}\ mol\cdot L^{-1}$$

$pH=5.12$

**例 6-4** 计算浓度为 $0.10\ mol\cdot L^{-1}$ 的一氯乙酸溶液的 pH(已知一氯乙酸的 $K_a=1.40\times10^{-3}$)。

**解**：$\because\quad c_r\cdot K_a>20K_w,\quad \frac{c_r}{K_a}<400$

$$\therefore\quad [H^+]=\sqrt{K_a\cdot(c_r-[H^+])}$$

$$=\sqrt{1.40\times10^{-3}(0.10-[H^+])}$$

解得：　$[H^+]=1.1\times10^{-2}\ mol\cdot L^{-1}$，$pH=1.96$

**例 6-5** 计算 $c(HCN)=1.0\times10^{-4}\ mol\cdot L^{-1}$ 的 HCN 溶液 pH(已知 HCN 的 $K_a=4.93\times10^{-10}$)。

**解**：$\because\ c_r\cdot K_a<20K_w,\quad \frac{c_r}{K_a}>400$

$$\therefore\quad [H^+]=\sqrt{K_a\cdot c_r+K_w}$$

$$=\sqrt{4.93\times10^{-10}\times1.0\times10^{-4}+1.0\times10^{-14}}$$

$$=2.4\times10^{-7}\ mol\cdot L^{-1}$$

$pH=6.62$

**例 6-6** 计算 $c(NH_3)=0.10\ mol\cdot L^{-1}$ 的 $NH_3$ 溶液的 pH(已知 $NH_3$ 的 $K_b=1.79\times10^{-5}$)。

**解**：$\because\ c_r\cdot K_b>20K_w,\quad \frac{c_r}{K_b}>400$

$\therefore [OH^-] = \sqrt{K_b \cdot c_r}$

$= \sqrt{1.79 \times 10^{-5} \times 0.10} = 1.3 \times 10^{-3}\ mol \cdot L^{-1}$

$pOH = 2.89$

$pH = pK_w - pOH = 14.00 - 2.89 = 11.11$

## 6.3.2 多元酸(或多元碱)水溶液酸度的计算

对于多元酸(或多元碱),由于相邻 $K_a^\ominus$ 数值相差较大,大多数情况下可以作为一元弱酸(或一元弱碱)处理。例如:

$$H_3PO_4 + H_2O \rightleftharpoons H_3O^+ + H_2PO_4^-$$

$$K_{a1} = \frac{[H_3O^+][H_2PO_4^-]}{[H_3PO_4]} = 7.5 \times 10^{-3}$$

$$H_2PO_4^- + H_2O \rightleftharpoons H_3O^+ + HPO_4^{2-}$$

$$K_{a2} = \frac{[H_3O^+][HPO_4^{2-}]}{[H_2PO_4^-]} = 6.2 \times 10^{-8}$$

$$HPO_4^{2-} + H_2O \rightleftharpoons H_3O^+ + PO_4^{3-}$$

$$K_{a_3} = \frac{[H_3O^+][PO_4^{3-}]}{[HPO_4^{2-}]} = 2.2 \times 10^{-13}$$

由 $H_3PO_4$ 酸常数可见,相邻 $K_a$ 数值相差约 $10^{-5}$。说明在分步解离过程中,第二步解离远比第一步困难,而第三步远比第二步困难。这是因为第二步要从已经带有一个负电荷的离子 $H_2PO_4^-$ 中再解离出一个 $H^+$,当然比从一个中性分子 $H_3PO_4$ 解离出一个 $H^+$ 要困难得多。同理,第三步解离就更加困难。从浓度对于解离平衡的影响来看,第一步解离产生的 $H^+$ 能抑制第二、第三步解离。因此,从数量上看,第二、第三步对 $H^+$ 浓度的贡献与第一步相比是微不足道的。如果只是计算这些多元酸溶液中 $H^+$ 浓度,通常只考虑第一步解离即可,若需要计算第二、第三步解离的其他物质的浓度,则需考虑第二、第三步解离平衡。

**例 6-7** 室温时饱和 $H_2CO_3$ 溶液的浓度约为 $0.040\ mol \cdot L^{-1}$,计算该溶液的 pH(已知 $pK_{a1} = 6.35$,$pK_{a2} = 10.33$)。

**解:** 对于本例,因 $K_{a1} \gg K_{a2}$,可以作为一元弱酸处理。

$\because$ $c_r \cdot K_{a1} > 20K_w$,$c_r / K_{a1} > 400$,所以

$$[H^+] = \sqrt{c_r \cdot K_{a_1}}$$

$$= \sqrt{0.040 \times 10^{-6.35}} = 1.3 \times 10^{-4}$$

$$pH = 3.89$$

### 6.3.3 两性物质溶液酸度的计算

在此以两性物质 NaHA 为例，计算该物质水溶液的酸度。

对于 NaHA 这种多元酸一级解离的产物，其水溶液中存在以下解离平衡：

$$HA^- + H_2O \rightleftharpoons H_3O^+ + A^{2-}$$
$$HA^- + H_2O \rightleftharpoons H_2A + OH^-$$
$$H_2O + H_2O \rightleftharpoons H_3O^+ + OH^-$$

当上述质子转移反应达到平衡时，水溶液的$[H^+]$为

$$[H^+] = [OH^-] + [A^{2-}] - [H_2A] \qquad (6-12)$$

可见这种水溶液的酸度是由三方面所贡献的，分别是水解离、$HA^-$的酸式解离、$HA^-$的碱式解离。

式(6－12)中

$$[OH^-] = \frac{K_w}{[H^+]} \qquad [A^{2-}] = K_{a2} \cdot \frac{[HA^-]}{[H^+]} \qquad [H_2A] = \frac{[HA^-] \cdot [H^+]}{K_{a1}}$$

将这些平衡关系代入式(6－12)并整理得

$$[H^+] = \sqrt{\frac{K_{a1} \cdot (K_{a2} \cdot [HA^-] + K_w)}{K_{a1} + [HA^-]}} \qquad (6-13)$$

式(6－13)就是计算 NaHA 水溶液酸度的精确式。在计算时同样可以从具体情况出发，作合理的简化处理：

1) 由于一般的多元酸 $K_{a1}$ 与 $K_{a2}$ 都相差较大，因而 $HA^-$ 的二级解离以及 $HA^-$ 接受质子的能力都比较弱，可以认为$[HA^-] \approx c_r$，所以

$$[H^+] = \sqrt{\frac{K_{a1} \cdot (K_{a2} \cdot c_r + K_w)}{K_{a1} + c_r}} \qquad (6-14)$$

2) 若 $c_r \cdot K_{a2} > 20K_w$，这时就可以忽略水解离的贡献，则

$$[H^+] = \sqrt{\frac{K_{a1} \cdot K_{a2} \cdot c_r}{K_{a1} + c_r}} \qquad (6-15)$$

上式就是计算 NaHA 溶液$[H^+]$的近似公式。

3) 若体系还满足 $c_r > 20K_{a1}$，这时就可忽略分母中的 $K_{a1}$ 项：

$$[H^+] = \sqrt{K_{a1} \cdot K_{a2}} \qquad (6-16)$$

或
$$pH = \frac{1}{2}(pK_{a1} + pK_{a2}) \tag{6-17}$$

式(6-16)或式(6-17)就是计算 NaHA 水溶液酸度的最简式。

4) 同样，若体系只满足 $c_r > 20K_{a1}$，而不满足 $c_r \cdot K_{a2} > 20K_w$，那么就不能忽略水解离的贡献：

$$[H^+] = \sqrt{\frac{K_{a1} \cdot (K_{a2} \cdot c_r + K_w)}{c_r}} \tag{6-18}$$

**例 6-8** 计算 $c(NaHCO_3)=0.10\ mol \cdot L^{-1}$ $NaHCO_3$溶液的 pH。已知 $pK_{a1}=6.35$，$pK_{a2}=10.33$。

**解：** $\because$ $c_r \cdot K_2 > 20K_w, c_r > 20K_{a1}$

$\therefore$ $pH = \frac{1}{2}(pK_{a1} + pK_{a2})$

$pH = (6.35 + 10.33)/2 = 8.34$

**例 6-9** 分别计算 $c(NaH_2PO_4) = 0.050\ mol \cdot L^{-1}$ $NaH_2PO_4$ 溶液以及 $c(Na_2HPO_4)=1.0\times10^{-2}\ mol \cdot L^{-1}$ $Na_2HPO_4$溶液的 pH。已知 25℃时 $K_{a1}=7.52\times10^{-3}$，$K_{a2}=6.23\times10^{-8}$，$K_{a_3}=2.2\times10^{-13}$。

**解：** 对于 $NaH_2PO_4$，

$\because$ $c_r \cdot K_2 > 20K_w$，$c_r < 20K_{a1}$

$$\therefore\ [H^+] = \sqrt{\frac{K_{a1} \cdot K_{a2} \cdot c_r}{K_{a1} + c_r}}$$

$$= \sqrt{\frac{7.52\times10^{-3}\times6.23\times10^{-8}\times0.050}{7.52\times10^{-3}+0.050}}$$

$$= 2.0\times10^{-5}\ mol \cdot L^{-1}$$

$pH = 4.69$

而对于 $Na_2HPO_4$，

$\because$ $c_r \cdot K_2 < 20K_w, c_r > 20K_{a1}$

$$\therefore [H^+] = \sqrt{\frac{K_{a_2} \cdot (K_{a_3} \cdot c_r + K_w)}{c_r}}$$

$$= \sqrt{\frac{6.23\times10^{-8}\times(4.8\times10^{-13}\times1.0\times10^{-2}+1.0\times10^{-14})}{1.0\times10^{-2}}}$$

$$= 2.8\times10^{-10}\ mol \cdot L^{-1}$$

$pH = 9.55$

### 6.3.4 拉平效应和区分效应

酸碱的强弱不仅取决于本身释放质子或接受质子的能力，同时也取决于它们的共轭酸或共轭碱接受质子和释放质子的能力。酸碱的强度与酸碱的性质和溶剂的性质有关，一些酸和碱在某种溶剂中都表现出强酸性和强碱性，而在另一种溶剂中其酸、碱性却表现出明显的差异性。例如，在水溶液中，HCl 和 HAc 是两种强度显著不同的酸，但是液氨中，这种酸碱强度的差异却不存在，均表现出强酸性。这主要是因为作为碱的 $H_2O$ 和 $NH_3$ 接受质子的能力不同导致的。

1. 拉平效应

强度不同的酸或碱，在某种溶剂的作用下，其酸度或碱度被定位在同一水平上，这种现象称为拉平效应(leveling effect)，具有这种效应的溶剂称为拉平溶剂。$H_2O$ 是强酸的拉平溶剂。例如，$HClO_4$、$H_2SO_4$、HCl 和 $HNO_3$ 在水溶液中表现为强酸($H_2SO_4$ 只考虑第一级电离)，可发生如下反应：

$$HClO_4 + H_2O \rightleftharpoons H_3O^+ + ClO_4^-$$

$$H_2SO_4 + H_2O \rightleftharpoons H_3O^+ + HSO_4^-$$

$$HCl + H_2O \rightleftharpoons H_3O^+ + Cl^-$$

$$HNO_3 + H_2O \rightleftharpoons H_3O^+ + NO_3^-$$

只要这些酸的浓度不是太大，全部可变为 $H_3O^+$ 与其共轭碱。酸强度由 $H_3O^+$ 表现出来，这些酸的强度被拉平到 $H_3O^+$ 的水平。

2. 区分效应

在某种溶剂中，强度十分接近的酸和碱，在另一种溶剂中，酸碱强弱却会表现出明显的差别，这种现象称为区分效应(differentiating effect)，后一种溶剂称为区分溶剂。例如，$HClO_4$、$H_2SO_4$、HCl 和 $HNO_3$ 在水溶液中都表现为强酸，其酸强度相差很小，但以冰醋酸作为溶剂，它们的酸强度差异明显：

$$H_2SO_4 > HCl > HNO_3$$

因此，冰醋酸是上述强酸的区分溶剂。

### 6.3.5 同离子效应和盐效应

弱酸、弱碱的解离平衡与其他化学平衡一样，当外界条件改变时，弱酸、弱碱的解离平衡就会发生移动，直至在新的条件下又建立起新的解离平衡。

1. 同离子效应

一元弱酸 HB 是弱电解质，在溶液中存在下述质子转移平衡：

$$HB + H_2O \rightleftharpoons H_3O^+ + B^-$$

若在 HB 溶液中加入易溶强电解质 NaB 晶体，NaB 在溶液中全部解离为 $Na^+$ 和 $B^-$，使溶液中 $B^-$ 浓度增大，$B^-$ 与 $H^+$ 反应生成 HB，使 HB 的质子转移平衡逆向移动，溶液中 $H^+$ 浓度减小，HB 的解离度降低。

这种在弱电解质溶液中加入与弱电解质含有相同离子的易溶强电解质时，使得弱酸（或弱碱）解离度降低的现象，称为同离子效应（common ion effect）。

**例 6-10** 在 0.20 mol·L$^{-1}$的 HAc 水溶液中，加入 NaAc 固体，使 NaAc 的浓度为 0.10 mol·L$^{-1}$。计算 HAc 的解离度，并与例 6-1 比较。

**解：**

$$HAc + H_2O \rightleftharpoons H_3O^+ + Ac^-$$

平衡浓度/mol·L$^{-1}$　　0.20(1−α)　　0.20α　　0.10+0.20α

$$\because K_a(HAc) = \frac{[H^+]\cdot[Ac^-]}{[HAc]}$$

$$\therefore 1.74\times10^{-5} = \frac{0.20\alpha\cdot(0.10+0.20\alpha)}{0.20(1-\alpha)}$$

(1−α)式中 α 同样可以忽略，解得 α=0.017%。

计算结果表明，当 0.20 mol·L$^{-1}$的 HAc 水溶液中加入 NaAc 固体，使 NaAc 的浓度为 0.10 mol·L$^{-1}$时，HAc 的解离度由不加 NaAc 时的 0.93% 降低到 0.017%。

2. 盐效应

如果在弱电解质溶液中，加入一定量的强电解质，也会影响到弱电解质的解离平衡。例如，在 HAc 溶液中，如果加入 NaCl 之类的强电解质，就会使 HAc 的解离度增大，原因就在于 $H^+$ 及 $Ac^-$ 碰撞重新结合成 HAc 的机会减小。这种在弱电解质溶液中，加入与弱电解质不含相同离子的易溶强电解质时，使该弱电解质解离度增大的现象就称为盐效应（salt effect）。这种效应显然是与同离子效应完全相反的作用。

同离子效应与盐效应是两种完全相反的作用，在产生同离子效应的同时，一定也产生盐效应。只是由于盐效应对弱电解质的解离度影响比同离子效应小得多，为了简便起见，当同离子效应与盐效应共存时，在计算时通常只考虑同离子效应，而忽略盐效应的影响。

## 6.4 缓冲溶液

### 6.4.1 基本概念

人们在实践中发现，弱酸（或多元酸）及其共轭碱或弱碱（或多元碱）及其共轭酸所组成的溶液，以及两性物质溶液都具有一个共同的特点，即当体系适当稀释或加入少量强酸或少量强碱时，溶液的酸度能基本维持不变。这种具有保持溶液 pH 相对稳定的溶液就称为酸碱缓冲溶液（buffer solution of acid-base）。我们把这种能抵御外来少量强酸、外来少量强碱或稍加稀释，溶液 pH 不发生明显变化的作用称为缓冲作用。

一种溶液要具有缓冲作用，一般要有一对称为缓冲对的物质。弱酸及其共轭碱或弱碱及其共轭酸，即弱的共轭酸碱对均可构成缓冲对，组成缓冲溶液。

### 6.4.2 缓冲溶液的作用原理

由于缓冲溶液是由适当的弱酸及其共轭碱或弱碱及其共轭酸组成(这些组分除参与 $H^+$ 的解离反应外,应不参与溶液中的其他反应),当溶液中发生化学反应产生 $H^+$ 或外加入酸时,多余的 $H^+$ 便与溶液中的弱碱反应生成共轭酸,从而减少溶液中的 $H^+$;若溶液中消耗掉 $H^+$(化学反应引起或外加碱等),则构成缓冲对的弱酸组分就解离出较多的 $H^+$,相对增加 $H^+$,以保持溶液 pH 不发生明显的变化,这就是缓冲溶液作用机理。

综上所述,弱酸及其共轭碱所组成的溶液之所以具有缓冲作用,能够抵抗由于体积变化,或外加少量酸、碱,或是体系中某一化学反应所产生的少量酸或碱对于体系酸度的影响,其原因就在于其中具有浓度较大、能抗酸或抗碱的组分存在,由于同离子效应的作用,使得体系酸度基本不变。弱碱及其共轭酸、两性物质溶液等同样具有酸碱缓冲作用也都是这个原理。

### 6.4.3 缓冲溶液 pH 的计算公式

1. 基本公式

在 HB-NaB 组成的缓冲溶液中,HB 和 $B^-$ 的质子转移平衡用下式表示

$$HB + H_2O \rightleftharpoons H_3O^+ + B^-$$
$$NaB \longrightarrow Na^+ + B^-$$

由平衡可得
$$[H_3O^+] = K_a \times \frac{[HB]}{[B^-]}$$

$$pH = pK_a + \lg\frac{[B^-]}{[HB]} = pK_a + \lg\frac{[共轭碱]}{[共轭酸]} \qquad (6-19)$$

上式就是计算缓冲溶液 pH 的亨德森-哈塞尔巴赫(Henderson-Hasselbalch)方程式。[HB]和$[B^-]$均为平衡浓度。$[B^-]$与[HB]的比值称为缓冲比,$[B^-]$与[HB]之和称为缓冲溶液的总浓度。

2. 缓冲溶液计算公式的意义

1) 缓冲溶液的 pH 取决于弱酸的解离常数 $K_a$和缓冲比 $c_{(B^-)}/c_{(HB)}$,同时温度对缓冲溶液 $K_a$也有影响。

2) 同一缓冲系的缓冲溶液,$pK_a$值一定,其 pH 随着缓冲比的改变而改变。当缓冲比等于 1 时,缓冲溶液的 pH 等于 $pK_a$。

3) 适当水稀释缓冲溶液时,$c_{(B^-)}/c_{(HB)}$的比值基本不变,但因稀释而引起溶液离子强度的改变,因此稀释也会使缓冲溶液的 pH 有微小的改变。

4) 该公式只适用于近似计算缓冲液 pH。

### 6.4.4 缓冲能力与缓冲范围

任何酸碱缓冲溶液的缓冲能力都是有限的,若向体系中加入过多的酸或碱,或是过分稀释,都有可能使酸碱缓冲溶液而失去缓冲作用。对于指定 pH 时,缓冲溶液缓冲能力的大小一般可以用缓冲容量 $\beta$ 来衡量。

对于 HA－$A^-$ 所构成的缓冲体系，溶液 pH＝$pK_a$±1 范围内，缓冲溶液 pH 变化很小，即在这个范围内，HAc－$Ac^-$ 缓冲溶液才具有较好的缓冲效果。这一范围称为 HA－$A^-$ 酸碱缓冲溶液的有效缓冲范围，简称为缓冲范围(buffer range)。

$$pH \approx pK_a \pm 1 \tag{6-20}$$

酸碱缓冲溶液的总浓度愈大，构成缓冲体系的两组分的缓冲比愈接近 1，缓冲溶液的缓冲能力也就愈强。

**表 6－2 一些常见的酸碱缓冲体系**

| 缓冲体系 | $pK_a$(* 或 $pK_b$) | 缓冲范围(pH) |
|---|---|---|
| HAc－NaAc | 4.75 | 3.75～5.75 |
| $NH_3$－$NH_4Cl$ | *4.75 | 8.25～10.25 |
| $NaHCO_3$－$Na_2CO_3$ | 10.25 | 9.2～11.0 |
| $KH_2PO_4$－$K_2HPO_4$ | 7.21 | 6.21～8.21 |
| $H_3BO_3$－$Na_2B_4O_7$ | 9.24 | 8.24～10.24 |

**表 6－3 缓冲体系配制方法**

| 溶液名称 | 配制方法 | pH |
|---|---|---|
| 氯化钾-盐酸 | 13.0 ml 0.2 mol·$L^{-1}$ HCl 与 25.0 ml 0.2 mol·$L^{-1}$ KCl 混合均匀后，加水稀释至 100 ml | 1.7 |
| 氨基乙酸-盐酸 | 在 500 ml 水中溶解氨基乙酸 150 g，加 480 ml 浓盐酸，再加水稀释至 1 L | 2.3 |
| 一氯乙酸-氢氧化钠 | 在 200 ml 水中溶解 2 g 一氯乙酸后，加 40 g NaOH，溶解完全后再加水稀释至 1 L | 2.8 |
| 邻苯二甲酸氢钾-盐酸 | 把 25.0 ml 0.2 mol·$L^{-1}$的邻苯二甲酸氢钾溶液与 6.0 ml 0.1 mol·$L^{-1}$ HCl 混合均匀，加水稀释至 100 ml | 3.6 |
| 邻苯二甲酸氢钾-氢氧化钠 | 把 25.0 ml 0.2 mol·$L^{-1}$的邻苯二甲酸氢钾溶液与 17.5 ml 0.1 mol·$L^{-1}$ NaOH 混合均匀，加水稀释至 100 ml | 4.8 |

**表 6－4 磷酸盐缓冲溶液配制方法(单位：ml)**

| pH | 1/15 mol·$L^{-1}$ $Na_2HPO_4$ | 1/15 mol·$L^{-1}$ $KH_2PO_4$ | pH | 1/15 mol·$L^{-1}$ $Na_2HPO_4$ | 1/15 mol·$L^{-1}$ $KH_2PO_4$ |
|---|---|---|---|---|---|
| 5.8 | 8.0 | 92.0 | 7.1 | 66.6 | 23.4 |
| 5.9 | 9.9 | 90.1 | 7.2 | 72.0 | 28.0 |
| 6.0 | 12.2 | 87.8 | 7.3 | 76.8 | 23.2 |
| 6.1 | 15.3 | 84.7 | 7.3 | 80.8 | 19.2 |
| 6.2 | 18.6 | 81.4 | 7.5 | 84.1 | 15.9 |
| 6.3 | 22.4 | 77.6 | 7.6 | 87.0 | 13.0 |
| 6.4 | 26.7 | 73.3 | 7.7 | 89.4 | 10.6 |
| 6.5 | 31.8 | 68.2 | 7.8 | 91.5 | 8.5 |
| 6.6 | 37.5 | 62.5 | 7.9 | 93.2 | 6.8 |
| 6.7 | 43.5 | 56.5 | 8.8 | 94.7 | 5.3 |
| 6.8 | 49.6 | 50.4 | 8.1 | 95.8 | 4.2 |
| 6.9 | 55.4 | 44.6 | 8.2 | 97.0 | 3.0 |
| 7.0 | 61.1 | 38.9 | 8.4 | 98.0 | 2.0 |

表 6-5 不同 pH 的 0.2 mol·L$^{-1}$ 硼酸缓冲液配制法

| pH | 0.0 mol·L$^{-1}$ 硼砂(ml) | 0.2 mol·L$^{-1}$ 硼酸(ml) | pH | 0.05 mol·L$^{-1}$ 硼砂(ml) | 0.2 mol·L$^{-1}$ 硼酸(ml) |
|---|---|---|---|---|---|
| 7.4 | 1.0 | 9.0 | 8.2 | 3.5 | 6.5 |
| 7.6 | 1.5 | 8.5 | 8.4 | 4.5 | 5.5 |
| 7.8 | 2.0 | 8.0 | 8.7 | 6.0 | 4.0 |
| 8.0 | 3.0 | 7.0 | 9.0 | 8.0 | 2.0 |

### 6.4.5 缓冲溶液的分类及选择

酸碱缓冲溶液根据用途的不同可以分成两大类，即普通酸碱缓冲溶液和标准酸碱缓冲溶液。标准酸碱缓冲溶液简称标准缓冲溶液，主要用于校正酸度计，它们的 pH 一般都是严格通过实验测得。普通酸碱缓冲溶液主要用于化学反应或生产过程中酸度的控制，在实际工作中应用很广，在生物学上也有重要意义。例如人体血液的 pH 能维持在 7.35～7.45 之间，就是靠血液中所含有的 $H_2CO_3$-$NaHCO_3$ 以及 $NaH_2PO_4$-$Na_2HPO_4$ 等缓冲体系，才能保证细胞的正常代谢以及整个机体的生存。

酸碱缓冲溶液选择时主要考虑以下三点：

1) 对正常的化学反应或生产过程不构成干扰，也就是说，除维持酸度外，不能发生副反应。

2) 应具有较强的缓冲能力。为了达到这一要求，所选择体系中两组分的浓度比应尽量接近 1，且浓度适当大些为好。

3) 所需控制的 pH 应在缓冲溶液的缓冲范围内。若酸碱缓冲溶液是由弱酸及其共轭碱组成，则 $pK_a$ 应尽量与所需控制的 pH 一致。

另外，在实际工作中，有时只需要对 $H^+$ 离子或对 $OH^-$ 离子有抵消作用即可，这时可以选择合适的弱碱或弱酸作为酸或碱的缓冲剂，加入体系后与酸或碱作用产生共轭酸或共轭碱与之组成缓冲体系。例如，在电镀等工业中，常用 $H_3BO_3$、柠檬酸、NaAc、NaF 等作为缓冲剂。

### 6.4.6 缓冲溶液的配制

1. 缓冲溶液的配制方法

为了使所配制的缓冲溶液具有足够的缓冲能力，应按下述原则和步骤进行：

1) 选择适当的缓冲系，使所配缓冲溶液的 pH 在所选缓冲系的缓冲范围之内，尽量接近弱酸的 $pK_a$ 值，即使缓冲溶液的缓冲容量接近最大值。

2) 配制的缓冲溶液要有适当的总浓度，总浓度太低，缓冲容量过小；在实际应用中，总浓度太高也没有必要，一般在 0.05～0.2 mol·L$^{-1}$ 为宜。

3) 选择好缓冲系之后，就可根据式(6-19)计算所需弱酸及其共轭碱的量。

4) 按照计算结果，分别量取一定量已知浓度的弱酸及其共轭碱混合，即得到所需 pH 的缓冲溶液。如果对 pH 要求严格的实验，还需在 pH 酸度计监控下对所配缓冲溶液的 pH 加以校正。

**例 6-11** 对于 HAc-NaAc 以及 HCOOH-HCOONa 两种缓冲体系，若要配制 pH 为 4.8 的酸碱缓冲溶液，应选择何种体系为好？现有 $c(\text{HAc})=6.0\ \text{mol}\cdot\text{L}^{-1}$ HAc 溶液 12 ml，要配成 250 ml pH=4.8 的酸碱缓冲溶液，应称取固体 $\text{NaAc}\cdot 3\text{H}_2\text{O}$ 多少克？

**解**：若选用 HAc-NaAc 体系，

据 $\text{pH}=\text{p}K_a+\lg\dfrac{c_b}{c_a}$

$$\text{pH}-\text{p}K_a=4.80-4.75=0.05$$

$$\lg\frac{c_b}{c_a}=0.05$$

$$\frac{c_b}{c_a}=1.12$$

若选用 HCOOH-HCOONa 体系，$\lg\dfrac{c_b}{c_a}=4.8-3.75=1.05$

$$\frac{c_b}{c_a}=11.2$$

显然，对于本例，由于 HAc-NaAc 体系的 $\text{p}K_a$ 与所需控制的 pH 接近，两组分的浓度比值也接近 1，它的缓冲能力就比 HCOOH-HCOONa 体系强。因而应选择 HAc-NaAc 缓冲体系。

根据以上计算及选择，若要配制 250 ml pH=4.8 的酸碱缓冲溶液，由

$c(\text{HAc})=\dfrac{12\times 6.0}{250}=0.288\ \text{mol}\cdot\text{L}^{-1}$，以及 $\dfrac{c_b}{c_a}=1.12$，则：$c_b=1.12\times 0.288=0.322\ \text{mol}\cdot\text{L}^{-1}$

所以称取 $\text{NaAc}\cdot 3\text{H}_2\text{O}$ 的质量

$$m(\text{NaAc}\cdot 3\text{H}_2\text{O})=c_bM(\text{NaAc}\cdot 3\text{H}_2\text{O})\times\frac{250}{1\,000}$$

$$=0.322\times 136\times\frac{250}{1\,000}=10.9\ \text{g}$$

2. 标准缓冲溶液

对于标准缓冲溶液，如果要进行理论计算则必须考虑离子强度的影响。而普通酸碱缓冲溶液的计算较为简单，一般都可以采用最简式。表 6-3 为常见缓冲溶液的配制方法。

### 6.4.7 人体血液中的缓冲系

人体内的各种体液都有一定较稳定的 pH 正常范围，离开正常范围差异太大，就可能

引机体内许多功能失调。血液是由多种缓冲系组成的缓冲溶液，存在的缓冲系主要有：

血浆中：$H_2CO_3$ - $HCO_3^-$、$H_2PO_4^-$ - $HPO_4^{2-}$、$H_nP$ - $H_{n-1}P^-$（$H_nP$ 代表蛋白质）

红细胞中：$H_2b$ - $Hb^-$（$H_2b$ 代表血红蛋白）、$H_2bO_2$ - $HbO_2^-$（$H_2bO_2$ 代表氧合血红蛋白）、$H_2CO_3$ - $HCO_3^-$、$H_2PO_4^-$ - $HPO_4^{2-}$，在这些缓冲系中，以碳酸缓冲系在血液中浓度最高，缓冲能力最大，在维持血液正常 pH 中发挥的作用最重要。碳酸在溶液中主要是以溶解状态的 $CO_2$ 形式存在，在 $CO_{2(溶解)}$ - $HCO_3^-$ 缓冲系中存在如下平衡

$$CO_{2(溶解)} + H_2O \rightleftharpoons H_2CO_3 + H_2O \rightleftharpoons H_3O^+ + HCO_3^-$$

当$[H^+]$增加时，抗酸成分 $HCO_3^-$ 与它结合使上述平衡向左移动。当$[H^+]$减少时，上述平衡向右移动。因此，均可使$[H^+]$不发生明显改变。

血浆中碳酸缓冲系的缓冲作用与肺、肾的调节作用的关系可用下式表示

$$\begin{array}{ccc} H_2CO_3 & \underset{+H^+}{\overset{+OH^-}{\rightleftharpoons}} & HCO_3^- \\ \updownarrow & & \updownarrow \\ 肺 \rightleftharpoons CO_2 + H_2O & & 肾 \end{array}$$

由于血液中多种缓冲系的缓冲作用和肺、肾的调节作用，使正常人血液的 pH 维持在 7.35～7.45 的狭小范围。

**案例 6-1　正常人血液的 pH 如何维持在 7.35～7.45 的狭小范围？**

在细胞外液缓冲系统中 $HCO_3^-/H_2CO_3$ 是最重要的一对，是决定 pH 的主要因素，温度为 37℃时，其 $pK_a$ 为 6.10，所以血浆中的碳酸缓冲系 pH 的计算方程式为

$$pH = pK_a + \lg\frac{[HCO_3^-]}{[CO_2]_{溶解}} = 6.10 + \lg\frac{[HCO_3^-]}{[CO_2]_{溶解}}$$

正常人血浆中$[HCO_3^-]$和$[CO_2]_{溶解}$浓度分别为 0.024 mol·L$^{-1}$和 0.001 2 mol·L$^{-1}$，将其代入上式，可得到血液的正常 pH

$$pH = 6.10 + \lg\frac{0.024\ mol\cdot L^{-1}}{0.001\,2\ mol\cdot L^{-1}} = 6.10 + \lg\frac{20}{1} = 7.40$$

正常血浆中 $HCO_3^-$ - $CO_{2(溶解)}$ 缓冲系的缓冲比为 20∶1，已超出体外缓冲溶液有效缓冲比（即 10∶1～1∶10）的范围，但它们的缓冲能力是很强的。这是因为体内是一个“敞开系统”，当 $HCO_3^-$ - $CO_{2(溶解)}$ 发生缓冲作用后，$HCO_3^-$ 或 $CO_{2(溶解)}$ 的浓度改变可由呼吸作用和肾的生理功能获得补充或调节，使得血液中的 $HCO_3^-$ 和 $CO_{2(溶解)}$ 的浓度保持相对稳定。因此，血浆中的碳酸缓冲系总能保持相当强的缓冲能力。由于血液中多种缓冲系的缓冲作用和肺、肾的调节作用，使正常人血液的 pH 维持在 7.35～7.45 的狭小范围。

**【科学家简介】 阿伦尼乌斯(S. A. Arrhenius, 1859～1927)**

阿伦尼乌斯1859年2月19日出生在瑞典乌普萨拉邻近的维克。他是近代化学史上的一位著名的化学家,又是一位物理学家和天文学家。

年轻的阿伦尼乌斯刻苦钻研,具有很强的实验能力,长期的实验室工作,养成了他对任何问题都一丝不苟、追根究底的钻研习惯。1883年5月形成了电离理论的基本观点,电离理论的创建,是阿伦尼乌斯在化学领域最重要的贡献。为了从理论上概括和阐明自己的研究成果和新的创见,他先后写了两篇论文。第一篇是叙述和总结实验测量和计算的结果。题为"电解质的电导率研究",第二篇是在实验结果的基础上,对于水溶液中物质形态的理论总结,题名为:"电解质的化学理论",专门阐述电离理论的基本思想。阿伦尼乌斯把这两篇论文,送到瑞典科学院请求专家们审议。1883年6月6日经过斯德哥尔摩的瑞典科学院讨论后,被推荐予以发表,刊登在1884年初出版的《皇家科学院论著》杂志的第十一期上。

阿伦尼乌斯不仅在物理化学方面造诣很深,而且他还是一位多才多艺的学者,除了化学外,在物理学方面他致力于电学研究,在天文学方面,他从事天体物理学和气象学研究。他在1896年发表了"大气中的二氧化碳对地球温度的影响"的论文,还著有《天体物理学教科书》,在生物学研究中他写作出版了《免疫化学》及《生物化学中的定量定律》等书。作为物理学家,他对祖国的经济发展也做出了重要贡献。1903年他荣获了诺贝尔化学奖,成为瑞典第一位获此科学大奖的科学家。1905年以后,他一直担任瑞典诺贝尔研究所所长,直到生命的最后一刻。他还多次荣获国外的其他科学奖章和荣誉称号。晚年的阿伦尼乌斯,体弱多病,但他仍不肯放下自己的研究。他抱病坚持修改完成了《世界起源》一书的第二卷。1927年10月2日,这位68岁的科学巨匠与世长辞。

## 习 题

1. 酸碱质子理论中的酸碱是如何定义的?
2. 酸碱电离理论中的酸碱是如何定义的?
3. 酸碱电子理论中的酸碱是如何定义的?
4. 指出下列各种酸的共轭碱:

$$H_2O、H_3O^+、H_2CO_3、HCO_3^-、NH_4^+$$

5. 用合适的方程式来说明下列物质既是酸又是碱:

$$H_2O、HCO_3^-、HSO_4^-、H_2PO_4^-$$

6. 某温度下 $c(NH_3)=0.100\ mol\cdot L^{-1}$ $NH_3\cdot H_2O$ 溶液的pH=11.1,求 $NH_3\cdot H_2O$ 的解离平衡常数。
7. 12%的氨水溶液,相对密度为0.953,求此氨水的 $OH^-$ 浓度和pH。
8. 计算下列溶液的pH:

(1) 0.10 mol·$L^{-1}$ $NaH_2PO_4$； (2) 0.05 mol·$L^{-1}$ $K_2HPO_4$；

9. 同离子效应与盐效应对弱酸和弱碱的解离度有何影响？

10. 什么叫缓冲溶液？缓冲溶液的作用原理是什么？

11. 缓冲溶液的缓冲能力与哪些因素有关？

12. 什么是缓冲范围？如何确定缓冲溶液的缓冲范围？

13. 计算下列水溶液的 pH(括号内为 $pK_a$ 或 $pK_b$ 值)：

(1) 0.10 mol·$L^{-1}$ 乳酸和 0.10 mol·$L^{-1}$ 乳酸钠(3.58)；

(2) 0.010 mol·$L^{-1}$ 邻硝基酚和 0.012 mol·$L^{-1}$ 邻硝基酚的钠盐(7.21)；

(3) 0.12 mol·$L^{-1}$ 氯化三乙基铵和 0.010 mol·$L^{-1}$ 三乙基胺(7.90)；

(4) 0.070 mol·$L^{-1}$ 氯化丁基铵和 0.060 mol·$L^{-1}$ 丁基胺(10.71)。

14. 现有 1 份 HCl 溶液，其浓度为 0.20 mol·$L^{-1}$。

(1) 欲改变其酸度至 pH=4.0 应加入 HAc 还是 NaOH？为什么？

(2) 如果向这个溶液中加入等体积的 2.0 mol·$L^{-1}$ NaAc 溶液，溶液的 pH 是多少？

(3) 如果向这个溶液中加入等体积的 2.0 mol·$L^{-1}$ HAc 溶液，溶液的 pH 又是多少？

(4) 如果向这个溶液中加入等体积的 2.0 mol·$L^{-1}$ NaOH 溶液，溶液的 pH 又是多少？

15. 100 g NaAc·$3H_2O$ 加入 13 ml 6.0 mol·$L^{-1}$ HAc，用水稀释至 1.0 L，此缓冲溶液的 pH 是多少？

16. 欲配制 pH 为 3 的缓冲溶液，问在下列三种缓冲溶液中选择哪一种较合适？

(1) HCOOH－HCOONa 缓冲溶液

(2) HAc－NaAc 缓冲溶液

(3) $NH_3 \cdot H_2O - NH_4Cl$ 缓冲溶液

# 第 7 章　难溶强电解质溶液的沉淀溶解平衡

**内容摘要**

本章重点阐述标准溶度积常数的基本概念、溶度积与溶解度之间的关系以及影响难溶强电解质溶解度的主要因素。讨论溶度积规则及其实际应用。简要介绍生物矿化现象。

溶解和沉淀是一对互逆的理化过程，对于难溶的强电解质来说，这种互逆过程遵循一定的物理化学规律，在一些生理病理现象中，这种过程起着至关重要的作用。那么，在这类物质的溶解和沉淀过程中，有什么样的规律？为什么有这样的规律？我们怎样利用这些规律？这是本章所需要解决的问题。

## 7.1　标准溶度积常数

### 7.1.1　标准活度积常数和标准溶度积常数

物质的溶解是一个复杂的物理化学过程，不同物质的溶解度差别很大，严格来说，在水中绝对不溶的物质是不存在的。电解质的溶解度在每 100 g 水中为 0.01 g 以下的，称为难溶电解质。溶解的部分几乎全部解离成离子的难溶物称为难溶强电解质。本章着重介绍难溶强电解质的相关知识。

一定温度下，将难溶强电解质置于水中，难溶强电解质表面的少数粒子，由于水分子作用，逐渐进入水中，此过程称为溶解(dissolution)。同时，已进入水中的粒子，在运动的过程中接触到难溶固体表面时，又会因固体表面的吸引而重新回到固体表面，此过程称为沉淀(precipitation)。当沉淀和溶解速度相等时，固体和溶解于溶液中的粒子之间就达到两相之间的溶解平衡，此动态平衡称为沉淀-溶解平衡(precipitation-dissolution equilibrium)或多相离子平衡。例如，难溶强电解质 $BaSO_4$ 在水中可以微量溶解，产生 $Ba^{2+}$ 和 $SO_4^{2-}$，产生的两种离子又不断地与 $BaSO_4$ 固体表面作用，不断的重新结合生成 $BaSO_4$ 固体沉淀，当这种溶解与沉淀的过程平衡时，溶解达到饱和，其溶液为饱和溶液。

首先以难溶强电解质 MA 为例，在一定温度下，建立下列平衡：

$$\mathrm{MA(s)} \xrightleftharpoons{K} \mathrm{M^+(aq)} + \mathrm{A^-(aq)}$$

s 表示固体，根据化学平衡原理：

$$K = \frac{a_{M^+} a_{A^-}}{a_{MA(s)}}$$

固体活度视为 1，则

$$a_{M^+} \cdot a_{A^-} = K a_{MA(s)} = K_{ap} \tag{7-1}$$

式(7－1)中 $K_{ap}$ 称为活度积常数(activity product constant)，一定温度下，对确定的难溶强电解质而言，$K_{ap}$ 为常数；$a_{M^+}$、$a_{A^-}$ 分别为难溶强电解质饱和溶液中 $M^+$、$A^-$ 的活度。按照活度的定义式，式(7－1)可变为：

$$(\gamma_{M^+}[M^+])(\gamma_{A^-}[A^-]) = K_{ap}$$

进一步可以推导出：

$$[M^+][A^-] = \frac{K_{ap}}{\gamma_{M^+} \cdot \gamma_{A^-}} = K_{sp} \tag{7-2}$$

$K_{sp}$ 称为难溶强电解质的标准溶度积常数(standard solubility product constant)，简称溶度积。它是一定温度、一定离子强度下的常数。式(7－2)中的$[M^+]$、$[A^-]$分别代表难溶强电解质饱和溶液中 $M^+$、$A^-$ 的相对浓度。

通常难溶强电解质水溶液中离子浓度很低，$M^+$、$A^-$ 的活度因子均近似为 1，$K_{sp} \approx K_{ap}$。表 7－1 中所列数据，就是忽略离子强度影响时的 $K_{sp}$。

**表 7－1　一些微溶电解质的溶度积(18～25℃)**

| 微溶电解质 | $K_{sp}$ | 微溶电解质 | $K_{sp}$ |
|---|---|---|---|
| AgBr | $5.3\times10^{-13}$ | $Ca_3(PO_4)_2$ | $2.0\times10^{-29}$ |
| AgCl | $1.8\times10^{-10}$ | $CaF_2$ | $2.7\times10^{-11}$ |
| $Ag_2CrO_4$ | $1.1\times10^{-12}$ | $Cu(OH)_2$ | $2.2\times10^{-20}$ |
| AgI | $8.3\times10^{-17}$ | CuS | $6.3\times10^{-36}$ |
| $Ag_2S$ | $6.3\times10^{-50}$ | $Mg(OH)_2$ | $1.8\times10^{-11}$ |
| $Al(OH)_3$ | $1.3\times10^{-33}$ | $Fe(OH)_2$ | $8.0\times10^{-16}$ |
| $BaCO_3$ | $5.1\times10^{-9}$ | $Fe(OH)_3$ | $4.0\times10^{-38}$ |
| $BaSO_4$ | $1.1\times10^{-10}$ | PbS | $8.0\times10^{-28}$ |
| $CaCO_3$ | $2.8\times10^{-9}$ | $CaC_2O_4$ | $4.0\times10^{-9}$ |

对于通式 $M_mA_n$ 型的难强溶电解质而言，其溶解平衡表示为：

$$M_mA_n(s) \rightleftharpoons mM^{n+} + nA^{m-}$$

标准溶度积常数表示为：

$$K_{sp}(M_mA_n) = [M^{n+}]^m \cdot [A^{m-}]^n \tag{7-3}$$

简言之，难溶强电解质的标准溶度积常数 $K_{sp}$ 等于其饱和溶液中构晶离子(组成沉淀的正、负离子)相对浓度幂的乘积。$K_{sp}$ 的大小反映了一定温度下，难溶电解质的溶解能力。

## 7.1.2　难溶强电解质的溶解度与溶度积的关系

1. 溶解度与溶度积的换算

溶解度和溶度积都可表示难溶强电解质在水中的溶解能力，它们之间必有联系，应可相互换算。

对于难溶强电解质 MA，

$$MA(s) \rightleftharpoons M^+ + A^-$$

设 MA 的溶解度为 $S$ mol · L$^{-1}$，则

$$S/c^\ominus = [M^+] = [A^-]$$
$$[M^+][A^-] = K_{sp}$$
$$(S/c^\ominus)(S/c^\ominus) = K_{sp}$$
$$S = \sqrt{K_{sp}}c^\ominus \quad (7-4)$$

对于组成为 $M_mA_n$ 的难溶强电解质，

$$M_mA_n(s) \rightleftharpoons mM^{n+} + nA^{m-}$$

设其溶解度为 $S$ mol · L$^{-1}$，则

$$[M^{n+}] = mS/c^\ominus \quad [A^{m-}] = nS/c^\ominus$$
$$[M^{n+}]^m [A^{m-}]^n = K_{sp}$$
$$(mS/c^\ominus)^m (nS/c^\ominus)^n = K_{sp}$$

$$S = \sqrt[m+n]{\frac{K_{sp}}{m^m n^n}}c^\ominus \quad (7-5)$$

有了上述关系式，只要知道难溶强电解质的溶度积，就能求出相应的溶解度。反之，如果知道某温度下难溶强电解质的溶解度，也可求出它的溶度积。为了书写简便，通常可以略去表达式中的 $c^\ominus$，只代入浓度的数值，而不写出单位。

**例 7－1**　18℃时，1 L 水中溶解 $PbI_2$ 0. 558 g，求 $PbI_2$ 的溶度积。

**解：**$PbI_2$ 的相对分子质量为 461，则 $PbI_2$ 的溶解度以物质的量浓度表示为：

$$S = \frac{0.558}{461} = 1.21 \times 10^{-3}(\text{mol} \cdot \text{L}^{-1})$$

$PbI_2$ 为 $AB_2$ 型难溶电解质，则

$$K_{sp}(PbI_2) = 4S^3 = 4 \times (1.21 \times 10^{-3})^3 = 7.09 \times 10^{-9}$$

**例 7-2** 已知 298 K 时，$K_{sp}(AgCl)=1.8\times10^{-10}$，$K_{sp}(AgBr)=5.3\times10^{-13}$，$K_{sp}(AgI)=8.3\times10^{-17}$，$K_{sp}(Ag_2CrO_4)=1.1\times10^{-12}$，尝试判断以上几种物质的溶解度大小关系。

**解：** AgCl、AgBr、AgI 均为 AB 型电解质，则

$$S(AgCl)=\sqrt{K_{sp}(AgCl)}=\sqrt{1.8\times10^{-10}}=1.3\times10^{-5}(mol\cdot L^{-1})$$

$$S(AgBr)=\sqrt{K_{sp}(AgBr)}=\sqrt{5.3\times10^{-13}}=7.3\times10^{-7}(mol\cdot L^{-1})$$

$$S(AgI)=\sqrt{K_{sp}(AgI)}=\sqrt{8.3\times10^{-17}}=9.1\times10^{-9}(mol\cdot L^{-1})$$

$Ag_2CrO_4$ 为 $A_2B$ 型电解质，则

$$S(Ag_2CrO_4)=\sqrt[3]{K_{sp}(Ag_2CrO_4)/4}$$

$$=\sqrt[3]{1.1\times10^{-12}/4}=6.5\times10^{-5}(mol\cdot L^{-1})$$

结果总结于下表：

**表 7-2 四种银盐的溶解度和溶度积比较**

| 电解质类型 | 难溶电解质 | 溶解度/($mol\cdot L^{-1}$) | 溶度积 |
|---|---|---|---|
| MA | AgCl | $1.3\times10^{-5}$ | $1.8\times10^{-10}$ |
| MA | AgBr | $7.3\times10^{-7}$ | $5.3\times10^{-13}$ |
| MA | AgI | $9.1\times10^{-9}$ | $8.3\times10^{-17}$ |
| $M_2A$ | $Ag_2CrO_4$ | $6.5\times10^{-5}$ | $1.1\times10^{-12}$ |

由以上计算可知，对于组成类型相同的难溶电解质，溶度积常数大，溶解度也大，即可以直接用溶度积的大小比较溶解度的大小。但对于组成类型不同的难溶电解质，往往不能直接根据溶度积的大小来比较溶解度的大小。

由上述溶度积 $K_{sp}$ 的概念，以及 $K_{sp}$ 与 $S$ 间关系的推导过程，可以看出，利用式(7-5)换算关系时，应注意所研究的对象溶液应满足以下几点要求：

1) 稀　指对象溶液浓度稀，电解质的溶解度小，溶液中离子浓度很低。可以忽略离子强度影响。而对于溶解度较大的微溶电解质(如 $CaSO_4$、$CaCrO_4$ 等)，由于饱和溶液中离子强度较大，用浓度代替活度计算将会产生较大误差，因而用溶度积计算溶解度也会产生较大的误差。

2) 稳　指对象溶液中的离子稳定，在水溶液中不发生水解等副反应或者副反应程度很小的物质。而对于能产生 $S^{2-}$、$CO_3^{2-}$、$PO_4^{3-}$、$Fe^{3+}$ 等离子的电解质而言，由于离子可以发生水解等反应，不可以直接通过上述公式进行溶度积和溶解度的换算。

3) 强　指难溶电解质在水中的电离能力强，式(7-5)是针对难溶强电解质导出的，而对于 $Hg_2Cl_2$、$Hg_2I_2$ 等共价性较强的化合物，溶液中还存在溶解了的分子与水合离子之间的解离平衡，用上述方法换算也会产生较大误差。

2. 溶解度与溶度积的区别

上述的公式揭示了难溶强电解质溶液中溶度积和溶解度的关系，这两种物理量都可以表示溶解能力，但是，二者的含义还是有很大区别的：

1) 描述对象范围不同　　$K_{sp}$仅限于表示难溶强电解质的溶解能力；而溶解度可以用来表示各种状态、各种溶解能力物质的溶解性能，气体、液体、固体都可以用溶解度描述溶解性能。如易溶物氯化钠、氢氧化钾等都可以用溶解度描述溶解性能。

2) 受离子浓度影响不同　　$K_{sp}$不受离子浓度的影响，而溶解度与离子浓度密切相关。比如，$BaSO_4$在纯水中和在一定浓度的$SO_4^{2-}$溶液中，溶解度是有很大差异的，而两者的溶度积却是完全相同。关于这部分知识，我们在“影响难溶强电解质溶解度的因素”的“同离子效应”中要详细描述。

3) 溶解度更能直观表示溶解能力　　通过表 7-2 中银的几种难溶强电解质溶解度和溶度积的换算可知，只能在相同类型难溶强电解质之间用$K_{sp}$比较溶解能力的大小，而不同类型难溶强电解质之间，只能用溶解度比较，所以溶解度的概念比较直观。

### 7.1.3　影响难溶强电解质溶解度的因素

难溶强电解质的溶解度除与其本身性质(体现为不同难溶强电解质有不同的$K_{ap}$)有关外，还与多种外界因素有关。现将各主要因素的影响分别讨论如下。

1. 同离子效应

在难溶强电解质的饱和溶液中，加入与含有同离子的易溶强电解质时，难溶强电解质多相平衡将发生移动，溶解度减小，这种现象称为同离子效应(common ion effect)。例如，在 AgCl 的饱和溶液中加入 $AgNO_3$，由于 $Ag^+$ 浓度增大，平衡将向生成 AgCl 沉淀的方向移动，即降低了 AgCl 的溶解度。反应如下：

$$\begin{array}{c} AgNO_3 \\ \downarrow \\ NO_3^{2-} \\ + \\ AgCl(s) \rightleftharpoons Ag^+ + Cl^- \\ \longleftarrow \text{平衡移动方向} \end{array}$$

**例 7-3**　已知 298 K 时，$K_{sp}(BaSO_4)=1.1\times10^{-10}$，试计算 $BaSO_4$ 在纯水以及在 0.010 mol·L$^{-1}$ $Na_2SO_4$溶液中的溶解度。(忽略离子强度的影响)

**解**：设 $BaSO_4$ 在纯水中的溶解度为 $S_1$ mol·L$^{-1}$，则

$$S_1=\sqrt{K_{sp}(BaSO_4)}c^\ominus=\sqrt{1.1\times10^{-10}}\times1\ \text{mol}\cdot\text{L}^{-1}=1.0\times10^{-5}\ \text{mol}\cdot\text{L}^{-1}$$

设 $BaSO_4$ 在 $Na_2SO_4$溶液中的溶解度为 $S_2$ mol·L$^{-1}$，则

$$BaSO_4 \rightleftharpoons Ba^{2+} + SO_4^{2-}$$

平衡时各离子浓度/mol · $L^{-1}$　$S_2$　　$(0.010+S_2)$

代入溶度积常数表达式

$$[Ba^{2+}][SO_4^{2-}] = S_2 \cdot (0.010 + S_2) = 1.1 \times 10^{-10}$$

$S_2$ 比 0.01 要小得多，$0.010+S_2 \approx 0.010$。则

$$S_2 \approx 1.1 \times 10^{-8} (mol \cdot L^{-1})$$

计算结果表明，$BaSO_4$ 在 0.01 mol · $L^{-1}$ $Na_2SO_4$ 溶液中的溶解度比在纯水中的溶解度约小 1 000 倍，可见同离子效应对难溶强电解质溶解度的影响是很大的。

2. 盐效应

在难溶强电解质的饱和溶液中，加入不具备相同离子的易溶电解质时，难溶强电解质的溶解度比在纯水中的溶解度大。例如，$PbSO_4$、AgCl 在 $KNO_3$ 溶液中的溶解度比它们在纯水中的溶解度大，这种作用称为盐效应(salt effect)。盐效应对沉淀溶解度的影响很小，在没有特别要求时，在计算中一般忽略盐效应的影响。

注意：不管是否加入含有相同离子的强电解质都可能产生盐效应。因为盐效应的产生是由于溶液中离子强度增大而使活度减小所致。

为什么将可溶性强电解质加入沉淀体系中，会引起沉淀的溶解度增大呢？主要是由于在溶液中随着阴、阳离子浓度的增加，带相反电荷的离子间相互吸引、相互牵制，妨碍了离子的运动，减少了离子的有效浓度，降低了沉淀生成的速度，使溶解速度相对较大，只有再溶解一些沉淀，增加溶液中相应离子的浓度，才能使沉淀和溶解的速率相等，达到新的平衡，因而增大了沉淀的溶解度。盐效应的影响可用式(7-2)予以解释。加入强电解质后，溶液中离子浓度增大，$\gamma_{M^+}$、$\gamma_{A^-}$ 减小，而 $K_{ap}$ 为常数，所以$[M^+]$、$[A^-]$增大即 MA 的溶解度增大。故溶液中离子浓度愈大，盐效应愈显著。

3. 酸碱效应

溶液的酸度对沉淀溶解度的影响，称为酸碱效应(acid-base effect)。产生酸碱效应的原因是沉淀解离出来的构晶离子与溶液中的 $H^+$ 或 $OH^-$ 离子反应，生成了难解离的物质，从而降低了构晶离子的浓度，沉淀溶解平衡向溶解的方向移动，沉淀的溶解度增大。酸碱效应的影响可表示如下：

$$M_mA_n(s) \xrightleftharpoons{\text{平衡移动方向}\rightarrow} mM^{n+} \quad + \quad nA^{m-}$$

$$\qquad\qquad\qquad \Updownarrow OH^- \qquad\qquad \Updownarrow H^+$$

$$\qquad\qquad M(OH)、M(OH)_2\cdots \qquad HA^{(m-1)-}, H_2A^{(m-2)-}\cdots$$

高酸度时有利于 $A^{m-}$ 与 $H^+$ 的反应；对于不同的 $A^{m-}$，生成的 $HA^{(m-1)-}$、$H_2A^{(m-2)-}\cdots$越稳定，$A^{m-}$ 的酸效应越容易发生。低酸度时有利于 $M^{n+}$ 与 $OH^-$ 的反应；对于不同的 $M^{n+}$，生成的 $M(OH)^{(n-1)+}$、$M(OH)_2^{(n-2)+}\cdots$越稳定，$M^{n+}$ 的酸碱效应越容易

发生。

4. 配位效应

由于沉淀解离出来的构晶离子参与了配位反应而使沉淀的溶解度增大的现象，称为配位效应(coordination effect)。配位效应产生的原因是构晶离子与配位剂反应生成了稳定的配合物，从而降低了构晶离子的浓度，沉淀溶解平衡向溶解的方向移动，沉淀的溶解度增大。配位效应的影响可表示如下：

$$M_mA_n(s) \xrightleftharpoons{\text{平衡移动方向}\rightarrow} mM^{n+} \quad + \quad nA^{m-}$$

$$\downarrow\uparrow L$$

$$ML、ML_2\cdots$$

# 7.2 溶度积规则

## 7.2.1 离子积

离子积是溶液中实际构晶离子的相对浓度幂的乘积(用 $Q_c$ 表示)。

对于 $M_mA_n$ 难溶强电解质的沉淀溶解过程，

$$M_mA_n(s) \rightleftharpoons mM^{n+} + nA^{m-}$$

$Q_c$ 的表达式为

$$Q_{c,\,M_mA_n} = c^m_{r,\,M^{n+}} \cdot c^n_{r,\,A^{m+}} \tag{7-6}$$

式中，$c_{r,\,M^{n+}}$、$c_{r,\,A^{m-}}$ 分别表示溶液中实际构晶离子的相对浓度。

## 7.2.2 溶度积规则

$Q_c$ 和 $K_{sp}$ 的表达式相同，但是两者的概念是有区别的。$K_{sp}$ 表示难溶电解质沉淀溶解平衡时，饱和溶液中离子浓度系数次方的乘积。对某一难溶电解质，在一定温度下，$K_{sp}$ 为一常数。而 $Q_i$ 则表示在任意情况下离子浓度的乘积，其数值不定。$K_{sp}$ 仅是 $Q_c$ 的一个特例。用 $Q_c$ 和 $K_{sp}$ 之间的关系可判定溶液中沉淀的溶解和生成，可能有三种情况：

1) $Q_c = K_{sp}$，表示沉淀与溶解达到动态平衡，溶液是饱和溶液，溶液中构晶离子和沉淀固体的量不随时间改变，除非条件改变。

2) $Q_c < K_{sp}$，表示溶液是不饱和溶液，无沉淀析出。若体系中还有沉淀固体存在，它会继续溶解直至溶液达饱和。

3) $Q_c > K_{sp}$，表示溶液处于过饱和状态，会有沉淀析出，直至 $Q_c = K_{sp}$，达到新的平衡为止。

以上规则称溶度积规则(rule of solubility product)，它是难溶电解质多相离子平衡移动的规律的总结。根据此规则可以控制离子的浓度，使之产生沉淀或使沉淀溶解。其意义是从平衡原理导出，使用比溶解度广泛得多。

### 7.2.3 溶度积规则的应用

在医药科研和生产实践中，经常会遇到沉淀反应问题，有时需要利用沉淀反应，如药物分析中经常用到的浊度分析法，也是利用沉淀反应进行杂质的限量检测。又如混合离子的分离，可选择适当的沉淀剂，使某组分变成沉淀，通过过滤与其他组分分开。有时又需要防止沉淀反应的发生，如蒸汽锅炉中水垢的形成，会使锅炉传热受阻、受热不均，严重时发生爆炸，因此应防止水垢沉淀的形成。这些问题都可以根据溶度积规则和沉淀溶解平衡移动规律，通过合适的措施予以解决。

1. 沉淀的生成

从上述溶度积规则的讨论知，在难溶强电解质溶液中，如果 $Q_c > K_{sp}^{\ominus}$ 就会有沉淀生成。因此，当我们要使溶液析出沉淀或要使某种离子沉淀得更完全时，就必须创造条件，以促使沉淀和溶解和这一对矛盾向预期的方向转化。一般常用加沉淀剂的方法使沉淀析出。

例如在 $AgNO_3$ 溶液中加入 NaCl 溶液，当 $c_r(Ag^+)$、$c_r(Cl^-)K_{sp}(AgCl)$时，AgCl 就沉淀析出，NaCl 就是沉淀剂。在实际工作中常常可用溶度积原理，判断在某种溶液中是否有沉淀析出。

**例 7-4** 将等体积的 $2.0\times10^{-3}$ mol·L$^{-1}$ $AgNO_3$ 溶液和 $2.0\times10^{-4}$ mol·L$^{-1}$ NaCl 溶液混合，能否析出 AgCl 沉淀?

**解**：混合后的溶液中

$$c(Ag^+) = \frac{2.0\times10^{-3}\ \text{mol}\cdot\text{L}^{-1}}{2} = 1.0\times10^{-3}\ \text{mol}\cdot\text{L}^{-1}$$

$$c(Cl^-) = \frac{2.0\times10^{-4}\ \text{mol}\cdot\text{L}^{-1}}{2} = 1.0\times10^{-4}\ \text{mol}\cdot\text{L}^{-1}$$

$$Q_c(AgCl) = c_r(Ag^+)\cdot c_r(Cl^-) = 1.0\times10^{-3}\times1.0\times10^{-4} = 1.0\times10^{-7}$$

已知 $K_{sp}(AgCl) = 1.8\times10^{-10}$，$Q_c(AgCl) > K_{sp}(AgCl)$，故有 AgCl 沉淀析出。

**例 7-5** 检查蒸馏水中 $Cl^-$ 允许限量时，取水样 50.0 mL，加稀硝酸 5 滴及 0.100 mol·L$^{-1}$ $AgNO_3$ 溶液 1.00 ml，放置半分钟，溶液如不发生浑浊为合格，求蒸馏水中 $Cl^-$ 的允许限量。

**解**：

$$Ag^+ + Cl^- \rightleftharpoons AgCl(s)$$

$$c(Ag^+) \approx \frac{0.100\times1.00}{50.0+1.00} = 1.96\times10^{-3}(\text{mol}\cdot\text{L}^{-1})$$

根据溶度积规则，要生成 AgCl 沉淀，必须 $Q_c \geqslant K_{sp}$，当 $Q_c = K_{sp}$ 时

$$c(Cl^-) = \frac{K_{sp}(AgCl)}{c_r(Ag^+)} = \frac{1.8\times10^{-10}}{1.96\times10^{-3}} = 9.2\times10^{-8}(\text{mol}\cdot\text{L}^{-1})$$

即合格蒸馏水中 $Cl^-$ 浓度应不大于 $9.2\times10^{-8}$ mol·L$^{-1}$

**例 7-6**　已知 $Fe(OH)_3$ 的标准溶度积常数为 $2.8\times10^{-39}$。计算 0.01 mol·L$^{-1}$ $Fe^{3+}$ 溶液开始生成 $Fe(OH)_3$ 沉淀及沉淀完全(通常指 $c(Fe^{3+})\leqslant10^{-5}$ mol·L$^{-1}$)时的 pH。

**解**：溶液中 $Fe^{3+}$ 浓度为 0.01 mol·L$^{-1}$，则使 $Fe(OH)_3$ 开始沉淀所需 $OH^-$ 的最低浓度为

$$c_r(OH^-)=\sqrt[3]{\frac{K_{sp}(Fe(OH)_3)}{c_r(Fe^{3+})}}=\sqrt[3]{\frac{2.8\times10^{-39}}{0.01}}=6.5\times10^{-13}$$

$$pOH=-\lg 6.5\times10^{-13}=12.19$$

故开始生成 $Fe(OH)_3$ 沉淀时，溶液的 pH 为：

$$pH=14.00-pOH=14.00-12.19=1.81$$

要使溶液中的 $Fe^{3+}$ 沉淀完全，则溶液中 $OH^-$ 最小相对浓度为：

$$c_r(OH^-)=\sqrt[3]{\frac{2.8\times10^{-39}}{10^{-5}}}=6.5\times10^{-12}$$

$$pOH=-\lg 6.5\times10^{-12}=11.19$$

$$pH=14.00-pOH=14.00-11.19=2.81$$

计算结果表明，要使 $Fe(OH)_3$ 沉淀完全，溶液的 pH 必须大于 2.81。

不仅氢氧化物可通过改变溶液 pH 使其沉淀，弱酸的难溶盐也可以通过改变溶液 pH 使其沉淀。如在 $Ca^{2+}$ 的酸性溶液中加入 $H_2C_2O_4$ 时，由于 $H_2C_2O_4$ 在酸性溶液中，主要以 $H_2C_2O_4$、$HC_2O_4^-$ 形式存在，$C_2O_4^{2-}$ 浓度很低，不会产生沉淀；如果向此溶液中逐滴加入 $NH_3\cdot H_2O$，溶液 pH 逐渐升高，溶液中 $C_2O_4^{2-}$ 浓度逐渐升高，到一定程度($Q_c$ 达到溶度积)就会有 $CaC_2O_4$ 沉淀生成。

根据同离子效应的原理，如果要使某一离子从溶液中充分沉淀出来，必须加入过量的沉淀剂，但是沉淀剂的量也不是越多越好，如果沉淀剂加入太多时往往适得其反，可能会因为副反应(酸效应、配位效应)的发生和盐效应，反而使沉淀的溶解度加大。另外，洗涤沉淀时，为了减少沉淀溶解，应该用含有少量沉淀剂(具有相同离子的强电解质)的溶液洗涤。

2. 沉淀的溶解

根据溶度积规则，沉淀溶解的必要条件是：使溶液中的离子积小于溶度积 $Q_c<K_{sp}$。因此向含有难溶强电解质沉淀的饱和溶液中(此时 $Q_c=K_{sp}$)，加入某种物质，使难溶强电解质溶液中的某种离子的浓度减小，使其离子积小于其溶度积，则沉淀就会溶解。一般常用的有几下几种方法：

(1) 利用酸碱反应使沉淀溶解

在难溶强电解质饱和溶液中，加入酸等能与构晶离子反应生成难解离的物质时，构晶

离子浓度降低,沉淀溶解。如:

向 $Mg(OH)_2$ 沉淀中加入酸,由于难解离的 $H_2O$ 的生成,$OH^-$ 浓度减小,$Q_c < K_{sp}$,平衡右移,因而$Mg(OH)_2$沉淀溶解。

$$
\begin{array}{l}
Mg(OH)_2(s) \rightleftharpoons Mg^{2+} + 2OH^- \\
\qquad\qquad\qquad\qquad\qquad + \\
\qquad\qquad\qquad\qquad\quad 2H^+ \\
\qquad\qquad\qquad\qquad\quad \Downarrow\!\Uparrow \\
\qquad\qquad\qquad\qquad\quad 2H_2O
\end{array}
$$

向 $Mg(OH)_2$ 沉淀中加入铵盐,由于难解离的 $NH_3 \cdot H_2O$ 的生成,$OH^-$ 浓度减小,$Q_c < K_{sp}$,平衡右移,因而 $Mg(OH)_2$沉淀溶解。

$$
\begin{array}{l}
Mg(OH)_2(s) \rightleftharpoons Mg^{2+} + 2OH^- \\
\qquad\qquad\qquad\qquad\qquad + \\
\qquad\qquad\qquad\qquad\quad 2NH_4^+ \\
\qquad\qquad\qquad\qquad\quad \Downarrow\!\Uparrow \\
\qquad\qquad\qquad\qquad\quad 2NH_3 \cdot H_2O
\end{array}
$$

向 $CaCO_3$ 沉淀中加入酸,由于难解离的 $H_2CO_3$的生成和 $CO_2$气体的逸出,$CO_3^{2-}$ 浓度减小,$Q_c < K_{sp}$,平衡右移,因而 $CaCO_3$沉淀溶解。

$$
\begin{array}{l}
CaCO_3(s) \rightleftharpoons Ca^{2+} + CO_3^{2-} \\
\qquad\qquad\qquad\qquad\quad + \\
\qquad\qquad\qquad\qquad 2H^+ \\
\qquad\qquad\qquad\qquad \Downarrow\!\Uparrow \\
\qquad\qquad\qquad\qquad H_2CO_3 \longrightarrow CO_2 + H_2O
\end{array}
$$

(2) 利用配合反应使沉淀溶解

难溶强电解质饱和溶液中加入配位剂等也能与构晶离子反应生成难解离的物质时,使构晶离子浓度降低,沉淀溶解。

向 $AgCl_2$ 沉淀中加入 $NH_3 \cdot H_2O$,由于难解离的$[Ag(NH_3)_2]^+$的生成,$Ag^+$ 浓度减小,$Q_c < K_{sp}$,平衡右移,因而 AgCl 沉淀溶解。

$$
\begin{array}{l}
AgCl(s) \rightleftharpoons Ag^+ + Cl^- \\
\qquad\qquad\qquad\quad + \\
\qquad\qquad\qquad 2NH_3 \\
\qquad\qquad\qquad \Downarrow\!\Uparrow \\
\qquad\qquad\quad [Ag(NH_3)_2]^+
\end{array}
$$

沉淀的溶度积越大,生成的难解离物质越稳定(越难解离),溶解过程越容易发生。

(3) 利用氧化还原反应使沉淀溶解

某些金属硫化物如 CuS，PbS 等，由于它们的 $K_{sp}$ 值特别小，不溶于盐酸。若加入稀 $HNO_3$，则

$$CuS(s) \rightleftharpoons Cu^{2+} + S^{2-}$$

$$S^{2-} \xrightarrow{HNO_3} S\downarrow + NO\uparrow$$

由于 $S^{2-}$ 被氧化为 S，溶液中 $S^{2-}$ 浓度减小，$Q_c < K_{sp}$，平衡右移，因而 CuS 沉淀溶解。

3. 沉淀的转化

水垢的主要成分为 $CaSO_4$，一旦形成，难以用酸溶解除去，可加入 $Na_2CO_3$ 使 $CaSO_4$ 转化为易溶于酸的 $CaCO_3$，而后酸洗除去。

利用某种试剂，将一种难溶强电解质转化为另一种难溶强电解质的过程，称为沉淀的转化(transformation of precipitation)。沉淀的转化具有实际意义，如上述清除锅炉水垢，其原理如下

$$CaSO_4(s) + CO_3^{2-} \rightleftharpoons CaCO_3(s) + SO_4^{2-}$$

该反应的标准平衡常数为

$$K^{\ominus} = \frac{[SO_4^{2-}]}{[CO_3^{2-}]} = \frac{[SO_4^{2-}]\cdot[Ca^{2+}]}{[CO_3^{2-}]\cdot[Ca^{2+}]} = \frac{K_{sp}^{\ominus}(CaSO_4)}{K_{sp}^{\ominus}(CaCO_3)} = \frac{7.1\times10^{-5}}{4.9\times10^{-9}} = 1.5\times10^{4}$$

从平衡常数可以看出，$CaSO_4$ 沉淀转化为 $CaCO_3$ 沉淀是比较完全的。生成的 $CaCO_3$ 沉淀很容易用酸溶解而除去。

一般来说，由溶度积大的沉淀转化为溶度积小的沉淀容易实现，且两者 $K_{sp}^{\ominus}$ 相差越大，转化越完全。

4. 分步沉淀

沉淀法分离混合离子时，通常选用只和其中一种离子生成沉淀的沉淀剂，这样经过过滤很容易实现混合离子的分离。但有时候这样的沉淀剂很难选到。那么，当混合离子都能与同种沉淀剂生成沉淀时，混合离子可以被分离吗？答案是肯定的，只要它们的溶度积相差足够大。现以一个实例加以说明。

**例 7-7**　往含有 0.10 mol·L$^{-1}$ $Cl^-$ 和 0.10 mol·L$^{-1}$ $I^-$ 的溶液中，逐滴加入 $AgNO_3$ 溶液。(1) 哪种离子先沉淀？(2) 能否用逐滴加入 $AgNO_3$ 溶液的方法将 $Cl^-$ 和 $I^-$ 分离？

**解：**(1) 因逐滴加入 $AgNO_3$ 溶液，则溶液中 $Ag^+$ 浓度逐渐升高，析出沉淀所需 $Ag^+$ 浓度低的物质将首先析出。

设开始生成 AgCl 沉淀所需 $Ag^+$ 浓度为 $c_1(Ag^+)$，开始生成 AgI 沉淀所需 $Ag^+$ 浓度为 $c_2(Ag^+)$。根据溶度积规则，要生成沉淀，必须 $Q_c \geq K_{sp}$，当 $Q_c = K_{sp}$ 时

$$c_1(Ag^+) = \frac{K_{sp}(AgCl)}{c_r(Cl^-)} = \frac{1.8\times10^{-10}}{0.10} = 1.8\times10^{-9}(mol\cdot L^{-1})$$

$$c_2(Ag^+) = \frac{K_{sp}(AgI)}{c_r(I^-)} = \frac{8.3\times10^{-17}}{0.10} = 8.3\times10^{-16}(mol\cdot L^{-1})$$

$c_2(Ag^+) \ll c_1(Ag^+)$，故 AgI 先沉淀。

(2) 如果 $Cl^-$ 开始沉淀之前，$I^-$ 已经沉淀完全（通常指浓度小于 $10^{-5}$ $mol\cdot L^{-1}$），则可通过控制 $AgNO_3$ 的加入量，将 $Cl^-$ 和 $I^-$ 分离。设 $I^-$ 沉淀完全时所需 $Ag^+$ 浓度为 $c_3(Ag^+)$，由于这时仍为 AgI 的饱和溶液，$Q_c = K_{sp}$，所以

$$c_3(Ag^+) = \frac{K_{sp}(AgI)}{c'_r(I^-)} = \frac{8.3\times10^{-17}}{1.0\times10^{-5}} = 8.3\times10^{-12}(mol\cdot L^{-1})$$

$c_3(Ag^+) \ll c_1(Ag^+)$，即 $I^-$ 沉淀完全时，$Cl^-$ 还没开始沉淀，可以用逐滴加入 $AgNO_3$ 溶液的方法将 $Cl^-$ 和 $I^-$ 分离。

由此看出，当溶液中有两种或两种以上离子可与同一沉淀剂生成沉淀时，只要缓慢加入沉淀剂，沉淀就会按先后顺序从溶液中析出。这种按先后顺序沉淀的现象，称为分步沉淀(fractional precipitation)。

## 7.3 生物矿化现象

生物矿化(biomineralization)是指生物体内无机矿物的形成过程。生物体内的无机矿物称为生物矿物，如骨骼、牙齿、蛋壳、珍珠、贝壳和多种结石等。目前已发现的生物矿物多达 60 多种，以含钙、磷、碳等元素的难溶电解质居多，也有含硅、铁、镁、锰等元素的生物矿物。表 7-2 列举了部分有代表性的生物矿物。从这些生物矿物的组成和结晶方式来看，与岩石圈中相应的矿物是相同的。但由于生物体内矿物的形成过程受控于复杂的生理过程，多种有机物（胶原蛋白、非胶原蛋白、细胞等）以多种方式（基底、模板、信息传递与调控等）参与到生物矿化过程之中，有机基体表面的官能团与无机构晶离子相互作用，从分子水平直接诱导、控制无机矿物在有机-无机界面上的成核、生长及矿物结构的堆积方式，从而使生物矿物在微观上具有特殊的高级结构和组装方式，在宏观上往往表现出特殊的性质，如特殊的强度、韧性、表面光洁度和多样的表面纹理图案等。

**表 7-3 部分生物矿物及其分布**

| 化学式 | 俗名 | 主要分布 |
|---|---|---|
| $CaCO_3$ | 方解石 | 乌龟壳、珊瑚、海绵的刺、哺乳动物的耳石 |
| $CaCO_3$ | 文石 | 一些海洋生物、软体动物的外壳 |
| $CaCO_3$ | 球文石 | 鱼耳石 |

续　表

| 化学式 | 俗　名 | 主要分布 |
|---|---|---|
| $Ca_5(PO_4)_3(OH)$ | 羟基磷灰石 | 骨、牙、幼年的软体动物骨 |
| $Mg_3Ca(CO_3)_4$ | 碳钙镁石 | 人牙齿釉质前缘表面 |
| $Ca_8H_2(PO_4)_6 \cdot 5H_2O$ | 磷酸八钙 | 脊椎动物幼年期骨、齿；钙结石 |
| $CaHPO_4$ | 三斜钙磷石 | 牙齿的钙结石 |
| $\gamma - Fe_2O_3$ | 磁赤铁矿 | 铁细菌石化相 |

生物矿化有两种形式：正常矿化和异常矿化，生物矿化涉及沉淀的生成和转化原理，下面我们分别作简单介绍。

## 7.3.1　正常矿化

正常矿化，包括各种生物矿物的正常形成，是在一定部位按规定的组成、结构和程度进行的。

1. 骨骼的形成

$Ca^{2+}$溶液与$PO_4^{3-}$溶液混合，主要有以下三种物质结晶：

$$Ca^{2+} + PO_4^{3-} + H_2O \rightarrow \begin{cases} Ca_5(PO_4)_3OH\text{(羟基磷灰石)} \\ Ca_{10}(HPO_4)_3(PO_4)_6\text{(无定形磷酸钙)} \\ Ca_8(HPO_4)_2(PO_4)_4 \cdot 5H_2O\text{(磷酸八钙)} \end{cases}$$

几种磷酸钙结晶中羟基磷灰石是最稳定的。体外实验研究表明，在体温 37℃、pH 为 7.4 的生理条件下，将$Ca^{2+}$与$PO_4^{3-}$溶液混合时，会发生一系列的沉淀的生成与转化过程，即先从溶液中析出的无定形磷酸钙，经 6 min 转变成磷酸八钙，后者经 25 min 基本变成羟基磷灰石。

骨的形成即$Ca^{2+}$与$PO_4^{3-}$在体内的矿化，涉及上述的沉淀的形成与转化过程。对骨的成分分析表明，骨骼中羟基磷灰石的质量分数为 55%～75%(其余为有机质、水及少量的无定形磷酸钙和磷酸八钙，幼年期骨骼中无定形磷酸钙和磷酸八钙含量稍高)。

从表面上看，成人的骨骼是极稳定的，其实骨骼不断进行着改造和重塑，即羟基磷灰石与其构晶离子之间处于动态平衡之中

$$Ca_5(PO_4)_3OH(s) \rightleftharpoons 5Ca^{2+} + 3PO_4^{2-} + OH^-$$

当骨中成骨细胞占主导时，钙和磷由血浆向骨中转运，骨中储存的钙量增加，即骨钙量增加；当破骨细胞占主导时，骨中储存的钙和磷被释放出来，钙由骨向血浆中转运，血浆中的钙离子浓度升高。在正常状态下，成骨细胞和破骨细胞的功能保持平衡，骨骼形态完整，功能正常。

老年人特别是绝经后妇女，性激素水平降低，破骨细胞被活化，加速骨钙丢失，造成骨质疏松。因此，老年人经常性地补钙，可促使上述平衡左移，对防止骨质疏松有益。婴幼儿处于骨钙量增加阶段，也需要适当补钙。

2. 牙齿的形成

牙齿的形成及其主要成分与骨骼类似(表 7-3),特别是牙本质,其成分与骨成分几乎相同。牙釉质中羟基磷灰石含量更高,晶体缺陷更少,组装有序度更高,晶体间堆积更加紧密,硬度和光洁度更高。

表 7-4　骨骼和牙齿组成成分对照表

| | 骨 | 牙本质 | 牙釉质 |
|---|---|---|---|
| 矿物 | 66 | 70 | 95 |
| 有机物 | 24 | 20 | 0.5 |
| 水 | 10 | 10 | 4.5 |

## 7.3.2　异常矿化

异常矿化(对人来说,称为病理矿化)是发生在不应形成矿物的部位(异位矿化和结石)或者是矿化过度或不足(龋齿、牙石、骨质疏松)。生物矿化是受控过程,而异常矿化是失控的结果。

下面以尿路结石的形成为例简要介绍其化学过程。

尿结石是一种常见的泌尿系统疾病,它是由于尿液内的盐类物质沉积而形成的生物矿物,是异常矿化的结果。尿结石可发生于肾、膀胱和尿道,其中肾结石最为多见。从组成成分来看,尿结石都含有无机盐结晶体和胶体性基质两部分。胶体性基质含量较少,主要是黏蛋白。结晶体含量多,约占结石干重的 97%~98%,主要有草酸盐、磷酸盐、碳酸盐、尿酸盐和胱氨酸等,其中以草酸钙为主,其形成过程可表示为

$$Ca^{2+} + C_2O_4^{2-} \rightleftharpoons CaC_2O_4 \downarrow$$

在人体内,尿形成的第一步是进入肾脏的血在肾小球的组织内过滤,把蛋白质、细胞等大分子和“有形物质”滤掉,排出来的滤液就是原始的尿。这些尿经过一段细小管道(肾小管)进入膀胱再经尿道排出体外。血液中的 $Ca^{2+}$、$C_2O_4^{2-}$ 通常对草酸钙是过饱和的,即 $Q_c > K_{sp}$,但由于在血液中有蛋白质这样的结晶抑制剂,血液黏度也比较大,所以草酸钙结晶难以形成。经过肾小球过滤后,蛋白质等结晶抑制剂被去掉,黏度也降低,因此在进入肾小管之前或在管内会有草酸钙结晶形成。正常情况下,这种草酸钙结晶较小,在肾小管中停留时间短,很快随尿液排出,则不会形成尿结石。有些人之所以形成结石,原因主要有两个:一是饮水少、尿液少,使尿中 $Ca^{2+}$、$C_2O_4^{2-}$ 浓度增大,过饱和度增大,有利于 $CaC_2O_4$ 结晶的形成和长大;二是肾功能不好,导致滤液流动速率太慢,在肾小管内停留时间过长,$CaC_2O_4$ 小结晶在肾小管上皮细胞上发生黏附而固定,并不断地长大形成结石。

医学上常用加快排尿速率(降低滤液停留时间),加大排尿量(降低 $Ca^{2+}$ 和 $C_2O_4^{2-}$ 的浓度)等方法来防治尿结石。生活中多饮水,是防治尿结石的一种常用方法。控制摄食含草酸较高的食物如菠菜、甜菜、橘子、巧克力及浓茶等,也有利于防治尿结石的发生。

人们对生物矿化的研究始于 20 世纪 70 年代,短短的二十多年,已取得可喜成绩。近年来受生物矿化原理启示而发展起来的仿生材料学、仿生合成化学开辟了科学研究的崭新领域。

对生物矿化机理及体外的生物矿化模拟的深入研究，必将大大推动材料科学的发展。具有特殊光、电、声、磁、热和力学性能的材料将被合成出来；控制异常矿化，将会有更好更多的办法。

## 案例 7-1　龋齿的产生

人类口腔最常见的疾病——龋齿的发生也与羟基磷灰石的溶解平衡密切相关。当人们用餐后，如果不注意口腔卫生，食物长期滞留在牙缝处，腐烂后滋生细菌，细菌代谢则产生有机酸类物质。这类酸性物质与牙釉质长期接触，致使牙釉质中的羟基磷灰石的溶解平衡向溶解的方向移动，长期发展下去，则产生龋齿。因此，龋齿的产生本质上是羟基磷灰石溶于细菌代谢产生的有机酸中。为此，人们在生活中必须保持口腔卫生，经常刷牙，注意保护牙齿。

少量的 $F^-$ 对防龋有明显效果，原因是 $F^-$ 可部分交换牙釉质中羟基磷灰石的 $OH^-$，生成溶解度更小、具有更好抗酸能力的氟磷灰石

$$Ca_5(PO_4)_3OH(s) + F^- \rightleftharpoons Ca_5(PO_4)_3F(s) + OH^-$$

因此，适当地使用含氟牙膏也是防龋的措施之一。

**【科学家简介】　路易斯(Lewis, 1875～1946)**

美国著名的物理化学家。1875 年 10 月 25 日出生，1896 年在哈佛大学获得学士学位，1899 年获得博士学位。先后在麻省理工学院、加利福尼亚大学任教。曾获得戴维奖章，瑞典阿伦尼乌斯奖章，美国的吉布斯奖章和里查兹奖章。原苏联科学院的外籍院士。1946 年 3 月 23 日逝世。

路易斯开辟了化学研究的新领域，建立了许多化学基础理论。1901 年，他提出“逸度”概念；1907 年，又提出了“活度”的概念；1916 年提出共价键形成的电子理论；1923 年对价键和共用电子对成键理论作了进一步深入而系统的阐述。1921 年在热力学研究中引入离子强度的概念，发现了稀溶液中离子强度决定盐的活度的经验定律公式。1923 年完成《化学物质的热力学和自由能》一书，深入探讨和解释了化学平衡中活度和自由能的概念。同年，提出广义酸碱概念，认为酸是在化学反应中接受电子对的物质，碱是给予电子对的物质。这一理论是酸碱理论的一个重大突破，在无机化学和有机反应中沿用至今。此外，路易斯还涉足重氢、荧光、磷光等领域。他著有《价键及原子和分子的结构》、《科学的剖析》等学术专著。路易斯的一生光辉而卓著，他不但是一位卓越的科学家，而且是一位伟大的导师，在其从事的领域中培养了许多化学家。

# 习　题

1. 已知 25℃时 $PbI_2$ 在纯水中溶解度为 $1.29\times10^{-3}$ mol · $L^{-1}$，求 $PbI_2$ 的溶度积。

2. 已知25℃时$BaCrO_4$在纯水中溶解度为$2.91\times10^{-3}$ g·$L^{-1}$，求$BaCrO_4$的溶度积。

3. $AgIO_3$和$Ag_2CrO_4$的溶度积分别为$9.2\times10^{-9}$和$1.12\times10^{-12}$，通过计算说明哪个化合物的溶解度更大。

4. 某溶液含有$Fe^{3+}$和$Fe^{2+}$，其浓度均为0.050 mol·$L^{-1}$，要求$Fe(OH)_3$完全沉淀且不生成$Fe(OH)_2$沉淀，需控制pH在什么范围？

5. 某溶液中含有$Fe^{3+}$和$Mg^{2+}$，浓度均为0.010 mol·$L^{-1}$，通过计算说明能否用控制溶液酸度的办法将它们分离。

6. 计算欲使0.01 mol·$L^{-1}$ $Mn^{2+}$开始生成沉淀及沉淀完全时溶液的pH分别为多少？

7. 将$5.0\times10^{-3}$ L 0.20 mol·$L^{-1}$的$MgCl_2$溶液与$5.0\times10^{-3}$ L 0.10 mol·$L^{-1}$的$NH_3\cdot H_2O$溶液混合时，有无$Mg(OH)_2$沉淀生成？为了使溶液中不析出$Mg(OH)_2$沉淀，在溶液中至少要加入多少克$NH_4Cl$固体？（忽略加入固体$NH_4Cl$后溶液的体积变化）

8. 在0.10 mol·$L^{-1}$ $Mg^{2+}$溶液加入等体积0.10 mol·$L^{-1}$ HF溶液，有无$MgF_2$沉淀生成？不要生成$MgF_2$沉淀，需将溶液$H^+$增大至多少以上？

9. 将$PbSO_4$、$BaSO_4$的混合物加于水中充分振荡。计算平衡时溶液中$Pb^{2+}$、$Ba^{2+}$和$SO_4^{2-}$离子浓度。

10. 痛风病表现为关节炎和肾结石的症状，其原因是血液中尿酸（HUr）和尿酸盐（$Ur^-$）含量过高所致。

（1）已知37℃下NaUr的溶解度为8.0 mmol·$L^{-1}$，当血清中$Na^+$浓度恒为130 mmol·$L^{-1}$时，为了不生成NaUr沉淀，最多允许尿酸盐（$Ur^-$）浓度为多少？

（2）尿酸的离解平衡为$HUr \rightleftharpoons H^+ + Ur^-$，37℃ $pK_a=5.4$，已知血清pH为7.4，由上面计算的尿酸盐浓度求血清中尿酸的浓度。

（3）肾结石是尿酸的结晶，已知37℃时尿酸在水中的溶解度是0.5 mmol·$L^{-1}$，在尿液中尿酸和尿酸盐总浓度为2.0 mmol·$L^{-1}$，求尿酸晶体析出时尿液pH为多少？

# 第8章　氧化还原反应与电极电势

**内容摘要**

氧化还原反应是化学反应中一类重要的反应，广泛地存在于生产生活当中，比如燃烧、金属生锈、化学合成等。同时，该类反应亦是动植物乃至人类赖以生存的最基本的化学反应之一。例如植物的光合作用为地球上几乎所有的生物提供能量来源，对于人类来说，氧化还原反应参与调控多种生物学过程，比如肌肉收缩、神经传导等过程都与氧化还原产生的膜电势直接关联。本章将学习氧化还原反应的本质、特点，重点学习电极电势的概念，并以它为核心内容介绍氧化还原反应的基本原理及其应用。最后简单介绍电化学的初步知识。

## 8.1 基本概念

### 8.1.1 氧化值

通常将反应物质间存在电子得失的反应称为氧化还原反应(oxidation-reduction reaction)，其中失去电子的过程叫氧化(oxidation)，得到电子的过程叫还原(reduction)。例如：

$$Cu^{2+} + Zn \rightleftharpoons Cu + Zn^{2+}$$

在此过程中，Zn 失去电子，自身被氧化，$Cu^{2+}$得到电子，自身被还原。

但事实上，在某些反应中，并未发生电子的真正得失，发生的只是电子的偏移。例如 $2H_2 + O_2 = 2H_2O$，其中的 H 并未完全失去它外层的一个电子，只是在共用状态下偏向 O 而已。但这种反应仍然属于典型的氧化还原反应。

为了能更准确地描述和研究氧化还原反应，克服这些局限性，科学家提出了氧化值(oxidation number)的概念。1970 年国际纯粹和应用化学联合会(International Union of Pure and Applied Chemistry，简称 IUPAC)在《无机化学命名法》中，对氧化值进行了定义：氧化值(也称为氧化数)是某元素一个原子的荷电数，这种荷电数是由假定把每个化学键中的成键电子对指定给电负性较大的原子而求得。

根据元素氧化值的定义，有如下几条求算元素氧化值的一般规则：

1) 在单质中，元素的氧化值等于零。例如在氧气($O_2$)、白磷($P_4$)中，O 和 P 的氧化值均为零。

2) 通常，氢在化合物中的氧化值为+1，但在金属氢化物中，如 NaH、$BaH_2$ 中，H 的氧化值为−1。氧的氧化值一般为−2，但在过氧化物中，如 $H_2O_2$、$Na_2O_2$ 中，O 的氧化值为−1，超氧化物中，如 $KO_2$ 中，O 的氧化值为−1/2。

3) 单原子离子的氧化值等于该离子所带的电荷数，例如 $Na^+$、$Mg^{2+}$、$Al^{3+}$、$Cl^-$ 中各元素的氧化值分别是该离子所带电荷数，即+1、+2、+3 和−1；多原子离子中所有元素氧化值之和等于该离子所带的电荷数，例如 $SO_4^{2-}$ 中，元素氧化值的代数和为：$+6\times 1+(-2)\times 4=-2$。

4) 在电中性的化合物中，所有元素的氧化值代数和为零。例如 $H_2O$ 中，元素氧化值的代数和为：$+1\times 2+(-2)\times 1=0$。

根据以上规则，即可求算各种复杂化合物中任何一种元素的氧化值。

**例 8-1** 确定下列物质中各元素的氧化值 $CaH_2$，$C_2H_5OH$，$Cr_2O_7^{2-}$，$Fe_3O_4$。

**解：** $CaH_2$，Ca：+2，  H：−1

$C_2H_5OH$，C：$2x+6\times(+1)+(-2)=0$  $x=-2$

$Cr_2O_7^{2-}$，Cr：$2x+7\times(-2)=-2$  $x=+6$

$Fe_3O_4$，Fe：$3x+4\times(-2)=0$  $x=+8/3$

由例 8-1 可见，元素的氧化值可以是整数也可以是分数或小数。

根据氧化值的概念，可以将氧化还原反应定义为：由于电子得失或电子对偏移，使单质或化合物中元素的氧化值发生改变的反应。其中，元素的氧化值升高的过程称为氧化，氧化值降低的过程称为还原；氧化值升高的物质称为还原剂(reductant)，氧化值降低的物质称为氧化剂(oxidant)。若一种反应物的组成原子或离子氧化值升高，则必有另一种反应物的组成原子或离子的氧化值降低，即氧化和还原过程总是同时发生，且得失电子数目相等。

### 8.1.2 氧化还原半反应和氧化还原电对

氧化还原反应可以根据其电子转移方向的不同被拆分成两个半反应(half-reaction)，或者说，氧化还原反应可以看成由氧化半反应和还原半反应构成。

例如，$Zn+Cu^{2+}\rightleftharpoons Cu+Zn^{2+}$

Zn 失去电子，生成 $Zn^{2+}$，发生氧化反应，其氧化半反应为

$$Zn-2e^-\rightleftharpoons Zn^{2+}$$

$Cu^{2+}$ 得到电子，生成 Cu，发生还原反应，其还原半反应为

$$Cu^{2+}+2e^-\rightleftharpoons Cu$$

任何一个氧化半反应或还原半反应中都包含了同一元素的两个不同氧化值的物质，这两种物质构成了氧化还原电对(redox electric couple)，例如 Zn 和 $Zn^{2+}$ 构成一个氧化还

原电对，Cu 和 $Cu^{2+}$ 构成一个氧化还原电对。其中，氧化值高的叫做氧化态（oxidation state，Ox），氧化值低的叫做还原态（reduction state，Red），记为："氧化态/还原态"或 Ox / Red，如 $Fe^{3+}/Fe^{2+}$，$O_2/OH^-$，$H^+/H_2$，$Sn^{4+}/Sn^{2+}$。

半反应的通式为

$$氧化态 + ne \rightleftharpoons 还原态$$

$$或\ Ox + ne^- \rightleftharpoons Red$$

式中，$n$ 为半反应中转移的电子数。

## 8.2 原电池

在氧化还原反应中，氧化剂和还原剂直接接触发生电子转移，由于分子热运动无一定方向，因此不会形成电子的定向移动而产生电流，化学能通常以热能形式释放出来。如果采用适当的装置，避免氧化剂和还原剂直接接触，又能让电子转移变成电子的定向移动，就可能利用氧化还原反应产生电能。

**案例 8－1　伏特电堆**

1780 年，意大利医学家伽伐尼（Luigi Galvani）偶然的以铜制的解剖刀碰触到置于铁盘内的已经解剖的青蛙腿，蛙腿立刻抽搐一下，他认为这是一种生物放电现象，生物本身存在内在的自发电流。到了 1791 年，意大利物理学家亚历山德罗·伏特（Alessandro Volta）多次重复了伽伐尼的青蛙实验，他有着一种对科学的执著、不懈追求的精神，甚至还在自己身上做实验，他在舌头上放一枚金币和一枚银币，然后用导线把两枚硬币连接起来，就在连接的瞬间，舌头有发麻的感觉。伏特总结了自己的实验结果，他认为电流是由两块金属用导线相连后产生的，蛙腿实际上只起电流指示计的作用，并不是动物放电。1800 年，伏特把许多对铜片和锌片之间放上一块用盐水浸湿的布片相间地叠起来，再用两条金属线焊接锌片和铜片就会产生几伏的电压，这就是著名的"伏特电池"。这是第一个能人为产生稳定、持续电流的装置，也是现今各种电池的前身，促使电学研究有了巨大进展。

### 8.2.1　原电池的概念

把锌片置于 $CuSO_4$ 溶液中，过一段时间后可以观察到：$CuSO_4$ 溶液的蓝色逐渐变浅，而在锌片表面沉积了一层红棕色的金属铜，这是一个典型的能自发进行的氧化还原反应。

$$Zn(s) + CuSO_4(aq) \rightleftharpoons Cu(s) + ZnSO_4(aq)$$

反应中在 Zn 和 $Cu^{2+}$ 之间发生了电子转移，此时是否会产生电流呢？由于 Zn 与 $CuSO_4$ 溶液直接接触，反应是在锌片和 $CuSO_4$ 溶液的界面上进行，电子直接由 Zn 传递给

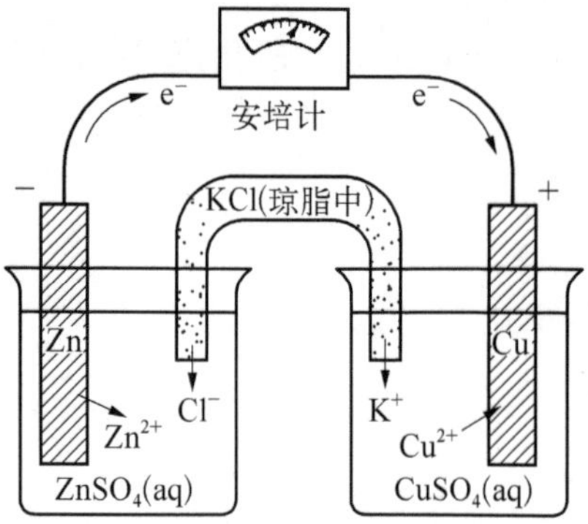

图 8-1 铜-锌原电池结构示意图

$Cu^{2+}$，反应的化学能是以热能的形式输出。为了将化学能转化为电能，可以采用如图 8-1 的装置。

在两个容器中分别放入 $ZnSO_4$ 溶液和 $CuSO_4$ 溶液，并将锌片置于 $ZnSO_4$ 溶液中，Cu 片置于 $CuSO_4$ 溶液中，用盐桥(salt bridge)连接左右两侧的溶液，此时在 Cu 极和 Zn 极间串联上检流计，可以观察到：

1) 检流计指针向一方偏转，说明此时导线中有电流通过。

2) Zn 片逐渐溶解，Cu 片表面逐渐有单质 Cu 沉积。

3) 去除盐桥后指针回到零点，放入盐桥指针又偏转。

在上述装置中，Zn 失去电子转为 $Zn^{2+}$ 进入溶液，发生氧化反应

$$Zn - 2e^- \rightleftharpoons Zn^{2+}$$

$Cu^{2+}$ 得到电子，生成 Cu，发生还原反应

$$Cu^{2+} + 2e^- \rightleftharpoons Cu$$

此时，由于氧化反应和还原反应是分在两处进行，即电子不是直接从还原剂转移到氧化剂，而是通过外电路进行传递，电子定向流动，从而产生了电流。这种将化学能转化成电能的装置称为原电池(primary cell)，此处也叫做 Cu-Zn 原电池。

原电池中的盐桥是一个充满电解质溶液的倒置的 U 形管，U 形管中装入 KCl 或 $KNO_3$ 溶液和琼脂做成冻胶。盐桥起导电作用并允许离子自由迁移，因此能够沟通电路，使反应顺利持续进行。

原电池由两个半电池(half cell)组成，在 Cu-Zn 原电池中，Zn 和 $ZnSO_4$ 溶液组成一个半电池，称为锌半电池；Cu 和 $CuSO_4$ 溶液组成另一个半电池，称为铜半电池。每个半电池构成一个电极(electrode)，流出电子的电极为负极(anode)，得到电子的电极为正极(cathode)。负极上失去电子，发生氧化反应；正极上获得电子，发生还原反应。在正、负两极上进行的反应又统称为半电池反应(half cell reaction)或电极反应(electrode reaction)。由正极和负极反应所构成的总的氧化还原反应则称为电池反应(cell reaction)即总的氧化还原反应。例如，Cu-Zn 原电池的电极反应和电池反应可分别表示如下：

正极反应：$Cu^{2+} + 2e^- \rightleftharpoons Cu$ （还原反应）

负极反应：$Zn \rightleftharpoons Zn^{2+} + 2e^-$ （氧化反应）

电池反应：$Zn + Cu^{2+} \rightleftharpoons Cu + Zn^{2+}$ （氧化还原反应）

## 8.2.2 原电池符号

任何自发进行的氧化还原反应都能设计成原电池，人们规定了一套设计、书写原电池

的符号。电池符号的书写有如下规定：

1）通常负极写在左边，正极写在右边，并用“+”和“−”标明。两个半电池用盐桥连接，盐桥用“‖”表示。

2）用化学式表示电池中各物质的组成，注明物质的状态。如果是溶液，要注明其浓度，气体要注明分压（kPa）。如不注明，一般指 $1.0\ mol \cdot L^{-1}$ 或 101.3 kPa。

3）用“|”表示有界面；如果不存在界面用“，”表示。例如 Cu—Zn 原电池可用下述电池符号表示：

$$(-)\ Zn(s)\ |\ Zn^{2+}(c_1)\ \|\ Cu^{2+}(c_2)\ |\ Cu(s)\ (+)$$

4）对于某些电极的电对自身不是金属导电体时（非金属或气体组成的电对），则需外加一个能导电而又不参与电极反应的惰性电极，通常用铂或碳棒作惰性电极。

5）凡参加氧化还原反应及电极反应的物质，有的自身虽无发生氧化还原反应，在原电池符号中仍需表示出来，例如：

$$MnO_4^- + 5Fe^{2+} + 8H^+ = Mn^{2+} + 5Fe^{3+} + 4H_2O$$

用如下电池符号表示：$(-)\ Pt\ |\ Fe^{2+}(c_1),\ Fe^{3+}(c_2)\ \|\ MnO_4^-(c_3),\ Mn^{2+}(c_4),\ H^+(c_5)\ |\ Pt\ (+)$

$H^+$ 未发生氧化还原反应，但参与了电极反应，故应在电池符号中表示出来。

### 8.2.3 常见电极类型

根据组成电极电对的特点，电极一般分为以下四种。

1. 金属-金属离子电极

将金属浸入到含有该金属离子的盐溶液中构成的电极，如 Cu 片置于 $CuSO_4$ 溶液中构成的电极。

电极反应式为：$Cu^{2+} + 2e^- \rightleftharpoons Cu$

电极组成式为：$Cu(s)\ |\ Cu^{2+}(c)$

2. 气体离子电极

在这类电极中，气体与其在溶液中的阴离子构成平衡体系，如氯电极 $Cl_2/Cl^-$、氢电极 $H^+/H_2$ 等。因气体不导电，需借助不参与电极反应的惰性材料起导电作用，如铂（Pt）、石墨（C）等。以氢电极为例，

电极反应式为：$2H^+ + 2e^- \rightleftharpoons H_2$

电极组成式为：$Pt\ |\ H_2(p)\ |\ H^+(c)$

3. 离子氧化还原电极

该类电极中电极电对中的氧化态和还原态均是离子状态。这类电极的组成是将惰性导电材料（铂或石墨）放在某种溶液中，这种溶液同时含有同一元素不同氧化值的两种离子。例如，将 Pt 浸入含有 $Fe^{3+}$ 和 $Fe^{2+}$ 的溶液中构成 $Fe^{3+}/Fe^{2+}$ 电极。

电极反应式为：$Fe^{3+} + e^- \rightleftharpoons Fe^{2+}$

电极组成式为：$Pt\ |\ Fe^{3+}(c_1),\ Fe^{2+}(c_2)$

4. 金属-金属难溶盐-阴离子电极

将金属表面涂以该金属的难溶盐(或氧化物),然后将它浸在与该盐具有相同阴离子的溶液中。例如,氯化银电极是将覆盖了 AgCl 的 Ag 丝浸入 KCl 或 HCl 溶液中制成。

电极反应式为 $AgCl + e^- \rightleftharpoons Ag + Cl^-$

电极组成式为 $Ag \mid AgCl(s) \mid Cl^-(c)$

**案例 8-2 燃料电池(fuel cell)**

燃料电池是一种将存在于燃料与氧化剂中的化学能直接转化为电能的发电装置。燃料和空气分别送进燃料电池,电就被奇妙地生产出来。依据电解质的不同,燃料电池分为碱性燃料电池(AFC)、磷酸型燃料电池(PAFC)、熔融碳酸盐燃料电池(MCFC)、固体氧化物燃料电池(SOFC)及质子交换膜燃料电池(PEMFC)等。燃料电池的研究和应用正以极快的速度在发展。例如,AFC 已在宇航领域广泛应用,PEMFC 已广泛作为交通动力和小型电源装置来应用,PAFC 作为中型电源应用进入了商业化阶段,MCFC 也已完成工业试验阶段,起步较晚的作为发电最有应用前景的 SOFC 已有几十千瓦的装置完成了数千小时的工作考核,相信随着研究的深入还会有新的燃料电池出现。

## 8.3 电极电势

### 8.3.1 电极电势

在 Cu-Zn 原电池中,为什么电子从 Zn 转移给 $Cu^{2+}$,而不是从 Cu 转移给 $Zn^{2+}$?这与金属在溶液中的情况有关,两电极的电势是不同的,存在电势差。关于电极电势是如何产生的,德国化学家能斯特(H. W. Nernst)提出的双电层理论给予了很好的解释。

1. 电极电势的产生

通常认为金属晶体由金属原子、金属离子和自由电子组成,如图 8-2 所示。当把金属 M 放入它的盐溶液中时,一方面金属 M 表面构成晶格的金属离子和极性大的水分子互相吸引,有一种使金属离子以水合离子 $M^{n+}(aq)$ 的形式进入溶液的倾向,而留下自由电子,这一过程称为金属的溶解过程。金属越活泼,溶液越稀,则这种倾向也越大。另一方面,盐溶液中的金属离子又有一种从金属表面获取电子而沉积在金属表面上的倾向,称为金属离子的沉积过程。金属越不活泼,溶液越浓,该种倾向越大。

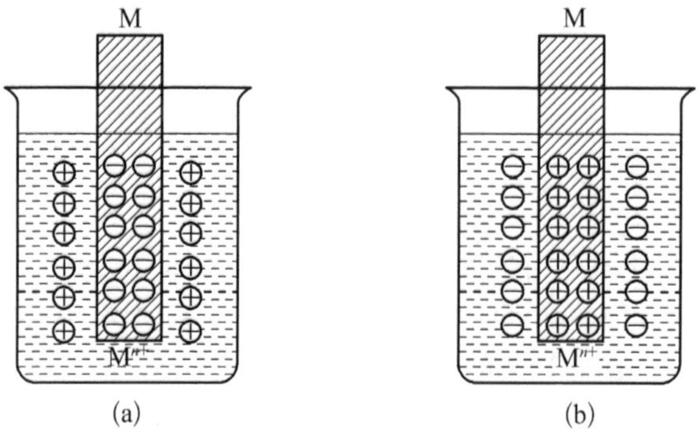


图 8-2 双电层结构示意图

当金属溶解的速度等于金属离子沉积的速度时，即金属的溶解过程和沉积过程达到动态平衡，可用下式表示：

$$M \underset{沉积}{\overset{溶解}{\rightleftharpoons}} M^{n+}(aq) + ne^-$$

在一给定浓度的溶液中，若金属溶解的趋势大于金属离子析出的趋势，则金属极板表面上就会带有过剩的负电荷。由于静电吸引作用，使得溶液中的正电荷较多地集中在金属极板附近，成为一个正电荷层，与金属表面的负电荷层形成了双电层结构，如图 8-2(a)所示。反之，如果金属离子的沉积倾向大于金属的溶解倾向，达到平衡时，金属表面因沉积了较多的金属离子而带正电，溶液则带负电，此时也形成双电层，如图 8-2(b)所示。双电层的厚度很小(约为 $10^{-10}$ m 的数量级，图 8-3)，但其间却形成了电势差，这种电势差称为 $M^{n+}/M$ 电对的电极电势(electrode potential)，用符号 $\varphi(M^{n+}/M)$表示，单位为伏特(V)。这里的电极电势是绝对电极电势，其大小主要取决于金属的本性，并受到温度、压力以及溶液中离子浓度等因素的影响。金属越活泼，则电极电势越低；越不活泼，电极电势越高。

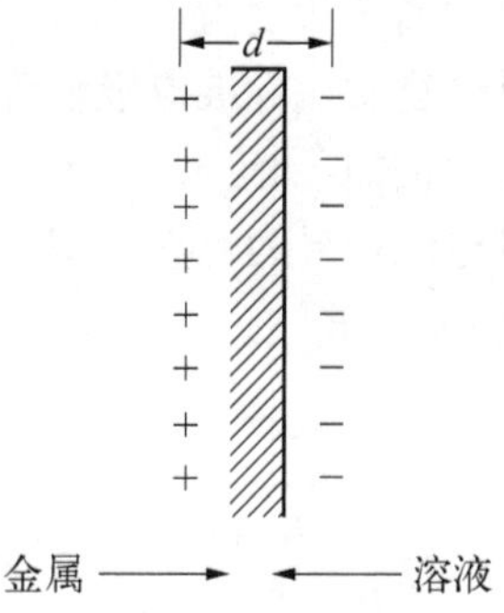

图 8-3　双电层示意图

2. 原电池的电动势

以 Cu-Zn 原电池为例，由于 Zn 较 Cu 活泼，Zn 更易失去电子进入溶液，Zn 片比 Cu 片带有更多的负电荷，因此 Cu 电极的电极电势高于 Zn 电极的电极电势。当存在盐桥且用导线链连接两电极，电子将沿导线自动由 Zn 电极流向 Cu 电极，这样就破坏了两电极上双电层的平衡。Zn 片表面因电子数量减少，其表面的 $Zn^{2+}$ 进入溶液的速率大于沉积速率，Zn 持续的被氧化；而 Cu 片上则有相应数量的 $Cu^{2+}$ 获得电子后转化为 Cu 析出。如果消除液接电势，将电流控制在接近于零，组成原电池的两个电极之间的电极电势差称之为电池的电动势(electromotive force)，用符号 $E$ 表示，单位伏特(V)。

$$E = \varphi_{正} - \varphi_{负}$$

3. 标准电极电势

(1) 标准氢电极

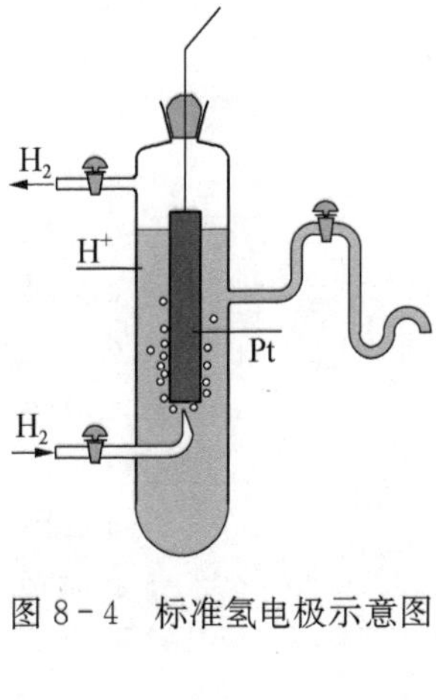

图 8-4　标准氢电极示意图

目前，电极电势绝对值的测量尚有困难，但从实际需要来看，知道其相对值即可。根据 IUPAC 的建议，以标准氢电极(standard hydrogen electrode, SHE)作为参照标准，将其与待测电极组成原电池，通过测定该电池的电动势，即可得到各种电极的相对电极电势值。

图 8-4 是 SHE 的示意图，将表面镀有蓬松铂黑(对氢气具有极高的吸附活性)的铂片置于氢离子浓度为 1.0 mol·$L^{-1}$的酸溶液中(严格地说应该是活度 $a$ 为 1)，并在 298.15 K 时不断通入标准压力为 101.3 kPa 的纯氢气

流，使铂黑吸附氢气达到饱和。此时，吸附在铂黑上的氢气与溶液中的氢离子建立如下动态平衡：

$$2H^+ + 2e^- \rightleftharpoons H_2(g)$$

人为的规定标准氢电极的电极电势为 0 V。

(2) 标准电极电势

用标准氢电极与其他各种标准状态下的电极组成原电池，测得这些电池的电动势，从而能够计算各种电极的标准电极电势。所谓标准状态是指当温度为 298.15 K 时，组成电极的离子活度为 1(常用浓度为 1.0 mol·L$^{-1}$)，气体的分压为 101.3 kPa，液体或固体都是纯物质。标准电极电势的符号用 $\varphi^\ominus$(Ox/Red) 表示。

例如，测定 $Cu^{2+}$/Cu 的标准电极电势，可以将标准铜电极和标准氢电极组成原电池，其电池符号为：(−) Pt | $H_2$(100 kPa) | $H^+$(1 mol·L$^{-1}$) ‖ $Cu^{2+}$(1 mol·L$^{-1}$) | Cu(s) (+)

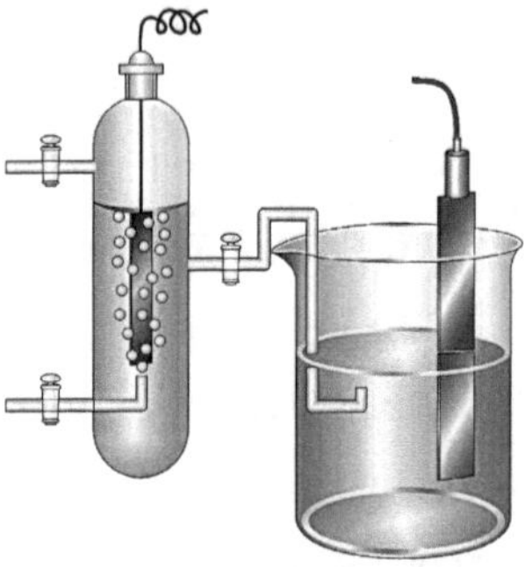

图 8-5 测定 $Cu^{2+}$/Cu 电极电势装置示意图

测得原电池的标准电动势 $E = 0.342$ V，

$$\begin{aligned} E &= \varphi_{待测} - \varphi_{SHE} \\ &= \varphi^\ominus(Cu^{2+}/Cu) - \varphi^\ominus_{SHE} \\ &= \varphi^\ominus(Cu^{2+}/Cu) - 0 \\ &= 0.342(V) \end{aligned}$$

故 $\varphi^\ominus(Cu^{2+}/Cu) = 0.342(V)$

(3) 标准电极电势表

用以上的方法可以测得各种标准电极的标准电极电势。部分常见的氧化还原电对的标准电极电势见表 8-1。

**表 8-1 部分常用的标准电极电势(298.15 K)**

| 电对 | 电极 | 电极反应 | $\varphi^\ominus$/V |
|---|---|---|---|
| $Li^+/Li$ | $Li^+$ \| Li | $Li^+ + e^- \rightleftharpoons Li$ | −3.040 3 |
| $Na^+/Na$ | $Na^+$ \| Na | $Na^+ + e^- \rightleftharpoons Na$ | −2.71 |
| $H_2O/H_2$ | $OH^-$, $H_2O$ \| $H_2$, Pt | $2H_2O + 2e^- \rightleftharpoons H_2 + 2OH^-$ | −0.827 7 |
| $Zn^{2+}/Zn$ | $Zn^{2+}$ \| Zn | $Zn^{2+} + 2e^- \rightleftharpoons Zn$ | −0.761 8 |
| $Fe^{2+}/Fe$ | $Fe^{2+}$ \| Fe | $Fe^{2+} + 2e^- \rightleftharpoons Fe$ | −0.447 |
| $Sn^{2+}/Sn$ | $Sn^{2+}$ \| Sn | $Sn^{2+} + 2e^- \rightleftharpoons Sn$ | −0.137 5 |
| $Pb^{2+}/Pb$ | $Pb^{2+}$ \| Pb | $Pb^{2+} + 2e^- \rightleftharpoons Pb$ | −0.126 2 |
| $H^+/H_2$ | $H^+$ \| $H_2$ \| Pt | $2H^+ + 2e^- \rightleftharpoons H_2$ | 0 |
| AgBr/Ag | AgBr \| Ag | $AgBr + e^- \rightleftharpoons Ag + Br^-$ | 0.071 33 |
| $Cu^{2+}/Cu^+$ | $Cu^{2+}$, $Cu^+$ \| Pt | $Cu^{2+} + e^- \rightleftharpoons Cu^+$ | 0.153 |
| AgCl/Ag | $Cl^-$ \| AgCl(s), Ag | $AgCl + e^- \rightleftharpoons Ag + Cl^-$ | 0.222 33 |
| $Cu^{2+}/Cu$ | $Cu^{2+}$ \| Cu | $Cu^{2+} + 2e^- \rightleftharpoons Cu$ | 0.341 9 |

续　表

| 电　对 | 电　极 | 电 极 反 应 | $\varphi^{\ominus}$/ V |
|---|---|---|---|
| $O_2/OH^-$ | $O_2 \mid OH^-$, Pt | $O_2 + 2H_2O + 4e^- \rightleftharpoons 4OH^-$ | 0.401 |
| $Cu^+/Cu$ | $Cu^+ \mid Cu$ | $Cu^+ + e^- \rightleftharpoons Cu$ | 0.521 |
| $I_2/I^-$ | $I^- \mid I_2(s)$, Pt | $I_2 + 2e^- \rightleftharpoons 2I^-$ | 0.535 5 |
| $Fe^{3+}/Fe^{2+}$ | $Fe^{3+}$, $Fe^{2+} \mid Pt$ | $Fe^{3+} + e^- \rightleftharpoons Fe^{2+}$ | 0.771 |
| $Ag^+/Ag$ | $Ag^+ \mid Ag$ | $Ag^+ + e^- \rightleftharpoons Ag$ | 0.799 6 |
| $O_2/H_2O$ | $H^+$, $H_2O \mid O_2$, Pt | $O_2 + 4H^+ + 4e^- \rightleftharpoons 2H_2O$ | 1.229 |
| $Br_2/Br^-$ | $Br^- \mid Br_2 \mid Pt$ | $Br_2(l) + 2e^- \rightleftharpoons 2Br^-$ | 1.066 |
| $Cr_2O_7^{2-}/Cr^{3+}$ | $Cr_2O_7^{2-}$, $Cr^{3+} \mid Pt$ | $Cr_2O_7^{2-} + 14H^+ + 6e^- \rightleftharpoons Cr^{3+} + 7H_2O$ | 1.232 |
| $Cl_2/Cl^-$ | $Cl^- \mid Cl_2$, Pt | $Cl_2 + 2e^- \rightleftharpoons 2Cl^-$ | 1.358 27 |
| $MnO_4^-/Mn^{2+}$ | $MnO_4^-$, $Mn^{2+} \mid Pt$ | $MnO_4^- + 8H^+ + 5e^- \rightleftharpoons Mn^{2+} + 4H_2O$ | 1.507 |
| $F_2/F^-$ | $F^- \mid F_2$, Pt | $F_2 + 2e^- \rightleftharpoons 2F^-$ | 2.866 |

标准电极电势表是电化学中的重要数据，下面对其使用作几点说明。

1）标准电极电势 $\varphi^{\ominus}$ 表示在标准状态下某电极的电极电势，所以使用时应满足标准态的条件。由于表中的数据是在水溶液中测定的，因此不能用于非水溶液或高温下的固相反应。

2）电极电势的数值反映了氧化还原电对得失电子的趋向，它是一个强度性质，与物质的量无关，不具有加和性。例如：

$$Br_2(l) + 2e^- \rightleftharpoons 2Br^- \qquad \varphi^{\ominus} = 1.066(V)$$

$$1/2\ Br_2(l) + e^- \rightleftharpoons Br^- \qquad \varphi^{\ominus} = 1.066(V)$$

3）标准电极电势值与电极反应的写法没有关系，不论电极进行氧化反应还是还原反应，电极电势数值的符号不改变。例如：

$$Ag^+ + e^- \rightleftharpoons Ag \qquad \varphi^{\ominus}(Ag^+/Ag) = 0.799\,6\ V$$

$$Ag \rightleftharpoons Ag^+ + e^- \qquad \varphi^{\ominus}(Ag^+/Ag) = 0.799\,6\ V$$

4）该表为 298.15 K 时的标准电极电势。由于电极电势随温度变化并不大，往往其他温度下的电极电势也可用此表中的数据。

## 8.3.2　电池电动势和化学反应吉布斯(Gibbs)自由能的关系

根据前面学过的热力学知识可知，在等温等压下，当一个化学反应的 $\Delta_r G_m < 0$ 时，反应能正向自发进行，反之，则逆向进行。当反应自发进行时，体系的吉布斯自由能便等于体系在可逆过程中对外所做的最大非体积功。如果所研究的原电池是一种可逆电池（两电极发生的化学反应及能量变化均是可逆的，通过电池的电流无限小，电池内部始终处于平衡状态），则体系所做的非体积功为电功。即

$$\Delta_r G_m = W'_{max} = W_{电}$$

可逆电池的电功等于电池电动势 $E$ 乘以所通过的电量 $Q$，体系对外做功，$W_{电} = -E$，而 $Q = nF$，故

$$\Delta_r G_m = -QE = -nFE \tag{8-1}$$

式中，$n$ 为得失电子数；$F$ 为 Faraday 常数（964 85 $C \cdot mol^{-1}$，1 C=1 $J \cdot V^{-1}$）；$E$ 为电池电动势(V)。

如果电池反应在标准状态下进行，则有

$$\Delta_r G_m^{\ominus} = -nFE^{\ominus} \tag{8-2}$$

式(8-1)与(8-2)表明了电池电动势和吉布斯自由能之间的关系。

**例 8-2** 试计算标准状态下，$Cu + 2Ag^+ \rightleftharpoons Cu^{2+} + 2Ag$ 的 $E^{\ominus}$ 和 $\Delta_r G_m^{\ominus}$。

**解：** 查表可得 $\varphi^{\ominus}(Cu^{2+}/Cu) = 0.341\,9$ V

$\varphi^{\ominus}(Ag^+/Ag) = 0.799\,6$ V

$$\begin{aligned} E^{\ominus} &= \varphi^{\ominus}_{正} - \varphi^{\ominus}_{负} \\ &= \varphi^{\ominus}(Ag^+/Ag) - \varphi^{\ominus}(Cu^{2+}/Cu) \\ &= 0.799\,6 - 0.341\,9 \\ &= 0.457\,7\ (V) \end{aligned}$$

$$\begin{aligned} \Delta_r G_m^{\ominus} &= -nFE^{\ominus} = -2 \times 964\,85 \times 0.457\,7 \\ &= -883\,22 (J \cdot mol^{-1}) \end{aligned}$$

### 8.3.3 影响电极电势的因素

标准电极电势一般只能在标准态下应用，但绝大多数氧化还原反应都是在非标准态下进行的。将非标准态下的氧化还原反应组成原电池，其电极电势和电池电动势也是非标准态的。前面已经指出，电极电势除了取决于电极物质的性质外，还与温度、溶液的浓度或气体的分压等因素有关，下面就这些因素阐明其对电极电势的影响。

对于任意一个电极反应

$$a\mathrm{Ox}_1 + b\mathrm{Red}_2 \rightleftharpoons f\mathrm{Red}_1 + g\mathrm{Ox}_2$$

根据化学反应等温式

$$\Delta_r G_m = \Delta_r G_m^{\ominus} + RT\ln \frac{c_r^f(\mathrm{Red}_1)\, c_r^g(\mathrm{Ox}_2)}{c_r^a(\mathrm{Ox}_1)\, c_r^b(\mathrm{Red}_2)}$$

将式(8-1)与(8-2)代入上式得

$$-nFE = -nFE^{\ominus} + RT\ln \frac{c_r^f(\mathrm{Red}_1)\, c_r^g(\mathrm{Ox}_2)}{c_r^a(\mathrm{Ox}_1)\, c_r^b(\mathrm{Red}_2)}$$

$$E = E^{\ominus} - \frac{RT}{nF}\ln\frac{c_r^f(\text{Red}_1)\,c_r^g(\text{Ox}_2)}{c_r^a(\text{Ox}_1)\,c_r^b(\text{Red}_2)} \tag{8-3}$$

式(8－3)为电池电动势的能斯特(Nernst)方程，将正极和负极的电极电势分别代入式(8－3)可得

$$\varphi_+ - \varphi_- = (\varphi_+^{\ominus} - \varphi_-^{\ominus}) - \frac{RT}{nF}\ln\frac{c_r^f(\text{Red}_1)\,c_r^g(\text{Ox}_2)}{c_r^a(\text{Ox}_1)\,c_r^b(\text{Red}_2)}$$

$$= \left[\varphi_+^{\ominus} - \frac{RT}{nF}\ln\frac{c_r^f(\text{Red}_1)}{c_r^a(\text{Ox}_1)}\right] - \left[\varphi_-^{\ominus} - \frac{RT}{nF}\ln\frac{c_r^b(\text{Red}_2)}{c_r^g(\text{Ox}_2)}\right]$$

得：$\varphi_+ = \varphi_+^{\ominus} - \frac{RT}{nF}\ln\frac{c_r^f(\text{Red}_1)}{c_r^a(\text{Ox}_1)}$

$$\varphi_- = \varphi_-^{\ominus} - \frac{RT}{nF}\ln\frac{c_r^b(\text{Red}_2)}{c_r^g(\text{Ox}_2)}$$

对于任意一个电极反应

$$m\text{Ox} + ne^- \rightleftharpoons q\text{Red}$$

运用以上结果，可得到任意电极的电极电势的能斯特方程式

$$\varphi(\text{Ox/Red}) = \varphi^{\ominus}(\text{Ox/Red}) + \frac{RT}{nF}\ln\frac{c_r^m(\text{Ox})}{c_r^q(\text{Red})} \tag{8-4}$$

把 $T=298.15\ \text{K}$，$R=8.314\ \text{J}\cdot\text{K}^{-1}\cdot\text{mol}^{-1}$，$F=96\,485\ \text{C}\cdot\text{mol}^{-1}$代入上式，并采用常用对数表示，则能斯特方程式可写为

$$\varphi(\text{Ox/Red}) = \varphi^{\ominus}(\text{Ox/Red}) + \frac{0.059\,16}{n}\lg\frac{c_r^m(\text{Ox})}{c_r^q(\text{Red})} \tag{8-5}$$

式中，$n$ 表示电极反应中电子转移的电子数；Ox 和 Red 分别代表氧化型和还原型物质；$m$，$q$ 分别代表已配平的氧化还原半反应式中氧化型、还原型物质前的系数。

应用能斯特方程时要注意，Ox 和 Red 不仅指氧化剂、还原剂，还包括了参与电极反应的相关介质，如电极反应中有 $H^+$ 或 $OH^-$ 等参加，其浓度也应代入能斯特方程，且指数为它们在电极反应中的系数。纯液体、纯固体和溶剂不带入方程，若为气体则用其分压除以 101.3 kPa 表示。

从公式 8－4 和 8－5 可以看出：

1) 电极电势不仅取决于电极的本性，还取决于反应时的温度和氧化剂、还原剂及其介质的浓度(或分压)。

2) 影响电极电势的主要因素是标准电极电势，其次才是浓度，只有当氧化型或还原型物质溶液浓度很大或很小时，或电极反应式中相关物质前的系数很大时才对电极电势产生显著影响。

3) 在一定的温度条件下，氧化剂、还原剂及其相关介质的浓度改变，或者氧化型浓度

和还原型物质浓度的比值发生变化，都将影响电极电势的大小。

**例 8-3** 计算 298.15 K 时 $Cu^{2+}$ 浓度为 0.010 mol·L$^{-1}$ 的铜电极的电极电势。

**解：** 铜电极的电极反应式为：$Cu^{2+} + 2e^- \rightleftharpoons Cu$

当 $c(Cu^{2+})=0.010\ mol\cdot L^{-1}$ 时，$c_r(Cu^{2+})=0.010$，有：

$$\varphi(Cu^{2+}/Cu) = \varphi^{\ominus}(Cu^{2+}/Cu) + \frac{0.059\,16}{2}\lg c_r(Cu^{2+})$$

$$= 0.341\,9 + \frac{0.059\,16}{2}\lg 0.010$$

$$= 0.282\,7(V)$$

例 8-3 说明，氧化型（或还原型）物质本身浓度的改变对电极电势造成一定的影响。

如果电极反应中，$H^+$ 和 $OH^-$ 作为介质参加了反应，那么酸度的变化将会对电极电势产生影响。

**例 8-4** 求电极反应 $MnO_4^- + 8H^+ + 5e^- \rightleftharpoons Mn^{2+} + 4H_2O$，在 pH = 7 时的电极电势（其他条件均与标准状态相同）。

**解：** $c_r(MnO_4^-) = c_r(Mn^{2+}) = 1.000$

$c_r(H^+) = 1.000 \times 10^{-7}$

$\varphi^{\ominus}(MnO_4^-/Mn^{2+}) = +1.507\ V$

$$\varphi(MnO_4^-/Mn^{2+}) = \varphi^{\ominus}(MnO_4^-/Mn^{2+}) + \frac{0.059\,16}{5}\lg\frac{c_r(MnO_4^-)c_r^8(H^+)}{c_r(Mn^{2+})}$$

$$= 1.507 + \frac{0.059\,16}{5}\lg(1.000\times10^{-7})^8$$

$$= 0.844\,4(V)$$

计算结果表明，$H^+$ 浓度降低，氧化型物质 $MnO_4^-$ 的氧化能力随之减小。

有时，在电极反应中，会有沉淀生成，沉淀的生成也会对电极电势产生影响。

**例 8-5** 在 298.15 K 时，$Ag^+ + e^- \rightleftharpoons Ag$，若在电极反应液中加入 NaCl，使其生成 AgCl 沉淀，并保持 $Cl^-$ 浓度为 1.0 mol·L$^{-1}$，求此时的电极电势。

**解：** $Ag^+ + e^- \rightleftharpoons Ag \qquad n = 1$

查表得 $\varphi^{\ominus}(Ag^+/Ag)=0.799\,6\ V$，代入能斯特方程，得

$$\varphi(Ag^+/Ag) = \varphi^{\ominus}(Ag^+/Ag) - \frac{0.059\,16}{n}\lg\frac{1}{c(Ag^+)}$$

$$Ag^+ + Cl^- \rightleftharpoons AgCl$$

$$[Ag^+][Cl^-] = K_{sp} = 1.77 \times 10^{-10}$$
$$[Ag^+] = K_{sp} / [Cl^-] = 1.77 \times 10^{-10}$$
$$\varphi(Ag^+/Ag) = 0.7996 - 0.05916\lg \frac{1}{1.77 \times 10^{-10}}$$
$$= 0.223(V)$$

显然由于有沉淀生成，使 $Ag^+$ 的浓度急剧降低，对 $\varphi(Ag^+/Ag)$ 造成较大影响。实际上，若加入 $Cl^-$，$Ag^+$ 转化为 AgCl 后，则组成了新电对 AgCl/Ag，电极反应为

$$AgCl + e^- \rightleftharpoons Ag + Cl^-$$

由于平衡时溶液中的 $Cl^-$ 浓度为 1 mol · $L^{-1}$，这时 $\varphi(Ag^+/Ag) = \varphi^\ominus(AgCl/Ag) = 0.223$ V。

## 8.4　电极电势的应用

### 8.4.1　判断氧化剂和还原剂的相对强弱

电极电势是氧化还原电对中氧化态物质获得电子能力、还原态物质失去电子能力大小的量度。在标准电极电势表中，氧化态物质获得电子的能力自上而下依次增强，还原态物质失去电子的能力自下而上依次增强，其强弱程度可以从 $\varphi^\ominus$ 值大小来判断。$\varphi^\ominus$ 值越大，氧化态物质氧化能力越强，其相应的还原态物质还原能力越弱。反之，$\varphi^\ominus$ 值越小，还原态物质的还原能力越强，其相应的氧化态物质氧化能力则越弱。例如：

$$I_2 + 2e \rightleftharpoons 2I^- \qquad \varphi_1^\ominus = 0.54\ V$$
$$Br_2 + 2e \rightleftharpoons 2Br^- \qquad \varphi_2^\ominus = 1.07\ V$$
$$Cl_2 + 2e \rightleftharpoons 2Cl^- \qquad \varphi_3^\ominus = 1.36\ V$$

由于 $\varphi_3^\ominus > \varphi_2^\ominus > \varphi_1^\ominus$，因此，

氧化型氧化能力大小为：$Cl_2 > Br_2 > I_2$，

还原型还原能力大小为：$I^- > Br^- > Cl^-$。

### 8.4.2　判断氧化还原反应进行的方向和程度

1. 判断氧化还原反应进行的方向

在热力学中我们已经知道，当反应的吉布斯自由能变为负值时，反应可以正向自发进行。根据式(8-1)，$\Delta_r G_m = -nFE$，在恒温恒压条件下，可以得到用 $E$ 判断氧化还原反应进行方向的判据：

$\Delta_r G_m < 0, E > 0$，氧化还原反应自发正向进行；

$\Delta_r G_m > 0, E < 0$，氧化还原反应自发逆向进行；

$\Delta_r G_m = 0, E = 0$，氧化还原反应达到平衡状态。

如果两个电对的$\varphi^{\ominus}$值相差较大，使组成的原电池的$E^{\ominus} > 0.2\,\text{V}$，在这种条件下，浓度的变化虽然会影响电极电势，但是不影响电动势的正负号。此时，即使不处于标准状态，也可直接用$E^{\ominus}$确定氧化还原反应的方向。否则，必须考虑浓度和酸度的影响，用能斯特方程式计算电池的$E$值，再进行判断。

**例 8-6** 判断 298.15 K 时下列反应自发进行的方向。

$$Sn^{4+}(0.1\,\text{mol}\cdot\text{L}^{-1}) + Cd \rightleftharpoons Sn^{2+}(0.1\,\text{mol}\cdot\text{L}^{-1}) + Cd^{2+}(0.1\,\text{mol}\cdot\text{L}^{-1})$$

**解：** 查表得 $Sn^{4+} + 2e^- \rightleftharpoons Sn^{2+}$ $\quad \varphi^{\ominus}(Sn^{4+}/Sn^{2+}) = 0.1500\,\text{V}$

$Cd^{2+} + 2e^- \rightleftharpoons Cd$ $\quad \varphi^{\ominus}(Cd^{2+}/Cd) = -0.4026\,\text{V}$

$$\begin{aligned}\varphi(Cd^{2+}/Cd) &= \varphi^{\ominus}(Cd^{2+}/Cd) + \frac{0.05916}{2}\lg c_r(Cd^{2+}) \\ &= -0.4026 + \frac{0.05916}{2}\times\lg 0.1 \\ &= -0.4322\,(\text{V})\end{aligned}$$

$$\varphi(Sn^{4+}/Sn^{2+}) = \varphi^{\ominus}(Sn^{4+}/Sn^{2+}) + \frac{0.05916}{2}\lg\frac{c_r(Sn^{4+})}{c_r(Sn^{2+})} = 0.2092(\text{V})$$

$$\begin{aligned}E &= \varphi(Sn^{4+}/Sn^{2+}) - \varphi(Cd^{2+}/Cd) \\ &= 0.2092 - (-0.4322) \\ &= 0.6414\,(\text{V})\end{aligned}$$

$E > 0$，题设反应式可以正向自发进行。

2. 确定氧化还原反应进行的程度

氧化还原反应属可逆反应，在一定条件下也能达到化学平衡。通过氧化还原反应的平衡常数，可判断氧化还原反应进行的程度。若平衡常数值很小，表示正向反应趋势很小，正向反应进行得不完全；若平衡常数值很大，表示正向反应可以充分地进行，甚至可以进行到接近完全。那么，氧化还原反应的平衡常数如何求得呢？

氧化还原反应的平衡常数可以通过氧化还原电对的标准电极电势计算。在热力学的内容中我们学习了$\Delta_r G_m^{\ominus}$与$K^{\ominus}$的关系式

$$\Delta_r G_m^{\ominus} = -RT\ln K^{\ominus}$$

又根据式 8-2

$$\Delta_r G_m^{\ominus} = -nFE^{\ominus}$$

得到$RT\ln K^{\ominus} = nFE^{\ominus}$

当$T=298.15\,\text{K}$时，将$R=8.314\,\text{J}\cdot\text{K}^{-1}\cdot\text{mol}^{-1}$，$F=96485\,\text{C}\cdot\text{mol}^{-1}$代入上式，并将自然对数转换成常用对数，得

$$\lg K^{\ominus}=\frac{nE^{\ominus}}{0.05916}=\frac{n(\varphi_{+}^{\ominus}-\varphi_{-}^{\ominus})}{0.05916} \tag{8-6}$$

式中，$n$ 为电池反应式中得电子失数，$E^{\ominus}$ 为电池的标准电动势(V)，$\varphi_{+}^{\ominus}$ 和 $\varphi_{-}^{\ominus}$ 为电池正、负极的标准电极电势(V)。

从式 8-6 可见，当 $E^{\ominus}$ 为正值时，$K^{\ominus}>1$，正反应自发进行，$E^{\ominus}$ 值越大，$K^{\ominus}$ 值也越大，表明正反应自发进行的趋势越大，到达平衡时的完成程度越大。通常认为，$K^{\ominus}$ 值达到 $10^6$ 时，反应基本完全。

**例 8-7** $FeSO_4$ 溶液与酸性 $KMnO_4$ 溶液能否共存，如不能共存将发生怎样的反应，反应能否进行完全？(设温度为 298.15 K，各种离子浓度为 0.10 mol·L$^{-1}$)。

**解：** 假设 $FeSO_4$ 溶液与酸性 $KMnO_4$ 溶液无法共存，根据题意写出氧化还原反应

$$MnO_4^- + 5Fe^{2+} + 8H^+ \rightleftharpoons Mn^{2+} + 5Fe^{3+} + 4H_2O$$

写出电极反应式，查出 $\varphi^{\ominus}$ 值：

$MnO_4^- + 8H^+ + 5e^- \rightleftharpoons Mn^{2+} + 4H_2O$　　$\varphi^{\ominus}(MnO_4^-/Mn^{2+}) = 1.507\ V$

$Fe^{3+} + e^- \rightleftharpoons Fe^{2+}$　　$\varphi^{\ominus}(Fe^{3+}/Fe^{2+}) = 0.771\ V$

根据能斯特方程：

$$\begin{aligned}\varphi(MnO_4^-/Mn^{2+}) &= \varphi^{\ominus}(MnO_4^-/Mn^{2+}) + \frac{0.05916}{n}\lg\frac{c_r(MnO_4^-)c_r^8(H^+)}{c_r(Mn^{2+})}\\ &= 1.507 + \frac{0.05916}{5}\lg(0.100)^8\\ &= 1.41(V)\end{aligned}$$

$$\begin{aligned}\varphi(Fe^{3+}/Fe^{2+}) &= \varphi^{\ominus}(Fe^{3+}/Fe^{2+}) + \frac{0.05916}{n}\lg\frac{c_r(Fe^{3+})}{c_r(Fe^{2+})}\\ &= 0.771 + \frac{0.05916}{1}\lg\frac{0.100}{0.100}\\ &= 0.771(V)\end{aligned}$$

$E = \varphi(MnO_4^-/Mn^{2+}) - \varphi(Fe^{3+}/Fe^{2+}) = 1.412 - 0.771 > 0$

故证实 $FeSO_4$ 溶液与酸性 $KMnO_4$ 溶液无法共存，氧化还原反应自动向右进行。

将 $\varphi^{\ominus}$ 及 $n$ 值代入式(8-6)得：$\lg K^{\ominus} = \dfrac{5\times(1.507-0.771)}{0.05916}$

$$= 62.2$$

$$K^{\ominus} = 1.58\times 10^{62}$$

$K^{\ominus}$ 值很大，正向反应很完全。

# 8.5 电势图解及其应用

大多数非金属元素和过渡元素存在几种氧化态，如把其中任意两种氧化态组成电极电对，该电对所对应的标准电极电势以图示的方式表示，这种图称为元素电势图或拉提默图。比较简单的元素电势图是把同一元素的各种氧化态按照高低顺序排列成横列。元素电势图有两种书写方式：一种是从左至右，氧化态由低到高排列；另一种是从左到右，氧化态由高到低排列。两者的排列顺序恰好相反，使用时应加以注意。在两种氧化态之间若构成一个电对，就用一条直线把它们连接起来，并在上方标出这个电对所对应的标准电极电势。根据溶液的 pH 不同，又可分为两类：$\varphi_A^\ominus$(A 表示酸性溶液)表示溶液的 pH=0；$\varphi_B^\ominus$(B 表示碱性溶液)表示溶液的 pH=14。书写某一元素的电势图时，既可以把全部氧化态列出，也可以按照需列出其中的一部分。

例如碘的元素电势图：

$$\varphi_A^\ominus/V \quad H_5IO_6 \xrightarrow{\sim+1.7} IO_3 \xrightarrow{+1.13} HIO \xrightarrow{+1.45} I_2 \xrightarrow{+0.54} I^-$$
（$IO_3$ 至 $I_2$：+1.19；HIO 至 $I^-$：+0.99）

$$\varphi_B^\ominus/V \quad H_3IO_6^{2-} \xrightarrow{\sim+0.70} IO_3^- \xrightarrow{+0.56} IO^- \xrightarrow{+0.44} I_2 \xrightarrow{+0.54} I^-$$
（$IO^-$ 至 $I^-$：+0.49）

我们从元素的电势图中不仅可以全面地看出一种元素各氧化态之间的电极电势的高低和相互关系，而且可以判断歧化反应能否进行以及求算未知电对的标准电极电势。现介绍以下几方面的应用。

1. 判断歧化反应能否进行

某元素不同氧化态的三种物质所组成两个电对，按其氧化态由高到低排列如下：

若 B 能够发生歧化反应，则电对 $A_1/A_2$ 和电对 $A_2/A_3$ 所组成的原电池的电动势为

$$E^\ominus=\varphi_正^\ominus-\varphi_负^\ominus=\varphi_右^\ominus-\varphi_左^\ominus>0$$

即　$\varphi_右^\ominus>\varphi_左^\ominus$

若 B 不能发生歧化反应，则 $E^\ominus=\varphi_正^\ominus-\varphi_负^\ominus=\varphi_右^\ominus-\varphi_左^\ominus<0$

即　$\varphi_右^\ominus<\varphi_左^\ominus$

例如，在下面的元素电势图中

$$\varphi_B^\ominus/V \quad IO^- \xrightarrow{+0.44} I_2 \xrightarrow{+0.54} I^-$$

因为 $\varphi_右^\ominus>\varphi_左^\ominus$，所以在碱性条件下，溶液中的 $I_2$ 将发生下列歧化反应

$$I_2 + 2OH^- \rightleftharpoons IO^- + I^- + H_2O$$

2. 利用元素电势图求算某电对的未知标准电极电势

某些电对的电极电势，尤其是相邻氧化态间的电对的电极电势，在元素电势图上直接给出了，但是图中更多的是不相邻的氧化态，其间并无线段直接相连。这些互不相邻的氧化态两两之间的电对的电极电势，将如何通过元素电势图上的信息去求得呢？在元素的电势图中，如果已知两个或两个以上的相邻电对的标准电极电势，即可求算出另一个电对的未知标准电极电势。例如，某元素三种氧化态 $A_1$、$A_2$、$A_3$（氧化值依次减小）的电势图为

$$A_1 \xrightarrow{\Delta_r G^\ominus_{m1},\ \varphi^\ominus_1} A_2 \xrightarrow{\Delta_r G^\ominus_{m2},\ \varphi^\ominus_2} A_3 \quad \text{(}A_1\text{ 至 }A_3\text{：}\Delta_r G^\ominus_m,\ \varphi^\ominus\text{)}$$

类似于公式 8-2，可以写出以下关系式，

$$\Delta_r G^\ominus_{m1} = -n_1 F\varphi^\ominus_1$$
$$\Delta_r G^\ominus_{m2} = -n_2 F\varphi^\ominus_2$$
$$\Delta_r G^\ominus_m = -nF\varphi^\ominus$$

式中 $n_1$、$n_2$ 和 $n$ 分别为相应的电子转移数，$n = n_1 + n_2$，则

$$\Delta_r G^\ominus_m = -(n_1 + n_2)F\varphi^\ominus$$

根据盖斯定律，吉布斯自由能可以加和，则有

$$\Delta_r G^\ominus_m = \Delta_r G^\ominus_{m1} + \Delta_r G^\ominus_{m2}$$
$$(n_1 + n_2)F\varphi^\ominus = n_1 F\varphi^\ominus_1 + n_2 F\varphi^\ominus_2$$

整理可以得到对应于电对 $A_1/A_3$ 的标准电极电势为

$$\varphi^\ominus = \frac{n_1\varphi^\ominus_1 + n_2\varphi^\ominus_2}{n_1 + n_2}$$

对于若干相关电对，则应有

$$\varphi^\ominus = \frac{n_1\varphi^\ominus_1 + n_2\varphi^\ominus_2 + \cdots + n_i\varphi^\ominus_i}{n_1 + n_2 + \cdots + n_i}$$

于是，由各 $\varphi^\ominus_i$ 可以求出总的 $\varphi^\ominus$，也可以根据总的 $\varphi^\ominus$ 和 $(n-1)$ 个 $\varphi^\ominus_i$，求出另外一个未知的 $\varphi^\ominus_i$。

**例 8-8** 试从下列元素电势图中已知标准电极电势，求 $\Delta_r G^\ominus_{IO_3^-/I^-}$ 的值。

$$\varphi^\ominus_B/V \quad IO_3^- \xrightarrow{+0.56} IO^- \xrightarrow{+0.44} I_2 \xrightarrow{+0.54} I^- \quad \text{(}IO_3^-\text{ 至 }I^-\text{：}\varphi^\ominus\text{)}$$

**解：** 根据各电对中碘氧化值的变化可知，$n_1$、$n_2$、$n_3$ 分别等于 4、1、1，则

$$\Delta_r G^{\ominus}_{IO_3^-/I^-} = \frac{n_1\varphi_1^{\ominus} + n_2\varphi_2^{\ominus} + n_3\varphi_3^{\ominus}}{n_1 + n_2 + n_3}$$

$$= \frac{4 \times 0.56 + 1 \times 0.44 + 1 \times 0.54}{4+1+1}$$

$$= +0.54(\text{V})$$

**【科学家简介】 亚历山德罗·伏特(Alessandro Volta,1745～1827)**

伏特十六岁时开始与一些著名的电学家通信，其中有巴黎的诺莱和都灵的贝卡里亚。贝卡里亚是一位很有成就的国际知名的电学家，他劝告伏特少提出理论，多做实验。1769年发表第一篇科学论文。伏特设计了一种静电计，这就是各种绝对电计的鼻祖，它能够以可重复的方式测量电势差。1774年伏特担任了科莫皇家学校的物理教授，1779年任帕维亚大学物理学教授。他的名声开始扩展到意大利以外，苏黎世物理学会选举他为会员。伏特的兴趣并不只限于电学。他通过观察马焦雷湖附近沼泽地冒出的气泡，发现了沼气。1800年他宣布发明了伏特电堆，这是历史上的神奇发明之一。电堆能产生连续的电流，它的强度的数量级比从静电起电机能得到的电流大，因此开始了一场真正的科学革命。1827年3月5日，伏特去世，终年八十二岁。为了纪念他，人们将电动势单位取名伏特。

## 习　题

1. 计算在 $CH_4$、$C_2H_4$、$C_2H_2$、$CH_3OH$ 中碳的氧化值分别为多少？

2. 反应 $2I^- + 2Fe^{3+} = 2Fe^{2+} + I_2$，$Br_2 + 2Fe_2{}^+ = 2Fe^{3+} + 2Br^-$ 均按正反应方向进行，由此判断反应中有关的氧化还原电对的电极电势由大到小的排列顺序。

3. 已知 $\varphi^{\ominus}(Sn^{2+}/Sn) = -0.14\,V$，$\varphi^{\ominus}(Hg^{2+}/Hg_2^{2+}) = 0.92\,V$，$\varphi^{\ominus}(Fe^{3+}/Fe^{2+}) = 0.77\,V$，$\varphi^{\ominus}(Br_2/Br^-) = 1.07\,V$，写出在标准态下所能发生的氧化还原方程式。

4. 判断下列每一组中较强的氧化剂和较强的还原剂(均为标准状态)：

(1) $I_2$，$I^-$，$Cl_2$，$Cl^-$；

(2) $Ag^+$，$Fe^{2+}$，Fe，Ag；

(3) $Fe^{2+}$，$Fe^{3+}$，$Cr_2O_7^{2-}$，$Cr^{3+}$。

5. 按照题意要求写出下列氧化还原反应相应的原电池符号：

(1) $Fe^{2+} + Ag^+ \rightarrow Fe^{3+} + Ag$

(2) $Cd + 2H^+ \rightarrow Cd^{2+} + H_2$

6. 根据标准电极电势，判断下列各反应在标准态下的进行方向。

(1) $Cd + Pb^{2+} \rightleftharpoons Cd^{2+} + Pb$

(2) $Cu + Pb^2 \rightleftharpoons Cu^{2+} + Pb$

已知 $\varphi^{\ominus}(Pb^{2+}/Pb) = -0.1263\,V$　$\varphi^{\ominus}(Cd^{2+}/Cd) = -0.4026\,V$　$\varphi^{\ominus}(Cu^{2+}/Cu) =$

0.340 2 V

7. 在标准状态下，指出下列原电池反应的正负极，写出电极反应和电池反应，并求出电池的电动势。

(1) Cu | $Cu^{2+}$(1 mol・$L^{-1}$) ‖ $Zn^{2+}$(0.001 mol・$L^{-1}$) | Zn

(2) Hg，$Hg_2Cl_2$ | $Cl^-$(0.1 mol・$L^{-1}$) ‖ $H^+$(1 mol・$L^{-1}$) | $H_2$($p_{H_2}$ = 100 kPa)，Pt

(3) Pb | $Pb^{2+}$(0.1 mol・$L^{-1}$) ‖ $S^{2-}$(0.1 mol・$L^{-1}$) | CuS，Cu

8. 求下列电极在 25℃时的电极电势：

(1) 金属锌放在 0.5 mol・$L^{-1}$ $Zn^{2+}$ 盐溶液中

(2) 非金属碘在 0.1 mol・$L^{-1}$ KI 溶液中

(3) 0.1 mol・$L^{-1}$ $Fe^{3+}$ 和 0.01 mol・$L^{-1}$ $Fe^{2+}$ 盐溶液中

9. 计算 298.15 K 时，电池 (−)Pt | $I_2$，$I^-$(0.1 mol・$L^{-1}$) ‖ $MnO_4^-$(0.01 mol・$L^{-1}$)，$Mn^{2+}$(0.1 mol・$L^{-1}$)，$H^+$(0.001 mol・$L^{-1}$) | Pt (+) 的电动势，并写出电池反应式。

10. 向 0.45 mol/L 铅溶液中加入锡，发生下列反应，$Sn + Pb^{2+} = Sn^{2+} + Pb$，计算反应在 298.15 K 时的平衡常数，达到反应限度时溶液中铅的浓度。

11. 现有电池：(−) Zn | $Zn^{2+}$ (0.1 mol・$L^{-1}$) ‖ $Cl^-$ (1 mol・$L^{-1}$) | $Cl_2$ (101.3 kPa) | Pt(+)。已知 $\varphi^\ominus(Cl_2/Cl^-) = 1.36$ V；$\varphi^\ominus(Zn^{2+}/Zn) = -0.76$ V。计算：(1) 写出电极反应式和电池反应式；(2) 电池的电动势；(3) $\lg K^\ominus$。

12. 已知 $\varphi^\ominus(Ag^+/Ag) = +0.799\ 6$ V，AgCl 的 $K_{sp} = 1.77 \times 10^{-10}$，在 $Ag^+$ (0.100 mol・$L^{-1}$)|Ag 的电极溶液中加入等体积的 0.500 mol・$L^{-1}$ NaCl 溶液后，电极电势为多少？

13. 已知氧化还原反应 $Cu^{2+} + H_2 \longrightarrow Cu + 2H^+$，其中 $c(H^+) = 0.010\ 0$ mol・$L^{-1}$，$c(Cu^{2+}) = 0.010\ 0$ mol・$L^{-1}$，$p(H_2) = 91.0$ kPa。计算此原电池的电动势，并判断反应方向。(已知 $\varphi^\ominus(Cu^{2+}/Cu) = 0.34$ V)

14. 已知 298.15 K 时，氯元素在碱性溶液中的电势图，试求出 $\varphi_1^\ominus(ClO_4^-/Cl^-)$，$\varphi_2^\ominus(ClO_3^-/ClO^-)$，$\varphi_3^\ominus(ClO^-/Cl_2)$ 的值。

# 第9章 原子结构

**内容摘要**

原子是构成分子和物质的基本单元，原子结构知识是认识物质的结构和性质的基础。本章主要介绍原子结构理论、波粒二象性、核外电子运动状态、核外电子的排布和元素周期性、元素基本性质的周期性等内容。本章知识按如下线索展开：电子的发现揭开了进一步探究原子结构的序幕；α粒子散射实验证明原子是有核的；经典的原子核式结构理论解释不了实验事实，玻尔提出经典的量子化原子理论，很好地解释了氢原子光谱，但有局限性；进而在微观粒子具有波粒二象性前提下，用量子理论的观点讨论原子结构的特点；通过揭示核外电子排布的规律，阐明元素性质周期性变化的结构本质。通过本章的学习，应认识到微观粒子和宏观物体运动规律的差异，在学习知识的同时，了解人类进入微观世界的历程。

物质外在的性质是由其内部的组成和结构所决定的。研究物质的性质，认识物质的本质及其变化规律，就必须了解原子的结构及元素性质变化的内在规律。化学变化主要表现为不同元素原子的重新组合和外层电子的得失或偏移，原子核并不发生变化，因此本章主要讨论原子核外电子的数目、排布、能量及其运动状态。

公元前5世纪，古希腊哲学家卢西普斯(Leu Cippus)和德谟克利特(Domo Critus)提出了"原子"的说法，认为万物是由大量的不可分割的微粒构成的，这种微粒即原子。原子(atom)这个词来自希腊的"atomos"，意思是不可分割的(indivisible)。19世纪初，英国科学家道尔顿(J. Dalton)提出近代原子学说，他认为原子是微小的不可分割的实心球体，同种元素的原子性质和质量相同，且在所有化学变化中性质不变。道尔顿的原子学说解释了一些化学现象，并为化学进入定量阶段奠定了基础，被称为"近代化学之父"。1897年汤姆逊(J. J. Thomson)通过研究阴极射线的性质发现了原子中电子的存在。1910年，卢瑟福(E. Rutherford)通过α粒子散射实验发现原子内部存在一个小而重的带正电荷的原子核，证实了原子由原子核和核外电子构成，使人们进一步认识了原子可分割的内部世界。次年，卢瑟福在α粒子散射实验基础上提出了原子结构的"行星模型"。

## 9.1 原子结构理论

与其他科学发展的历程相似，人们对物质组成和结构的认识也经历了由浅入深，由感性至理性，由片面到整体的过程。随着量子理论的提出和现代物理学的进步，物理学家和化学家逐步揭示了原子内部组成和结构的秘密以及与元素化学性质紧密相关的原子核外电子排布和变化规律。

卢瑟福的“行星模型”虽然解释了 α 粒子散射现象，但它不能解释原子为何能够稳定存在及原子的线状光谱。根据经典力学电磁理论，电子围绕着原子核运动必然要发射电磁波，随着电磁波的辐射，电子能量不断减少，电子运动轨道离核越来越近，最终电子会坠入原子核，引起原子的湮灭。但实际情况并非如此。此外，原子发射电磁波的频率决定于电子绕核运动时放出的能量，由于放出的能量是连续的，因此原子发射电磁波的频率也应当是连续的。但是原子光谱并不是连续的，表明原子只发射特定频率的光，卢瑟福的原子核式模型无法解释原子的稳定性。因此卢瑟福的原子核式模型仍存在局限性。那么，原子到底有着怎样的结构呢？20 世纪上半叶，随着量子理论的提出和现代物理学的进步，以量子理论为基础的原子结构理论逐渐被构建。

**案例 9-1**

“阳光总在风雨后，请相信有彩虹……”雨过天晴、横跨苍穹的美丽彩虹让我们感恩于大自然的赠予。夜晚，大街小巷五彩缤纷的霓虹灯让我们如临仙境，感叹于人类的智慧。彩虹和霓虹灯为什么会产生美丽的光谱？它们的发光原理一样吗？

### 9.1.1 氢原子光谱

氢原子是原子结构最简单的元素，近代原子结构理论的确立、原子中核外电子的分布规律及运动状态的研究就是从氢原子光谱实验开始的。

当一束白光通过石英棱镜时，可以观察到红、橙、黄、绿、青、蓝、紫等不同波长的光带，这是由于折射率的不同发生的折射现象。这种彩色带状光谱称为连续光谱（continuous spectrum）。雨后天空的彩虹是太阳光色散形成的，是连续光谱。一般白炽的固体、液体、高压下的气体都能发出连续光谱。但并非所有的光源都能给出连续光谱，比如当原子受激发（如火焰、电弧、电火花或其他方式）产生的光经棱镜分光后得到的却是不连续的一系列具有一定频率的光谱，通过三棱镜折射，屏幕上得到一系列不连续的谱线，称为线状光谱（line spectrum），也称为原子光谱。就像人的指纹一样，不同的原子都有其特征性的线状光谱，并且是固定不变的。原子光谱各谱线的频率有一定的规律性，其中最简单的就是氢原子光谱（hydrogen spectral series）。

在真空光电管中充入极稀纯氢气，两端加上高压使氢原子激发发光，此光线通过棱镜分光后得到的是一系列相互分立的按波长排列的线状光谱（图 9-1）。1885 年瑞士一位中学教师巴尔末（J. J. Balmer）在观察氢原子的线状光谱时发现：氢原子光谱在可见光区有四条明显的不连续的光谱线，命之 Balmer 线系。除此之外氢原子光谱在紫外光区和红外光区也存在着多条特征谱线，分别称为 Lyman 线系、Paschen 线系、Bracker 线系和 Pfund 线系（图 9-2）。

$$H_2 \xrightarrow{\text{高压放电、激发}} \text{光} \xrightarrow{\text{棱镜}} \text{氢原子光谱}$$

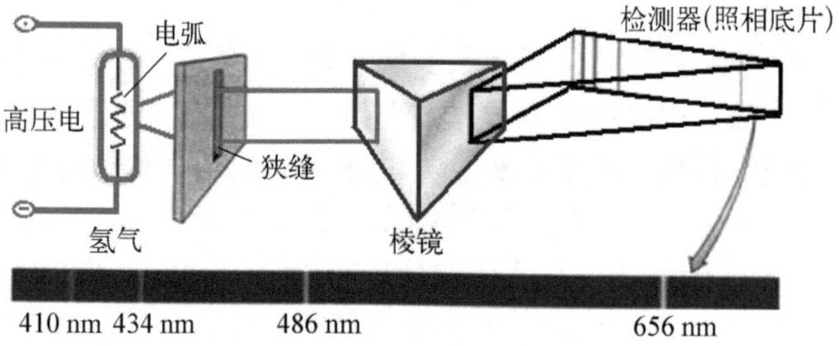


图 9-1　氢原子光谱实验

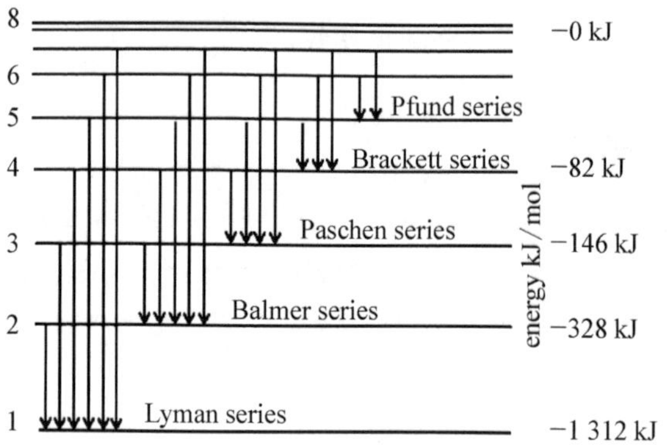


图 9-2　氢原子光谱各线系

1913 年，瑞典物理学家理德堡(J. R. Rydberg)将氢原子光谱各谱线的变化规律归纳成一通式——理德堡公式

$$\bar{\nu} = R_H\left(\frac{1}{n_1^2} - \frac{1}{n_2^2}\right) \tag{9-1}$$

式(9-1)中 $\bar{\nu}$ 为波数$\left(\text{wave number，即波长的倒数}\frac{1}{\lambda}\right)$，$R_H$ 称为理德堡常数，数值为 $1.097\times10^7\ \text{m}^{-1}$，$n_1$、$n_2$ 为正整数，且 $n_2 > n_1$，因此产生的氢原子光谱为间隔状，即不连续。$n_1 = 1$ 为 Lyman 线系(属紫外光谱)；$n_1 = 2$ 为 Balmer 线系(属可见光谱)；$n_1 = 3$ 为 Paschen 线系(属红外光谱)。

### 9.1.2　Bohr 理论

1913 年，为了解释氢原子光谱的变化规律，丹麦年轻的物理学家玻尔(N. Bohr)借助卢瑟福的原子模型、普朗克(M. Planck)的量子理论和爱因斯坦(A. Einstein)的光子学说，建立了玻尔氢原子模型，并提出了相应的氢原子结构模型理论，称为玻尔理论。该理论初步解释了氢原子线状光谱产生的原因和光谱的规律性。玻尔理论的基本要点包括以下假设：

1）定态假设　原子系统具有一系列不连续的能量状态，核外电子只能在特定的轨道上绕核运动，如同行星绕太阳旋转，并且过程中运动的电子不辐射能量也不吸收能量，这种状态称为定态(stationary state)。每一轨道上的电子有特定的能量值，称为能级(energy level)，在同一轨道中运转时，离核越近，能量越低，离核越远，能量越高。能量取决于某些由量子化条件决定的正整数值。根据量子化条件，可推出氢原子核外轨道的能量公式。

$$E_n = -2.179 \times 10^{-18} \frac{Z^2}{n^2}(\mathrm{J}) = -13.6 \frac{Z^2}{n^2}(\mathrm{eV}) \tag{9-2}$$

式中，$n = 1, 2, 3, 4, \cdots$ 的正整数，称为量子数(quantum number)，对应轨道能级；$Z$ 为核电荷数。

原子在正常或稳定状态时，电子尽可能的处于能量最低的轨道(即 $n=1$)，这种状态称为基态(ground state)。氢原子处于基态时，能量最低(为 $-13.6$ eV 或 $2.179\times10^{-18}$ J)，电子绕核运行所作的圆轨道的半径为 53 pm，是氢原子最靠近原子核的电子轨道的半径，称为玻尔半径。当原子从外界获得能量时(如灼热、放电、辐射等)电子可以跃迁到离核较远的轨道上去($n\geqslant2$)，即电子被激发到高能量的轨道上，这种能量较高的定态称为激发态(excited state)。

2）频率假设　原子由某一定态能级跃迁到另一定态能级的时候，需要吸收或者放出一定频率的光，其能量差会以电磁波的形式辐射出来。光的能量 $h\nu$ 等于这两个定态的能量差。

$$h\nu = E_2 - E_1 \tag{9-3}$$

式中，$\nu$ 是光子的频率；$h$ 是 Planck 常数，数值为 $6.626\times10^{-34}$ J·s。

3）量子化条件假设　量子一词来自拉丁语 quantus，意为“多少”，代表“相当数量的物质”。在微观领域中，某些物理量的变化是以最小的单位跳跃式进行的，而不是连续的，这个最小的单位叫做量子，量子是一个不可分割的基本个体。能量量子化是假设能量有一个最小单位，称为能的量子(quantum)，能量变化只能是量子能量整数倍。

电子不是在任意的轨道上绕核运动，而是在一些符合一定条件的轨道上运动，具有一定的角动量，即

$$L = n\frac{h}{2\pi} \tag{9-4}$$

式(9-4)中 $L$ 代表电子运动轨道的角动量($L = m\nu r$)，$n$ 为正整数，$\pi$ 为圆周率，角动量数值上必须等于 $h/2\pi$ 的整数倍，这些符合量子化条件的轨道称为稳定轨道(stable orbit)，它们具有固定的能量 $E$，电子在稳定的轨道上运动时并不放出能量。当电子从低能轨道跃迁至高能轨道，或从高能轨道跃迁至低能轨道时，物质以光的形式吸收或放出的能量只能是光量子能量的整数倍，即这种能量是量子化的。

玻尔理论冲破了经典物理学中能量连续变化的束缚，首先用量子化假设较成功地解释了氢原子的结构和氢光谱的关系，指出原子结构量子化的特征。根据玻尔理论，原子核

外电子在能量一定的轨道上绕核运动，既不会连续的放出能量，也不会连续的吸收能量，在这些轨道上的电子处于一种稳定状态，因此不会坠入原子核，发生原子毁灭。利用玻尔理论不仅计算出了在氢原子光谱中已观察到的一些谱线，而且还理论预测了一些尚未发现的谱线，并最终被实验所证实。但限于当时对微观粒子运动规律的认识，这种"旧量子论"并没有完全冲破经典力学的束缚，勉强的加进了一些假定，没有考虑电子运动的另一重要特性——波粒二象性，使电子在原子核外的运动采取了宏观物体固定轨道的理论，致使玻尔理论在解释多电子原子的光谱和光谱线在磁场中的分裂，谱线的强度等实验结果时遇到了难以解决的困难。

**案例 9－2**

人造卫星可以在设定轨道运行，其轨道变化可以是连续的。原子核中的电子，也在做绕核运动，其轨道变化则是不连续的。怎样理解这个问题呢？

## 9.2 氢原子的量子力学模型

### 9.2.1 电子的波粒二象性

玻尔理论是建立在量子化假设加经典物理学基础上，将电子看成经典力学中的粒子，没有脱离研究宏观物体运动规律的经典物理学。20 世纪初，人们根据光的干涉、衍射和光电效应等各种实验现象认识到光既具有波的性质，又具有粒子的性质，即光具有波粒二象性(wave-particle duality)。

1924 年，法国年轻的物理学家德布罗意(L. de Broglie)在光的波粒二象性的启发下，大胆地提出物质波(matter wave)假设：一切运动着的微观粒子，如电子、原子、质子和中子等都具有波粒二象性。因此，适合于光子的关系式也适合于实物微粒。一个质量为 $m$，运动速度为 $v$ 的实物微粒，其动量 $P = mv$，故：

$$\lambda = \frac{h}{P} = \frac{h}{mv} \tag{9-5}$$

式(9－5)称为德布罗意关系式，式中，$P$ 代表粒子运动的动量；$m$ 代表粒子的质量；$v$ 代表粒子的运动速度；$\lambda$ 表示物质波的波长，可由质量 $m$ 和运动速度 $v$ 来求算。

1927 年，美国物理学家戴维森(C. J. Davisson)、革末(L. H. Germer)和汤姆逊(G. P. Thomson)用电子束代替 X 线，先后发现了电子的衍射现象(图 9－3)。之后，人们又发现质子、中子、$\alpha$ 粒子、原子、分子均具有衍射现象，证实了德布罗意物质波的假设，因此波粒二象性是微观粒子的运动特征。由于微观粒子不同于宏观物体，具有波粒二象性，因此在描述电子等微粒的运动规律时不能沿用经典的牛顿力学，而要用描述微粒运动的量子力学。需要注意的是，物质波与一般物理意义上的波不同，是一种几率分布统计波。也就是说，电子的运动并非是有一定轨道的波动，只是电子在空间出现的几率呈现一种波动的分布规律。

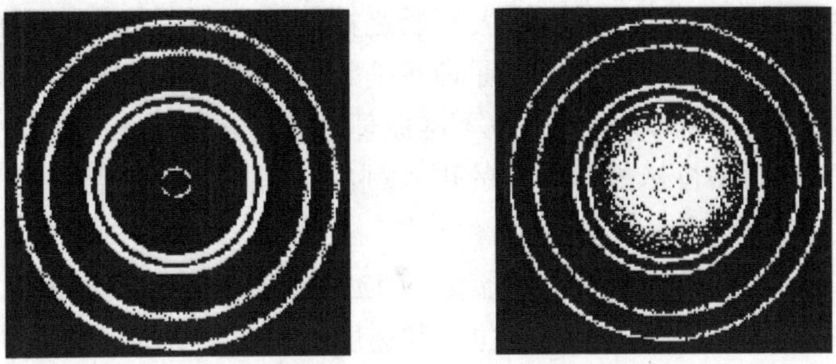

图 9-3 X线衍射图(左)和电子衍射图(右)

**例 9-1** 计算以 $1.0\times10^{6}$ m·$s^{-1}$速度运动的电子及 $10^{3}$ m·$s^{-1}$速度运动的子弹的波长。电子质量为 $9.1\times10^{-31}$ kg,子弹的质量为 $1.0\times10^{-2}$ kg。比较计算结果,可得出什么结论?

**解**: 电子的波长

$$\lambda = h/mv = 6.63\times10^{-34} \div (9.1\times10^{-31}\times1\times10^{6}) = 7.28\times10^{-10}(\text{m})$$

子弹的波长

$$\lambda = h/mv = 6.63\times10^{-34} \div (1.1\times10^{-2}\times1\times10^{3}) = 6.03\times10^{-35}(\text{m})$$

电子的波长与原子和小分子的半径相近,所以其波动性不可忽视;而子弹的波长远小于物体本身大小,因此其波动性很不明显,可忽视。因此,微观粒子因波长与本身大小相近,波动性明显;而宏观物体由于质量大,波长极短,所以观察不到它的波动效应。

### 9.2.2 海森堡测不准原理

经典力学对于宏观物体的运动,可同时准确地测定其任何时刻的位置和动量。但微观粒子则不同,在电子衍射实验中,一定能量的电子束穿过固定狭缝的光栅所形成的衍射条纹累计结果是具有重现性的,而对于具体的某一个电子却无法预知其究竟会落在衍射条纹的哪个确切位置,或者说其动量是不确定的。这可从海森堡测不准原理(Heisenberg's uncertainty principle)得到说明。1927 年,德国物理学家海森堡(Heisenberg)提出了量子力学中的一个重要关系式——测不准关系,其数学表达式为:

$$\Delta x \cdot \Delta P \geqslant \frac{h}{4\pi} \quad \text{或} \quad \Delta x \geqslant \frac{h}{4\pi m \Delta v} \tag{9-6}$$ *

式(9-6)中,$\Delta x$ 为粒子的位置的不准量,$\Delta p$ 为粒子的动量的不准量,$\Delta v$ 为粒子运动速度的不准量。测不准关系式的含义是:我们用位置和动量两个物理量来描述微观粒子的运动时,只能达到一定的近似程度。即粒子在某一方向上的位置不准量和在此方向上动量的不准量的乘积一定大于或等于常数$\frac{h}{4\pi}$。这说明,粒子的位置测定得越准确($\Delta x$ 越小),

* 不同的近似计算中 $h$ 的系数不同,目前主要有 3 种:$h$,$\frac{h}{2\pi}$,$\frac{h}{4\pi}$。本书取$\frac{h}{4\pi}$。

则其相应动量的准确度就越小($\Delta P$ 越大)，反之亦然。即不可能同时测得电子的精确位置和精确动量。应该明确的是，测不准原理不是因为目前的测量技术不够精确，而是微观粒子具有波粒二象性这种固有属性。测不准原理的提出并不代表人类在大自然面前的无奈，而是显示了人类对于自然规律本质的更深刻的认识，在 20 世纪物理学发展史上具有重要意义。

从式(9-8)还可以看出，当粒子的质量 $m$ 越大时，$\Delta x \cdot \Delta v$ 之积越小，所以对于 $m$ 大的宏观物体来说，是可能同时准确测定位置和速度的。即宏观物体的运动服从经典力学；而微观物体的运动不具有确定的轨道，只有一定的空间几率分布，服从量子力学，其分界线就是测不准关系。下面的例子可以帮助领会测不准原理的意义。

对于质量为 10 g 的子弹，它的位置可精确到 $\Delta x = 0.01$ cm，其速度测不准情况为

$$\Delta v \geqslant \frac{h}{4\pi m \Delta x} = \frac{6.626 \times 10^{-34}}{4 \times 3.14 \times 10 \times 10^{-3} \times 0.01 \times 10^{-2}} = 5.27 \times 10^{-29}\,\mathrm{m \cdot s^{-1}}$$

显然，对于高速运动的子弹，我们可以同时精确测定其运动速度和位置。

对于微观粒子如电子，质量为 $9.11 \times 10^{-31}$ kg，原子半径数量级为 $10^{-10}$ m，则 $\Delta x$ 至少要达到 $10^{-11}$ m 才相对准确，其速度的测不准情况为

$$\Delta v \geqslant \frac{h}{4\pi m \Delta x} = \frac{6.626 \times 10^{-34}}{4 \times 3.14 \times 9.11 \times 10^{-31} \times 10^{-11}} = 5.79 \times 10^{6}\ \mathrm{m \cdot s^{-1}}$$

由此可知，电子的运动位置和运动速度是难以同时准确测量的，即电子的运动不具有确定的轨道。

宏观物体的运动状态可以用轨道、速度等物理量来描述，如人造地球卫星沿着一定的轨道围绕地球运行，可以按照人的意志、目的设计运行轨道及运行速率。但是，电子等微观粒子因具有波粒二象性而与宏观物体不同，由海森堡测不准原理可知不可能同时准确地测定电子的运动速度和空间位置。那么如何描述电子等微粒的运动状态呢？

### 9.2.3 波函数和原子轨道

在经典物理学中，宏观物体的运动状态可根据经典力学的方法，用坐标和动量来描述。微观粒子具有波动性，根据测不准原理，不可能用坐标和动量来描述微观粒子的运动状态。1926 年，奥地利物理学家薛定谔(E. Schrödinger)提出了描述原子核外电子运动的波动方程，这就是著名的薛定谔方程。

$$\frac{\partial^2 \psi}{\partial x^2} + \frac{\partial^2 \psi}{\partial y^2} + \frac{\partial^2 \psi}{\partial z^2} + \frac{8\pi^2 m}{h^2}(E - V)\psi = 0 \qquad (9-7)$$

式(9-7)中，$\psi$ 是描述电子运动状态的波函数(wave function)，读作颇赛；$E$ 是系统中电子的总能量；$V$ 是系统的总势能；波函数 $\psi(x, y, z)$ 是量子力学中描述核外电子在三维空间坐标 $x$, $y$, $z$ 方向伸展的波动性质的数学函数式，一定的波函数表示一种电子的运动状态，并对应一定的能量 $E$。量子力学中常借用经典力学中描述物体运动的“轨道”的概念，把波函数 $\psi$ 叫做原子轨道。值得注意的是，这里的原子轨道和宏观物体的运动轨道是根

本不同的，它只是代表原子中电子运动状态的一个函数，代表原子核外电子的一种运动状态。为了方便图形表达，也可用球坐标系函数 $\psi(r, \theta, \varphi)$ 表示(图 9-6)。

波函数的解将是一系列的波函数 $\psi$ 的具体函数表达式，只有满足特定条件的解才具有物理意义，用来描述核外电子运动状态。这种薛定谔方程的特解可用限定常数来表示，称为量子数(quantum number)。当量子数按一定规则取值并组合时，所得到的波函数才是合理的。波函数的解或者一个原子轨道由 $n$、$l$ 和 $m$ 三个量子数决定，但要描述电子自身运动状态还需要第四个量子数。因此在量子化学中用 $n$、$l$、$m$、$m_s$ 4 个量子数所限定的波函数来描述核外电子的运动状态。

### 9.2.4 量子数

波函数的形式决定于一些常数 $n$, $l$, $m$，由这三个量子数所确定下来的一套参数即可表示一种波函数 ($\psi_{n,l,m}$)。这些常数不能连续变化，只能取某些分立的值，因此称之为量子数。除了这三个量子数之外，还有一个描述电子自旋特征的量子数 $m_s$，这些量子数对所描述的电子的能量，原子轨道或电子云的形状和空间伸展方向，以及原子核外电子的排布是非常重要的。

(1) 主量子数 $n$

主量子数 $n$(principal quantum number)代表核外电子出现几率最大的区域距核的远近，或由不同的 $n$ 形成不同的主(能)层或电子层。$n$ 的取值从 1 到无穷大的任何正整数，在光谱学上也常用字母表示 $n$，对应关系为：$n$：1, 2, 3, 4,…光谱学符号：K, L, M, N, …

$n=1$ 为第一电子层或称 K 层，距核最近，$n=2$ 为第二电子层或称 L 层，以此类推。$n$ 越大电子离核的平均距离越远，离核远则电子能量较高。因此主量子数 $n$ 对于确定电子的能量具有决定性的作用。对于氢原子，核外电子能量完全由 $n$ 决定。

由氢原子和类氢离子的能量公式也可推出，$n$ 越大电子能量越高。同层中的电子能量仍有所差别，但其电子云的主要部分基本重合，电子运动状态是在大致相同的空间范围内。

(2) 角量子数 $l$

角量子数 $l$(angular quantum number)表示轨道(或电子云)的形状，是影响轨道能量的次要因素。$l$ 的取值受 $n$ 的限制，对特定的 $n$ 值，$l$ 为 0, 1, 2, 3, 4, …, $(n-1)$。按照光谱学习惯，可用 s、p、d、f、…表示 $l$，习惯称这些 $l$ 层为电子亚层。

$l=0$ 时，核外电子的运动状态与角度无关，原子轨道(或电子云)是球形对称的，称为 s 轨道(或 s 电子云)。

$l=1$ 时，原子轨道(或电子云)是纺锤形(或哑铃形)分布，称为 p 轨道。p 轨道沿某一直角坐标轴的方向有最大值。

$l=2$ 时，原子轨道(或电子云)呈花瓣形分布，称为 d 轨道(或 d 电子云)。

$l=3$ 时，原子轨道(或电子云)形状复杂，称为 f 轨道(或 f 电子云)。

需要注意的是：多电子原子轨道的能量与 $n$, $l$ 有关，即多电子原子中电子的能量决定于主量子数 $n$ 和角量子数 $l$，角量子数 $l$ 值越大，轨道能量 $E$ 越高。一组 $n$, $l$ 对应于一个能级。随 $n$, $l$ 的变化，可能出现能级交错现象，如 4s 轨道的能量低于 3d 轨道的能量。

(3) 磁量子数 $m$

同一电子层中某一特定形状的原子轨道可以在空间有不同的伸展方向，从而得到若干空间取向不同而能量相同的原子轨道，称为简并轨道(degenerate orbitals)或等价轨道(equivalent orbitals)。磁量子数 $m$(magnetic quantum number)表示轨道在空间的伸展方向，取值受角量子数 $l$ 的限制。对给定的 $l$，$m$ 的取值可以为 0，±1，±2，…，±$l$，共有 $(2l+1)$ 个值，例如：

$l=0$ 时，$m$ 有一个取值，即 $m=0$，s 轨道球形对称，在空间只有一个取值，轨道无方向性。

$l=1$ 时，$m$ 有三个取值，即 $m=0$，±1，分别代表在空间沿 $x$，$y$，$z$ 3 个相互垂直的伸展方向上的 3 个 p 轨道，通常它们具有完全相同的能量。

$l=2$ 时，$m=0$，±1，±2，表明 d 轨道在空间有 5 个伸展方向。

$l=3$ 时，$m$ 有 7 个取值，$m=0$，±1，±2，±3，f 轨道在空间有 7 个伸展方向。

以上 $n$，$l$，$m$ 三个量子数结合起来，便确定了核外电子的一个空间运动状态(即原子轨道)，包括轨道的大小、形状和空间取向。$m$ 不同，在磁场中这些轨道沿磁场方向的分量不同，相应的能量出现差异，反映在光谱上则表现为线状光谱在磁场中分裂为相距很近的若干条谱线。

(4) 自旋量子数 $m_s$

自旋量子数 $m_s$(spin quantum number)表示电子在空间的自旋方向。它只有 $+\frac{1}{2}$ 和 $-\frac{1}{2}$ 两个取值，分别代表电子顺时针和逆时针的两个自旋方向，表示为"↓"和"↑"。

综上所述，描述一个原子轨道要用 3 个量子数，而描述一个原子轨道上运动的电子，要用 4 个量子数。表 9-1 列出了量子数、原子轨道及各电子层中电子的填充情况。值得注意的是，这里的原子轨道和宏观物体的运动轨道是根本不同的，它只是代表原子中电子运动状态的一个函数，代表原子核外电子的一种运动状态。

**表 9-1 量子数、原子轨道及各电子层中电子数的相互关系**

| $n$ | $l$ | 亚层符号 | $m$ | 轨道数 | | $m_s$ | 电子量大容量 | |
|---|---|---|---|---|---|---|---|---|
| 1 | 0 | 1s | 0 | 1 | | ±1/2 | 2 | |
| 2 | 0 | 2s | 0 | 1 | 4 | ±1/2 | 2 | 8 |
| | 1 | 2p | 0，±1 | 3 | | ±1/2 | 6 | |
| 3 | 0 | 3s | 0 | 1 | 9 | ±1/2 | 2 | 18 |
| | 1 | 3p | 0，±1 | 3 | | ±1/2 | 6 | |
| | 2 | 3d | 0，±1，±2 | 5 | | ±1/2 | 10 | |
| 4 | 0 | 4s | 0 | 1 | 16 | ±1/2 | 2 | 32 |
| | 1 | 4p | 0，±1 | 3 | | ±1/2 | 6 | |
| | 2 | 4d | 0，±1，±2 | 5 | | ±1/2 | 10 | |
| | 3 | 4f | 0，±1，±2，±3 | 7 | | ±1/2 | 14 | |

## 9.2.5 波函数的图形表示

具有波粒二象性的电子并不像宏观物体那样，沿着固定轨道运动。因此不可能同时准确地测定一个核外电子在某一瞬间所处的位置和运动速度，但是我们可以通过统计的方法来判断电子在核外空间某一区域出现机会的多少，即几率。

单个电子在原子核外空间的运动状态，可用波函数 $\psi$ 来表示，它是 Schrödinger 方程的一个合理解。通常把波函数 $\psi$ 形象化的称为原子轨道。波函数 $\psi$ 是包含 $n$, $l$, $m$ 三个量子数的空间三维坐标 $x, y, z$ 的函数，仅仅是一个描述核外电子运动状态的数学表达式，本身并没有确切的物理意义。但波函数绝对值的平方 $|\psi|^2$ 表示了电子在原子核外空间某处单位体积内出现的几率，称为几率密度。$|\psi|^2$ 的空间图像就是电子云的空间分布图像。

1. 电子云和几率分布

原子中的电子总是按一定的几率密度分布在核外空间各处，电子在原子核外某空间出现的几率等于电子在这一区域出现的几率密度乘以空间的体积，$|\psi|^2 \mathrm{d}V$ 表示原子核外某处 $\mathrm{d}V$ 空间内电子出现的几率。原子核外电子的几率分布可以用统计的方法得到，也可以通过理论计算得到。用统计的方法得到的图像就称为电子云(electron density)。

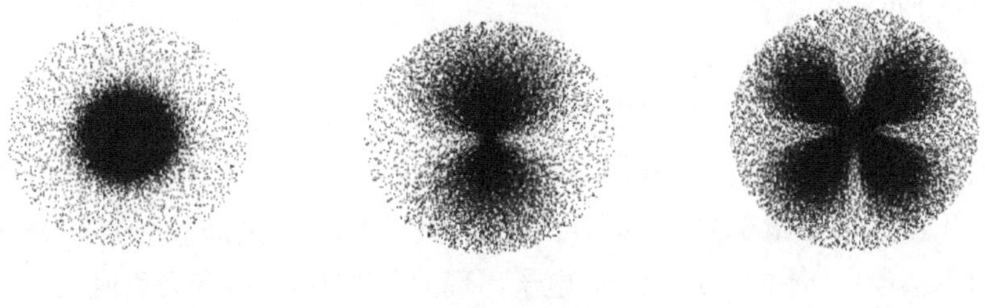

a　　　　b　　　　c

图 9-4　几种电子的电子云

a. 1s 电子云空间分布图；b. 2p 电子云空间分布图；c. 3d 电子云空间分布图

图 9-4 中黑点的密度代表了几率密度的大小，不代表电子的数目。黑点密的地方，是电子出现几率密度大的地方；疏的地方，是电子出现几率密度小的地方，这些密密麻麻的小黑点像一团带负电的云包围着原子核，像这样用小黑点的疏密描述电子在原子核外空间的几率密度分布图像，人们形象地称之为电子云(图 9-4)。电子云是电子在原子核外空间概率密度分布的形象描述，只能统计得到，几率密度 $|\psi|^2$ 则可计算求得；电子的运动状态不同，几率密度 $|\psi|^2$ 分布不同，电子云也不同。几率密度随半径的变化如图 9-5 所示。1s 电子的几率密度随原半径的增大而逐渐减小，离原子核越近，几率密度越大，离原子核无穷远处，电子出现的几率几乎为零。

2. 波函数的空间图像

化学反应与电子运动状态有关，波函数 $\psi_{n,l,m}$ 是描述核外电子运动状态的函数，其空间图像就是原子轨道。原子轨道的形状对分子的几何构型非常重要，其角度分布有正负号之分，是形成化学键的决定因素之一。虽然薛定谔建立了描述电子运动的波动方程，但在这个方程中同时包含了两个需要求解的未知量：波函数 $\psi$

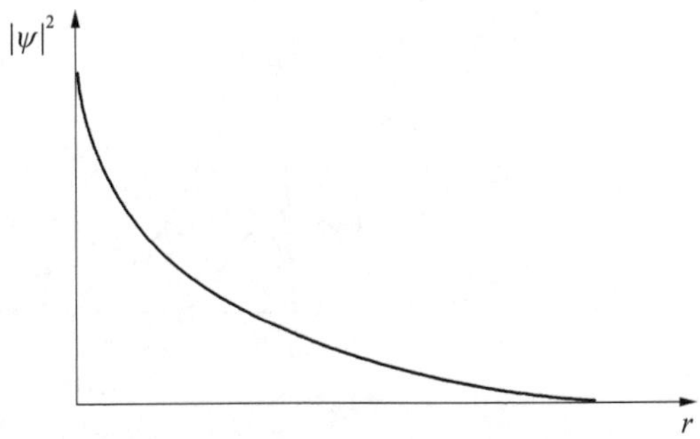


图 9-5　1s 电子 $|\psi|^2$ 随 $r$ 的变化图

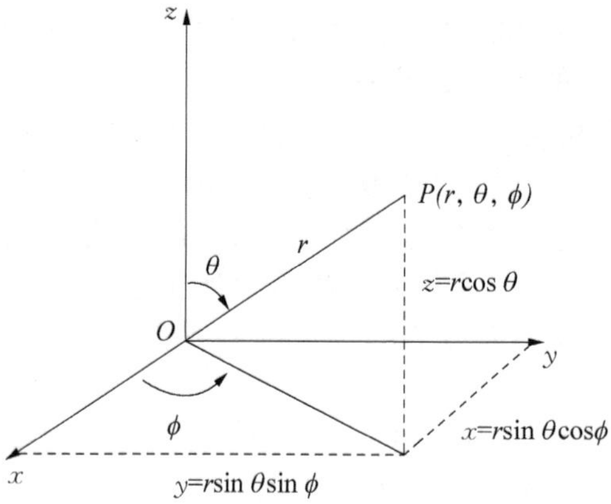


图 9-6　三维直角坐标与球坐标的变换

和能量 $E$，这在三维直角坐标中是无法求解的，难以画出其图像。若将三维直角坐标$(x, y, z)$变换成球坐标$(r, \theta, \phi)$（图 9-6)，波函数可以通过分离变量变为两个函数的乘积：

$$\psi(r, \theta, \phi) = R_{n,l}(r)Y_{l,m}(\theta, \phi) \tag{9-8}$$

式(9-8)中，$R_{n,l}(r)$ 仅与 $r$ 有关$(r=\sqrt{x^2+y^2+z^2})$，称作径向波函数，由 $n$ 和 $l$ 决定；$Y_{l,m}(\theta,\varphi)$ 仅与 $\theta,\varphi$ 有关，称作角度波函数，由 $l$ 和 $m$ 规定。下面分别从角度部分和径向部分两方面讨论它们随 $r$ 和 $\theta, \phi$ 的变化。

(1) 径向分布图

径向分布图表示任何角度方向上 $R_{n,l}(r)$ 随 $r$ 的变化。

1) 原子轨道径向分布图　　径向分布函数 $R_{n,l}(r)$ 表示方位角 $\theta,\varphi$ 一定时，波函数随 $r$ 变化的情况。以 $R_{n,l}(r)$ 对 $r$ 作图，得到的图称为原子轨道径向分布图，如图 9-7 所示。$R_{n,l}(r)$ 随 $r$ 变化时，因主量子数 $n$ 不同，可以是负值。如 2$s$ 轨道的 $R_{n,l}(r)$ 随 $r$ 增大时，正值逐渐变小，经过 $R_{n,l}(r)$ 为零的节点（节面，电子出现的几率为 0）后变为负值，后又逐渐增大。

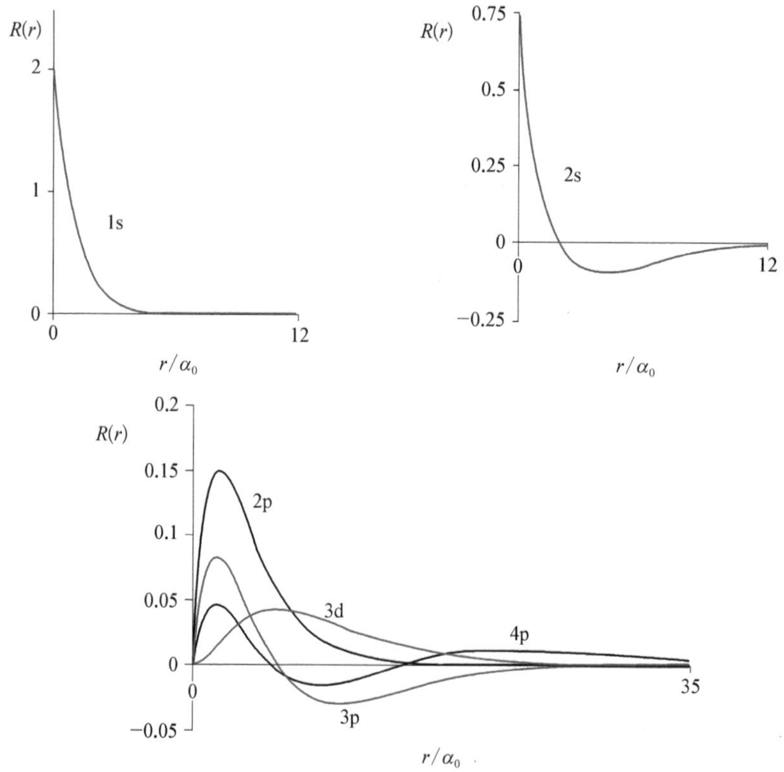


图 9-7　氢原子的轨道径向分布图

2）电子云的径向分布图　　与波函数 $\psi$ 一样，径向波函数 $R_{n,l}(r)$ 也没有明确的物理意义。但 $|\psi|^2$ 表示原子核外空间某处单位体积内电子出现的几率，而离核距离为 $r$，厚度为 $dr$ 的薄层球壳内电子径向出现的几率为 $4\pi r^2 R_{n,l}^2(r)\,d\,r$。将 $4\pi r^2 R_{n,l}^2(r)\,dr$ 除以厚度 $dr$，即得单位厚度球壳中电子出现的几率。定义 $D(r)=4\pi r^2 R_{n,l}^2(r)$，称为电子云的径向分布函数(radical distribution function)。若以 $D(r)$ 对 $r$ 作图，就能得到电子的几率密度随半径 $r$ 的变化图，我们称为几率密度径向分布图(图 9-8)。由图可知，电子云的径向分布函数 $D(r)$ 随半径的变化呈现波动性变化，这是因为虽然几率密度 $R_{(n,l)}^2(r)$ 随半径的增大逐渐减小，但 $4\pi r^2$ 随半径的增大而逐渐增大，两者的乘积必然呈现波动性，出现极大值。

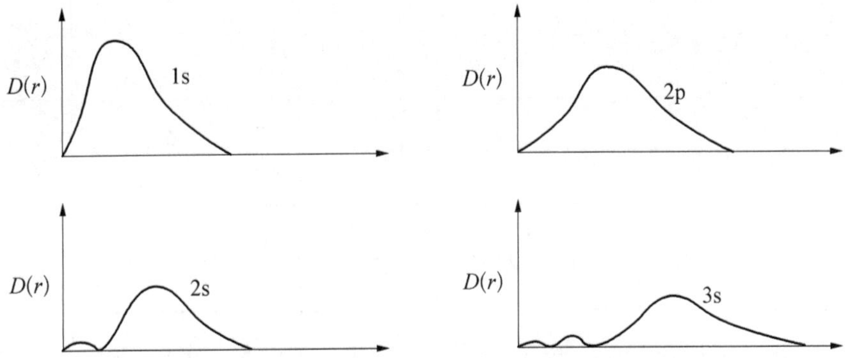

图 9-8　氢原子不同状态的电子云径向分布函数图

(2) 角度分布图

1）原子轨道角度分布图　　波函数 $\psi(r,\theta,\varphi)$ 的角度部分是 $Y(\theta,\varphi)$。如果将 $Y(\theta,\varphi)$ 随 $\theta$，$\varphi$ 变化作图可得波函数的角度分布图。从坐标原点出发，引出方向为 $(\theta,\varphi)$ 的直线，取其长度为 $Y$，将所有这些线段的端点连接起来，在空间中形成一个曲面。这样的图形则是 $Y$ 的球坐标图，称之为原子轨道的角度分布图。例如氢原子波函数 $\psi_{(2,1,0)}(r,\theta,\phi)$ 的角度部分为：

$$Y_{(1,0)}(\theta,\phi)=\sqrt{\frac{3}{4\pi}}\cos\theta \text{（又称 } p_z \text{原子轨道）} \tag{9-9}$$

把各个 $\theta$ 值代入上式(9-9)，计算出 $Y_{(1,0)}(\theta,\phi)$ 的值，可得到双球形的曲面图。

$Y(\theta,\varphi)$ 只与量子数 $l$，$m$ 相关，与主量子数 $n$ 无关，所以只要量子数 $l$ 和 $m$ 相同的原子轨道，它们的角度分布相同(图 9-9)。

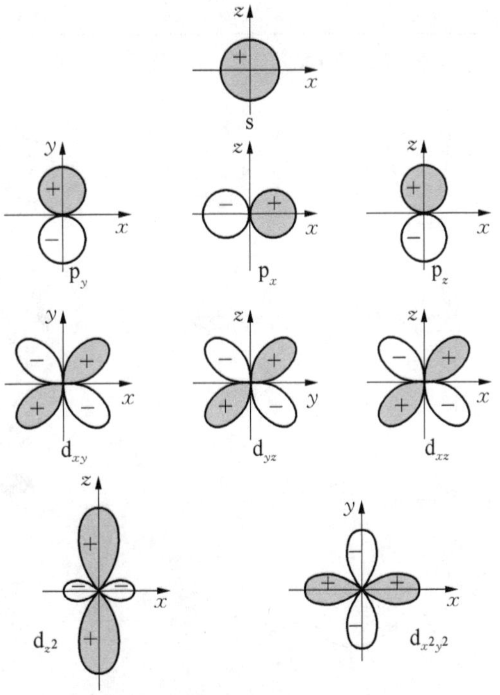

图 9-9　原子轨道角度分布图(剖面图)

表 9－2 列出了氢原子或类氢离子的部分波函数。原子轨道的角度分布图中整个曲面表示 $Y(\theta, \varphi)$ 随角度 $\theta$ 和 $\varphi$ 变化在空间中的变化规律。除 s 轨道外，p、d 轨道的角度分布图都有正、负之分，分别表示波函数角度部分 $Y(\theta, \varphi)$ 在这些特定方位角上取值的正负（并非表示波函数 $\psi$ 本身的正负），在讨论化学键的形成时，原子轨道角度分布的正负号是一个重要因素。

**表 9－2　氢原子或类氢离子的几个波函数表达式（$a_0$＝52.9 nm）**

| 几组允许的 $n, l, m$ 值 | | | $\psi_{n,l,m}(r, \theta, \phi)$ 值 | $R_{n,l}(r)$ | $Y_{l,m}(\theta, \varphi)$ |
|---|---|---|---|---|---|
| $n$ | $l$ | $m$ | | | |
| 1 | 0 | 0 | $\psi_{1,0,0}$（或 $\psi_{1s}$）$=\frac{1}{\sqrt{\pi}}\left(\frac{Z}{a_0}\right)^{3/2} e^{-Zr/a_0}$ | $2\sqrt{\frac{Z^3}{a_0^3}}\, e^{-Zr/a_0}$ | $\sqrt{\frac{1}{4\pi}}$ |
| 2 | 0 | 0 | $\psi_{2,0,0}$（或 $\psi_{2s}$）$=\frac{1}{4\sqrt{2\pi}}\left(\frac{Z}{a_0}\right)^{3/2}\left(2-\frac{Zr}{a_0}\right)e^{-Zr/2a_0}$ | $\sqrt{\frac{Z^3}{8a_0^3}}\left(2-\frac{Zr}{a_0}\right)e^{-Zr/2a_0}$ | $\sqrt{\frac{1}{4\pi}}$ |
| 2 | 1 | 0 | $\psi_{2,1,0}$（或 $\psi_{2p_z}$）$=\frac{1}{4\sqrt{2\pi}}\left(\frac{Z}{a_0}\right)^{5/2} re^{-Zr/2a_0}\cos\theta$ | | $\sqrt{\frac{3}{4\pi}}\cos\theta$ |
| 2 | 1 | +1 | $\psi_{2,1,1}$（或 $\psi_{2p_x}$）$=\frac{1}{4\sqrt{2\pi}}\left(\frac{Z}{a_0}\right)^{5/2} re^{-Zr/2a_0}\sin\theta\cos\phi$ | $\sqrt{\frac{Z^3}{24a_0^3}}\left(\frac{Zr}{a_0}\right)e^{-Zr/2a_0}$ | $\sqrt{\frac{3}{4\pi}}\sin\theta\cos\phi$ |
| 2 | 1 | −1 | $\psi_{2,1,1}$（或 $\psi_{2p_y}$）$=\frac{1}{4\sqrt{2\pi}}\left(\frac{Z}{a_0}\right)^{5/2} re^{-Zr/2a_0}\sin\theta\sin\phi$ | | $\sqrt{\frac{3}{4\pi}}\sin\theta\sin\phi$ |

类氢原子是指原子核外只有一个电子的离子，如 $He^+$，$Li^{2+}$…。

2）电子云的角度分布图

绘制角度波函数的平方 $Y^2(\theta, \varphi)$ 随角度 $\theta$，$\varphi$ 的变化曲线，则得电子云的角度分布图。由于 $|Y|^2 \leqslant |Y|$，例如 $Y_{2p_z}=\sqrt{\frac{3}{4\pi}}\cos\theta$，$|Y_{2p_z}|^2 \leqslant |Y_{2p_z}|$。所以，电子云的角度分布比原子轨道的角度分布显得“瘦弱”一些，且无正负号之分。

需要指出的是，电子云空间分布图是以电子云径向分布图 $R^2_{(n,l)}(r)-r$ 及电子云角度分布图 $Y^2_{(l,m)}(\theta, \varphi)-\theta, \varphi$ 组合得到的。电子云（原子轨道）的实际形状应为径向分布和角度分布的叠加（图 9－10）。

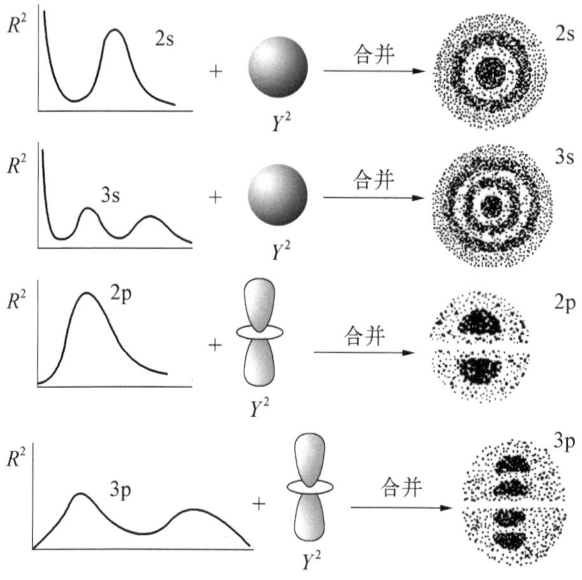


图 9－10　几种电子云的总体分布图

# 9.3 核外电子的排布和元素周期系

氢原子核外只有一个电子，该电子仅受到核的吸引，用薛定谔方程可精确求解其电子运动的波函数及所对应的能量，其电子的能量仅由主量子数 $n$ 决定，与轨道角动量量子数 $l$ 无关。但对于多电子原子来讲，不仅存在原子核与核外电子的作用，还存在电子之间的相互作用。因此在研究多电子原子核外电子的运动状态和能量时，必须考虑核外电子间的相互作用情况。

## 9.3.1 屏蔽效应和钻穿效应

1. 屏蔽效应

多电子原子中，除原子核对电子的吸引外，还有电子间的排斥。内层电子对外层电子的排斥相当于抵消了部分的核电荷，使核有效电荷数减少，削弱了原子核对外层电子的吸引，这种作用称为屏蔽效应(screening effect)。屏蔽效应的结果，使该电子实际上受到的核电荷(有效核电荷 $Z^*$)引力比原子序数($Z$)所表示的核电荷引力要小。屏蔽作用的大小可以用屏蔽常数($\sigma$)来表示：

$$Z^* = Z - \sigma \tag{9-10}$$

式中，$\sigma$ 表示屏蔽常数(screening constant)；$Z^*$ 表示有效核电荷(effective nuclear charge)。由于屏蔽效应的影响，外层电子感受到的有效核电荷降低，能量相应升高。

$$E = \frac{-13.6(z-\sigma)^2}{n^2}eV = \frac{-13.6Z^{*-2}}{n^2}eV \tag{9-11}$$

多电子原子中的电子的能量与 $n$、$Z$、$\sigma$ 有关。$n$ 越小，能量越低；$Z$ 越大，能量越低。

根据斯莱特(J. C. Slater)规则可求算不同电子的屏蔽常数。斯莱特将同一原子中的电子分组如下：

(1s)，(2s，2p)，(3s，3p)，(3d)，(4s，4p)，(4d)，(4f)，(5s，5p)，(5d)，(5f)，…

我们需要知道以下几点：

1) 右边各组中的电子对左边各组中的电子的屏蔽 $\sigma = 0$(外层对内层无屏蔽)。

2) 1s 中 2 个电子之间屏蔽常数 $\sigma = 0.30$，其他主量子数相同的各分层电子之间的屏蔽常数 $\sigma = 0.35$。

3) 对($n$s，$n$p)组中的电子来讲，($n-1$)各组中的电子对其屏蔽常数为 0.85；($n-2$)及以内的各组中的电子对其屏蔽常数为 1。

4) 对($n$d)、($n$f)组来讲，左边各组电子对其屏蔽常数均为 1。

例如，钒的核外电子按照斯莱特规则可分组为：$(1s)^2(2s, 2p)^8(3s, 3p)^8(3d)^3(4s)^2$，对 4s 的屏蔽常数为：$\sigma = (10\times1.00)+(11\times0.85)+0.35=19.7$，有效核电荷 $Z^* = 23-19.7=3.3$。

从斯莱特规则可知，同一主层中，不同分层的电子受到的屏蔽作用不同，那么原因何在呢？

2. 钻穿效应

从量子力学观点来看，电子可以出现在原子内任何位置上。因此最外层电子也可能出现在离核很近处。也就是说，外层电子可钻入内电子层而更靠近核，这种电子钻入原子内部空间而更靠近核的现象称为钻穿作用，电子钻的越深，离核越近，受核的吸引力越强，受到其他电子的屏蔽作用就越弱，能量就越低，这种由于钻穿作用而引起电子能量降低的现象称为钻穿效应(penetration effect)。钻穿效应作为一个基本的量子力学效应，可以解释原子结构的很多事实，把它和其他的原理相结合对于更深入细致的研究和解释原子结构有重要的作用。

根据电子云的径向分布图可知，主量子数相同而角量子数不同的电子在原子核附近出现的几率不同，一般 $ns>np>nd$，轨道能级次序为 $E(ns)<E(np)<E(nd)<E(nf)$。但由于增加的内层电子对外层各轨道的屏蔽作用不同，故 $l$ 不同的轨道能量降低的程度不一致，于是引起了能级分裂和能级交错。如对于 K 原子：$E(4s)<E(3d)$。这种能级交错现象也可以用钻穿效应来解释。由 4s 和 3d 的电子云的径向分布图(图 9－11)可知，由于 4s 电子的内层小几率峰出现在离核较近处，对降低能量起着很大的作用，因而 $E_{4s}$ 在近似能级图中比 $E_{3d}$ 小些，故按鲍林原子轨道近似能级图，电子优先填充在 4s 轨道，而后是 3d 轨道。

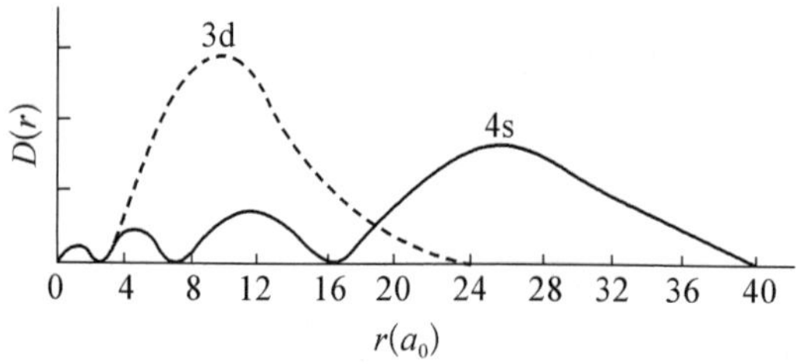


图 9－11　3d 和 4s 电子云的径向分布图

## 9.3.2　多电子原子轨道能级

美国著名化学家鲍林(L. Pauling)根据光谱实验数据和量子化学理论计算得出，氢原子和类氢离子各个轨道的能量只与主量子数 $n$ 相关；而多电子原子各轨道的能量既与主量子数 $n$ 相关，也与角量子数 $l$ 相关。鲍林将多电子原子中所有原子轨道按能量由低到高的次序排列成图 9－11 的形式，习惯上将其称为鲍林原子轨道的近似能级图。

图 9－12 显示了能级组的划分。图中的每个方框代表一个能级组，每个圆圈代表一个原子轨道。p 分层中有三个圈，表示此分层中有三个原子轨道。由于三个 p 轨道能量相同，所以三个 p 轨道是简并轨道，也叫等价轨道。按能级的高低，把原子轨道划分为若干个能级组。不同能级组的原子轨道之间能量差别较大，而同一个能级组内各能级间能量差别较小。1s 能级属于第 1 能级组。从 $ns$ 到 $np$ 能级构成第 $n$ 能级组，$(n-1)$d 或 $(n-2)$f 也属于第 $n$ 能级组。当 $n$、$l$ 都不同时，一般 $n$ 越大，轨道能级越高。但有时会出现 $n$ 小反而能量高的反常情况，这种现象称为能级交错(energy level interlaced)。例如鲍林的轨道近似能级图中，$E_{4s}$ 低于 $E_{3d}$。

我国化学家徐光宪根据光谱数据归纳出用轨道的 $(n+0.7l)$ 值来判断能级高低的近似规律。$(n+0.7l)$ 值愈小，能级愈低。例如 4s 和 3d 两个状态，它们的$(n+0.7l)$值分别

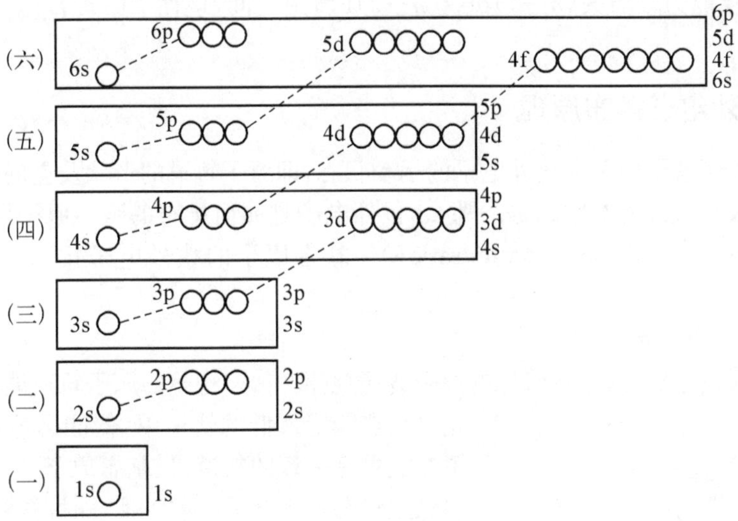


图 9-12 鲍林原子轨道的近似能级图

为 4.0 和 4.4，因此，$E_{4s}<E_{3d}$。徐光宪把$(n+0.7l)$值的第一位数字相同的能级并为一个能级组。如：4s、3d、4p 的$(n+0.7l)$值依次为 4.0，4.4，4.7，第一位数字为 4，称为第Ⅳ能级组。据此原子轨道划分为 7 个能级组，与鲍林近似能级图一致。相邻两个能级组之间的能级差比较大，而同一能级组中各轨道的能级差较小或很接近。以后我们将会看到，这种能级组的划分与元素周期表中元素划分为 7 个周期是一致的，是元素划分为周期的本质原因。

需要说明的是，Pauling 原子轨道的近似能级图往往只是在填充电子时有用。因为只有空轨道的能量排列符合此图，真实原子中当各轨道填充电子之后，原子轨道的能量高低与此图相差较大。Pauling 近似能级图只是反映了多电子原子核外电子的能级填充次序，并没有考虑不同元素原子间的相互作用及个性特征。真实原子的轨道能量更符合美国无机化学家科顿(Frank A. Cotton)于 1962 年提出的原子轨道能级图。从图 9-13 中可看出：随着原子序数的增加，各原子轨道能量都逐渐降低，但下降的程度不同，从而产生能级交错。科顿能级图更能反映原子核外电子的实际情况，但由于较复杂，所以在讨论核外电子排布时，通常仍采用鲍林的近似能级图。

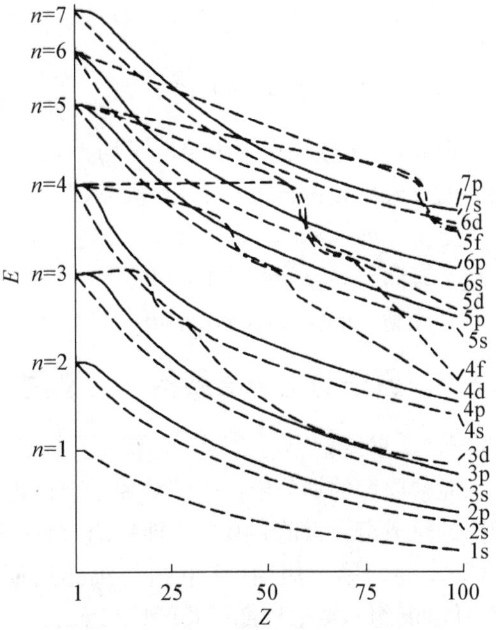


图 9-13 科顿原子轨道能级图(Z：原子序数)

原子轨道的能级交错来源于多电子原子中电子的屏蔽效应和钻穿效应。轨道能级的交错现象往往发生在钻穿能力强的

$n$s 轨道和钻穿能力较弱的($n-1$)d 或($n-2$)f 轨道之间，遵循 $E_{ns} < E_{(n-2)f} < E_{(n-1)d} < E_{np}$。

## 9.3.3 核外电子排布原理

前面我们了解了原子中核外电子的运动状态，即原子轨道的形状及空间伸展方向、能量高低次序及形成的基本原因等。那么，核外电子是如何排布的呢? 原子核外的电子排布称为电子组态(electronic configuration)。基态原子的核外电子排布遵守下面三条规则。

1. 能量最低原理

能量越低越稳定，这是自然界的一个普遍规律。依据鲍林的原子轨道能级图，电子首先填充在能量最低的轨道中，低能态轨道填满后，再填充能量高一级的轨道，使基态原子总处于能量最低的稳定状态。多电子原子在基态时，核外电子总是尽可能分布到能量最低的轨道上，称为能量最低原理。根据鲍林原子轨道的近似能级图，可以得到便于同学们记忆的核外电子填充轨道顺序图(图 9-14)。

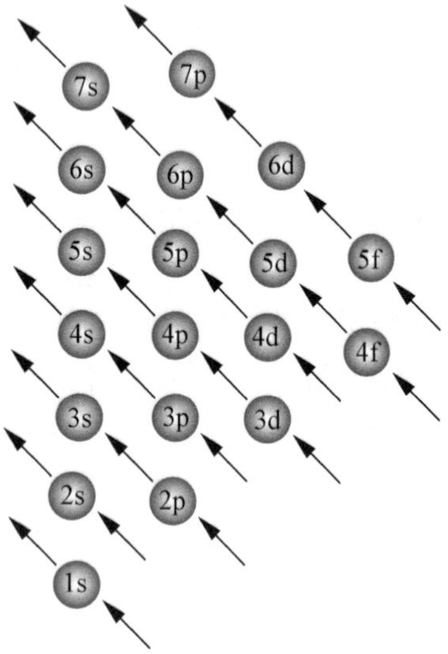


图 9-14 电子填充顺序图

2. 泡利(W. Pauli)不相容原理

同一原子中不能含有四个量子数完全相同的电子，或者说在同一原子中没有运动状态完全相同的电子，即同一轨道中最多可容纳 2 个电子，但自旋方向必须相反。

3. 洪德(Hund)规则

电子在简并轨道中填充时，首先以自旋相同的方式单独占据每一个轨道。当轨道处于全空、半充满、全充满时能量较低。洪德规则有时也叫做等价轨道原理。

例如，VA 族元素的价层电子均为 $ns^2np^3$，基态原子能量最高的 3 个电子以自旋方向相同的方式单独占据每一个 $n$p 轨道，而不成对。

全空　$ns^0$，$np^0$，$nd^0$，$nf^0$。

半充满　$ns^1$，$np^3$，$nd^5$，$nf^7$。

全充满　$ns^2$，$np^6$，$nd^{10}$，$nf^{14}$。

## 9.3.4 原子的电子层结构和元素周期系

1. 周期的划分

元素周期的划分依据是鲍林原子轨道近似能级图中的能级组，即($n+0.7l$)整数部分相同的轨道组。目前共有 7 个能级组，对应 7 个周期(period)：第一周期(1s 组)，第二周期(2s2p 组)，第三周期(3s3p 组)，第四周期(4s3d4p 组)，第五周期(5s4d5p)，第六周期(6s4f5d6p 组)，第七周期(7s5f6d7p 组)。

第一周期只有 2 个元素，称为超短周期；第二、第三周期各含有 8 个元素，称为短周期；第四、第五周期各含有18个元素，称为长周期；第六周期含有32个元素，称为超长周期；第七周期还未排满，称为未完成周期。在第五、六、七周期，有些原子核外电子排布方式很难用排布原则来解释，如钌 $4d^7 5s^1$，铑 $4d^8 5s^1$ 等。我们既要承认光谱实验测得的排布事实，又不必因理论的某些不足而全盘否定。任何理论都需要在实践中不断完善，科学研究的任务就是通过实践不断发展理论，并用理论指导实践工作。

2. 族的划分

周期表中的元素共有18列，划分成16个族(group)：7个主族，7个副族，还有0族和Ⅷ族。族的序号使用大写的罗马数字，主族用A表示，副族用B表示。

凡是包含有长周期和短周期元素的各列称为主族。主族元素的价层电子构型为 $ns^{1\sim2}\,np^{1\sim6}$，族数与价层电子总数相对应。稀有气体元素一族，因其化学惰性，不易成键，也将其称为零族。

副族仅包含长周期元素的各列，或者说是基态原子的最后一个原子填充在d或f轨道上的原子均属于副族元素。副族也有7个族，从ⅠB～ⅦB，其中ⅢB～ⅦB族，族数等于 $(n-1)$d及 $n$s轨道上的电子数的总和；ⅠB～ⅡB族元素已经完成了 $(n-1)d^{10}$ 电子结构，族数等于 $n$s轨道上的电子数；还有三列元素，它们在 $(n-1)$d及 $n$s原子轨道的电子数之和为8～10之间，称为Ⅷ族。在化学反应中，副族除了失去最外层电子外，还能失去一部分次外层 $(n-1)$d上的电子，所以其价层电子包含最外层电子及次外层电子。副族元素又称为过渡元素(transition element)，其中镧系元素和锕系元素称为内过渡元素(inner transition element)，这两个系列的元素电子最后主要依次填充在 $(n-2)$f轨道中。

3. 元素分区

根据元素原子核外电子排布的特点，可将周期表中的元素分为5个区(block)。如图9-15所示。

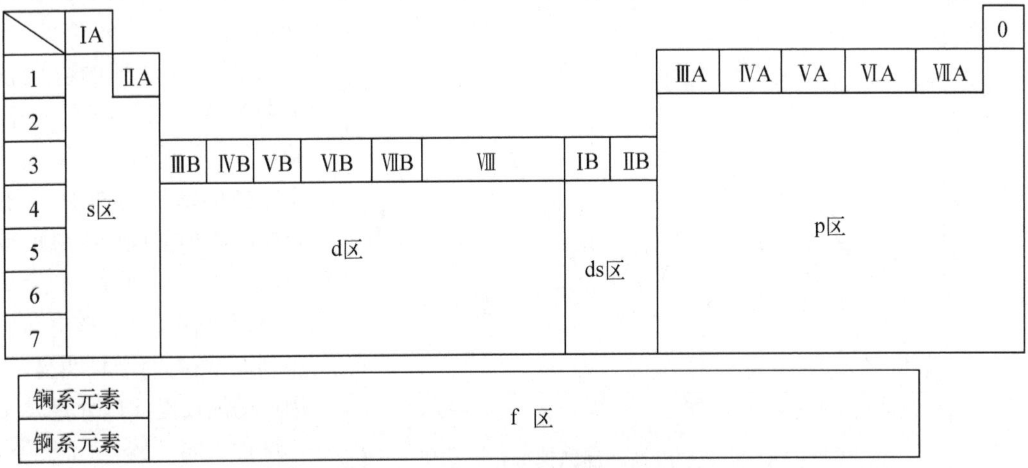


图9-15 周期表中元素的分区

s区元素：最后一个电子填充在s能级上的元素。包括ⅠA～ⅡA族元素。其结构特点是 $ns^1$ 和 $ns^2$。s区元素属于活泼金属。

p区元素：最后一个电子填充在p能级上的元素。包括ⅢA～ⅦA族和零族元素。

除 He 以外它们的结构特点是 $ns^2np^{1\sim6}$。p 区元素大部分是非金属。

d 区元素：最后一个电子填充在 d 能级上的元素。包括ⅢB～ⅦB 族和第Ⅷ族元素，其结构特点一般是 $(n-1)\ d^{1\sim9}ns^2$。

ds 区元素：最后一个电子填充在 d 能级并且使 d 能级达到全充满结构或最后一个电子填充在 s 能级并且具有内层 d 全充满结构的元素为 ds 区元素，包括ⅠB～ⅡB 族元素。其结构特点为 $(n-1)\ d^{10}ns^{1\sim2}$。区别于 d 区元素，它们的次外层 $(n-1)$ d 轨道是充满的。通常将 ds 区元素和 d 区元素合在一起，统称为过渡元素。过渡元素都是金属，也叫做过渡金属，有可变氧化值。

f 区元素：最后一个电子填充在 f 能级上的元素。包括镧系元素和锕系元素。其结构特点一般是 $(n-2)\ f^{1\sim14}(n-1)d^{0\sim1}ns^2$（钍除外）。通常称 f 区元素为内过渡元素。

## 9.4　元素基本性质的周期性

原子的电子层结构具有周期性的变化规律，因此与原子结构有关的一些原子基本性质，如原子半径、电离能、电子亲和能、电负性等也随之呈现显著的周期性。人们将这些性质，加上核电核数和原子量，统称为原子参数。一般只要知道元素原子的特征构型、原子参数以及它们的周期变化规律，不仅足以描述一个原子的特征，还可预示和说明元素的一些基本化学性质。

### 9.4.1　有效核电荷($Z^*$)

在多电子原子中，最外层的电子由于受到内层电子的屏蔽作用，它所受到的核电荷应是有效核电荷 $Z-\sigma$。例如，Li 原子（电子排布 $1s^22s^1$）最外层的 1 个电子所受到的总屏蔽常数为 $\sigma=2\times0.85=1.7$，因而它受到的有效核电荷为 $3-1.7=1.3$。实验证明，原子的核电荷随原子序数的增加而增加，但有效核电荷却呈现周期性的变化，如图 9-16 所示：每个周期，从左到右，有效核电荷由小到大，短周期增长明显，长周期增加较慢，f 区元素几乎不增加。同一族，从上到下，$Z^*$ 增加不显著(图 9-16)。

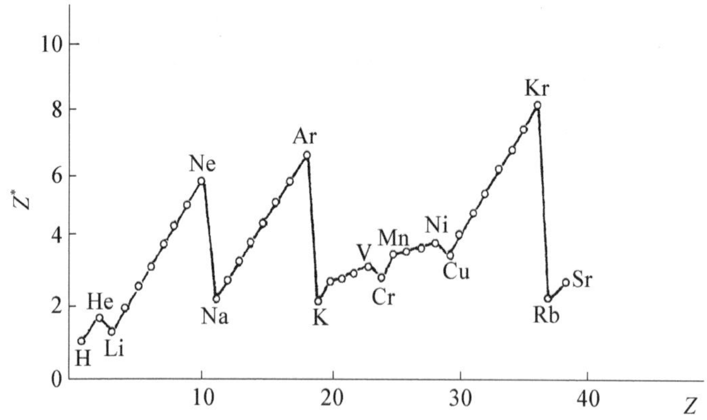

图 9-16　有效核电荷的周期性变化

### 9.4.2　原子半径($r$)

由于电子在原子核外的运动是概率分布的，没有明显的界线，所以原子的大小无法直接测定。假设原子呈球形，在固体中原子间相互接触，以球面相切，通过实验测可以得相邻两个原子的原子核之间的距离(核间距)，核间距被形象地认为是该两原子的半径之和(图 9-17)。单质中相邻两原子的核间距的一半就是原子半径。通常根据原子之间成键的类型不同，将原子半径分为以下三种：

1) 金属半径　　是指金属晶体中相邻的两个原子核间距的一半。

2) 共价半径　　是指同种元素的两个原子以共价键结合时，两核间距的一半。

3) 范德华半径　　两个原子之间没有形成化学键而只靠分子间作用力互相接近时，当引力和斥力达到平衡时两个原子间距离的一半。

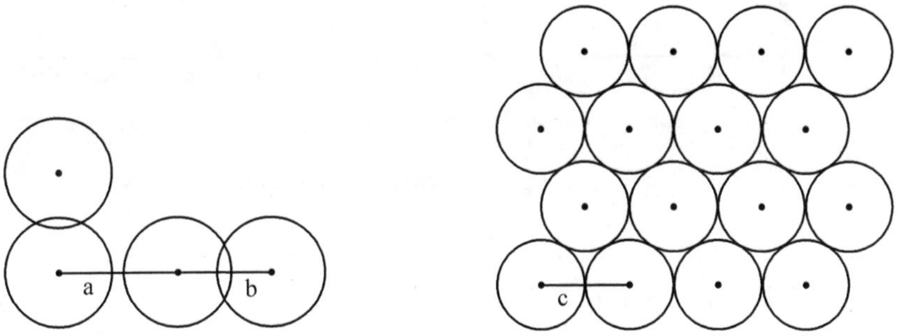


图 9-17　三种原子半径示意图

a：范德华半径；b：共价半径；c：金属半径

由于作用力性质不同，三种原子半径相互间没有可比性。一般来说原子的金属半径比共价半径大些，这是因为形成共价键时轨道的重叠程度大些；而范德华半径总是较大，因为分子间作用力不能将单原子分子拉得很紧密，范德华半径主要针对稀有气体元素。

对同一种元素，这三种半径数值差别可能很大，故在比较不同元素原子半径的相对大小时，应选择同一类型的原子半径。周期表中各元素的原子半径随原子序数的变化情况如图 9-18 所示。同周期自左到右，原子半径逐渐减少，稀有气体元素除外。同周期元素的电子层相同，自左至右，随着原子序数的增加，外层电子感受到的有效核电荷逐渐增加，因此，半径逐渐减小。但过渡元素由于最后的电子主要填充在内层轨道中，原子半径变化不如主族元素明显。对于镧系和锕系两个内过渡元素来说，由于电子最后主要填充在 $(n-2)$f 轨道中，原子半径的变化更小。

按统计规律，同一周期中两个相邻元素的半径差值平均为：主族元素～10 pm；过渡元素～5 pm；内过渡元素<1 pm。

同族元素，从上到下虽然核电荷逐渐增大，但电子层也逐渐增加，内层电子对外层电子的屏蔽作用使得外层电子感受到的有效核电荷增加不明显，电子层增加的影响占主导作用，因此，原子半径逐渐增大。但由于镧系收缩的影响，第六周期过渡元素的原子半径与同族第五周期过渡元素的原子半径几乎相同。

在元素周期表中，原子半径的变化规律可概括为：

主族元素：从左到右 $r$ 减小；

　　　　　从上到下 $r$ 增大。

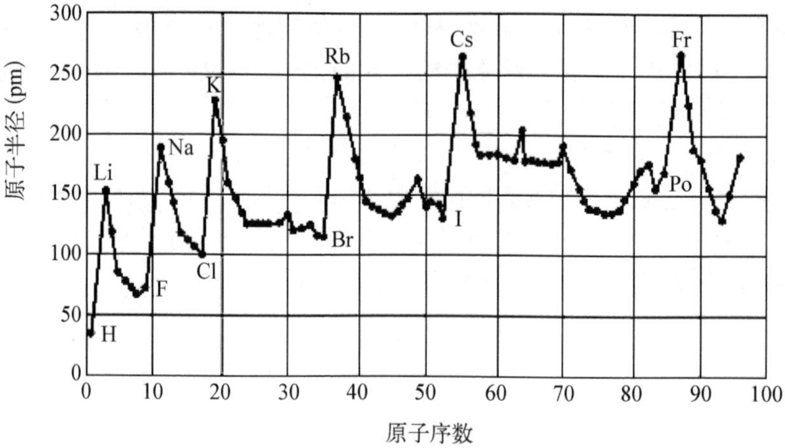


图 9－18　原子半径随原子序数的变化

过渡元素：从左到右 $r$ 缓慢减小；

从上到下 $r$ 略有增大。

### 9.4.3　元素的电离能

原子失去电子的难易，可以用电离能(ionization energy)来衡量。电离能指某元素一个气态原子在基态时失去电子形成气态离子所需的能量，单位为 $kJ \cdot mol^{-1}$。

原子失去第一个电子所需的能量称为第一电离能，用 $I_1$ 表示。从一价气态正离子再失去一个电子形成二价正离子所需吸收的最低能量称第二电离能 $I_2$，依次类推，原子核对外层电子的吸引力越强，越不易失去电子，电离能越大。

电离能数值的大小，主要取决于原子的有效核电荷、原子半径和原子的电子层结构。如图 9－19 所示，一般来说，同一周期的元素具有相同的电子层数，从左到右核电荷越多，原子半径越小，核外电子受吸引力越大。因此，每一周期电离能最低的是碱金属，越往右

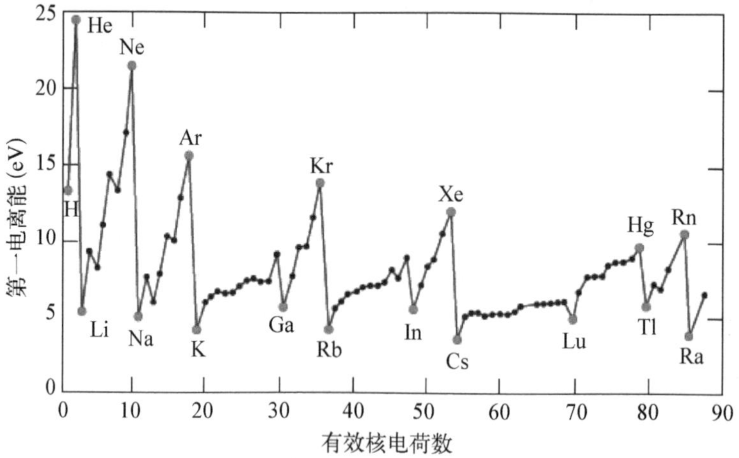


图 9－19　元素第一电离能的周期性变化

电离能越大。同一族元素，原子半径增大起主要作用，半径越大，核对电子引力越小，越易失去电子，电离能越小。过渡金属，由于电子填充入内层，引起较大屏蔽效应，抵消了核电荷增加所产生的影响，因此第一电离能变化不大。一般来说，具有 $p^3$，$d^5$，$f^7$ 等半充满电子构型的元素都有较大的电离能，即比其前、后元素的电离能都要大。稀有气体原子与外层电子为 $ns^2$ 结构的碱土金属以及具有 $(n-1)d^{10}ns^2$ 构型的ⅡB族元素，属于全充满构型，都有较大的电离能。

电离能数据除了可以说明元素的金属活泼性之外，也可以说明元素呈现的氧化态：若 $I_1 \ll I_2$，元素常呈+1价；若 $I_1$ 和 $I_2$ 相近，且都比较低，而 $I_2 \ll I_3$，常呈+2价。

## 9.4.4 电子亲和能

电子亲和能(electron affinity)是指当某元素的一个基态的气态原子得到一个电子形成气态负离子时所放出的能量。它的单位为 $kJ \cdot mol^{-1}$ 或 $eV \cdot atom^{-1}$，正值表示放出能量，负值表示吸收能量。和电离能相似，依次加入一个电子，称为第一电子亲和能、第二电子亲和能…，分别用 $A_1$、$A_2$…表示。

周期表中，非金属原子的电子亲和能越大，则表示该原子生成负离子的倾向越大。电子亲和能的周期变化规律与电离能基本相同。如果元素具有高的电离能，则它也倾向于具有高的电子亲和能，但一般第二周期元素的电子亲和能比第三周期元素的小。零族具有 $s^2p^6$ 型的稀有气体元素原子的电子亲和能最小，同一周期元素随原子序数的递增，电子亲和能递增。ⅡA族具有 $ns^2$ 构型的原子的电子亲和能明显低于同周期的ⅠA族具有 $ns^1$ 构型的原子(图9-20)。

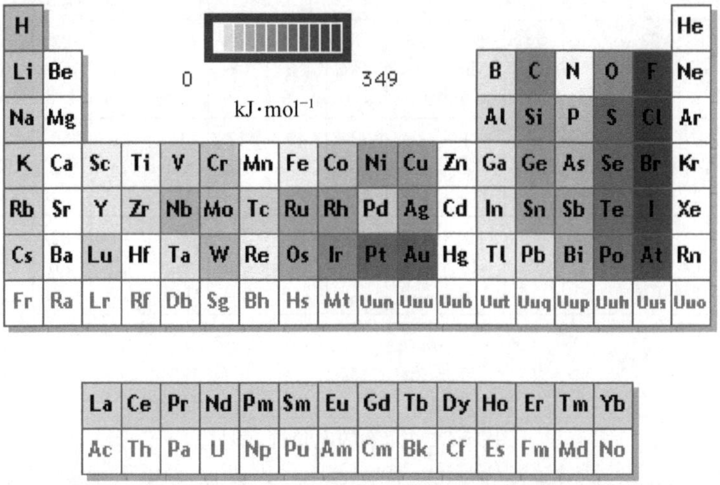


图9-20 电子亲和能变化趋势图(颜色强弱代表电离能大小)

需要注意的是：难失去电子，并非一定易与电子结合。比如稀有气体。

$A$ 的大小反映了原子得到电子的难易。$A$ 的绝对值随原子半径的减小或核对外层电子的引力增大而增大。故 $A$ 在同一周期中从左至右增加，而同族中从上至下减小(图9-20)。

## 9.4.5 元素的电负性

电离能是孤立原子束缚电子能力的量度，电子亲和能是孤立原子结合电子能力的量度，那么如何来衡量原子吸引成键电子能力的相对大小呢？1932 年，鲍林首次提出了电负性的概念。电负性(electronegativity)即指分子中原子对成键电子吸引能力相对大小的量度。随着不断的研究发展，目前大约共有 20 种不同标度的电负性，它们的数值是参照各种不同物质的标准计算得到的。标度不同，所得到电负性数值不同，但物质在本组中的相对位置几乎完全相同，鲍林标度的电负性是以元素氟(F)的电负性 $X=4.0$ 为标准。这里主要介绍鲍林的电负性概念和数值。

如图 9-21 所示，同一周期元素从左至右，电负性总体上是增大的，同一主族元素从上到下，电负性是减小的；第ⅠA 族元素电负性最低，而第ⅦA 族元素电负性最高。严格说来，一种元素有不止一个电负性值，因为它的数值受许多因素影响，主要有元素的化合价，它所在的化合物的类型等。然而，这个概念仍可用来定性地解释化学键和化合物的性质。

| | | | | | | | | | | | | | | | | |
|---|---|---|---|---|---|---|---|---|---|---|---|---|---|---|---|---|
| 1<br>H<br>2.1 | | | | | | | | | | | | | | | | |
| 3<br>Li<br>1.0 | 4<br>Be<br>1.5 | | | | | | | | | | | 5<br>B<br>2.0 | 6<br>C<br>2.5 | 7<br>N<br>3.0 | 8<br>O<br>3.5 | 9<br>F<br>4.0 |
| 11<br>Na<br>0.9 | 12<br>Mg<br>1.2 | | | | | | | | | | | 13<br>Al<br>1.5 | 14<br>Si<br>1.8 | 15<br>P<br>2.1 | 16<br>S<br>2.5 | 17<br>Cl<br>3.0 |
| 19<br>K<br>0.8 | 20<br>Ca<br>1.0 | 21<br>Sc<br>1.3 | 22<br>Ti<br>1.5 | 23<br>V<br>1.6 | 24<br>Cr<br>1.6 | 25<br>Mn<br>1.5 | 26<br>Fe<br>1.8 | 27<br>Co<br>1.9 | 28<br>Ni<br>1.9 | 29<br>Cu<br>1.9 | 30<br>Zn<br>1.6 | 31<br>Ga<br>1.6 | 32<br>Ge<br>1.8 | 33<br>As<br>2.0 | 34<br>Se<br>2.4 | 35<br>Br<br>2.8 |
| 37<br>Rb<br>0.8 | 38<br>Sr<br>1.0 | 39<br>Y<br>1.2 | 40<br>Zr<br>1.4 | 41<br>Nb<br>1.6 | 42<br>Mo<br>1.8 | 43<br>Tc<br>1.9 | 44<br>Ru<br>2.2 | 45<br>Rh<br>2.2 | 46<br>Pd<br>2.2 | 47<br>Ag<br>1.9 | 48<br>Cd<br>1.7 | 49<br>In<br>1.7 | 50<br>Sn<br>1.8 | 51<br>Sb<br>1.9 | 52<br>Te<br>2.1 | 53<br>I<br>2.5 |
| 55<br>Cs<br>0.7 | 56<br>Ba<br>0.9 | 57<br>La<br>1.1 | 72<br>Hf<br>1.3 | 73<br>Ta<br>1.5 | 74<br>W<br>1.7 | 75<br>Re<br>1.9 | 76<br>Os<br>2.2 | 77<br>Ir<br>2.2 | 78<br>Pt<br>2.2 | 79<br>Au<br>2.4 | 80<br>Hg<br>1.9 | 81<br>Tl<br>1.8 | 82<br>Pb<br>1.9 | 83<br>Bi<br>1.9 | 84<br>Po<br>2.0 | 85<br>At<br>2.2 |
| 87<br>Fr<br>0.7 | 88<br>Ra<br>0.9 | 89<br>Ac<br>1.1 | | | | | | | | | | | | | | |

元素的电负性

图 9-21 元素的电负性(鲍林)

电负性愈大，表示原子吸引电子能力愈强，非金属性愈强。电负性愈小，则金属性愈强。

① 同一周期元素从左到右电负性逐渐变大，元素的非金属性也逐渐增强。

② 同一主族元素从上至下元素的非金属性依次减小，金属性增强，电负性降低。副族元素的电负性变化规律不明显。

③ 一般金属的电负性在 2.0 以下，非金属元素的电负性在 2.0 以上。电负性是衡量

各类化合物所属化学键的标志。

**【科学家简介】 玻尔(N. Bohr,1885～1962)**

丹麦物理学家。1885年10月7日出生,1913年提出了新的原子模型,即玻尔理论。1922年由于对原子结构理论的重大贡献,获得诺贝尔物理奖。1930年以后研究核物理和分子生物学等,并取得重大成就,和许多科学家共同研制了世界上第一颗原子弹。1962年11月18日因心脏病突发去世。主要论著有《论原子和分子结构》、《原子物理学和人类知识》、《原子物理学和人类知识续》、《各元素的原子结构及其物理性质和化学性质》等。

玻尔在成为物理学家前,曾是一名足球运动员,效力于丹麦的一家足球俱乐部。大学毕业后同卢瑟福一起共创原子科学的新时代。1913年在研究原子结构问题时,他创造性地把普朗克的量子理论、爱因斯坦的光子理论和卢瑟福的原子模型结合了起来,提出了新的原子模型,即玻尔理论,成功地解释了氢光谱并排出了新的元素周期表,为之后量子力学的发展打下了良好的基础。1921年,玻尔发表了"各元素的原子结构及其物理性质和化学性质"的著述,阐述了光谱和原子结构理论的新发展,诠释了元素周期表的形成,对周期表中从氢开始的各种元素的原子结构作了说明,同时对周期表上的第72号元素的性质作了预言。由于对原子结构和原子辐射理论的重大贡献,1922年玻尔获诺贝尔物理学奖。玻尔的一生得到过很多荣誉,除诺贝尔物理奖外,还获得过英国、挪威、意大利、美国、德国、丹麦给予科学家的最高奖赏。得到的各种学术头衔、名誉学位,会员资格比任何一位同时代的科学家都多。他热爱祖国,以他的决心和胆识,谢绝各种外来的高薪聘请,在人口不到五百万的丹麦建立起物理学的国际中心,把哥本哈根建成了物理学家"朝拜的圣地"。他的一生就是不断地进取和创造,为后人树立了光辉的榜样。

## 习 题

1. 区别下列名词或概念:

(1) 连续光谱与线状光谱　　(2) 定态,基态与激发态

(3) 几率与几率密度　　(4) 原子轨道与电子云

(5) 电子层与能级

2. 简述玻尔的氢原子模型。

3. 利用德布罗意关系式,计算质量为 $1.0\times10^{-2}$ kg,运动速度为 $1.0\times10^{3}$ $m\cdot s^{-1}$ 的子弹,所具有的波长;计算质量为 $9.1\times10^{-31}$ kg,运动速度为 $6.0\times10^{6}$ $m\cdot s^{-1}$ 的电子所具有的波长。计算结果说明什么?

4. 核外电子运动有哪些基本特点?

5. 4个量子数的物理意义是什么? 它们的合理组合方式有什么规律? 下列各组量子数哪些是不合理的? 说明理由:

(1) 2，1，2，+1/2；　　　　　　(2) 3，2，1，−1/2；

(3) 4，4，2，−1/2。

6. 氢原子中 3s 和 3p 能级相同，而在氯原子中的 3s 的能级却比 3p 能级低，这是为什么？

7. 已知下列元素原子的价层电子构型分别为：$3s^2$；$4s^24p^1$；$3d^54s^2$，它们分别属于第几周期？第几族？哪个区？最高氧化数是多少？

8. 氧原子中有 8 个电子，试写出各电子的四个量子数。

9. 什么是屏蔽效应和钻穿效应？能级交错是怎样产生的？

10. 写出原子序数为 24 的元素的核外电子排布，价电子构型、元素符号，元素名称以及此元素在周期表中的位置。

11. 比较 Si，Ge，As 三元素的(1) 金属性　(2) 电离能　(3) 电负性　(4) 原子半径。

12. 简述元素的原子半径、第一电离能、电子亲和能和电负性周期性变化的规律？

# 第10章 分子结构

**内容摘要**

本章在原子结构理论的基础上,重点讨论分子的形成过程及有关的化学键理论,如离子键、共价键及金属键理论以及有关分子间作用力等问题,并讨论分子间力与物质性质的关系。

分子是参与化学反应的基本单元,物质的化学性质主要取决于组成物质的分子的性质,而分子的性质又是由分子的组成和结构所决定。因此,学习分子结构的相关知识对于我们更好地了解物质的性质和化学反应的规律性具有十分重要的意义。

人们通常遇到的物质,除稀有气体外,都不是以单原子的状态存在,而是以原子之间相互结合形成的分子或晶体的状态存在的。我们把分子或晶体中相邻原子(或离子)之间强烈的相互作用力称为化学键(chemical bond)。根据分子或晶体中,原子(或)离子之间相互作用力的不同,化学键可分为离子键、共价键、金属键三大类型。

## 10.1 离子键理论

### 10.1.1 离子键的形成与特点

1. 离子键的形成

活泼金属和活泼非金属的原子反应时,生成的化合物如 NaCl 等离子型化合物,它们具有一些固有的特征,如都以晶体的形式存在、具有较高的熔沸点、在熔融态或在水溶液中可导电等。

1916 年,德国化学家科塞尔(Kossel)根据稀有气体具有稳定结构的事实提出了离子键理论。该理论认为,两种不同原子靠近时,有可能得、失电子形成稳定的具有稀有气体结构的正负离子,两者靠静电引力相互吸引,形成离子型化合物。科塞尔的观点与离子化合物在熔融状态或在水溶液中溶解后具有导电性的实验事实相符合。同时 X 线衍射实验也证实,NaCl 晶体确实是由 10 个电子的钠离子($Na^+$)和具有 18 个电子的氯离子($Cl^-$),并按一定的方式排列而成。这些实验证明晶体中存在正负离子以及离子键的本质是静电引力。

由于原子间发生电子的转移,生成正负离子,并通过静电引力作用而形成的化学键称为离子键(ionic bond)。由离子键形成的化合物叫做离子型化合物。

2. 离子键的特点

离子键具有以下几个方面的特点：

(1) 离子键的本质是静电引力

离子键是由阴、阳离子通过静电吸引作用结合而成的。静电引力与离子电荷的乘积成正比，与离子核间距的平方成反比。

(2) 离子键的特点是既无方向性也无饱和性

由于在离子晶体中，正负离子被视为带电的小球，它们的电荷分布是球形对称，因此离子可以在空间各个方向上施展其电性作用。也就是说离子在空间任何方向与带有相反电荷的离子互相吸引的能力应该是相同的，所以离子键是没有方向性的。一个离子周围最紧密相邻的异号离子的数目，主要取决于正负离子相对大小的比例(半径比)，而与离子所带电荷多少无直接关系。只要周围空间允许，一个负(正)离子可以尽可能多地吸引正(负)离子，因此，离子键无饱和性。例如，NaCl 晶体中 $Na^+$ 除了和最邻近的 6 个 $Cl^-$ 相互吸引外，还可以与更远的若干个 $Na^+$ 和 $Cl^-$ 产生相互排斥作用或吸引作用，所以说明离子键无饱和性。

(3) 离子键的离子性与元素电负性有关

离子键的形成与元素的电负性差有密切关系。形成离子键的主要条件是相互作用的两个原子的电负性数值相差较大，一般说，电负性相差 1.7 以上时，往往形成离子键。显然，电负性差越大，离子键的离子性也越大。但是近代实验证明，即使电负性最小的铯与电负性最大的氟形成的最典型的离子型化合物氟化铯中，键的离子性只有 92%。也就是说，它们之间不是纯粹的静电作用，而是有 8%的共价性。

3. 晶格能

离子键的强度可用晶格能(lattice energy)来衡量，晶格能定义为在标准状态下将 1 mol离子晶体转化为气态离子所吸收的能量，以符号 $U$ 表示。例如：

$$NaCl(s) \rightarrow Na^+(g) + Cl^-(g) \qquad U = 786.7\ kJ \cdot mol^{-1}$$

晶格能一般无法通过实验直接测定，大多数的晶格能都是间接计算得到的。1919 年，Born 与 Haber 设计了一个热力学循环(伯恩-哈伯循环)过程，从已知的热力学数据出发，计算晶格能：

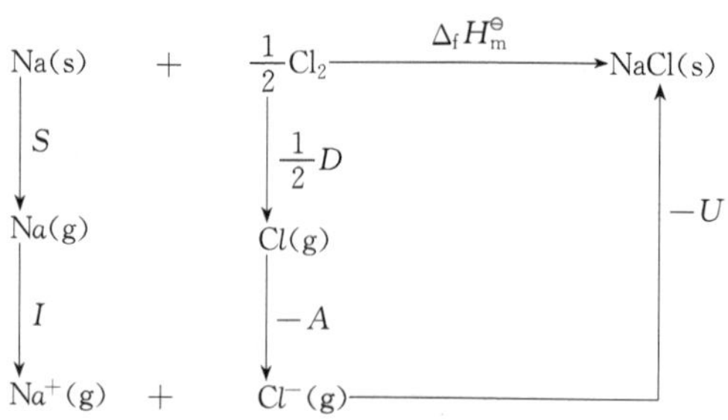


式中，$S$ 为 Na 的升华能；$I$ 为 Na 的电离能；$D$ 为 $Cl_2$ 的离解能；$A$ 为 Cl 的电子亲和能；$U$ 为 NaCl 的晶格能；$\Delta_f H_m^\ominus$ 为 NaCl(s)的标准摩尔生成焓。

因为 $\Delta H_f^\ominus = S + I + \frac{1}{2}D - A - U$

故 $$U = -\Delta H_f^\ominus + S + I + \frac{1}{2}D - A \qquad (10-1)$$

将有关数据代入，可计算 NaCl 的晶格能：

$$\begin{aligned} U &= -(-411.2) + 108.8 + 494 + \frac{1}{2} \times 243 - 348.7 \\ &= 786.8(\mathrm{kJ \cdot mol^{-1}}) \end{aligned}$$

应注意式(10-1)中 $\Delta_f H_m^\ominus$ 可通过热化学实验加以测定，而 $S$、$D$、$I$、$A$ 可从手册上查到，因此利用该式可以方便地求得某离子化合物的晶格能。

晶格能也可根据库仑定律从理论上进行计算。因此也可以先从理论计算求得晶格能，然后再用伯恩-哈伯循环计算某些不易从实验测定的数据。例如，测定原子的电子亲和能的实验很难做，所以许多原子的电子亲和能值可用此法计算。

晶格能的大小和正负离子电荷、它们之间的核间距 $r_0$ 有关($Z^+$、$Z^-$ 为正负离子电荷，$r_0$ 为正负离子之间的核间距)。

$$U \propto \frac{Z^+ Z^-}{r_0}$$

晶格能的大小对离子化合物的物理化学性质有很大的影响，表 10-1 列举了一些 NaCl 型的离子型化合物的离子电荷及核间距 $r_0$ 对熔点、硬度的影响。

**表 10-1 离子电荷、$r_0$ 对晶格能和晶体熔点、硬度的影响**

| NaCl 型离子化合物 | $Z$ | $r_0$/pm | 晶格能/kJ·mol$^{-1}$ | 熔点/℃ | Mohs 硬度 |
|---|---|---|---|---|---|
| NaF | 1 | 231 | 923 | 993 | 3.2 |
| NaCl | 1 | 282 | 786 | 801 | 2.5 |
| NaI | 1 | 323 | 704 | 661 | <2.5 |
| MgO | 2 | 210 | 3 791 | 2 852 | 6.5 |
| CaO | 2 | 240 | 3 401 | 2 614 | 4.5 |
| SrO | 2 | 257 | 3 223 | 2 430 | 3.5 |

由表 10-1 可见，离子化合物的晶格能越大，表明正、负离子间结合力越强，离子键越牢固，晶体越稳定，晶体的熔点越高，硬度越大。

### 10.1.2 离子的电荷、电子构型和半径

1. 离子的电荷

离子的电荷(ionic charge)是指原子在形成离子化合物过程中失去或获得的电子数。正负离子之间的静电引力与离子电荷的乘积成正比。因此离子电荷是决定离子性质以及离子型化合物性质的主要因素之一。例如铁能形成 $Fe^{2+}$ 和 $Fe^{3+}$ 两种离子，这两种离子以

及它们的化合物在性质上有很大的差异，$Fe^{3+}$ 具有氧化性，而 $Fe^{2+}$ 具有还原性；在水溶液中，$Fe^{3+}$ 遇到 $SCN^-$ 生成血红色的化合物，遇到 $K_4[Fe(CN)_6]$ 能生成蓝色沉淀，而 $Fe^{2+}$ 不发生这些反应；无水的 $FeCl_3$ 是棕黄色粉末状固体，而无水 $FeCl_2$ 是白色固体等，产生以上差别的直接因素是离子电荷的差异。

离子电荷越多，对带相反电荷的离子吸引力越强，所形成的离子化合物熔点越高，如 KF 的熔点 865℃、CaO 的熔点 2 576℃。

2. 离子半径

离子和原子一样，电子云没有明确的界面，因此，严格地说，离子是没有确定半径的。但是在离子晶体中，正负离子间的静电引力使正负离子间保持着一定的平衡核间距($r_0$)。离子半径(ionic radius)是指在离子晶体中，假定正负离子是相互接触的，核间距就是正负离子的半径之和。核间距可通过 X 线衍射法实验测定。显然，若知道了负离子的半径，就可以轻易地计算出正离子的半径。但实际上，由于在晶体中正负离子间并非是直接相互接触的，而是保持一定的距离，因此这样测出的半径被称为有效的离子半径，简称为离子半径。

1926 年，戈尔德施密特(Goldschmidt)和瓦沙斯耶拿(Wasastjerna)用光学法从晶体结构数据计算出 $F^-$、$O^{2-}$ 离子的半径，并以此为基础，推算出了近百种离子的半径。目前最常用的是鲍林从核电荷数($Z$)和屏蔽常数($\sigma$)推算出的一套离子半径(表 10－2)。各套数据是依据不同的实验、理论和假设条件，因此其数值不完全相同，但是它们相对大小的变化趋势是相同的。

**表 10－2 部分离子的鲍林半径($r$/pm)**

| | | | | | | | | | | | | | |
|---|---|---|---|---|---|---|---|---|---|---|---|---|---|
| $Li^+$ 68 | $Be^{2+}$ 31 | | | | | | | | | | | $O^{2-}$ 140 | $F^-$ 133 |
| $Na^+$ 98 | $Mg^{2+}$ 66 | | | | | | | | | | | $S^{2-}$ 184 | $Cl^-$ 181 |
| $K^+$ 133 | $Ca^{2+}$ 99 | $Sc^{3+}$ 81 | … | $Cr^{2+}$ 89 | $Mn^{2+}$ 80 | $Fe^{2+}$ 72 | $Co^{2+}$ 72 | $Ni^{2+}$ 69 | $Cu^{2+}$ 72 | $Zn^{2+}$ 74 | … | $Se^{2-}$ 198 | $Br^-$ 196 |
| $Rb^+$ 148 | $Sr^{2+}$ 113 | $Y^{3+}$ 93 | … | | | | | | $Ag^+$ 126 | $Cd^{2+}$ 97 | … | $Te^{2-}$ 221 | $I^-$ 220 |
| $Cs^+$ 167 | $Ba^{2+}$ 135 | $La^{3+}$ 115 | … | | | | | | $Au^+$ 137 | $Hg^{2+}$ 110 | … | | |

离子半径有如下一些变化规律：

1) 同一主族元素具有相同电荷数的离子半径随核电荷数增大而增大，如 $r_{Na^+} < r_{K^+} < r_{Rb^+} < r_{Cs^+}$、$r_{F^-} < r_{Cl^-} < r_{Br^-} < r_{I^-}$。

2) 同一元素的正离子半径＜原子半径＜负离子半径，如 $r_{Fe^{2+}}$(72 pm) < $r_{Fe}$(125 pm)、$r_{Br}$(114 pm) < $r_{Br^-}$(196 pm)。

3) 同一元素形成多种氧化态的正离子时，正离子所带电荷越高半径越小，如 $r_{Fe^{3+}} < r_{Fe^{2+}}$。

(4) 周期表中处于邻族的右下角和左上角元素的正离子半径近似相等(即对角线规则),如 $r_{Li^+}$(68 pm) ~ $r_{Mg^{2+}}$(66 pm)。

(5) 同一周期离子的电子层结构相同,从左到右,随着有效核电荷的递增,阳离子半径显著减小,如 $r_{Na^+}$(98 pm) > $r_{Mg^{2+}}$(66 pm)。而负离子半径略有减小,如 $r_{O^{2-}}$(140 pm) > $r_{F^-}$(133 pm)。

离子半径是决定离子之间静电引力的重要因素之一,也就是决定离子型化合物的离子键强弱的重要因素之一。离子半径越小,离子间的引力就越大,离子化合物的熔点、沸点也越高。例如,LiF 的熔点为 1 040℃,大于 NaF 的熔点 995℃,就是因为 $r_{Li^+} < r_{Na^+}$。离子化合物的化学性质也受离子半径的影响。例如 NaBr、NaI 两种化合物中,NaI 是较强的还原剂,NaI 中的 $I^-$ 容易被氧化成单质碘,这是因为 $r_{I^-} > r_{Br^-}$,所以 $I^-$ 更容易在氧化剂的作用下失去电子。

3. 离子的电子构型

原子得、失电子后,离子达到较稳定的电子层结构,即离子的电子构型。例如,$Cl^-$ 外层电子构型为 $3s^2 3p^6$。在离子化合物中,对简单负离子来说,如 $F^-$、$Cl^-$、$O^{2-}$ 等的最外层都为稳定的稀有气体结构,即 8 电子构型。然而,对正离子来说,情况比较复杂,除了 8 电子结构外,还有其他多种构型。正离子的电子层构型大致有以下几种:

1) 2 电子型:最外电子层为 $ns^2$,如 $Li^+(1s^2)$、$Be^{2+}(1s^2)$。

2) 8 电子型:最外电子层为 $ns^2np^6$,如 $Na^+(2s^2 2p^6)$、$Ca^{2+}(3s^2 3p^6)$等。

3) 18 电子型:最外电子层为 $ns^2np^6nd^{10}$,如 $Zn^{2+}(3s^2 3p^6 3d^{10})$、$Ag^+(4s^2 4p^6 4d^{10})$等。

4) 18 + 2 电子型:最外电子层为 $(n-1)s^2(n-1)p^6(n-1)d^{10}ns^2$,如 $Pb^{2+}(5s^2 5p^6 5d^{10} 6s^2)$、$Sn^{2+}(4s^2 4p^6 4d^{10} 5s^2)$等。

5) 不规则电子构型(9~17 电子型):最外电层为 $ns^2np^6nd^x$($x$ 为 1~9),如 $Fe^{2+}(3s^2 3p^6 3d^6)$、$Fe^{3+}(3s^2 3p^6 3d^5)$、$Cr^{3+}(3s^2 3p^6 3d^3)$等。

离子的电子构型对化合物的性质有一定的影响,例如,$Na^+$ 和 $Cu^+$ 离子半径相近,所带电荷数相同,但 $Na^+$ 为 8 电子型而 $Cu^+$ 为 18 电子型,它们的氯化物的性质有很大的差异,NaCl 易溶于水而 CuCl 却难溶于水,这主要是阳离子的电子构型不同引起的。

对比不同离子型化合物的性质时,应该同时考虑化合物中所含离子的这三个特性,以便对这些化合物性质上的差异作出正确的说明。

## 10.2 共价键理论

本章第一节讨论了电负性相差较大的两元素的原子可以通过电子转移而成键。那么电负性相差较小或相同的两原子时如何成键呢?也就是说,HCl、$O_2$、$NH_3$ 等和大量的有机化合物分子是如何形成的呢?

1916 年美国化学家路易斯为了说明分子的形成,提出了共价键理论,初步揭示了共价键与离子键的区别,随后的 50 年里共价键理论迅速发展。1927 年海特勒(W. Heitler)和伦敦(F. London)应用量子力学处理 $H_2$ 分子结构,从量子力学的观点揭示了共价键的本质。鲍林(L. Pauling)和斯莱特(J. C. Slater)等在此基础上加以发展，建立起现代价键理论(valence bond theory，简称 VB 法，又称电子配对法)和杂化轨道理论以及价电子对互斥理论。1932 年美国化学家马利肯和德国化学家洪德提出了分子轨道理论(molecular orbital theory)，简称 MO 法。

### 10.2.1 经典路易斯学说

为了说明相同原子组成的单质分子，如 $H_2$、$N_2$、$Cl_2$ 等，以及不同非金属元素原子结合形成的分子，如 $NH_3$、HCl 等和大量有机化合物分子中的化学键的本质，1916 年路易斯提出了经典的共价键理论。他认为，共价键是由成键原子双方各自提供外层单电子组成共用电子对而形成的。形成共价键后，成键原子一般都达到稀有气体原子的外层电子组态，因而稳定。两个原子间共用一对电子的共价键称为单键，共用两对电子的称为双键，共用三对电子的称为叁键。路易斯用小黑点代表价电子，并结合稀有气体 8 电子稳定结构(He 为 2 电子)的事实，确定了一些分子或离子的结构式，称为路易斯结构式。为了方便起见，也常以一条短线代替两个小黑点，作为共享一对电子形成共价键的符号。$H_2$、$N_2$、$NH_3$ 分子的路易斯结构如下：

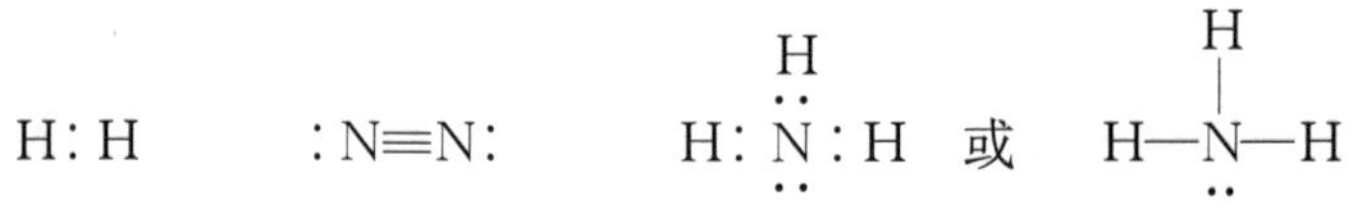

路易斯结构式的写法规则又称八隅体规则(即 8 电子结构，octet rule)。

路易斯的共价键理论成功地解释了某些电负性相近或相同的原子是如何组成分子的。但许多客观事实仍然难以得到解释，例如：两个带负电的电子为何不排斥反而配对使两原子结合成分子？有不少化合物，如 $PCl_5$、$BF_3$ 等，其中心原子的外层电子数并不满足八隅体规则却为何仍能稳定存在？此外，也不能解释分子的某些性质，例如，$O_2$ 分子的顺磁性等。

随着量子力学的建立，近代形成了两种现代共价键理论，即现代价键理论和分子轨道理论。以上问题可用现代价键理论和分子轨道理论给予回答。

### 10.2.2 现代价键理论

1927 年海特勒和伦敦应用量子力学处理 $H_2$ 分子结构，从量子力学的观点揭示了共价键的本质。

1. 氢分子的形成和共价键的本质

用量子力学对氢分子系统进行分析和处理，结果表明，氢分子的形成是两个氢原子 1s 轨道叠加的结果。只有两个氢原子的单电子自旋方向相反时，两个 1s 轨道才会有效重叠，形成共价键(covalent bond)。

由图 10-1 可见，当两个氢原子互相靠近时，如果电子自旋方向相反，原子轨道相互重叠，波函数叠加，核间电子云密度增大，系统的能量随之降低。当核间距 $r$ 为 74 pm(理论值为 87 pm)时，两个原子轨道重叠最大，系统能量最低(测定值 $-458\ kJ \cdot mol^{-1}$，理论值$-388\ kJ \cdot mol^{-1}$)，两个氢原子形成稳定的共价键，称为氢分子的基态(ground state)，如图 10-2 下半部分的图形所示。如果两个原子的单电子自旋方向相同且相互接近时，两个 1s 轨道重叠部分的波函数互相抵消，核间电子出现的概率几乎为 0，从而增大了两核间的排斥力，两个氢原子不能成键，这种不稳定的状态也是高能量的状态，称为氢分子的排斥态(repellent state)，如图 10-2 上半部分的图形所示。

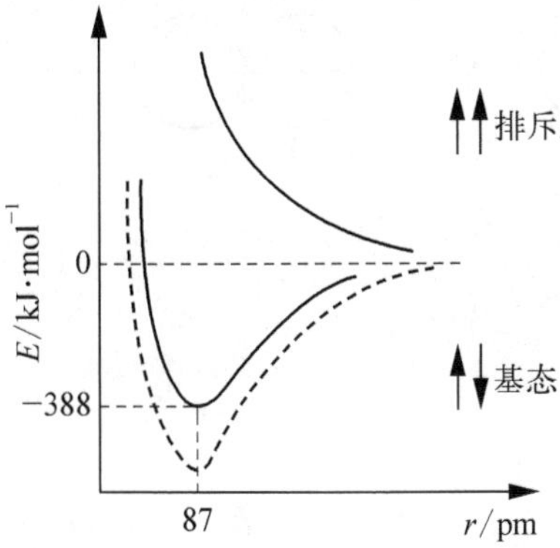

图 10-1 氢分子的能量变化曲线

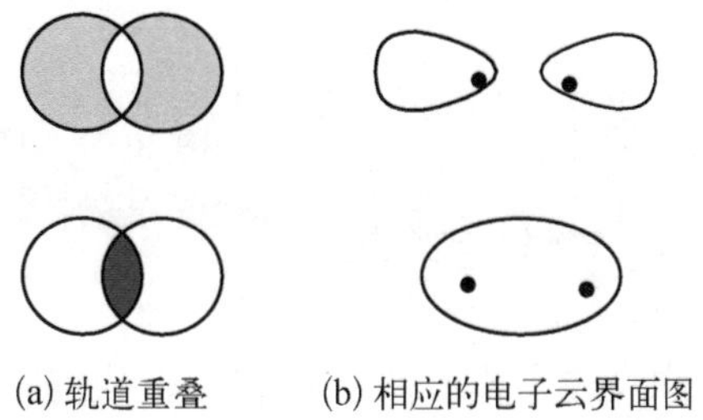

图 10-2 氢分子的基态和排斥态

由此可见，共价键的本质是原子轨道的相互重叠，在重叠部分电子出现的几率密度增大，形成一个负电区域，这个负电区域对两原子核产生吸引，使系统能量降低，形成稳定的氢分子。从某种意义上来说，共价键的本质也具有电性，但因这种结合力是两核间的电子云密集区对两核的吸引力，成键的这对电子是围绕两个原子核运动的，只不过在两核间出现的几率大而已，而不是正、负离子间的库仑引力，所以它不同于一般的静电作用，可以看作是两列波叠加以后波强度增大了，使系统能量降得更低，体系更加稳定了。

2. 现代价键理论要点

海特勒和伦敦把对 $H_2$分子的研究结果推广到其他双原子分子和多原子分子，建立了现代价键理论，其要点如下：

(1) 共价键形成的条件

两原子接近时，只有自旋方向相反的单电子可以相互配对，两原子轨道重叠，电子在重叠部分出现的概率密度增大，对两原子核产生了吸引作用，系统能量降低，形成稳定的共价键。

(2) 共价键的饱和性

自旋方向相反的单电子配对形成共价键后，就不能再和其他原子中的单电子配对。所以，每个原子所能形成的共价键的数目取决于该原子中的单电子数目，这就是共价键的饱和性。

(3) 共价键的方向性

成键时，两原子轨道重叠越多，两核间电子云越密集，形成的共价键越牢固，这称为原子轨道最大重叠原理。据此，共价键的形成将尽可能沿着原子轨道最大程度重叠的方向进行。原子轨道中，除 s 轨道呈球形对称外，p、d 等轨道都有一定的空间取向，它们在成键时只有沿一定的方向才能达到最大程度的重叠，从而形成稳定的共价键，这就是共价键的方向性。例如在形成氯化氢分子时，氢原子的 1s 电子云只有沿着与氯原子未成对电子的 3p 电子云对称轴方向接近氯原子才能实现电子云最大程度的重叠[图 10-3(a)]。其他方向的重叠，都不能形成稳定的 HCl 分子[图 10-3(b)和图 10-3(c)]。

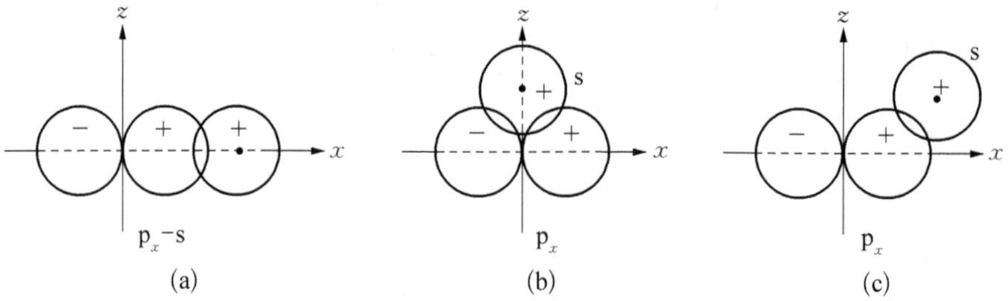


图 10-3　HCl 分子的成键示意图

3. 共价键的类型

(1) σ 键和 π 键

根据原子轨道最大重叠原理，成键时轨道之间可有两种不同的重叠方式，从而形成两种类型的共价键——σ 键和 π 键。对于含有单 s 电子或单 p 电子的原子，它们可以通过 s-s、s-$p_x$、$p_x$-$p_x$、$p_y$-$p_y$、$p_z$-$p_z$等轨道重叠形成共价键。为了达到原子轨道最大程度重叠，其中 s-s、s-$p_x$、$p_x$-$p_x$轨道沿着键轴（即成键两原子核间连线，设为 $x$ 轴）以头碰头方式重叠，轨道的重叠部分沿键轴呈圆柱形对称分布，原子轨道间以这种重叠方式形成的共价键称为 σ 键，见图 10-4(a)，$x$ 轴为圆柱形轴心。两个互相平行的 $p_y$ 或 $p_z$ 轨道则只能以肩并肩方式重叠，轨道的重叠部分垂直于键轴并呈镜面反对称分布（原子轨道在镜面两边波瓣的符号相反），原子轨道以这种重叠方式形成的共价键称为 π 键。如图 10-4(b)所示，$xy$ 平面或 $xz$ 平面为对称镜面。例如，N 原子的电子组态为 $1s^2 2s^2 2p_x^1 2p_y^1 2p_z^1$，其中三个单电子分别占据三个互相垂直的 p 轨道。当两个 N 原子结合成 $N_2$ 分子时，各以一个 $2p_x$ 轨道沿键轴以头碰头方式重叠形成一个 σ 键后，余下的两个 $2p_y$ 和两个 $2p_z$ 轨道只能以肩并肩方式重叠，形成两个 π 键（图 10-5）。

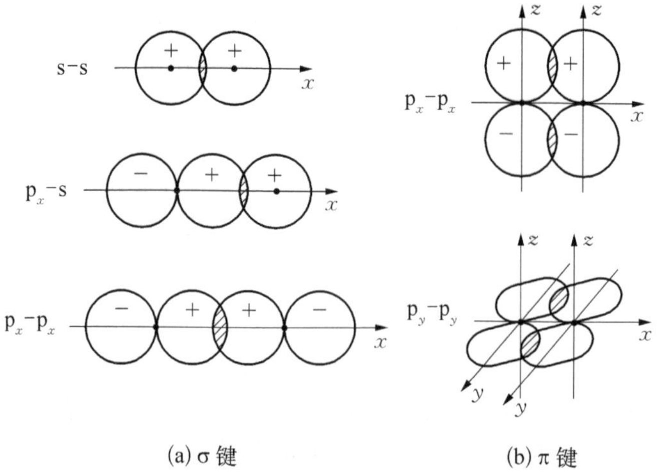


图 10-4　原子轨道重叠形成 σ 键(a)和 π 键(b)示意图

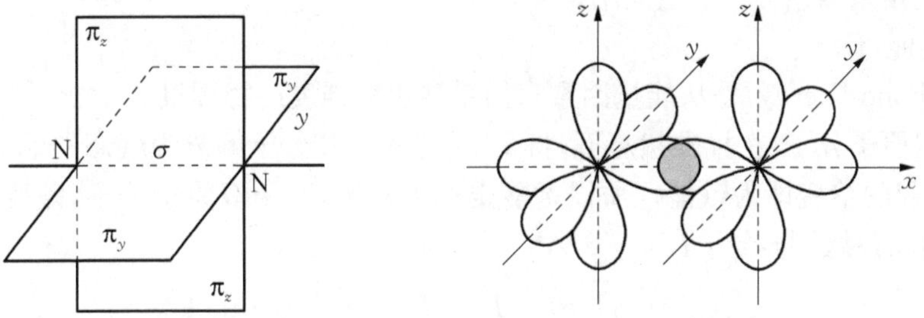


图 10-5 $N_2$分子形成示意图

由于σ键的轨道重叠程度比π键的轨道重叠程度大，因而σ键比π键牢固。π键容易断开，化学活泼性强。因在主量子数相同的原子轨道中，p轨道沿键轴方向的重叠程度较s轨道的大，所以一般来说p-p轨道重叠形成的σ键比s-s轨道重叠形成的σ键要牢固得多。

两原子形成共价键时，首先形成σ键。因此，两原子形成共价单键时，此键应是σ键；形成共价双键时，应是1个σ键和1个π键；形成共价叁键时，应是1个σ键和2个π键。所以$N_2$分子中有一个σ键和两个π键，其分子结构用N≡N来表示。

(2) 共价键和配位共价键

由成键两原子各提供一个电子配对成键的，称为共价键，如$H_2$、$O_2$、HCl等分子中的共价键。如果共价键的形成是由成键两原子中的一个原子单独提供电子对与另一个原子的空轨道共用而成键，这种共价键称为配位共价键，简称配位键(coordination bond)。为区别于共价键，配位键用"→"表示。箭头从提供电子对的原子指向接受电子对的原子。例如CO分子中，O原子除了以两个2p单电子与C原子的2个2p单电子形成一个σ键和一个π键外，还单独提供一对孤对电子(lone pair electron)与C原子的一个2p空轨道共用，形成一个配位键，这可表示为图10-6所示：

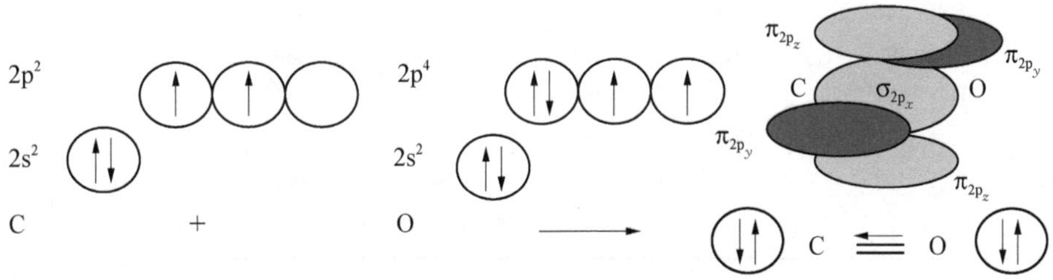


图 10-6 CO分子价键的形成

由此可见，要形成配位键必须同时具备两个条件：一个是成键原子的价电子层有孤对电子；另一个是成键原子的价电子层有空轨道。

必须注意共价键和配位键的差别仅仅表现在成键过程中，虽然共用电子对的来源不同，但成键后，二者并无任何差别。关于配位键理论将在第十一章配位化合物中作进一步介绍。

4. 键参数

能表征化学键性质的物理量称为键参数(bond parameter)。用键能表示键的强弱，用键长和键角来描述分子的空间结构等。

(1) 键能($E$)

键能(bond energy)是从能量因素来衡量共价键强度的物理量。

对于双原子分子,在标准状态下,将1mol气态AB分子解离为气态的A原子和B原子,这一过程的焓变即为键能。所以键能也称为键焓,对于双原子分子,键能也就是解离能($D$)。例如,对于$H_2$分子:

$$H_2(g) \rightarrow 2H(g) \quad E = D = 436\ kJ \cdot mol^{-1}$$

对于多原子分子,键能和解离能不同。例如,$H_2O$分子中有两个等价的O—H键,$H_2O$分子分解时两个O—H键断开有先后,当一个O—H键断开后,剩余部分可能有电子的重新排布,因此两步分解所需能量不同:

$$H{-}OH(g) \rightarrow H(g) + OH(g) \qquad D_1 = 502\ kJ \cdot mol^{-1}$$

$$O{-}H(g) \rightarrow H(g) + O(g) \qquad D_2 = 423.7\ kJ \cdot mol^{-1}$$

$H_2O$分子中的O—H键的键能是两个等价的O—H键的平均离解能:

$$E_{O-H} = \frac{D_1 + D_2}{2} = \frac{502 + 423.7}{2} = 462.8\ kJ \cdot mol^{-1}$$

同一种共价键在不同的多原子分子中的键能虽有差别,但差别不大。我们可用不同分子中同一种键能的平均值即平均键能作为该键的键能。一般键能越大,键越牢固。表10-3列出了一些双原子分子的键能和某些键的平均键能。

**表10-3 一些双原子分子的键能和某些键的平均键能 $E/kJ \cdot mol^{-1}$**

| 分子名 | 键能 | 分子名 | 键能 | 共价键 | 平均值 | 共价键 | 平均值 |
|---|---|---|---|---|---|---|---|
| $H_2$ | 436 | HF | 565 | C—H | 413 | N—H | 391 |
| $F_2$ | 165 | HCl | 431 | C—F | 460 | N—N | 159 |
| $Cl_2$ | 247 | HBr | 366 | C—Cl | 335 | N═N | 418 |
| $Br_2$ | 193 | HI | 299 | C—Br | 289 | N≡N | 946 |
| $I_2$ | 151 | NO | 286 | C—I | 230 | O—O | 143 |
| $N_2$ | 946 | CO | 1 071 | C—C | 346 | O═O | 495 |
| $O_2$ | 493 | | | C═C | 610 | O—H | 463 |
| | | | | C≡C | 835 | | |

(2) 键长

分子中两成键原子的核间平衡距离称为键长(bond length)。它是反映分子空间构型的一个重要参数。理论上用量子力学的近似方法计算出键长的数据。实际上复杂分子中原子间的键长往往是通过分子光谱、X线衍射、电子衍射等实验方法测得。实验表明,同一类共价键在不同分子中的键长几乎相等。例如,C—C单键的键长在金刚石中为154.2 pm;在乙烷中为153.3 pm;在丙烷中为154 pm;在环己烷中为153 pm,因此将C—C单键的键长用平均值表示,约为154 pm。

两原子形成的同型共价键的键长越短,键越牢固。就相同的两原子形成的键而言,单键键长＞双键键长＞叁键键长。例如，C—C 单键的键长为 154 pm，C ═C 键长为 134 pm，C≡C 键长为 120 pm。

(3) 键角

分子中同一原子形成的两个化学键间的夹角称为键角(bond angle)。键角可以用实验方法测定，可以根据中心原子的杂化轨道波函数计算，也可用本章将介绍的价电子对互斥理论推测。

键角是反映分子空间构型的一个重要参数，已知一个分子中的键长和键角数据，就可以确定该分子的几何构型。例如：$HgCl_2$分子的键角∠ClHgCl＝180°，可推知 $HgCl_2$分子是直线型非极性分子。$H_2O$ 分子的键角∠HOH＝104.5°，故 $H_2O$ 分子呈 V 形，为极性分子。

### 10.2.3 杂化轨道理论

价键理论成功地说明了共价键的形成，解释了共价键的方向性和饱和性，但用它来阐明多原子分子的空间构型却遇到了困难。例如，它不能解释 $CH_4$ 分子的正四面体空间构型，也不能解释 $H_2O$ 分子中两个 O—H 键的键角为什么不是 90°而是 104°45′。为了解决价键理论无法解决的这类矛盾，1931 年鲍林等科学家在现代价键理论的基础上提出了杂化轨道理论(hybrid orbital theory)。杂化轨道理论实质上仍属于现代价键理论，但它在成键能力、分子的空间构型等方面丰富和发展了现代价键理论。

1. 杂化轨道理论要点

杂化轨道理论从电子具有波动性、波可以叠加的观点出发，认为一个原子和其他原子形成分子时，中心原子所用的原子轨道(即波函数)不是原来纯粹的 s 轨道或 p 轨道，而是若干不同类型、能量相近的原子轨道经叠加混杂、重新分配轨道的能量和调整空间伸展方向，组成了同等数目的新的原子轨道。杂化轨道理论要点如下：

1) 杂化轨道的形成　　在成键过程中，由于原子间的相互影响，同一原子中几个能量相近的不同类型的原子轨道(即波函数)，可以进行线性组合，重新分配能量和确定空间方向，组成数目相等的新的原子轨道，这种轨道重新组合的过程称为杂化(hybridization)，杂化后形成的新轨道称为杂化轨道(hybrid orbital)。

2) 轨道杂化的原因　　杂化轨道的角度波函数在某个方向的值比杂化前的大得多，更有利于原子轨道间最大程度地重叠，因而杂化轨道比原来轨道的成键能力强。

3) 杂化轨道的空间取向　　杂化轨道之间力图在空间取最大夹角分布，使相互间的排斥能量最小，故形成的键较稳定。不同类型的杂化轨道之间的夹角不同，成键后所形成的分子就具有不同的空间构型。

2. 轨道杂化类型与实例

按参加杂化的原子轨道种类，轨道的杂化有 s－p 和 s－p－d 两种主要类型。

(1) s－p 型杂化

能量相近的 $ns$ 轨道和 $np$ 轨道之间的杂化称为 sp 型杂化。按参加杂化的 p 轨道数目的不同，s－p 型杂化又可分为 sp、$sp^2$、$sp^3$ 三种杂化。

1) sp 杂化　　由 1 个 s 轨道和 1 个 p 轨道组合成 2 个 sp 杂化轨道的过程称为 sp 杂

化,所形成的轨道称为 sp 杂化轨道。每个 sp 杂化轨道均含有 1/2 的 s 轨道的成分和 1/2 p轨道的成分。为使相互间的排斥能量小,轨道间的夹角为 180°(图 10-7)。

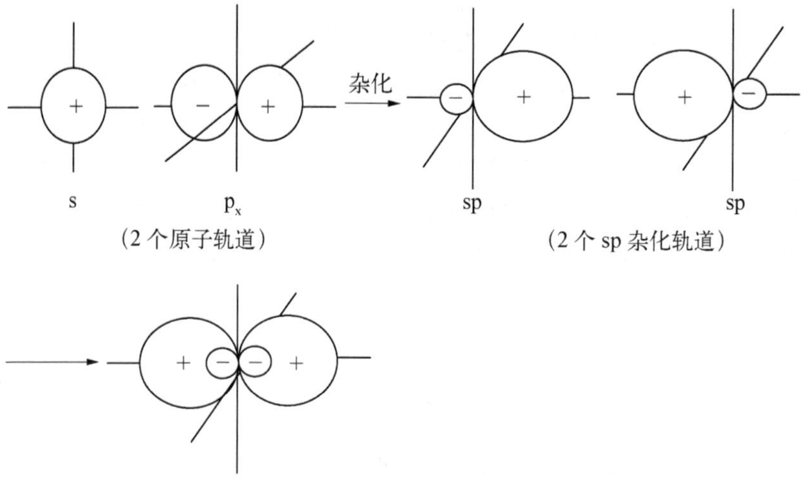


图 10-7　s 和 p 轨道组合成 sp 杂化轨道示意图

**例 10-1**　试说明 $BeCl_2$分子的空间构型。

**解:** 实验测出,$BeCl_2$分子中有两个完全等同的 Be—Cl 键,键角为 180°,分子的空间构型为直线型。Be 原子的价层电子组态为 $2s^2$,在形成 $BeCl_2$分子的过程中,Be 原子的一个 2s 电子首先被激发到 2p 空轨道中,价层电子组态为 $2s^12p_x^1$,这两个含有单电子的 2s 轨道和 $2p_x$轨道进行 sp 杂化,组成夹角为 180°的两个能量相同的 sp 杂化轨道,当它们各与两个氯原子中含有单电子的 3p 轨道重叠时,就形成两个 sp-p 的 σ 键,所以氯化铍分子的空间构型为直线型,其形成过程可用图 10-8 表示如下:

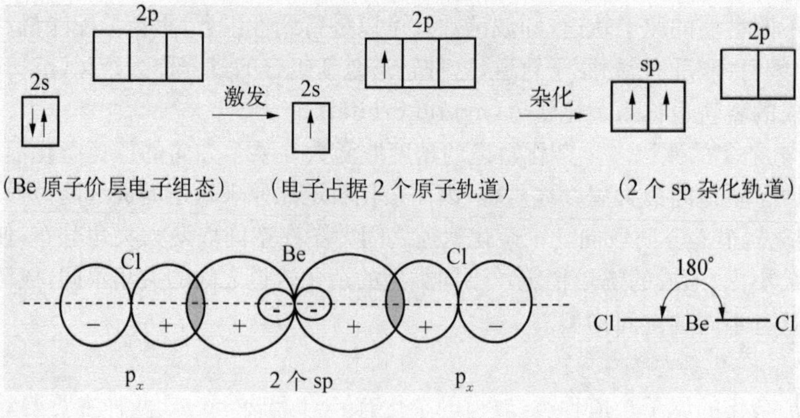


图 10-8　$BeCl_2$ 分子构型和 sp 杂化轨道的空间取向

2) $sp^2$杂化　由一个 s 轨道与两个 p 轨道组合成三个 $sp^2$杂化轨道的过程称为 $sp^2$杂化。每个 $sp^2$杂化轨道含 1/3 s 轨道的成分和 2/3 p 轨道的成分,为了使轨道间的排斥能量最小，三个 $sp^2$ 杂化轨道呈平面正三角形分布，夹角为 120°[图 10-9(a)]。当三个 $sp^2$ 杂化轨道分别与其他三个相同的原子轨道重叠成键后，就形成平面正三角形构型的分子。

**例 10-2**　试用杂化轨道理论说明 $BF_3$ 分子的空间构型。

**解**：实验测定 $BF_3$ 分子中有三个完全等同的 B—F 键，键角为 120°，分子的空间构型为平面正三角形。$BF_3$ 分子的中心原子是 B，其价层电子组态为 $2s^2 2p_x^1$。在形成 $BF_3$ 分子的过程中，B 原子的 2s 轨道上的一个电子首先被激发到 2p 空轨道中，价层电子组态变为 $2s^1 2p_x^1 2p_y^1$，然后这三个单电子轨道再进行 $sp^2$ 杂化，便形成了夹角均为 120°的三个完全等同的 $sp^2$ 杂化轨道，当它们各与一个 F 原子的含有单电子的 2p 轨道重叠时，就形成三个 $sp^2$-p 的 σ 键。故 $BF_3$ 分子的空间构型是平面正三角形[图 10-9(b)]。

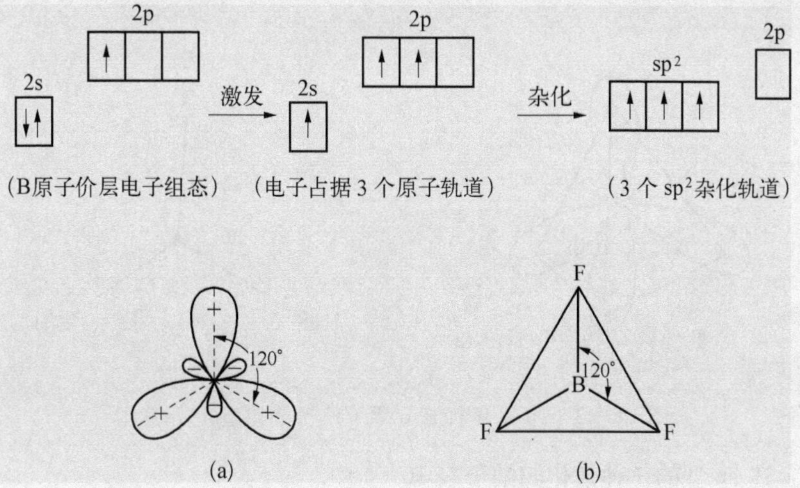


图 10-9　$sp^2$ 杂化轨道(a)及 $BF_3$ 分子构型(b)示意图

又如乙烯的形成，乙烯($C_2H_4$)分子中含有 2 个 C 原子，C 原子上的 1 个 2s 电子被激发到 2p 空轨道上，进行 $sp^2$ 杂化，得到 3 个 $sp^2$ 杂化轨道，余下一个和 $sp^2$ 杂化轨道所在平面垂直的 2p 轨道。每个 C 原子的 2 个 $sp^2$ 杂化轨道分别与 2 个 H 原子的 1s 轨道重叠，形成 2 个 σ 键，余下的 1 个 $sp^2$ 杂化轨道与另一个 C 原子的 $sp^2$ 杂化轨道重叠再形成 1 个 σ 键，同时每个 C 原子还有一条未杂化的 p 轨道，含有一个电子，它们以“肩并肩”的方式重叠形成一个 C—C 间的 π 键，垂直于乙烯分子的平面。故乙烯分子中碳—碳原子间为双键，组成乙烯分子的六个原子在同一平面上(图 10-10)。

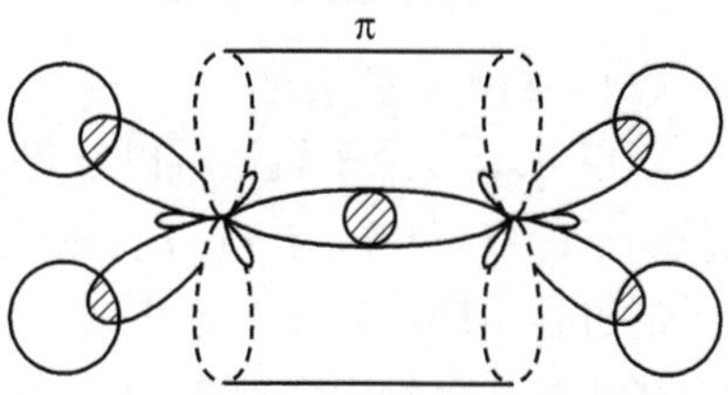


图 10-10　$C_2H_4$ 分子构型示意图

3) $sp^3$ 杂化　　由 1 个 s 轨道和 3 个 p 轨道组合成 4 个 $sp^3$ 杂化轨道的过程称为 $sp^3$ 杂化。每个 $sp^3$ 杂化轨道含有 1/4 s 轨道的成分和 3/4 p 轨道的成分。为了使轨道间的排斥能量最小，四个 $sp^3$

杂化轨道间的夹角均为 109°28′，分别指向正四面体的四个顶角，如图 10－11(a)所示。$CH_4$ 分子的形成过程中，C 原子轨道的杂化情况示意如下：

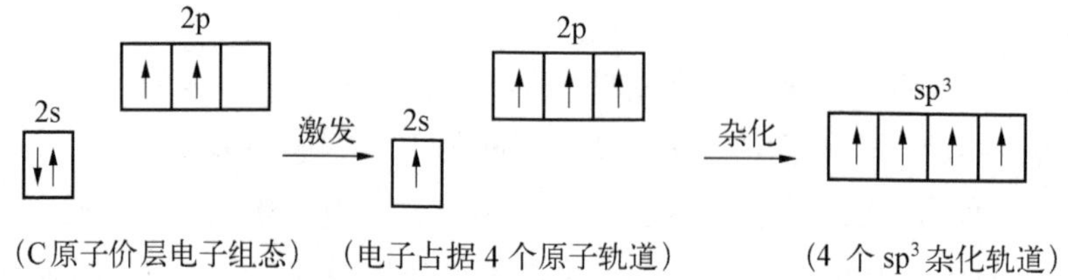


基态 C 原子轨道上的 1 个 2s 电子先被激发到空的 2p 轨道上，然后 C 原子的 1 个 2s 轨道和 3 个 2p 轨道杂化形成 4 个 $sp^3$ 杂化轨道，每个杂化轨道上只有 1 个单电子。C 原子的 4 个 $sp^3$ 杂化轨道分别与 4 个氢原子的 1s 轨道重叠形成 4 个($sp^3$－s)σ 键，即形成 $CH_4$ 分子。因 H 原子是沿着杂化轨道伸展方向重叠，$CH_4$ 分子的空间构型为正四面体，见图 10－11(b)。

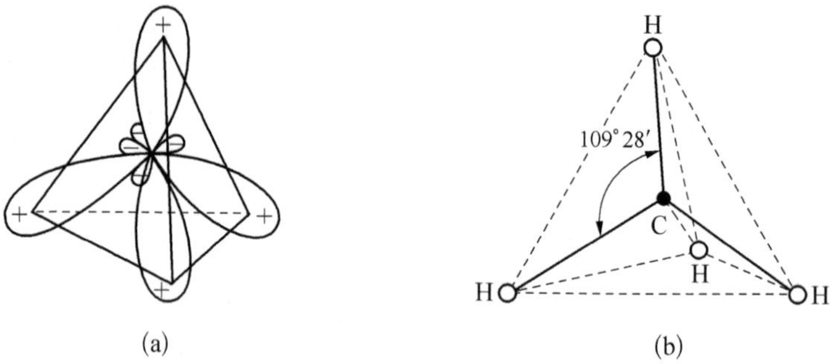


图 10－11　$sp^3$ 杂化轨道(a)及 $CH_4$ 分子构型(b)示意图

现将上述 sp 型的三种杂化归纳于表 10－4 中。

**表 10－4　杂化轨道与分子的空间构型**

| 杂化类型 | sp | $sp^2$ | $sp^3$ |
|---|---|---|---|
| 参与杂化轨道 | 1 个 s+1 个 p | 1 个 s+2 个 p | 1 个 s+3 个 p |
| 杂化轨道数 | 2 个 sp 杂化轨道 | 3 个 $sp^2$ 杂化轨道 | 4 个 $sp^3$ 杂化轨道 |
| 杂化轨道夹角 | 180° | 120° | 109°28′ |
| 空间构型 | 直　线 | 平面正三角形 | 正四面体 |
| 实　　例 | $BCl_2$　$C_2H_2$ | $BF_3$　$BCl_3$ | $CH_4$　$CCl_4$ |

(2) s－p－d 型杂化

不仅 $n$s、$n$p 原子轨道可以杂化，能量相近的($n$－1)d、$n$d 原子轨道也可以参与杂化。能量相近的($n$－1)d 与 $n$s、$n$p 轨道或者 $n$s、$n$p 与 $n$d 轨道组合成新的 dsp 或 spd 型杂化轨道的过程可统称为 s－p－d 型杂化。这种类型的杂化比较复杂，它们通常存在于过渡元素形成的化合物中(将在第十一章配位化合物中介绍)。表 10－5 列出几种常见的杂化轨道的类型及几何构型。

表 10-5 常见 s-p-d 型杂化方式

| 杂化类型 | $dsp^2$ | $dsp^3$ | $d^2sp^3$ 或 $sp^3d^2$ |
|---|---|---|---|
| 杂化轨道数 | 4 | 5 | 6 |
| 空间构型 | 平面四方形 | 三角双锥 | 八面体 |
| 实　例 | $[Ni(CN)_4]^{2-}$ | $PCl_5$ | $[Fe(CN)_6]^{3-}$，$[Co(NH_3)_6]^{2+}$ |

3. 等性杂化和不等性杂化

按杂化后形成的几个杂化轨道的能量是否相同，轨道的杂化可分为等性杂化和不等性杂化。

(1) 等性杂化

杂化后所形成的几个杂化轨道所含原来轨道的成分相同，能量完全相等，这种杂化称为等性杂化(equivalent bybridization)。通常，若参与杂化的原子轨道都含有单电子或都是空轨道，其杂化是等性的。如上述的 $BeCl_2$、$BF_3$、$CH_4$ 分子中，中心原子分别为 sp、$sp^2$、$sp^3$ 等性杂化。在配离子$[Fe(CN)_6]^{3-}$、$[Co(NH_3)_6]^{2+}$中，中心原子分别为 $d^2sp^3$、$sp^3d^2$ 等性杂化。

(2) 不等性杂化

杂化后所形成的几个杂化轨道所含原来轨道成分的比例不相等而能量不完全相同，这种杂化称为不等性杂化(nonequivalent hybridization)。通常，若参与杂化的原子轨道中，有的已被孤对电子占据，其杂化是不等性的，现以 $NH_3$ 分子和 $H_2O$ 分子为例予以说明。

**例 10-3** 试用杂化轨道理论说明 $NH_3$ 分子的空间构型。

**解：** 实验测知，$NH_3$ 分子中有三个 N—H 键，键角为 107°，分子的空间构型为三角锥形(习惯上孤对电子不包括在分子的空间构型中)。

N 原子的价层电子组态为 $2s^22p_x^12p_y^12p_z^1$。在形成氨分子的过程中，N 原子的 1 个已被孤对电子占据的 2s 轨道与 3 个含有单电子的 p 轨道进行 $sp^3$ 杂化，但在形成的 4 个 $sp^3$ 杂化轨道中，有一个已被 N 原子的孤电子对占据，该杂化轨道含有较多的 2s 轨道成分，故 N 原子的 $sp^3$ 杂化是不等性杂化。当 3 个 $sp^3$ 杂化轨道各与 1 个 H 原子的 1s 轨道重叠以后，形成 σ 键。由于 N 原子中有 1 对孤对电子，它对成键电子对产生较大排斥作用，使 N—H 键的夹角被压缩至 107°，所以 $NH_3$ 分子的空间构型为三角锥形，如图 10-12 所示。

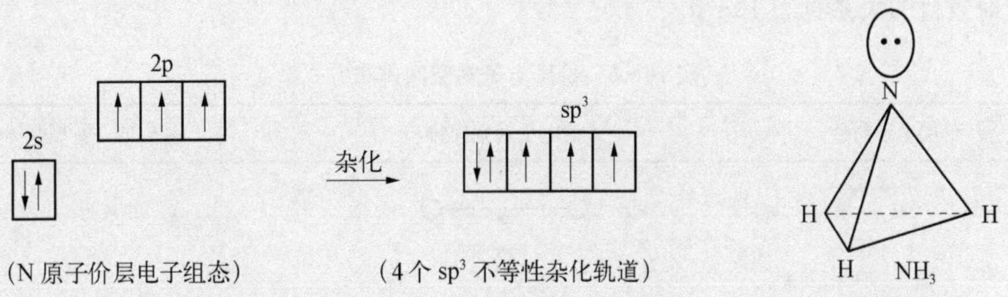


图 10-12 氨分子的结构示意图

**例 10-4** 试用杂化轨道理论解释水分子的空间构型。

**解：** 实验测得，水分子中有 2 个 O—H 键，键角为 104°45′，分子的空间构型为 V 形。中心原子 O 的价层电子组态为 $2s^2 2p_x^2 2p_y^1 2p_z^1$。在形成水分子过程中，形成了 4 个 $sp^3$ 不等性杂化轨道。其中有单电子的 2 个 $sp^3$ 杂化轨道含有较多的 2p 轨道成分，它们各与 1 个 H 原子的 1s 轨道重叠形成两个 σ 键，而余下的 2 个 $sp^3$ 杂化轨道各被 1 对孤对电子占据，它们对成键电子对的排斥作用比氨分子中的更大，使 O—H 键的夹角压缩至 104°45′(比 $NH_3$ 分子的键角小)，故水分子具有 V 形空间构型，如图 10-13 所示。

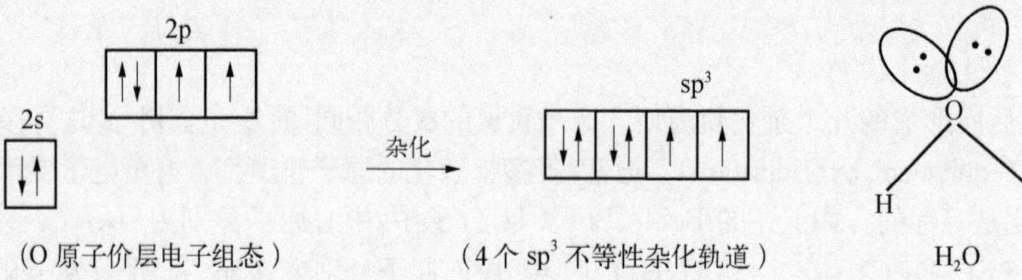


图 10-13 O 的不等性 $sp^3$ 杂化

## 10.2.4 价层电子对互斥理论

杂化轨道理论成功地解释了共价分子的空间构型，但是，一个分子的中心原子原子轨道究竟采取哪种杂化类型进行杂化，有时是难以预先确定的，因而也就难以预测分子的空间构型。1940 年美国的西奇维克(N. Y. Sidgwick)等相继提出了价层电子对互斥理论(valence shell electron pair repulsion theory，VSEPR 法)。该理论基于分子中价层电子对排斥力最小及对称结构的原则，即在多原子分子中，分子的共价键(单键、双键或叁键)中的电子对以及孤对电子由于相互排斥力作用而趋向尽可能彼此远离，分子尽可能采取对称的结构。该法适用于主族元素间形成的 $AB_n$ 型分子或离子。

1. 理论要点

1) 在 $AB_n$ 型分子或离子中，中心原子 A 周围的原子(或原子团)B 的几何构型，主要取决于 A 的价电子层的电子对(成键电子对及未成键电子对)的排斥作用，分子的几何构型总是采取电子对相互排斥力最小的构型。关于中心原子 A 价层电子对的几何构型与电子对数目的关系见表 10-6。

**表 10-6 价层电子对空间排布方式**

| 价层电子对数 | A 的电子对空间排布 | 几何构型 |
|---|---|---|
| 2 |  | 直线形 |
| 3 | 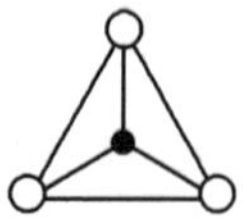 | 平面三角形 |

续　表

| 价层电子对数 | A 的电子对空间排布 | 几 何 构 型 |
|---|---|---|
| 4 | 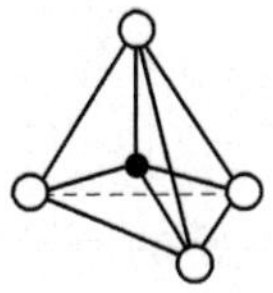 | 四面体形 |
| 5 | 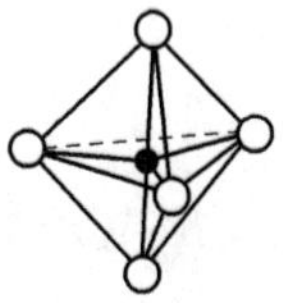 | 三角双锥形 |
| 6 | 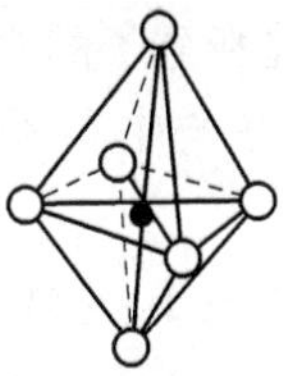 | 八面体形 |

2）孤对电子比成键电子对更接近中心原子，只受中心原子核的吸引，电子云密度大，对相邻电子对的排斥力大。电子对之间排斥力大小有下面顺序：

孤对电子-孤对电子＞孤对电子-成键电子对＞成键电子对-成键电子对

3）分子中存在双键或叁键，按生成单键来考虑，也即只考虑提供一个成键电子。多重键具有较多的电子而斥力大，其斥力大小顺序是：

叁键＞双键＞单键

2. 价层电子对的计算

对于 $AB_n$ 型分子（或离子）来说，中心 A 原子原有的价层电子数加上 B 原子（配位原子）按都生成共价单键提供的电子数的总和除以 2，即为中心原子的价层电子对数。规定：① 作为 B 原子时，卤素原子和 H 原子提供 1 个电子，氧族元素的原子不提供电子；② 作为中心原子 A 时，卤素原子按提供 7 个电子、氧族元素的原子按提供 6 个电子计算；③ 对于复杂离子，在计算价层电子对数时，还应加上负离子的电荷数或减去正离子的电荷数；④ 计算电子对数时，若剩余 1 个电子，也当做 1 对电子处理；⑤ 双键、叁键等多重键作为 1 对电子看待。

**例 10-5**　计算 $TeCl_4$ 分子和 $IF_2^-$ 离子的价层电子对数。

**解：** 中心 Te 原子有 6 个价电子，4 个 Cl 原子与 Te 生成 4 个共价单键，共提供了 4 个电子，故：

$$TeCl_4\ 的价层电子对数 = \frac{1}{2}(6+4) = 5$$

$IF_2^-$离子中，中心原子 I 的价电子数为 7，2 个配位原子 F 各提供 1 个电子。

$$IF_2^- 的价层电子对 = \frac{1}{2}(7+2+1) = 5$$

3. 应用 VSEPR 理论推测分子空间构型

分子的形状是由中心原子和与它成键的原子来决定，也就是说由成键电子对的空间分布决定，即在描述分子构型时不包括孤对电子。可按以下步骤判断分子或复杂离子的几何构型：

1）确定中心原子价层电子数。

2）根据中心原子的价电子对数，找出电子对间斥力最小的电子排布方式。从表 10－6中找出相应的电子对排布方式。

3）确定中心原子的孤对电子数，推断分子的空间构型。把配位原子按相应的几何构型排布在中心原子周围，每一个配位原子与中心原子共用 1 对成键电子，剩下的未与配位原子结合的电子对便是孤对电子。

若中心原子的价层电子对中无孤对电子，电子对的空间构型就是该分子的空间构型。如 $BeH_2$、$BF_3$、$CH_4$、$PCl_5$、$SF_6$分别为直线形、三角形、四面体、三角双锥和八面体。

若中心原子价层电子对中有孤对电子，分子空间构型将不同于电子对的空间构型。孤对电子所处的位置不同，分子空间构型也不同，但孤对电子总是处于斥力最小的位置，除去孤电子对占据的位置后，便是分子的几何构型。例如，$NH_3$分子价层电子对数为 4，电子对空间构型为四面体，但分子的空间构型为三角锥，键角 HNH 为 107°18′。又如 $H_2O$分子，价层电子对有两对孤对电子，电子对空间构型为四面体，而分子构型为 V 形。孤对电子的负电集中，会排斥其余成键电子对，使键角变小，$NH_3$ 和 $H_2O$ 中键角均小于 109°28′。

孤对电子在四面体中处于任何顶点其斥力都是等同的。在三角双锥构型中，孤对电子是处于轴向还是处于赤道面上则斥力情况有所不同。原则上应处于斥力最小的位置上。例如，$SF_4$分子中 S 的价层电子数为 5。电子对空间构型为三角双锥，有四个顶点被 F 占领，余下一个顶点由孤对电子占据，孤对电子占据的位置有两种可能（图 10－14）。

在(a)情况下，90°的孤对-成键排斥力有 3 组；在(b)情况下，90°的孤对-成键排斥力只有 2 组。根据角度越小排斥力越大的原则，采用(a)的结构，排斥力较大，因此 $SF_4$分子采取(b)的构型，孤对电子在赤道面上。

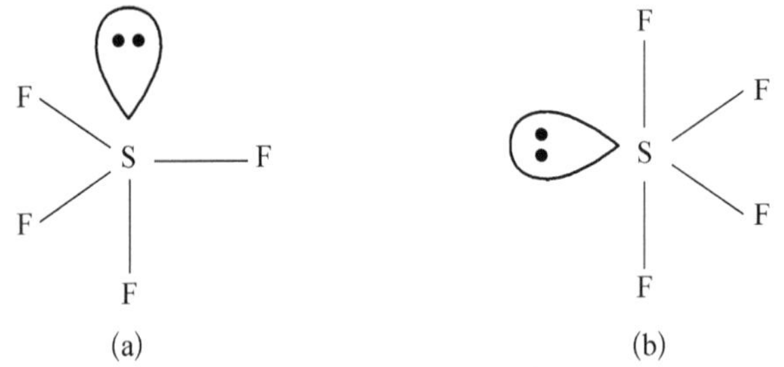

图 10－14　$SF_4$中孤对电子所处的位置

当电子对空间构型为三角双锥，有两对孤对电子时，孤对电子可能处于如图 10－15 所示位置上。

根据这三种结构的各种类型排斥力，(c)构型由于存在 90°的孤对-

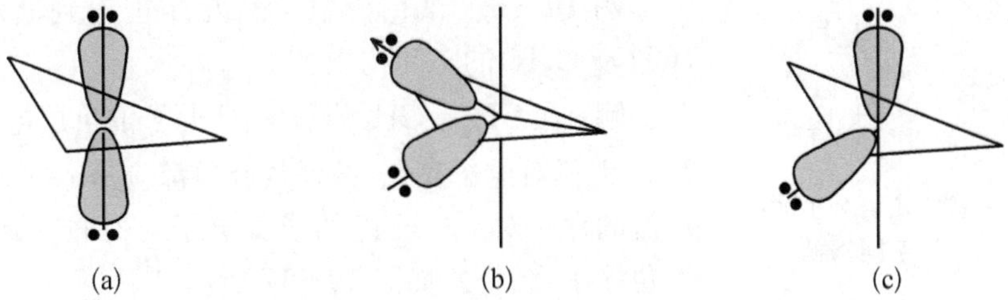

图 10-15 价层电子数为 5 的 $AB_3$ 分子可能的空间结构

孤对排斥力，排斥力较大，不稳定，所以不可能以(c)构型存在；而(a)构型中存在 90°的孤对-成键电子对排斥力数目较多，也不稳定。因此只有(b)构型稳定性大，即孤对电子出现在赤道面上。

同理，三角双锥的电子对空间排布中有三对孤对电子，它们也应分布在赤道面上(表 10-7)。

在八面体的电子对空间构型中，只有孤对电子处于相对的位置上，排斥力才是最小的结构。

以 $IF_2^-$ 为例，用上述步骤预测其空间构型。

1) 中心原子 I 的价电子数为 7，2 个配位原子 F 各提供 1 个电子。

$$价层电子对 = \frac{1}{2}(7+2+1) = 5$$

2) 查 10-6 表知，5 对电子是以三角双锥方式排布。

3) 因配位原子 F 只有 2 个，所以 5 对电子中，只有 2 对为成键电子对、3 对为孤对电子。由此可得如图 10-16 的三种可能情况，选择结构中电子对斥力最小，即夹角最大的那一种结构，得到 $IF_2^-$ 分子为直线型结构的正确结论[图 10-16(a)]。

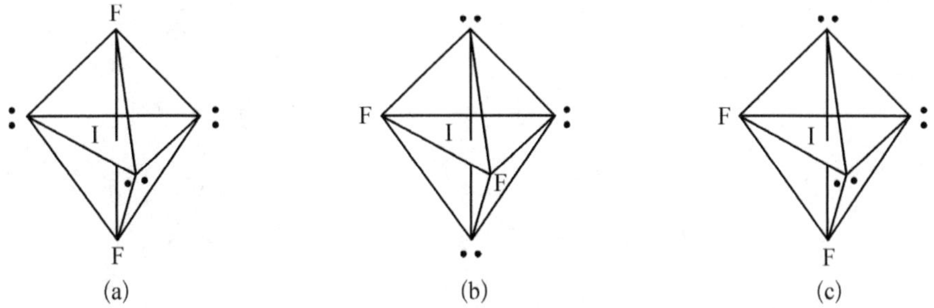

图 10-16 $IF_2^-$ 可能的分子结构

4) 考虑是否形成 π 键以及中心原子和配位原子的电负性等因素，进一步确定分子的空间构型。

确定分子的空间构型还要考虑 π 键的影响。对分子构型起主要作用的是 σ 键，而不是 π 键。在有多重键存在时，多重键同孤对电子相似，对其他成键电子对也有较大斥力，影响分子中的键角，改变分子的空间构型。

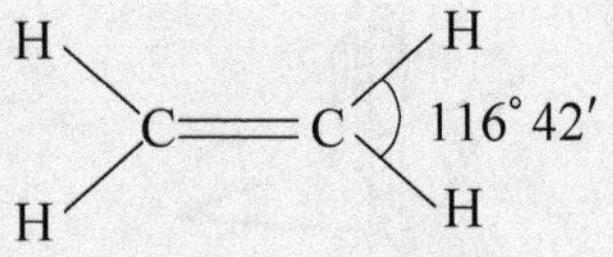


图 10-17 乙烯分子的空间构型

**例 10-6** 试用价电子对互斥理论判断乙烯分子($CH_2=CH_2$)的空间构型。

**解:** 在 $CH_2=CH_2$ 分子中,C 原子的价层电子对数均为 3,无孤对电子存在,按理其键角都应是 120°,但由于多重键的存在对 C—H 键的成键电子对有较大斥力,使其键角缩小,结构式如图 10-17 所示。

另外,中心原子和配位原子的电负性相对大小,也会影响分子几何构型(键角大小)。对于同一中心原子,配位的电负性越大,吸引成键电子对的能力就越大,成键电子云向配位原子方向移动,对附近其他电对的排斥作用就比较小,因而键角变小。例如在 $NH_3$ 和 $NF_3$ 分子中,电负性 $X(F)>X(N)$,所以二者的键角为∠FNF(102.1°)<∠HNH(107°20′)。当配位原子相同而中心原子不同时,则中心原子电负性越大,成键电子云将向中心原子移动,产生较大的排斥作用,键角将变大。例如在 $H_2X$(X=O, S, Se, Te)分子中,中心原子的电负性分别为 3.44、2.58、2.55 和 2.1,因此它们相应的键角∠HXH 分别为 104.7°、92.2°、91.0°、89.5°。

用上述方法可确定大多数主族元素化合物分子和复杂离子的构型,现将常见分子构型归纳为表 10-7。

**表 10-7 常见 $AB_n$ 型化合物的空间构型**

| A 的电子对数 | 价层电子对构型 | 分子类型 | 成键电子对数 | 孤电子对数 | 分子构型 | 实例 |
|---|---|---|---|---|---|---|
| 2 | 直 线 | $AB_2$ | 2 | 0 | 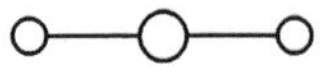 直线形 | $HgCl_2$ $CO_2$ |
| 3 | 平面三角形 | $AB_3$ | 3 | 0 | 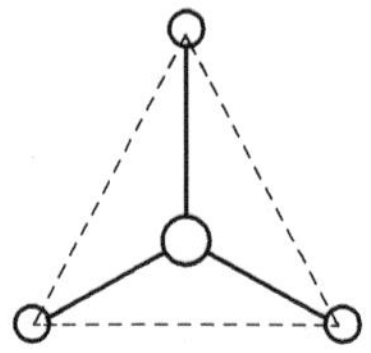 平面正三角形 | $BF_3$ $NO_3^-$ |
| | | $AB_2$ | 2 | 1 | 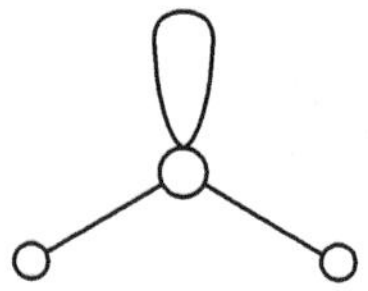 V 形(角形) | $PbCl_2$ $SO_2$ |
| 4 | 四面体 | $AB_4$ | 4 | 0 | 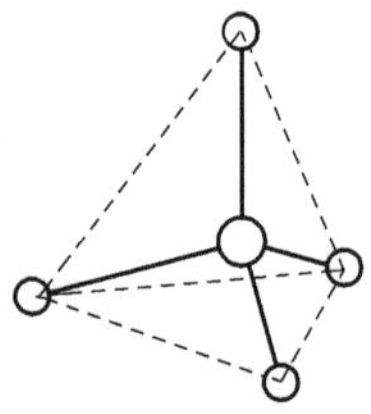 正四面体 | $SiF_4$ $SO_4^{2-}$ |

**续　表**

| A的电子对数 | 价层电子对构型 | 分子类型 | 成键电子对数 | 孤电子对数 | 分子构型 | 实　例 |
| --- | --- | --- | --- | --- | --- | --- |
| | | $AB_3$ | 3 | 1 | 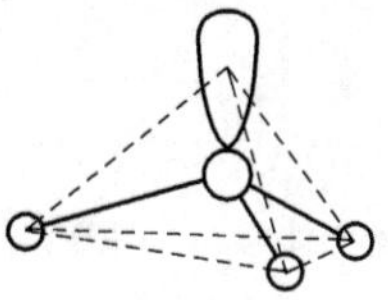 三角锥 | $NH_3$　$H_3O^+$ |
| | | $AB_2$ | 2 | 2 | 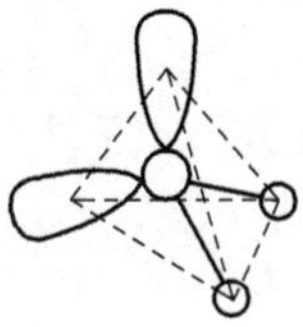 V形 | $H_2O$　$H_2S$ |
| 5 | 三角双锥 | $AB_5$ | 5 | 0 | 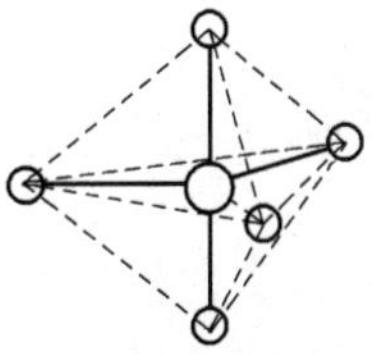 三角双锥 | $PCl_5$　$PF_5$ |
| | | $AB_4$ | 4 | 1 | 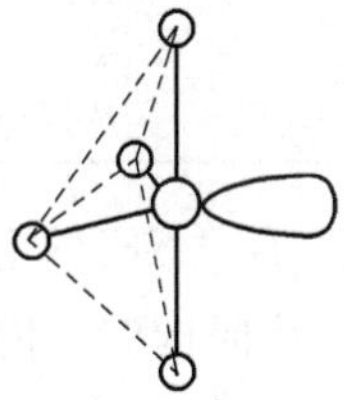 变形四面体 | $SF_4$　$TeCl_4$ |
| | | $AB_3$ | 3 | 2 | 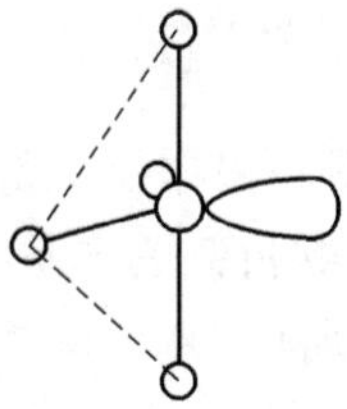 T　形 | $ClF_3$ |
| | | $AB_2$ | 2 | 3 |  直　线 | $I_3^-$　$XeF_2$ |

续 表

| A的电子对数 | 价层电子对构型 | 分子类型 | 成键电子对数 | 孤电子对数 | 分子构型 | 实 例 |
|---|---|---|---|---|---|---|
| 6 | 八面体 | $AB_6$ | 6 | 0 | 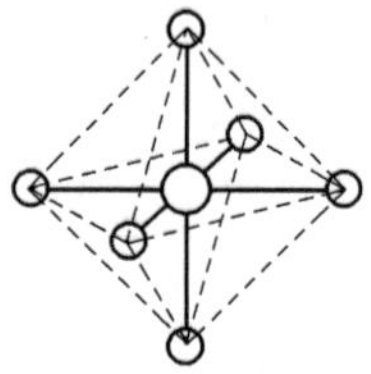 正八面体 | $SF_6$ $AlF_6^{3-}$ |
| | | $AB_5$ | 5 | 1 | 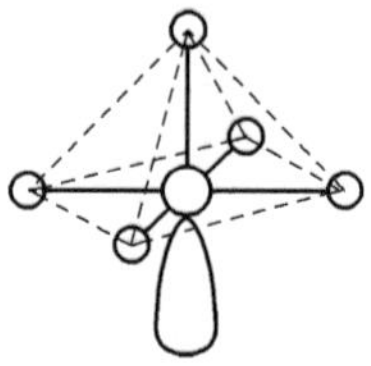 四方锥 | $BrF_5$ $SbF_5^{2-}$ |
| | | $AB_4$ | 4 | 2 | 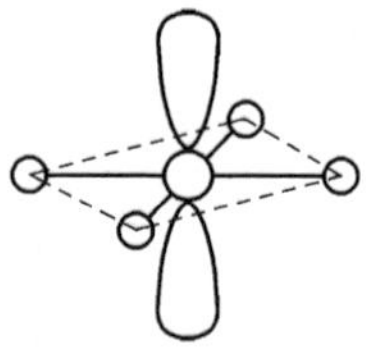 平面正方形 | $ICl_4^-$ $XeF_4$ |

总的来说，利用 VSEPR 仅需依据分子中成键电子对及孤电子对的数目，便可定性判断和预见分子的几何构型。但该理论只能作定性的描述，不涉及成键过程，不能说明分子中键的形成原因、键的稳定性以及键的本质。

### 10.2.5 分子轨道理论

现代价键理论着眼于成键原子间电子的互相配对和原子轨道相互重叠，模型直观，易于理解，阐明了共价键的本质，尤其是杂化轨道理论成功地解释了共价分子的空间构型，因而得到了广泛的应用。但该理论认为分子中的电子仍属于原来的原子，成键的共用电子对只在两成键原子间的小区域内运动，故有局限性。例如，O 原子的电子组态为 $2s^2 2p_x^2 2p_y^1 2p_z^1$ 按现代价键理论，它应是抗磁性物质。但是磁性实验的测定结果表明，$O_2$ 分子是顺磁性物质。另外，现代价键理论也不能解释分子中确实存在的单电子键和三电子键等问题。1932 年美国化学家马利肯（R. S. Mulliken）和德国化学家洪德提出一种新的共价键理论——分子轨道理论（molecular orbital theory），即 MO 法。该理论立足于分子的整体性，沿用了原子轨道的概念，把分子看成多中心的量子力学体系，较好地说明多原子分子中电子的排布以及能量的高低和分子的结构，在现代共价键理论中占有很重要的地位。

1. 分子轨道理论

(1) 分子轨道的概念

原子在形成分子时，所有电子都有贡献，分子中的电子不再从属某个原子，而是在整个分子空间范围内运动。在分子中电子的空间运动状态可用相应的分子轨道波函数 $\psi$（称为分子轨道）来描述。

(2) 分子轨道的形成

分子轨道可以由分子中原子轨道波函数的线性组合而得到（linear combination of atomic orbitals, LCAO），几个原子轨道就可以组成几个分子轨道。由正负符号相同的两原子轨道叠加而成，重叠部分波函数值增大，两核间电子出现的几率密度增大，其能量较原来的原子轨道能量低，称为成键分子轨道（bonding molecular orbital），如 σ、π 轨道；由正负符号不同的两原子轨道叠加而成，由于重叠部分的波函数值的相互抵消，使两核间电子出现的概率密度小，其能量较原来的原子轨道能量高，称为反键分子轨道（antibonding molecular orbital），用 $\sigma^*$、$\pi^*$ 来表示反键分子轨道。

(3) 原子轨道组成分子轨道的条件

为了有效地组合成分子轨道，要求成键的各原子轨道必须符合下述三条原则：

1) 对称性匹配原则　　只有对称性匹配的原子轨道才能组合成分子轨道，称为对称性匹配原则。所谓对称性匹配就是指原子轨道角度分布函数的几何图形对某些点、线、面等有着相同的空间对称性，对同一对称要素具有相同的对称性就是匹配；反之就是不匹配。如图 10－18 中的 a、b、c，进行线性组合的原子轨道分别对于 $x$ 轴呈圆柱形对称，均为对称性匹配；又如图 10－18 中 d、e 参加组合的原子轨道分别对于 $xz$ 平面呈反对称，它们也是对称性匹配的，均可组合成分子轨道；图 10－18 中的 f、g，参加组合的两原子轨道对 $xz$ 平面一个呈对称分布而另一个呈反对称分布，二者对称性不匹配，不能组合成分子轨道。

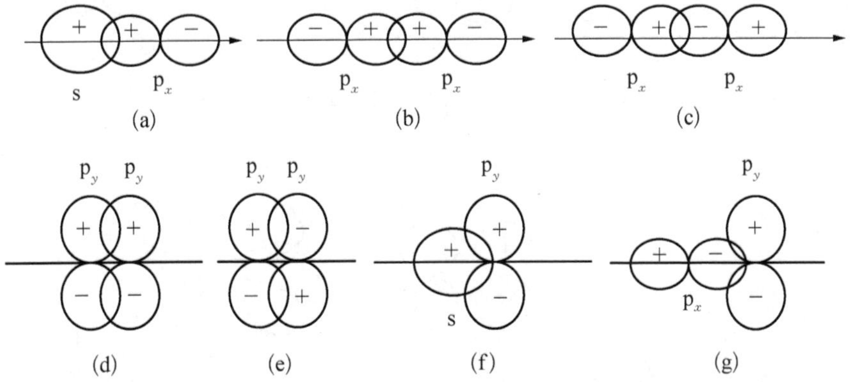


图 10－18　原子轨道对称性匹配示意图

符合对称性匹配原则的几种简单的原子轨道组合中，s－s、s－$p_x$、$p_x$－$p_x$（对 $x$ 轴都呈现对称分布，对同一个对称要素具有相同的对称性）对称性是匹配的，因此可以组成 σ 分子轨道。$p_y$－$p_y$（对 $xz$ 平面）、$p_z$－$p_z$（对 $xy$ 平面）都是呈镜面反对称分布，对同一个对称要素，都具有相同的对称性，它们的对称性也是匹配的，因此可以组成 π 分子轨道。

图 10－19 至图 10－23 都是对称性匹配的两原子轨道组合成分子轨道的示意图。

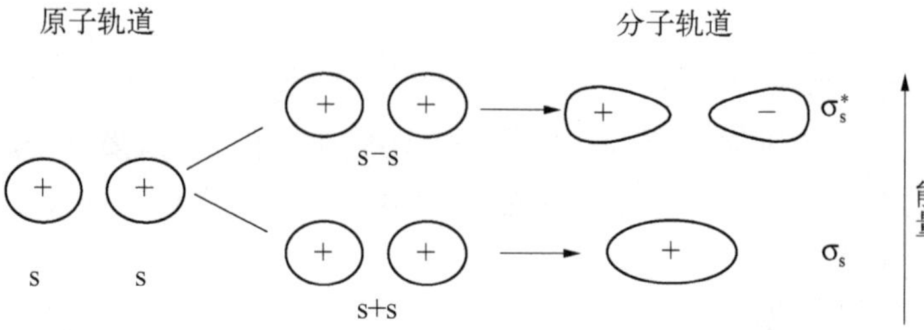


图 10-19　s-s 轨道重叠组成 σ 分子轨道

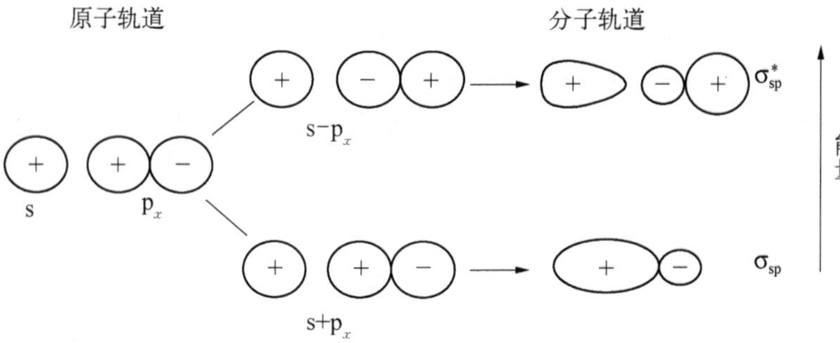


图 10-20　s-p 轨道重叠组成 σ 分子轨道

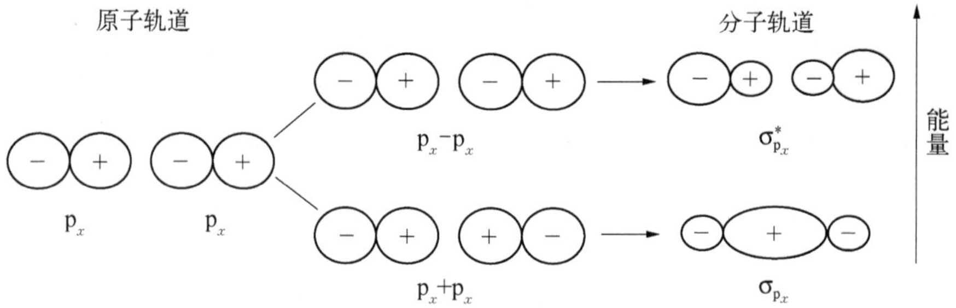


图 10-21　$p_x-p_x$ 轨道重叠组成的 σ 分子轨道

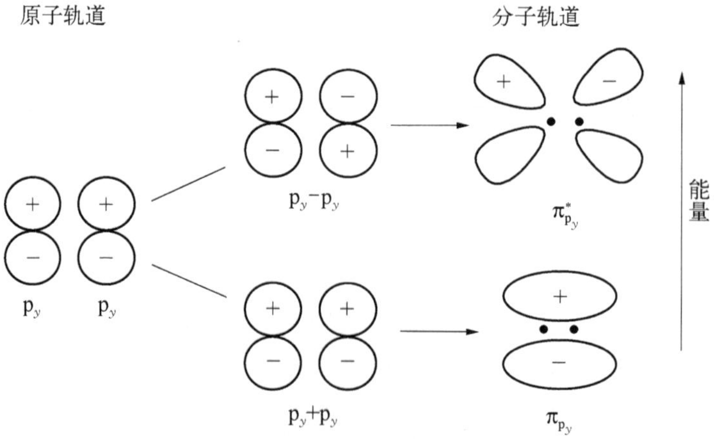


图 10-22　$p_y-p_y$ 轨道重叠组成的 π 分子轨道示意图

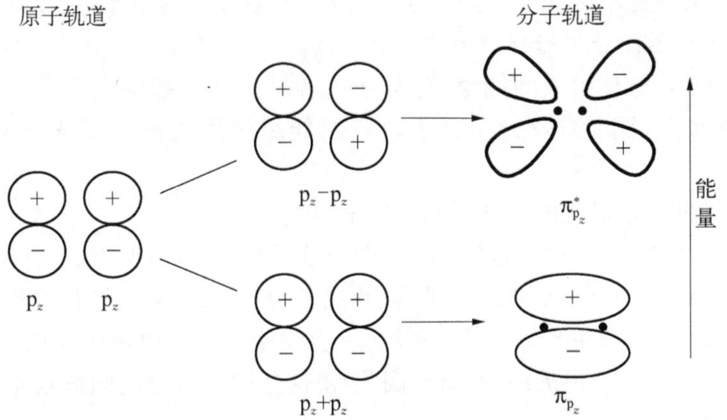


图 10-23 $p_z-p_z$ 轨道重叠组成的 $\pi$ 分子轨道示意图

2）能量近似原则　在对称性匹配的原子轨道中，只有能量相近的原子轨道才能有效组合成分子轨道，而且能量越相近越好，称为能量近似原则。这个原则对于确定两种不同类型的原子轨道之间能否组成分子轨道尤为重要。例如，H 原子的 1s 轨道的能量为 $-1\,312\ \mathrm{kJ\cdot mol^{-1}}$，F 原子的 1s、2s、2p 轨道的能量分别为 $-67\ 181\ \mathrm{kJ\cdot mol^{-1}}$、$-3\,870.8\ \mathrm{kJ\cdot mol^{-1}}$、$-1\,797.4\ \mathrm{kJ\cdot mol^{-1}}$。当 H 原子和 F 原子形成 HF 分子时，从对称性匹配情况看，H 原子的 1s 轨道可以和 F 原子的 1s、2s、2p 轨道中的任一个组成分子轨道，但根据能量近似原则，H 原子的 1s 轨道只能和 F 原子的 2p 轨道组合才有效。因此，H 原子与 F 原子是通过 $\sigma_{s\text{-}p_x}$ 单键结合成 HF 分子的（如图 10-20 所示）。

3）轨道最大重叠原则　对称性匹配的两原子轨道进行线性组合时，其重叠程度越大，在重叠区域电子出现的几率密度越大，形成的负电区域对两核产生的吸引越强，使系统能量降得越低，则组合成的分子轨道的能量也越低，所形成的化学键越牢固，这称为轨道最大重叠原则。

在上述三原则中，对称性匹配原则是首要的，它决定原子轨道有无组合成分子轨道的可能性。能量近似原则和轨道最大重叠原则是在符合对称性匹配原则的前提下，决定分子轨道组合效率的问题。

（4）电子在分子轨道中的排布遵守的原则

电子在分子轨道中的排布与在原子轨道中的排布相同，同样遵循能量最低原理、泡利不相容原理和洪德规则。具体排布时，应先知道分子轨道的能级顺序，按分子轨道的能级顺序从左到右排列分子轨道，然后按上述三原则依次填入电子，并在分子轨道符号的右上角注明电子数，所完成的式子称为分子轨道的电子排布式。目前分子轨道能量高低的顺序主要借助于分子光谱实验来确定。

（5）分子稳定性的表示方法

在分子轨道理论中，用键级表示键的牢固程度。

$$\text{键级} = \frac{1}{2}(\text{成键电子数} - \text{反键电子数})$$

一般说来，键级越高，键能越大，键越牢固。键级为 0，则表明原子不可能结合成分子，键级为零的分子是不存在的。如果分子轨道中存在未成对电子，键级有可能为分数。

2. 同核双原子分子的分子轨道

每个分子轨道都有相应的能量，把分子中各分子轨道按能级高低排列起来，可得到分子轨道能级图（图 10－24）。分子轨道的能级顺序主要是从光谱实验数据来确定的。

（1）第二周期元素形成的同核双原子分子

第二周期元素中，因它们各自的 2s、2p 轨道能量之差不同，所形成的同核双原子分子的分子轨道能级顺序有两种：一种是组成原子的 2s、2p 轨道的能量相差较大（$>1\,500\ \mathrm{kJ\cdot mol^{-1}}$），在组合成分子轨道时，不会发生 2s、2p 轨道之间的相互作用，只是两原子的 s－s 和 p－p 轨道的线性组合，因此，由这些原子组成的同核双原子分子的分子轨道能级顺序为

$$\sigma_{1s} < \sigma_{1s}^* < \sigma_{2s} < \sigma_{2s}^* < \sigma_{2p_x} < \pi_{2p_y} = \pi_{2p_z} < \pi_{2p_y}^* = \pi_{2p_z}^* < \sigma_{2p_x}^*$$

图 10－24(a)即是此能级顺序的分子轨道能级图，$O_2$、$F_2$分子的分子轨道能级排列就符合此分子轨道能级序。

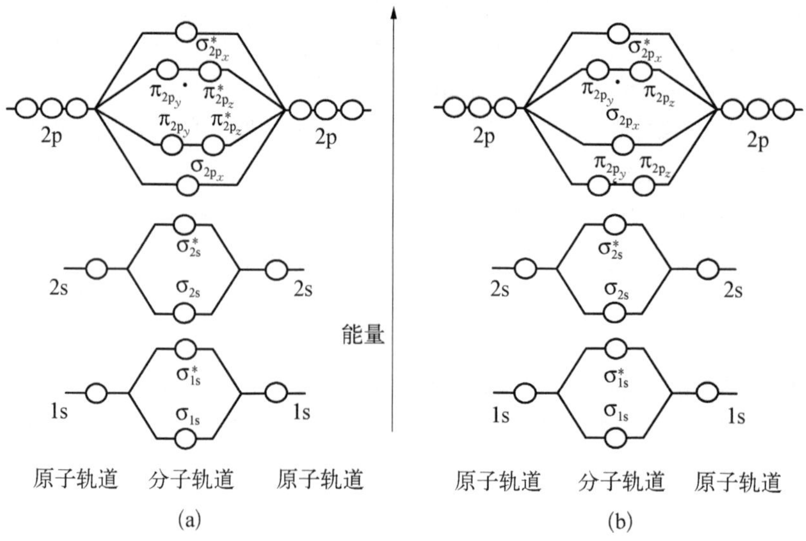


图 10－24　同核双原子分子轨道能级图

另一种是组成原子的 2s 和 2p 轨道的能量相差较小$<1\,500\ \mathrm{kJ\cdot mol^{-1}}$，在组合成分子轨道时，一个原子的 2s 轨道除能和另一个原子的 2s 轨道发生重叠外，还可与其对称性相同的 $2p_x$ 轨道重叠，其结果是使 $\sigma_{2p_x}$ 轨道的能量高于 $\pi_{2p_y}=\pi_{2p_z}$ 分子轨道。由这些原子组成的同核双原子分子的分子轨道能级顺序为

$$\sigma_{1s} < \sigma_{1s}^* < \sigma_{2s} < \sigma_{2s}^* < \pi_{2p_y} = \pi_{2p_z} < \sigma_{2p_x} < \pi_{2p_y}^* = \pi_{2p_z}^* < \sigma_{2p_x}^*$$

图 10－24(b)即是此能级顺序的分子轨道能级图，$Li_2$、$Be_2$、$B_2$、$C_2$、$N_2$分子的分子轨道能级排列就符合此分子轨道能级顺序。

**例 10-7**　试用分子轨道理论分析氢分子离子 $H_2^+$ 和 $He_2$ 分子能否存在。

**解:** 氢分子离子是由一个 H 原子和一个氢离子 $H^+$ 组成的。分子中只有一个电子,键级$=\frac{1}{2}$。可以存在,但稳定性小。

氦原子的电子组态为 $1s^2$,形成分子后的电子组态为$(\sigma_{1s})^2(\sigma_{1s}^*)^2$ 成键分子轨道和反键分子轨道上各有一对电子,键级=0,表明分子不能存在。

**例 10-8**　试用分子轨道理论说明 $N_2$ 分子的结构。

解:氮原子的电子组态为 $1s^2$、$2s^2$、$2p^3$,分子中的 14 个电子按图 10-24(b)的能级序排列,电子依次进入分子轨道,分子轨道排布式为:$(\sigma_{1s})^2(\sigma_{1s}^*)^2(\sigma_{2s})^2(\sigma_{2s}^*)^2(\pi_{2p_y})^2(\pi_{2p_z})^2(\sigma_{2p_x})^2$ 或表示为:$N_2[KK(\sigma_{2s})^2(\sigma_{2s}^*)^2(\pi_{2p_y})^2(\pi_{2p_z})^2(\sigma_{2p_x})^2]$。

K 表示 K 层原子轨道上的 2 个电子。此分子轨道式中对成键有贡献的就是一个 σ 键和两个 π 键,键级=3,而且 π 键能量比 σ 键还低,所以分子相当稳定。

**例 10-9**　试用分子轨道理论分析 $O_2$ 分子为什么是顺磁性?其化学活泼性及键级如何?

**解:** O 原子的电子组态为 $1s^2$、$2s^2$、$2p^4$,$O_2$ 分子中共有 16 个电子,但其分子轨道的能级顺序与 $N_2$ 分子不同,电子填充如下:

$$O_2[KK(\sigma_{2s})^2(\sigma_{2s}^*)^2(\sigma_{2p_x})^2(\pi_{2p_y})^2(\pi_{2p_z})^2(\pi_{2p_y}^*)^1(\pi_{2p_z}^*)^1]$$

有一个 σ 键和两个三电子 π 键,键级=2,三电子 π 键中各有一个单电子,故它是顺磁性(paramagnetic)的。在每个三电子 π 键中两个电子在成键轨道,一个电子在反键轨道。键能只有单键的一半,三电子 π 键比 π 键弱得多。事实上 $O_2$ 分子的键能只有 $495\ kJ \cdot mol^{-1}$,这比一般双键的键能低。正因为分子中含有结合力弱的三电子 π 键,所以它的化学性质比较活泼,而且可以失去电子变成氧分子离子 $O_2^+$。

(2) 异核双原子分子的分子轨道

用分子轨道理论处理两种不同元素的原子组成的异核双原子分子时,所使用的原则和处理同核双原子分子一样,也应遵循对称性匹配、能量近似和轨道最大重叠原则。

对于第二周期元素的异核双原子分子或离子,可近似地用第二周期的同核双原子分子的方法来处理。因为影响分子轨道能级高低的主要因素是原子的核电荷,所以若两个组成分子的原子序数之和比 N 原子序数的两倍小或相等,则用 $N_2$ 分子的轨道能级顺序;如果大,就用 $O_2$ 分子的分子轨道能级顺序。

**例 10-10**　试比较 NO 分子和 $NO^+$ 的稳定性。

**解:** NO 两原子序数之和为 15 大于 N 序数的两倍,所以其电子排布为:

$$NO[KK(\sigma_{2s})^2(\sigma_{2s}^*)^2(\sigma_{2p_x})^2(\pi_{2p_y})^2(\pi_{2p_z})^2(\pi_{2p_y}^*)^1]$$

分子中有一个三电子 $\pi$ 键，稳定性小，键级=2.5。如果失去一个电子，就跟 $N_2$ 的结构相同了，所以 $NO^+$ 的键级=3，稳定性更大。

**例 10-11** 试用分子轨道理论来分析 HF 分子的形成。

**解**：HF 是异核双原子分子，但因 H 和 F 不属于同一个周期，因而不能采用上述两例的方法来确定其分子轨道能级顺序。根据分子轨道理论提出的原子轨道线性组合三原则进行综合分析，可确定：H 原子的 1s 轨道和 F 原子的 $2p_x$ 轨道沿键轴方向最大重叠，有效组合成一个成键的分子轨道，和一个反键的分子轨道，而 F 原子的其他原子轨道在形成 HF 时没变化，成键前后没有变化的原子轨道称为非键轨道，没有成键的电子进入非键轨道。分子中只有一个 $\sigma$ 键，如图 10-25 所示。

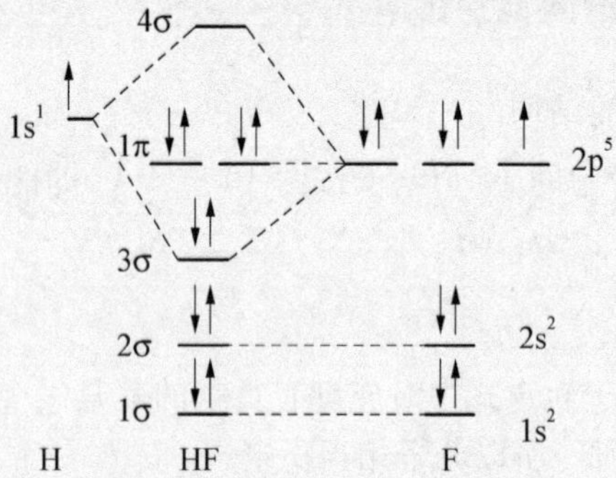


图 10-25 HF 的分子轨道能级

总的来说，分子轨道理论比较全面，因为它对分子中电子的分布加以统筹安排，使分子中的电子具有整体性，比较成功地说明了第二周期双原子分子的结构及性质，对多原子分子的结构也能较好地给出解释，应用较广，成功阐明了现代价键理论不能解释的一些问题。在共价键理论中占有重要的位置。但它对分子几何构型的描述则不如价键理论直观。实际上，现代价键理论将共价键定域于原子之间，强调了原子间的相互作用，十分形象，并易于与分子的空间构型相联系，同样是十分重要的理论之一。

## 10.3 金属键理论

元素周期表中的五分之四的元素为金属元素。除汞在室温为液体外，其他金属在室温都是晶体，其共同特征是：具有金属光泽，优良的导电、导热性和延展性等。金属的这些特性是由金属内部特有的化学键的性质决定的。关于金属键理论，主要有自由电子理论及能带理论，以下分别予以介绍。

### 10.3.1 自由电子理论

自由电子理论又称为金属键的改性共价键理论。该理论认为，在固态或液态金属中，价电子可以自由地从一个原子移向另一个原子；价电子为许多原子或离子所共有，金属键就是由这些共用的能够自由移动的自由电子把许多原子或离子“黏合”在一起组成的“改性共价键”。形象地说，金属原子或离子是被浸沉于电子的“海洋中”。金属的这种“少电子多中心”的键即为金属键(metallic bond)，它是一种离域的共价键，因此既无方向性，又无饱和性(图 10-26)。

金属的特性可以用自由电子理论来解释。金属中的自由电子可以吸收可见光，因吸收能量而被激发的电子在跃迁回低能级时，又会辐射出各种波长的光，因而使金属不透明，具有金属光泽；由于自由电子在外加电场作用下可以由负极流向正极形成电流，所以金属常具有良好的导电性；由于自由电子在金属中的运动会不断与原子或离子碰撞而交换能量，使热迅速得到扩散，因此金属具有良好的导热性；由于自由电子在结构上具有胶合作用，金属晶体采用紧密堆积结构，在外力作用下，一层原子可以在相邻的另一层原子上滑动而不会破坏金属键，所以金属有良好的机械加工性能即延展性。但是，金属键的自由电子理论只能定性地说明金属的某些特性，而难以定量解释。对于金属的光电效应、某些金属的特殊导电性（例如金属锗的导电性随温度升高而增大）的解释都存在一定的困难。因此，关于金属键本质的更加确切的阐述需借助于量子力学为基础的能带理论。

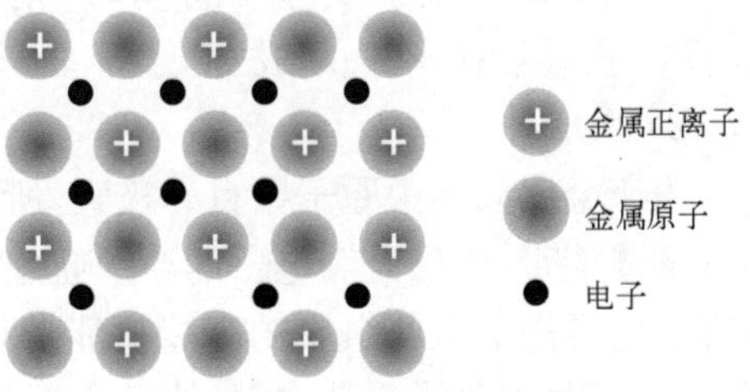

图 10-26　金属晶体示意图

## 10.3.2　能带理论

用分子轨道理论处理金属键就得到了金属键的能带理论，其理论要点包括：

1) 整个金属晶体视为一个大分子，金属原子的价电子是离域的，属于整个金属晶体的原子所有。

2) 在金属晶体中，所有原子的能量相近的轨道组合成新的分子轨道，其数目与形成分子轨道的原子轨道数目相等。

3) 由于这些分子轨道之间能量差很小，它们在能量上基本上是连续的，称为能带(energy band)。

例如，两个 Li 原子组合成一个 $Li_2$(g) 分子时，两个 Li 原子上共 6 个电子在形成的分子轨道上排布为$(\sigma_{1s})^2(\sigma_{1s}^*)^2(\sigma_{2s})^2$[图 10-27(a)]。$\sigma_{2s}$成键轨道填 2 个电子，$\sigma_{2s}^*$反键轨道没有电子。

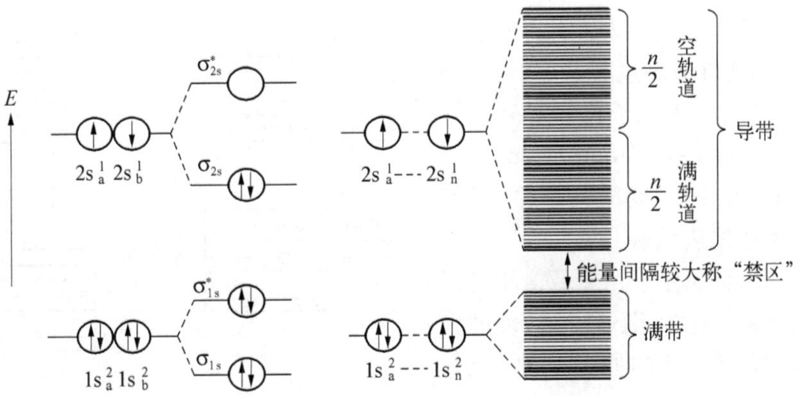

(a) $Li_2$ 分子轨道　　(b) $Li_n$ 金属分子轨道

图 10-27

当 $n$ 个原子聚积成金属晶体时，则各原子价电子波函数将相互叠加而组成 $n$ 条分子轨道，其中 $n/2$ 为成键分子轨道，$n/2$ 为反键分子轨道，其电子排布如图 10－27(b)。

由于金属晶体中原子数目 $n$ 极大，所以这些分子轨道之间的能级间隔极小，几乎连成一片形成能带，由已充满电子的原子轨道所形成的低能量能带称为满带(filled band)；由未充满电子的能级所组成的高能量能带称为导带(conduction band)；满带与导带之间的能量相差很大，电子不易逾越，故又称为禁带(forbidden band)。

4) 能带属于整个金属晶体，每个能带可以包括许多相近的能级。电子在同一能级中可自由跃迁，如在 $Li_n$ 的晶体中，电子从由 $\frac{n}{2}$2s 轨道组成的满带跃迁到由 $\frac{n}{2}$2s 轨道组成的空带上时，在外电场作用下就可以自由运动，因而具有导电性。对于 $Be_n$ 金属晶体，$n$ 个 Be 2s 轨道组成的 $n$ 个 Be 2s 分子轨道中，2s 带是满带，但是事实上金属铍是可以导电的，这是由于在金属铍中的 2p 带是空带，它与 2s 满带相互重叠。因此，电子的跃迁很容易实现，电子可在导带中运动，见图 10－28。

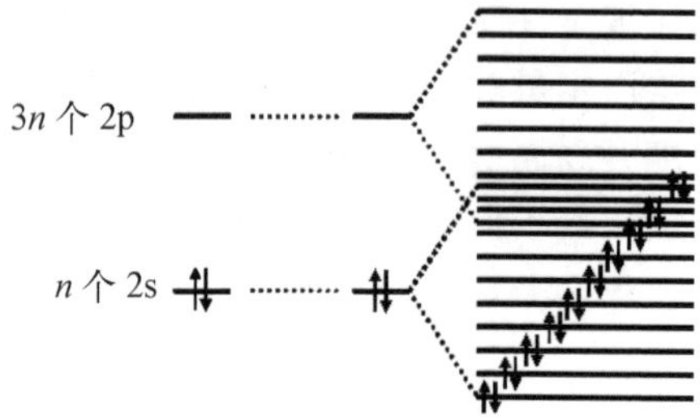

图 10－28　$Be_n$ 的能带

过渡金属元素的能带特征是：$(n-1)$d 部分充满，并与 $n$s、$n$p 能带重叠。因此过渡金属普遍具有良好的导电性。

绝缘体不导电，是因为绝缘体中的价电子都处于满带，满带与空带之间存在禁带，能量间隔大 ($E_g \geqslant 5$ ev)，在外电场或其他因素作用下，满带电子都不可能跃迁至空带形成导带，故不能导电(如金刚石)。对于半导体，如 Si、Ge 等，价电子也处于满带，它们能带差(禁带)间距小，能量相差也小 ($E_g < 3$ ev)，低温时是电子的绝缘体，高温时电子能激发跃过禁带而导电，所以半导体的导电性随温度的升高而升高，而金属却因升高温度，原子振动剧烈，电子运动受阻等原因，使得金属导电性下降，见图 10－29。

金属键的强弱与金属原子的大小、电子层结构等其他许多因素有关，通常，金属键的强弱可以用金属原子化热等来衡量。金属原子化热(heat atomization)是指 1 mol金属在 298 K 时变成气态原子所吸收的能量(即气化热)。

一般来说，金属原子化热数值小时，其熔点低，质地软；反之，则熔点高，硬度大。例如：金属 Na 和 Al 的原子化热分别为 108.4 kJ · $mol^{-1}$ 和 326.4 kJ · $mol^{-1}$，它们的熔点则分别为 97.5℃和 660℃。

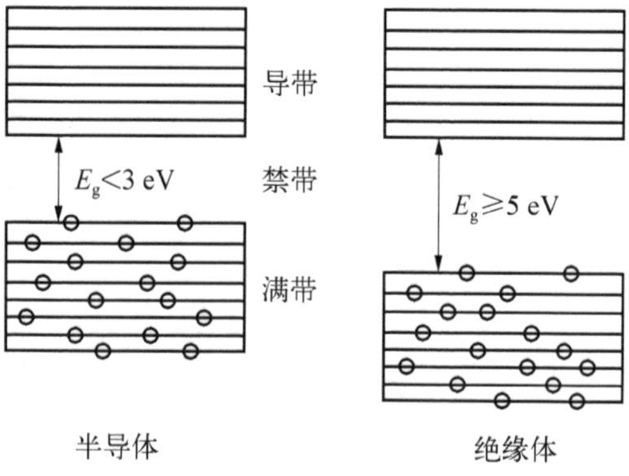

图 10－29　半导体与绝缘体

# 10.4 分子间作用力

前面讨论了分子内部原子与原子间存在着结合力，即化学键。化学键的键能大约在150～650 kJ・$mol^{-1}$。物质的分子与分子之间则有比较弱的作用力。一般在几十千焦每摩尔。由于分子间作用力(intermolecular force)的存在，在温度足够低时，许多气体才能凝聚为液体，甚至固体。荷兰物理学家范德华(van der Waals)在1873年就发现并研究了这种作用力。分子间作用力主要包括范德华力和氢键。

## 10.4.1 分子的极性

1. 键的极性

键的极性是由于成键原子的电负性不同而引起的。当成键原子的电负性相同时，核间的电子云密集区域在两核的中间位置，两个原子核正电荷所形成的正电荷重心和分子中成键电子对的负电荷重心恰好重合，键两端的电性是一样的，这种键称为非极性共价键(nonpolar covalent bond)。例如，双原子分子 $H_2$、$O_2$分子中的共价键就是非极性共价键。当成键原子的电负性不同时，核间的电子云密集区域偏向电负性较大的原子一端。这时两原子间电荷的分布是不对称的，电负性大的原子一端带上负电荷，电负性小的原子一端则带上等量的正电荷，键的正电荷重心与负电荷重心不重合，这样的共价键称为极性共价键(polar covalent bond)。如 HCl 分子中的 H—Cl 键就是极性共价键。

当成键原子的电负性相差很大时，可以认为成键电子对完全转移到电负性很大的原子上，这时原子转变为离子，形成离子键。因此，从键的极性看，可以认为离子键是最强的极性键，极性共价键是由离子键到非极性共价键之间的一种过渡情况(表 10-8)。

**表 10-8 键型与成键原子电负性差值的关系**

| 物 质 | NaCl | HF | HCl | HBr | HI | $Cl_2$ |
|---|---|---|---|---|---|---|
| 电负性差值 | 2.1 | 1.9 | 0.9 | 0.7 | 0.4 | 0 |
| 键 型 | 离子键 | 极 性 | 共 | 价 | 键 | 非极性共价键 |

2. 分子的极性

根据分子中正、负电荷重心是否重合，可将分子分为极性分子和非极性分子。正负电荷重心相重合的分子是非极性分子(nonpolarmolecule)；不重合的是极性分子(polar molecule)。

对于双原子分子，分子的极性与键的极性是一致的。即由非极性共价键构成的分子一定是非极性分子，如 $H_2$、$O_2$、$Cl_2$等分子；由极性共价键构成的分子一定是极性分子，如 HCl、HF 等分子。

对于多原子分子，分子的极性与键的极性不一定完全一致。分子是否有极性，不仅取决于组成分子的元素的电负性，而且也与分子的空间构型有关。例如 $CO_2$、$CH_4$分子中，虽然都是极性键，但前者是直线构型，后者是正四面体构型，键的极性相互抵消，因此它们是非极性分子。而在V形构型的 $H_2O$ 分子和三角锥构型的 $NH_3$ 分子中，键的极性不能抵消，它们就是极性分子。

分子极性的大小用电偶极矩(electric dipole moment)来量度。分子的电偶极矩简称偶极矩，它等于正、负电荷重心间的距离与正电荷重心或负电荷重心上的电量的乘积：$\vec{\mu}=q\cdot d$，其单位是 $10^{-30}$ C·m。电偶极矩是一个矢量，化学上规定其方向是从正电荷重心指向负电荷重心。一些分子的电偶极矩测定值见表10-9。电偶极矩为零的分子是非极性分子，电偶极矩越大表示分子的极性越强。

**表10-9 一些分子的偶极矩**

| 物质 | $\mu/10^{-30}$ C·m | 物质 | $\mu/10^{-30}$ C·m |
|---|---|---|---|
| $H_2$ | 0 | $BF_3$ | 0 |
| HF | 6.37 | $BCl_3$ | 0 |
| HCl | 3.57 | $NH_3$ | 4.90 |
| HBr | 2.67 | $CH_4$ | 0 |
| HI | 1.40 | $CCl_4$ | 0 |
| CO | 0.40 | $CH_3Cl$ | 6.20 |
| $CO_2$ | 0 | $CH_2Cl_2$ | 5.24 |
| $H_2O$ | 6.17 | $CHCl_3$ | 3.84 |
| $H_2S$ | 3.67 | | |

3. 分子的极化

无论分子有无极性，在外电场作用下，它们的正负电荷重心都将发生变化。如图10-30所示，非极性分子的正、负电荷重心本来是重合的($\mu=0$)，但在外电场作用下，发生相对位移，引起分子变形而产生偶极；极性分子的正、负电荷重心不重合，分子中始终存在一个正极和一个负极，故极性分子具有永久偶极(permanent dipole)，但在外电场作用下，分子的偶极按电场方向取向，同时使正、负电荷重心的距离增大，分子的极性因而增强。

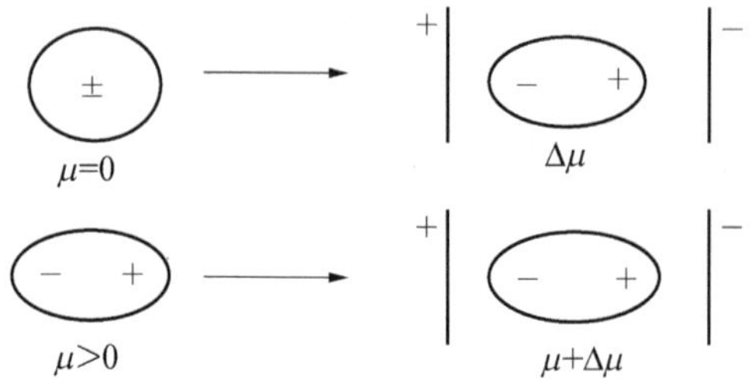

图10-30 分子的极化

这种因外电场的作用，使分子变形产生偶极或增大偶极矩的现象称为分子的极化(polarizing)。由此而产生的偶极称为诱导偶极，其电偶极矩称为诱导电偶极矩，即图10-30中的 $\Delta\mu$ 值。

分子的极化不仅在外电场作用下产生，分子间相互作用时也可发生，这正是分子间存在相互作用力的重要原因。

## 10.4.2 分子间的作用力

分子间存在着一种只有化学键键能的1/10～1/100的弱的作用力，它最早由荷兰物理学家范德华提出，故称范德华力。这种力对物质的物理性质如沸点、溶解度、表面张力等有重要影响。按作用力产生的原因和特性，这种力可分为取向力、诱导力和色散力三种类型。

1. 取向力

取向力发生在极性分子之间。极性分子具有永久偶极，当两个极性分子接近时，因同极相斥，异极相吸，分子将发生相对转动，力图使分子间按异极相邻的状态排列。极性分子的这种运动称为取向，由永久偶极的取向而产生的分子间吸引力称为取向力(orientation force)，如图 10-31 所示。

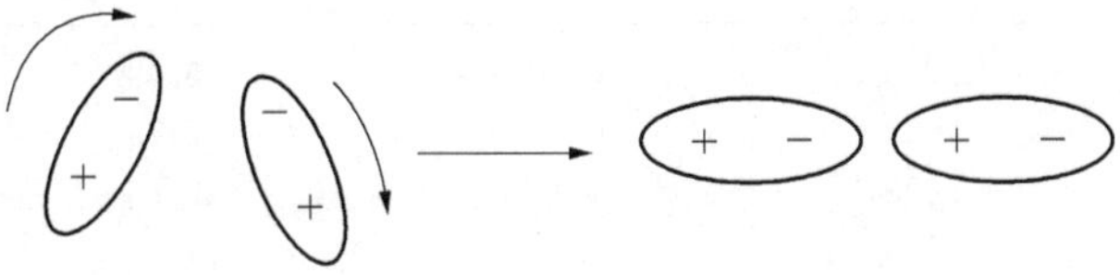

图 10-31　两个极性分子的相互作用示意图

2. 诱导力

诱导力(induction force)发生在极性分子与非极性分子以及极性分子与极性分子之间。当极性分子与非极性分子接近时，因极性分子的永久偶极相当于一个外电场，可使非极性分子极化而产生诱导偶极，于是诱导偶极与永久偶极相吸引，如图 10-32 所示。由极性分子的永久偶极与非极性分子所产生的诱导偶极之间的相互作用力称为诱导力。当两个极性分子互相靠近时，在彼此的永久偶极的影响下，相互极化产生诱导偶极，因此对极性分子间的作用来说，诱导力是一种附加的取向力。

非极性分子　极性分子

图 10-32　极性分子和非极性分子相互作用示意图

3. 色散力

非极性分子间也存在相互作用力。由于分子内部的电子在不断运动，原子核在不断的振动，使分子的正负电荷重心不断发生瞬间的相对位移，从而产生瞬间偶极。瞬间偶极又可诱使邻近的分子极化，因此非极性分子之间可靠瞬间偶极相互吸引产生分子间作用力。由于从量子力学导出的这种力的理论公式与光的色散公式相似，因此把这种力称为色散力(dispersion force)，如图 10-33 所示。虽然瞬间偶极存在的时间很短，但是不断地重复发生，又不断地相互诱导和吸引，因此色散力始终存在。任何分子都有不断运动的电子和不停振动的原子核，都会不断产生瞬间偶极，所以色散力存在于各种分子之间，并且在范德华力中占有相当大的比重。

综上所述，在非极性分子之间只有色散力；在极性分子和非极性分子之间，既有诱导力也有色散力；而在极性分子之间，取向力、诱导力、色散力都存在。表 10-10 列出了上述三种作用力在一些分子间的分配情况。

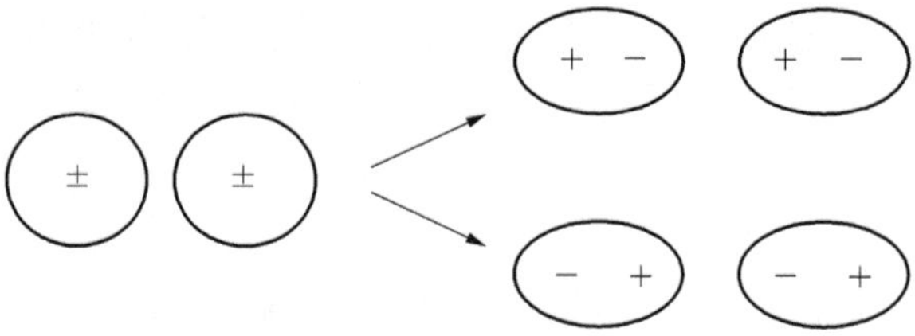


图 10-33 非极性分子间的相互作用示意图

**表 10-10 分子间力的分配情况($kJ \cdot mol^{-1}$)**

| 分 子 | 取向力 | 诱导力 | 色散力 | 总能量 |
|---|---|---|---|---|
| Ar | 0.000 | 0.000 | 8.49 | 8.49 |
| CO | 0.003 | 0.008 | 8.74 | 8.75 |
| HI | 0.025 | 0.113 | 25.86 | 26.00 |
| HBr | 0.686 | 0.502 | 21.92 | 23.11 |
| HCl | 3.305 | 1.004 | 16.82 | 21.13 |
| $NH_3$ | 13.310 | 1.548 | 14.94 | 29.80 |
| $H_2O$ | 36.380 | 1.929 | 9.00 | 47.31 |

范德华力不属于化学键范畴，它有下列一些特点：它是静电引力，其作用能只有几到几十千焦每摩尔，约比化学键小 1～2 个数量级；它的作用范围只有几十到几百皮米；它不具有方向性和饱和性；对于大多数分子，色散力是主要的。只有极性大的分子，取向力才比较显著。诱导力通常都很小。

物质的沸点、熔点等物理性质与分子间的作用力有关，一般说来范德华力小的物质，其沸点和熔点都较低。从表 10-10 可见，HCl、HBr、HI 的范德华力依次增大，故其沸点和熔点依次递增。在常温下，氯是气体，溴是液体，碘是固体，也是分子间力依次增大的缘故。

## 案例 10-1 超分子

近年来兴起了一门化学、物理、生物学的交叉学科，名为超分子化学。它把物质的分子，通过非价键相互作用而形成的分子聚集体称为超分子(supermolecule)。超分子是一类化学家创造的新物质，它是不同分子之间因彼此的弱相互作用(如氢键、配位键、亲水/疏水等相互作用)形成的一种新物质。

自 1987 年法国 J. M. Lehn 教授因在超分子化学方面的开拓性工作荣获诺贝尔化学奖后，超分子化学研究引起了广泛的重视。两个世纪以来，化学界创造了 2 000 万种分子，原则上都可在不同层次组装成海量的、与组装体结构相关的、具有特殊功能的超分子体系，由此可见，超分子化学开拓了创造新物质与新材料的崭新的无限的发展空间。

事实上，生物体与生命过程是亿万年进化的产物，各种生物分子通过不同层次的组装，由微观到宏观，自发地形成了复杂但精确的组装体系，实现了各种特异性的生物功能。自然存在着亿万个超分子体系居于生命体的核心位置，例如，在细胞内的生物化学过程都由特定超分子体系来执行，像 DNA 与 RNA 的合成、蛋白质的表达与分解、脂肪酸合成与分解、能量转换与力学运动体系等。

### 10.4.3 氢键

1. 氢键的本质

同族元素的氢化物的沸点和熔点一般随相对分子质量的增大而升高，但 HF、$H_2O$ 的沸点和熔点却分别比 HCl、$H_2S$ 的沸点和熔点高。这表明在 HF、$H_2O$ 分子之间除了存在范德华力外，还存在另一种作用力，即氢键。

当 H 原子与电负性很大、半径很小的原子 X(如 F、O、N 等)，以共价键结合成分子时，密集于两核间的电子云强烈地偏向于电负性大的 X 原子一方，使 H 原子变成几乎裸露的质子而具有大的正电荷场强，因而这个 H 原子还能与另一个电负性大、半径小并在外层有孤对电子的 Y(F、O、N)原子产生定向的吸引作用，这种 H 原子与 Y 原子间的定向吸引作用称为氢键(hydrogen bond)。氢键通常表示为 X—H…Y，其中 X—H 是强极性共价键，H…Y 代表氢键。X、Y 可以是同种元素的原子，如 O—H…O、F—H…F，也可以是不同元素的原子，如 N—H…O。在某些具有生物活性的生命大分子中，H 原子与 Cl 原子或 S 原子间也可以形成较弱的氢键。

氢键的本质是静电吸引作用。氢键的键能一般在 42 $kJ \cdot mol^{-1}$ 以下，比共价键弱，但比范德华力强。氢键与范德华力还有一个明显不同之处就是氢键具有饱和性和方向性。所谓饱和性是指 H 原子与 X 原子结合后只能与一个 Y 原子形成氢键。这是因为 H 原子体积比 X 和 Y 小得多，当形成 X—H…Y 后，第二个 Y 原子再靠近 H 原子时，将会受到已形成氢键的 Y 原子电子云的强烈排斥。而氢键的方向性就是指 Y 原子与 X—H 形成氢键时，以 H 原子为中心的三个原子 X—H…Y 应尽可能在同一条直线上，以使 Y 与 X 原子之间距离最远，两个原子的电子云之间的斥力最小，从而能形成稳定的氢键，如图 10-34 所示。

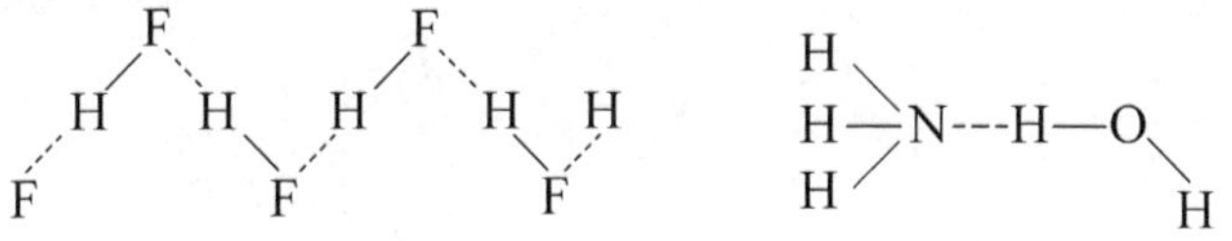


图 10-34 氟化氢和氨水中的分子间氢键

2. 分子间氢键和分子内氢键

不仅在分子间可以形成分子间氢键(intermolecular hydrogen bond)，如氟化氢、氨水等，氢键也可以在同一分子内形成，如硝酸、邻硝基苯酚、水杨醛都可形成分子内氢键(intramolecular hydrogen bond)，如图 10-35 所示。分子内氢键虽不在一条直线，但形成了较稳定的环状结构。

3. 氢键对物质性质的影响

(1) 对熔、沸点的影响

分子间形成氢键增加了分子间的作用力，从而使物质的熔、沸点显著升高，例如 HF、$H_2O$、$NH_3$ 的熔、沸点与同族氢化物相比都特别高。因为要使固体融化或液体气化，不仅需要克服分子间的范德华力，还必须破坏比范德华力大得多的氢键。必须指出，当物质存在分子内氢键时，反而会使其熔、沸点下降。对位和邻位硝基苯酚的沸点分别为 114℃和 45℃，是因为前者只能生成分子间氢键，而后者可以生成分子内氢键之故。

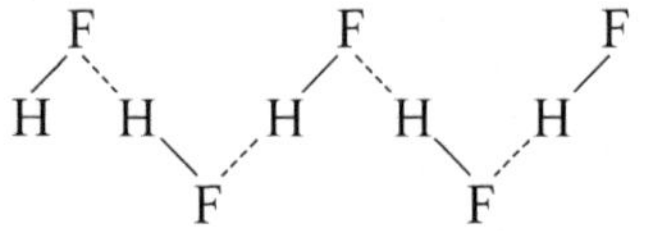

HF 分子间氢键

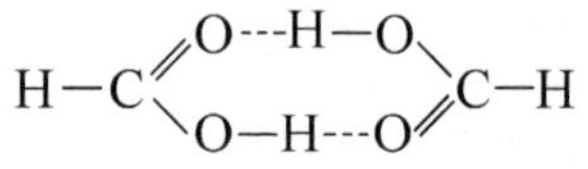

甲酸分子间氢键

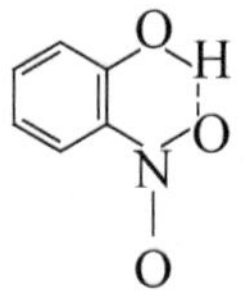

邻硝基苯酚分子内氢键

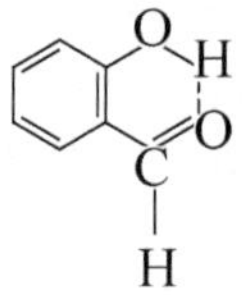

水杨醛分子内氢键

图 10-35　分子间氢键和分子内氢键

(2) 溶解度变化

在极性溶剂中，若溶质分子和溶剂分子间形成分子间氢键，会使溶质的溶解度增加，如 $NH_3$ 在水中的溶解度很大。若溶质分子和溶剂分子间形成分子内氢键，其在极性溶剂中的溶解度减小，在非极性溶剂中的溶解度增加。

氢键的形成亦会影响到物质的酸碱性、密度、介电常数甚至反应性。

4. 氢键在生物体中的作用

氢键在蛋白质和核酸分子结构中普遍存在，对生命过程起着重要作用，例如在蛋白质的三级结构中，由于氢键的作用，维持了主肽链与附近氨基酸残基的空间关系，因而保持一定的生物活性(图 10-36)。

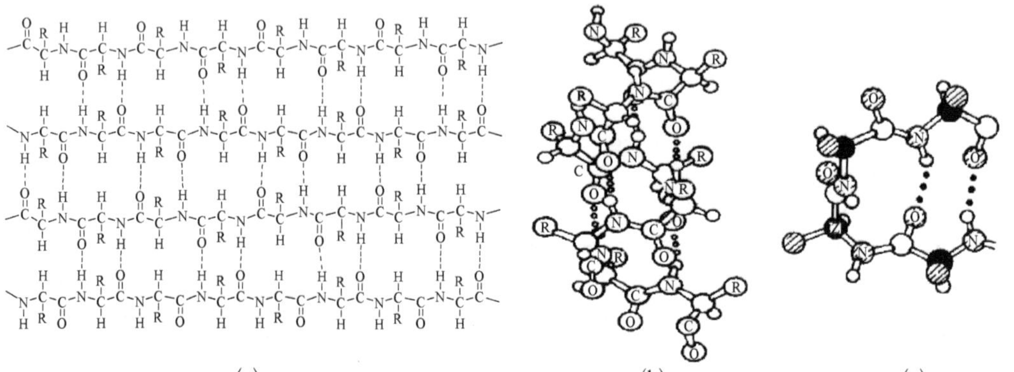

(a)　(b)　(c)

图 10-36　蛋白质三级结构中的氢键

**【科学家简介】　鲍林(L. C. Pauling, 1901～1994)**

美国著名化学家，量子化学和结构生物学的先驱者之一。1922 年毕业于俄勒冈州立大学化工系。1925 年获加州理工大学化学博士学位后，在该校工作，1931 年任化学教授。1969～1974 年任斯坦福大学化学教授，1974 年任荣誉教授。

分子结构理论是鲍林学说中的一个主旋律，他用这个统一的理论研究化学、物理学、生物学和医学，并作出了杰出的贡献。1916年，美国化学家路易斯提出了共价键的概念，这使鲍林产生强烈的愿望去了解物质的物理和化学性质与其原子和分子结构之间的关系。

1926年，海森堡在讨论氦原子的量子态时提出的电子交换共振观点，是他的价键思想的来源之一。1927年，海特勒和伦敦采用海森堡的观点成功地解释了氢分子的电子对化学键的形成。在1928～1932年间，鲍林接受路易斯的化学键电子理论，吸取海森堡的量子共振概念，得到海特勒和伦敦对氢分子结构近似处理的启发，首次全面描述化学键的本质，提出了电子对键的六条规则，解决了碳原子四面体构型的问题，建立了杂化轨道理论。他因阐明化学键的本质和分子结构的基本原理获得1954年诺贝尔化学奖。

1950年，他提出蛋白质的存在和α螺旋体结构，为进一步研究DNA的形状和功能创造了条件。他因反对核试验于1963年获得诺贝尔和平奖。

# 习 题

1. 解释和区别下列名词：

(1) 离子键、共价键和金属键

(2) σ键和π键

(3) 极性键和极性分子

(4) 氢键和范德华力

(5) 等性杂化和不等性杂化

(6) 成键轨道和反键轨道

(7) 永久偶极和瞬间偶极

2. 判断$SiF_4$和$H_2S$分子的空间构型，说明中心原子的杂化过程。

3. 结合HCl分子的形成，说明共价键形成的条件并解释为什么共价键具有方向性和饱和性。

4. s轨道和p轨道形成杂化轨道的分子几何构型有哪些?

5. 分子间作用力有几种类型? 它们是怎样产生的?

6. 下列物质哪些是极性分子? 哪些是非极性分子?

$$HBr, CO_2, CHCl_3, PCl_3, CCl_4$$

7. 为什么水的沸点比氧的同族元素(S、Se等)氢化物的沸点高得多?

8. 下列分子结构有无产生氢键的可能? 如果有的话，是分子内氢键还是分子间氢键?

(1) $NH_3$ (2) $C_6H_6$ (3) 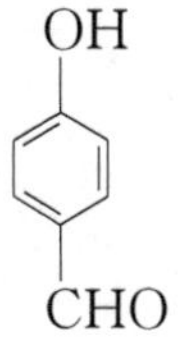

(4) 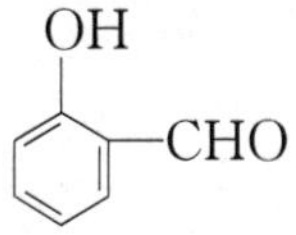

9. 指出下列化合物中成键原子可能采取的杂化类型，并预测其分子的几何形状。

(1) $BeH_2$　(2) $BI_3$　(3) $SbI_3$　(4) $CCl_4$

10. 为什么氖不能形成双原子分子？试用分子轨道理论解释。

11. 今有下列双原子分子或离子：

$$Li_2, Be_2, CO^+, O_2^-, O_2$$

(1) 写出它们的分子轨道式。

(2) 计算它们的键级，判断其中哪个最稳定？哪个最不稳定？

(3) 判断哪些分子或离子是顺磁性的？哪些是反磁性的？

12. 预测下列分子的空间构型，指出电偶极矩是否为零，并判断分子的极性。

$$SiF_4, NF_3, BCl_3, H_2S, CHCl_3$$

13. 下列各对分子中，哪个分子的极性较强？试简单说明原因。

(1) HCl 和 HI　(2) $H_2O$ 和 $H_2S$　(3) $NH_3$ 和 $PH_3$

(4) $CH_4$ 和 $SiH_4$　(5) $CH_4$ 和 $CHCl_3$　(6) HF 和 $NF_3$

14. 已知稀有气体的沸点如下，试说明沸点递变的规律和原因。

| 物质名称： | He | Ne | Ar | Kr | Xe |
|---|---|---|---|---|---|
| 沸点(K)： | 4.26 | 27.26 | 87.46 | 120.26 | 166.06 |

15. 判断下列各组分子间存在着哪种分子间作用力。

(1) 苯和四氯化碳　(2) 乙醇和水　(3) 苯和乙醇　(4) 液氨

16. 将下列每组分子间存在的氢键按由强到弱的顺序排列。

(1) HF 和 HF　(2) $H_2O$ 和 $H_2O$　(3) $NH_3$ 和 $NH_3$

17. 常温下 $F_2$ 和 $Cl_2$ 为气体，$Br_2$ 为液体，$I_2$ 为固体，原因是什么？

18. 试用价键法和分子轨道法说明 $F_2$ 和 $O_2$ 分子的结构，这两种方法处理结果是否一致？

# 第11章 配位化合物

**内容摘要**

本章内容包括配合物的基本概念、配合物的化学键理论、配合物的稳定性以及配合物的医学应用。首先介绍配合物的组成与命名；从理论出发，重点阐述配合物的化学键本质，讨论价键理论和晶体场理论的要点及应用；从化学平衡的角度，探讨配合物的稳定性；简介配合物在医学中的应用。

配位化合物简称配合物(coordination compound)，是一类组成复杂、应用广泛的化合物。历史上有记载的、已知确切组成的第一个配合物就是我们熟悉的蓝色染料——普鲁士蓝(Prussian blue)。它是在1704年由普鲁士人狄斯巴赫(H. Diesbach)发现的，当时为寻找蓝色染料，狄斯巴赫将兽血与草木灰一起焙烧，并与$FeCl_3$溶液反应而得到，后经研究确定其化学式为$KFe[Fe(CN)_6]$。配位化学作为化学学科的一个重要分支是从1798年法国分析化学家塔萨尔特(B. M. Tassaert)无意中发现$CoCl_3 \cdot 6NH_3$开始的，他本想用$NH_3 \cdot H_2O$沉淀$Co^{2+}$，但发现加入过量$NH_3 \cdot H_2O$后，得不到$Co(OH)_2$沉淀，却意外得到了组成为$CoCl_3 \cdot 6NH_3$的橘黄色结晶。对$CoCl_3 \cdot 6NH_3$结构和性质的研究开创了配位化学的新领域。1893年，25岁的法国化学家维尔纳(A. Werner)在总结前人工作的基础上，正确推断了多种配合物的空间结构，奠定了现代配位化学的基础。

随着配合物研究的迅速发展，配位化学已经成为化学领域不可缺少的组成部分。特别是近些年来，人们对配合物的合成、性质、结构等研究的进一步深入，配位化学已广泛渗透到生物化学、药学等各领域中，成为化学学科的一个重要分支。

## 11.1 配合物的基本概念

### 11.1.1 配合物的组成

向$CuSO_4$溶液中逐滴加入氨水，开始时有蓝色的碱式硫酸铜沉淀$Cu_2(OH)_2SO_4$生成。当氨水过量时，蓝色沉淀溶解，生成深蓝色的溶液，其主要成分是铜氨配合物$[Cu(NH_3)_4]SO_4$，反应方程式为

$$CuSO_4 + 4NH_3 \rightleftharpoons [Cu(NH_3)_4]SO_4$$

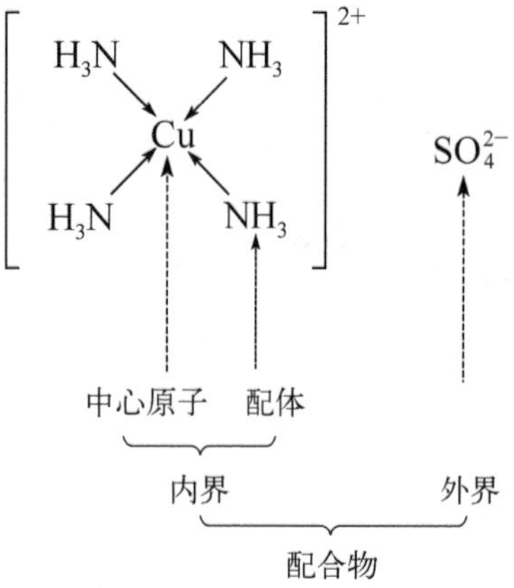


图 11-1 铜氨配合物的组成与结构

在上述溶液中分别加入 $BaCl_2$ 和 NaOH 溶液，可以观察到白色的 $BaSO_4$ 沉淀生成，但却无法观察到浅蓝色的 $Cu(OH)_2$ 絮状沉淀。结果说明，$SO_4^{2-}$ 为自由离子，而 $Cu^{2+}$ 已被 $NH_3$ 分子束缚。铜氨配合物 $[Cu(NH_3)_4]SO_4$ 的结构如图 11-1 所示，由图可以得到配合物的几个基本概念。

1. 内界与外界

配合物通常包括内界（inner sphere）和外界（outer sphere）两个部分。内界由中心原子（离子）和配体组成，又称为配离子，一般写在方括号之内。配合物中与配离子带相反电荷的离子称为外界。配合物的内界与外界之间以离子键结合，因此在水溶液中容易解离出外界离子，而内界的粒子（原子、分子、离子）结合得比较紧密，较难发生解离。

并非所有配合物都是由内界与外界组成，如配位分子 $[Fe(CO)_5]$、$[Ni(CO)_4]$ 等只有内界，没有外界。

2. 中心原子

在配合物中，接受孤对电子（或不定域电子，如二茂铁）的离子或原子统称为中心原子（central atom）。中心原子一般是金属元素的原子或离子，具有空轨道，是电子对接受体。如 $[Cu(NH_3)_4]^{2+}$ 和 $[Ni(CO)_4]$ 中的 $Cu^{2+}$ 和 Ni。少数高氧化值的非金属元素也可以作为中心原子，如 $[SiF_6]^{2-}$ 中的 Si(Ⅳ)。

3. 配体和配位原子

配合物中，与中心原子以配位键相结合的阴离子或分子称为配体（ligand），特点是能提供孤对电子（或不定域电子），如 $[Cu(NH_3)_4]^{2+}$ 和 $[Ni(CO)_4]$ 中的 $NH_3$ 和 CO。

配体中直接以配位键与中心原子结合的原子称为配位原子（coordination atom），如 $[Cu(NH_3)_4]^{2+}$ 和 $[Ni(CO)_4]$ 中的 N 和 C。常见的配原子多是电负性较大的非金属元素的原子，如 C、N、P、O、S 等。

只含一个配位原子的配体称为单齿配体（monodentate ligand），含有两个或两个以上配位原子的配体称为多齿配体（polydentate ligand），如乙二胺（en）为双齿配体，乙二胺四乙酸（EDTA）为六齿配体。与多齿配体不同，有些配体中虽然也含有两个或两个以上的配位原子，但在通常情况下仅有一个配位原子与中心原子配位，这类配体称为两可配体（ambidentate ligand），如 $SCN^-$ 和 $NCS^-$。表 11-1 列出了部分常见的配体和配位原子。

**表 11-1 常见的配体及配位原子**

| | 配体 | 化学式 | 配位原子 | 缩写 |
|---|---|---|---|---|
| 单齿配体 | 水、羟基、亚硝酸根 | $H_2O$、$OH$、$ONO^-$ | O | |
| | 氨、硝基、异硫氰酸根 | $NH_3$、$NO_2^-$、$NCS^-$ | N | |
| | 硫氰酸根 | $SCN^-$ | S | |
| | 卤素离子 | $F^-$、$Cl^-$、$Br^-$、$I^-$ | F、Cl、Br、I | |

续　表

| | 配　体 | 化学式 | 配位原子 | 缩　写 |
|---|---|---|---|---|
| 多齿配体 | 草酸根 | $C_2O_4^{2-}$ | O | ox |
| | 乙二胺 | $H_2N—CH_2—CH_2—NH_2$ | N | en |
| | 乙二胺四乙酸根 | $(^-OOCCH_2)_2N—CH_2—CH_2—N(CH_2COO^-)_2$ | N，O | EDTA |

4. 配位数

配合物中直接与中心原子形成配位键的配位原子总数，称为该中心原子的配位数。如果配体均为单齿配体，则配位数等于配体的数目。例如，$[Cu(NH_3)_4]^{2+}$ 中的配体 $NH_3$ 是单齿配体，其配位数和配体数相等，均为 4。如果配体中含有多齿配体，则中心原子的配位数大于配体的数目。例如，$[Cu(en)_2]^{2+}$ 中配体 en 是双齿配体，每个配体含有两个配位原子，所以，$[Cu(en)_2]^{2+}$ 中 $Cu^{2+}$ 的配位数是 4，而配体数为 2。常见的配位数为 2、4、6，尤以 4、6 居多。表 11 - 2 列出了一些中心原子常见的配位数。

**表 11 - 2　常见中心原子的配位数**

| 配位数 | 中心原子 | 实　例 |
|---|---|---|
| 2 | $Ag^+$，$Cu^+$，$Au^+$ | $[Ag(NH_3)_2]^+$，$[Cu(CN)_2]^-$，$[Au(CN)_2]^-$ |
| 4 | $Cu^{2+}$，$Zn^{2+}$，Ni | $[Cu(NH_3)_4]^{2+}$，$[Zn(CN)_4]^{2-}$，$[Ni(CO)_4]$ |
| 6 | $Pt^{4+}$，$Fe^{3+}$，$Cr^{3+}$ | $[PtCl_6]^{2-}$，$[Fe(CN)_6]^{3-}$，$[Cr(NCS)_4(NH_3)_2]^-$ |

影响配位数的因素主要来自中心原子和配体两方面，同时与形成配合物时的浓度和温度有关。

## 11.1.2　配合物的命名

配合物的组成比较复杂，命名也比较繁琐。根据中国化学会无机专业委员会制定的汉语命名原则，对配合物的命名作了如下规定：

1. 配离子的命名

配离子的命名按照以下原则：

配体数→配体名称→合→中心原子名称→中心原子氧化数(用罗马字母表示，加括号)

例如，$[Ag(NH_3)_2]^+$，命名为二氨合银(Ⅰ)离子。

如果配离子中含有多种配体，各配体之间用圆点“·”隔开，不同配体的命名顺序按照如下原则：

1) 无机配体在前，有机配体在后，如$[Co(NH_3)_2(en)_2]^{2+}$命名为二氨·二(乙二胺)合钴(Ⅱ)离子；

2) 同类配体，离子在前，分子在后，如$[Pt(NH_3)Cl_3]^-$命名为三氯·氨合铂(Ⅱ)

离子；

3）同类离子或中性分子配体，按照配位原子元素符号的英文字母顺序排列，如 $[Co(NH_3)_5H_2O]^{3+}$ 命名为五氨·水合钴(Ⅲ)离子；

4）配位原子相同的同类配体，配原子数较少的排在前；

5）若配位原子相同，配体所含原子数目也相同，则比较结构式中与配位原子相连的原子的元素符号，按其字母顺序排列。

2. 配合物的命名

配位化合物的命名与一般无机化合物的命名原则相似。若配合物的外界是简单阴离子酸根，命名为某化某；若外界阴离子是含氧酸根，命名为某酸某；若外界是 $OH^-$ 离子，命名为碱；若外界为 $H^+$，命名为某酸。例如：

| | |
|---|---|
| $[Co(NH_3)_5H_2O]Cl_3$ | 三氯化五氨·水合钴(Ⅲ) |
| $NH_4[Cr(NCS)_4(NH_3)_2]$ | 四(异硫氰酸根)·二氨合铬(Ⅲ)酸铵 |
| $[Co(NH_3)_5Br]SO_4$ | 硫酸溴·五氨合钴(Ⅲ) |
| $[Cu(NH_3)_4]SO_4$ | 硫酸四氨合铜(Ⅱ) |
| $H_2[PtCl_6]$ | 六氯合铂(Ⅳ)酸 |
| $[CoCl(SCN)(en)_2]NO_2$ | 亚硝酸氯·硫氰酸根·二(乙二胺)合钴(Ⅲ) |
| $[Ni(CO)_4]$ | 四羰基合镍(0) |
| $[PtCl_4(NH_3)_2]$ | 四氯·二氨合铂(Ⅳ) |

### 11.1.3 配位化合物的异构现象

化学式相同而结构和性质不同的几种化合物，互称为同分异构体(isomers)，这种现象称为化合物的异构现象(isomerism)。异构现象在简单的无机化合物中比较少见，但在配合物中却较为普遍，而且有很重要的意义。配合物中存在的异构现象类型较多，本节讨论键合异构和几何异构。

1. 键合异构

由于两可配体以两种不同配位原子与中心原子配位而引起的异构现象称为键合异构(linkage isomerism)。例如，$[Co(NO_2)(NH_3)_5]Cl_2$ 与 $[Co(ONO)(NH_3)_5]Cl_2$ 互为键合异构体，前者的配体 $NO_2^-$ 中的 N 原子为配位原子，后者的配体 $ONO^-$ 中的 O 原子为配位原子。

2. 几何异构

每一个配合物都有一定的空间构型。如果配合物中只有一种配体，那么配体在中心原子周围就只有一种排列方式。但是，当中心原子周围有不止一种配体时，就可能出现不同的空间排列方式。这种组成相同、空间排列方式不同的配合物称为几何异构体(geometrical isomers)，这种现象称为几何异构现象。

几何异构体中最常见的是顺反异构体。当同种配体处于相邻的位置时称为顺式异构体，处于对角线的位置时称为反式异构体。如平面四方形的配合物 $[PtCl_2(NH_3)_2]$，就有顺式和反式两种几何异构体(图 11-2)。

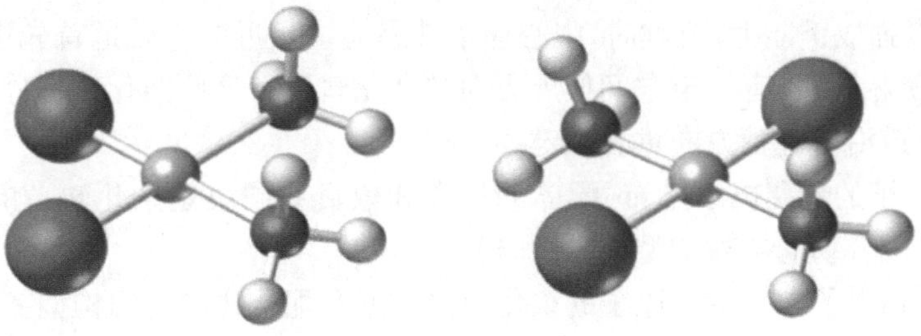

(a) (b)

图 11-2 两种铂配合物的空间构型

(a) *cis*-[$PtCl_2(NH_3)_2$] (b) *trans*-[$PtCl_2(NH_3)_2$]

顺反异构体不仅表现出不同的化学性质，而且表现显著的生理活性差异。如 *cis*-[$PtCl_2(NH_3)_2$]（顺铂）是临床广泛使用的抗癌药物，而 *trans*-[$PtCl_2(NH_3)_2$]（反铂）却不具有抗癌活性。

## 11.2 配合物的化学键理论

**案例 11-1**

氰化钾(KCN)有剧毒，常规致死量为 2 mg。氰化钾进入人体后析出氰根($CN^-$)，与细胞线粒体内氧化型细胞色素氧化酶的三价铁结合，阻止氧化酶中的三价铁还原，妨碍细胞正常呼吸，造成组织缺氧，导致机体陷入内窒息状态而死亡。但是亚铁氰化钾($K_4[Fe(CN)_6]$，俗称黄血盐)同样含有氰根，却是国内外广泛使用的食盐抗结剂，国际食品法典委员会及日本、澳大利亚和新西兰、欧盟都允许作为食品添加剂使用。我国《食品添加剂使用卫生标准》中允许其在盐和代盐制品中作为抗结剂使用，用于防止食盐结块，最大使用量为每千克 10 毫克。

**问题：**

1. 同样含有氰根($CN^-$)，为什么 KCN 有剧毒，而亚铁氰化钾却可以作为食盐抗结剂应用于盐和代盐制品中？

2. 亚铁氰化钾具有何种空间构型？其颜色、稳定性和磁性又如何？

### 11.2.1 价键理论

1931 年，美国化学家鲍林把杂化轨道理论应用到配合物上，提出了配合物的价键理论。

1. 理论要点

1）配合物中，中心原子与配体以配位键结合。配体的配位原子提供孤对电子，而中心原子提供外层空轨道，以接受配位原子提供的孤对电子。

2）为了增强成键能力，成键时，中心原子外层能量相近的空轨道首先进行杂化，形成数目相等、能量相同、具有一定空间伸展方向的杂化轨道。这些杂化轨道分别与配位原子的孤对电子轨道沿着键轴方向重叠成键。

3）中心原子的价层电子排布、配体的种类和数目共同决定杂化轨道的类型，杂化轨道的类型决定配合物的空间构型、磁性和稳定性。

表 11－3 列出了常见中心原子的杂化轨道类型和配合物的空间构型。

**表 11－3　中心原子的杂化轨道类型和配合物的空间构型**

| 配位数 | 轨道杂化类型 | 空间构型 | 实例 |
|---|---|---|---|
| 2 | sp |  直线形 | $[Ag(NH_3)_2]^+$，$[Au(CN)_2]^-$ |
| 3 | $sp^2$ | 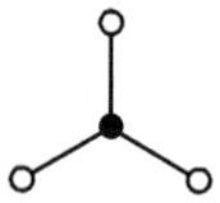 平面三角形 | $[CuCl_3]^{2-}$，$[HgI_3]^-$ |
| 4 | $sp^3$ | 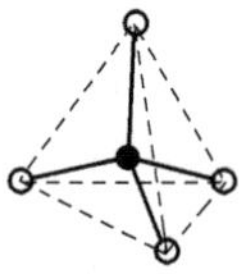 四面体形 | $[NiCl_4]^{2-}$，$[Zn(NH_3)_4]^{2+}$ |
| 4 | $dsp^2$ | 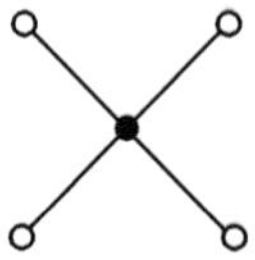 平面四方形 | $[Ni(CN)_4]^{2-}$，$[PtCl_4]^{2-}$ |
| 5 | $dsp^3$ | 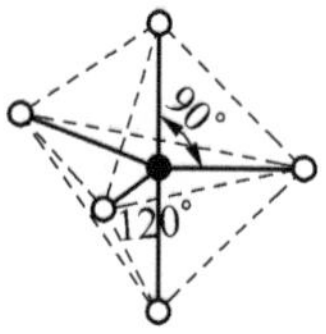 三角双锥形 | $[CuCl_5]^{3-}$，$[Fe(CO)_5]$ |
| 6 | $sp^3d^2$ <br> $d^2sp^3$ | 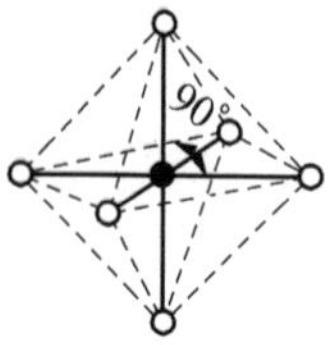 八面体形 | $[FeF_6]^{3-}$ <br> $[Fe(CN)_6]^{3-}$ |

2. 外轨型和内轨型配位化合物

由表 11-3 可见，$[FeF_6]^{3-}$ 与 $[Fe(CN)_6]^{3-}$ 配位数同为 6，空间构型也都是八面体，但中心原子的空轨道杂化类型却并不相同。

在 $[FeF_6]^{3-}$ 中，$Fe^{3+}$ 所提供的空轨道是最外层的 $n$s、$n$p 和 $n$d 轨道，采取的杂化方式是 $sp^3d^2$ 杂化，这种完全使用最外层空轨道所形成的配位化合物称为外轨型配位化合物。

在 $[Fe(CN)_6]^{3-}$ 中，$Fe^{3+}$ 所提供的空轨道是次外层 $(n-1)$d 和最外层的 $n$s、$n$p 轨道，采取的杂化方式是 $d^2sp^3$ 杂化，这种采用部分次外层空轨道所形成的配位化合物称为内轨型配位化合物。

影响形成内、外轨型配合物的因素主要包括中心原子的价层电子构型和配体的性质。

对于 $(n-1)d^{1\sim3}$ 型中心原子：该层至少有两个空的 d 轨道可以参加杂化，因此总是生成内轨型配合物。如 $[Ti(H_2O)_6]^{3+}$，$Ti^{3+}$ 采取 $d^2sp^3$ 杂化。

对于 $(n-1)d^{9\sim10}$ 型中心原子：即使 d 轨道中的电子全部配对，所得到的空轨道数也小于 1，中心原子只能用最外层的轨道参与杂化，因此总是生成外轨型配合物。如 $[Zn(H_2O)_6]^{2+}$，$Zn^{2+}$ 采取 $sp^3d^2$ 杂化。

对于 $(n-1)d^{4\sim8}$ 型中心原子：此时，中心原子与配体形成何种类型的配合物，则取决于配体的性质。如果配位原子的电负性较大（氧和卤素），不易给出孤对电子，配体对中心原子价层 d 电子的排布影响较小，中心原子只能用最外层 d 轨道参与杂化，生成外轨型配合物。反之，如果配位原子的电负性较小（碳和硫），容易给出孤对电子，配体对中心原子价层 d 电子的排布影响较大，使 d 电子发生重排，即 $(n-1)$d 轨道上的电子挤压成对，空出内层的 d 轨道参与杂化，生成内轨型配合物。当中心离子的正电荷较高时，也多以内轨型配合物为主。

下面分别讨论 $[FeF_6]^{3-}$ 和 $[Fe(CN)_6]^{3-}$ 两种配离子的形成过程。

$[FeF_6]^{3-}$ 的形成过程如下：

$Fe^{3+}$ 的价层电子构型为 $3d^5$，5 个价电子分别占据一个 3d 轨道，$Fe^{3+}$ 以 $sp^3d^2$ 杂化方式接受 $F^-$ 提供的孤对电子形成外轨型配合物。

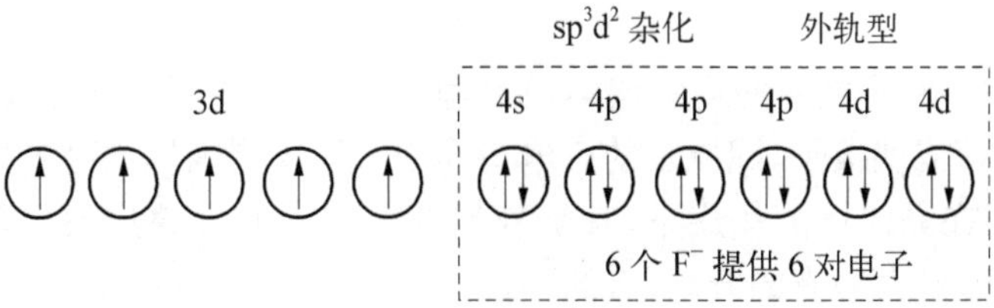


$[Fe(CN)_6]^{3-}$ 的形成过程如下：

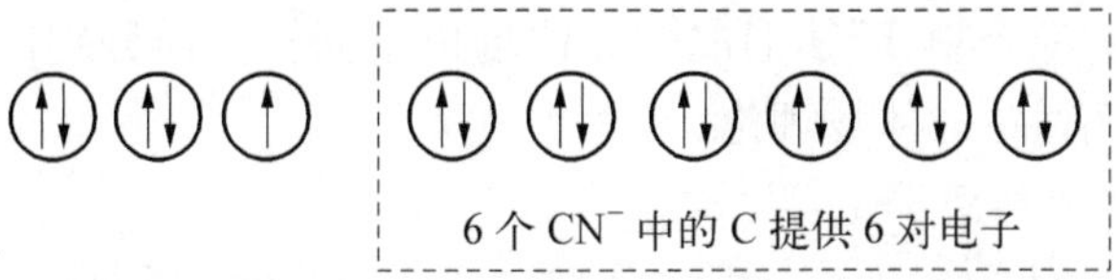


由于配位原子 C 的电负性较小，原自由离子 $Fe^{3+}$ 的 5 个价电子被挤压成对，空出 2

个 d 轨道，中心原子 $Fe^{3+}$ 以 $d^2sp^3$ 杂化方式接受 $CN^-$ 提供的孤对电子形成内轨型配位化合物。

一般地，由于内轨配位键深入到中心原子内层轨道，而 $(n-1)d$ 轨道的能量比 $nd$ 的能量低，因此内轨型配离子比较稳定。

3. 配合物的磁性

如何判断一种配合物是内轨型还是外轨型？通常可以利用配合物中心原子的未成对电子数进行判断。

根据电磁学理论，如果配合物中含有未成对电子，则配合物的磁矩 $\mu$ 与未成对电子数 $n$ 之间存在如下近似关系：

$$\mu = \sqrt{n(n+2)}\mu_B$$

式中，$\mu_B$ 为玻尔磁子(B. M.)，$\mu_B \approx 9.274\times10^{-24}\ A\cdot m^2$。

形成外轨型配合物时，中心原子的未成对电子数前后未发生变化，未成对电子数较多，所以磁矩较大，属高自旋配合物；形成内轨型配合物时，由于中心原子的价层 d 电子发生重排，未成对电子数减少，所以磁矩较小(甚至为 0)，属低自旋配位化合物。

离子的磁性在药物的靶向治疗中有重要意义，借助外加磁场，磁性药物靶向系统使具有高载药量、高磁响应的磁性离子——药物复合体聚集在靶部位，提高靶部位药物的浓度，降低药物对正常组织的毒副作用。

配合物的价键理论着重讨论中心原子与配体之间的作用，化学键概念明确，对配合物的配位数、空间构型、磁性等性质均能给出较好的说明。但是，价键理论没有涉及激发态，不能对配合物的稳定性进行定量说明，也不能圆满解释配合物的光谱性质。

### 11.2.2 晶体场理论

贝特(H. Bethe)和范扶雷克(J. H. Van Vleck)先后于 1929 年和 1932 年提出了晶体场理论(crystal field thoery，CFT)，但是直到 1953 年由于晶体场理论成功解释了 $[Ti(H_2O)_6]^{3+}$ 的光谱性质，此理论才得以推广和发展。

1. 理论要点

1) 配体与中心原子之间的化学键本质是静电作用，这是配合物稳定的最主要原因。把配体视为点电荷或偶极子，配原子的负电荷在中心原子周围形成静电场，称为晶体场。

2) 中心原子在晶体场的作用下，其最外层的 5 个简并 d 轨道发生能级分裂，使得 d 轨道能级(相对于球形场)有的升高，有的降低。

3) 由于 d 轨道能级发生分裂，d 电子将重新排布，使系统的总能量降低，配合物更稳定。

空间构型不同的配合物，配体形成的晶体场也不同。下面分别以八面体构型和四面体构型的配合物为例讨论晶体场理论。

2. 晶体场 d 轨道能级分裂

在八面体构型的配合物中，6 个配体分别占据八面体的 6 个顶点，由此产生的晶体场称为八面体场。

在形成配合物之前,5个d轨道处于能量简并状态,但它们在空间的伸展方向不同。如果把中心原子置于带负电的球形电场中心,均匀的排斥力使5个简并d轨道能级同等程度地升高,但并不发生能级分裂。但当中心原子置于八面体场中时,此时中心原子的d轨道将会受到来自不同方向的点电荷(偶极子)的影响,如图11-3所示。

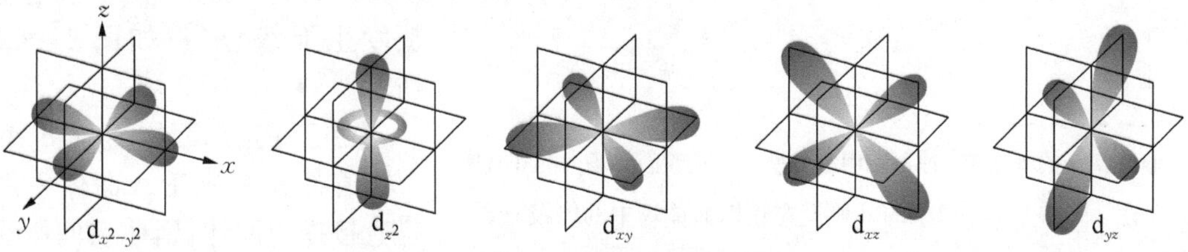


图11-3 正八面体场中的d轨道

$d_{z^2}$和$d_{x^2-y^2}$这两个轨道正好与配体点电荷迎头相碰撞,轨道受配体点电荷的静电排斥力最大,使这两个轨道的能量较球形场升高;而$d_{xy}$、$d_{xz}$和$d_{yz}$这3个轨道指向八面体相邻两顶角之间,不与配体正面相撞,轨道受配体点电荷的静电排斥力较小,因此这3个轨道的能量较球形场降低,即5个简并的d轨道在八面体场中分裂成能量不相等的两组轨道:二重简并的$d_{z^2}$和$d_{x^2-y^2}$($d_r$,用符号$e_g$表示)和三重简并的$d_{xy}$、$d_{xz}$和$d_{yz}$($d_\varepsilon$,用符号$t_{2g}$表示),如图11-4所示。

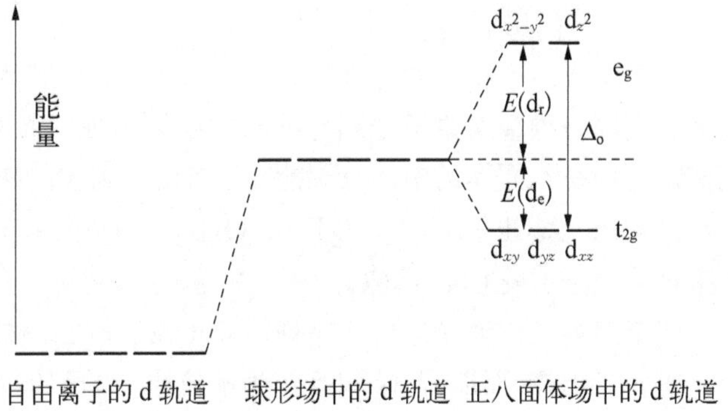


图11-4 中心原子的轨道在正八面体场中的能级分裂

这两组轨道间的能量差称为八面体晶体场的分裂能(splitting energy),用符号$\Delta_o$表示,下标"o"为octahedron的首字母,表示"八面体"。即

$$E(e_g) - E(t_{2g}) = \Delta_o \tag{11-1}$$

根据晶体场理论,可以计算出分裂后的$d_r$和$d_\varepsilon$轨道的相对能量。根据量子力学中的重心不变原理,分裂后的$e_g$和$t_{2g}$的总能量的代数和为零。为计算方便,以球形场中d轨道的能量作为计算的零点,即

$$2E(e_g) + 3E(t_{2g}) = 0 \tag{11-2}$$

联立式(11-1)和式(11-2),解得分裂后这两组d轨道相对于球形场的能量分别为

$$E(e_g) = 3\Delta_o/5 = 0.6\Delta_o \tag{11-3}$$

$$E(t_{2g}) = -2\Delta_o/5 = -0.4\Delta_o \tag{11-4}$$

即在八面体场中,d轨道分裂的结果是:$d_r$能级中每个轨道能量升高$0.6\Delta_o$,而$d_\varepsilon$能

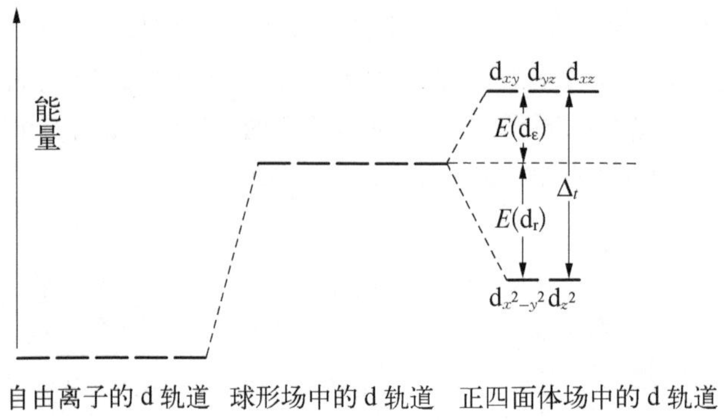


图 11-5 中心原子的d轨道在正四面体场中的能级分裂

级中每个轨道能量下降 $0.4\Delta_o$。

当中心原子和配体形成配位数为4的四面体形配合物时，由于受到来自配体点电荷的静电排斥力，中心原子的d轨道也要发生能级分裂，如图11-5所示。

由于在正四面体场中，$d_\varepsilon$ 和 $d_\gamma$ 轨道都没有像正八面体中那样直接指向配体，因此它们所受配体的静电排斥作用没有八面体场强烈。正四面体场中的轨道分裂能 $\Delta_t$（下标"t"为tetrahadron的首字母，表示"四面体"）约为八面体场的一半。

3. 影响晶体场分裂能的因素

影响晶体场分裂能的因素包括配体的性质、中心原子的电荷数及中心原子在周期表中的位置等。

(1) 配体的影响

对于中心原子相同的配合物，分裂能的大小与配体的场强有关，场强越大，分裂能就越大。用同一种金属原子分别与不同的配体生成一系列八面体配合物，用电子光谱法分别测定它们在八面体场中的分裂能 $\Delta_o$，按由小到大的次序排列，得到如下序列：

$I^- < Br^- < Cl^- < SCN^- < F^- < OH^- \approx ONO^- < C_2O_4^{2-} < H_2O < NCS^- < EDTA < NH_3 < en < NO_2^- \ll CN^- < CO$

这个序列又称为光谱化学序列(spectrochemical series)。显然，卤素负离子作为配位原子是弱场配体，而以O、N和S作为配位原子的配体是中等强度的配体，以C作为配位原子的 $CN^-$ 和CO等配体是强场配体。

利用光谱化学序列可以判断配合物的一些磁性质，例如，$Fe^{3+}$($d^5$)与强场配体 $CN^-$ 生成的配离子 $[Fe(CN)_6]^{3-}$ 应为低自旋，与弱场配体 $F^-$ 生成的配离子 $[FeF_6]^{3-}$ 应为高自旋。

(2) 中心原子的影响

电荷数：对于配体相同的配合物，分裂能随中心原子的电荷数的升高而增大。这是因为中心原子的正电荷越多，对配体的吸引力越大。如：

$$[Co(H_2O)_6]^{2+} \quad \Delta_o = 111.3\ kJ\cdot mol^{-1}$$

$$[Co(H_2O)_6]^{3+} \quad \Delta_o = 222.5\ kJ\cdot mol^{-1}$$

半径：中心原子电荷数及配体相同的配合物，其分裂能随中心原子半径的增大而增大。这是因为半径越大，d轨道离核越远，受配体电场的排斥作用越强，分裂能越大。

此外，配合物的空间构型也是影响分裂能的因素之一，平面四方形、正八面体形和正四面体形的分裂能由大到小依次降低。

4. 中心原子的d电子排布

在配合物中，中心原子的d电子排布倾向于使系统的能量降低。对于八面体形配合物，在分裂后的 d 轨道中，d 电子排布应服从能量最低原理、洪德规则、泡利不相容规则以及电子成对能对抗轨道分裂能。

1）对于具有 $d^1 \sim d^3$ 和 $d^8 \sim d^{10}$ 电子组态的中心原子，根据能量最低原理和洪德规则，电子应填充在能量较低的 $d_\varepsilon$ 轨道上，且自旋方向平行。

2）对于具有 $d^4 \sim d^7$ 电子组态的中心原子，第 4 个及其以后的电子是填入 $t_{2g}$ 轨道还是填入 $e_g$ 轨道，主要取决于晶体场分裂能（$\Delta_o$）和电子成对能（$P$，electron pairing energy）的相对大小。当轨道中已排布一个电子时，另一个电子进入而与前一个电子成对时，就必须提供能量，以克服与原有电子之间的排斥作用，所需能量称作电子成对能 $P$。$P$ 只取决于中心原子，而 $\Delta_o$ 则由中心原子和配体共同决定。如果配体的晶体场较弱，$\Delta_o < P$，电子排斥作用会阻止电子自旋配对，使后来的电子进入能级较高的 $e_g$ 轨道，生成单电子数较多的高自旋配合物；反之，如果分裂能 $\Delta_o$ 足够大，$\Delta_o > P$，后来的电子会进入 $t_{2g}$ 轨道，生成单电子数较少的低自旋配合物。表 11－4 给出了一些八面体配合物的分裂能、电子成对能和自旋状态。

**表 11－4　一些八面体配合物的分裂能、电子成对能和自旋状态**

| d 电子数 | 中心离子 | 配位体 | $\Delta_o(cm^{-1})$ 与 $P(cm^{-1})$ 的相对大小 | 自旋状态 |
|---|---|---|---|---|
| 3 | $Cr^{3+}$ | $H_2O$ | 13 900<23 500 | 高自旋 |
| 4 | $Cr^{2+}$ | $H_2O$ | 13 900<20 000 | 高自旋 |
| | $Mn^{3+}$ | $H_2O$ | 21 000<23 800 | 高自旋 |
| 5 | $Mn^{2+}$ | $H_2O$ | 7 800<21 700 | 高自旋 |
| | $Fe^{3+}$ | $H_2O$ | 13 700<26 500 | 高自旋 |
| 6 | $Fe^{2+}$ | $H_2O$ | 10 400<15 000 | 高自旋 |
| | $Fe^{2+}$ | $CN^-$ | 33 000>15 000 | 低自旋 |
| | $Co^{3+}$ | $F^-$ | 13 000<17 800 | 高自旋 |
| | $Co^{3+}$ | $H_2O$ | 18 600>17 800 | 低自旋 |
| | $Co^{3+}$ | $NH_3$ | 23 000>17 800 | 低自旋 |
| | $Co^{3+}$ | $CN^-$ | 34 000>17 800 | 低自旋 |
| 7 | $Co^{2+}$ | $H_2O$ | 9 300<19 100 | 高自旋 |
| | $Co^{2+}$ | en | 11 000<19 100 | 高自旋 |
| | $Co^{2+}$ | $NH_3$ | 10 100<19 100 | 高自旋 |

对于四面体配合物，由于其晶体场分裂能比较小，只有八面体场中分裂能的 4/9，其值一般不会超过电子成对能，所以，四面体配合物都是高自旋配合物。

5. 晶体场稳定化能

在晶体场的作用下，中心原子的 d 轨道发生能级分裂。d 电子排布在分裂后的 d 轨道中的系统能量，与分裂前系统能量相比，能量降低，这个能量称为晶体场稳定化能（crystal field stabilization energy，CFSE）。

显然，系统降低的能量越大，形成的配合物越稳定。通常可以利用晶体场稳定化能的大小比较一些配合物的稳定性。

对于八面体形配合物，晶体场稳定化能的计算公式为：

$$\mathrm{CFSE} = xE(\mathrm{t_{2g}}) + yE(\mathrm{e_g}) + (m_2 - m_1) \times P \tag{11-5}$$

式中，$x$、$y$ 分别为 $\mathrm{t_{2g}}$、$\mathrm{e_g}$ 轨道上的电子数；$m_1$、$m_2$ 分别为能级分裂前后 d 轨道上的电子对数；$P$ 为电子成对能。

**例 11-1** $Fe^{3+}$ 的电子构型为 $d^5$，分别计算它的八面体配合物在强场和弱场中的晶体场稳定化能。

**解：** 5 个 d 电子在强、弱八面体场中的排布情况如下：

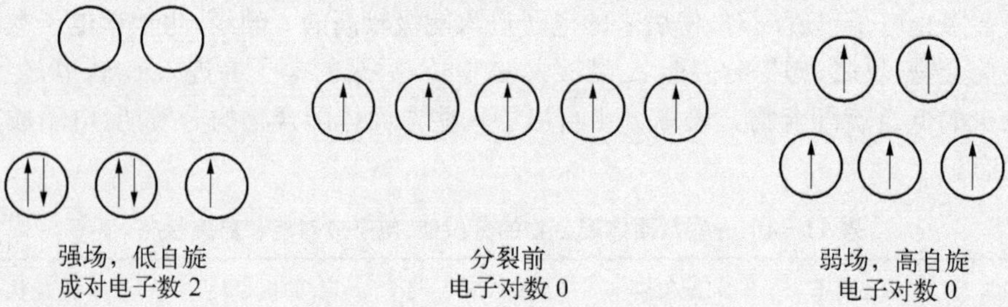


强场 $P < \Delta_o$

$$(\mathrm{CFSE})_{强} = 5 \times (-0.4\Delta_o) + 2P$$
$$= -2.0\Delta_o + 2P$$
$$= -2.0(\Delta_o - P) < 0$$

弱场 $P > \Delta_o$

$$(\mathrm{CFSE})_{弱} = 3 \times (-0.4\Delta_o) + 2 \times 0.6\Delta_o$$
$$= 0.0$$

计算结果表明，在强场配合物中，电子填入能量较低的 $\mathrm{t_{2g}}$ 轨道，由此引起的系统能量降低足以抵消电子成对能引起的能量升高。

晶体场稳定化能既与形成配合物的空间构型有关，也与中心原子的 d 电子排布和配体场的强弱有关。

6. 晶体场理论的应用

晶体场理论能较好地解释配位化合物的一些性质，如配合物的吸收光谱和颜色，配合物的磁性等。

(1) 解释配合物的颜色

含 $d^1 \sim d^9$ 的中心原子的配合物一般是有颜色的，例如：$[Ti(H_2O)_6]^{3+}$ 显紫红色，$[Cu(NH_3)_4]^{2+}$ 显蓝色。晶体场理论认为，这是由于 $\mathrm{t_{2g}}$ 和 $\mathrm{e_g}$ 轨道之间的能量差较小，处于较低能级的电子可以吸收能量跃迁到较高能级，这种跃迁称为 d-d 跃迁。实现 d-d 跃迁所吸收光的能量一般在 10 000～30 000 $cm^{-1}$ 内，它包括了全部可见光(14 286～25 000 $cm^{-1}$)。当白光照射到配合物的溶液时，与分裂能相当的光被吸收，d 电子从较低的能级被激发到较高的能级上，因而配合物的溶液便呈现所吸收光的互补光的颜色(图 11-6)。由于配合物不同，分裂能的大小也不同，产生 d-d 跃迁所需的能量也不同，不同配合物就会呈现不同的颜色。例如，$[Ti(H_2O)_6]^{3+}$ 中 d 电子在 $\mathrm{t_{2g}}$ 与 $\mathrm{e_g}$ 之间跃迁所需的能量在 20 300 $cm^{-1}$(波长 500 nm，绿光)处，因此 $Ti^{3+}$ 的水溶液呈现紫色(图 11-7)。

图 11-6 互补色光示意图

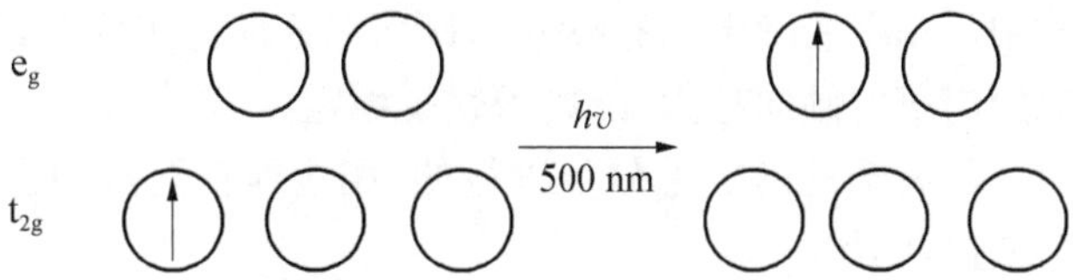


图 11-7 配位化合物$[Ti(H_2O)_6]^{3+}$中的 d-d 跃迁

(2) 解释配合物的磁性

根据晶体场理论,只要知道了分裂能($\Delta_o$)和电子成对能($P$)的相对大小,就可以确定电子的排布情况,从而判断出配合物是高自旋还是低自旋,由此说明配合物的磁性。如配合物$[Fe(H_2O)_6]^{2+}$为顺磁性,$[Fe(CN)_6]^{4-}$为抗磁性,这是因为在$[Fe(H_2O)_6]^{2+}$中,$H_2O$为弱场配体,分裂能($10\ 400\ cm^{-1}$)小于成对能($17\ 600\ cm^{-1}$),配合物为高自旋型,有4个未成对电子,表现为顺磁性;在$[Fe(CN)_6]^{4-}$中,$CN^-$为强场配体,分裂能($33\ 000\ cm^{-1}$)大于成对能,配合物为低自旋型,没有未成对电子,表现为抗磁性。

晶体场理论从静电场出发,着重描述中心原子在静电配位体场的作用下 d 轨道的能级分裂。与价键理论相比,晶体场理论的最大成功在于:用电子在分裂后的 d 轨道中能级跃迁解释配合物的吸收光谱,用电子成对能和分裂能的大小解释配合物的磁性及稳定性。但是,它也有不足,即忽略了配体与中心原子除了静电作用外还有共价的结合,因此,对光谱化学系列不能进行本质的说明。考虑到中心原子与配体之间轨道重叠的成分,利用从光谱实验获得的参数,将晶体场理论进行改进,并与分子轨道理论相结合,发展出了配体场理论(ligand field theory, LFT),它比晶体场理论更接近实际,又比分子轨道理论简单和直观。

## 11.3 配合物的稳定性

### 11.3.1 配位平衡常数

我们已经熟悉了这样的实验现象:在 $AgNO_3$ 溶液中加入适量 NaCl 溶液,会有白色的 AgCl 沉淀生成,加入足够的氨水会使沉淀溶解而生成$[Ag(NH_3)_2]^+$配离子。如果向溶液中再加入 KI 溶液,又可观察到黄色 AgI 沉淀的生成。这说明,溶液中不仅存在 $Ag^+$ 离子和 $NH_3$ 分子生成配离子$[Ag(NH_3)_2]^+$的配位反应,同时也有存在着配离子$[Ag(NH_3)_2]^+$的解离反应。随着反应的进行,配位反应与解离反应最终会达到平衡,这种平衡就称为配位平衡(coordination equilibrium)。

$$Ag^+(aq) + 2NH_3(aq) \rightleftharpoons [Ag(NH_3)_2]^+(aq)$$

平衡时的常数称为配位平衡常数，也称为配离子的稳定常数(stability constant)，用 $K_s$ 表示。根据化学平衡原理，平衡常数表达式为：

$$K_s = \frac{[Ag(NH_3)_2^+]}{[Ag^+][NH_3]^2}$$

式中，$[Ag^+]$、$[NH_3]$和$[Ag(NH_3)_2^+]$分别为相应各组分的平衡浓度。$K_s$值越大，表示形成配离子的倾向越大，配离子就越稳定。

配离子的形成是分步进行的，相应地在溶液中有一系列的配位平衡和与之对应的平衡常数，例如：

$$Cu^{2+}(aq) + NH_3(aq) \rightleftharpoons [Cu(NH_3)]^{2+}(aq) \qquad K_{s1} = \frac{[Cu(NH_3)^{2+}]}{[Cu^{2+}][NH_3]}$$

$$[Cu(NH_3)]^{2+}(aq) + NH_3(aq) \rightleftharpoons [Cu(NH_3)_2]^{2+}(aq) \qquad K_{s2} = \frac{[Cu(NH_3)_2^{2+}]}{[Cu(NH_3)^{2+}][NH_3]}$$

$$[Cu(NH_3)_2]^{2+}(aq) + NH_3(aq) \rightleftharpoons [Cu(NH_3)_3]^{2+}(aq) \qquad K_{s3} = \frac{[Cu(NH_3)_3^{2+}]}{[Cu(NH_3)_3^{2+}][NH_3]}$$

$$[Cu(NH_3)_3]^{2+}(aq) + NH_3(aq) \rightleftharpoons [Cu(NH_3)_4]^{2+}(aq) \qquad K_{s4} = \frac{[Cu(NH_3)_4^{2+}]}{[Cu(NH_3)_3^{2+}][NH_3]}$$

$K_{s1}$、$K_{s2}$、$K_{s3}$、$K_{s4}$称为配离子的逐级稳定常数(stepwise stability constant)。

将上述第一和第二步相加，得：

$$Cu^{2+} + 2NH_3 \rightleftharpoons [Cu(NH_3)_2]^{2+}$$

平衡常数可表示为：

$$\beta_2 = \frac{[Cu(NH_3)_2^{2+}]}{[Cu^{2+}][NH_3]^2} = \frac{[Cu(NH_3)^{2+}]}{[Cu^{2+}][NH_3]} \times \frac{[Cu(NH_3)_2^{2+}]}{[Cu(NH_3)^{2+}][NH_3]} = K_1 \times K_2$$

平衡常数 $\beta_2$称为配离子$[Cu(NH_3)_2]^{2+}$的累积稳定常数(overall stability constant)。

类似可得：

$$\beta_n = K_1 \times K_2 \times \cdots \times K_n$$

显然，最后一级累积稳定常数 $\beta_n$就是配离子的总的稳定常数 $K_s$，即 $K_s = \beta_n$。由于 $\beta_n$ 的数值很大，常用 $\lg\beta_n$表示。

利用稳定常数可以比较配合物的稳定性。对于相同类型(空间结构)的可以直接由 $K_s$数值大小进行比较，而对不同类型的则要通过具体计算来比较它们的稳定性。

**例 11-2** 试比较浓度均为 0.10 mol·L$^{-1}$的$[Cu(NH_3)_4]^{2+}$和$[Ag(S_2O_3)_2]^{3-}$的稳定性。

**解：**因为它们属于类型不同的两种配离子，所以需要通过具体计算溶液中的金属离子的浓度。查表得：

$[Cu(NH_3)_4]^{2+}$ 的 $\lg K_s = 13.32$，则 $K_s = 2.09 \times 10^{13}$

$[Ag(S_2O_3)_2]^{3-}$ 的 $\lg K_s = 13.46$，则 $K_s = 2.88 \times 10^{13}$

设平衡时 $[Cu^{2+}] = x\ mol \cdot L^{-1}$

$[Ag^{+}] = y\ mol \cdot L^{-1}$

则有 $[Cu(NH_3)_4]^{2+} \rightleftharpoons Cu^{2+} + 4NH_3$

初始 0.10 0 0

平衡时 $0.10 - x$ $x$ $4x$

$$K_s = \frac{0.10 - x}{x(4x)^4} = 2.09 \times 10^{13}$$

解得

$$x = 4.5 \times 10^{-4}(mol \cdot L^{-1})$$

$$[Ag(S_2O_3)_2]^{3-} \rightleftharpoons Ag^{+} + 2S_2O_3^{2-}$$

0.10 0 0

$0.10 - y$ $y$ $2y$

$$K_s = \frac{0.10 - y}{y(2y)^2} = 2.88 \times 10^{13}$$

$$y = 9.55 \times 10^{-6}(mol \cdot L^{-1})$$

计算结果表明，$[Cu(NH_3)_4]^{2+}$ 溶液中$[Cu^{2+}]$浓度大于$[Ag(S_2O_3)_2]^{3-}$ 溶液中$[Ag^{+}]$浓度，所以配离子$[Ag(S_2O_3)_2]^{3-}$ 更稳定。

### 11.3.2 影响配合物稳定性的因素

影响配合物稳定性的因素很多，可归纳为内因和外因两个方面，内因是指中心原子与配体的性质，外因是酸度和浓度等。下面着重讨论内因的影响，外因的影响将在“配位平衡的移动”中讨论。

1. 软硬酸碱规则

根据路易斯酸碱理论，能够接受电子对的物质是酸，能够给出电子对的物质是碱，因此，在配合物中，中心原子是路易斯酸，配体是路易斯碱。1963 年皮尔逊(R. G. Pearson)根据中心原子接受电子对或配位原子给出电子对能力的强弱将路易斯酸碱分为硬酸、软酸、硬碱、软碱和交界酸碱，并提出了软硬酸碱规则。

对于中心原子，把外层电子数少、有效核电荷大、正电荷高、半径小、不易变形的称为硬酸(hard acid)；把外层电子数多、有效核电荷小、正电荷低、半径大、极化力大、容易变形的称为软酸(soft acid)；介于两者之间的称为交界酸。如：$H^{+}$、$Na^{+}$、$K^{+}$、$Ca^{2+}$、$Mg^{2+}$、$Mn^{2+}$、$Fe^{3+}$、$Co^{3+}$ 等属于硬酸；$Cu^{+}$、$Ag^{+}$、$Au^{+}$、$Cd^{2+}$、$Pd^{2+}$ 等属于软酸；$Fe^{2+}$、$Co^{2+}$、$Ni^{2+}$、$Cu^{2+}$ 等属于交界酸。

对于配位原子，把电负性大、对外层电子吸引能力强、变形性小的称为硬碱(hard base)；把电负性小、外层电子易失去、变形性大的称为软碱(soft base)；介于两者之间的称为交界碱。如 $F^-$、$H_2O$、$OH^-$、$O^{2-}$ 等属于硬碱；$I^-$、$CN^-$、$S^{2-}$、$S_2O_3^{2-}$ 等属于软碱；$NO^-$、$SO_3^{2-}$、$Br^-$ 等属于交界碱。表 11－5 列出了常见的软硬酸碱。

**表 11－5　一些常见的软硬酸碱**

| 分类名称 | 实　例 |
| --- | --- |
| 硬　酸 | $H^+$、$Li^+$、$Na^+$、$K^+$、$Rb^+$、$Be^{2+}$、$Mg^{2+}$、$Ca^{2+}$、$Sr^{2+}$、$Ba^{2+}$、$Al^{3+}$、$Sc^{3+}$、$Mn^{2+}$、$Fe^{3+}$、$Co^{3+}$、$Ga^{3+}$、$As^{3+}$ |
| 硬　碱 | $H_2O$、$OH^-$、$CH_3COO^-$、$SO_4^{2-}$、$CO_3^{2-}$、$NO_3{}^-$、$PO_4^{3-}$、$NH_3$、$F^-$、$Cl^-$ |
| 软　酸 | $Cu^+$、$Ag^+$、$Cd^{2+}$、$Hg^+$、$Hg^{2+}$、$Pd^{2+}$、$Pt^{2+}$、$Pt^{4+}$、$Ir^+$、$Tl^{3+}$ |
| 软　碱 | $SCN^-$、$SO_3^{2-}$、$CO$、$CN^-$、$I^-$、$C_6H_6$ |
| 交界酸 | $Fe^{2+}$、$Ru^{2+}$、$Os^{2+}$、<br>$Co^{2+}$、$Ni^{2+}$、$Cu^{2+}$、<br>$Zn^{2+}$、$Sn^{2+}$、$Pb^{2+}$、$Sb^{3+}$ |
| 交界碱 | $Br^-$、$N_3{}^-$(叠氮酸根)$NO_2^-$、$NCS^-$<br>$C_5H_5N$(吡啶)、$C_6H_5NH_2$(苯胺) |

软硬酸碱规则指出：硬酸与硬碱结合，软酸与软碱结合，常常形成稳定的配位化合物。

软硬酸碱规则是经验性的总结，并不能符合所有的实际情况。由于配合物的成键比较复杂，目前还不能简单地用软硬酸碱规则来全面阐述配合物的稳定性。

2. 螯合效应

中心原子与多齿配体形成的环状配合物称为螯合物(chelate)。能与中心原子形成螯合物的多齿配体称为螯合剂(chelating agent)。与相应的单齿配体形成的配合物相比，螯合物的稳定性更高，这种现象称为螯合效应(chelate effect)。例如，螯合物$[Cu(en)_2]^{2+}$的 $\lg\beta_2$ 为 19.60，而同样条件下$[Cu(NH_3)_4]^{2+}$的 $\lg\beta_4$ 为 12.59，说明螯合环的形成增大了配合物的稳定性。在水溶液中，金属离子是以水合金属离子的形式存在，当配体取代水分子而与金属离子作用时，水分子的释放对体系的能量有重要作用。当单齿配体取代水分子时，溶液中的质点数不变；当多齿配体取代水分子时，每个螯合剂分子可取代出两个或多个水分子，取代后的总质点数增加，使体系的混乱度增加，熵值增大。体系熵值的升高反映了能量的降低，使反应体系趋于稳定。因此，从热力学的角度看，螯合效应是一种熵效应，例如：

$$[Cd(H_2O)_4]^{2+} + 4NH_2CH_3 \rightleftharpoons Cd[(NH_2CH_3)_4]^{2+} + 4H_2O$$

$$\Delta_r H_m^{\ominus} = -57.3\ kJ \cdot mol^{-1} \qquad \Delta_r S_m^{\ominus} = -67.3\ J \cdot K^{-1} \cdot mol^{-1}$$

$$[Cd(H_2O)_4]^{2+} + 2NH_2CH_2CH_2NH_2 \rightleftharpoons [Cd(en)_2]^{2+} + 4H_2O$$

$$\Delta_r H_m^{\ominus} = -56.5\ kJ \cdot mol^{-1} \qquad \Delta_r S_m^{\ominus} = +14.3\ J \cdot K^{-1} \cdot mol^{-1}$$

以上两个反应的焓变相差不大，但是，当多齿配体取代水分子时，取代后的总质点数增加，因而使它们的熵变相差很多，螯合物$[Cd(en)_2]^{2+}$更稳定。

螯合物的稳定性与螯合环的数目有关。实验证明，对结构相似的多齿配体而言，形成的螯合环越多，同一个配体与中心原子形成的配位键就越多，配体脱离中心原子的机会就越小，螯合物就越稳定。此外，螯合环的大小也是影响螯合物稳定性的一个重要因素。通常五元环和六元环稳定，这是因为形成五元环或六元环时，环的张力较小。

除了螯合环的大小和螯合环的数目影响螯合物的稳定性外，具有完整环形结构的螯合剂比具有相同配位原子、相同齿数的开链螯合剂形成的配合物更稳定，这种效应称为大环效应(macrocyclic effect)。大环效应是一种特殊的螯合效应，是由完全环形的螯合剂引起的螯合物稳定性增加。许多生物分子都是大环配体，如哺乳动物体内运输 $O_2$ 的血红素和植物体中参与光合作用的叶绿素的配体(图 11－8)，都是一类含氮的卟啉环状配体。因此，大环效应在生物无机化学中有着重要意义。

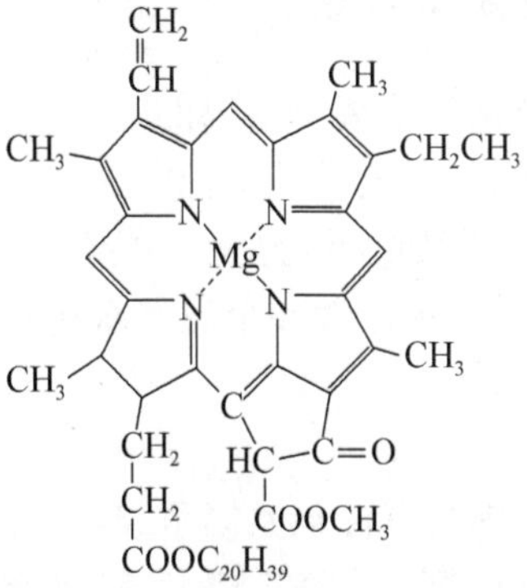

(a) 叶绿素的结构

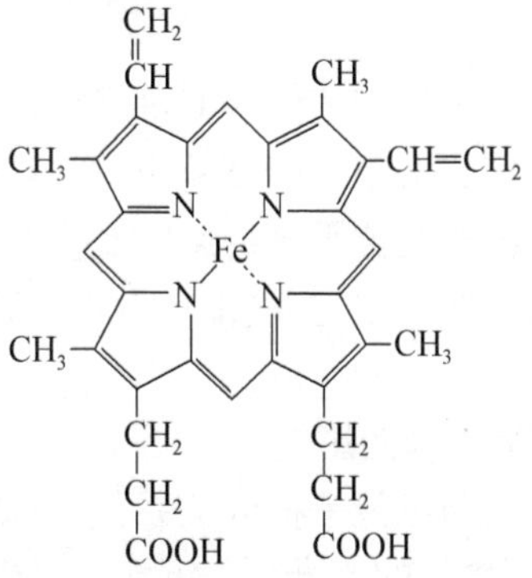

(b) 血红素的结构

图 11－8　生物体中螯合物

3. 配位平衡的移动

配位平衡和其他化学平衡一样，也是一种有条件的、相对的动态平衡，若平衡条件发生改变，平衡就会发生移动。溶液的酸度变化、沉淀剂、氧化剂或还原剂以及其他配体的存在，都有可能引起配位平衡的移动甚至转化。

(1) 溶液酸度的影响

根据酸碱质子理论，配离子中的很多配体，如 $NH_3$、$OH^-$、$F^-$、$CN^-$ 等都是碱，可接受质子，生成难解离的共轭弱酸。由于弱电解质的形成，降低了配体浓度，导致配位平衡向配离子解离的方向移动。如：

$$[FeF_6]^{3-}(aq) \rightleftharpoons Fe^{3+}(aq) + 6F^-(aq)$$

$$+\ 6H^+(aq) \rightleftharpoons 6HF$$

平衡移动方向

这种由于溶液的酸度增大而导致配离子解离的效应称为酸效应。溶液的酸度越大，配离子越不稳定。而在酸度一定的条件下，配体的碱性越强，配离子越不稳定。配离子的 $K_s$ 越大，其抗酸能力越强。如$[Ag(CN)_2]^-$的 $K_s$ 为 $1.3\times10^{21}$，稳定性高，抗酸能力强，可以在酸性溶液中稳定存在。

同时，由于配离子的中心原子大多是过渡金属离子，在水溶液中往往会发生水解，生成氢氧化物沉淀，导致中心原子浓度降低，配位平衡向配离子解离的方向移动。溶液的碱性越强，越有利于金属离子的水解。如：

$$[FeF_6]^{3-}(aq) \rightleftharpoons Fe^{3+}(aq) + 6F^-(aq)$$

$$+$$

$$3OH^-(aq)$$

$$\Updownarrow$$

$$Fe(OH)_3\downarrow$$

平衡移动方向

由于金属离子与溶液中 $OH^-$ 结合导致配位平衡向配离子解离的方向移动，这种作用称为水解效应。溶液的酸度越小，金属离子越易水解，配离子越不稳定。

可见酸度对配位平衡的影响是多方面的，在一定酸度下，究竟是配位反应为主，还是金属离子的水解为主，要由配体碱性的强弱、配离子的稳定性和金属氢氧化物的溶度积来决定。

(2) 沉淀平衡的影响

配位平衡与沉淀平衡的关系，可以看成是配位剂与沉淀剂共同争夺金属离子的过程。一般说来，配离子的 $K_s$越大，沉淀剂与中心原子形成沉淀的 $K_{sp}$ 越大，则沉淀平衡越容易转化为配位平衡；反之，配离子的 $K_s$越小，沉淀剂与中心原子形成沉淀的 $K_{sp}$越小，则配位平衡越容易向沉淀平衡转化。

**例 11-3** 计算 298.15 K 时，AgCl 在 6.0 mol·L$^{-1}$ $NH_3$溶液中的溶解度。(已知$[Ag(NH_3)_2]^+$的 $K_s$为 $1.7\times10^7$，AgCl 的 $K_{sp}$为 $1.77\times10^{-10}$)

**解**：AgCl 溶解于 $NH_3$溶液中的反应式为：

$$AgCl(s) + 2NH_3(aq) \rightleftharpoons [Ag(NH_3)_2]^+(aq) + Cl^-(aq)$$

反应的平衡常数为：

$$K = \frac{[Ag(NH_3)_2^+][Cl^-]}{[NH_3]^2} = \frac{[Ag(NH_3)_2^+][Cl^-]}{[NH_3]^2} \times \frac{[Ag^+]}{[Ag^+]}$$

$$= K_s\{[Ag(NH_3)_2^+]\} \times K_{sp}(AgCl)$$

$$= 1.7\times10^7 \times 1.77\times10^{-10} = 3.00\times10^{-3}$$

设 AgCl 在 6.0 mol·L$^{-1}$ $NH_3$ 溶液中的溶解度为 $S$ mol·L$^{-1}$，由反应式可知：$[Ag(NH_3)_2^+]=[Cl^-]=S$ mol·L$^{-1}$，$[NH_3]=(6.0-2S)$ mol·L$^{-1}$。将平衡浓度带入平衡常数表达式中，得：

$$K = \frac{S^2}{(6.0-2S)^2} = 3.00 \times 10^{-2}$$

$$S = 0.30(\text{mol} \cdot \text{L}^{-1})$$

即在 298.15 K 时，AgCl 在 6.0 mol·$L^{-1}$ $NH_3$溶液中的溶解度 0.30 mol·$L^{-1}$。

(3) 氧化还原平衡的影响

向含有配离子的溶液中，加入能与金属离子发生氧化还原反应的氧化剂或还原剂，由于金属离子浓度的减小，导致配位平衡向解离方向移动。例如，往血红色的 $[Fe(SCN)_6]^{3-}$溶液中加入 $SnCl_2$溶液，由于 $Sn^{2+}$能把 $Fe^{3+}$还原为 $Fe^{2+}$，使溶液中 $Fe^{3+}$的浓度降低，导致$[Fe(SCN)_6]^{3-}$解离，因而溶液的血红色消失。

同时，配位平衡也可以影响氧化还原反应。如果向氧化还原平衡体系中加入配体，当金属离子与配体形成稳定的配离子后，由于金属离子浓度的降低，也会引起相应的电极电势改变。如下列电极反应，同一种金属离子与不同的配体形成配合物，电极电势相差很大，应用配位平衡常数 $K_s$，可计算其电极电势值。

**表 11-6 某些配合物离子的 $K_s$和 $\varphi^\ominus$**

| 电极反应 | $K_s$ | $\varphi^\ominus$/V |
|---|---|---|
| $[Ag(NH_3)_2]^+ + e^- \rightleftharpoons Ag + 2NH_3$ | $1.7\times10^{7}$ | 0.373 |
| $[Ag(S_2O_3)_2]^{3-} + e^- \rightleftharpoons Ag + 2S_2O_3^{2-}$ | $1.0\times10^{13}$ | 0.010 |
| $[Ag(CN)_2]^- + e^- \rightleftharpoons Ag + 2CN^-$ | $1.0\times10^{21}$ | −0.310 |

可见，配离子越稳定，溶液中游离的金属离子浓度越低，电极电势就越低，该金属离子的氧化性也就越弱，或还原性越强。

**例 11-4** 计算电对 $Au[(CN)_2]^-/Au$ 的标准电极电势 $\varphi^\ominus$。已知$K_s\{[Au(CN)_2]^-\}=2.0\times10^{38}$，$\varphi^\ominus(Au^+/Au)=1.830V$。

**解：**电极反应为 $[Au(CN)_2]^- + e^- \rightleftharpoons Au + 2CN^-$

配位平衡为 $[Au(CN)_2]^- \rightleftharpoons Au^+ + 2CN^-$

由配位平衡，可得

$$[Au^+] = \frac{[Au(CN)_2^-]}{[CN^-]^2 K_s\{[Au(CN)_2]^-\}}$$

根据能斯特方程式

$$\varphi_{Au^+/Au} = \varphi^\ominus_{Au^+/Au} + 0.05916\lg[Au^+]$$
$$= \varphi^\ominus_{Au^+/Au} + 0.05916\lg\frac{[Au(CN)_2^-]}{[CN^-]^2 K_s\{[Au(CN)_2]^-\}}$$

标准状态下，$[Au(CN)_2^-]=[CN^-]=1.0\ mol\cdot L^{-1}$

$$\begin{aligned}\varphi_{Au^+/Au} &= \varphi^{\ominus}_{[Au(CN)_2]^-/Au} \\ &= \varphi^{\ominus}_{Au^+/Au} + 0.059\,16\lg\frac{[Au(CN)_2^-]}{[CN^-]^2 K_s\{[Au(CN)_2^-]\}} \\ &= 1.830 + 0.059\,16\lg\frac{1}{K_s\{[Au(CN)_2^-]\}} \\ &= -0.436\,0(V)\end{aligned}$$

可见，当 $Au^+$ 形成配离子后，电对 $Au^+/Au$ 的电极电势下降很多，即 Au 的还原能力增强，在 NaCN 溶液中被氧化形成 $[Au(CN)_2]^-$ 配离子。氰化法提取金依据的就是这一反应原理。

(4) 其他配位平衡的影响

配合物相互转化的趋势取决于配离子稳定常数的相对大小，即配位平衡总是向着生成更稳定的配合物方向移动。例如，向 $[Ag(NH_3)_2]^+$ 溶液中加入 KCN 溶液，则 $[Ag(NH_3)_2]^+$ 可以完全转化为 $[Ag(CN)_2]^-$：

$$[Ag(NH_3)_2]^+ + 2CN^- \longrightarrow [Ag(CN)_2]^- + 2NH_3$$

平衡常数表达式为

$$K = \frac{[Ag(CN)_2^-][NH_3]^2}{[Ag(NH_3)_2^+][CN^-]^2} = \frac{[Ag(CN)_2^-][NH_3]^2}{[Ag(NH_3)_2^+][CN^-]^2} \times \frac{[Ag^+]}{[Ag^+]} = \frac{K_s\{[Ag(CN)_2^-]\}}{K_s\{[Ag(NH_3)_2^+]\}}$$

查表得 $[Ag(NH_3)_2]^+$ 和 $[Ag(CN)_2]^-$ 的 $K_s$ 分别为 $1.7\times10^7$ 和 $1.0\times10^{21}$，则

$$K = \frac{1.0\times10^{21}}{1.7\times10^7} = 5.9\times10^{13}$$

## 11.4 配合物在医学中的应用

### 11.4.1 配合物的抗癌作用

铂类配合物是最早应用于临床的金属抗癌药物，也是目前应用最广泛的抗癌药物之一。20 世纪 60 年代，美国密执安州立大学的罗森伯格(B. Rosenberg)首先报道顺铂[cisplatin，图 11 - 9(a)]可以强烈抑制大鼠癌细胞的分裂，1971 年进入临床研究，1978 年进入临床使用。临床已证明，顺铂对人体多种肿瘤有明显的疗效，抗癌谱广，作用强，与其他抗癌药物较少产生交叉耐药性，有利于临床联合用药。但是顺铂具有一定的毒副作用，主要表现为肾功能损害，以及骨髓抑制、胃肠道反应、神经毒性等。为此人们通过研究顺铂的构效关系，合成了毒性低、副作用小、抗癌作用更强的第二代铂类抗癌药物，卡铂

[carboplatin,图 11-9(b)]。卡铂已于 1986 年上市,它对治疗晚期头颈部癌、小细胞肺癌有较好疗效。由于引入了亲水性的 1,1-环丁二羧酸作为配体,溶解度比顺铂高,同时由于螯合效应,它的稳定性也大于顺铂,因此毒副作用低于顺铂,可以与多种抗癌药物联合使用。第三代铂类抗癌药物——奥沙利铂[oxaliplatin,图 11-9(c)]也于 1996 年在法国上市,由于引入了二氨基环己烷作为配体,它不仅改善了顺铂和卡铂的毒副作用,还扩大了抗癌活性谱,对许多耐顺铂和卡铂的细胞株或瘤株具有活性,尤其对结、直肠转移癌有较好疗效。

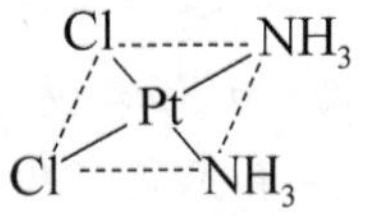

(a) 顺铂

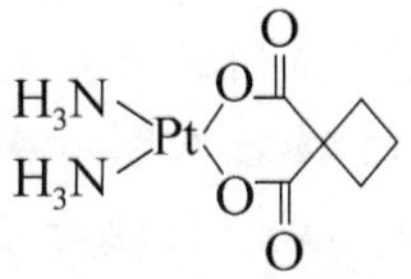

(b) 卡铂

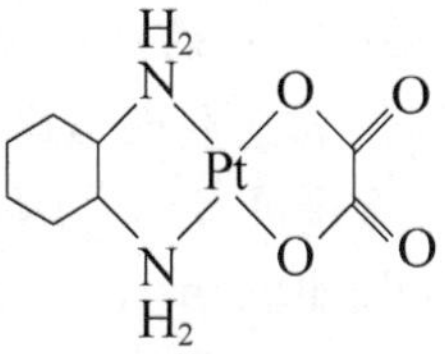

(c) 奥沙利铂

图 11-9 三种铂类抗癌药物

## 11.4.2 配合物的解毒作用

进入人体中的有毒金属元素或必需的过量金属元素,都会对人体健康产生危害。一般可选择适当的配体,使配体与金属离子作用生成水溶性较好的配离子,通过肾脏把金属离子排出体外。这种方法在医学上称为螯合疗法,所用的螯合剂称为促排剂或解毒剂。例如,临床上铅中毒的治疗,常使用螯合剂依地酸钙钠 $Na_2[Ca(EDTA)]$静脉滴注,使其生成水溶性好的 $Na_2[Pb(EDTA)]$,通过肾脏排出体外,以达到驱铅治疗的目的。重金属汞、砷等进入人体后,常与酶的活性中心(如—SH 等基因)结合,破坏酶的结构,从而使酶失去正常的生理功能,因此,可选择二巯基丙醇作为解毒剂。重金属元素铊,其毒性远高于铅和汞,为强烈的神经毒物,对肝、肾有强烈的损害作用。由于铊可置换普鲁士蓝上的铁形成不溶性物质,使其随粪便排出,因此可选择普鲁士蓝作为解毒剂。

作为治疗用的促排剂,必须要满足以下要求:

1) 促排剂与金属离子形成的配离子对人体无毒害作用;

2) 促排剂与金属离子形成的配离子的稳定性,必须大于该金属离子与体内生物配体形成的配离子的稳定性;

3) 促排剂与金属离子形成的配离子的水溶性较好,可以通过肾脏排出体外。

## 11.4.3 配合物的临床诊断作用

1973 年,"核磁共振成像之父"劳特布尔(Lauterbur)首次将核磁共振成像(magnetic resonance imaging,MRI)应用于人体诊断。核磁共振成像能够显示百万分之一的结构差别,为了进步提高检测的准确率,在诊断过程中常需要使用造影剂。通常选择能促进质子弛豫速度的磁性和强磁性金属离子,如 $Fe^{2+}$、$Fe^{3+}$、$Mn^{2+}$、$Gd^{3+}$ 和 $Dy^{3+}$ 等。特别是具有 7 个未成对电子的 $Gd^{3+}$,由于它具有自旋磁矩大、弛豫效率高、易与水配位等特点,是造影剂的最佳选择。游离的水合 $Gd^{3+}$ 不能与静脉血相容,易沉淀析出,毒性大,但 $Gd^{3+}$ 在螯合状态下可以安全地用于人体。目前，已经开发出了多种多氨基多羧酸类的 $Gd^{3+}$ 配合物，如 Gd－DTPA、Gd－DTPA－BMA、Gd－DOTA 和 Gd－DOPA－HP 等，作为磁共振造影剂。

**【科学家简介】 阿尔弗雷德·维尔纳(Alfred Werner，1866～1919)**

法国著名化学家，1866 年 12 月 12 日生于法国阿尔萨斯的米卢斯。1878 年，维尔纳小学毕业，进入中等技术学校就读。他学习非常勤奋，尤其对化学有强烈的兴趣。在家屋后的简陋仓库房内建了一个化学实验室，开始做一些化学实验。18 岁那年，维尔纳写出了他一生中的第一篇论文。1899 年，维尔纳从著名的苏黎世联邦工业大学毕业。1891 年，他向联邦工业大学提交了具划时代意义的论文——“论亲和力和化合价理论”，彻底摒弃了结构有机化学的创始人凯库勒（Kekule）恒价学说的观点和 Blomstrand－Jergensen 的链理论。维尔纳在他的论文中指出，亲和力是产生于原子中心的吸引力，对原子球面的各部分具有相同的作用；认为元素的化合价依赖于单质原子所形成的化合物的性质，即化合价是可变的；在形成分子的过程中，元素的亲和力不可能完全用尽，还存在不饱和亲和力或剩余亲和力。可见，这篇论文中已有后来主价和副价思想的萌芽。不过，维尔纳在这篇论文中讨论的全是有机化合物。

1893 年 3 月，维尔纳一生中最重要的论文“论无机化合物的构造”在德国《无机化学学报》上发表，文中他假设存在两种化合价，即主价（可电离的化合价）和副价（不可电离的化合价）。他认为，处于一特定氧化态的金属都具有一特定的主价数，同时也具有必须得到满足的副价数即配位数；主价由阴离子满足，副价由阴离子或含配位原子的中性分子满足；副价围绕中心原子在空间取向，如副价为 6，是八面体构型，副价为 4，则是四面体或平面四边形构型。维尔纳理论认为，配位体与中心原子结合形成配离子，它通常在溶液中以分立的单元存在。

维尔纳配位理论的提出，结束了几十年来结构无机化学中的混乱局面，从而开创了无机化学的新时代。

1913 年，维尔纳获诺贝尔化学奖。1919 年 11 月 15 日，维尔纳与世长辞，终年 53 岁。

## 习　题

1. 命名下列配离子和配合物，并指出中心原子的配位数和配体中的配位原子。

(1) $[Co(NH_3)_2(en)_2]Cl_3$

(2) $K[Co(NO_2)_4(NH_3)_2]$

(3) $K[Pt(NH_3)Cl_3]$

(4) $[Cr(NCS)_4(NH_3)_2]^-$

(5) $[Pt(NH_3)_4(NO_2)Cl]$

(6) $[Co(ONO)_2(NH_3)_2(H_2O)_2]Cl$

2. 写出下列配合物的化学式：

(1) 硫酸溴·五氨合钴(Ⅲ)

(2) 六氯合铂(Ⅳ)酸钾

(3) 二氯·二羟基·二氨合铂(Ⅳ)

(4) 三硝基·三氨基合钴(Ⅲ)

3. 根据实测磁矩，推断下列配离子的空间构型，并指出是内轨型还是外轨型。

① $[Co(en)_3]^{2+}$ 3.82$\mu_B$

② $[Fe(C_2O_4)_3]^{3-}$ 5.75$\mu_B$

③ $[Co(en)_2Cl_2]^{+}$ 0

4. CO是一种很不活泼的化合物，为什么它能与过渡金属原子形成很强的配位键？为什么在羰基配合物中配体总是以C作为配位原子？

5. $FeF_6^{3-}$ 配离子是无色的，而$CoF_6^{3-}$ 是有颜色的，人们发现在可见光的电子光谱图中，$CoF_6^{3-}$ 有一较强的吸收带，而$FeF_6^{3-}$ 几乎没有，试用晶体场理论解释。

6. 两种化合物，它们有相同的化学式：$Co(NH_3)_5BrSO_4$，它们的区别在于向第一种配合物溶液中加入$BaCl_2$溶液时，有$BaSO_4$沉淀生成，加入$AgNO_3$溶液时不产生AgBr沉淀。第二种配合物溶液所产生的现象恰好与第一种相反。试写出这两种配合物的结构式，并说明理由。

7. 根据价键理论写出下列配合物中心离子杂化轨道类型、几何构型、配合物类型(内、外轨)和自旋情况(高、低自旋)。

① $[Fe(en)_2]^{2+}$($\mu$=5.5 B. M.)

② $[Pt(CN)_4]^{2-}$($\mu$=0 B. M.)

8. 已知两个配离子的分裂能和成对能：

| | $[Fe(CN)_6]^{3-}$ | $[Fe(H_2O)_6]^{3+}$ |
|---|---|---|
| 分裂能/$cm^{-1}$ | 33 000 | 10 400 |
| 成对能/$cm^{-1}$ | 17 600 | 17 000 |

① 用价键理论及晶体场理论解释$[Fe(H_2O)_6]^{3+}$是高自旋的，$[Fe(CN)_6]^{3-}$是低自旋的；

② 计算出$[Fe(CN)_6]^{3-}$和$[Fe(H_2O)_6]^{3+}$两种配离子的晶体场稳定化能。

9. 判断下列反应进行的方向，并指出哪个反应正向进行得最完全：

① $[Cu(NH_3)_4]^{2+} + Zn^{2+} \rightleftharpoons [Zn(NH_3)_4]^{2+} + Cu^{2+}$

② $[Fe(C_2O_4)_3]^{3-} + 6CN^- \rightleftharpoons [Fe(CN)_6]^{3-} + 3C_2O_4^{2-}$

10. 将0.20 mol·$L^{-1}$的$AgNO_3$溶液与0.60 mol·$L^{-1}$的KCN溶液等体积混合后，加入固体KI(忽略体积的变化)，使$I^-$浓度为0.10 mol·$L^{-1}$，问能否产生AgI沉淀？溶液中$CN^-$浓度低于多少时才可出现AgI沉淀？已知$K_{sp}(AgI) = 8.52 \times 10^{-17}$，$K_s\{[Ag(CN)_2]^-\} = 1.0 \times 10^{21}$。

11. 将0.024 mol·$L^{-1}$ $Cu^{2+}$离子溶液10 mL与0.3 mol·$L^{-1}$氨水10 mL混合，生成$[Cu(NH_3)_4]^{2+}$，求平衡时溶液中$Cu^{2+}$浓度。已知$[Cu(NH_3)_4]^{2+}$的$K_s = 2.09 \times 10^{13}$。

12. 配制 0.15 mol·$L^{-1}$[$Zn(NH_3)_4$]$^{2+}$溶液，当氨水浓度为：① 0.10 mol·$L^{-1}$时；② 0.20 mol·$L^{-1}$时 $Zn^{2+}$的浓度分别是多少？已知[$Zn(NH_3)_4$]$^{2+}$的 $K_s = 3.80\times10^9$。

13. 欲使 0.10 mol·$L^{-1}$ AgCl 溶于 1.0 L 氨水中，所需氨水的最低浓度是多少？已知 $K_{sp}(AgCl)=1.77\times10^{-10}$，$K_s\{[Ag(NH_3)_2]^+\}=1.7\times10^7$。

14. 23.5 克 AgI 恰好能完全溶解在 1 升的 $Na_2S_2O_3$溶液中，求此 $Na_2S_2O_3$溶液的原始浓度。已知 AgI 的 $K_{sp}=8.52\times10^{-17}$，$[Ag(S_2O_3)_2]^{3-}$的 $K_s=2.88\times10^{13}$。

# 第12章　元素概论

**内容摘要**

本章简要介绍元素在自然界中的分布、分类、无机物的基本类型以及无机化学基本反应类型，讨论常见无机物的基本性质(溶解性、酸碱性、热稳定性、氧化还原性等)，并简要介绍无机物的制备方法。

元素部分是无机化学的中心内容之一，主要讨论元素及其化合物的存在、性质、制备和应用，涉及周期表中各族元素，对从事化学、生物医药及其相关学科研究的人们，学习并掌握元素相关知识具有重要意义。本章概述了元素单质及其化合物的基本性质和变化规律，为学习后两章的元素各论奠定基础。

## 12.1　元素在自然界中的分布及分类

自然界中种类繁多的物质都是由一百多种元素组成的。在已发现的元素中，90 余种是天然元素，20 多种是人工合成元素。各种元素在自然界中的含量相差很大，分布各不相同。只有少数元素以单质形态存在，如 $O_2$、$N_2$、S、C、Au、Pt 等，大多数以化合态存在，而且主要以氧化物、硫化物、卤化物和含氧酸盐的形式存在。

在地壳中，O、Si、Al、Fe、Ca、Na、K、Mg 这 8 种元素的总质量占地壳的 99%以上。按质量分数计，地壳中 O(48.6%)占第一位，其次是 Si(26.3%)，它们的总量约占地壳总质量的 75%。化学元素在地壳中的含量(质量分数)称为丰度，部分元素在地壳中的质量分数列于表 12 - 1 中。

**表 12 - 1　地壳中部分元素的质量分数**

| 元　素 | 质量分数(%) | 元　素 | 质量分数(%) | 元　素 | 质量分数(%) |
|---|---|---|---|---|---|
| O | 48.6 | Sr | 0.015 | Gd | $6.5\times10^{-4}$ |
| Si | 26.3 | V | 0.015 | Be | $6\times10^{-4}$ |
| Al | 7.73 | Ni | 0.010 | Pr | $5.5\times10^{-4}$ |
| Fe | 4.75 | Zn | 0.008 | Se | $5\times10^{-4}$ |
| Ca | 3.45 | Cu | 0.007 | As | $5\times10^{-4}$ |

续表

| 元素 | 质量分数(%) | 元素 | 质量分数(%) | 元素 | 质量分数(%) |
|---|---|---|---|---|---|
| Na | 2.74 | Li | 0.006 5 | Hf | $4.5\times10^{-4}$ |
| K | 2.47 | Ce | 0.004 | Dy | $4.5\times10^{-4}$ |
| Mg | 2.00 | Sn | 0.004 | U | $4\times10^{-4}$ |
| H | 0.76 | Co | 0.004 | Ar | $3.6\times10^{-4}$ |
| Ti | 0.42 | Y | 0.002 8 | Cs | $3.2\times10^{-4}$ |
| Cl | 0.14 | Nd | 0.002 4 | Yb | $2.7\times10^{-4}$ |
| P | 0.11 | Nb | 0.002 | Er | $2.5\times10^{-4}$ |
| C | 0.087 | La | 0.001 8 | Br | $2.5\times10^{-4}$ |
| Mn | 0.085 | Pb | 0.001 6 | Ta | $2\times10^{-4}$ |
| F | 0.072 | Th | 0.001 5 | Ho | $1.1\times10^{-4}$ |
| S | 0.048 | Ga | 0.001 5 | Eu | $1\times10^{-4}$ |
| Ba | 0.040 | B | 0.001 | Sb | $1\times10^{-4}$ |
| N | 0.030 | W | 0.000 1 | Tb | $9\times10^{-5}$ |
| Rb | 0.028 | Mo | $7.5\times10^{-4}$ | Lu | $7.5\times10^{-5}$ |
| Zr | 0.020 | Ge | $7\times10^{-4}$ | Hg | $5\times10^{-5}$ |
| Cr | 0.018 | Sm | $6.5\times10^{-4}$ | Tl | $3\times10^{-5}$ |

地壳中分布多的一些元素，如O、C、H、N、K、Na、Mg、Ca、Fe、P、S等，也是人体中含量较多的元素。人体中的一些元素的含量见表12-2。

**表12-2 人体中的一些元素的含量**

| 元素 | 质量分数(%) | 元素 | 质量分数(%) | 元素 | 质量分数(%) |
|---|---|---|---|---|---|
| O | 65 | Ca | 2 | Na | 0.15 |
| C | 18 | P | 1 | Cl | 0.15 |
| H | 10 | K | 0.35 | Mg | 0.05 |
| N | 3 | S | 0.25 | | |

化学元素的分类方法有很多，根据属性，可将元素分为金属元素、非金属元素和准金属元素。金属元素是指在化学反应中较易失去电子的元素。非金属元素是指在化学反应中较易得到电子的元素。准金属元素又称类金属元素或半金属元素，是具有金属和非金属之间的一些化学性质的元素，如硼、硅、锗、砷、锑、硒和碲等，一般在外表上呈现出金属的特性，而其化学性质表现出金属与非金属两种性质，它们的氧化物是两性的，既溶于酸也溶于碱，准金属的电子结构中有较多的空轨道，容易与有机物结合生成金属有机物化合物。

在化学上，按习惯还将元素分为普通元素和稀有元素。这种划分也是相对的，两者间并没有严格的界限。所谓稀有元素是指在自然界中含量很少，或被人们发现较晚，或比较难以提炼，或对其研究较少，应用较少也较晚的元素。稀有元素还可分为：① 轻稀有金属，如Li、Rb、Cs、Be；② 高熔点稀有金属，如Ti、Zr、Hf、V、Nb、Ta、Mo、W、Re；③ 分散稀有元素，如Ga、In、Tl、Ge、Se、Te；④ 稀有气体，如He、Ne、Ar、Kr、Xe、Rn；⑤ 稀土金属，如Sc、Y、Lu和镧系元素；⑥ 铂系元素，如Ru、Rh、Pd、Os、Is、Pt；⑦ 放射性稀有元素，如Fr、

Ra、Tc、Po、At、Lr 和锕系元素。

## 12.2　无机物的基本类型及基本性质

常见的无机物一般可分为氧化物、氢化物、含氧酸、碱、盐、配合物等几种基本类型。

### 12.2.1　氧化物

氧化物(oxide)是指由氧元素与其他元素形成的二元化合物。除一些稀有气体外，大部分元素都能生成氧化物。

按组成分类，氧化物可分为金属氧化物和非金属氧化物。

按键型分类，氧化物可分为离子型氧化物和共价型氧化物。非金属氧化物都是共价性化合物，熔、沸点较低，共价型氧化物中有简单分子氧化物，如 $SO_2$、CO 等，还有巨型分子氧化物，如 $SiO_2$ 等。金属氧化物大多是离子型化合物，熔、沸点较高，但一些 18e 构型(如 $Ag^+$ 等)、18+2e构型(如 $Pb^{2+}$ 等)和其他高氧化态的金属氧化物，因极化作用而成为共价型化合物。

按氧的氧化值分类，氧化物可分为普通氧化物、过氧化物和超氧化物。普通氧化物中氧的氧化值为－2，种类繁多，在自然界中广泛存在。过氧化物，如过氧化氢($H_2O_2$)、过氧化钠($Na_2O_2$)，其中 O 的氧化值为－1，为中间氧化态，既表现出氧化性又表现出还原性。能生成过氧化物的金属，主要是碱金属和碱土金属。超氧化物，如超氧化钾($KO_2$)，其中 O 的氧化值为－1/2，为中间氧化态。超氧化物中的超氧离子，是氧分子作为一个整体获得一个电子后形成的，因此稳定性很差，是很强的氧化剂。

按酸碱性分类，氧化物可分为酸性氧化物、碱性氧化物、两性氧化物和中性氧化物。酸性氧化物包括与水反应生成含氧酸的氧化物(如 $CO_2$、$SO_2$、$SO_3$、$P_4O_{10}$、$B_2O_3$、$NO_2$ 等)和只能与碱共熔生成盐的氧化物(如 $SiO_2$ 等)。碱性氧化物包括与水反应生成碱的氧化物(如 $Li_2O$、$Na_2O$、$K_2O$、MgO、CaO、SrO、BaO 等)和只能与酸作用生成盐的氧化物(如 HgO 等)。两性氧化物是指与酸反应或与碱反应生成相应的盐和水的氧化物，如 BeO、$Al_2O_3$、$Cr_2O_3$、$SnO_2$ 等。中性氧化物是指既不与酸反应又不与碱反应的氧化物，如 NO、$N_2O$、CO 等。中性氧化物因其中的 N、C 等元素处于中间氧化态而具有氧化还原性。

按与水作用的差异分类，氧化物可分为：① 溶于水但无明显化学作用的氧化物，如 $RuO_4$、$OsO_4$ 等。② 同水作用生成可溶性氢氧化物(包括含氧酸)的氧化物，如 $Na_2O$、BaO、$SO_2$ 等。③ 同水作用生成难溶性氢氧化物的氧化物，如 $Sc_2O_3$、BeO、MgO 等。④ 既难溶于水又不与水作用的氧化物，如 $Fe_2O_3$、$MnO_2$ 等。

### 12.2.2　氢化物

氢化物(hydride)是氢与其他元素形成的二元化合物。但在一般情况下，将氢同金属的二元化合物称氢化物，而把氢同非金属的二元化合物称某化氢。在周期表中，除稀有气体外，其他元素都可以和氢形成氢化物。

根据元素电负性的不同，氢化物可分为离子型、共价型和过渡型三大类，它们的性质各不相同。

1. 离子型氢化物

离子型氢化物也称盐型氢化物，是氢和碱金属、碱土金属中的钙、锶、钡、镭所形成的二元化合物。离子型氢化物的固体可由氢与金属在较高的温度下直接化合得到，一般为白色或灰白色的离子晶体，如 NaH、$BaH_2$等。在这类氢化物中，金属元素的电负性都比氢的电负性小，氢以 $H^-$形式存在，熔融态能导电，电解时在阳极放出氢气。离子型氢化物中的氢具有很强的失电子趋势，是很强的还原剂，在水溶液中与水剧烈反应放出氢气，使溶液呈强碱性。温度升高，离子型氢化物的还原性增强。

离子型氢化物除用作还原剂外，还用作干燥剂、脱水剂、氢气发生剂。在非水溶剂中与 B(Ⅲ)、Al(Ⅲ)等的化合物生成复合氢化物，如氢化铝锂：

$$4LiH + AlCl_3 \xlongequal{} LiAlH_4 + 3LiCl$$

复合氢化物广泛用于有机合成和无机合成，主要用作还原剂、引发剂和催化剂。

2. 共价型氢化物

共价型氢化物也称分子型氢化物，氢和ⅢA～ⅦA 族元素反应常形成共价型氢化物。其中与ⅢA 族元素形成的氢化物是缺电子化合物，常以聚合物形式存在，如乙硼烷 $B_2H_6$、氢化铝$(AlH_3)_n$等。各共价型氢化物的热稳定性相差悬殊，氢化铅 $PbH_4$、氢化铋 $BiH_3$在室温下强烈分解，HF、$H_2O$ 等受热到 1 000℃时也几乎不分解。共价型氢化物具有还原性，其还原性大小取决于 $R^{n-}$ 的失电子能力。同一族元素的氢化物，从上至下还原性增强；同一周期的氢化物，从左至右还原性减弱。

共价型氢化物与水的作用比较复杂。常见有如下几种情况：① 形成强酸，如 HCl、HBr、HI。② 形成弱酸，如 HF、$H_2S$、$H_2Se$、$H_2Te$。③ 形成碱，如 $NH_3$。④ 与水发生氧化还原反应放出氢气，如 $B_2H_6$、$SiH_4$。⑤ 与水不反应，如 $CH_4$、$PH_3$、$AsH_3$、$GeH_4$、$SnH_4$、$SbH_3$。

$$SiH_4 + 4H_2O \xlongequal{} H_4SiO_4 + 4H_2\uparrow$$

共价型二元氢化物溶液的酸性变化规律为：同周期元素氢化物从左到右酸性增强，同族元素氢化物从上到下酸性增强（第ⅣA 族氢化物只有在特定条件下才表现出酸碱性），如表 12 - 3 所示。

**表 12 - 3　常见二元氢化物的 p$K_a$值**

| | | | | |
|---|---|---|---|---|
| $CH_4$ | $NH_3$ | $H_2O$ | HF | |
| ～58 | 39 | 16 | 3 | ↓ 酸性增强 |
| $SiH_4$ | $PH_3$ | $H_2S$ | HCl | |
| ～35 | 27 | 7 | −7 | |
| $GeH_4$ | $AsH_3$ | $H_2Se$ | HBr | |
| 25 | ～19 | 4 | −9 | |
| $SnH_4$ | $SbH_3$ | $H_2Te$ | HI | |
| ～20 | ～15 | 3 | −10 | |
| → 酸性增强 | | | | |

共价型二元氢化物水溶液的酸性可通过下面的波恩-哈伯循环(图 12-1)进行判断：

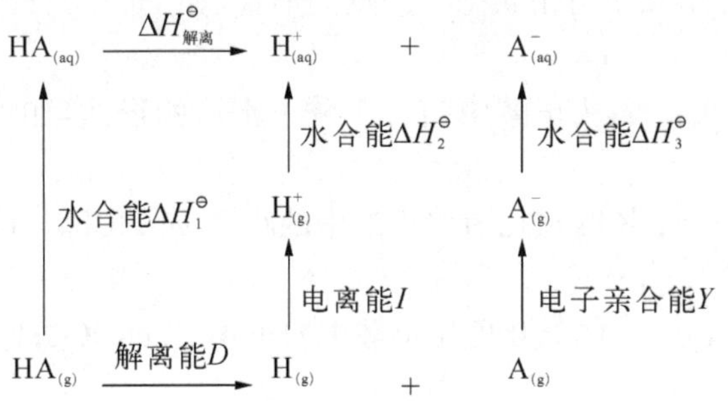


图 12-1　二元氢化物的波恩-哈伯循环

HA 在水中解离过程的能量变化 $\Delta H^{\ominus}_{解离}$ 为：

$$\Delta H^{\ominus}_{解离} = D + I + Y + \Delta H^{\ominus}_{2} + \Delta H^{\ominus}_{3} - \Delta H^{\ominus}_{1}$$

再根据 $\Delta G^{\ominus} = \Delta H^{\ominus} - T\Delta S^{\ominus}$ 及 $\Delta G^{\ominus} = -RT\ln K$ 可计算出 HA 的解离常数。

不考虑 $\Delta S^{\ominus}$ 的影响时，影响 HA 的解离常数的因素主要有：① HA 的解离能 $D$，H－A键越强，越难电离出 $H^{+}$。一般来说，A 的电负性越大，HA 的解离能越大。② A 原子的电子亲和能 $Y$，$Y$ 越大，放出能量越多，越有利于 HA 的电离。$Y$ 的变化规律与电负性的变化规律相似，但第二周期的非金属元素，与同族元素相比，由于半径较小、电子云密度较大，$Y$ 呈现反常现象。

过渡型氢化物也称金属型氢化物，是过渡元素与氢形成的二元化合物。这类氢化物中，有些组成不符合正常化合价规律，如氢化镧 $LaH_{2.76}$、氢化铈 $CeH_{2.69}$、氢化钯 $Pd_2H$ 等。在它们的晶格中，金属原子的排列基本上保持不变，只是相邻原子间距离稍有增加，氢原子占据金属晶格中的空隙位置，所以这类过渡型氢化物也称间充型氢化物。过渡型氢化物的形成与金属本性、温度以及氢气分压有关。它们的性质与母体金属性质非常相似，并具有明显的强还原性。它们的热稳定性一般较差，受热后易放出氢气。一些金属或合金是储氢的好材料，如镧镍-5($LaNi_5$)，吸氢后变为 $LaNi_5H_6$，只要略微加热，$LaNi_5H_6$ 即可把储存的全部氢气释放出来，镧镍合金在此过程中不受损害，可以反复使用。

$$LaNi_5H_6 = LaNi_5 + 3H_2$$

除镧镍-5 外，La－Ni－Cu、Zr－Al－Ni、Ti－Fe 等吸氢材料也正在深入研究中。

## 12.2.3　含氧酸

含氧酸(oxoacids)为酸根中含有氧原子的酸。无机含氧酸分子式为 $H_mRO_n$，也可写成 $RO_{n-m}(OH)_m$，皆含有 R—O—H 键，有的亦含有 R—O 键，其中 R 称为成酸元素。

1. 含氧酸的分类

含氧酸可分为：简单含氧酸、同多酸、杂多酸、取代酸。

(1) 简单含氧酸

只含一个成酸元素的含氧酸。如 $H_3BO_3$、$H_2CO_3$、$H_4SiO_4$、$H_3PO_4$、$H_2SO_4$、$HClO_4$。

简单含氧酸还包括如下一些类型：

1) 正酸($H_mRO_n$)：属于自由状态下常见的形式，如 $HClO_3$、$H_2SO_4$、$HNO_3$、$H_3PO_4$、$H_2MnO_4$。

2) 偏酸($H_{m-2}RO_{n-1}$)：从正酸中缩去 1 分子水后的形式，如 $HPO_3$[常为多聚形式 $(HPO_3)_n$]、$HBO_2$。

3) 亚酸($H_mRO_{n-1}$)：R 的氧化值比正酸中的小 2，如 $HClO_2$、$H_2SO_3$、$HNO_2$、$H_3PO_3$[二元酸，图 12-2(a)]、$H_4MnO_4$。

4) 次酸($H_mRO_{n-2}$)：R 的氧化值比正酸中的小 4，如 HClO、$H_2SO_2$、$H_3PO_2$[一元酸，图 12-2(b)]。

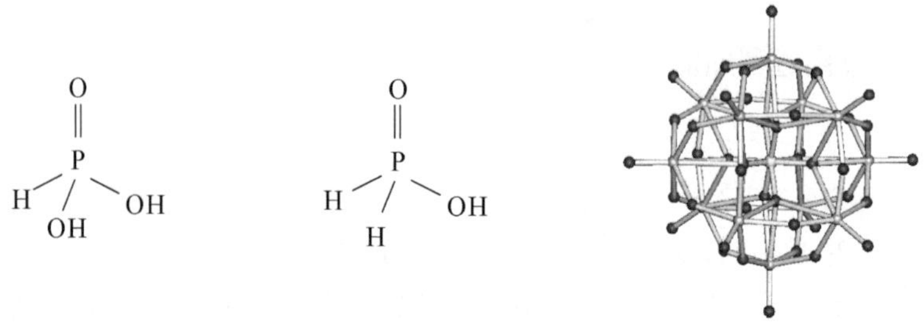

(a) (b) (c)

图 12-2 $H_3PO_3$、$H_3PO_2$、$[PMo_4W_7O_{40}]^{6-}$ 的结构

5) 高酸($H_mRO_{n+1}$ 或 $H_{m-1}RO_n$，无—O—O—结构)：前者如 $HClO_4$，后者如 $HMnO_4$。

6) 过酸($H_mRO_{n+1}$，有—O—O—结构)：如 $H_2SO_5$、$HNO_4$、$H_3PO_5$。

7) 原酸($H_mRO_n$，$m = n =$ R 的氧化值)：如 $H_4SiO_4$、$H_4CO_4$、$H_6TeO_6$。

(2) 同多酸

含两个或两个以上相同成酸元素。如 $H_{10}Mo_{12}O_{41}$[(七缩)十二钼酸]、$H_2B_{12}O_{19}$[(十七缩)十二硼酸]。同多酸包括：

1) 焦酸或重酸($H_{m-1}O_{n-1}RORO_{n-1}H_{m-1}$)：两个正酸分子之间缩去 1 分子水。如 $H_2S_2O_7$、$H_2P_2O_5$、$H_2Cr_2O_7$等。

2) 连酸($H_{m-1}O_{n-1}RR_{l-2}RO_{n-1}H_{m-1}$)：含成酸元素直接相连的结构，如：$H_2S_2O_4$(连二亚硫酸，HO—S(=O)—S(=O)—OH)、$H_2S_2O_6$(连二硫酸)、$H_2S_5O_6$、$H_4P_2O_6$。

3) 过多酸(过二酸 $H_{m-1}O_{n-1}ROORO_{n-1}H_{m-1}$)：如 $H_2S_2O_8$、$H_4P_2O_8$。

(3) 杂多酸

含两个或两个以上不同的成酸元素。如 $H_6PMo_4W_7O_{40}$[图 12-2(c)]、钼磷酸($H_3PO_4 \cdot 12MoO_3 \cdot 12H_2O$)。

(4) 取代酸

一些非羟基氧或羟基被其他元素取代。如 $H_2S_2O_3$(硫代硫酸)、$NH_2PO(OH)_2$(氨基磷酸)、$NH_2SO_3H$(氨基磺酸)、$NH_4Zn(UO_2)_3(Ac)_9$(醋酸铀酰锌铵)。

2. 最高氧化态氧化物水合物的酸碱性

非金属元素氧化物的水合物的结构中含有一个或多个—OH基团，其中心原子(即非金属R)周围能结合多少个—OH，取决于$R^{n+}$的电荷数及半径大小。一般来说，$R^{n+}$的电荷越高，半径越大，能结合的—OH基团数目越多。但是当$R^{n+}$的电荷很高时，其半径往往很小，例如，根据电荷数，Cl(Ⅶ)应能结合7个—OH基团，但是由于它的半径太小，容纳不了这么多的—OH，势必脱水，直到Cl(Ⅶ)周围保留的异电荷离子或基团数目，既能满足Cl(Ⅶ)的氧化值又能满足它的配位数为止。配位数与两种离子的半径比值有关，处于同一周期的元素，其配位数大致相同。

若以R—O—H表示脱水后的化合物，则在分子中存在着R—O及O—H两种极性键，所以，ROH在水中有两种解离方式：

$$ROH \longrightarrow R^+ + OH^- \text{（碱式解离）}$$
$$ROH \longrightarrow RO^- + H^+ \text{（酸式解离）}$$

ROH是按碱式还是按酸式解离，与阳离子的极化作用有关。阳离子的电荷越高、半径越小，则阳离子的极化作用越大。卡特雷奇(G. H. Cartledge)曾经把这两个因素结合在一起考虑，提出了“离子势”($\varPhi$)的概念：

$$\varPhi = \frac{\text{阳离子电荷}}{\text{阳离子半径}} = Z/r$$

用离子势可以表示阳离子的极化能力。若$R^{n+}$的$\varPhi$值大，其极化作用强，氧原子的电子云将偏向$R^{n+}$，从而使O—H键的极性增强，ROH以酸式解离为主。若$R^{n+}$的$\varPhi$值小，其极化作用弱，R—O键比较弱，ROH以碱式解离为主。

用$\varPhi$值($r$/nm)判断ROH酸碱性的经验方法如下：

$$\sqrt{\varPhi} > 10 \text{ 时，ROH 显酸性}$$
$$7 < \sqrt{\varPhi} < 10 \text{ 时，ROH 显两性}$$
$$\sqrt{\varPhi} < 7 \text{ 时，ROH 显碱性}$$

总而言之，$R^{n+}$的$\varPhi$值大，ROH是酸；$\varPhi$值小，ROH是碱。非金属元素$\varPhi$值一般都较大，所以它们的ROH为含氧酸。

离子化合物的许多性质，如溶解性、热稳定性、水解性以及离子形成配合物的能力等都与阳离子对阴离子或偶极分子的静电引力有关。因此，可以用离子势说明离子化合物的这些性质。

3. 酸性强弱变化规律

酸性一般是指物质释放质子($H^+$)的能力。无机含氧酸在水溶液中的酸强度取决于酸分子中羟基O—H的电离程度，可以用$K_a$(或$pK_a$)值来衡量。如果成酸元素R的电负性越大，R周围的非羟基氧原子数目越多，则其酸性越强。原因是成酸元素R的电负性大，R吸引羟基氧原子的能力强，能够有效地减弱O—H键，有利于质子的解离；非羟基氧原子越多，则分子周围越易形成离域π键，一方面增强了羟基O—H键的极性，有利于质子的转移；另一方面使得整个酸基团周围的空间减小，阻碍了质子与O原子上孤对电子的结合，从而使酸性增强。同主族元素自上而下，成酸元素的电负性逐渐减小，原子半径增大，吸引羟基氧原子的能力依次减小，O—H 键的极性依次减小，酸性依次减弱。同一周期中，从左至右元素的非金属性逐渐增强，成酸元素的电负性逐渐增大，电子偏向成酸元素 R 的程度增大，酸性增强。

含氧酸酸性的变化规律可归纳如下：

1）R 的氧化值越高、半径越小，酸性越强。如：

$$H_4SiO_4 < H_3PO_4 < H_2SO_4 < HClO_4$$
$$HClO_3 > HBrO_3 > HIO_3$$
$$HOCl > HOBr > HOI$$

2）氧化值和半径相近时，R 的电负性越大，酸性越强。如 $Zn(OH)_2 > Mg(OH)_2$。

3）氧化值、半径、R 的电负性都相近时，配位数越少（R 上的孤对电子相对较多），酸性越强。如：

$$HIO_4 > H_5IO_6$$
$$H_2SO_4,\ H_2SeO_4 > Te(OH)_4$$

4）多元酸酸性的一般规律为：$K_{a1} \gg K_{a2} \gg K_{a3}$。

4. 热稳定性

当含氧酸受热时，可能发生脱水形成酸酐，也可能发生氧化还原反应。不同的含氧酸的热稳定性相差很大，一般情况下存在如下规律：

1）常温下酸酐是稳定的气态氧化物，则对应的含氧酸往往极不稳定，常温下可发生分解。

2）常温下酸酐是稳定的固态氧化物，则对应的含氧酸较稳定，在加热条件下才能分解。

3）同一元素的含氧酸，高氧化态的酸比低氧化态的酸稳定，如：

$$HClO_4 > HClO_3 > HClO_2 > HClO$$
$$H_2SO_4 > H_2SO_3$$
$$HNO_3 > HNO_2$$

5. 氧化性

（1）无机含氧酸氧化性强弱规律

无机含氧酸的氧化性主要表现在如下几个方面：

1）能与排在常见金属活动性顺序表中氢后面的金属单质反应。

$$Cu + 2H_2SO_4(浓) = CuSO_4 + SO_2\uparrow + 2H_2O$$
$$3Ag + 4HNO_3(稀) = 3AgNO_3 + NO\uparrow + 2H_2O$$

2）能与不太活泼的非金属单质反应。

$$C + 2H_2SO_4(浓) = CO_2\uparrow + 2SO_2\uparrow + 2H_2O$$
$$P + 5HNO_3(浓) = H_3PO_4 + 5NO_2\uparrow + H_2O$$
$$I_2 + 10HNO_3(浓) = 2HIO_3 + 10NO_2\uparrow + 4H_2O$$

3) 能将多种元素从较低氧化态氧化到较高氧化态。

$$4HNO_3(稀) + FeS = Fe(NO_3)_3 + S\downarrow + NO\uparrow + 2H_2O$$

含氧酸的氧化性比较复杂，因为一种元素往往可以有几种氧化态的含氧酸，同一氧化态的含氧酸又可以还原成不同的产物。一般情况下，其氧化性强弱存在以下规律：

1) 对于同一氧化性酸，浓度越大(及溶液中氢离子浓度越大)氧化性越强。如浓硝酸比稀硝酸氧化性强，浓高氯酸的氧化性比稀高氯酸的氧化性强。

2) 同一种元素形成的不同氧化态的含氧酸，一般低氧化态的比高氧化态的氧化性强。

$$HClO > HClO_2 > HClO_3 > HClO_4$$
$$HNO_2 > HNO_3$$

3) 同周期主族元素形成的最高氧化态含氧酸，从左到右，氧化性依次增强。如，高氯酸常温下氧化性很强，硫酸只有在浓度大时才表现出强氧化性，磷酸则几乎无氧化性。

4) 同族副族元素含氧酸的氧化性随原子序数的增加而略有下降。

5) 同主族元素形成的同氧化态含氧酸，氧化性强弱的规律复杂，一些常见元素含氧酸的氧化性强弱顺序如下：

$$HBrO_4 \approx H_5IO_6 > HClO_4$$
$$HBrO_3 > HClO_3 > HIO_3$$
$$HClO > HBrO > HBrO$$
$$H_2SeO_4 \approx H_6TeO_6 > H_2SO_4$$
$$HNO_3 > H_3AsO_4 > H_3PO_4$$

(2) 影响无机含氧酸氧化能力强弱的因素

无机含氧酸氧化性的实质是指成酸元素 R 得电子的能力，如：

$$RO_n^- + 2ne + 2nH^+ \longrightarrow R^- + nH_2O$$

成酸元素 R 得电子能力越强，无机含氧酸的氧化性越强。含氧酸得失电子的难易程度与许多因素有关，目前还没有统一的解释，但可以从以下三个方面加以讨论。

1) 中心原子结合电子的能力　　中心原子电负性越大，越容易获得电子而被还原，因而氧化性越强。该因素可说明主族元素含氧酸氧化还原能力强弱。例外情况有：$HBrO_3 > HClO_3 > HIO_3$。

2) 中心原子和氧原子之间键的强度　　含氧酸还原为低氧化态或单质的过程包括 R—O 键的断裂。影响 R—O 键强度的因素有中心原子的电子层结构、成键情况等。键能越大，键长越短，键越不易断裂。成酸元素 R 可与非羟基 O 形成 d-p 或 p-p 离域 π 键，非羟基 O 越多，离域 π 键的键级越大，R—O 越稳定，酸的氧化性越小。所以，$HClO_n$ 的氧化性大小为：$HClO > HClO_2 > HClO_3 > HClO_4$。

3）在含氧酸还原过程中伴随的其他过程的能量效应　　在含氧酸的还原中常伴随有一些非氧化还原过程的发生，如水的生成、溶剂化和去溶剂化作用、解离、沉淀的生成、缔合等。这些过程的能量效应有时在总的能量效应中占有很大比重。这些过程净放出的能量愈多，则总反应进行趋势愈大，即含氧酸的氧化性愈强。

### 12.2.4　碱

对于R—O—H而言，中心原子R的电负性小，吸引电子能力越小，$Z/r$值越小，极化能力越弱，则O—H键越难断裂，而R—O键越容易断裂，即碱的碱性越强。

1. 碱的通性

碱能与酸、酸性氧化物发生反应，生成盐和水。能与盐反应，生成新碱和新盐。

2. 热稳定性

碱的热稳定性表现为：

$$ROH \xrightarrow{\triangle} R_nO + H_2O$$

R的极化能力越强，热稳定性越差。对于碱金属和碱土金属而言，同族元素阳离子从上到下半径增大，离子势减小，氢氧化物稳定性增强。两族元素相比，碱土金属离子的电荷高，半径小，离子势大，其氢氧化物稳定性差。碱金属氢氧化物只有LiOH在高温时分解脱水，而碱土金属氢氧化物在熔化之前就分解脱水变为氧化物了。在金属活动顺序表中，活泼性强的金属，其氢氧化物较稳定，难热解；而活泼性越差的金属，其氢氧化物越易分解；极不活泼的金属Pt、Au等，甚至很难生成稳定的氢氧化物。

3. 溶解性

碱金属和碱土金属的氢氧化物在水中的溶解性具有较好的规律性，即同族元素氢氧化物的溶解度从上到下逐渐增大。碱金属氢氧化物在水中的溶解度都很大，而碱土金属氢氧化物在水中的溶解度都很小，$Be(OH)_2$和$Mg(OH)_2$是难溶物，$Ca(OH)_2$和$Sr(OH)_2$是微溶的，只有$Ba(OH)_2$可溶，但溶解度仍比LiOH小得多，溶解度的这种差别与碱土金属离子的半径小，电荷高，化合物的晶格能大有关。

一些金属离子与氢氧根结合所形成的氢氧化物具有两性。如$Al(OH)_3$、$Zn(OH)_2$、$Cr(OH)_3$、$Sb(OH)_3$、$Sb(OH)_5$、$Sn(OH)_4$、$Sn(OH)_2$、$Be(OH)_2$、$Pb(OH)_2$等。

一些氢氧化物能溶于$NH_3 \cdot H_2O$中，生成配合物。这些氢氧化物有：AgOH、$Cu(OH)_2$、$Zn(OH)_2$、$Cd(OH)_2$、$Co(OH)_2$、$Ni(OH)_2$等。

### 12.2.5　无机盐

1. 无机盐的类型

无机盐（inorganic salt）是酸碱中和的产物。分类方法不同，无机盐有不同的类型。一般可分为无氧酸盐（如KCl、ZnS等）、含氧酸盐（如$Na_2SO_4$、$CaCO_3$、$CuSO_4 \cdot 5H_2O$等）、复盐（$NH_4MgPO_4 \cdot 6H_2O$等）和配盐（$[Cu(NH_3)_4]SO_4$等）几大类。

（1）无氧酸盐

1）卤化物　　卤化物（氢卤酸的盐）大都可溶（除$Ag^+$、$Pb^{2+}$、$Hg_2^{2+}$的卤化物外），并具有还原性。

2）硫化物　　硫化物（氢硫酸的盐）分为正盐和酸式盐，具有还原性。大多数难溶硫化物为黑色，有些难溶硫化物具有特征颜色，可用于离子鉴别。如：ZnS为白色、CdS为亮黄色、MnS为肉红色、$As_2S_3$为黄色、$Sb_2S_3$为橙色、$Bi_2S_3$为暗褐色、SnS为褐色、$SnS_2$为黄色。

3）金属氢化物　　金属氢化物具有强还原性并易水解。

（2）含氧酸盐

1）硫酸盐　　硫酸盐分为正盐和酸式盐。目前已知的硫酸盐矿物有170余种，其中石膏、硬石膏、重晶石、芒硝等均为重要的工业矿物。

2）亚硫酸盐　　亚硫酸盐分为正盐和酸式盐，具有氧化还原性并以还原性为主。亚硫酸钠是最常见的亚硫酸盐，是优良的还原剂。

在人体内，亚硫酸根离子是含硫氨基酸代谢过程中的产物。机体内存在亚硫酸氧化酶，能够催化亚硫酸根离子与氧结合生成无毒害的$SO_4^{2-}$。该氧化酶在肝脏中含量最多，也有在于心、肺、细胞线粒体中，是人体必不可少的一种酶。

3）碳酸盐　　碳酸盐分正盐、酸式盐和碱式盐。易生成碱式盐的金属离子有：$Mg^{2+}$、$Pb^{2+}$、$Bi^{3+}$、$Cu^{2+}$、$Cd^{2+}$、$Hg^{2+}$、$Fe^{2+}$、$Zn^{2+}$、$Co^{2+}$、$Ni^{2+}$。须注意的是，高价金属离子如$Al^{3+}$、$Cr^{3+}$、$Fe^{3+}$、$Sn^{4+}$、$Sb^{3+}$与$Na_2CO_3/(NH_4)_2CO_3$等可溶性碳酸盐反应时，发生双水解反应，生成金属氢氧化物并放出$CO_2$。

4）磷酸盐　　磷酸盐可分为正盐、酸式盐和缩聚磷酸盐。稀溶液中，磷酸盐可以$PO_4^{3-}$、$HPO_4^{2-}$、$H_2PO_4^-$、$H_3PO_4$四种形式存在，其相对含量与溶液的pH有关。

5）卤酸盐、重铬酸盐、高锰酸盐　　卤酸盐含有三角锥形的卤酸根离子（$XO_3^-$），其中卤原子的氧化值为+5。卤酸盐有强氧化性，储存时应避免接触有机材料及还原性的物质。重铬酸盐为含有重铬酸离子（$Cr_2O_7^{2-}$）的盐类，酸性条件下有强氧化性，在碱性溶液中转变为铬酸盐。高锰酸盐中最重要的是高锰酸钾（亦称灰锰氧、PP粉），是一种常见的强氧化剂。

（3）复盐

由两种或两种以上简单盐类组成的同晶型化合物，叫做复盐。复盐中含有大小相近、适合相同晶格的一些离子。例如，明矾[$KAl(SO_4)_2 \cdot 12H_2O$]、莫尔盐[$(NH_4)_2Fe(SO_4)_2 \cdot 6H_2O$]、铁钾矾[$KFe(SO_4)_2 \cdot 12H_2O$]。复盐溶于水时，电离出的离子，与组成它的简单盐电离出的离子相同。使两种简单盐的混合饱和溶液结晶，可以制得复盐。例如，使$CuSO_4$和$(NH_4)_2SO_4$的混合溶液结晶，能制得硫酸铜铵[$(NH_4)_2SO_4 \cdot CuSO_4 \cdot 6H_2O$]。

复盐可分为两大类：① 含两种或两种以上阳离子的复盐，如$KMgCl_3 \cdot 6H_2O$等；② 含两种或两种以上阴离子的复盐（杂多酸的盐）。

（4）配盐

由配离子形成的盐称为配盐，配盐在溶液中不能完全电离出组成离子（见配位化合物相关内容）。部分常见的配体及对应中心离子列于表12-4中。

表 12-4　部分常见的配体及对应中心离子

| 配体 | 中心离子 |
| --- | --- |
| $NH_3$ | $Ag^{+}$、$Cu^{2+}$、$Zn^{2+}$、$Cd^{2+}$、$Co^{2+}$、$Ni^{2+}$、$Pt^{2+}$、$Cr^{3+}$等 |
| $CN^{-}$ | $Ag^{+}$、$Zn^{2+}$、$Cd^{2+}$、$Hg^{2+}$、$Fe^{2+}$、$Fe^{3+}$、$Co^{2+}$、$Ni^{2+}$等 |
| en | $Cu^{2+}$、$Zn^{2+}$、$Cd^{2+}$、$Co^{2+}$等 |

2. 含氧酸盐的溶解性

含氧酸盐溶解性的规律如下：

1) 绝大部分钠盐、钾盐、铵盐以及酸式盐都易溶于水。

2) 硝酸盐、氯酸盐都易溶于水，且溶解度随温度的升高而迅速增加。

3) 硫酸盐大部分溶于水，但 $SrSO_4$、$BaSO_4$、$PbSO_4$ 等难溶于水，$CaSO_4$、$Ag_2SO_4$ 及 $Hg_2SO_4$ 微溶于水。

4) 碳酸盐大多数都不溶于水，其中又以 $Ca^{2+}$、$Sr^{2+}$、$Ba^{2+}$、$Pb^{2+}$ 的碳酸盐最难溶。

5) 磷酸盐大多数都不溶于水。

影响盐的溶解性的因素很多，包括阴、阳离子的电荷和半径、晶格能、水合焓及溶解过程的熵效应等。

3. 含氧酸盐的热稳定性

含氧酸盐的热稳定性既与含氧酸的热稳定性有关，又与金属阳离子的性质有关。阳离子的极化力对含氧酸盐的热稳定性有很大影响，极化力越强，阳离子越容易使含氧阴离子变形以促进盐的分解。含氧酸盐的热稳定性的一般规律可总结如下：

1) 对于不同含氧酸的盐，一般情况下，酸不稳定，其对应的盐也不稳定；反之，酸较稳定，其对应的盐也较稳定。在常见的含氧酸盐中，磷酸盐、硫酸盐、硅酸盐都比较稳定。如，硫酸盐的分解温度一般在 1 273 K 以上，碱金属的硫酸盐加热到高温时发生熔融甚至挥发而不分解。相对而言，碳酸盐、硝酸盐及卤酸盐较不稳定。不过，碳酸盐热稳定性的差异很大，其中碱金属和大多碱土金属碳酸盐的热稳定性较高，必须加热至高温才分解，但碳酸铍的热稳性较低，加热到 100℃左右就分解，而有些碳酸盐，如碳酸汞，在常温下就会分解。某些不稳定含氧酸的盐（如硝酸盐、高氯酸盐等），受热分解的过程中常伴随氧化还原反应。

2) 对同一种含氧酸的盐及其酸，热稳定性的大小是：正盐>酸式盐>酸，如：

$$Na_2CO_3 > NaHCO_3 > H_2CO_3$$

3) 同一酸根的盐的热稳定性顺序是：碱金属盐>碱土金属盐>过渡金属盐>铵盐。在碱金属或碱土金属两族中，阳离子半径大的含氧酸盐稳定性大于阳离子半径小的含氧酸盐。

4) 同一成酸元素，其高氧化态含氧酸盐比低氧化态含氧酸盐稳定，如 $AgClO_4$（分解温度为 759 K）的热稳定性大于 $AgClO_3$（分解温度为 543 K）。

5) 许多无水酸式含氧酸盐受热后，阴离子可能缩合失水并进一步聚合成多酸离子。如

$$2NaHSO_4 \xrightleftharpoons{\triangle} Na_2S_2O_7 + H_2O$$

$$2Na_2HPO_4 \xrightleftharpoons{\triangle} Na_4P_2O_7 + H_2O$$

缩聚反应难易程度及生成的多酸盐的稳定性，主要取决于多酸根中 R—O—R 键的强度，键的强度越大，越易形成多酸盐。如硅酸、磷酸、硫酸、高氯酸盐的缩聚反应的程度依次减弱。

6）含结晶水的含氧酸盐，受热时会发生脱水反应或水解反应。含氧酸盐中的水通常分为三种：以配位键同金属离子结合在一起的称为配位水；以氢键同阴离子结合在一起的称为阴离子水；处于晶格位置上，既不和阴离子也不和阳离子直接连接的水分子称为晶格水。通常，阴离子水较难失去，晶格水易于失去，配位水失去难易程度与金属离子和水分子之间配位键的强弱有关。由难挥发含氧酸组成的盐，其水合物受热后，一般逐步脱水而得到无水盐，或先溶解在自身的结晶水中，再脱水成无水盐。某些挥发性含氧酸与电荷较高、半径较小的金属离子组成的盐，其水合物受热后通常发生水解反应，生成碱式盐甚至变成氢氧化物。

## 12.3 无机化学基本反应类型和无机物的制备方法

### 12.3.1 无机化学基本反应类型

一般地，根据有无氧化值改变，可将无机化学反应分为两大类：氧化还原反应和非氧化还原反应。

1. 氧化还原反应

氧化还原反应是元素的氧化值发生改变的化学反应，如化合反应(combination)、歧化反应(disproportionation reaction)等，某些分解反应(decomposition)和置换反应(displacement)也是氧化还原反应(相关内容见第 8 章氧化还原)。

2. 非氧化还原反应

元素的氧化值不发生改变的所有化学反应都是非氧化还原反应。常见的非氧化还原反应包括：水合(hydration)、风化(efflorescence)、水解(hydrolysis)、中和(neutralization)、取代(substitution)、复分解和配位反应，部分分解反应和置换反应也是非氧化还原反应。

### 12.3.2 无机物的制备方法

无机物的制备是无机化学的一个重要分支，它是研究利用人工的方法制备无机物的一门科学，包括普通无机物、新型无机化合物(如金属有机化合物、原子簇化合物、穴合物、酶的模拟化合物、超分子等)和无机材料(如耐高温、耐高压、光学、电学、磁性、超导、储能、催化材料等)的制备。

根据反应物的聚集状态，无机物的制备方法可分为单相反应和多相反应。单相反应是反应物质在同一个相中进行的反应；多相反应是指发生在相的界面上的反应，如固-固、固-液、气-固、气-液等反应。例如，工业制备 $KMnO_4$ 时，将固体 KOH 在空气中加热熔融后加入软锰矿 $MnO_2$，生成中间产物 $K_2MnO_4$，再于碱性溶液中与氧化剂进行电解氧化得到高锰酸钾。

$$2MnO_2 + 4KOH + O_2 \xlongequal{} 2K_2MnO_4 + 2H_2O$$
$$2K_2MnO_4 + Cl_2 \xlongequal{} 2KMnO_4 + 2KCl$$

根据制备方法的性质，无机物的制备方法可分为常规制备方法和特种技术制备方法。

1. 常规制备方法

(1) 利用水溶液中化学反应制备无机物

利用水溶液中发生的中和、复分解、氧化还原、配合等各种化学反应，结合酸碱平衡、沉淀溶解平衡、氧化还原平衡、配合平衡等有关原理，使离子与离子、分子与分子、离子与分子间相互作用，可派生出许多非常有用和十分方便的方法来制备无机物。例如，湿法制备羟基磷灰石时，一般以磷酸二氢铵或磷酸氢二铵和硝酸钙为原料，用氨水调节体系的 pH 进行合成。其反应方程式如下：

$$10Ca(NO_3)_2 + 6(NH_4)H_2PO_4 + 14NH_3 \cdot H_2O \xlongequal{} Ca_{10}(PO_4)_6(OH)_2 \downarrow + 12H_2O + 20NH_4NO_3$$
$$10Ca(NO_3)_2 + 6(NH_4)_2HPO_4 + 8NH_3 \cdot H_2O \xlongequal{} Ca_{10}(PO_4)_6(OH)_2 \downarrow + 6H_2O + 20NH_4NO_3$$

上述反应因有沉淀和水生成而容易向右进行。

由于碳酸是弱酸，易分解挥发，同时许多碳酸盐的溶解度较小，容易洗涤，又能转变为其他酸的盐，因此，碳酸盐常被用作制备化合物的中间体。

(2) 利用非水溶剂中化学反应制备无机物

对极易水解的目标产物，则不能在水溶液中进行制备，需通过干法制备或在非水溶剂中进行制备。常用的非水溶剂有液氨、$H_2SO_4$、HF、$CS_2$、冰醋酸、氯仿、苯、四氢呋喃等。

2. 特种技术制备方法

特种技术方法包括高温合成、低温合成、高压合成、真空合成、水热合成、电解合成、光化学合成、等离子体合成等。极端条件下（超高温、超低温、强磁场、强电场等）的无机合成、具有特殊功能和性能的无机材料的自组装和定向合成、具有生物功能的模拟物的合成都是无机合成的前沿领域。下面对水热合成、光化学合成、等离子体合成作简单介绍。

(1) 水热合成

水热法又称热液法是利用高温高压的水溶液使那些在大气条件下不溶或难溶的物质溶解或反应，生成该物质的溶解产物，通过控制高压釜内溶液的温差使其产生对流以形成过饱和状态而析出、生长晶体的方法。水热法产生于 19 世纪中叶地质学家对自然界成矿作用的模拟研究，20 世纪初科学家们建立了水热合成理论。水热法属液相化学法的范畴，依据反应类型的不同可分为水热氧化、水热还原、水热沉淀、水热合成、水热水解、水热提取、水热处理、水热结晶等，其中水热结晶用得较多。

(2) 光化学合成

光化学合成是在光作用下进行的化合物的合成反应。在光化学合成中反应物分子吸收光量子（100～1 000 nm）后，发生电子能级或分子的振动、转动能级量子化跃迁，由基态变为激发态，此激发态经过一系列的物理和化学过程（水合、异构、氧化还原等），最终生成产物。例如：

$$cis\text{-}[Ru(bipy)_2(H_2O)_2]^{2+} \xrightarrow{h\nu} trans\text{-}[Ru(bipy)_2(H_2O)_2]^{2+}$$

吸收给定波长的光子往往是分子中某个基团的特性，所以光化学提供了使分子中某特定部位发生反应的最佳手段。此外，如果将反应物固定在特定位置中，光化学合成可以在预期的构象（或构型）下发生。

光化学反应与热化学反应相比有许多不同之处，主要表现在：① 加热使分子活化时，体系中分子能量的分布服从玻耳兹曼分布，而分子受到光激发时，原则上可以做到选择性激发，体系中分子能量的分布属于非平衡分布，所以光化学反应的途径和产物往往与基态热化学反应不同。② 只要光的波长适当，能为物质所吸收，即使在很低的温度下，光化学反应仍然可以进行。

（3）等离子体合成

等离子体合成也称放电合成，是利用等离子体的一些特殊性质进行化学合成的一种技术。等离子体又叫做电浆，是由失去部分电子的原子及电子组成的离子化气体状物质。等离子体是一种很好的导电体，利用磁场可以捕捉、移动和加速等离子体。

等离子体可分为两种：高温等离子体和低温等离子体。高温等离子体只有在温度足够高时发生，用于冶炼用普通方法难以冶炼的材料，如高熔点的锆、钛、钽、铌、钒、钨等金属。用等离子体快速固化法可开发硬的高熔点粉末，如碳化钨-钴、Mo-Co、Mo-Ti-Zr-C等粉末。

低温等离子体是在常温下发生的等离子体，主要用于反应吸热多，产物在高温下不稳定的合成反应。等离子体冶炼的优点是产品成分及微结构的一致性好，可免除容器材料的污染。

**案例 12-1 磁性铁氧化物纳米粒子的制备**

磁性铁氧化物（$Fe_3O_4$、$Fe_2O_3$）纳米粒子因具有优异的磁性能、极高的比表面积、优良的热稳定性和表面活性、表面易修饰等性能，在信息技术、磁共振成像、肿瘤热疗、靶向载药、基因载体、催化、污水处理等很多方面具有重要的应用。制备磁性铁氧化物纳米粒子的方法有很多种，但水热法是最方便的一种。典型的制备过程包括将铁源[Fe(Ⅲ)、Fe(Ⅱ)的盐]在有机配体（柠檬酸、酒石酸等）存在下，于一定温度下与碱作用制得胶体沉淀，再将分离出的胶体净化后在适当温度下煅烧，可制得不同粒径的磁性铁氧化物纳米粒子。进一步对磁性铁氧化物纳米粒子用壳聚糖、脂质体、硅酸酯等进行包覆，可制得具有不同用途的修饰改性的磁性纳米粒子。

**【科学家简介】 德米特里·门捷列夫(D. I. Mendeleyev,1834～1907)**

19世纪俄国化学家，1834年生于西伯利亚托博尔斯克，1865年获化学博士学位，1866年任彼得堡大学普通化学教授，1890年当选为英国皇家学会外国会员，1893年起，任度量衡局局长，1907年因心肌梗塞在彼得堡（列宁格勒）与世长辞，享年73岁。

门捷列夫对化学学科的最大贡献在于发现了化学元素周期律。他在批判地继承前人工作的基础上，对大量实验事实进行了订正、分析和概括，总结出这样一条规律：元素以及由元素所形成的单质和化合物的性质随着原子量的递增而呈周期性的变化，即元素周期律。他根据元素周期律编制了元素周期表，把已经发现的63种元素全部列入表里，从而初步使元素系统化。

门捷列夫在编制周期表时，还留有很多空格，认为这些空格应由尚未发现的元素来填满，并从理论上推断出这些尚未发现的元素性质，断定它们介于邻近元素的性质之间。例如，在锌与砷之间的两个空格中，他预言这两个未知元素的性质分别为类铝和类硅。就在他预言后的四年内，法国化学家布阿勃朗用光谱分析法，从闪锌矿中发现了镓。实验证明，镓的性质非常像铝，也就是门捷列夫预言的类铝。镓的发现，具有重大的意义，它充分说明元素周期律是自然界的一条客观规律；为以后元素的研究，新元素的探索，新物资、新材料的寻找，提供了一个可遵循的规律。

门捷列夫发现了元素周期律，人们给他以很高的评价。恩格斯在《自然辩证法》一书中曾经指出："门捷列夫不自觉地应用黑格尔的量转化为质的规律，完成了科学上的一个勋业，这个勋业可以和勒维烈计算尚未知道的行星海王星的轨道的勋业居于同等地位。"

门捷列夫除了对元素周期律的贡献之外，还对气体定律、气象学、石油工业、农业化学、无烟火药、度量衡等领域进行过研究，并取得了不小的成就。

## 习　题

1. 无机物的基本类型有哪些？它们有哪些基本性质？试举例说明如何实现无机物各种类型间的相互转换。
2. 哪些元素与氢能形成盐型氢化物？如何证明盐型氢化物内存在 $H^-$？
3. 影响元素氧化物水溶液的酸碱性的因素有哪些？
4. 试简述同周期主族元素含氧酸氧化性的变化规律，通过实例说明此规律的形成原因。
5. 试说明 d－pπ 键对含氧酸的稳定性和氧化性的影响。
6. 试简述碱的溶解性和热稳定性的一般规律。
7. 含氧酸盐的溶解性和热稳定性有哪些规律？含氧酸盐热分解反应有哪些类型？
8. 哪些水合含氧酸盐在受热时会发生脱水反应？哪些会发生水解反应？
9. 哪些金属离子与氢氧化钠生成的沉淀可溶于过量的氢氧化钠？哪些可溶于过量的氨水中？
10. 什么是水热合成、光化学合成、等离子体合成？试举例说明。

# 第13章 非金属元素

**内容摘要**

本章包括ⅢA～ⅦA族非金属元素及部分准金属元素相关知识，重点讨论这些元素的单质及其氢化物、氧化物、卤化物，以及含氧酸及其盐的性质。运用元素周期律及结构化学的知识，讨论其酸碱性、氧化还原性、热稳定性、溶解性等性质递变的规律及其本质原因。

元素周期表中，从B到At画一直线，直线右上方的元素为非金属元素，价电子组态为$ns^2np^{1\sim6}$（H为$1s^1$）。非金属元素与金属元素的主要区别是，除0族元素外，非金属元素电负性大，易得到电子。非金属单质一般没有金属光泽，导电性、导热性和延展性差，在化学反应中倾向于得到电子显氧化性，但在与电负性更大的元素反应时，也可表现出还原性。氢化物、氧化物及其氢氧化物（含氧酸）的水溶液常显酸性，含氧酸及其盐多具有氧化性，较低氧化态的含氧酸及其盐还具有还原性。其性质递变规律性强：同周期元素，从左到右，非金属性增强；同族元素，从上到下，非金属性减弱。

## 13.1 卤　素

周期表第ⅦA族元素包括氟（F，fluorine）、氯（Cl，chlorine）、溴（Br，bromine）、碘（I，iodine）、砹（At，astatine）五个元素，称为卤素（halogen），希腊文原意是成盐元素，其中At是放射性元素。F、Cl、Br、I都是体内存在的元素，其中Cl和I是人体必需元素。

### 13.1.1 卤素通性

卤族元素的主要特性常数列于表13-1中。

表13-1 卤族元素的重要特性常数

| 特性常数 | 氟(F) | 氯(Cl) | 溴(Br) | 碘(I) |
|---|---|---|---|---|
| 原子序数 | 9 | 17 | 35 | 53 |
| 价层电子 | $2s^22p^5$ | $3s^23p^5$ | $4s^24p^5$ | $5s^25p^5$ |
| 共价半径/pm | 64 | 99 | 114 | 133 |

续 表

| 特性常数 | 氟(F) | 氯(Cl) | 溴(Br) | 碘(I) |
|---|---|---|---|---|
| $X^-$半径/pm | 133 | 181 | 196 | 220 |
| 氧化值 | −1 | −1,+1,+3,+5,+7 | −1,+1,+3,+5,+7 | −1,+1,+3,+5,+7 |
| 电子亲和能/kJ · $mol^{-1}$ | 325 | 349 | 328 | 295 |
| 第一电离能/kJ · $mol^{-1}$ | 1 681 | 1 251 | 1 140 | 1 008 |
| 电负性 | 3.90 | 3.16 | 2.96 | 2.66 |
| 单质沸点/K | 85.02 | 239.11 | 332 | 458.4 |
| 单质熔点/K | 53.54 | 171.6 | 265.9 | 386.75 |
| 常温下物态 | 气 体 | 气 体 | 液 体 | 固 体 |
| 颜 色 | 近无色 | 黄绿色 | 红棕色 | 紫黑色 |
| $X_2$离解能/kJ · $mol^{-1}$ | 154.8 | 239.7 | 190.16 | 148.95 |
| 溶解度(g/100g$H_2O$,298 K) | (反应) | 0.577(歧化) | 3.58 | 0.029 |
| $X^-$水合焓/kJ · $mol^{-1}$ | −485 | −350 | −320 | −280 |
| $\varphi^{\ominus}_{x_2/x^-}$/V | 2.87 | 1.36 | 1.065 | 0.536 |

卤素的价电子层构型为$ns^2np^5$,易于获得一个电子达到稳定的八偶体结构,与金属或与电负性小的元素反应时表现出−1氧化态,但Cl、Br、I与电负性大的元素反应时可表现出+1、+3、+5、+7氧化态,这是由于它们$ns$、$np$轨道上成对的电子可拆开并被激发到空的$n$d轨道,从而可以与其他元素的原子形成p-pπ键或p-dπ键。在相应周期中,卤素的非金属性最强,原子半径最小,电负性、第一电离能、电子亲和能最大。从F到I,非金属性逐渐减弱。

F是非金属性最强的元素,其单质具有很强的氧化性。但由于原子半径特别小,其外层电子密度大,接受外来电子时会引起电子间较大的排斥作用,从而部分抵消了形成$F^-$时所放出的能量,所以F的电子亲和能反而比Cl的小。F只有0和−1氧化态,且$F^-$的水合能特别大。

## 13.1.2 卤素单质

1. 卤素单质的物理性质

卤素单质在常温下都是双原子分子($X_2$),$F_2$为近无色或浅黄色气体,$Cl_2$为黄绿色气体,$Br_2$为易挥发的红棕色液体,$I_2$为紫黑色固体,易升华。这是由于卤素分子间的作用力为色散力,所以熔点、沸点都比较低。从$F_2$到$I_2$,随原子序数的增加,分子变形性变大,色散力增大,熔点、沸点升高。另外,因核对外层电子的引力随周期数增加而下降,核外电子受激发生能级跃迁所需的能量随之下降,吸收光的波长随之变大,卤素单质所呈现出的颜色逐渐变深。

卤素单质都是非极性分子,易溶于非极性溶剂。由于$F_2$的氧化性强,与水发生剧烈反应,除生成$O_2$外,还可生成$H_2O_2$、$OF_2$、$O_3$等,与有机溶剂也会发生氧化还原反应。$Cl_2$溶于有机溶剂时,在某些条件下,可发生加成、取代反应。$Cl_2$可以体积比约4.5∶1溶于水中,氯水冷却可得到组成为$Cl_2 \cdot xH_2O$的笼状物($x$=6~8),氯水受热或光照可发生歧化反应生成 HClO，HClO 又可分解出 $O_2$。$Cl_2$ 与热水反应也可置换出 $O_2$。$Br_2$ 和 $I_2$ 在非极性溶剂中的颜色较深且随浓度变大而加深（游离分子的颜色），而在极性溶剂中的颜色较浅，这是由于形成溶剂合物的缘故。$Br_2$ 和 $I_2$ 不能置换水中的 $O_2$，发生歧化反应的趋势也小（表 13-2）。$I_2$ 在水中的溶解度较小，但在 KI 溶液中的溶解度大，这是因为 $I_2$ 与 $I^-$ 形成了 $I_3^-$ 的缘故。

**表 13-2　卤素单质歧化反应的平衡常数**

| $X_2+H_2O \rightleftharpoons H^++X^-+HXO$ | | | |
|---|---|---|---|
| 卤　素 | $Cl_2$ | $Br_2$ | $I_2$ |
| 平衡常数 | $4.2\times10^{-4}$ | $7.2\times10^{-9}$ | $2\times10^{-13}$ |

卤素均有刺激性气味，强烈刺激眼、鼻、气管等黏膜，吸入较多的蒸气会发生严重中毒，甚至可导致死亡。其毒性从 $F_2$ 到 $I_2$ 减弱。空气中含有 0.01%$Cl_2$ 就会引起严重中毒，如不慎吸入氯气时，应先吸入酒精和乙醚的混合蒸气或氨气缓解，并立即送医院救治。皮肤接触到液溴会产生灼痛感并造成难以治愈的创伤，使用时须特别小心。受溴腐蚀致伤时，立即用甘油洗涤伤口，再用水冲洗，并送医院治疗。

2. 卤素单质的化学性质

卤素单质的化学性质活泼，是较强的氧化剂，能与绝大多数金属、非金属直接化合形成卤化物，也能与许多还原性物质反应。其反应性随 $F_2$ 到 $I_2$ 依次减弱。除 $O_2$、0 族元素外，$F_2$ 可与其他单质直接反应并放出大量的热，$Cl_2$ 也可发生反应，但作用程度不如 $F_2$，而 $Br_2$ 和 $I_2$ 只能与活泼金属反应，在加热时才可与其他金属反应。

$$2M+nX_2 = 2MX_n \text{（X 为卤素，M 为金属或非金属单质）}$$

$$H_2S+X_2 = S+2HX$$

$F_2$ 与 $H_2$ 混合，20 K 时瞬间发生爆炸反应。$Cl_2$、$Br_2$、$I_2$ 与 $H_2$ 发生自由基链式反应。$Cl_2$ 在室温和避光时反应缓慢，加热或光照时发生爆炸反应；$Br_2$ 需在催化剂存在下并加热，反应才能完成，而 $I_2$ 即使使用催化剂和加热，与 $H_2$ 的反应也不完全。

链引发：$Cl_2 \xrightarrow{h\nu} 2Cl\cdot$

链传递：$H_2+Cl\cdot \longrightarrow HCl+H\cdot$

$H\cdot+Cl_2 \longrightarrow HCl+Cl\cdot$

链终止：$Cl\cdot+H\cdot \longrightarrow HCl$

$Cl\cdot+Cl\cdot \longrightarrow Cl_2$

$H\cdot+H\cdot \longrightarrow H_2$

总反应：$H_2+Cl_2 \xrightarrow{h\nu} 2HCl$

从 $F_2$ 到 $I_2$，可依次将其他卤素从其卤化物中置换出来，这是因为卤素单质的氧化性从 $F_2$ 到 $I_2$ 依次减弱（可由卤素的标准电极电势解释）。反过来，从 $I_2$ 到 $Cl_2$，还原性逐渐减弱，可依次将卤素从其含氧酸盐中置换出来，在这些反应中，卤素单质呈还原性。卤素单质遇到氧化性酸，也会表现出还原性。

$$Cl_2 + 2Br^- \longrightarrow 2Cl^- + Br_2$$
$$Br_2 + 2ClO_3^- \longrightarrow Cl_2 + 2BrO_3^-$$
$$3I_2 + 10HNO_3 \longrightarrow 6HIO_3 + 10NO\uparrow + 2H_2O$$

在碱性条件下，卤素单质易发生歧化反应。

$$X_2 + 2OH^- \rightleftharpoons X^- + XO^- + H_2O$$

所形成的 $ClO^-$、$BrO^-$ 在碱性条件下也不稳定，可进一步发生歧化反应。在任何温度下 $IO^-$ 的歧化反应速率都很快，因此，$I_2$ 与碱溶液作用只能得到 $I^-$ 和 $IO_3^-$（表 13－3）。

$$3XO^- \xrightleftharpoons{OH^-} 2X^- + XO_3^-$$

相反，在酸性条件下，上述反应向逆反应方向进行。

$$5X^- + XO_3^- + 6H^+ \longrightarrow 3X_2 + 3H_2O$$

**表 13－3　卤素歧化反应的条件及产物**

| 单　质 | $Cl_2$ | $Br_2$ | $I_2$ |
|---|---|---|---|
| 反应条件 | 稀碱，<348 K | 稀碱，<273 K | |
| 产　物 | $X^- + XO^-$ | $X^- + XO^-$ | |
| 反应条件 | 浓碱或>348 K | 浓碱或>273 K | 任何温度 |
| 产　物 | $X^- + XO_3^-$ | $X^- + XO_3^-$ | $X^- + XO_3^-$ |

卤素单质可与有机物发生取代反应、加成反应，生成卤代物。卤代物是有机合成、药物合成中的常用中间体。

## 13.1.3　卤化氢及氢卤酸

卤化氢都是无色、具有刺激性气味的气体。部分物理常数列于表 13－4 中。

**表 13－4　卤化氢的部分物理常数**

| 性　质 | HF | HCl | HBr | HI |
|---|---|---|---|---|
| 偶极矩/($\times10^{-30}$ C·m) | 6.071 | 3.602 | 2.725 | 1.418 |
| 熔点/K | 189.6 | 158.9 | 186.3 | 222.4 |
| 沸点/K | 292.7 | 188.2 | 206.4 | 237.8 |
| 生成热/kJ·mol$^{-1}$ | −299.8 | −92.3 | −36.4 | +26.5 |
| 键能/kJ·mol$^{-1}$ | 568.2 | 428.0 | 362.3 | 294.6 |
| 分解度/(%，1 273 K) | — | 0.014 | 0.5 | 33 |
| 溶解热/kJ·mol$^{-1}$ | 61.55 | 74.90 | 85.22 | 81.73 |
| 溶解度/(g/100 g 水) | ∞ | 72.1(293 K) | 204(288 K) | 234(283 K) |
| 恒沸点/(K，101 kPa) | 393 | 383 | 399 | 400 |
| 恒沸溶液质量分数/(%，101 kPa) | 35.37 | 20.24 | 47 | 57 |
| 恒沸溶液密度/(g·cm$^{-3}$，101 kPa) | 1.14 | 1.10 | 1.49 | 1.71 |
| 酸度常数(298 K) | $6.61\times10^{-4}$ | $1.17\times10^{8}$ | $3.3\times10^{10}$ | $7.4\times10^{10}$ |

HX的性质通常按HF到HI规律变化，如极性、键能、生成热、热稳定性等，但HF因存在分子间氢键，产生分子间缔合作用，因此其熔点、沸点、溶解性等存在特殊性。

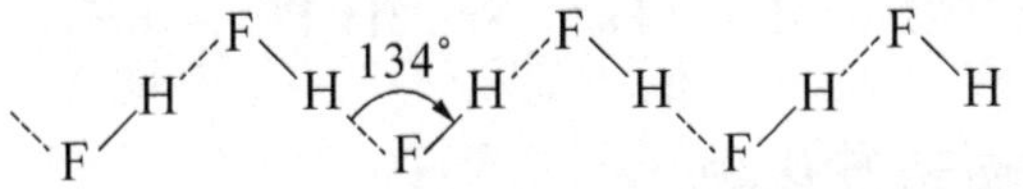


HX是极性分子，都易溶于水，水溶液称为氢卤酸。酸性和卤离子的还原性是氢卤酸的主要化学性质。HCl、HBr、HI的水溶液都是强酸。HF因键能很大，其溶液呈现弱酸性，但在浓溶液中因形成缔合离子 $HF_2^-$，有利于HF的电离，酸性增强，在浓度大于 $5\ mol \cdot L^{-1}$ 时，变成一个强酸。但在浓度很大时，电离度又会变小。

$$HF + F^- \rightleftharpoons HF_2^- \qquad K = 2.6 \times 10^{-1}$$

HX有一定的还原性，且还原性按HF到HI次序增强。例如，空气中的 $O_2$、$Fe^{3+}$ 可将 $I^-$ 氧化成 $I_2$，浓硫酸能氧化HBr和HI，而HCl与 $KMnO_4$、$MnO_2$ 等强氧化剂才能反应，但 $F^-$ 的还原性极弱，还没有一个氧化剂能将 $F^-$ 氧化。

HF的特殊性还表现在可与 $SiO_2$ 形成气态 $SiF_4$ 或液态 $H_2SiF_6$，用于玻璃的蚀刻和矿物的溶解。因 $F^-$ 的变形性差，易与属于硬酸的中心离子形成配合物，常和其他强氧化性酸组成混酸，用于溶解惰性金属。

HF具有强烈的腐蚀性，对组织细胞、骨骼有严重的破坏作用。接触皮肤后可产生强烈的疼痛感，引起肿胀并形成溃疡，且不易愈合。使用时需特别小心，如发现皮肤沾有氢氟酸，应立即用大量稀氨水或清水冲洗，并去医院治疗。氟化物也均有毒性，误食0.15g的NaF就会造成骨骼损伤等严重疾病，甚至引起死亡。

卤化氢可由直接化合法、复分解反应法或非金属卤化物水解法制备。其中，后两种方法是实验室制备卤化氢的主要方法。如，HF和HCl可分别用 $CaF_2$、NaCl与浓 $H_2SO_4$ 反应来制备，但KBr和KI与浓 $H_2SO_4$ 反应时却得不到HBr和HI，而是发生氧化还原反应，KBr可得到单质 $Br_2$，同时放出 $SO_2$，而KI还能进一步将 $SO_2$ 还原成 $H_2S$。

$$CaF_2 + H_2SO_4(浓) \xlongequal{\triangle} CaSO_4 + 2HF\uparrow$$

$$NaCl + H_2SO_4(浓) \xlongequal{\triangle} NaHSO_4 + HCl\uparrow$$

$$2KBr + 3H_2SO_4(浓) \xlongequal{\triangle} 2KHSO_4 + SO_2\uparrow + Br_2\uparrow + 2H_2O$$

$$2KI + 3H_2SO_4(浓) \xlongequal{\triangle} 2KHSO_4 + SO_2\uparrow + I_2\downarrow + 2H_2O$$

$$8KI + 9H_2SO_4(浓) \xlongequal{\triangle} 8KHSO_4 + H_2S\uparrow + 4I_2\downarrow + 4H_2O$$

$$8KI + 16H_2SO_4(浓) \xlongequal{\triangle} 8KHSO_4 + 8H_2S\uparrow + 14O_2\uparrow + 4I_2\downarrow + 4H_2O$$

因此，HBr和HI常用非金属卤化物水解方法制备。

$$PBr_3 + 3H_2O = H_3PO_3 + 3HBr$$
$$PI_3 + 3H_2O = H_3PO_3 + 3HI$$

在实际操作时，并不需要制备 $PBr_3$ 和 $PI_3$，而是将液溴直接滴加到红磷与水的混合物中、将水直接滴加到红磷与碘的混合物中，制得 HBr 和 HI。

$$2P + 3Br_2 + 6H_2O = 2H_3PO_3 + 6HBr$$
$$2P + 3I_2 + 6H_2O = 2H_3PO_3 + 6HI$$

### 13.1.4 卤化物和卤素互化物

普通卤化物(halides)是卤素与其他元素形成的二元化合物。所有非金属卤化物都有一定的共价性，熔点、沸点低，在常温下多为气体、液体或易挥发的固体，易溶于有机溶剂，熔融状态下不导电，遇水往往发生强烈水解。如：

$$NCl_3 + 3H_2O = 3HOCl + NH_3$$
$$SnCl_4 + 2H_2O = Sn(OH)_2Cl_2\downarrow + 2HCl$$
$$SbCl_3 + 2H_2O = Sb(OH)_2Cl\downarrow + 2HCl$$
$$\quad\hookrightarrow SbOCl\downarrow + H_2O$$

有些非金属卤化物常温下较稳定，不溶于水，不发生水解。但这种稳定性不是热力学稳定，而是动力学稳定，在特定条件下，也能发生水解反应。

$$CCl_4 + H_2O \xlongequal{\text{过热水蒸气}} COCl_2 + 2HCl$$

一般来说，碱金属、碱土金属(铍除外)、低价态的过渡金属元素形成的卤化物，多为离子型晶体，熔点和沸点高(表 13-5)，水溶性大，其溶液和熔融状态下均可导电。高价态的金属卤化物多为共价性。金属离子电荷高、半径小，以及 18+2e 和 18e 电子组态时，极化作用强，键的共价性增加。卤素半径越大，变形性越大，共价性越大。如 $FeCl_2$ 和 $PbCl_2$ 分别在 950 K、774 K 以上才熔化，主要显离子性，而 $FeCl_3$ 和 $PbCl_4$ 的熔点分别为 555 K 和 258 K，主要显共价性。$F^-$ 几乎不变形，AgF 为离子型化合物，溶解度较大，而 AgCl、AgBr、AgI 的共价成分逐渐增大，溶解度逐渐减小，颜色逐渐加深。CsCl 为无色的离子型化合物，而 $CsCl_2I$ 为黄色共价型化合物。

$$2CsCl(\text{无色}) + Cl_2 + I_2 = 2CsCl_2I(\text{黄色晶体})$$

**表 13-5 部分卤化物的熔沸点**

| 化合物 | $SF_6$ | $PF_5$ | $SiF_4$ | $SiCl_4$ | $SiBr_4$ | $SiI_4$ |
|---|---|---|---|---|---|---|
| 熔点/K | 222 | 199 | 183 | 203 | 278 | 394 |
| 沸点/K | 209(升华) | 198 | 187(升华) | 331 | 427 | 564 |
| 化合物 | $Al_2Cl_6$ | $BeCl_2$ | $MgCl_2$ | NaCl | NaBr | NaI |
| 熔点/K | 466 | 678 | 987 | 1 074 | 1 020 | 933 |
| 沸点/K | 456(升华) | 700 | 1 670 | 1 738 | 1 720 | 1 577 |

卤素之间形成的化合物称为卤素互化物(interhalogens)。二元卤素互化物 $XY_n$($n$=1,3,5,7；中心原子 X 为电负性小的卤素，表 13-6)是极活泼的中间体，不稳定，易发生歧

化或分解为相应的卤素单质。它们都是强氧化剂和卤化剂，能与大多数金属、非金属发生猛烈反应生成相应的卤化物，尤以卤氟化物的氧化性最强，$ClF_3$是火箭推进剂的高能氧化剂；卤氟化物作为氟化剂常用于制备各种氟化物。它们都易发生水解，对 XY 型，其水解产物为 HY 和 HXO；对 $XY_3$、$XY_5$等，水解反应较复杂，产物多样。

$$W + 6ClF \longrightarrow WF_6 + 3Cl_2$$

$$2Co_3O_4(s) + 6ClF_3(g) \longrightarrow 6CoF_3(s) + 3Cl_2(g) + 4O_2(g)$$

$$UF_4(s) + ClF_3(g) \longrightarrow UF_6(s) + ClF(g)\text{（用于浓缩铀）}$$

$$CsF(s) + BrF_3(l) \longrightarrow CsBrF_4\text{（用于溶解卤化物）}$$

$$IF_5 + 3H_2O \longrightarrow 5HF + HIO_3$$

$$2ICl_3 + 3H_2O \longrightarrow 5HCl + ICl + HIO_3$$

$$3BrF_3 + 5H_2O \longrightarrow 9HF + Br_2 + HBrO_3 + O_2$$

**表 13-6 部分卤素互化物**

| 类 型 | XF | $XF_3$ | $XF_5$ | $XF_7$ | XY | $XY_3$ |
|---|---|---|---|---|---|---|
| 化合物 | ClF | $ClF_3$ | $ClF_5$ | | BrCl* | |
| 颜 色 | 无 色 | 无 色 | 无 色 | | 红棕色 | |
| 沸点/K | 173 | 285 | 260 | | ～278 | |
| 化合物 | BrF* | $BrF_3$ | $BrF_5$ | | ICl | $I_2Cl_6$ |
| 颜 色 | 浅棕色 | 黄 色 | 无 色 | | 红 色 | 浅黄色 |
| 沸点/K | ～253(分解) | 399 | 314 | | 固 体 | 374†(16 kPa) |
| 化合物 | IF | $(IF_3)_n$ | $IF_5$ | $IF_7$ | IBr | |
| 颜 色 | (极不稳定) | 黄 色 | 无 色 | 无 色 | 黑 色 | |
| 沸点/K | | 245†(分解) | 378 | 278†(升华) | 固 体 | |

* 极不稳定，但低温时可获得纯净固体；† 熔点。

金属卤化物（或离子型卤化物）与卤素单质或卤素互化物作用可得到多卤化物。如：

$$KI + nI_2 \longrightarrow K^+[I_{(2n+1)}]^-$$

$$(CH_3)_4N^+I^- + I_2 \longrightarrow (CH_3)_4N^+[I_3]^-$$

$$CsF + IF_7 \longrightarrow Cs^+[IF_8]^-$$

$$ClF_3 + SbF_5 \longrightarrow [ClF_2]^+[SbF_6]^-$$

多卤素阴离子的通式可表示为 $X_mY_nZ_p^-$，其中 X、Y、Z 表示不同的卤素原子，$m+n+p$ 为奇数，一般小于 9。半径较大的一价阳离子的多卤化物能稳定存在，加热多卤化物则分解为卤化物和卤素单质。

### 13.1.5 卤素的氧化物

氟与氧的化合物是氧的氟化物，其中氧显正氧化态，如 $OF_2$、$O_2F_2$。单质氟通入 2% 氢氧化钠溶液可生成 $OF_2$。

$$2F_2 + 2NaOH \longrightarrow 2NaF + OF_2 + H_2O$$

$OF_2$是无色气体，氧化性强，可与金属、硫、磷、其他卤素等非金属发生强烈反应生成氟化物和氧化物。$OF_2$溶于水时，缓慢水解放出 $O_2$。

$$OF_2 + H_2O = 2HF + O_2$$

其他卤素与氧化合可形成相应的卤素氧化物，其中卤素显正氧化态。大多数卤素氧化物不稳定，当受到撞击甚至受到光照时发生爆炸分解。

已知氯的氧化物有 $Cl_2O$、$ClO_2$、$ClO_3$（或 $Cl_2O_6$）、$Cl_2O_7$。$ClO_2$是顺磁性分子，Cl—O 键长为 149 pm，比双键长，比单键短，这与分子中存在离域 $\Pi$ 键（$\pi_3^5$）有关。$ClO_2$在室温下是黄色气体，冷至 283 K 时成为红色液体，熔点 214 K。无论是气态还是液态，都极易爆炸，是强氧化剂和氯化剂，可用于对水的净化以及纸张、纤维、纺织品的漂白。$ClO_2$与碱作用生成亚氯酸盐和氯酸盐。

$$2ClO_2 + 2NaOH = NaClO_2 + NaClO_3 + H_2O$$

将 $HIO_3$加热至 473 K 脱水可得稳定的白色固体 $I_2O_5$。$I_2O_5$在 573 K 时分解，它也是强氧化剂，343 K 时能将 CO 定量地转变为 $CO_2$，可用于 CO 的定量测定。

$$I_2O_5 + 5CO = 5CO_2 + I_2 \text{（}I_2\text{ 的量用碘量法测定）}$$

### 13.1.6 卤素含氧酸及其盐

氟的电负性大于氧，所以一般不形成含氧酸及其盐。氯、溴、碘可形成四种类型的含氧酸：HXO、$HXO_2$、$HXO_3$和 $HXO_4$，碘还可以形成 $H_5IO_6$（表 13－7）。

在卤素含氧酸根的离子结构中，中心原子都采取 $sp^3$ 杂化与氧原子成键。对同一卤素，从 $XO^-$ 到 $XO_4^-$，随着非羟基氧数目的增加，酸根离子的对称性增加，热稳定性依次增加（但亚卤酸反常的不稳定），含氧酸的酸性也依次增加，而氧化性依次减弱。对同一氧化态的不同卤素，按 Cl→Br→I 顺序，电负性减小，原子半径增加，离子势递减，含氧酸的酸性依次递减，氧化性也依次递减。对相同元素相同氧化态含氧酸的稳定性，浓酸＜稀酸＜盐；相反，其氧化性浓酸＞稀酸＞盐；配位数越少酸性越强。

**表 13－7　卤素含氧酸**

| 氧化值 | 名　称 | 氯 | 溴 | 碘 |
|---|---|---|---|---|
| +1 | 次卤酸 | HClO* | HBrO* | HIO* |
| +3 | 亚卤酸 | $HClO_2$* | $HBrO_2$* | |
| +5 | 卤　酸 | $HClO_3$* | $HBrO_3$* | $HIO_3$ |
| +7 | 高卤酸 | $HClO_4$ | $HBrO_4$ | $HIO_4$，$H_5IO_6$ |

* 仅存在于溶液中。

1. 次卤酸及其盐

次卤酸可通过卤素在水中的歧化反应来生成。氟与－40℃的冰作用可得 HOF，HOF 极不稳定，易分解成 HF 和 $O_2$。由卤素歧化反应制得 HXO 的浓度很低。根据化学平衡原理，如能除去产物中的 HX，使反应继续进行，可提高 HXO 的产率。如向氯水中加入新制备的 HgO、$Ag_2O$、$CaCO_3$，除去 HCl，再将反应液减压蒸馏，可得纯的 HClO。

$$X_2 + H_2O \longrightarrow HX + HXO$$
$$2Cl_2 + H_2O + 2HgO \longrightarrow HgO \cdot HgCl_2 \downarrow + 2HClO$$

次卤酸都是弱酸，HClO、HBrO 和 HIO 的 $K_a$ 值分别为 $3.16 \times 10^{-8}$、$2.40 \times 10^{-9}$ 和 $2.29 \times 10^{-11}$，其酸性随卤素原子电负性减小而减弱。

次卤酸极不稳定，且具有氧化性，仅能存在于溶液中。升高温度或 pH 时，按照以下两种独立平行的方式发生分解：

$$2HXO \longrightarrow 2HX + O_2$$
$$3HXO \longrightarrow 2HX + HXO_3$$

如前所述，在碱性介质中，可得到次氯酸盐和次溴酸盐（低温），但只能得到碘酸盐而得不到次碘酸盐。次卤酸盐的稳定性比次卤酸大，常用作漂白剂和消毒剂，也是有机物的卤化剂。

将 $Cl_2$ 与 $Ca(OH)_2$ 混悬液反应，控制温度 298 K 左右，可得到 $Ca(ClO)_2$。

$$2Cl_2 + 2Ca(OH)_2 \longrightarrow Ca(ClO)_2 + CaCl_2 + 2H_2O$$

漂白粉就是次氯酸钙、氯化钙和氢氧化钙的混合物，其有效成分是次氯酸钙。一定量的漂白粉与稀盐酸反应，所放出的 $Cl_2$ 称为有效氯，是衡量漂白粉质量的指标。将氯气通入氢氧化钠后再加入少量硼酸，可得活性更强的消毒剂。在生物体内，$Cl^-$ 与氧自由基反应，可形成 $ClO^-$，参与白细胞的杀菌作用。

2. 亚卤酸及其盐

已知的亚卤酸仅有亚氯酸（$HClO_2$），且仅存在于溶液中，热稳定性差，极易分解，强氧化性。它的酸性比次氯酸强，是中等强度的酸。

$$8HClO_2 \longrightarrow 6ClO_2 + Cl_2 + 4H_2O$$

亚氯酸盐在溶液中较稳定，固体亚氯酸盐受热或撞击时，迅速分解发生爆炸。

$$3NaClO_2 \longrightarrow 2NaClO_3 + NaCl$$

$NaClO_2$ 主要用于纺织品的漂白，是制备 $ClO_2$ 的原料，也可作为氧化剂除去工业废气中 NO 等污染物。

3. 卤酸及其盐

卤酸及其盐中最常用的是氯酸和氯酸钾。用氯酸钡与硫酸作用，可制得氯酸（$HClO_3$），但当浓度高于 40%时，就会发生爆炸分解：

$$3HClO_3 \longrightarrow HClO_4 + H_2O + 2ClO_2$$
$$8HClO_3 \longrightarrow 4HClO_4 + 2H_2O + 2Cl_2 + 3O_2$$

氯酸也具有强氧化性。氯酸钾比氯酸稳定，小心加热至 368℃时开始熔融，至约 400℃时发生歧化分解，生成 KCl 和 $KClO_4$，$KClO_4$ 进一步分解放出 $O_2$。但在有 $MnO_2$ 存在时，于 70℃即分解放出 $O_2$，实验室常用此法制备少量 $O_2$。$KClO_3$ 与硫磺、磷、碳、有机物等易燃物混合，受撞击时可燃烧爆炸，用于制造火柴、火药。氯酸钠用作除草剂，溴酸盐和碘酸盐用作分析试剂。

4. 高卤酸及其盐

高卤酸中最常用的是高氯酸。用浓硫酸与高氯酸钾反应可制得高氯酸，市售 $HClO_4$ 的浓度为 60%。无水 $HClO_4$ 是无色液体，不稳定，当温度高于 90℃时发生爆炸分解：

$$4HClO_4 = 4ClO_2 + 3O_2 + 2H_2O$$
$$2ClO_2 = Cl_2 + 2O_2$$

但高氯酸的水溶液是稳定的，低于 60%的溶液加热至沸也不分解。高氯酸是强酸且具有氧化性，与有机物可发生猛烈反应。

高氯酸盐的稳定性大于高氯酸。高氯酸盐的溶解度有些特殊，$Li^+$、$Ca^{2+}$、$Ba^{2+}$ 的盐的溶解度很大，但 $K^+$、$Rb^+$、$Cs^+$ 的盐却难溶。在定性分析中用于鉴定 $K^+$。$ClO_4^-$ 因其配位能力较弱，在配合物合成中，高氯酸盐常用作阳离子的供体。

高溴酸的氧化能力比高氯酸和高碘酸强。高碘酸有多种形式，常见的有正高碘酸（$H_5IO_6$）和偏高碘酸（$HIO_4$）。正高碘酸为五元酸，八面体结构，其中 I 取 $sp^3d^2$ 杂化，I—O 键长 193 pm。高碘酸的酸性比高氯酸弱得多（$K_1=2\times10^{-2}$），但氧化能力比高氯酸强，与一些试剂反应时既迅速又平稳，常应用于分析化学。

$$2Mn^{2+} + 5IO_4^- + 3H_2O = 2MnO_4^- + 5IO_3^- + 6H^+$$

## 13.1.7 类卤素

氰、硫氰、氧氰等一些原子团（表 13-8），在自由状态时因其性质类似于卤素，因此称为类卤素（halogenoid）。

**表 13-8 常见类卤素**

| 类卤素 | $(CN)_2$ | $(SCN)_2$ | $(OCN)_2$ |
|---|---|---|---|
| 名 称 | 氰（cyanide） | 硫氰（thiocyanate） | 氧氰（cyanate） |
| 阴离子 | $CN^-$ | $SCN^-$ | $OCN^-$ |
| 毒 性 | 剧 毒 | 无 毒 | 无 毒 |
| 氢化物 | HCN | HSCN | HOCN |
| $K_a$ | $4.93\times10^{-10}$ | $1.4\times10^{-1}$ | $1.2\times10^{-4}$ |

类卤素的主要性质有：

1）游离态时都是二聚体，有挥发性和刺激性气味，具有氧化性，也可形成互化物。

2）与金属及其他还原剂反应生成－1 氧化值的盐。在其－1 氧化值的盐中，$Ag^+$、$Hg_2^{2+}$ 和 $Pb^{2+}$ 的盐难溶于水。

3）氢化物的水溶液为弱酸，一般比氢卤酸弱。

4）－1 氧化值的离子具有还原性。

$$CN^- + ClO^- = OCN^- + Cl^- \text{（可用于清除 KCN 污染）}$$

卤素离子和类卤素离子的还原性由小到大的次序为：$F^- < OCN^- < Cl^- < Br^- < CN^- < SCN^- < I^-$。

$$(SCN)_2 + 2I^- = 2SCN^- + I_2$$

5）类卤素离子都是强配体，易与金属离子形成配合物。

$$Fe^{2+} + 6CN^- = [Fe(CN)_6]^{4-}\text{（黄色）}$$
$$Fe^{3+} + 6CN^- = [Fe(CN)_6]^{3-}\text{（红色）}$$

$$Fe^{3+} + nSCN^- = [Fe(SCN)_n]^{3-n}\text{（血红色）（常用于 }Fe^{3+}\text{、}SCN^-\text{的鉴别）}$$

6）与碱液可发生歧化反应。

$$(CN)_2 + 2OH^- = CN^- + OCN^- + 2H_2O$$

### 13.1.8 卤素的生物效应及常见药物

氯、碘都是人体必需的微量元素，卤素的重要生物效应列于表 13－9 中。

**表 13－9 卤素的重要生物效应**

| 元素 | 存在形式 | 生物效应 |
|---|---|---|
| F | 主要存在于牙齿和骨骼，以氟磷灰石形式存在 | 防龋齿作用，并与维持骨骼的正常有关。缺氟易发生龋齿，长期摄入较多可引起氟斑牙、氟骨症。 |
| Cl | 以 $Cl^-$ 形式存在于体液中 | 与 $Na^+$、$K^+$ 等离子共同维持体液的渗透压和酸碱平衡。 |
| Br | 存在于各组织中 | 溴化物有镇静和催眠作用。 |
| I | 主要以甲状腺激素形式存在于甲状腺中 | 参与甲状腺激素的合成。缺碘可引起地方性甲状腺肿、克汀病。若碘摄入过多时可抑制甲状腺素的合成，导致碘源性甲状腺肿、甲状腺功能亢进，甚至甲状腺坏死。 |

常用含卤素的药物有：氟化钠（用于龋齿预防）；药用盐酸（95～105 $g \cdot L^{-1}$，内服用于治疗胃酸缺乏）；氯化钠（配制生理盐水）；氯化钾（利尿，用于治疗缺钾症）；氯化铵（祛痰剂）；三溴合剂（NaBr、KBr、$NH_4Br$，止咳祛痰）；碘、碘化钠、碘化钾（配制碘酊，治疗甲状腺肿大）。另外，氟哌酸、5－氟尿嘧啶、氯喹、氯碘羟喹、醋碘苯酸等都是含卤素的药物。漂白粉、Eusol（漂白粉＋硼酸）、Dakin's Solution（漂白粉＋碳酸钠、碳酸氢钠）都是常用的含氯消毒剂。

## 13.2 氧族元素

周期表ⅥA族元素为氧族元素，包括氧（oxygen，O）、硫（sulphur，S）、硒（selenium，Se）、碲（tellurium，Te）、钋（polonium，Po）。其中，氧和硫是典型非金属，硒和碲是准金属，钋是稀有放射性金属。硫、硒、碲又称硫族元素。O、S、Se 都是生命必需元素。

### 13.2.1 氧族元素通性

氧族元素的主要特性常数列于表 13－10 中。

表 13-10 氧族元素的重要特性常数

| 特性常数 | 氧(O) | 硫(S) | 硒(Se) | 碲(Te) |
|---|---|---|---|---|
| 原子序数 | 8 | 16 | 34 | 52 |
| 价层电子 | $2s^22p^4$ | $3s^23p^4$ | $4s^24p^4$ | $5s^25p^4$ |
| 共价半径/pm | 66 | 104 | 117 | 137 |
| $X^{2-}$半径/pm | 140 | 184 | 198 | 221 |
| 常见氧化值 | −2,−1 | −2,+2,+4,+6 | −2,+2,+4,+6 | +2,+4,+6 |
| 第一电子亲和能/$kJ \cdot mol^{-1}$ | 141 | 200 | 195 | 190 |
| 第二电子亲和能/$kJ \cdot mol^{-1}$ | −780 | −590 | −420 | −295 |
| 第一电离能/$kJ \cdot mol^{-1}$ | 1 314 | 1 000 | 941 | 869 |
| 第二电离能/$kJ \cdot mol^{-1}$ | 3 388 | 2 251 | 2 045 | 1 795 |
| 电负性 | 3.44 | 2.58 | 2.55 | 2.1 |
| 单质沸点/K | 90.2 | 717.9 | 958 | 1 263 |
| 单质熔点/K | 54.8 | 380.0 | 490 | 723 |
| 键能/$kJ \cdot mol^{-1}$ | 498.36 | 425.30 | 332.6 | 259.8 |

氧族元素的价电子层构型为 $ns^2np^4$，有夺取或共用 2 个电子而符合八隅律之趋势，决定了它们都有非金属性，但非金属性小于同周期的卤素。−2 氧化值化合物的稳定性从氧到碲依次降低，其还原性依次增强。O 的电负性仅次于 F，只有与 F 化合时显 +2氧化态，而与其他元素化合时一般表现为 −2 氧化态，与活泼金属化合时还可表现出 −1、−1/2 氧化态。S、Se、Te 因空的 $n$d 轨道可以参与成键，可形成多原子分子，因此可显 +2、+4、+6 氧化态。氧族元素性质递变规律与卤素类似，从 O 到 Po，原子半径依次增大，电负性、第一电离能依次降低，非金属性依次降弱，单质的氧化性依次减弱。从电子亲和能数据来看，第二电子亲和能为负值，表示结合第二个电子时要吸收能量，但离子型的氧化物和硫化物是普遍存在的，这是因为形成晶体时，可从晶格能得到补偿。另外，由于 O 的电负性大，半径小，电荷密度高，所以第一电子亲和能的数值反常的小。

### 13.2.2 氧族元素单质

单质氧具有两种同素异形体(allotrope)$O_2$ 和 $O_3$。

气态 $O_2$ 无色，但液态和固态 $O_2$ 为蓝色，这是其吸收了太阳光中的 600～800 nm(红色到橙色)的光，$O_2$ 从三线态变为单线态的缘故(新生的单线态的 $O_2$ 因辐射 600～800 nm 的光而呈红色)。$O_2$ 能溶于水，但由于 $O_2$ 是非极性分子，在水中的溶解度小于在有机溶剂中。$O_2$ 在血液中的溶解度不足以维持生命所需，因此生物体需氧载体(如血红蛋白、肌红蛋白、血蓝蛋白等)来获取和传递氧。

$O_3$(ozone)的分子结构为三角形，中间的 O 取 $sp^2$ 杂化，杂化轨道中的 2 个单电子与两端的 O 的 1 个电子各形成一个 σ-键。未参与杂化的 p 轨道(有 2 个电子)与两端 O 的平行的 p 轨道(各有 1 个电子)形成 1 个成键轨道、1 个非键轨道和 1 个反键轨道，4 个电子填于成键和非键轨道中形成 $\pi_3^4$ 离域键(图13-1)。

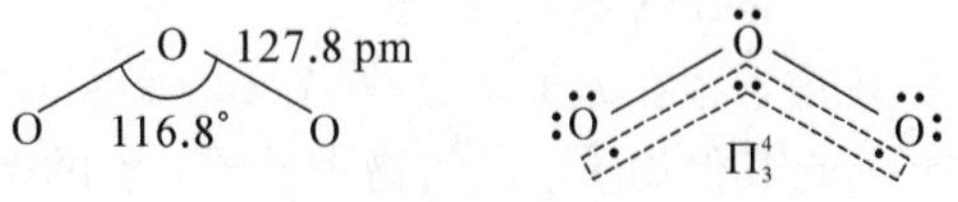

图 13-1 $O_3$的结构示意图和离域Ⅱ键

臭氧由于能吸收紫外线,从而保护了地球上的生物。但人类大量使用氟立昂等含卤素的有机化合物及 NO、$SO_2$ 等的大量排放,破坏了臭氧层,使人类患皮肤癌等疾病增加,一些生物甚至灭种。减少大气污染是当代人类所面临的紧迫任务之一。

$$O_3 + h\nu \xrightleftharpoons{h\nu} O_2 + O$$
$$NO + O_3 \xlongequal{} NO_2 + O_2$$
$$Cl + O_3 \longrightarrow ClO + O_2$$
$$ClO + O_3 \longrightarrow 2O_2 + Cl$$

臭氧又由于具有强氧化性,是很好的杀菌消毒剂。

$O_3 + 2KI + H_2O \xlongequal{} I_2 + 2KOH + O_2$(此反应可用来测定大气中 $O_3$ 的含量)

硫可形成原子个数不等的环状或链状的性质各异的多种同素异形体(据报道的已近50种)。最常见的是斜方硫(俗称硫磺)和单斜硫,常温下为黄色固体,它们都是由 8 个 S 组成,为环状王冠形结构,每个 S 都采取 $sp^3$ 杂化。常温下斜方硫是稳定的,加热到368.6 K将缓慢地转变为单斜硫。熔化的硫快速冷却可得到弹性硫,室温放置后弹性硫又可缓慢地转化为斜方硫。

$$S(斜方) \xrightleftharpoons{368.6\ K} S(单斜)$$

硫的化学性质非常活泼。既表现出氧化性,形成−2 氧化值的硫化物,也表现出还原性,形成+4、+6 氧化值的化合物。

$$nM + S \longrightarrow M_nS\ (M = H, Fe 等)$$
$$2S + C \xlongequal{} CS_2$$
$$S + F_2 \longrightarrow SF_6$$
$$S + O_2 \xrightarrow{燃烧} SO_2/SO_3$$
$$S + HNO_3 \xrightarrow{\triangle} H_2SO_4 + NO_2 + H_2O$$
$$S + NaOH \xrightarrow{\triangle} Na_2S + Na_2SO_3 + H_2O$$

我国许多矿区的煤炭中含硫量较高,燃煤所产生的 $SO_2$、$SO_3$是形成酸雨的重要因素。

常温下,Se 有棕红色无定形和银灰色晶态两种物态,Te 为银灰色固体。

### 13.2.3 水和过氧化氢

生物起源于水,而且一直保留了与海水组成相似的体液。生物离不开水,水不但参与了某些生物化学反应,还作为溶剂以保证各种生化反应的发生和进度、保证各种生物物质的存在状态。

1. $H_2O$ 的物理性质

水由于存在分子间氢键(图 13－2 左)，其熔、沸点比同族元素的氢化物大得多。另外，水还有与其他物质不同的物理性质：水的密度随温度的降低而升高；水的表面张力、比热、介电常数和偶极矩都比其他溶剂大；固体冰(结构见图 13－2 右)的密度比液态水小。

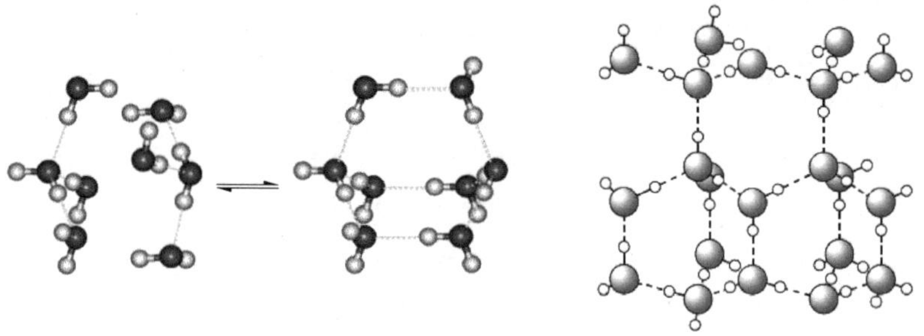

图 13－2　水中的氢键和冰的结构示意图

由于氢有 3 种同位素，$^{1}H$(hydrogen)、$^{2}H$(deuterium, D)和$^{3}H$(tritium, T)，而氧有 6 种同位素，$^{14}O$、$^{15}O$、$^{16}O$、$^{17}O$、$^{18}O$ 和$^{19}O$，故通常所说的水实际上是这些同位素组成的混合物。在这些同位素中，丰度最大的是$^{1}H$(99.988 5%)、$^{16}O$(99.757%)，故天然水的主要成分是$^{1}H_2{}^{16}O$。

$D_2O$ 称为重水，其物理性质与 $H_2O$ 显著不同，沸点、比热、表面张力、黏度、密度、蒸发热等都比 $H_2O$ 高，离解能也比 $H_2O$ 大。在核工业中有重要用途，由于 D 的核自旋 $I=1$，在科研上是核磁共振常用的溶剂。

2. $H_2O$ 参与的反应

1) 水合　　金属离子的水合反应实际上是金属离子与水的配位反应。

2) 水解　　无机物的水解反应包括两类：一类是无机物中的阴、阳离子与水电离出的 $H^+$ 或 $OH^-$ 结合的酸碱反应；另一类是金属/非金属氢化物中的 $H^-$ 与水中的 $H^+$ 结合成 $H_2$ 的氧化还原反应。

水污染与大气污染一样，是现代人类亟待解决的问题。污水的直接排放、酸雨溶解重金属矿物等都使水中有害金属离子含量增加，对人类的健康构成威胁。

水的特性常数列于表 13－11 中。

**表 13－11　$H_2O$、$H_2S$、$H_2Se$ 的特性常数**

| 性　质 | $H_2O$ | $H_2S$ | $H_2Se$ |
|---|---|---|---|
| 结　构 | H–O–H：O 96 pm，104.5° | H–S–H：S 134.5 pm，93.3° | H–Se–H：Se 147 pm，91.0° |
| 熔点/K | 273 | 187 | 213 |
| 沸点/K | 373 | 202 | 232 |
| 分解温度/K | 2 000(5.88%) | >700 | ~300 |
| 键能/kJ・mol$^{-1}$ | 501.8 | 349 | 276 |
| p$K_{a1}$ | 14 | 7.04 | 3.89 |
| p$K_{a2}$ | — | 11.96 | 11 |

3. $H_2O_2$的结构与性质

纯过氧化氢(hydrogen peroxide)是一种淡蓝色黏稠液体，熔点 272 K，沸点 423 K。其极性(偶极矩 2.26 D)比水强，分子间的缔合作用也比水大，因此，它的熔、沸点都比水高。市售的 $H_2O_2$溶液含 35%$H_2O_2$，医学上常用 3%$H_2O_2$，俗称双氧水。

过氧化氢的化学性质与其结构密切相关。$H_2O_2$分子中，O 取不等性 $sp^3$ 杂化，∠HOO＝96.8 °(图 13－3)。氧原子的氧化值为－1，既可表现出氧化性也可被氧化；其中的 2 个氢原子可分别电离，表现出弱酸性；而分子中的过氧键不稳定，易分解或歧化。

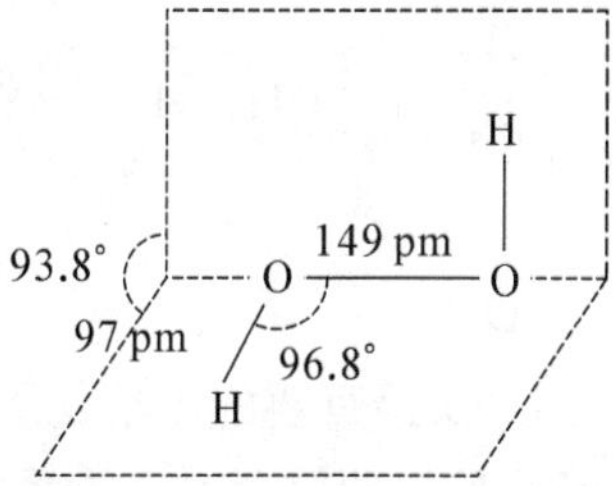

图 13－3 $H_2O_2$的结构示意图

(1) 不稳定性

$H_2O_2$ 易分解，受热(＞426 K)、光照、碱性条件及 $Fe^{3+}$、$Mn^{2+}$、$Cu^{2+}$、$Cr^{3+}$ 等重金属离子都大大加快 $H_2O_2$ 的分解。

$$2H_2O_2 \xlongequal{} 2H_2O + O_2\uparrow \qquad \Delta_r H_m^{\ominus} = -196.4\ kJ \cdot mol^{-1}$$

酸性条件及 $Na_2SnO_3$、$Na_4P_2O_7$ 或 8－羟基喹啉等可稳定 $H_2O_2$。

(2) 氧化性

酸性条件下 $H_2O_2$ 为一个强氧化剂，碱性条件下 $H_2O_2$ 为一个中强氧化剂。

$$H_2O_2 + 2I^- + 2H^+ \xlongequal{} 2H_2O + I_2\text{(此反应可用于定性检测 } H_2O_2 \text{ 及过氧化物)}$$

$$4H_2O_2 + PbS \xlongequal{} PbSO_4 + 4H_2O$$

(3) 还原性

当遇到强氧化剂时，$H_2O_2$ 即表现出还原性。

$$2MnO_4^- + 5H_2O_2 + 6H^+ \xlongequal{} 2Mn^{2+} + 5O_2\uparrow + 8H_2O\text{(此反应常用于定量测定 } H_2O_2\text{)}$$

(4) 弱酸性

$H_2O_2$ 是一种比水稍强的弱酸。

$$H_2O_2 \rightleftharpoons HO_2^- + H^+ \qquad K_{a1} = 1.55 \times 10^{-12}$$

$$HO_2^- \rightleftharpoons O_2^{2-} + H^+ \qquad K_{a2} = 1 \times 10^{-26}$$

$$H_2O_2 + Ba(OH)_2 \xlongequal{} BaO_2\downarrow + 2H_2O$$

4. $H_2O_2$的制备

实验室常用稀硫酸与 $BaO_2$ 或 $Na_2O_2$ 反应来制备 $H_2O_2$。

$$BaO_2 + H_2SO_4 \xlongequal{} BaSO_4\downarrow + H_2O_2$$

$$Na_2O_2 + H_2SO_4 + 10H_2O \xlongequal{\text{低温}} Na_2SO_4 \cdot 10H_2O + H_2O_2$$

除去沉淀后，可得浓度约 6%～8%的 $H_2O_2$ 溶液。

工业上制备 $H_2O_2$ 常采用电解-水解法和乙基蒽醌法。电解-水解法是先电解硫酸氢盐溶液，再将得到的电解产物过二硫酸盐水解。乙基蒽醌法是在苯溶剂中，以 Raney 镍或钯为催化剂，用 $H_2$ 先将乙基蒽醌还原为蒽醇，再用空气中的氧将蒽醇氧化为蒽醌，同时产

生 $H_2O_2$，蒽醌再被循环利用。

$$NH_4HSO_4 \xlongequal{电解} (NH_4)_2S_2O_8 + H_2$$

$$(NH_4)_2S_2O_8 + H_2SO_4 \xlongequal{} H_2S_2O_8$$

$$H_2S_2O_8 + H_2O \longrightarrow H_2O_2 + H_2SO_4$$

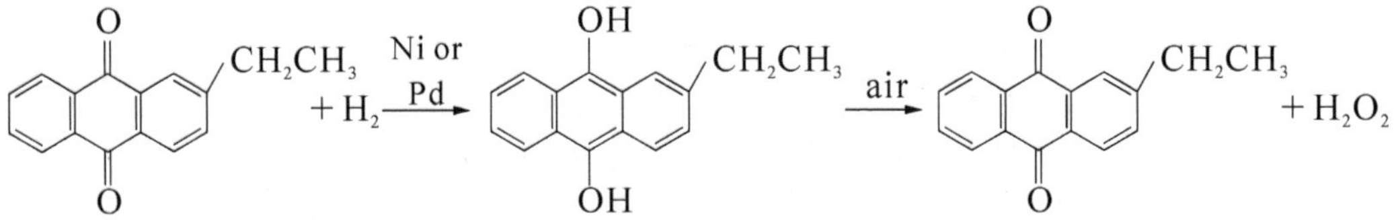


$H_2O_2$最重要的用途是漂白和杀菌消毒。作为漂白剂，由于反应时间短，无污染，漂白性能好且长期放置不泛黄等优点，常被用于织物、纸浆、油脂等的漂白。3%$H_2O_2$是医学上常用的消毒杀菌剂，用于清创、口腔消毒等。$H_2O_2$还用来合成过氧乙酸、过硼酸钠、过碳酸钠以及有机过氧化物、环氧树脂等。

### 13.2.4 硫化氢和硫化物

1. $H_2S$

$H_2S$(hydrogen sulphide)是一种具有臭鸡蛋味的有毒气体，比空气略重，它作为火山爆发或细菌作用的产物广泛存在于自然界中，空气中 $H_2S$ 的含量不得超过 0.01 mg·L$^{-1}$，超过 5 mg·L$^{-1}$时，会使人感到烦躁，引起头晕、头疼、恶心等症状，达 100 mg·L$^{-1}$就会使人休克而致死亡。$H_2S$的毒理作用是，吸入后麻痹人的中枢神经，并影响呼吸系统。作用机制是，它结合于血红蛋白等含铁蛋白、含铁酶中的铁而降低蛋白/酶的活性，影响氧的输送，阻碍物质代谢和能量代谢。但也有研究认为 $H_2S$ 可起到激活鸟苷酸环化酶的信号因子的作用。

$H_2S$能溶于水，室温下 1 体积水可溶解 2.5 体积 $H_2S$，浓度约为 0.1 mol·L$^{-1}$。$H_2S$的水溶液称为氢硫酸，是一个二元弱酸，$K_{a1}=9.1\times10^{-8}$，$K_{a2}=1.1\times10^{-12}$。

$H_2S$具有强还原性，在空气中燃烧可生成 $SO_2$，氧气不足时则生成 S。$H_2S$ 可与许多氧化剂如 $KMnO_4$、$I_2$、浓硫酸等反应，与不同氧化剂反应，其氧化产物不同。

$$2KMnO_4 + 5H_2S + 3H_2SO_4 \xlongequal{} K_2SO_4 + 2MnSO_4 + 5S\downarrow + 8H_2O$$

$$4Cl_2 + H_2S + 4H_2O \xlongequal{} H_2SO_4 + 8HCl$$

$$I_2 + H_2S \xlongequal{} 2HI + S\downarrow$$

$$H_2SO_3 + 2H_2S \xlongequal{} 3S\downarrow + 3H_2O$$

$H_2S$可由硫蒸气与氢气直接反应合成，实验室常用 FeS 与稀 HCl 反应制备。在定性分析中，硫化氢系统分部分析法是分离鉴定金属离子的常用方法。但由于硫化氢有毒，常用硫代乙酰胺代替 $H_2S$ 作为沉淀剂。

$$H_2S + Pb(Ac)_2 \xlongequal{} PbS(黑) + 2HAc(此反应可用于检验 H_2S)$$

2. 金属硫化物和多硫化物

金属与硫直接作用、金属盐溶液与氢硫酸或硫离子作用，以及用碳还原硫酸盐都可得到金属硫化物。许多金属硫化物由于特殊的溶解性和颜色，常被用于化学分析中。金属硫化物的溶解度除了与金属离子的本性有关外，还与溶液的 pH、温度以及 $H_2S$ 的分压有关。常见金属硫化物的溶解性有如下规律：

1）可溶性硫化物：$K^+$、$Na^+$、$NH_4^+$、$Mg^{2+}$、$Ca^{2+}$、$Sr^{2+}$、$Ba^{2+}$。

2）可溶于稀盐酸：FeS(黑)、MnS(肉红)、ZnS(白)、CoS(黑)、NiS(黑)。

3）不溶于稀盐酸：$Ag^+$、$Hg^{2+}$、$Hg_2^{2+}$、$Pb^{2+}$、$Cu^{2+}$（都为黑色）、$Bi^{3+}$（暗褐）、$Cd^{2+}$（亮黄）、$Sn^{2+}$（褐色）、As(Ⅲ，Ⅴ)（黄）、Sn(Ⅳ)（褐）、Sb(Ⅲ，Ⅴ)（橙）。

4）可溶于 $Na_2S$：As(Ⅲ，Ⅴ)、Sn(Ⅳ)、Sb(Ⅲ，Ⅴ)、$Hg^{2+}$。

5）$Al^{3+}$、$Cr^{3+}$ 的硫化物在水中发生双水解反应。

金属硫化物可以看作氢硫酸的正盐，因此可溶性硫化物因 $S^{2-}$ 发生水解，溶液显碱性。金属硫化物与 $H_2S$ 一样具有还原性，但难溶硫化物的还原性比 $H_2S$ 弱。

ⅠA、ⅡA 金属离子及 $NH_4^+$ 的硫化物可与 S 反应形成多硫化物。

$$Na_2S + xS = Na_2S_{x+1}$$

只有 $x \leqslant 5$ 的多硫化物可形成稳定的水溶液，其溶液一般显黄色，并且颜色随溶解的硫的增多而加深，最深为红色。多硫化物是一种硫化剂（氧化剂），在反应中向其他反应物提供活性硫。

$$SnS + (NH_4)_2S_2 = (NH_4)_2SnS_3$$

多硫化物也具有还原性，放置在空气中，空气中的 $O_2$ 可使其氧化而析出硫。$Na_2S$ 溶液长期放置在空气中显黄色，就是由于被氧化出的硫进一步与 $Na_2S$ 形成多硫化钠的缘故。

硫化作用在橡胶等工业中是重要的工艺过程，使橡胶的硬度增加。$Na_2S$ 广泛用于涂料、荧光材料、食品、漂染、制革等工业中。$Na_2S_2$ 是制革工业中的脱毛剂，$CaS_4$ 在农业上用作杀虫剂。在医药中多硫化物可用于治疗皮肤病，如硫酐，其重要成分是 $K_2S_2$。

$$3S + 3K_2CO_3 \xlongequal{\text{熔融}} 2K_2S + K_2SO_3 + 3CO_2$$

$$K_2S + S = K_2S_2$$

多硫化物在酸性溶液中不稳定，析出硫并放出 $H_2S$。将多硫化钙用稀盐酸调至弱酸性，析出颗粒极细的粉末，称为沉降硫，治疗皮肤病的效果比一般的硫粉好。

$$3Ca(OH)_2\text{（石灰乳）} + 12S = 2CaS_5 + CaS_2O_3 + 3H_2O$$

如继续加盐酸调至酸性，$CaS_2O_3$ 中的硫也将析出，由于颗粒较粗，治疗效果没有沉降硫好。

### 13.2.5　硫的含氧化合物

硫呈现多种氧化态，能形成种类繁多的氧化物和含氧酸，如 $S_2O$、$S_8O$、$S_2O_2$、$S_6O_2$、$S_7O_2$、$SO_2$、$SO_3$ 等氧化物，次硫酸、亚硫酸、连（亚）硫酸、硫代硫酸、焦（亚）硫酸、过硫酸等含氧酸。在氧化物中以 $SO_2$、$SO_3$ 最稳定。

1. $SO_2$ 和 $SO_3$

硫在空气中燃烧即得 $SO_2$（sulfur dioxide），许多金属硫化物在空气中燃烧也会生成

$SO_2$，$SO_2$进一步催化氧化得 $SO_3$（sulfur trioxide）。$SO_2$和 $SO_3$中 S 都采取 $sp^2$杂化，在 $SO_2$中存在一个 $\pi_3^4$离域键，而在 $SO_3$中存在一个 $\pi_4^6$离域键。在 $SO_2$中因有一对孤对电子，其键角小于 120 °（图 13 - 4）。

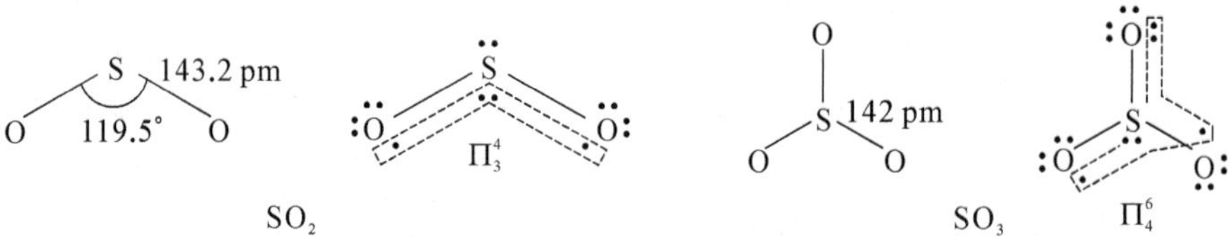


图 13 - 4　$SO_2$、$SO_3$的结构示意图

$SO_2$是无色有刺激性臭味的有毒气体，易液化（沸点 263.2 K、熔点 197.7 K），液态 $SO_2$的汽化热较高，可用作制冷剂，也是很好的非水溶剂和反应介质。$SO_2$易溶于水，20℃时的溶解度约 3.93 L/100 g 水。

$SO_2$中 S 的氧化值为+4，既有氧化性又有还原性，以还原性为主。

$$SO_2 + Cl_2 = SO_2Cl_2$$
$$SO_2 + 2Fe^{3+} + 2H_2O = SO_4^{2-} + 2Fe^{2+} + 4H^+$$
$$SO_2 + 2H_2S = 3S + 2H_2O$$

$SO_2$还能与某些有机色素形成无色加合物，从而用来漂白纸浆等。$SO_2$还被用作防腐剂和消毒剂。使湿润的品红试剂褪色可用来检验 $SO_2$。

纯 $SO_3$是无色易挥发的固体，熔点 290 K，沸点 317.8 K。$SO_3$是很强的氧化剂，特别是在高温下，可氧化硫、磷、铁、锌、溴化物和碘化物等。

$$5SO_3 + 2P = 5SO_2 + P_2O_5$$
$$SO_3 + 2KI = K_2SO_3 + I_2$$

2. $H_2SO_3$及其盐

$SO_2$的水溶液称为“亚硫酸”溶液，但 $H_2SO_3$（sulfurous acid）不能从水中分离出来。光谱检测结果显示在亚硫酸溶液中，主要存在的是各种水合物 $SO_2 \cdot xH_2O$，另有 $HSO_3^-$、$S_2O_5^{2-}$及微量 $SO_3^{2-}$。一般认为 $H_2SO_3$为平面三角形结构，其中的 S 取 $sp^2$杂化（图 13 - 5 左），也有人认为具有 $sp^3$杂化的共振结构（图 13 - 5 右）。亚硫酸是二元弱酸，291 K 时测得酸常数为：

$$SO_2 \cdot xH_2O \rightleftharpoons H^+ + HSO_3^- + (x-1)H_2O \qquad K_{a1} = 1.54 \times 10^{-2}$$
$$HSO_3^- \rightleftharpoons H^+ + SO_3^{2-} \qquad K_{a2} = 1.02 \times 10^{-7}$$

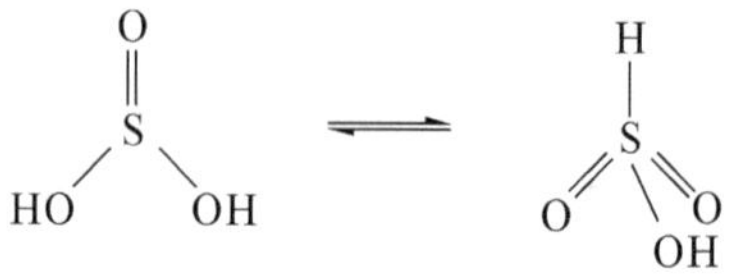


图 13 - 5　亚硫酸的结构示意图

加热亚硫酸溶液或降低其 pH，上述平衡左移，逸出 $SO_2$。加碱可得亚硫酸氢盐和亚硫酸盐。几乎所有的亚硫酸氢盐都可溶于水。亚硫酸盐中，除碱金属和铵盐可溶于水，$Mg^{2+}$、$Cu^{2+}$ 的盐微溶于水外，大多难溶于水。$Ca^{2+}$、$Ba^{2+}$、$Zn^{2+}$ 等的盐可溶于盐酸，而 $Ag^{+}$、$Pb^{2+}$、$Hg_2^{2+}$ 的盐可溶于 $HNO_3$。由于水解作用，可溶性的亚硫酸盐溶液显碱性。

与 $SO_2$ 一样，亚硫酸及其盐既有氧化性也有还原性，以还原性为主。亚硫酸钠(sodium sulphite)常被用作抗氧剂，但受热时容易发生歧化反应而分解，保管时需密闭并放阴凉处。

$$H_2SO_3 + 2H_2S = 3S + 3H_2O$$

$$2H_2SO_3 + O_2(\text{空气}) = 2H_2SO_4(\text{有 } Fe^{2+}、As^{3+} \text{ 等离子存在时反应更快})$$

$$2Na_2SO_3 + O_2 = 2Na_2SO_4$$

$$4Na_2SO_3 \xlongequal{\triangle} 3Na_2SO_4 + Na_2S$$

3. $H_2SO_4$ 及其盐

SO₃极易被水吸收生成硫酸(sulfuric acid)，因发出大量的热而形成烟雾。$SO_3$ 还可被浓硫酸吸收形成发烟硫酸。在 $H_2SO_4$ 中 S 取 $sp^3$ 杂化，S 与非羟基 O 之间存在 p－dπ 反馈键，它们间的键长较普通 S—O 键长要短(图 13－6)。

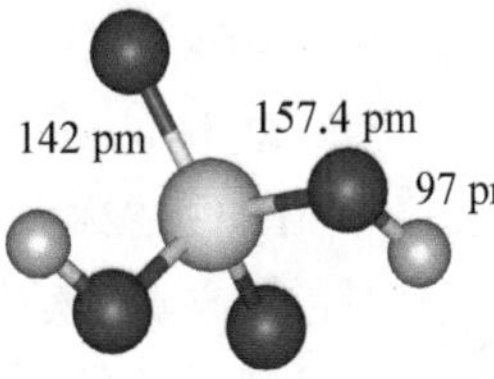

图 13－6
$H_2SO_4$ 的结构示意图

$$SO_3 + H_2O = H_2SO_4 \qquad \Delta_r H_m^{\ominus} = -133\ \text{kJ} \cdot \text{mol}^{-1}$$

纯 $H_2SO_4$ 为无色油状液体，凝固点 283.36 K，沸点 611 K，密度 1.854 g·cm$^{-3}$，相当于 18 mol·L$^{-1}$。它具有较高的介电常数，是很多离子型化合物的良好溶剂。

$$2H_2SO_4 \rightleftharpoons H_3SO_4^+ + HSO_4^- \qquad K = 2.7 \times 10^{-4}$$

市售浓硫酸的质量分数为 0.983，密度 1.84 g·cm$^{-3}$。浓硫酸具有强烈的脱水性，沾到有机物、衣服、皮肤上因脱水而使其炭化，因此使用浓硫酸时需注意安全。因浓硫酸溶于水时强烈放热，因此稀释时需将浓硫酸慢慢加入水中并不断搅拌，以免浓硫酸溅出。

浓 $H_2SO_4$ 具有强氧化性，一般被还原为 $SO_2$，与过量的活泼金属反应可被还原为 S 甚至 $H_2S$。但冷的浓硫酸与活泼金属如 Fe、Zn、Al 等因生成一层致密的保护膜，使其不再继续反应(钝化)，因此，铁、铝制品可盛放浓硫酸。

$$C + 2H_2SO_4(\text{浓}) \xlongequal{\triangle} CO_2 + 2SO_2 + 2H_2O$$

$$Cu + 2H_2SO_4(\text{浓}) \xlongequal{\triangle} CuSO_4 + SO_2 + 2H_2O$$

$$4Zn + 5H_2SO_4(\text{浓}) \xlongequal{\triangle} 4ZnSO_4 + H_2S + 4H_2O$$

$H_2SO_4$ 为一个二元强酸，水溶液中存在二级电离，第一级电离完全，第二级电离的趋势较低。

$$HSO_4^- \rightleftharpoons SO_4^{2-} + H^+ \qquad K_{a2} = 1.2 \times 10^{-2}$$

硫酸的酸式盐(bisulfate)易溶于水，也易熔化，受热先脱水生成焦硫酸盐

(pyrosulphate)，进一步分解成正盐和 $SO_3$。

$$2NaHSO_4 \xlongequal{\triangle} Na_2S_2O_7 + H_2O$$

$$Na_2S_2O_7 \xlongequal{\triangle} Na_2SO_4 + SO_3$$

硫酸的正盐一般较稳定，只有电荷较高或具有 18e、18+2e 电子组态的阳离子的盐在高温时可分解成金属氧化物(或单质和 $O_2$)和 $SO_3$。

硫酸盐中除 $Ag^+$、$Ca^{2+}$ 微溶，$Ba^{2+}$、$Sr^{2+}$、$Pb^{2+}$、$Hg_2^{2+}$ 难溶外，其余都易溶于水。

可溶性硫酸盐在析出晶体时常带结晶水，通常称为矾(alum)，如胆矾($CuSO_4 \cdot 5H_2O$)、绿矾($FeSO_4 \cdot 7H_2O$)。多数硫酸盐有形成复盐的趋势，常见的复盐分为两类：一类组成为 $M(\text{I})_2SO_4 \cdot M(\text{II})SO_4 \cdot 6H_2O$，如摩尔盐($(NH_4)_2SO_4 \cdot FeSO_4 \cdot 6H_2O$)、镁钾矾($K_2SO_4 \cdot MgSO_4 \cdot 6H_2O$)等；另一类的组成为 $M(\text{I})_2SO_4 \cdot M(\text{III})_2(SO_4)_3 \cdot 24H_2O$，如明矾($K_2SO_4 \cdot Al_2(SO_4)_3 \cdot 24H_2O$)等。

4. $Na_2S_2O_3$

硫代硫酸钠(sodium thiosulfate) $Na_2S_2O_3$ 可由亚硫酸钠与硫粉共煮制得。$Na_2S_2O_3 \cdot 5H_2O$ 俗称大苏打或海波。$Na_2S_2O_3$ 遇酸不稳定析出 S 并发出 $SO_2$，因此只能存在于中性或碱性溶液中。$Na_2S_2O_3$ 具有还原性，常用作抗氧剂，还用作漂染剂以及纺织、造纸工业中的脱氯剂。

$$Na_2SO_3 + S = Na_2S_2O_3$$

$$S_2O_3^{2-} + 2H^+ = S\downarrow + SO_2\uparrow + H_2O \text{(此反应常用于 } Na_2S_2O_3 \text{ 的鉴定)}$$

$$2S_2O_3^{2-} + I_2 = S_4O_6^{2-} + 2I^- \text{(此反应是定量分析中碘量法的基础)}$$

$$S_2O_3^{2-} + 4Cl_2 + 5H_2O = 2SO_4^{2-} + 8Cl^- + 10H^+$$

过量 $S_2O_3^{2-}$ 可与 $Ag^+$ 形成配离子，因此 $Na_2S_2O_3$ 常用作定影液，溶去胶片上未被曝光(分解)的 AgBr。$Hg_2^{2+}$、$Hg^{2+}$ 等有类似反应。

$$2S_2O_3^{2-}\text{(过量)} + Ag^+ = [Ag(S_2O_3)_2]^{3-}$$

在 $S_2O_3^{2-}$ 不过量时，与 $Ag^+$ 形成白色 $Ag_2S_2O_3$ 沉淀，沉淀不稳定最终转变为黑色 $Ag_2S$，因此沉淀放置后颜色逐渐变深，此现象也可用于鉴别反应。

**案例 13-1**

一男性患者，21 岁，送院时嘴唇和脸都呈铁青色。曰氰化钾中毒。医生立即给其吸入亚硝酸异戊酯、静注 3% 亚硝酸钠 15 ml 后，再给予静注 25% 硫代硫酸钠 50 ml。

静注硫代硫酸钠的作用：硫代硫酸钠可将剧毒的氰化物转化为无毒的硫氰化物，从而可解氰化物中毒。

$$S_2O_3^{2-} + CN^- = SO_3^{2-} + SCN^-$$

5. 其他含氧酸盐

连二亚硫酸钠(sodium dithionite)的水合物 $Na_2S_2O_4 \cdot 2H_2O$ 俗称保险粉，具有强还原性，

与氧化剂作用生成亚硫酸盐或硫酸盐，也是常用的抗氧剂。遇酸不稳定，水解发生歧化反应。

$$Na_2S_2O_4 \xrightarrow{H_2O} Na_2S_2O_3 + NaHSO_3$$

过二硫酸钠(sodium persulfate) $Na_2S_2O_8$ 是强氧化剂，遇酸、水不稳定。

$$5S_2O_8^{2-} + 2Mn^{2+} + 8H_2O = 10SO_4^{2-} + 2MnO_4^- + 16H^+$$

$$S_2O_8^{2-} \xrightarrow{H_2O} H_2SO_4 + H_2SO_5$$

$$H_2SO_5 \xrightarrow{H_2O} H_2O_2$$

### 13.2.6 硒和碲的含氧化物

硒和碲在空气或氧气中燃烧分别生成 $SeO_2$ 和 $TeO_2$，它们都是无色晶体。硒和碲也可形成 $SeO_3$ 和 $TeO_3$，还可形成 $Se_2O_5$ 和 $Te_2O_5$。

$SeO_2$ 易溶于水，得到亚硒酸溶液，蒸发其水溶液可得无色 $H_2SeO_3$ 晶体。亚硒酸(selenous acid)为二元酸，酸性小于亚硫酸。$SeO_2$ 和 $H_2SeO_3$ 主要显氧化性，遇强氧化剂时可显还原性，但其还原性小于 $SO_2$ 和亚硫酸。

$$H_2SeO_3 \rightleftharpoons HSeO_3^- + H^+ \qquad K_{a1} = 2.29 \times 10^{-3}$$

$$HSeO_3^- \rightleftharpoons SeO_3^{2-} + H^+ \qquad K_{a2} = 5.37 \times 10^{-9}$$

$$H_2SeO_3 + 2H_2S = 2S + Se + 3H_2O$$

$$H_2SeO_3 + Cl_2 + H_2O = H_2SeO_4 + 2HCl$$

$TeO_2$ 为两性氧化物，可溶于 $H_2SO_4$、HCl 和 NaOH。微溶于水，水溶液加硝酸酸化可析出白色片状 $H_2TeO_3$。亚碲酸主要呈氧化性，也呈还原性。

$$5TeO_3^{2-} + 2ClO_3^- + 12H^+ + 9H_2O = 5H_6TeO_6 + Cl_2\uparrow$$

碲酸 $H_6TeO_6$ 是白色固体，加热时失去 2 个 $H_2O$ 变成 $H_2TeO_4$，最终生成黄色 $TeO_3$。与硫酸、硒酸不同，碲酸的酸性很弱，$K_{a1} = 1.53 \times 10^{-8}$，$K_{a2} = 4.7 \times 10^{-11}$。$H_6TeO_6$ 具有强氧化性，与弱还原剂作用可被还原为 $TeO_2$，与强还原剂作用可被还原为 Te。

### 13.2.7 氧族元素的生物效应及常见药物

氧族元素的重要生物效应列于表 13-12 中。

**表 13-12 氧族元素的重要生物效应**

| 元素 | 存在形式 | 生物效应 |
|---|---|---|
| O | $H_2O$、无机含氧酸盐、有机生物分子 | 构成元素，氧化释能等。 |
| S | 含硫氨基酸、蛋白质、谷胱甘肽 | 必需元素，维持蛋白质构象、保持蛋白活性，重金属解毒，清除自由基、抗氧化作用。 |
| Se | 硒半胱氨酸，谷胱甘肽过氧化物酶、硒蛋白 | 清除过氧化物，保护心肌等。<br>硒不足可致生长发育迟滞、生精作用缺陷及白内障等。硒补充过多可致心肌病、肌炎、甲床软化、毛发干枯变脆等。 |

基态 $O_2$ 的分子轨道式为：$[KK](\sigma_{2s})^2(\sigma_{2s}^*)^2(\sigma_{2px})^2(\pi_{2p})^4(\pi_{2py}^*)^1(\pi_{2pz}^*)^1$。2 个单电子自旋平行(故 $O_2$ 具有顺磁性)称为三线态，用 $^3\Sigma_g^-$ 表示。存在单电子的分子，称为自由基，因此 $O_2$ 为双自由基。$O_2$ 在发生氧化还原反应时接受 4 个电子生成 $H_2O$。虽然电极电势很高($\varphi^{\ominus}_{O_2/H_2O}=+0.815$ V)，但由于可接受电子的分子轨道为反键轨道，活化能较高，因此 $O_2$ 被还原的反应在动力学上是惰性的。

当基态的三线态 $^3\Sigma_g^-(^3O_2)$ 受到激发时可产生两种激发态(图 13-7)，第一激发态 $^1\Delta_g(^1O_2)$ 和第二激发态 $^1\Sigma_g^+(^1O_2)$。处于激发态的 $O_2$，活性很高，称为活性氧。活性氧的能量高于基态氧。$^1\Sigma_g^+$ $O_2$ 极不稳定，在和其他物质接触之前即衰减为能量较低的单线态氧和三线态氧，生物学意义不大。一般所说的单线态氧 $^1O_2$ 即指 $^1\Delta_g$ $O_2$。$^1\Delta_g$ $O_2$ 虽不是自由基，但因有较高的能量，且没有了自旋限制，故有很强的反应活性。

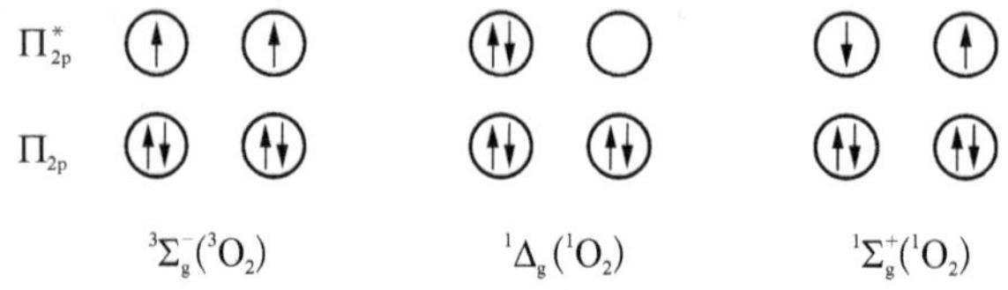


图 13-7　$O_2$ 及其激发态

单线态 $O_2$ 不能由基态 $O_2$ 直接吸收光能产生，需通过放电、化学反应等方法获得。例如，将光照射于光敏剂(radiosensitizer)，使之成为激发态，激发态的光敏剂将能量传递给基态 $O_2$，使它发生自旋改变而变成单线态。

有一种病人，其体内的血卟啉病态聚集，光照时产生大量的单线态氧，破坏人体内脂类的不饱和键，严重损害 DNA、细胞膜、组织和皮肤，称为卟啉病。

在光敏剂存在下产生的单线态氧所进行的反应称为光敏化氧化反应；所产生的单线态氧用于治疗肿瘤，称为光驱动疗法(photodynamic therapy)。

氧气在生物体内代谢还原，提供生物能量，最后生成水，共接受四个电子。在此还原过程中，每接受一个电子就生成一个氧自由基或活性氧。体内产生的氧自由基是与医学关系最为密切的一类自由基。

$$O_2 + e \longrightarrow \cdot O_2^-$$
$$O_2 + 2e + 2H^+ \longrightarrow H_2O_2$$
$$O_2 + 3e + 3H^+ \longrightarrow H_2O + \cdot OH$$
$$O_2 + 4e + 4H^+ \longrightarrow 2H_2O$$

机体代谢过程中产生的自由基(包括活性氧物种、脂质过氧离子等)，除其中一部分可被吞噬细胞用于杀伤病原微生物，对机体执行着防护保卫作用外，其他大部分自由基被清除以维持整个机体的氧化还原平衡，保持内环境的稳态，以行使正常的代谢过程。在衰老与病理条件下，环境物理因素或外源性化学物质直接或间接诱导产生的氧自由基不能及时清除，或者内源性活性氧的产生和清除失去了平衡，常会造成氧自由基对人体的损伤，引起活细胞成分(如蛋白质、脂质、糖类、核苷酸等)发生化学变化和损害。在生物体内，清除自由基的体系包括酶促系统和非酶促系统。酶类自由基清除剂包括超氧化物歧化酶

(SOD)、过氧化氢酶(CAT)、过氧化物酶(POD)、谷胱甘肽过氧化物酶(GSH－Px)和谷胱甘肽还原酶(GSH－R)等;非酶类自由基清除剂包括维生素E和C、β-胡萝卜素、辅酶Q、谷胱甘肽等。

金属离子可活化$O_2$。在金属离子电场作用下,$O_2$的能级发生分裂(图13－8),一个$\pi^*$轨道的能量下降,原来自旋平行的2个单电子配对并进入该轨道,称为最高占有轨道(HOMO),另一个能量上升,变为最低未占轨道(LOMO)。原来的π成键轨道的电子成为孤对电子($n_0$)。

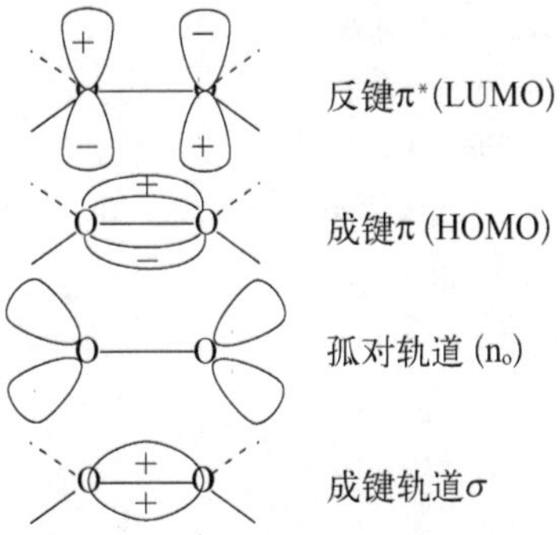


图13－8 $O_2$与金属离子配位时的能级分裂

当$O_2$与金属离子侧配时(图13－9),$O_2$的$n_0$孤对电子与金属离子的$d_{z^2}$轨道形成配位键,同时金属离子的$d_{xz}$或$d_{yz}$电子反馈到$O_2$的LUMO轨道形成反馈键,从而使$O_2$活化;当$O_2$与金属离子端配时,$O_2$的最高占有分子轨道(HOMO)中的电子与金属离子的$d_{z^2}$轨道形成配位键,同时金属离子的$d_{xz}$或$d_{yz}$电子反馈到$O_2$的最低未占分子轨道(LUMO)形成反馈键,从而使$O_2$活化。

图13－9 $O_2$与金属离子的配位方式

在体外$O_2$可使$Fe^{2+}$氧化成$Fe^{3+}$($O_2$配位于$Fe^{2+}$再从$Fe^{2+}$获得电子)。但在体内,如在血红素中,$O_2$与其中的$Fe^{2+}$配位而不发生氧化还原反应。血红素是多种酶的辅基。

$O_2$:用于缺氧的预防和治疗,高压氧治疗煤气中毒等;$O_3$、$H_2O_2$:杀菌消毒剂;硫磺:内服补火助阳通便,外用杀虫疗疮;升华硫软膏:杀虫药,杀(霉)菌;硫酸钠(玄明粉):泻热通便、清火消肿,可解钡、铅盐中毒;硫酸锌:补锌药,收敛剂;硫酸亚铁:补血药;硫代硫酸钠:卤素、氰化物、重金属解毒剂,抗过敏,治疥疮。亚硒酸钠:纠正缺硒药,预防克山病等;二硫化硒:抗皮脂溢药。

## 13.3 氮和磷

氮族元素位于周期表的ⅤA族,包括氮(nitrogen, N)、磷(phosphorus, P)、砷(arsenic, As)、锑(antimony, Sb)、铋(bismuth, Bi)。其中,氮和磷是典型非金属,砷和锑既具有非金属性也有金属性,铋主要表现金属性。N和P都是人体必需元素,As可能是人体必需元素。

### 13.3.1 氮族元素的通性

氮族元素的主要特性常数列于表13－13中。

表 13-13 氮族元素的特性常数

| 特性常数 | 氮(N) | 磷(P) | 砷(As) | 锑(Sb) | 铋(Bi) |
| --- | --- | --- | --- | --- | --- |
| 原子序数 | 7 | 15 | 33 | 51 | 83 |
| 价层电子 | $2s^2 2p^3$ | $3s^2 3p^3$ | $4s^2 4p^3$ | $5s^2 5p^3$ | $6s^2 6p^3$ |
| 共价半径/pm | 70 | 110 | 121 | 141 | 155 |
| 主要氧化值 | −3～+5 | −3,+1,+3,+5 | −3,+3,+5 | −3,+3,+5 | +3,+5 |
| 电负性 | 3.04 | 2.19 | 2.18 | 2.05 | 1.9 |
| 电子亲和能/$kJ \cdot mol^{-1}$ | 7 | 72 | 78 | 100.9 | 91.3 |
| 第一电离能/$kJ \cdot mol^{-1}$ | 1 402 | 1 012 | 947 | 834 | 703 |
| 第二电离能/$kJ \cdot mol^{-1}$ | 2 856 | 1 907 | 1 798 | 1 595 | 1 610 |
| 第三电离能/$kJ \cdot mol^{-1}$ | 4 578 | 2 914 | 2 735 | 2 440 | 2 466 |
| 单质熔点/K | 63.1 | 317.3(白磷) | 1 090 | 903.8 | 544.6 |
| 单质沸点/K | 77.4 | 553.4 | 888 | 1 860 | 1 837 |
| X—X 键能/$kJ \cdot mol^{-1}$ | 945.3 | 489.5 | 382.0 | 299.2 | 200.4 |

氮族元素的价电子层构型为 $ns^2np^3$，价层 p 轨道处于较稳定的半满状态，获得 3 个电子形成−3 价阴离子较困难，仅 N 和 P 可形成少数−3 价离子型化合物如 $Ca_3N_2$、$Na_3P$ 等，这些化合物极易水解生成 $NH_3$ 和 $PH_3$；而失去 3 个电子形成+3 价阳离子的可能性也较小，只有半径较大的元素 Bi 可形成+3 价离子化合物，且易水解。本族元素可形成−3、+3 和+5 氧化值的共价化合物，其中，−3 氧化值的化合物常表现强还原性，而+5 氧化值的化合物在酸性介质中显强氧化性(除磷酸盐外)。另外，N 还可形成−2、−1、+1、+2、+4 等氧化值的共价化合物。

本族元素从上到下，原子半径依次增大，电负性、第一电离能、键能依次降低，非金属性依次降低，N 和 P 是非金属、As 两性偏非金属、Sb 两性偏金属、Bi 是金属。

N 与 F、O 相似，由于原子半径很小，核周围的电子云密度很大，电子亲和能比较小，单质为双原子分子。而 P、As 有空的 d 轨道可以参与成键，可形成多原子分子。

惰性电子对效应：第六周期 Bi、Pb、Tl 等元素电子组态为$[Xe]4f^{14}5d^{10}6s^2 6p^{1\sim3}$，由于 4f 和 5d 轨道处于充满状态，电子较多，对 6s 电子的屏蔽作用大，同时 6s 电子的钻穿作用强，因此 6s 电子能量较低，参与反应时较为惰性。它们的最高氧化态显示较强的氧化性，而对应的 Bi(Ⅲ)、Pb(Ⅱ)、Tl(Ⅰ)较稳定。

## 13.3.2 氮族元素单质

氮在自然界中主要以单质形式存在于大气中，约占大气体积的 78.1%，在地壳中的含量较少，丰度为 0.004 6%。天然存在的氮的无机化合物极少，如硝酸钠。磷在自然界中主要以磷酸盐形式分布在地壳中，如磷酸钙、氟磷灰石$[3Ca_3(PO_4)_2 \cdot CaF_2]$等。氮和磷都是生物体的重要组成元素。砷、锑、铋主要以硫化物矿存在，如雌黄($As_2S_3$)、雄黄($As_4S_4$)、辉锑矿($Sb_2S_3$)、辉铋矿($Bi_2S_3$)等，砷、锑、铋还有少量氧化物矿，如砷华($As_2O_3$)、锑华($Sb_2O_3$)和铋华($Bi_2O_3$)。

氮的单质为双原子分子 $N_2$，常温下为气体，熔点为 63 K，沸点为 77 K，液氮是常用的冷冻剂。在 $N_2$ 分子中，两个 N 原子以共价三键相结合（图 13－10），分子轨道式为 $[KK](\sigma_{2s})^2(\sigma_{2s}^*)^2(\pi_{2p_y})^2(\pi_{2p_z})^2(\sigma_{2p_x})^2$，键能很大，即使高达 3 273 K 也不分解。成键分子轨道 $\sigma_{2p}$（$-15.59$ eV）和 $\pi_{2p}$（$-16.73$ eV）能量较低，而反键轨道 $\pi_{2p}^*$（8.17 eV）能量较高，因此 $N_2$ 既难以接受电子也难以给出电子，所以 $N_2$ 很稳定，常用作保护气体。$N_2$ 能微溶于水，273 K 和 100 kPa 条件下，每体积水可溶解约 0.24 体积 $N_2$。

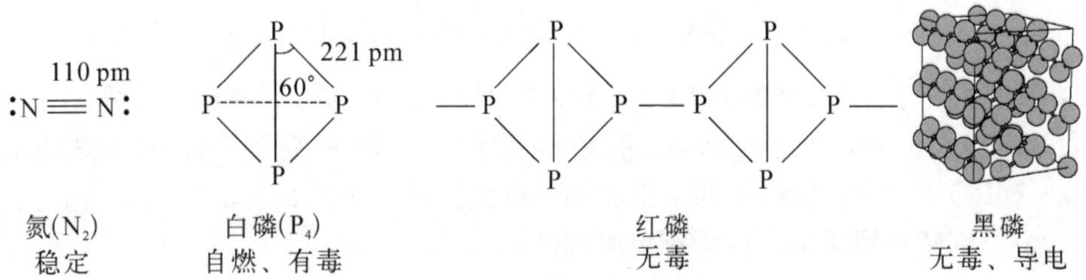


图 13－10　氮气和单质磷结构示意图

在不同条件下，$N_2$ 可与碱金属和碱土金属单质反应生成氮化物，这些金属氮化物易水解发出氨；在加热或/和催化剂存在下可与非金属单质反应。

$$6Li + N_2 = 2Li_3N\text{（常温下可反应，但速率很慢）}$$

$$3Ca + N_2 \xlongequal{\text{赤热}} Ca_3N_2$$

$$Ca_3N_2 + 6H_2O = 3Ca(OH)_2 + 2NH_3$$

$$O_2 + N_2 \xlongequal{\text{放电}} 2NO$$

$$3H_2 + 2N_2 \xlongequal[\text{催化剂}]{\text{高温、高压}} 2NH_3$$

$$3Si + 2N_2 \xlongequal{1\,473\text{ K}} Si_3N_4$$

实验室通常用加热固体亚硝酸钠和氯化铵饱和溶液的混合物来制备氮气，也可用氨与氧化铜反应等方法来制备氮气。工业上采用分馏液态空气的方法制备氮气，这样所制得的氮气含少量氧气和水，可通过炽热的铜或盛有还原剂的洗气瓶除去氧气，水分再用 $P_2O_5$ 等干燥剂吸收或用冷凝法除去。

$$NH_4Cl + NaNO_2 = NH_4NO_2 + NaCl$$

$$NH_4NO_2 \xlongequal{\triangle} N_2 + 2H_2O$$

磷单质有多种同素异形体，其中主要的有红磷、白磷和黑磷（图 13－10）。磷蒸气迅速冷却时得到白磷，由于白磷表面有氧化物而略带黄色，有时也称黄磷。白磷在低温蒸气中以 $P_4$ 分子存在，为分子晶体，不溶于水，易溶于有机溶剂。在正四面体的 $P_4$ 中，P—P—P 键角为 60 °，比 p 轨道之间的夹角小，具有很大的张力，导致 P—P 键的键能较低（201 $kJ \cdot mol^{-1}$），所以白磷的反应性很高。白磷的燃点为 313 K，在空气中会逐渐氧化并因热量聚集而自然，因此白磷需保存在水中以隔绝空气；反应的部分能量会以光能的形式放出，产生磷光现象。

$$P_4 + 3O_2 \longrightarrow P_4O_6$$
$$P_4 + 5O_2 \longrightarrow P_4O_{10}(O_2\ 充足时)$$

白磷是剧毒物质，约 0.15 g 即可致人死亡。磷可破坏器官组织，使骨骼松软坏死，手或皮肤若不慎沾上白磷，可用 50 $g \cdot L^{-1}$ 的 $CuSO_4$ 或 1∶2 000 的 $KMnO_4$ 水溶液冲洗。1 $g \cdot L^{-1}$ 的 $CuSO_4$ 溶液也常用作磷中毒的口服解毒剂。

$$P_4 + 10CuSO_4 + 16H_2O \longrightarrow 10Cu + 4H_3PO_4 + 10H_2SO_4$$
$$11P_4 + 60CuSO_4 + 96H_2O \longrightarrow 20Cu_3P + 24H_3PO_4 + 60H_2SO_4$$

白磷隔绝空气 673 K 加热或用紫外光照射时转化为红磷，红磷比白磷稳定。红磷的熔点为 858～873 K，颜色由深红、褐色到紫色。白磷在高温（497～643 K）高压（1 215.9 MPa）或用 Hg 作催化剂常压加热可得到黑磷。黑磷最不活泼，其结构与石墨相似，能导电。红磷和黑磷都不溶于有机溶剂。

白磷可与 $Cl_2$ 等电负性大的非金属单质直接反应，但不与 $H_2$ 直接反应，因为 $\Delta_f G_m^\ominus(PH_3)$ 为正值；可与几乎所有金属反应生成 −3 氧化值的磷化物；在热碱中则发生歧化反应。

$$12Cu + P_4 \longrightarrow 4Cu_3P$$
$$P_4 + 3NaOH + 3H_2O \longrightarrow PH_3 + 3NaH_2PO_2(次磷酸钠)$$

在控制配比及反应条件下，白磷与氯、溴、碘反应可得三卤化磷，过量的卤素单质与磷反应可得五卤化磷。卤化磷最重要的性质是水解，三溴化磷和三碘化磷水解用于制备 HBr 和 HI，五氯化磷完全水解生成磷酸，控制条件可部分水解为三氯氧磷（氯化磷酰），三氯氧磷在制药工业中经常用作卤化剂或用于合成磷酸酯。

$$PCl_5 + 4H_2O \longrightarrow H_3PO_4 + 5HCl$$
$$PCl_5 + H_2O \longrightarrow POCl_3 + 2HCl$$

### 13.3.3 氮族元素氢化物

氮的氢化物很多，主要有氨、肼、羟胺和叠氮化物等。

1. 氨

氨（ammonia）$NH_3$ 是一种无色、具有刺激性臭味的气体，常温下易于加压液化（临界温度和临界压力分别为 405 K 和 $11.37 \times 10^3$ kPa），液氨的气化热大（2 335 $kJ \cdot mol^{-1}$），因此液氨常用作制冷剂。液氨的介电常数小于水，自偶电离常数 $K$ 为 $1.9 \times 10^{-33}$（218 K），是有机化合物的较好溶剂和反应介质。碱金属、碱土金属也可溶解于液氨中，生成蓝色溶液。

$$Na(s) + (x+y)NH_3(l) \rightleftharpoons Na(NH_3)_x^+ + e(NH_3)_y^-(蓝色)$$

氨极易溶于水，273 K 时 1 体积水可溶解 700 体积氨，氨的水溶液称为氨水。$NH_3$ 与 $H_2O$ 以氢键结合成缔合分子，常以 $NH_3 \cdot H_2O$ 代之。氨水中氨的含量越高密度越小，市售氨水含 $NH_3$ 约 28%（质量分数），密度为 0.91 $g \cdot cm^{-3}$。氨水显弱碱性，这是由于 $NH_3$

中的孤对电子结合水中的质子，$H_2O$ 放出 $OH^-$ 的结果。

$$NH_3 + H_2O \rightleftharpoons NH_4^+ + OH^- \qquad K_b = 4.76 \times 10^{-5}$$

1) 加合反应(又称氨合反应，ammoniation，ammonation)　$NH_3$ 作为路易斯碱，可以与金属离子形成稳定配合物，如 $Co^{2+}$、$Co^{3+}$、$Ni^{2+}$、$Cu^{2+}$、$Ag^+$、$Zn^{2+}$、$Cd^{2+}$、$Cr^{3+}$、$Pt^{2+}$、$Pt^{4+}$ 等。$NH_3$ 还可与具有空轨道的路易斯酸(如 $BF_3$)等形成加合物。

2) 取代反应(又称氨解反应，ammonolysis，aminolysis)　$NH_3$ 中的三个 H 可依次被某些原子或原子团取代分别生成氨基(—$NH_2$)、亚氨基($>$NH)和氮化物($>$N—)的衍生物；从另一个角度来看，也可以认为是氨基或亚氨基取代其他化合物中的原子或基团生成对应的取代产物。

$$2Na + 2NH_3 \xrightarrow{627\ K} 2NaNH_2 + H_2$$
$$Ca(NH_2)_2 \xrightarrow{\triangle} CaNH + NH_3$$
$$NH_2Cl + 2Cl_2 = NCl_3 + 2HCl$$
$$COCl_2 + 4NH_3 = CO(NH_2)_2 + 2NH_4Cl$$
$$PCl_5 + 8NH_3 = PN(NH_2)_2 + 5NH_4Cl$$
$$HgCl_2 + 2NH_3 = HgNH_2Cl + NH_4Cl$$

活泼金属氨基物、亚氨基物和氮化物都易水解，具有还原性。

3) 氧化还原反应　$NH_3$ 中的 N 处于 $-3$ 氧化态，因此具有还原性(产物以 $N_2$ 为主)。而 H 处于 $+1$ 氧化态，具有氧化性。

$$4NH_3 + 3O_2 = 2N_2 + 6H_2O$$
$$4NH_3 + 5O_2 \xrightarrow[Pt]{773\ K} 4NO + 6H_2O$$
$$2NH_3 + 3Cl_2 = N_2 + 6HCl$$
$$2NH_3 + 3CuO \xrightarrow{\triangle} 3Cu + N_2 + 3H_2O$$
$$3Mg + 2NH_3 = Mg_3N_2 + 3H_2$$

2. 铵盐

氨与酸反应得到相应的铵盐(ammonium salts)。$NH_4^+$ 与 $Na^+$ 是等电子体，但 $NH_4^+$ 的半径(148 pm)远大于 $Na^+$(95 pm)，而与 $K^+$(133 pm)、$Rb^+$(148 pm)相近，因此，铵盐的很多性质如晶体结构和溶解性与碱金属盐很相似，与钾盐一样，除高氯酸盐、酒石酸氢盐外，大多数铵盐都溶于水。$NH_4^+$ 与碱金属离子的性质差别主要体现在它具有水解性和热稳定性差。

$NH_4^+$ 在水中发生水解，加碱平衡右移放出 $NH_3$。

$$NH_4^+ + H_2O \rightleftharpoons NH_3 + H_3O^+$$
$$NH_4^+ + OH^- \xrightarrow{\triangle} NH_3\uparrow + H_2O \text{(此反应可用于鉴别铵盐)}$$

固体铵盐受热极易分解，产物与酸根的性质有关，可分为以下几类：

1）稳定性酸的铵盐，如 $H_2SO_4$、$H_3PO_4$ 等的铵盐受热分解生成 $NH_3$ 和相应的酸。

$$(NH_4)_2SO_4 \xlongequal{\triangle} 2NH_3\uparrow + H_2SO_4$$

2）易挥发、不稳定但无氧化性酸的铵盐，如加热 HCl、$H_2CO_3$ 等的铵盐，除放出 $NH_3$ 外，也同时放出酸的气体或酸分解的气体。

$$NH_4Cl \xlongequal{\triangle} NH_3\uparrow + HCl\uparrow$$

$NH_3$ 气与 HCl 气体遇冷又结合为 $NH_4Cl$ 固体。

$$(NH_4)_2CO_3 \xlongequal{\triangle} 2NH_3\uparrow + CO_2\uparrow + H_2O\uparrow$$

3）氧化性酸的铵盐，$HNO_3$、$HClO_4$、$H_2CrO_4$ 等铵盐，加热后发生分子内氧化还原反应，$NH_4^+$ 被氧化成 $N_2$ 或氮的氧化物，同时发出大量的热。

$$2NH_4NO_3 \xlongequal{\triangle} 2N_2\uparrow + O_2\uparrow + 4H_2O\uparrow$$

$$NH_4NO_3 \xlongequal{\triangle} N_2O\uparrow + 2H_2O\uparrow$$

$$(NH_4)_2Cr_2O_7 \xlongequal{\triangle} N_2\uparrow + Cr_2O_3 + 4H_2O\uparrow$$

3. 联氨

联氨 $NH_2NH_2$ 又称为肼(hydrazine)，将氨与次氯酸盐反应可得到联氨。

$$2NH_3 + NaOCl \xlongequal{} NH_2NH_2 + NaCl + H_2O$$

常温下联氨为无色液体，熔点 275 K，沸点 386.5 K，易挥发而发烟，它是强极性分子(偶极矩为 1.85 D)，由氢键结合成链状多聚体。它的介电常数较大，可作为极性分子的溶质或反应介质，溶液有良好的导电性。

$NH_2NH_2$ 可以看做是 $NH_3$ 分子中的一个 H 原子被氨基取代的衍生物(图 13-11)。杂化轨道理论认为，每一个 N 都是不等性 $sp^3$ 杂化，都有一对孤对电子，因此每分子 $NH_2NH_2$ 可以接受 2 个质子，是二元弱碱，其水溶液呈弱碱性。

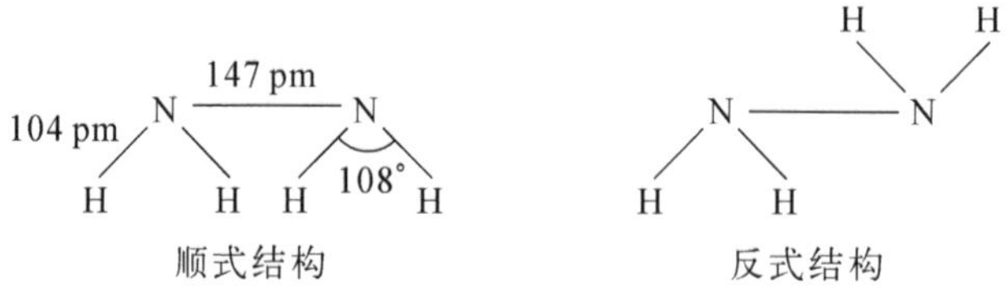


图 13-11　联氨的分子结构

$$NH_2NH_2 + H_2O \rightleftharpoons NH_2NH_3^+ + OH^- \qquad K_{b_1} = 1.7\times10^{-6}$$

$$NH_2NH_3^+ + H_2O \rightleftharpoons NH_3NH_3^{2+} + OH^- \qquad K_{b_2} = 8.9\times10^{-10}$$

$NH_2NH_2$ 中 N 的氧化值为－2，属中间氧化态，既可作氧化剂也可作还原剂，但由于氧化反应速率较慢，一般认为联氨为强还原剂，其产物随氧化剂不同而不同，分别可生成$N_2$、$NH_4^+$、$HN_3$等。由于$NH_2NH_2$与$O_2$反应可发出大量的热，且$NH_2NH_2$的碱性弱，燃烧产物为$N_2$和$H_2O$等小分子，是理想的高能燃料。联氨的吸湿性较强，常以联氨盐酸盐的形式市售。

$$NH_2NH_2 \cdot 2HCl + 2HCl + 2FeCl_2 = 2NH_4Cl + 2FeCl_3\text{（反应速率较慢）}$$
$$N_2H_4 + 2K_2PtCl_6 = 2K_2PtCl_4 + N_2\uparrow + 4HCl$$
$$N_2H_4 + K_2PtCl_6 = Pt + N_2\uparrow + 2KCl + 4HCl$$
$$N_2H_4(l) + O_2(g) = N_2\uparrow(g) + 2H_2O(l) \qquad \Delta_r H_m^\ominus = -629\ kJ \cdot mol^{-1}$$
$$N_2H_4(l) + 2H_2O_2(l) = N_2\uparrow(g) + 4H_2O(l) \qquad \Delta_r H_m^\ominus = -818.4\ kJ \cdot mol^{-1}$$

作为路易斯碱，$NH_2NH_2$与其他路易斯酸形成加合物或可以单齿、双齿配体与金属离子形成配合物。

$$CoCl_2 + 6NH_2NH_2 = [Co(NH_2NH_2)_6]Cl_2$$
$$FeCl_2 + 2NH_2NH_2 = [Fe(NH_2NH_2)_2Cl_2]$$

4. 羟胺

羟胺(hydroxylamine)$NH_2OH$是一种无色固体，熔点305.5 K，沸点330 K，吸湿性强，易溶于水和低级醇中。羟胺可以看作$NH_3$中的一个H被羟基取代的衍生物(图13-12)，是一元弱碱。

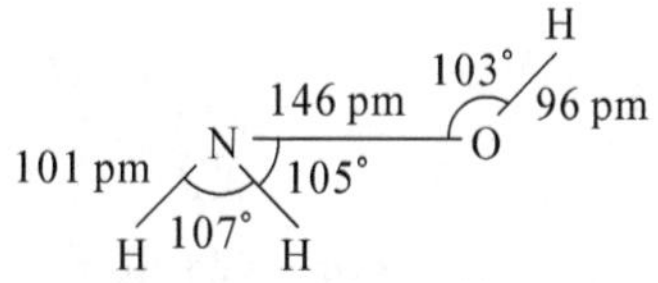

图13-12 羟胺的分子结构

$$NH_2OH + H_2O \rightleftharpoons NH_3OH^+ + OH^- \qquad K_b = 9.1 \times 10^{-7}$$

羟胺不稳定，固体羟胺在289 K以上就会歧化分解，在酸性溶液中的分解产物主要是$NH_4^+$、$N_2O$、$H_2O$，而在碱性条件下的分解产物主要是$NH_3$、$N_2$、$H_2O$，因此需低温或以盐的形式(盐酸盐、硫酸盐等)保存。

$$3NH_2OH = NH_3 + N_2 + 3H_2O$$
$$4NH_2OH = 2NH_3 + N_2O + 3H_2O$$

$NH_2OH$中N的氧化值为$-1$，既有氧化性也有还原性，以还原性为主，其氧化产物随氧化剂不同而不同。

$$2NH_2OH + 2AgBr = 2Ag + N_2\uparrow + 2HBr + 2H_2O$$
$$10NH_2OH + 2Hg_2(NO_3)_2 = 4Hg + 7N_2O\uparrow + 15H_2O$$
$$NH_2OH \cdot HCl + 2HCl + 2FeCl_2 = NH_4Cl + 2FeCl_3 + H_2O$$

5. 叠氮酸

联氨被亚硝酸氧化时生成叠氮酸(hydrazoic acid)$HN_3$(图13-13)实验室可将浓硫酸与$NaN_3$小心混合制备$HN_3$。纯$HN_3$为无色有刺激性气味的液体，极易爆炸分解，熔点193 K，沸点约309 K。

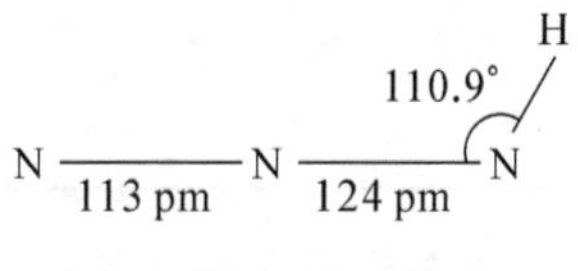

图13-13
叠氮酸的分子结构

$$N_2H_4 + HNO_2 = HN_3 + 2H_2O$$

$$2HN_3 \longequal 3N_2 + H_2$$

$HN_3$易溶于水，是一元弱酸，$K_a = 2.5\times10^{-5}$，与金属作用可得叠氮化物。叠氮酸的水溶液及其碱金属盐室温下比较稳定，但在加热或受撞击时会发生分解。叠氮化铅广泛用作起爆剂。$NaN_3$溶液因分解发出$N_2$故也常用作保护剂、血清防腐剂等。

$$Zn + 9HN_3 = Zn(N_3)_2 + 3NH_3 + 9N_2$$
$$Pb(NO_2)_2 + 4HN_3 = Pb(N_3)_2 + 2N_2O\uparrow + 2N_2\uparrow + 2H_2O$$
$$2Na_2O + N_2O + NH_3 = NaN_3 + 3NaOH$$
$$2NaNH_2 + N_2O = NaN_3 + NaOH + NH_3$$

$N_3^-$的性质与卤素离子相似，视为拟卤素离子。$N_3^-$作为配体可与金属离子形成一系列配合物，如$Na_2[Sn(N_3)_6]$、$[Cu(N_3)_2(NH_3)_2]$等。

6. 磷化氢

磷化氢$PH_3$又称膦(phosphine)，是一种无色、有大蒜味的剧毒气体，易自燃(磷火)。结构如图13-14所示。$PH_3$难溶于水，且溶液的pH对其溶解度影响很小。$PH_3$的碱性较$NH_3$弱得多，$pK_b$约为28。$PH_3$与卤化氢的加合物$PH_4X$极易水解放出$PH_3$，在水溶液中不存在$PH_4^+$离子。$PH_3$与金属离子的配位能力比$NH_3$强得多，原因是P不但可以提供孤对电子(3s电子)与金属离子形成配位键，同时其空的3d空轨道还可以接受金属离子的d电子形成反馈π-键，使配合物获得额外的稳定性。

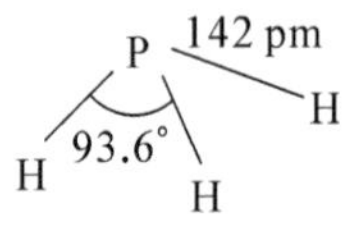


图13-14
$PH_3$的分子结构

$PH_3$是一个强还原剂，在323 K下与$O_2$反应生成$H_3PO_4$，能从某些金属盐中将金属还原出来。

$$PH_3 + 2O_2 = H_3PO_4$$
$$8Ag^+ + PH_3 + 4H_2O = 8Ag + H_3PO_4 + 8H^+$$
$$8CuSO_4 + PH_3 + 4H_2O = 4Cu_2SO_4 + H_3PO_4 + 4H_2SO_4$$
$$3Cu_2SO_4 + 2PH_3 = 2Cu_3P + 3H_2SO_4$$
$$4Cu_2SO_4 + PH_3 + 4H_2O = 8Cu + H_3PO_4 + 4H_2SO_4$$

7. 砷化氢、锑化氢、铋化氢

砷、锑、铋都可生成氢化物$MH_3$，它们都是无色有毒气体，其生成焓都为正值(表13-14)，所以都不稳定，受热易分解为单质。

**表13-14 氮族氢化物的$\Delta_f H_m^\ominus$(kJ·mol$^{-1}$)**

| | $NH_3$ | $PH_3$ | $AsH_3$ | $SbH_3$ | $BiH_3$ |
|---|---|---|---|---|---|
| $\Delta_f H_m^\ominus$ | −46.14 | 23.01 | 66.4 | 145.1 | 277.0(290 K分解) |
| | 碱性减弱、还原性和水解趋势增强 → | | | | |

用金属砷化物水解可制得$AsH_3$(胂)。

$$Na_3As + 3H_2O = AsH_3 + 3NaOH$$

用强还原剂还原砷的氧化物也可制得 $AsH_3$(胂),胂在隔绝氧气的条件下加热分解,单质砷在反应器壁上凝聚成“砷镜”,这是马氏(Marsh)试砷法的化学根据。

$$As_2O_3 + 6Zn + 12HCl \xlongequal{} 2AsH_3 + 6ZnCl + 3H_2O$$
$$2AsH_3 \xlongequal{} 2As + 3H_2$$

用类似的方法可得到 $SbH_3$ 和“锑镜”。

砷、锑、铋的氢化物都是强还原剂。它们在空气中能自燃,都能将金属从金属盐中还原出来。如:

$$12AgNO_3 + 2AsH_3 + 3H_2O \xlongequal{} 12Ag + As_2O_3 + 12HNO_3$$

该反应是古蔡氏(Gutzeit)试砷法的原理,比马氏试砷法更灵敏。

### 13.3.4 氮族元素氧化物

1. 氮的氧化物

氮可生成多种氧化物,主要有:$N_2O$、NO、$NO_2$、$N_2O_3$、$N_2O_4$、$N_2O_5$,在污染的大气中还有短暂存在的 $NO_3$。$N_2O_3$ 为蓝色液体,$NO_2$ 为红棕色气体,其余都为无色气体。其中 NO 和 $NO_2$ 含有单电子,具有顺磁性(图13-15)。氮的氧化物都有一定的毒性,是酸雨的重要来源,也是臭氧层的破坏者之一。工业废气和汽车尾气中含有氮的氧化物,造成环境污染。处理办法是,用 $Cr_2O_3$ 作催化剂,使之与氨反应生成氮气。

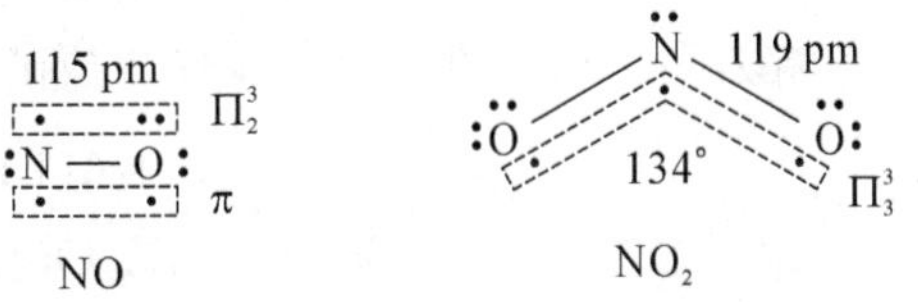


图 13-15 NO、$NO_2$ 的结构示意图

$$6NO_2 + 8NH_3 \xlongequal{} 7N_2 + 12H_2O$$

一氧化二氮(nitrous oxide)$N_2O$,无色有甜味气体,能使人处于高度兴奋状态故得名笑气。有轻微麻醉作用,是人类最早应用于医疗的麻醉剂之一,现已少用。$N_2O$ 具有氧化性,在一定条件下能支持燃烧(高温下 $N_2O$ 分解成 $O_2$ 和 $N_2$),但在室温下稳定。$N_2O$ 与 $CO_2$ 为等电子体,具有相似的直线型空间结构,但 $N_2O$ 为极性分子,N—N、N—O 的键长分别为 112.6 pm 和 118.6 pm。

$$NH_4NO_3 \xlongequal{\text{微热}} N_2O + 2H_2O$$

一氧化氮(nitric oxide)NO,分子中有孤对电子,可以作为配体与金属离子形成配合物。它可与鸟苷酸环化酶的辅基血红素中 Fe(II)配位结合,从而激活该酶促使血管平滑肌松弛,被称为血管内皮舒张因子,是第二信号系统之一,在体内具有多种生理功能。亚硝酸(异)戊酯、三硝酸甘油酯、亚硝酰亚铁氰化钠等药物,服用后在人体内释放出 NO,从而具有舒张血管的作用,可增加缺血区血流量,缓解心绞痛症状。NO 含有单电子,是一个自由基,具有自由基的作用,过量时可损伤胰岛β细胞,导致糖尿病的形成。

二氧化氮(nitrogen dioxide)$NO_2$,红棕色有毒气体,低于 263 K 时几乎完全转化为无色的 $N_2O_4$。在温度高于 423 K 时,$N_2O_4$ 几乎完全分解为 $NO_2$。$NO_2$ 可溶于水,生成

$HNO_3$和 NO,因此 $NO_2$不是 $HNO_3$的酸酐。

$$3NO_2 + H_2O \longrightarrow 2HNO_3 + NO$$

2. 磷的氧化物

磷($P_4$)在空气中完全燃烧生成 $P_4O_{10}$,若空气不足则生成 $P_4O_6$(结构见图 13-16),习惯上分别称为五氧化二磷(phosphorus pentoxide,$P_2O_5$)和三氧化二磷(phosphorus trioxide,$P_2O_3$)。

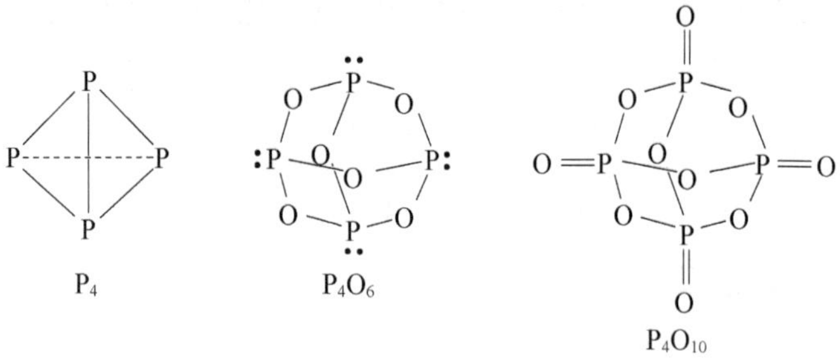


图 13-16 磷及其氧化物的结构示意图

$P_4O_6$毒性很强,在空气中可慢慢转化为 $P_4O_{10}$。与冷水作用生成亚磷酸,因此它是亚磷酸的酸酐;与热水发生歧化反应生成磷酸并放出 $PH_3$。

$$P_4O_6 + 6H_2O(冷) \longrightarrow 4H_3PO_3$$
$$P_4O_6 + 6H_2O(热) \longrightarrow 3H_3PO_4 + PH_3$$

$P_4O_{10}$是白色粉末状固体,熔点 693 K,573 K 时升华。极易与水结合同时放出大量的热,在空气中很快潮解,是很强的干燥剂和脱水剂。

$$P_4O_{10} + 6H_2SO_4 \longrightarrow 4H_3PO_4 + 6SO_3$$
$$P_4O_{10} + 12HNO_3 \longrightarrow 4H_3PO_4 + 6N_2O_5$$

$P_4O_{10}$吸水后并不立即生成磷酸,而生成偏磷酸$(HPO_3)_n$的混合物及 P(V)的各种含氧酸,只有在 $HNO_3$存在下煮沸才直接快速完全转化为 $H_3PO_4$,如图 13-17 所示。

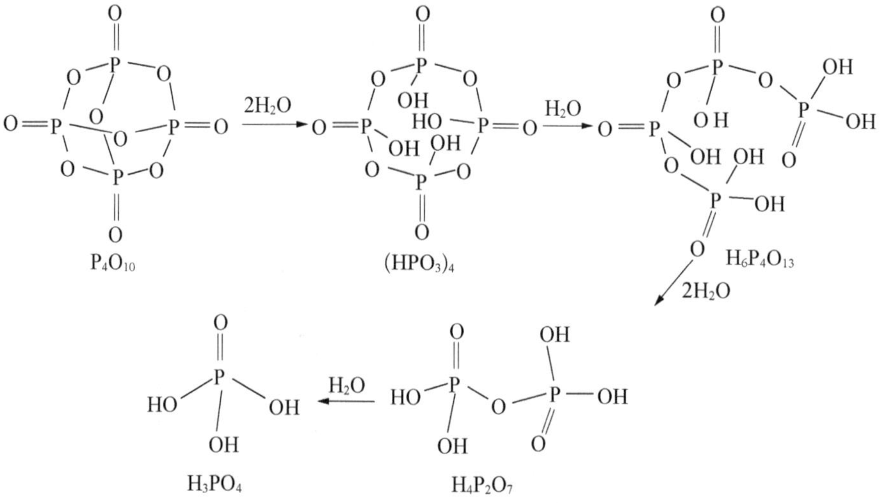


图 13-17 $P_4O_{10}$的水解产物

3. 砷、锑、铋的氧化物

砷、锑、铋同样可生成氧化值为+3 和+5 的两个系列的氧化物(图 13-18)。同一元素,+5 氧化值的氧化物的酸性、氧化性大于+3 氧化值的氧化物;同一氧化值的氧化物,从 As 到 Bi,酸性、还原性依次减弱,如 $As_2O_5$不能溶于 HCl 而 $Bi_2O_3$不能溶于 NaOH。氧化物的水合物具有类似的性质变化规律。$H_3AsO_3$的 $K_a=5.7\times10^{-10}$,属两性偏酸性,而 $Bi(OH)_3$是弱碱,$K_b=1\times10^{-7}$。$H_3AsO_4$是弱氧化剂,而 $NaBiO_3$是强氧化剂。

| | | |
|---|---|---|
| $As_4O_{10}$ | $Sb_4O_{10}$ | $Bi_2O_5$ |
| $H_3AsO_4$ | $H[Sb(OH)_6]$ | $NaBiO_3$ |
| 酸性 | 两性偏酸 | 不稳定 |
| $As_4O_6$ | $Sb_4O_6$ | $Bi_2O_3$ |
| $H_3AsO_3$ | $Sb(OH)_3$ | $Bi(OH)_3$ |
| 两性偏酸 | 两性 | 弱碱性 |

酸性减弱 氧化性减弱 (↓)

碱性增强,氧化性增强 (→)

图 13-18 砷、锑、铋的氧化物的性质

$$As_2O_3 + 3SnCl_2 + 6HCl = 2As + 3SnCl_4 + 3H_2O$$
$$AsO_3^{3-} + I_2 + 2OH^- = AsO_4^{3-} + 2I^- + H_2O$$
$$H_3AsO_4 + 2HI = H_3AsO_3 + I_2 + H_2O$$
$$H[Sb(OH)_6] + 2HCl = H_3SbO_3 + Cl_2 + 3H_2O$$
$$5NaBiO_3(s) + 2Mn^{2+} + 14H^+ = 5Bi^{3+} + 2MnO_4^- + 5Na^+ + 7H_2O$$

### 13.3.5 氮族元素卤化物

稳定的氮的卤化物只有 $NF_3$和 $NCl_3$。$NBr_3$极不稳定,甚至 173 K 也会爆炸。$NF_3$为无色气体,沸点 154 K,化学性质稳定,虽然 N 上有一对孤对电子,但由于 F 的电负性较大,其路易斯碱性很弱。$NCl_3$为黄色液体,沸点 344 K,超过沸点或受震动即发生爆炸分解。$NCl_3$在水中或碱中易水解,其水解产物与同族的 $PCl_3$不同。

$$NCl_3 + 3H_2O = NH_3 + 3HOCl$$
$$PCl_3 + 3H_2O = H_3PO_3 + 3HCl$$

这是因为 N 的原子半径较小且价电子层没有可利用的 d 轨道,不能接受 $H_2O$ 中 O 的孤对电子的进攻(亲核机理),而是 N 上的孤对电子进攻 $H_2O$ 中的 H 原子(亲电机理),最终得到 $NH_3$和 HOCl。

磷可得到+3、+5 氧化值的卤化物 $PX_3$和 $PX_5$,其中最重要的是 $PCl_3$和 $PCl_5$。$PCl_3$室温下为无色液体,因易水解,在潮湿的空气中强烈发烟。$PCl_5$为白色晶体,晶体中含有正四面体的$[PCl_4]^+$和正八面体的$[PCl_6]^-$。$PCl_5$水解分两步进行:

$$PCl_5 + H_2O = POCl_3 + 2HCl$$
$$POCl_3 + 3H_2O = H_3PO_4 + 3HCl$$

氯氧化磷 $POCl_3$ 在室温下是无色液体，是有机合成和药物合成中重要的卤化剂，在工业上常用于合成杀虫农药。

砷、锑、铋的三卤化物都已制得，五卤化物中只得到氟化物和 $SbCl_5$。其中 $BiF_3$ 为离子晶体，Bi 的其他卤化物和 $SbF_3$ 介于离子晶体和分子晶体之间，其他都是分子晶体。它们在水中大多发生强烈水解。从 $AsX_3$ 到 $BiX_3$，碱性逐渐增强，所以水解程度逐渐减弱。

$$AsX_3 + 3H_2O = H_3AsO_3 + 3HX$$
$$SbCl_3 + H_2O = SbOCl\downarrow + 2HCl$$
$$BiCl_3 + H_2O = BiOCl\downarrow + 2HCl$$

由于 SbOX 和 BiOX 难溶于水，故常温下 $SbX_3$ 和 $BiX_3$ 的水解常不彻底，生成相应的酰基盐。

## 13.3.6 氮族元素硫化物

氮可与硫形成多种 N—S 化合物，但无实际工业用途，而在燃煤废气中常产生氨基-磺酸类化合物，对环境造成污染。磷也可形成多种硫化物，大多是以 $P_4$ 为结构基础的衍生物，其中 $P_4S_3$ 是制造安全火柴的原料。砷分族的硫化物都是具有不同颜色的难溶于水的稳定化合物，其酸碱性和氧化还原性与对应的氧化物相似(表 13-15)。

**表 13-15 砷分族硫化物的颜色和溶解性**

| 硫化物 | $As_2S_3$ | $Sb_2S_3$ | $Bi_2S_3$ | $As_2S_5$ | $Sb_2S_5$ |
|---|---|---|---|---|---|
| 颜　色 | 黄 | 橙　黄 | 黑 | 淡　黄 | 橙　红 |
| 酸碱性 | 弱酸性 | 两　性 | 碱　性 | 酸　性 | 两性偏酸 |
| 浓 HCl | 不　溶 | 溶　解 | 溶　解 | 不　溶 | 溶　解 |
| NaOH | 溶　解 | 溶　解 | 不　溶 | 溶　解 | 溶　解 |
| $Na_2S$ | 溶　解 | 溶　解 | 不　溶 | 溶　解 | 溶　解 |
| 多硫化物 | 溶　解 | 溶　解 | 不　溶 | 溶　解 | 溶　解 |

$$As_2S_3 + 6NaOH = Na_3AsO_3 + Na_3AsS_3 + 3H_2O$$
$$Sb_2S_3 + 6NaOH = Na_3SbO_3 + Na_3SbS_3 + 3H_2O$$
$$Sb_2S_3 + 6HCl = 2H_3SbCl_6 + 3H_2S$$
$$Bi_2S_3 + 6HCl = 2BiCl_3 + 3H_2S$$
$$As_2S_3 + 3Na_2S = 2Na_3AsS_3$$
$$As_2S_5 + 3Na_2S = 2Na_3AsS_4$$
$$As_2S_3 + 3Na_2S_2 = 2Na_3AsS_4 + S$$

## 13.3.7 氮族元素含氧酸及其盐

1. $HNO_2$ 及其盐

将 NO 和 $NO_2$ 溶于冷水中可得亚硝酸(nitrous acid)$HNO_2$ 溶液，低温下将强酸加入亚硝酸盐溶液中，也可得到亚硝酸溶液。

$$NO + NO_2 + H_2O(冷) = 2HNO_2$$
$$2NaNO_2 + H_2SO_4 = 2HNO_2 + Na_2SO_4$$

$HNO_2$是一元弱酸，不稳定，只能存在于冷的稀溶液中，升高温度将歧化分解。

$$HNO_2 \rightleftharpoons H^+ + NO_2^- \qquad K_a = 4.6 \times 10^{-4}$$
$$2HNO_2 = NO + NO_2 + H_2O$$
$$3HNO_2 = 2NO + HNO_3 + H_2O$$

将 NO 和 $NO_2$溶于碱中得到亚硝酸盐。工业上用金属（如 Pb）高温下还原硝酸盐来制备亚硝酸盐。

$$Pb(粉) + NaNO_3 = NaNO_2 + PbO\downarrow$$

过滤除去不溶物，重结晶后得 $NaNO_2$。除 $AgNO_2$外，大多数亚硝酸盐稳定。$NaNO_2$大量用于染料工业和有机合成中。亚硝酸盐有一定的毒性，在体内易与蛋白质结合，有致癌作用。

$HNO_2$及亚硝酸盐中 N 的氧化值为+3，属中间氧化态，它们既有氧化性又有还原性，以氧化性为主，$HNO_2$的氧化性大于亚硝酸盐。作为氧化剂，其还原产物与还原剂、溶液的 pH、温度有关，可以为 NO、$N_2O$、$N_2$、$NH_3$及 $NH_2OH$ 等；作为还原剂，则被氧化成 $HNO_3$或 $NO_3^-$（结构见图 13－19）。

$$2HNO_2 + 2HI = 2NO + I_2 + 2H_2O(此反应用于定量分析亚硝酸盐)$$
$$2HNO_2 + CO(NH_2)_2 = 2N_2\uparrow + CO_2\uparrow + 3H_2O(此反应用于清除亚硝酸盐)$$
$$2HNO_2 + O_2 = 2HNO_3$$
$$5NO_2^- + 2MnO_4^- + 6H^+ = 5NO_3^- + 2Mn^{2+} + 3H_2O$$

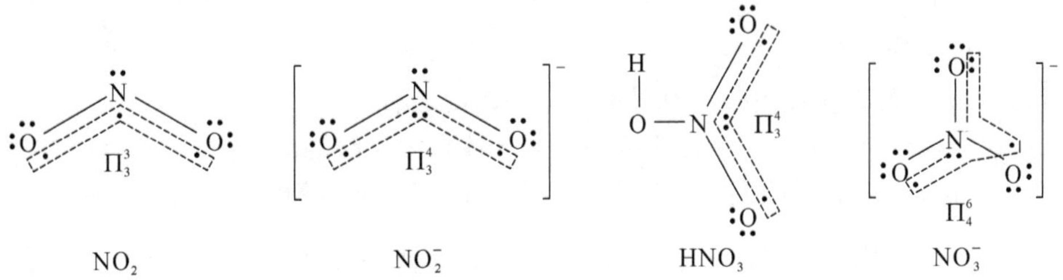


图 13－19 $NO_2$、$NO_2^-$、$HNO_3$、$NO_3^-$的结构示意图

$NO_2^-$可与许多金属离子形成配合物，如 $Fe^{2+}$、$Co^{3+}$、$Cr^{3+}$、$Cu^{2+}$、$Pt^{2+}$等，它属于两可配体，用 N 原子配位时称为硝基，用 O 原子配位时称为亚硝酸根。如在弱酸性条件下，$Co^{2+}$与 $NO_2^-$反应生成$[Co(ONO)_6]^{3-}$，可与 $K^+$、$NH_4^+$形成沉淀。

$$3K^+ + Co^{2+} + 7NO_2^- + 2H^+ = K_3[Co(ONO)_6]\downarrow + NO\uparrow + H_2O$$

此反应可用于检验 $K^+$、$Co^{2+}$、$NO_2^-$。

2. $HNO_3$及其盐

(1) 硝酸

硝酸（nitric acid）$HNO_3$是三大无机强酸之一。气态 $HNO_3$分子呈平面结构（图

13-18)，中心 N 原子取 $sp^2$ 杂化，有一个 $\pi_3^4$ 键(注意：$NO_3^-$ 也是平面结构，但其 Π 键是 $\pi_4^6$)。无水硝酸是无色液体，熔点 231.5 K，密度 1.522 g·$cm^{-3}$，沸点 357 K。但 $HNO_3$ 不稳定，当加热至沸或受到光照时逐渐分解，故无论是无水硝酸还是 $HNO_3$ 溶液，长时间放置后因溶有 $NO_2$ 而显红棕色。市售浓硝酸是含 69.2% $HNO_3$ 的恒沸液，其沸点 394.8 K，密度 1.410 g·$cm^{-3}$。

$$4HNO_3 \xlongequal{\triangle \text{ or } h\nu} 4NO_2 + O_2 + 2H_2O$$

氧化性是 $HNO_3$ 的最突出性质，其还原产物可以是 $NO_2$、$NO$、$N_2O$、$N_2$、$NH_4^+$ 等，具体产物取决于 $HNO_3$ 的浓度、还原剂的性质及温度。通常情况下，浓硝酸(68%～70%)的还原产物主要为 $NO_2$，稀硝酸的还原产物主要为 NO，极稀的硝酸与活泼金属的还原产物为 $NH_4^+$ 或 $N_2O$。

硝酸可以将除氟、氯、氧以外的非金属氧化为相应的酸。

$$S + 2HNO_3 \xlongequal{} H_2SO_4 + 2NO$$
$$P + 5HNO_3(\text{浓}) \xlongequal{} H_3PO_4 + 5NO_2 + H_2O$$
$$3I_2 + 10HNO_3(\text{稀}) \xlongequal{} 6HIO_3 + 10NO + 2H_2O$$

硝酸可与大部分金属反应生成相应的硝酸盐。但活泼金属如 Fe、Al、Cr 等在冷、浓 $HNO_3$ 中因表面钝化而不反应。Au、Pt、Ta 等惰性金属也不能与 $HNO_3$ 反应。

$$4HNO_3(\text{浓}) + Cu \xlongequal{} Cu(NO_3)_2 + 2NO_2 + 2H_2O$$
$$8HNO_3(\text{浓}) + 3Cu \xlongequal{} 3Cu(NO_3)_2 + 2NO + 4H_2O$$
$$10HNO_3(2\ mol\cdot L^{-1}) + 4Mg \xlongequal{} 4Mg(NO_3)_2 + N_2O + 5H_2O$$
$$10HNO_3(1\ mol\cdot L^{-1}) + 4Mg \xlongequal{} 4Mg(NO_3)_2 + NH_4NO_3 + 3H_2O$$

(2) $HNO_3$ 的混酸

硝酸的混酸的氧化性更强。常见的含硝酸的混酸有：

1) 王水(aqua regia)　1 体积浓硝酸与 3 体积浓盐酸的混合酸，因既有硝酸的氧化性又有 $Cl^-$ 的配位作用，可以溶解浓硝酸不能溶解的 Pt、Au 等惰性金属。

$$3Pt + 4HNO_3 + 18HCl \xlongequal{} 3H_2PtCl_6 + 4NO + 8H_2O$$
$$Pt + 4HNO_3 + 6HCl \xlongequal{} H_2PtCl_6 + 4NO_2 + 4H_2O$$

2) 浓硝酸与氢氟酸的混合物　同时具有 $HNO_3$ 的氧化性和 $F^-$ 的配位作用，可溶解 Nb、Ta 等王水不能溶解的金属。

$$Nb + 5HNO_3 + 7HF \xlongequal{} H_2NbF_7 + 5NO_2 + 5H_2O$$

3) 浓硝酸与浓硫酸的混合酸　硝化剂，在有机物中(如苯环上)引入硝基，其中的浓硫酸起脱水作用。

(3) 硝酸盐

硝酸盐一般都溶于水，其水溶液不显氧化性。固体硝酸盐低温时稳定，受热因发生氧化还原反应而易分解，分解产物与金属离子的性质有关。不含结晶水的硝酸盐的热分解分三类：

$$MNO_3 \longrightarrow MNO_2 + O_2$$（金属活动顺序表中位于 Mg 之前的金属盐）

$$2KNO_3 \xlongequal{\Delta} 2KNO_2 + O_2$$

$$MNO_2 \longrightarrow MO + O_2$$（金属活动顺序在 Mg ～ Cu 之间的金属盐）

$$2Pb(NO_3)_2 \xlongequal{\Delta} 2PbO + 4NO_2 + O_2$$

$$MO \longrightarrow M + O_2$$（金属活动顺序在 Cu 以后的金属盐）

$$2AgNO_3 \xlongequal{\Delta} 2Ag + 2NO_2 + O_2$$

有些含有结晶水的硝酸盐受热时先发生部分水解，生成碱式盐，再进一步分解到最终产物。

$$Cu(NO_3)_2 \cdot 3H_2O \xlongequal{443\ K} Cu(OH)NO_3 + HNO_3 + 2H_2O$$

3. $H_3PO_4$ 及其盐

磷有多种含氧酸，有的能以自由状态存在，有的不稳定，只能以含氧酸盐的形式存在。常见的简单含氧酸包括次磷酸（$H_3PO_2$，hypophosphorous acid）、亚磷酸（$H_3PO_3$，phosphorous acid）和磷酸（$H_3PO_4$，phosphoric acid）（图 13－20），另外还有偏亚磷酸（$HPO_2$，metaphosphorous acid）、偏磷酸（$HPO_3$，metaphosphoric acid）、焦亚磷酸（$H_4P_2O_5$，pyrophosphorous acid）、焦磷酸（$H_4P_2O_7$，pyrophosphoric acid）等。

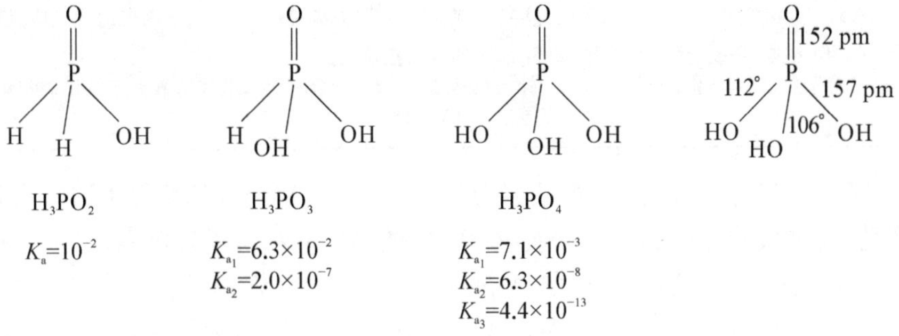


图 13－20　$H_3PO_2$、$H_3PO_3$、$H_3PO_4$ 结构示意图

（1）磷酸

纯 $H_3PO_4$ 是无色晶体，熔点 315.3 K，易溶于水。市售磷酸为 83%～98%的溶液。$H_3PO_4$ 为一个中强三元酸（图 13－20），无氧化性。

$H_3PO_4$ 经强热发生脱水反应生成多磷酸或偏磷酸，其中 $n$ 个 $H_3PO_4$ 脱去 $n-1$ 个水称为多磷酸（或称多聚磷酸），通式为 $H_{n+2}P_nO_{3n+1}$（$n \geqslant 2$）；$n$ 个 $H_3PO_4$ 脱去 $n$ 个水称为偏磷酸，通式为 $(HPO_3)_n$（$n \geqslant 3$）。多酸的酸性都比单酸强。

在生物体内，磷酸及多磷酸主要以磷酸酯的形式存在并在能量代谢中起重要作用，如 ATP（腺苷三磷酸）是重要的能量载体，它酶促水解成 ADP（腺苷二磷酸）同时放出 31 kJ・$mol^{-1}$ 的能量。蛋白质磷酸化是最常见、最重要的一种蛋白质翻译后修饰方式。蛋白质的磷酸化和去磷酸化过程调节着细胞信号转导、细胞分化和细胞生长等几乎所有的生命活动过程，被形象地描述为细胞生理活动的分子开关。其研究成果对理解生命过程、疾病的发生和发展及其防治都有重要意义。

(2) 磷酸盐

磷酸有三个系列的盐：正盐、一氢盐、二氢盐。二氢盐都易溶于水，一氢盐和正盐中，除 $K^+$、$Na^+$、$NH_4^+$ 外，一般都难溶于水。可溶性磷酸盐在水中发生不同程度的水解，溶液的 pH：正盐(碱性)＞一氢盐(弱碱性)＞二氢盐(酸性)。

磷酸根离子/磷酸具有较强的配位能力，可与多种金属离子形成配合物，如与 $Fe^{3+}$ 可形成无色配合物溶液，用于掩蔽 $Fe^{3+}$。多磷酸(根)也是配位能力很强的配体，如焦磷酸根离子($P_2O_7{}^{4-}$)可与 $Cu^{2+}$、$Ag^+$、$Zn^{2+}$、$Pb^{2+}$ 等形成稳定的配合物，$[CuP_2O_7]^{2-}$ 被用于无氰电镀；Graham 盐($(NaPO_3)_n$，$n=20\sim100$)可配合 $Ca^{2+}$、$Mg^{2+}$ 等离子，用于锅炉中的软化剂，防止水垢的形成。多磷酸盐也常被用于洗涤剂等日化工业和制药工业，但因其分解产物导致水质过于肥沃，造成环境污染，现已很少使用。

### 13.3.8 氮族元素的生物学效应及常见药物

氮族元素的重要生物效应列于表 13-16 中。

**表 13-16 氮族元素的重要生物效应**

| 元素 | 存在形式 | 生物效应 |
|---|---|---|
| N | 蛋白质、核酸 | 构成元素。 |
| P | ATP 等，核酸 | 生物合成与能量代谢，调控信号转导、基因表达、细胞周期等过程。 |
| As | (亚)砷酸盐、甲基胂酸等，主要结合于角蛋白、珠蛋白等 | 引起早幼粒细胞凋亡。<br>砷与巯基结合引起一些酶失活，取代磷酸引起氧化磷酸化解偶联，导致 DNA 损伤。 |

$N_2O$，吸入全麻药；稀氨水溶液，质量分数为 9.5%～10.5%的稀氨水溶液为刺激药和消毒防腐药；亚硝酸钠，解毒药；氯化铵，祛痰药和辅助利尿药；磷酸氢钙，二水合磷酸氢钙为补钙剂；磷酸氢二钠，一水合磷酸氢二钠为调节酸碱度药物；磷甲酸钠($(NaO)_2P(O)COONa$)，抗病毒药，及用于心血管疾病的治疗；磷柳酸，消炎药；磷霉素、磷氨霉素，杀菌药；甘磷酸胆碱，保肝药；1-羟基乙烷-1,1-二磷酸，用于异位钙化症、骨化肌炎、硬皮病等的治疗。环磷酰胺类化合物，免疫抑制剂，对肿瘤、风湿性关节炎、周身性红斑狼疮等有效。$As_2O_3$，用于治疗早幼粒白血病，雄黄、雌黄，解毒消肿，杀虫药；酒石酸锑钾，用于治疗血吸虫及黑热病；碱式碳酸铋、碱式硝酸铋、柠檬酸铋钾等用于清除幽门螺旋杆菌，治疗胃溃疡、十二指肠溃疡等。

## 13.4 碳族元素

碳族元素位于周期表ⅣA 族，包括碳(carbon，C)、硅(silicon，Si)、锗(germanium，Ge)、锡(tin，Sn)和铅(lead，Pb)。C 是生命必需元素，Si 是一些植物所必需的微量元素，

Pb 是有害元素。

### 13.4.1　碳族元素的通性

碳族元素的主要特性常数列于表 13-17 中。

表 13-17　碳族元素的特性常数

| 特性常数 | 碳(C) | 硅(Si) | 锗(Ge) | 锡(Sn) | 铅(Pb) |
|---|---|---|---|---|---|
| 原子序数 | 6 | 14 | 32 | 50 | 82 |
| 价层电子 | $2s^2 2p^2$ | $3s^2 3p^2$ | $4s^2 4p^2$ | $5s^2 5p^2$ | $6s^2 6p^2$ |
| 共价半径/pm | 76 | 111 | 120 | 139 | 146 |
| 离子半径/pm | 260(−4)<br>15(+6) | —<br>41(+6) | 73(+2)<br>53(+4) | 102(+2)<br>71(+4) | 120(+2)<br>84(+4) |
| 氧化数 | +2,+4,−4 | +4 | +4 | +2,+4 | +2,+4 |
| 电负性 | 2.75 | 1.90 | 2.01 | 1.96 | 2.33 |
| 第一电离能/$kJ \cdot mol^{-1}$ | 1 086.5 | 786.5 | 762 | 708.6 | 715.6 |
| 电子亲和能/$kJ \cdot mol^{-1}$ | 153.9 | 133.6 | 119 | 107.3 | 35.1 |
| 熔点/K | 3 800 | 1 687 | 1 211.4 | 505.08 | 600.61 |
| 沸点/K | 4 300 | 3 173 | 3 093 | 2 875 | 2 022 |
| X—X 离解能/ $kJ \cdot mol^{-1}$ | 607 | 326.8 | 263.6 | 187.1 | 86.6 |
| 硬度 | 10(金刚石) | 7 | 6.3 | 1.8 | 1.5 |

碳族元素的价电子层构型为 $ns^2np^2$，$ns$ 轨道上的电子可激发到 $np$ 轨道并进行 $sp^3$ 杂化，形成 4 个共价键，形成氧化值是+4 的共价化合物，而 C 因电负性较大，还可形成氧化值为−4 的共价化合物。另外，C 可仅用 2p 电子成键，显示+2 氧化态。Sn 和 Pb 由于惰性电子对效应，5s 和 6s 电子趋于稳定，故也形成+2 氧化值的化合物，其+2 氧化值的化合物都具有还原性，而其+4 氧化值的化合物也都有氧化性，且 Pb(Ⅳ)的氧化性大于 Sn(Ⅳ)。另外，Si、Ge 的空的 d 轨道也可以参与成键。

本族元素从 C 到 Pb，原子半径依次增大，电负性、第一电离能依次降低，非金属性依次降低，C 是非金属，Si 两性偏非金属，Ge 两性偏金属，Sn 低价偏金属、高价显非金属性，Pb 是金属。

本族元素另一个成键特征是具有自连接作用(catenation)，C 和 Si 可形成长链/环状分子，C—C 和 C—N 键构成了有机界和生命物质的构架，Si 还可通过 Si—O—Si 键形成多聚体，是地壳的重要结构元素。

碳的同位素 $^{13}C$ 因其核自旋量子数为 1/2，在外加磁场中，通过测量其核磁共振信号，可得到有关 $^{13}C$ 周围结构及环境的信息，是现代化学分析、药物分析的重要技术手段。$^{14}C$ 参与自然界碳循环而进入生物体，机体死亡后因体内碳得不到补充，只发生 $^{14}C$ 的衰变，其含量减少。通过测定 $^{14}C$ 的含量可以推算该物质的年龄，此法被广泛应用于考古、地球化学、天体物理学等领域。

### 13.4.2 碳单质的性质

单质碳有多种同素异形体，如金刚石、石墨、活性炭、无定形碳、富勒烯碳(图 13-21)。其中无定形碳还包括木炭、焦炭、骨炭和碳墨。

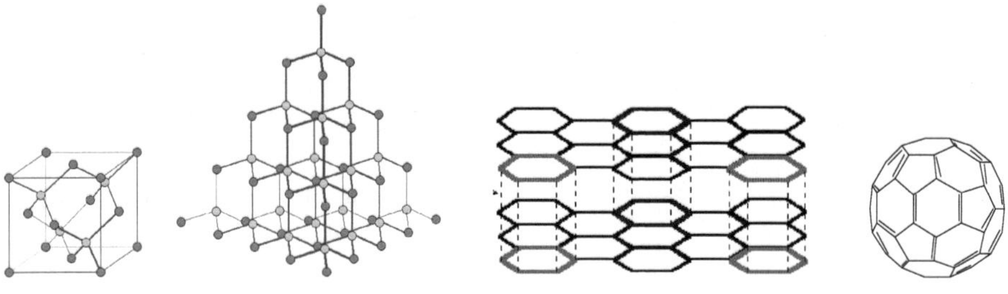


图 13-21 碳的部分同素异形体

在金刚石(diamond)中，每个 C 都是 $sp^3$ 杂化，原子晶体，熔、沸点和硬度都比较大，不导电、不导热。在石墨(graphite)中，每个 C 取 $sp^2$ 杂化，与相邻的 3 个 C 原子以共价键结合形成层状结构，未参与杂化的 p 轨道中的 1 个电子形成大Π键，层间靠范德华力结合成晶体，质软，具有导电、导热性。活性炭和无定形碳实际上是由小的石墨颗粒组成，但层与层之间的堆积不规则。富勒烯碳(fullerenes)$C_{60}$(及其衍生物 $C_{70}$ 等)是 1985 年克鲁托(Sir H. W. Kroto)和斯莫利(R. E. Smalley)在激光汽化石墨实验中偶然发现的，他们因此与柯尔(R. F. Curl Jr)共同获得 1996 年诺贝尔化学奖。目前，使用石墨电弧放电、太阳能加热石墨法等方法，克量级的富勒烯碳已被制备出来。它以 60 个碳原子作为顶点，组成一个 32 面体。其中 12 个面是正五边形，20 个面是六边形。正好是一个削 20 面体的每个顶点，足球一样的多边形体，因此更形象地称它为足球烯(buckyball，footballene，soccerballene)。其中每个 C 取 $sp^2$ 杂化，与其他三个碳原子相连，等价地组成一个五员环和两个六员环。$C_{60}$ 的发现使人们了解到一个全新的碳化学世界。从平面低对称性分子到全对称的球形分子，从简单分子到富勒烯笼内包原子的超分子，从一维超导到三维超导，从平面的石墨到一维管状的碳纳米管等方面。10 多年来，富勒烯已经广泛地影响到物理、化学、材料科学、生命及医药科学各领域，极大丰富和提高了科学理论，同时也显示出巨大的潜在应用前景，如纳米管、超导等。

将木炭、骨碳在隔绝空气下加热，同时通入高压水蒸气除去沉积在炭中的有机物，再经过酸洗、水洗，可得表面积很大、吸附能力很强的活性炭(active carbon)。物质的吸附作用来自表面分子的不饱和力，表面积越大，吸附作用越强。活性炭的吸附作用广泛用于制糖等工业及科研中的脱色、活性炭口罩等。煤炭和焦炭都是无定形碳(amorphous carbon)，它们是重要的燃料，也是冶金等工业的重要原料。

碳在常温下很稳定，但随着温度的升高，C 的活性迅速增强，可与许多非金属、活泼金属、氧化物、氧化性酸反应。

(1) 与非金属反应

$$2C + O_2 \xlongequal{\text{点燃}} 2CO(O_2\ \text{不足})$$

$$C + O_2 \xlongequal{点燃} CO_2$$

$$C + 2H_2 \xlongequal[1\,200℃]{Ni} CH_4$$

(2) 与金属反应

在高温下 C 可与许多金属形成金属碳化物，通常有 $M_2C_2$ 型：ⅠA、ⅠB 金属；$MC_2$ 型：ⅡA、ⅡB 金属；$M_3C$ 型：Mn、Fe、Co、Ni；$M_2C_6$ 型：Al、Ge；$MC_2$ 型：La、Y、Sn 等类型。

(3) 与氧化物反应

$$C + SO_3 \xlongequal{\triangle} CO + SO_2$$

$$3C + Fe_2O_3 \xlongequal{\triangle} 3CO + 2Fe(金属冶炼)$$

(4) 与氧化性酸反应

$$C + 2H_2SO_4(浓) \xlongequal{\triangle} CO_2 + 2SO_2 + 2H_2O$$

$$3C + 4HNO_3 \xlongequal{\triangle} 3CO_2 + 4NO + 2H_2O$$

### 13.4.3 CO 和 $CO_2$ 的性质

1. CO 的性质

CO(carbon monoxide)为无色、无味的气体，熔点 68 K，沸点 81 K，难溶于水，易溶于有机溶剂。CO 是 C 和有机物不完全燃烧的产物，在地球表面普遍存在。虽然从热力学看 $2CO+O_2 \xlongequal{} CO_2$ 趋势很大($\Delta_r H_m = -566\ kJ \cdot mol^{-1}$)，但由于动力学的因素，CO 在大气层中相对稳定。但在空气中的含量超过 12.5%时遇火即发生爆炸。它比空气稍轻，也有一部分进入大气上层。

实验室用浓硫酸与草酸反应制备少量 CO。

$$HCOOH \xlongequal{浓\ H_2SO_4} CO + H_2O$$

工业大量 CO 由发生炉煤气或水煤气得到。将空气和水蒸气交替通入红热炭层，得到的体积比为 $V_{CO} : V_{CO_2} : V_{N_2} = 25 : 4 : 70$ 的混合气体，称为发生炉煤气，仅通入水蒸气得到的 $V_{CO} : V_{CO_2} : V_{H_2} = 40 : 5 : 50$ 的混合气体称为水煤气。

$$2C + 2O_2 \xlongequal{} CO(发生炉煤气)$$

$$C(s) + H_2O(g) \xlongequal{} CO(g) + H_2(g)(水煤气)$$

CO 与 $N_2$ 是等电子体，它的分子轨道式为[KK] $(\sigma_{2s})^2(\sigma_{2s}^*)^2(\pi_{2py})^2(\pi_{2pz})^2(\sigma_{2px})^2$，键级为 3(1 个 σ 键，2 个 π 键)。其中 $\sigma_{2px}$ 为 HOMO 轨道，$\pi_{2py}^*$ 和 $\pi_{2pz}^*$ 为 LUMO 轨道(见分子结构相关内容)。因此，CO 的键能大(1 077 $kJ \cdot mol^{-1}$)、键长短(113 pm)、偶极矩小($3.3 \times 10^{-31}\ C \cdot m$)。虽然 CO 与 $N_2$ 是等电子体，但 CO 的化学性质比 $N_2$ 要活泼得多，还原性和配位作用是它的重要性质。

(1) 还原性

$$3CO + Fe_2O_3 \xlongequal{\triangle} 3CO_2 + 2Fe\text{(金属冶炼)}$$

$$CO + PdCl_2 + H_2O \xlongequal{} Pd\downarrow\text{(黑)} + 2HCl + CO_2\text{(用于检验微量 CO)}$$

$$5CO + I_2O_5 \xlongequal{} I_2 + 5CO_2\text{(用于定量测定 CO)}$$

(2) 配位作用

由于 CO 的 $\sigma_{2p}$ 轨道(HOMO)中的孤对电子可进入金属离子的空轨道形成 $\sigma$ 键,同时金属离子中的 d 电子可进入 CO 的 $\pi_{2p}^*$ 轨道(LUMO)形成反馈 $\pi$ 键,因此 CO 可与许多金属离子形成配合物,特别是 d 电子数较多的、低价态的金属离子。

$$4CO + Ni \xlongequal{} Ni(CO)_4$$

$$5CO + Fe \xlongequal{} Fe(CO)_5$$

所形成的金属羰基化合物易挥发、难溶于水而易溶于有机溶剂,加热时易分解,因此,利用上述反应可获得高纯度的 Ni、Fe 等金属。

$[Cu(NH_3)_2]^+ + NH_3 + CO \xlongequal{} [Cu(NH_3)_3CO]^+$(利用此反应可除去混合气体中的 $NH_3$)

CO 可与 $O_2$ 竞争结合血液中的载氧体血红蛋白(Hb,hemoglobin),其结合于 Hb 的能力是 $O_2$ 结合能力的 240 倍,而 HbFe・CO 解离出 CO 的速率是 HbFe・$O_2$ 解离出 $O_2$ 的 1/3 600,因此,CO 可降低血液运载氧的能力,引起中毒。CO 中毒时需立即将中毒者置于空气流通处。严重中毒时需用高压 $O_2$ 进行治疗,同时可注射亚甲蓝($C_{16}H_{18}N_3ClS$),使血红蛋白恢复载氧能力。但现有人认为 CO 与 NO 一样,同样可激活鸟苷酸环化酶,也具有第二信号因子的功能。

另外,CO 有微弱的酸性,在 473 K 和 $1.01\times10^3$ kPa 下能与 NaOH 作用生成甲酸钠。

$$CO + NaOH \xlongequal{} HCOONa$$

目前,碳化工在全世界都是非常重要的科技领域,关系到煤炭转化和天然气转化,如可将 CO 转化为以下产品:

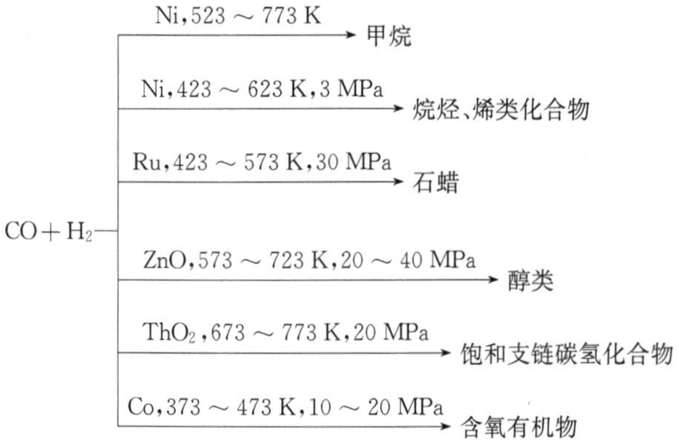


2. $CO_2$ 的性质

碳和碳的化合物在空气或氧气中完全燃烧,以及生物体内许多物质的氧化代谢产物都是 $CO_2$。$CO_2$(carbon dioxide)为无色、无味的气体。在 $CO_2$ 分子中,C 取 sp 杂化,并与每个O形成1个σ键，另2个未参与杂化的2p电子分别与1个O的2p单电子、另1个O的2p孤对电子形成$\Pi_3^4$键（图13-22）。分子为直线形，非极性，C—O键的键长为116 pm，处于C═O双键（120 pm）和C≡O三键（113 pm）之间。

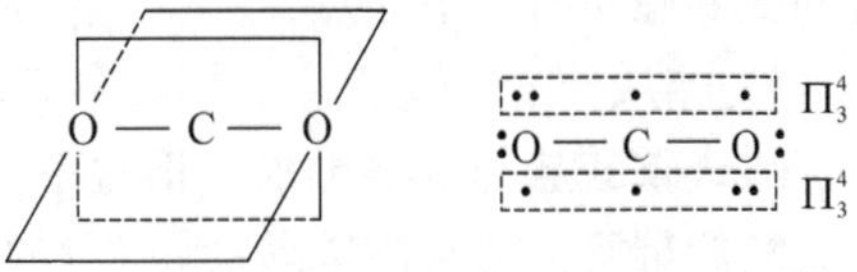

图13-22 $CO_2$中的离域键

空气中约含0.03%体积的$CO_2$，由于$CO_2$不能透过红外线，使太阳光产生的热量不能很好地散发出去，称为温室效应。近年来空气中$CO_2$的含量有所增加，全球气温升高，引发许多自然灾害。有效地控制$CO_2$的排放是全球特别是工业化国家必须努力解决的重要环境问题之一。

$CO_2$比空气重约1.5倍，易液化，293 K、5.65 MPa时就能液化。液体$CO_2$的汽化热很高（25.1 kJ·mol$^{-1}$，217 K）。将液态$CO_2$减压膨胀，一部分$CO_2$蒸发吸收大量的热，从而使另一部分$CO_2$冷却成雪花状固体，经加压变成半透明、像冰一样的固体，称为干冰（dry ice），干冰易升华吸收，是良好的制冷剂。$CO_2$不能燃烧，也不助燃，可制造干冰灭火器。但干冰灭火器不能用来扑灭燃烧的Mg、Al等活泼金属。

$$CO_2 + 2Mg \longrightarrow 2MgO + C$$
$$3CO_2 + 4Al \longrightarrow 2Al_2O_3 + 3C$$

在常温常压下，$CO_2$在水中的溶解度约为90 cm$^3$/100 ml水，而在有机溶剂中溶解度较大。溶解在水中的$CO_2$大部分以弱的水合分子的形式存在，只有0.1%～0.4%全部转化为$H_2CO_3$，且反应速率较慢，因此加热或减压时$CO_2$即从水溶液中逸出。

$$CO_2 + H_2O \rightleftharpoons H_2CO_3 \qquad K = 1.58 \times 10^{-3}$$

$CO_2$是酸性氧化物，能与碱反应生成碳酸盐或碳酸氢盐。工业上常用石灰水作吸收剂吸收废气中的$CO_2$，氮肥厂用氨水吸收$CO_2$制备碳酸氢铵。

工业上$CO_2$被大量用来生产汽水等碳酸饮料、纯碱（$Na_2CO_3 \cdot H_2O$）、小苏打（$NaHCO_3$）、铅白[$Pb(OH)_2 \cdot 2PbCO_3$]等。

### 13.4.4 碳酸及其盐的性质

1. $H_2CO_3$的酸性

$CO_2$溶于水中生成碳酸（carbonic acid）$H_2CO_3$，通常认为$H_2CO_3$是一个二元弱酸。

$$H_2CO_3 \rightleftharpoons HCO_3^- + H^+ \qquad K_{a1} = 4.47 \times 10^{-7}$$
$$HCO_3^- \rightleftharpoons CO_3^{2-} + H^+ \qquad K_{a2} = 5.6 \times 10^{-11}$$

但上述$K$值是假设所溶解的$CO_2$全部转化为$H_2CO_3$时计算出来的，而实际测出的$K_{a1}$约为$2\times10^{-4}$，因此$H_2CO_3$应为中强酸。其酸碱行为与溶液的pH有关，当pH<8时，主要以$HCO_3^-/H_2CO_3$形式存在，如在人体血液里，由于存在$HCO_3^- - H_2CO_3$缓冲对，将其pH维持在7.4±0.2；当pH>10时，主要以$CO_3^{2-}$形式存在。

2. 碳酸盐的性质

碳酸盐通常分为正盐、碱式盐和酸式盐三种类型，通常说的碳酸盐指的是正盐。碳酸盐的主要性质有以下三点：

(1) 溶解性

酸式碳酸盐都可溶于水。正盐中，铵和碱金属(除 $Li^{+}$ 外)硫酸盐可溶于水，其他金属的碳酸盐难溶。对难溶碳酸盐，相应的碳酸氢盐的溶解度较大。石灰岩溶洞的形成就是由于石灰岩($CaCO_3$)被含 $CO_2$ 的水长期侵蚀流失的结果，而石笋、钟乳石的形成是上述过程的逆过程。

$$CaCO_3(s) + CO_2 + H_2O \longrightarrow Ca(HCO_3)_2$$

相反，对可溶性碳酸盐，酸式盐的溶解度却小于正盐，原因是 $HCO_3^-$ 可通过氢键形成双聚和多聚离子(图 13-23)。

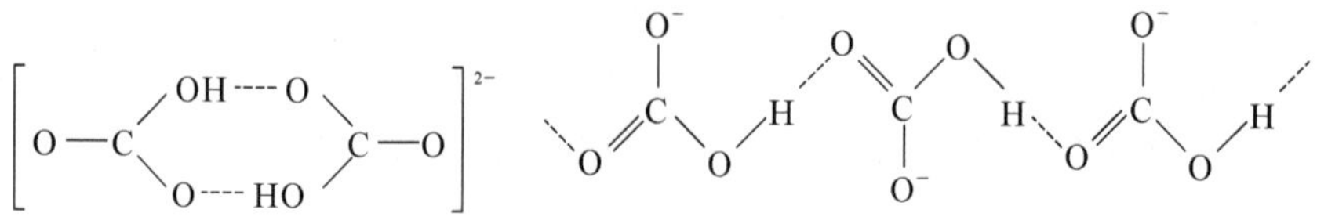

图 13-23　$HCO_3^-$ 中的氢键

(2) 水解性

溶于水中的 $CO_3^{2-}$、$HCO_3^-$ 均发生水解。当金属离子的水解性小时，溶液分别显碱性和弱碱性，如 $0.1\ mol \cdot L^{-1}$ $Na_2CO_3$ 和 $NaHCO_3$ 溶液的 pH 分别为 11.6 和 8.3；当阳离子也发生水解时，如 $NH_4^+$，其溶液的 pH 比相应的碱金属或碱土金属盐要小。

$$CO_3^{2-} + H_2O \rightleftharpoons HCO_3^- + OH^-$$
$$HCO_3^- + H_2O \rightleftharpoons H_2CO_3 + OH^-$$

向可溶性碳酸盐溶液中加入重金属离子，将同时存在下列平衡：

$$\begin{array}{ccccc} & CO_3^{2-} & + & M^{2+} \rightleftharpoons MCO_3 \\ & + & & + \\ H_2O \rightleftharpoons & H^+ & + & OH^- \\ & \Updownarrow & & \Updownarrow \\ & CO_2 + H_2O & & M(OH)_2 \downarrow \end{array}$$

根据 $MCO_3$ 和 $M(OH)_2$ 的溶解度不同，最终产物可能是碳酸盐沉淀、碱式碳酸盐沉淀或氢氧化物沉淀。

1) $K_{sp, MCO_3} \ll K_{sp, M(OH)_2}$，主要得到 $MCO_3$ 沉淀，如 $Ca^{2+}$、$Sr^{2+}$、$Ba^{2+}$、$Pb^{2+}$、$Mn^{2+}$ 等。

2) $K_{sp, MCO_3}$ 与 $K_{sp, M(OH)_2}$ 相近，得到 $M_2(OH)_2CO_3$ 沉淀，如 $Cu^{2+}$、$Mg^{2+}$、$Fe^{2+}$、$Co^{2+}$、$Zn^{2+}$、$Ag^+$、$Cd^{2+}$、$Hg^{2+}$ 等。

3) $K_{sp, MCO_3} \gg K_{sp, M(OH)_2}$，得到 $M(OH)_2$ 沉淀，如 $Fe^{3+}$、$Cr^{3+}$、$Al^{3+}$、Sn(Ⅱ，Ⅳ)等。

(3) 热稳定性

碳酸盐和碳酸氢盐的热稳定性大都较差，一般碳酸盐的稳定性大于碳酸氢盐。碳酸氢盐受热分解为相应的碳酸盐、二氧化碳和水。大多数碳酸盐受热分解为金属氧化物和二氧化碳，但分解温度相差较大，有的稍加热就分解，有的加热到融化也还未分解(表13-18)。分解温度与金属离子的电荷、半径、电子组态有关，可用离子极化理论和晶格能的数据定性进行解释。通常，金属离子的极化作用越强，金属氧化物的晶格能越大，碳酸盐就越不稳定。

**表13-18 部分碳酸盐的分解温度**

| 名 称 | 分解温度/K | 名 称 | 分解温度/K |
|---|---|---|---|
| $Li_2CO_3$ | 993 | $BaCO_3$ | 1 639 |
| $Na_2CO_3$ | 1 123 | $CuCO_3$ | 473 |
| $K_2CO_3$ | 1 164 | $ZnCO_3$ | 569 |
| $BeCO_3$ | 373 | $Ag_2CO_3$ | 491 |
| $MgCO_3$ | 813 | $PbCO_3$ | 588 |
| $CaCO_3$ | 1 170 | $MnCO_3$ | 600 |
| $SrCO_3$ | 1 462 | $NaHCO_3$ | 540 |

## 13.4.5 碳的硫化物和卤化物

1. 二硫化碳

将硫磺和焦炭混合加热至1 170 K可得$CS_2$，$CS_2$为无色无毒液体，沸点226.9 K，在空气中容易着火，反应生成$CO_2$和$SO_2$。$CS_2$与$CO_2$相似，中心原子C取sp杂化，为直线型非极性分子，不溶于水，但加热至423 K时刻与$H_2O$反应生成$CO_2$和$H_2S$。$CS_2$常用作有机物、磷、硫等的溶剂，用于制造黏胶纤维、玻璃纸，生产$CCl_4$等。

2. 碳的卤化物

常温下$CF_4$是无色无臭无味气体，微溶于水，对热和化学试剂非常稳定。用于各种集成电路的等离子刻蚀工艺，也用作激光气体及制冷剂。

$CCl_4$为无色、具有芳香气味的有毒液体，能起麻醉作用，易挥发。微溶于水，但可与乙醇、乙醚、氯仿等有机溶剂互溶，本身也是一种良好的溶剂，能溶解脂肪、油类、树脂、油漆以及无机物碘等。$CCl_4$化学性质不活泼，不助燃，与酸、碱不起作用，但对某些金属(如铝、铁)有明显的腐蚀作用。

氟利昂是烷烃的含氟和氯的衍生物的总称，如$CClF_3$、$CCl_2F_2$、$CCl_3F$等，它们的化学性质不活泼，无毒也不助燃，常用作制冷剂。由于氟利昂对臭氧层具有破坏作用，现正大力开发和使用非氟利昂的制冷技术。

常温下$CBr_4$和$CI_4$是固体。

## 13.4.6 硅及其化合物

1. 硅单质的性质

硅在地壳中的含量仅次于氧，以石英砂和硅酸盐的形式存在。利用强还原剂可从

$SiO_2$中将 Si 还原出来。

$$SiO_2 + 2C \xlongequal{3\,273\ K} Si + 2CO$$

所得的粗品 Si 直接与 $Cl_2$或 HCl 作用生成 $SiCl_4$或 $SiHCl_3$，精馏后用 $H_2$还原得到高纯硅，再将高纯硅经“区域熔炼法”提纯得到超纯硅，超纯硅是重要的半导体材料，大量用于精密仪器的制造、光电转换和信息技术等领域。

常温下，晶态固体是硅单质的唯一存在形式，硅晶体属六方晶系，是具有金刚石型晶体结构的原子晶体，Si—Si 键的强度较大，所以晶体硅的熔点(1 683 K)、沸点(2 750 K)极高，硬度(7.0)较大，化学性质不活泼，但粉末状的硅比晶态硅活泼。

(1) 与非金属作用

$F_2$可与 Si 在常温下直接反应生成 $SiF_4$，而其他卤素和非金属需在高温下才能与 Si 作用。如 2 223 K 时 C 与 Si 作用生成 SiC，SiC 又名金刚砂，硬度 9.5，1 573 K 时 $N_2$与 Si 生成 $Si_3N_4$，它们都是精细陶瓷中的高温结构陶瓷，具有耐高温、耐磨损、耐腐蚀、密度小、强度高等特点，是极好的磨料和耐火材料，用于制造发动机部件，在汽车、船舶、航空航天工业中有极好的应用前景。

(2) 与金属作用

液态硅可与金属(如 Zn、Cd 等)形成合金，也可形成二元硅化物。很多过渡金属硅化物具有硬度大、熔点高、耐酸、高温下抗氧性好等特点，具有广泛的应用。

(3) 与酸、碱作用

Si 在含氧酸中被钝化，在有氧化剂存在下可与 HF 作用，与碱可发生强烈反应。

$$3Si + 4HNO_3 + 18HF = 3H_2SiF_6 + 4NO + 8H_2O$$
$$Si + 2NaOH + H_2O = Na_2SiO_3 + 2H_2$$

2. $SiO_2$的性质

873 K 时硅与氧反应可生成二氧化硅(silicon dioxide)$SiO_2$。$SiO_2$称为硅石(silica)，自然界中二氧化硅以无定形(硅藻土，diatomite)和结晶形(各种石英，quartz)存在。纯石英是无色透明的晶体，棱柱状的石英称为水晶(Irish diamond)。含有杂质的石英通常有色，包括紫水晶(amethyst)、玛瑙(agate)、碧玉(jade)等。

$SiO_2$的晶体结构是以 $SiO_4$四面体为基础的巨大分子(晶型与金刚石相同，图 13-24)，Si 取 $sp^3$杂化，每个 Si 与 4 个 O 成键，而每个 O 又被 2 个 Si 共有。$SiO_2$为原子晶体，Si—O 的键能很高(452 $kJ \cdot mol^{-1}$)，故石英的硬度很大，熔点很高且耐磨。将 $SiO_2$在 1 873 K熔融，其结构变成无规则状态，冷却后不易再结晶，形成玻璃状固体(过冷液体)——石英玻璃。石英玻璃热膨胀系数小、可耐温度剧变，可通过可见光和紫外线，被用于制造耐高温仪器、光学仪器。将其拉成细丝(光导纤维)可传导光，被用于光纤通讯。

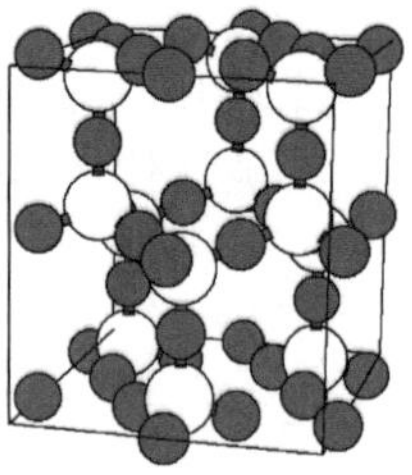

●为 O 原子　○为 Si 原子

图 13-24　方石英的结构

$SiO_2$的性质不活泼，除 HF 外，不与其他酸反应。由于

$SiO_2$与 HF 生成 $SiF_4$ 气体，因此，不能用玻璃器皿来盛放氢氟酸，但常用 HF 来除去硅酸盐杂质、在玻璃器皿上标上刻度、制作花纹或进行磨砂。

$$SiO_2 + 4HF = SiF_4 + 2H_2O$$

$SiO_2$是酸性氧化物，可缓慢地与浓热的碱、碱性氧化物、碱性含氧酸盐反应，熔融状态下反应更快，也能与可置换出易挥发酸性氧化物的含氧酸反应。

$$SiO_2 + 2NaOH(浓) \xlongequal{\triangle} Na_2SiO_3 + H_2O$$

$$SiO_2 + Na_2CO_3 \xlongequal{熔融} Na_2SiO_3 + CO_2$$

$$SiO_2 + Na_2SO_4 \xlongequal{\triangle} Na_2SiO_3 + SO_3$$

$$SiO_2 + 2NaNO_3 \xlongequal{1\,273\ K} Na_2SiO_3 + NO_2 + NO + O_2$$

高温下，$SiO_2$ 可被 Mg、Al、$H_2$、B、C 等还原。

$$3SiO_2 + 4Al \xlongequal{熔融} 2Al_2O_3 + 3Si$$

3. 硅酸的性质

由于 $SiO_2$ 难溶于水，因此不能直接用 $SiO_2$ 与 $H_2O$ 反应来制备硅酸(silicic acid)，而是用可溶性硅酸盐与酸作用制得。

$$Na_2SiO_3 + 2HCl = H_2SiO_3 + 2NaCl$$

硅酸的形式很多，随着形成条件的不同，组成不同，可用通式 $x SiO_2 \cdot y H_2O$ 表示。具有一定稳定性、在一定条件下能独立存在的硅酸有(图 13-25)：

| | | |
|---|---|---|
| 正硅酸(silicic acid)： | $H_4SiO_4$ | $x=1$，$y=2$ |
| 偏硅酸(metasilicic acid)： | $H_2SiO_3$ | $x=1$，$y=1$ |
| 焦硅酸(disilicic acid)： | $H_6Si_2O_7$ | $x=2$，$y=3$ |
| 二偏硅酸(metadisilicic acid)： | $H_2Si_2O_5$ | $x=2$，$y=1$ |
| 三偏硅酸(metatrisilicic acid)： | $H_4Si_3O_8$ | $x=3$，$y=2$ |

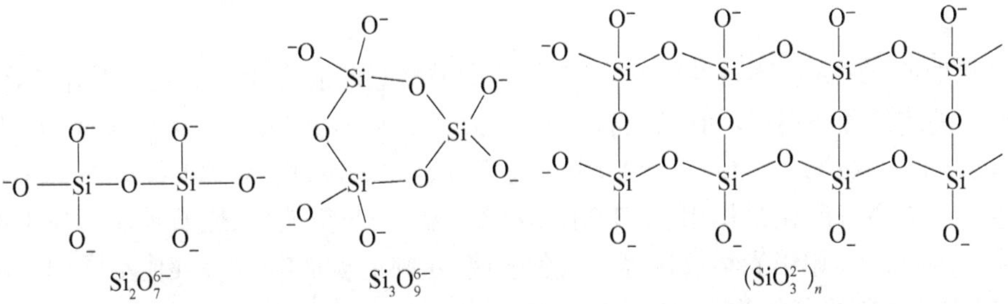


图 13-25　部分硅酸根离子的结构示意图

其中组成最简单的是 $H_2SiO_3$，常用来代表硅酸($H_4SiO_4$)。

$H_4SiO_4$($H_2SiO_3$)在水中的溶解度不大，但生成后并不立即沉淀，因为开始生成的是可溶于水的单分子硅酸，它逐步脱水可形成多硅酸的溶胶(sol)或形成含大量水、软而透明且富有弹性的硅酸凝胶(gel)。将硅酸凝胶老化、脱盐，340 K 烘干、573 K 活化后得一种多孔性硅胶，因表面积极大、吸附能力强，是很好的干燥剂和吸附剂(回收气体)，还被用作一些催化剂的载体及色谱分离中的固定相。实验室中常用浸泡过 $CoCl_2$ 溶液再干燥、活化的变色硅胶来干燥仪器。

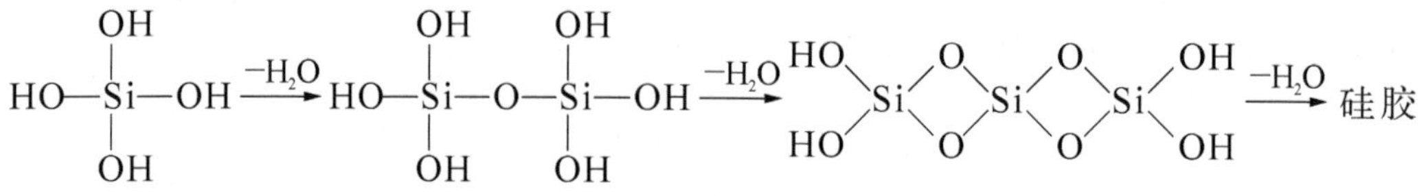

硅酸 $H_4SiO_4(H_2SiO_3)$是一个二元弱酸，因 $K_{a1}$ 和 $K_{a2}$ 相差不大，与碱作用时即得到硅酸盐。

$$H_4SiO_4 \rightleftharpoons H^+ + H_3SiO_4^- \qquad K_{a1} = 1.7 \times 10^{-10}$$
$$H_3SiO_4^- \rightleftharpoons H^+ + H_2SiO_4^{2-} \qquad K_{a2} = 1.6 \times 10^{-12}$$

4. 硅酸盐的性质

(1) 可溶性硅酸盐

碱金属硅酸盐都可溶，其中最重要的是硅酸钠($Na_2SiO_3$)。纯 $Na_2SiO_3$(sodium silicate)为无色固体，在水中发生强烈水解，溶液显碱性(溶液中不存在 $SiO_3^{2-}$，而是以 $H_2SiO_4^{2-}$ 存在)：

$$H_2SiO_4^{2-} + H_2O = H_3SiO_4^- + OH^-$$

铵盐即可中和其中的 $OH^-$ 使之析出硅酸凝胶或沉淀：

$$H_2SiO_4^{2-} + 2NH_4^+ = H_2SiO_3 + 2NH_3 + H_2O$$

将石英砂、纯碱、煤粉高温(1 373～1 623 K)加热 1 h，冷却后得到玻璃状的多硅酸钠固体，用水蒸气或在高压锅中用水处理，得到黏稠状的液体，称为“水玻璃”或“泡花碱”，用于防腐、防火、保鲜、建筑等。

(2) 不溶性硅酸盐

除碱金属外，其他金属的硅酸盐都不溶于水。向硅酸钠溶液中加入重金属离子时，立即生成难溶性重金属硅酸盐，它们大都有美丽的颜色，如 $CoSiO_3$ 为蓝色(琉璃瓦)、$PbSiO_3$ 为金黄色等。

玻璃是重要的人造不溶性硅酸盐，是无定形硅酸盐的混合物且组成并不确定，无一定的熔点。玻璃的种类很多，如钠玻璃，由石英砂($SiO_2$)、$Na_2CO_3$ 和石灰石($CaCO_3$)共熔而制得，可表示为 $Na_2O \cdot CaO \cdot 6SiO_2$，用于门窗等。钾玻璃，用 $K_2CO_3$ 代替 $Na_2CO_3$ 制得，熔点较钠玻璃高且耐化学作用，用于制造化学仪器。钾-铅玻璃(燧石玻璃)，在钾玻璃中以 $Pb^{2+}$ 代替 $Ca^{2+}$，用于光学仪器等。有色玻璃，在制造玻璃时加入其他不同的金属氧化物，可得不同颜色的有色玻璃。

玻璃与 $SiO_2$ 一样，除 HF 外，不与其他酸作用，但强碱性物质可与之反应生成可溶性硅酸盐，故玻璃器皿不宜用来盛放强碱，盛放碱性物质的试剂瓶不能用玻璃塞。

(3) 分子筛

分子筛(molecular sieve)是具有空隙的硅铝酸钠，分为天然和人工合成两大类。泡沸石($Na_2O \cdot Al_2O_3 \cdot 2SiO_2 \cdot nH_2O$)是天然的分子筛,经脱水处理后,晶体中形成许多一定大小的、与外部相通的微孔,具有良好的吸附性能,能吸附比其孔径小的分子,而半径大的分子从孔外通过,因此像筛子一样可将大小不同的分子分离,故称为分子筛。合成分子筛是天然分子筛的模拟物,将水玻璃、偏铝酸钠、烧碱按一定比例在室温下混合,然后在373 K下将得到的悬浊胶体保温使之逐渐变成晶体,再经过洗涤、干燥、成型等处理,即得成品。调节 Si、Al 比例以及用 $K^+$、$Ca^{2+}$离子代替 $Na^+$离子,可得各种型号和规格的分子筛。每一种分子筛都具有一定大小的均一孔径,因此具有一定的吸附选择性。分子筛的吸附性能除与分子筛本身的孔径、成分有关外,还与被吸附的物质的性质有关,一般易液化的分子(如 $NH_3$、$CO_2$、$H_2O$ 等)易被吸附。有关原理将在表面化学中详细叙述。

分子筛具有良好的热稳定性、原料便宜且易于再生和重复使用,因此用途非常广泛,如石化工业等。

### 13.4.7 碳和硅的生物学效应及常见药物

碳和硅的重要生物学效应列于表 13-19 中。

**表 13-19 碳和硅的重要生物学效应**

| 元素 | 存在形式 | 生物效应 |
|---|---|---|
| C | $HCO_3^-/CO_3^{2-}$等无机离子,蛋白质、核酸 | 构成元素。<br>维持体液 pH 等。 |
| Si | 骨骺、血管壁、淋巴结及其他结缔组织 | 对机体结缔组织具有重要作用,是葡聚糖胺、胶原、弹力纤维等的交联因子。<br>硅不足可致生长发育迟缓、骨骼发育不良、骨骺愈合延迟。 |

活性炭,吸附药,内服可治疗各种胃肠胀气,用作抗发酵剂,也可用作解毒剂,吸附汞等重金属盐、细胞毒素等生物碱;二氧化碳,可兴奋中枢神经,用于治疗呼吸功能不全;碳酸氢钠(小苏打),制酸剂;碳酸钙,补钙药和中和胃酸药;三硅酸镁($2MgO \cdot 3SiO_2 \cdot nH_2O$),抗酸药,治疗胃酸过多、胃和十二指肠溃疡等。

## 13.5 硼族元素

硼族元素位于周期表ⅢA 族,包括硼(boron, B)、铝(aluminum, Al)、镓(gallium, Ga)、铟(indium, In)、铊(thallium, Tl)。B 是植物生长所必需,Al 是有害元素,而 Tl 是有毒元素。

### 13.5.1 硼族元素的通性

硼族元素的主要特性常数列于表 13-20 中。

表 13-20　硼族元素的特性常数

| 特性常数 | 硼(B) | 铝(Al) | 镓(Ga) | 铟(In) | 铊(Tl) |
|---|---|---|---|---|---|
| 原子序数 | 5 | 13 | 31 | 49 | 81 |
| 价层电子 | $2s^2 2p^1$ | $3s^2 3p^1$ | $4s^2 4p^1$ | $5s^2 5p^1$ | $6s^2 6p^1$ |
| 共价半径/pm | 84 | 121 | 122 | 142 | 145 |
| 离子半径/pm | 35(+1)<br>20(+3) | —<br>50(+3) | 81(+1)<br>62(+3) | 104(+1)<br>81(+3) | 115(+1)<br>95(+3) |
| 氧化数 | +3 | +3 | +1, +3 | +1, +3 | +1, +3 |
| 电负性 | 2.04 | 1.61 | 1.81 | 1.78 | 1.62 |
| 第一电离能/$kJ \cdot mol^{-1}$ | 800.6 | 786.5 | 762 | 558.3 | 589.4 |
| 电子亲和能/$kJ \cdot mol^{-1}$ | 26.7 | 42.5 | 28.9 | 28.9 | 19.2 |
| 熔点/K | 2 349 | 577.5 | 578.8 | 429.75 | 577 |
| 沸点/K | 4 200 | 2 792 | 2 477 | 2 345 | 1 746 |
| X—X 离解能/$kJ \cdot mol^{-1}$ | 297 | 133 | 112.1 | 100.0 | 64.4 |

本族元素的价电子层构型为 $ns^2np^1$，通常形成+3 氧化值的化合物。由于“惰性电子对效应”，从 Ga 到 Tl，形成+1 氧化值的化合物的趋势增加，$Tl^+$ 很稳定且具有较强的离子键的特征。本族元素即使获得 3 个电子后仍不能达到八隅律所需的 8 个电子稳定构型，为缺电子性(electron deficiency)元素，其空轨道具有较强的接受电子对的能力，作为路易斯酸可与路易斯碱形成配合物。随着原子序数的增加，电负性、第一电离能、电子亲和能逐渐减小，非金属性逐渐减弱，金属性逐渐增强，B 为非金属，Al 为两性偏金属，Ga、In、Tl 为金属。

由于 B 的原子半径较小，电负性较大，电子云密度大，因此其化合物都是共价化合物，在水溶液中不存在 $B^{3+}$ 离子，其电子亲和能也反常的小。在与电负性较大的元素形成的共价化合物中，B 常取 $sp^2$ 杂化，而在含氧酸盐中，B 可以以 $sp^2$ 和 $sp^3$ 两种杂化轨道与 O 成键。B 常形成 4 配位化合物，而其他元素因有 d 轨道参与成键，故可形成 6 配位化合物。B 与活泼金属亦可形成不稳定的氧化值为−3 的化合物。

## 13.5.2　硼和铝单质的性质

1. 硼单质的性质

硼在自然界中主要以硼酸和硼酸盐的形式存在。由于单质硼的熔点高且熔融状态下硼的反应性强，因此极难制得高纯度的单质硼。用活泼金属还原 $B_2O_3$ 可制得无定形硼，在钽、钨和氮化硼表面热分解 $BI_3$ 可制得晶态硼。硼有多种同素异形体，常见的是灰黑色的 α-菱形硼。晶态硼的反应性较低，无定形硼较活泼，常温下可与 $F_2$ 反应，高温下可与其他卤素、$O_2$、S、$N_2$ 等非金属单质及某些金属单质反应。

$$2B + 3X_2 = 2BX_3$$

$$4B + 3O_2 = 2B_2O_3$$

$$2B + N_2 = 2BN$$

$$3Na + B \longrightarrow Na_3B$$

无定形硼可与热的浓硝酸、硫酸反应生成硼酸，也可与强碱作用置换出氢气。

$$B + 3HNO_3 \longrightarrow H_3BO_3 + 3NO_2$$
$$2B + 2NaOH + 2H_2O \longrightarrow 2NaBO_2 + 3H_2$$

2. 铝单质的性质

铝为银白色金属，密度小、熔点高，具有良好的导电、导热性和延展性，还可大规模生产，广泛用于制造日用品、电器设备、建筑材料及轻合金，用于飞机、航天材料、汽车等。

Al 的主要化学特性是高度亲氧。在空气中单质铝的表面能迅速形成一层致密的 $Al_2O_3$ 保护膜，可阻止内层铝与氧的进一步作用。铝与浓的氧化性酸也因在表面形成 $Al_2O_3$ 保护膜而"钝化"，因此铝容器可用来盛放浓硫酸、浓硝酸。

$$4Al(s) + 3O_2(g) \longrightarrow 2Al_2O_3(s) \qquad \Delta_r H_m^\ominus = -1\,666.7\ kJ \cdot mol^{-1}$$

由于反应热很大，因此铝常用于冶金，称为铝热还原法。

$$8Al + 3Fe_3O_4 \longrightarrow 4Al_2O_3 + 9Fe\text{(用于焊接钢轨)}$$

Al 还可与其他活泼非金属反应，生成 +3 氧化值的铝盐。Al 为两性金属，与稀酸或强碱反应都可置换出 $H_2$：

$$2Al + 3Cl_2 \longrightarrow 2AlCl_3$$
$$2Al + 6H^+ \longrightarrow Al^{3+} + 3H_2$$
$$2Al + 2OH^- + 6H_2O \longrightarrow 2[Al(OH)_4]^- + 3H_2$$

### 13.5.3　硼和铝的氢化物

硼与碳相似，可形成一系列共价氢化物。由于这类硼氢化合物的性质与烷烃相似，因此又称为硼烷。目前已制备出 20 多种硼烷，根据其组成可分为多氢硼烷($B_nH_{n+6}$)和少氢硼烷($B_nH_{n+4}$)。硼烷因其结构的特殊性及高燃烧热而备受关注，但硼烷的毒性很大，限制了它们的应用。

最简单的硼烷是乙硼烷 $B_2H_6$ 而不是 $BH_3$。在 $B_2H_6$ 中，B 取 $sp^3$ 杂化，分别与 2 个 H 形成 B－H σ 键，还与另外 2 个 H 形成 B—H—B$\pi_3^2$ 键（缺电子键）。分子中构成 2 个 B—H—B 三中心两电子键的 2 个 H 原子（常称为"桥氢"）分别位于其他 4 个 H 和 2 个 B 构成的平面上下（图 13－26）。复杂的硼烷有多种多中心键，在 $B_2H_6$ 中没有 B—B 键，但在其他硼烷中（如 $B_4H_{10}$）中可存在 B—B 键。

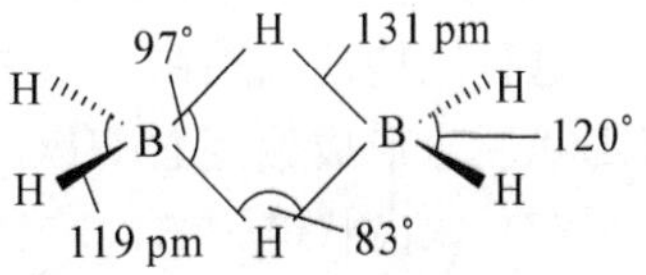

图 13－26　$B_2H_6$ 的结构

通常情况下，硼烷很不稳定，在空气中极易燃烧甚至自燃，且反应速度很快，发出大量的热。

$$2B_2H_6(g) + 3O_2(g) \longrightarrow 2B_2O_3(s) + 6H_2(g) \qquad \Delta_r H_m^\ominus = -2\,033.8\ kJ \cdot mol^{-1}$$

硼烷与 $H_2O$ 发生不同程度的水解。硼烷具有缺电子性，是路易斯酸，可与路易斯碱发生加合反应。

$$B_2H_6(g) + 6H_2O(l) \xlongequal{} 2H_3BO_3(s) + 6H_2(g) \qquad \Delta_r H_m^\ominus = -509.3\ kJ \cdot mol^{-1}$$

$$B_2H_6 + 2CO \xlongequal{} 2[H_3BCO]$$

$$B_2H_6 + 2NH_3 \xlongequal{} [H_2B(NH_3)_2]^+[BH_4]^-$$

以 $B_2H_6$ 为原料可制备其他硼烷。$B_2H_6$ 在乙醚中与 LiH、NaH 直接反应生成 $LiBH_4$、$NaBH_4$，它们是有机合成中常用的还原剂。

与硼一样，铝也不能直接与 $H_2$ 化合，但存在铝的氢化物，它是一种白色的多聚物 $(AlH_3)_n$，可通过 $AlCl_3$ 与 LiH 在乙醚中反应来制备。

$$3n LiH + n AlCl_3 \xlongequal{} (AlH_3)_n + 3n LiCl$$

反应需控制 LiH 的用量，当 LiH 过量时会形成 $LiAlH_4$。

### 13.5.4 硼的含氧化合物

1. 氧化硼

硼是亲氧元素，B—O 键的键能较大（806 kJ · $mol^{-1}$），所以硼的含氧化合物通常比较稳定，重要的有 $B_2O_3$、$H_3BO_3$ 和硼砂等。

B 在空气中燃烧可得 $B_2O_3$，将硼酸脱水先生成偏硼酸，进一步转化为 $B_2O_3$。$B_2O_3$ 是白色固体，常见的有无定形和晶型，后者较稳定。熔融的 $B_2O_3$ 能与许多金属氧化物互溶或部分互溶生成玻璃状偏硼酸盐。这些盐具有特征的颜色，被用于制造特种玻璃或 X 线的窗口。此类反应可用于焊接金属时除锈、在瓷器上点釉，也可用来检测某些金属离子。

$$B_2O_3 + CuO \xlongequal{\text{灼烧}} Cu(BO_2)_2\text{（蓝色）}$$

$$B_2O_3 + NiO \xlongequal{\text{灼烧}} Ni(BO_2)_2\text{（绿色）}$$

加热到一定温度时，$B_2O_3$ 可与 $NH_3$、$CaH_2$ 等氢化物反应生成 $(BN)_n$、$CaB_6$ 等硼化物。$B_2O_3$ 为酸性氧化物，与 NaOH 共融生成 $NaBO_2$，与 $Na_2CO_3$ 反应生成 $Na_2B_4O_7$。$B_2O_3$ 与 $H_2O$ 结合生成硼酸，常见的有（正）硼酸（$H_3BO_3$）、偏硼酸（$HBO_2$）、四硼酸（$H_2B_4O_7$）等。

2. 硼酸的性质

硼酸（boric acid）在常温下为片状固体，分子式为 $H_3BO_3$ 或 $B(OH)_3$。其中，B 取 $sp^2$ 杂化，分子为平面三角形。每个 O 可通过氢键形成片层状结构。具有解离性，可作润滑剂。这种结构使硼酸在冷水中的溶解度很低，但加热后因部分氢键断裂而溶解度增大。$H_3BO_3$ 脱水形成偏硼酸 $HBO_2$（metaboric acid），$HBO_2$ 有三种结构形式，片层状结构（图 13－27）、锯齿状链式结构、三维网格结构，它们都存在着氢键。

（1）硼酸的酸性

由于 B 的缺电子性，$H_3BO_3$ 在水中获取 $OH^-$ 而使溶液呈酸性，因此 $H_3BO_3$ 是一元弱酸。

$$H_3BO_3 + H_2O \rightleftharpoons B(OH)_4^- + H^+ \qquad K_a = 6 \times 10^{-10}$$

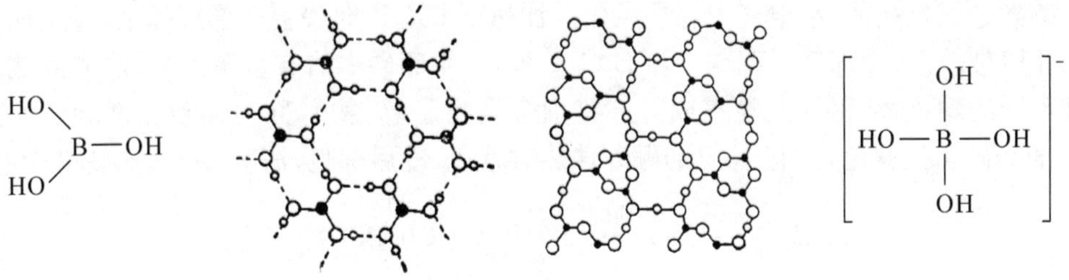


$H_3BO_3$　　　　$HBO_2$的层状结构　　　　$[B(OH)_4]^-$

图 13-27　$H_3BO_3$、$HBO_2$和$[B(OH)_4]^-$

(2) 与醇作用

$H_3BO_3$与醇可成酯，向硼酸溶液中加入甘油、甘露醇等多元醇，因形成环状螯合物，使硼酸的酸性大为增强，$pK_a$可从 10 增大到 6，可用于强碱对硼酸的中和滴定，有利于终点的判断。$H_3BO_3$与甲醇、乙醇在浓硫酸存在下生成的硼酸酯，燃烧时产生特有的绿色火焰，可用于鉴别硼酸、硼酸盐等含硼化合物。

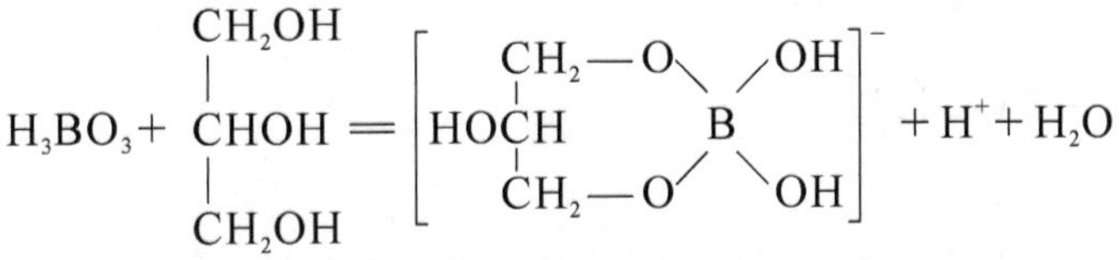


$$H_3BO_3 + 3CH_3OH \xlongequal{\text{浓 } H_2SO_4} B(OCH_3)_3 + 3H_2O$$

$H_3BO_3$遇到强酸性氧化物或强酸，可表现出弱碱性。而 $HB(OH)_4$溶液与 HF 反应时，F 可逐个取代其中的 OH 生成一、二、三、四氟硼酸。

$$2H_3BO_3 + P_2O_5 \xlongequal{\text{加热}} 2BPO_4 + 3H_2O$$

$$H_3BO_3 + H_3PO_4 \xlongequal{\text{加热}} BPO_4 + 3H_2O$$

3. 硼砂的性质

硼砂(borax)是四硼酸的钠盐，因含水量不同而有 $Na_2B_4O_7 \cdot 10H_2O$ 和 $Na_2B_4O_7 \cdot 5H_2O$，其主要结构单元是$[B_4O_5(OH)_4]^{2-}$，由 2 个 $BO_3$和 2 个 $BO_4$原子团共用顶角 O 原子连接而成(图 13-28)。

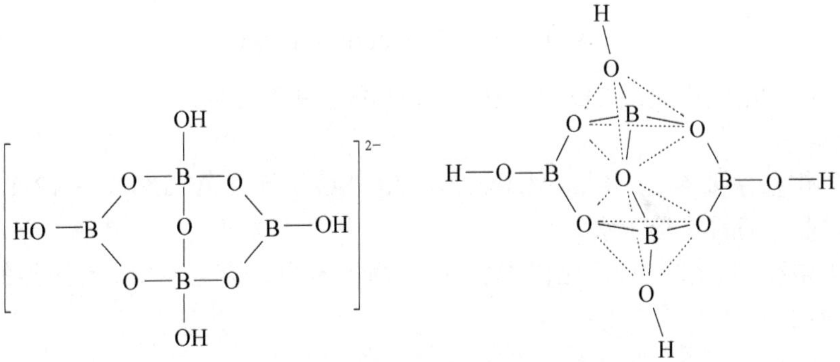


图 13-28　$[B_4O_5(OH)_4]^{2-}$的结构

硼砂是无色晶体，在空气中容易风化。加热至 650 K 时失去全部结晶水，继续加热时会熔化成玻璃态，冷却后成硼珠。与 $B_2O_3$ 一样，如果硼砂中沾有金属离子，形成的硼珠会出现不同的颜色，常用于实验室或野外鉴别金属离子(矿物)，称为硼砂珠试验。如沾有 $Co^{2+}$ 的硼砂珠显蓝色，沾有 $Ni^{2+}$ 的硼砂珠热时紫色、冷后棕色，沾有 $Mn^{2+}$ 的显粉红色等。

$$Na_2B_4O_7 + CoO \xlongequal{\text{灼烧}} 2NaBO_2 \cdot Co(BO_2)_2\text{(蓝色)}$$

硼砂易溶于水，在水中发生水解，因此硼砂溶液呈强碱性。向硼砂溶液中加入浓硫酸等强酸可析出 $H_3BO_3$ 沉淀。

$$Na_2B_4O_7 + 3H_2O \rightleftharpoons 2NaBO_2 + 2H_3BO_3$$
$$NaBO_2 + 2H_2O \rightleftharpoons NaOH + H_3BO_3$$
$$Na_2B_4O_7 + H_2SO_4\text{(浓)} + 5H_2O \rightleftharpoons Na_2SO_4 + 4H_3BO_3 \downarrow$$

硼酸和硼砂是陶瓷、玻璃等的重要原料，用于地质和实验室的定性分析、焊接金属时除锈，在实验室及外用药物中配制缓冲溶液。硼酸、硼砂为消毒防腐剂，其缓冲溶液用作含漱剂，硼酸软膏用于治疗皮肤溃烂。

### 13.5.5 铝的含氧化合物

1. 氧化铝

氧化铝(aluminium oxide)有多种晶型，其中最重要的是 $\alpha-Al_2O_3$ 和 $\gamma-Al_2O_3$。铝在空气中燃烧或高温灼烧氢氧化铝可得 $\alpha-Al_2O_3$，$\alpha-Al_2O_3$ 俗称刚玉，熔点高、硬度大，不溶于水，耐酸碱及绝缘性好，常用于高硬度材料、研磨材料和耐火材料。在低温下(723～773 K)加热使氢氧化铝脱水可得 $\gamma-Al_2O_3$，$\gamma-Al_2O_3$ 又称为活性氧化铝，粒径小，比表面积大，具有很强的吸附性能和催化活性，常用作吸附剂和催化剂载体。

2. 氢氧化铝

向铝盐中加入氨水或适量氢氧化钠可得氢氧化铝，氢氧化铝(aluminium hydroxide)为两性氢氧化物，既可溶于酸也可溶于碱，但不溶于氨水。

$$Al(OH)_3 + 3HCl = AlCl_3 + 3H_2O$$
$$Al(OH)_3 + NaOH = NaAl(OH)_4$$

$NaAl(OH)_4$ 脱水得偏铝酸钠。

$$NaAl(OH)_4 = NaAlO_2 + 2H_2O$$

向上述碱性溶液中通入 $CO_2$ 又可析出 $Al(OH)_3$ 白色沉淀。

3. 铝盐

常见的铝盐主要有：$AlCl_3$、$Al_2(SO_4)_3$、$Al(NO_3)_3$ 和 $KAl(SO_4)_2 \cdot 12H_2O$(明矾)。铝盐多含结晶水且都易溶于水。

$Al^{3+}$ 因电荷多、半径小，极化作用强，化合物大多为共价型。$Al^{3+}$ 有强烈的水解性而使溶液显酸性：

$$[Al(H_2O)_6]^{3+} = [Al(H_2O)_5(OH)]^{2+} + H^+$$

$$[Al(H_2O)_5(OH)]^{2+} = [Al(H_2O)_4(OH)_2]^+ + H^+$$
$$[Al(H_2O)_4(OH)_2]^+ = [Al(H_2O)_3(OH)_3] + H^+$$
$$2[Al(H_2O)_5(OH)]^{2+} = [(H_2O)_4Al(\mu-OH)_2Al(H_2O)_4]^{4+} + 2H_2O$$
…………

向铝盐中加入氨水或适量的碱，形成凝胶状的氢氧化铝沉淀，其含水量不定、组成也不均匀。向铝盐中加入 $CO_3^{2-}$、$S^{2-}$ 等弱酸根时，发生双水解反应，生成 $Al(OH)_3$ 沉淀并放出 $CO_2$、$H_2S$ 等。

$AlCl_3$ 为共价化合物，其中 Al 取 $sp^2$ 杂化，平面三角形结构。因 Al 为缺电子原子，因而分子具有 Lewis 酸的性质，表现出强烈的加合性，气态为双聚分子，此时 Al 取 $sp^3$ 杂化。每个 Al 除分别与 2 个 Cl 形成 2 个正常的 σ 键外，还与另 1 个 Cl 和另 1 个 Al 形成 $\pi_3^2$ 缺电子键。Cl 原子处于以 Al 为中心的四面体的四个顶点位置(图 13-29)。

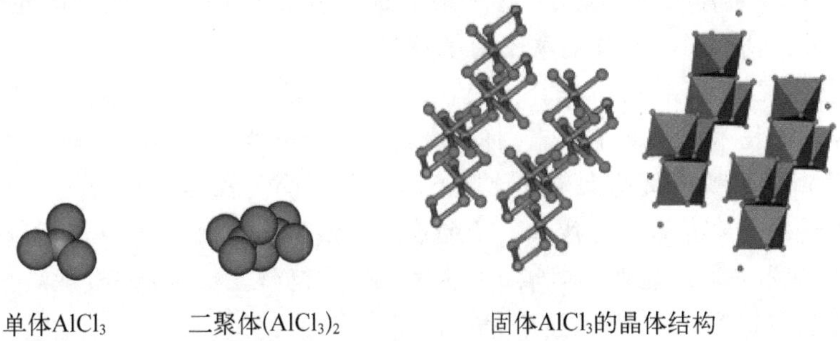


图 13-29 $AlCl_3$ 的单体、二聚体及固体结构

$AlCl_3$ 在水中强烈水解，因此在水溶液中不能制得它的无水盐。$AlCl_3$ 易溶于乙醚等有机溶剂中，可与许多其他路易斯碱形成加合物，如 $NH_3$、有机胺、醚、醇等，是有机合成中常用的催化剂及载体。

$Al_2(SO_4)_3$、$Al(NO_3)_3$ 为离子型化合物，是实验室常用的试剂，$Al_2(SO_4)_3$ 和明矾在造纸等工业中有重要应用，还用于泡沫灭火器中及净化水。

$$2Al^{3+} + 3CO_3^{2-} + 3H_2O = 2Al(OH)_3\downarrow + 3CO_2\uparrow$$

$Al^{3+}$ 可与许多配体形成配位数是 4 或 6 的配合物，且大多稳定，如 $[AlF_4]^-$、$[AlCl_4]^-$、$[Al(C_2O_4)_3]^{3-}$ 等。

**【科学家简介】 理查德·斯莫利(Richard. E. Smalley, 1943～2005)**

理查德·斯莫利出生于美国俄亥俄州亚克朗市，1965 年于密歇根大学获得学士学位，1973 年于普林斯顿大学获得博士学位。

在芝加哥大学博士后研究期间，斯莫利和沃顿(L. Wharton)、利维(D. Levy)一起设计发明了一台激光超声波原子束射线测试仪，这种测试仪可以进行周期表内几乎所有元素的原子束的研究。斯莫利利用这台仪器研究各种元素原子簇的性质。随后柯尔教授(R. F. Carl)将他介绍给克鲁托(H. W. Kroto)，一起合作研究宇宙尘埃(由红巨星等濒死的恒星释放出的富含碳的微粒)的成分。他们的合作创造出一个出人意料的结果——碳的第三种同素异形体 $C_{60}$ 的发现。含有 60 个碳原子的簇"$C_{60}$"包含有 12 个五边形和 20 个六边形，每个角上有一个碳原子，这样的碳簇球与足球的形状相同，被他们称为"巴克敏斯特富勒烯"（buckminsterfullerene）——起源于巴克敏斯特·富勒（Buckminster Fuller）为蒙特利尔世界博览会设计的球形建筑物，在英语口语中被称为"巴基球"（buckyball）。$C_{60}$ 的发现是化学史上的一个里程碑，1991 年 Science 杂志将 $C_{60}$ 评选为当年的明星分子，事隔 5 年（1996 年）斯莫利和柯尔教授、克鲁托因发现 $C_{60}$ 同获诺贝尔化学奖。近 20 年来，围绕富勒烯，发展起来了一门新型的碳化学，化学家们在碳球中嵌入金属和稀有惰性气体，以制备新型超导材料和新型有机化合物或新型高分子材料。

获得诺贝尔化学奖后，斯莫利成为纳米技术领域的坚定支持者，期待以纳米技术的发展来解决类似能源那样的全球性问题。碳纳米管的合成研究是斯莫利的最后一个研究领域，并以此在莱斯大学创建了"莱斯纳米科学和技术中心"。他的课题组最为人们熟知的探索是用高压 CO 制备高质量的长纳米管。1999 年，斯莫利在美国众议院关于《国家纳米技术促进计划》的听证会上说，"这些小小的纳米级家族成员，以及将它们组装并加以控制的技术——纳米技术，将使我们的产业和生活发生革命性的改变。"

1999 年斯莫利被诊断患上了慢性淋巴细胞白血病。在其最后的岁月里，他尽力呼吁人们开发利用更便宜的清洁能源。他的最后的演讲标题之一是"人类未来 50 年面临的前 10 个挑战"，包括：能源、水、食品、环境、贫穷、恐怖主义和战争、疾病、教育、民主、人口。他的座右铭是"做一个科学家，拯救世界"。

# 习　题

## 卤　素

1. 解释下列事实：

（1）氟元素的电子亲和能比氯元素小，但单质氟的氧化性比氯强。

（2）通氯气于消石灰中得漂白粉，而在漂白粉中加入 HCl 可产生氯气。

（3）单质溴可从碘化钾溶液中置换出单质碘，而碘又可从溴酸钾溶液中置换出溴。

（4）单质碘在四氯化碳中显紫色，而在丙酮中显红棕色。

（5）单质碘难溶于水，却易溶于碘化钾溶液。

（6）$AlF_3$ 的熔点高达 1 563 K，而 $AlCl_3$ 的熔点只有 463 K。

（7）稀的氢氟酸是弱酸，而其浓溶液（5～45 $mol \cdot L^{-1}$）的酸性大大增强。

（8）Ag 不能从盐酸中置换出 $H_2$，但却可从氢碘酸中置换出 $H_2$。

（9）$Fe^{3+}$ 可将 $I^-$ 氧化为单质碘，但如果在 $Fe^{3+}$ 溶液中先加入 NaF 后，再加入 $I^-$，就没有单质碘生成。

（10）HClO 的酸性小于 $HClO_4$，但其氧化性大于 $HClO_4$。

2. 用反应方程式表示下列过程，并注明反应条件：

(1) 氯气长时间通入碘化钾溶液中。
(2) HF 溶液刻蚀玻璃。
(3) 从海水中提取溴和溴酸。
(4) 漂白粉露置于潮湿的空气中。
(5) 单质碘与 NaOH 反应。
(6) 利用白磷制备 HI。
(7) 用浓硫酸制备 HCl。
(8) 加热 $KClO_3$ 固体。
(9) 用浓盐酸制备 $Cl_2$。
(10) 在酸性介质中，$HIO_4$ 与 $Mn^{2+}$ 反应。

3. 如何分离和鉴别 $Cl^-$、$Br^-$、$I^-$ 混合溶液？

4. 在淀粉碘化钾溶液中加入少量 NaClO，得到蓝色溶液 A，再加入过量 NaClO，得到无色溶液 B，酸化后加入少量固体 $Na_2SO_3$，则 A 的蓝色复现，当 $Na_2SO_3$ 过量时，蓝色又消失得到无色溶液 C，再加入 $NaIO_3$ 溶液，又出现 A 的蓝色。指出 A、B、C 各为何物，写出相应的化学反应方程式。

5. 白色晶体 A 与浓硫酸共热，产生一种无色刺激性的气体 B，B 能使红色 $KMnO_4$ 溶液褪色；产生的另一种刺激性的气体 C 可使湿润的淀粉碘化钾试纸变蓝。晶体 A 易溶于水，水溶液为中性，向其中加入酒石酸氢钠溶液，有白色沉淀 D 生成。指出 A、B、C、D 各为何物，写出相应的化学反应方程式。

6. 将一纯净的碘化物 0.322 g 溶于稀硫酸中，加入 2.00 mmol $KIO_3$，反应后煮沸除去生成的碘，溶液中再加入足量的 KI，使之与过量的 $KIO_3$ 作用，然后用 $Na_2S_2O_3$ 滴定所形成的 $I_3^-$ 离子，用去 9.60 mmol $Na_2S_2O_3$。问原来的碘化物是什么？

## 氧 族 元 素

1. 解释下列事实：
(1) 单质氧是顺磁性的，但单质硫是抗磁性的。
(2) $Na_2SO_3$ 和 $Na_2S$ 溶液都不能长时间保存。
(3) $O_3$ 的氧化性大于 $O_2$。
(4) 油画放久后会发暗甚至变黑，用 $H_2O_2$ 溶液处理后又变回白色。
(5) 水的熔点、沸点高于同族其他元素的氢化物。
(6) 铁盒为铝制的容器可以盛放冷的浓硫酸，但不能盛放稀硫酸。
(7) 不能在水溶液中制备 $Cr_2S_3$ 和 $Al_2O_3$。
(8) 向三氯化铁溶液中通入硫化氢气体得不到 $Fe_2S_3$。
(9) 稀释浓硫酸时需将浓硫酸缓慢加入水中，边加边搅拌。
(10) 纯硫酸是共价化合物，却有较高的沸点(611 K)。

2. 回答下列问题：
(1) $SO_2$ 和 $Cl_2$ 都可作漂白剂，它们的漂白原理有何不同？
(2) 硫代硫酸钠可以用作抗氧剂、杀菌试剂，还可以解卤素单质、重金属离子及氰化物中毒，原因是什么？

(3) 向 $AgNO_3$ 溶液中滴加少量 $Na_2S_2O_3$ 溶液，所产生的沉淀放置后，为什么会出现由白到黑的颜色变化？

(4) 在酸性条件下向 $KIO_3$ 溶液中加入 $Na_2S_2O_3$ 溶液，有什么反应发生？

(5) 电解硫酸或硫酸氢铵制备过二硫酸时，为什么在阳极不是水放电，而是 $HSO_4^-$ 或 $SO_4^{2-}$ 放电？

3. 完成下列反应方程式，并注明反应条件：

(1) $O_3+KI+H_2O \longrightarrow$

(2) $S+NaHCO_3 \longrightarrow$

(3) $Cr_2(SO_4)_3+H_2O_2+NaOH \longrightarrow$

(4) $KMnO_4+H_2O_2+H_2SO_4 \longrightarrow$

(5) $I_2+Na_2S_2O_3 \longrightarrow$

(6) $IO_3^-+S_2O_3^{2-}+H^+ \longrightarrow$

(7) $S_2O_8^{2-}+Mn^{2+}+H^+ \longrightarrow$

(8) $Cl_2+SO_2+H_2O \longrightarrow$

(9) $SO_2Cl_2+H_2O \longrightarrow$

(10) $Se+HNO_3 \longrightarrow$

4. 一种钠盐 A 溶于水后，加入稀盐酸后，有刺激性气体 B 产生，同时有黄色沉淀 C 析出。气体 B 能使 $KMnO_4$ 溶液褪色。将氯气通入 A 溶液中，得到溶液 D，D 可与钡盐作用生成不溶于硝酸的沉淀 E。问 A、B、C、D、E 个为何物？写出相关反应方程式。

5. 有 5 瓶白色固体，分别是 NaCl、$Na_2SO_4$、$Na_2SO_3$、$Na_2S_2O_3$、$Na_2S$，如何用简便的方法鉴别它们？

6. 某无色钠盐溶于水后得酸性溶液 A，A 可使 $KMnO_4$ 溶液褪色并转变为 B，向 B 中加入 $BaCl_2$ 溶液得沉淀 C，C 不溶于 $HNO_3$。向 A 中加入稀盐酸产生无色气体 D，将 D 通入 $KMnO_4$ 中又得到无色 B 溶液。滴加少量 A 于 $KIO_3$ 溶液生成 E，E 可使淀粉变蓝色，再加入过量 A 时，蓝色消失。试确定 A、B、C、D、E 的分子式，并写出相关反应式。

## 氮族元素

1. 解释下列事实：

(1) $NH_3$ 的键角(107 °)大于 $NF_3$(102.5 °)，大于 $PH_3$(93.6 °)。

(2) 氨、肼和羟胺的碱性次序为 $NH_3>NH_2NH_2>NH_2OH$。

(3) Bi(V)的氧化性比同族其他元素的强。

(4) $PCl_3$ 的水解产物是 $H_3PO_3$ 和 HCl，而 $NCl_3$ 的水解产物是 $NH_3$ 和 HClO。

(5) 人们已经制得 $PCl_5$、$AsCl_5$、$SbCl_5$，但未能制得 $NCl_5$ 和 $BiCl_5$。

(6) 硝酸作氧化剂时，浓硝酸一般被金属还原为 $NO_2$，而稀硝酸被还原为 NO。

(7) 磷酸是三元酸，亚磷酸是二元酸，而次磷酸是一元酸。

(8) 铂不溶于硝酸，但能溶于王水。

(9) 无论是将 $Ag^+$ 滴加到 $H_2PO_4^-$、$HPO_4^{2-}$ 还是 $PO_4^{3-}$ 离子的溶液中，最终都可能得

到 $Ag_3PO_4$ 沉淀。

(10) 在酸性条件下砷酸钠可以氧化碘化钾，而在碱性条件下，单质碘又可氧化亚砷酸钠。

2. 鉴别下列各组物质：

(1) $NaNO_2$ 和 $NaNO_3$；(2) $NH_4NO_3$ 和 $NH_4Cl$；(3) $H_3PO_4$ 和 $H_3PO_3$；(4) $Na_3PO_3$ 和 $Na_2SO_4$；(5) $H_3AsO_3$ 和 $H_3AsO_4$；(6) $SbCl_3$ 和 $BiCl_3$；(7) $KNO_3$ 和 $KIO_3$；(8) $Na_3PO_4$ 和 $Na_3AsO_4$

3. 如何除去(1) 氮气中的微量氧气；(2) NO 中的微量 $H_2$；(3) NO 中的微量 $NO_2$。

4. 写出下列物质的热分解反应式：

(1) $NH_4NO_3$；$NH_4Cl$；$(NH_4)_2CO_3$；$(NH_4)_2Cr_2O_7$；$(NH_4)_2SO_4$

(2) $KNO_3$；$AgNO_3$；$Pb(NO_3)_2$；$Bi(NO_3)_3$；$Fe(NO_3)_2$

(3) $NaNO_2$；$AgNO_2$

(4) $NaNH_2$；$AgNH_2$；$Pb(N_3)_2$

5. 完成下列反应式：

(1) $P_4 + NaOH \longrightarrow$

(2) $As_2S_3 + NaOH \longrightarrow$

(3) $I^- + NO_2^- + H^+ \longrightarrow$

(4) $NH_4^+ + NO_2^- + H^+ \longrightarrow$

(5) $As_2O_3 + KMnO_4 + H_2SO_4 \longrightarrow$

(6) $H_2PO_3 + HNO_2 \longrightarrow$

(7) $NaBiO_3 + Mn^{2+} + H^+ \longrightarrow$

(8) $HNO_3 + S \longrightarrow$

(9) $Bi(OH)_3 + Cl_2 + NaOH \longrightarrow$

(10) $NH_2NH_2 + AgNO_3 \longrightarrow$

(11) $NH_2OH + AgBr \longrightarrow$

(12) $Ca_3P_2 + H_2O \longrightarrow$

6. 化合物 A 受热后分解产生一种气体 B 和一种固体 C。B 可使将要熄灭的火柴复燃，C 的水溶液在酸性条件下与碘离子反应，得到的溶液遇淀粉显蓝色。C 的水溶液在酸性介质中可使 $KMnO_4$ 试液褪色。在检验时 A 和 C 都可以与 $FeSO_4$ 和 $H_2SO_4$ 反生棕色环反应，可通过加入尿素或氨基磺酸的方法除去 C 而单独检验 A。指出 A、B、C 各为何物，并写出相关的化学反应方程式。

7. 无色水合晶体 A，投入水中得白色沉淀 B，溶于稀盐酸得无色溶液，再加入 NaOH 溶液得白色沉淀 C。C 溶于过量 NaOH 得到无色溶液 D。将 C 溶于盐酸后蒸发、浓缩又析出 A。向 A 的稀盐酸溶液通入 $H_2S$ 生成橙色沉淀 E，E 可溶于 $Na_2S_2$ 生成溶液 F。指出 A、B、C、D、E、F 各为何物，并写出相关的化学反应方程式。

8. 加热无色晶体 A 得无色气体 B，将 B 在更高温度加热后再冷却到原来温度，发现气体体积增加了 50%。晶体 A 与等摩尔 NaOH 固体共热得无色气体 C 和白色固体 D。将 C 通入 $AgNO_3$ 溶液先有棕黑色沉淀 E 生成，C 过量时则 E 消失得到无色溶液。将 A

溶于水后加热无变化，但加入酸性 KI 溶液后则溶液变黄。指出 A、B、C、D、E 各为何物，并写出相关的化学反应方程式。

## 碳族元素和硼族元素

1. 解释下列事实：

(1) 金刚石比石墨的密度大、硬度高、绝缘性好，但化学活性差。

(2) 常温下，$CO_2$是气体而 $SiO_2$是固体。

(3) $CCl_4$不易水解，而 $SiCl_4$易水解。

(4) 碱土金属碳酸盐的热稳定性随原子序数增加而增大。

(5) CO 与 $N_2$是等电子体，但 CO 更易形成配合物。

(6) 不能用 $CO_2$灭火剂扑灭金属镁或铝的火灾。

(7) 硅很难与除 HF 以外的酸作用，但却易与碱反应。

(8) 向硅酸钠溶液中加入氯化铵溶液，生成白色沉淀。

(9) $H_3BO_3$是一元弱酸，而加入甘油后酸性增强。

(10) $BH_3$不存在，只能以 $B_2H_6$的形式存在，但 $BF_3$可以稳定存在。

(11) $BF_3$可以作路易斯酸接受电子，而 $NH_3$是路易斯碱可提供电子。

(12) 熔融的硼砂可以溶解金属氧化物。

(13) 铝的活泼性比铁和铜都强，但铝的抗腐蚀性能比铁强，冷的浓硫酸可以溶解铜而不能溶解铝。

(14) 不能用加热 $AlCl_3 \cdot 6H_2O$ 的方法制备无水 $AlCl_3$。

(15) $Al(OH)_3$是一元酸，却是三元碱。

2. 回答下列问题：

(1) 碳氢化合物与硼氢化合物在结构上有何不同？

(2) 如何除去氢气中的少量 CO？

(3) 为什么在焊接金属时使用硼砂？

(4) 为什么水玻璃久置后会产生白色沉淀？

(5) 为什么不能用单质硼与氢气直接反应制备硼烷？

(6) 为什么制备硼烷时常需在无水无氧条件下进行？

(7) 三氯化铝在气态和溶液中的存在方式有何不同？

(8) 为什么 $AlF_3$的熔点高达 1 563 K，而 $AlCl_3$的熔点只有 463 K？

3. 完成下列反应式：

(1) $C + H_2SO_4(浓) \longrightarrow$

(2) $Si + HF + HNO_3(浓) \longrightarrow$

(3) $HCOOH \xrightarrow{浓 H_2SO_4}$

(4) $CO + Cl_2 \longrightarrow$

(5) $CO + PdCl_2 \longrightarrow$

(6) $NaHCO_3 + MnCl_2 \longrightarrow$

(7) $Na_2SiO_3 + CO_2 + H_2O \longrightarrow$

(8) $SiO_2+C\xrightarrow{\triangle}$

(9) $SiCl_4+LiAlH_4\xrightarrow{乙醚}$

(10) $Ca_3(PO_4)_2+C+SiO_2\xrightarrow{共热}$

(11) $BF_3+Na_2CO_3\longrightarrow$

(12) $B+NaNO_3+NaOH\longrightarrow$

(13) $B_2H_6+Cl_2\longrightarrow$

(14) $B_2O_3+CaF_2+H_2SO_4$(浓)$\longrightarrow$

(15) $Na_2B_4O_7+H_2SO_4$(浓)$+5H_2O\longrightarrow$

(16) $Na_2B_4O_7+MnSO_4\xrightarrow{灼烧}$

(17) $Al_2(SO_4)_3+Na_2CO_3+H_2O\longrightarrow$

(18) $Al+Cr_2O_7^{2-}+H^+\longrightarrow$

4. 鉴别下列物质：

(1) 碳酸钠和碳酸氢钠；(2) 碳酸钠和硅酸钠；(3) CO 和 NO；(4) $B_2O_3$ 和 $SiO_2$；(5) 硼酸和硼砂；(6) 碳酸钠和硼砂

5. 分子筛与硅胶的化学组成有何不同？它们的吸附性质有何异同？

6. 14 mg 灰黑色固体 A 与浓 NaOH 溶液共热，生成 22.4 ml(标准状态)无色气体 B 和无色化合物 C。A 的燃烧产物为白色固体 D，D 和 B 与过量氢氟酸作用都能得到无色气体 E，E 通入水中产生白色沉淀 F 和溶液 G，F 用适量 NaOH 处理得溶液 H，向 H 中加入 $NH_4Cl$ 溶液，则 F 重新沉淀出来。溶液 G 中加入过量 NaCl 可得一无色晶体 I。指出 A、B、C、D、E、F、G、H、I 各为何物，写出相关的反应方程式。

7. 预测下列三卤化硼的反应产物，并写出相应的化学反应方程式：

(1) $BF_3$ 与过量的 NaF 在酸性水溶液中的反应。

(2) $BCl_3$ 与过量的 NaCl 在酸性水溶液中的反应。

(3) $BBr_3$ 与过量的 $NH(CH_3)_2$ 在烃类溶剂中的反应。

# 第14章　金属元素

**内容摘要**

在现已发现的118种元素中，除了17种非金属外，其他都是金属和准金属，包括主族金属和副族金属，其中d区元素称为过渡金属，f区的镧系元素和锕系元素称为内过渡金属。主族金属的性质递变规律基本符合元素周期律，副族金属的性质变化规律不明显，但也有一定的规律性。副族金属的特点是具有较多的d、f电子和空d、f轨道，因此，可形成多种氧化态的化合物，且其化合物多具有丰富的颜色，其重要的特性是大多具有较强的形成配合物的能力。本章首先对金属元素的基本性质进行了概述，然后介绍碱金属、碱土金属、d区过渡金属及其重要化合物的主要性质，最后对镧系元素和锕系元素作一简要介绍。

## 14.1　概　　述

### 14.1.1　金属元素在周期表中的位置和基本性质

在现已发现的118种元素中，除了17种非金属外，其他都是金属和准金属。金属有不同的分类方法，通常将其分为黑色金属和有色金属两大类。黑色金属指Fe、Mn、Cr及其合金，有色金属按其密度、储量、分布等又分为：① 轻有色金属(Na、K、Ca、Mg等)；② 重有色金属(Cu、Zn、Hg、Sb、Bi等)；③ 贵金属(Pt、Au、Ag等)；④ 稀有金属(Li、Be、V、Ti、稀土元素等)；⑤ 准金属(Se、Ge、Tl等)等。

由于金属的分布如此广泛，因此它们的性质差异也很大，如金属的硬度和熔点因金属内聚力的不同而相差很大。但它们的物理性质和化学性质与非金属相比，还是有明显的不同。金属与非金属的物理性质主要差别见下表14-1。

**表14-1　金属与非金属物理性质的差别**

| 金　属 | 非　金　属 |
|---|---|
| 常温下为固体(除Hg为液体外) | 大部分是气体，还有液体($Br_2$)和固体(P、S等) |
| 密度一般较大 | 密度一般较小 |
| 有金属光泽 | 大多无金属光泽 |
| 大多是热和电的良导体，电阻随温度升高而增加 | 大多是热和电的不良导体，电阻随温度升高而下降 |
| 大多有延展性 | 大多无延展性 |
| 金属固体属金属晶体 | 非金属晶体大多属分子晶体，有些属原子晶体 |
| 蒸气大多是单原子分子 | 蒸气或气体大多是双原子或多原子分子(除惰性元素) |

金属的化学性质也有许多共同的性质。其中最主要的共同化学性质是易失去最外层及部分次外层电子变成阳离子。

$$M - ne \longrightarrow M^{n+}$$

这是由金属元素价电子构型所决定了的，大多数金属原子最外层只有 3 个以下电子，因此它们都倾向于失去电子以达 8 电子的稳定构型。某些金属(主要是 p 区金属)虽然外层有 4～5 个电子，但由于电子层数较多，半径较大，在反应时价电子仍易失去或向非金属偏移。过渡金属还能失去部分 d 电子。各种金属失去电子的难易程度很不相同，它们的还原性强弱也不相同。在溶液中，通常用标准电极电势值来衡量金属失去电子的能力(还原能力)。将电极电势按从小到大排列，可反映出溶液中金属还原性(活泼性)的大小。

### 14.1.2 金属单质的化学性质

1. 与非金属反应

绝大多数金属能与非金属形成 $MO_x$、$MX_n$、$MH_n$、$MN_x$、$MS_x$ 等二元化合物。金属与非金属反应的难易程度大致与金属活泼次序相同，如 Na、K 等碱金属在空气中立即被氧化，而 Ag、Pt、Au 在炽热温度下也难被氧化。

但有些活泼金属，如 Al、Cr 等由于在表面形成的氧化物结构致密，覆盖于金属表面而阻止金属的进一步氧化，称为“钝化”。

2. 与水反应

常温下，纯水的 $\varphi^{\ominus}_{H^+/H_2} = -0.41\ V$，因此 $\varphi^{\ominus}_{M^{n+}/M} < -0.41\ V$ 的金属都可能从 $H_2O$ 中置换出 $H_2$。但有些金属(如 Mg 等)与水反应时生成的氢氧化物不溶于水，覆盖在金属表面，使反应难以继续进行，只有在加热时，反应才可继续进行。

3. 与酸反应

金属与酸的反应受许多因素的影响，包括金属的活泼性、酸的性质、产物的性质、酸的浓度和温度等。

1) 金属的活泼性　$\varphi^{\ominus}_{M^{n+}/M} < 0\ V$ 的金属可与非氧化性酸反应置换出 $H_2$，$\varphi^{\ominus}_{M^{n+}/M} > 0\ V$ 的金属需与氧化性酸或有配体、氧化剂、沉淀剂存在时才能反应，但发生的不是金属置换氢的反应。如：

$$2Cu + CO_2 + H_2O + O_2 = Cu(OH)_2CuCO_3$$

$$2Pb + O_2 + 4HAc = 2Pb(Ac)_2 + 2H_2O$$

$$4Cu + 4HCl + O_2 = 4CuCl + 2H_2O$$

2) 酸的性质　较活泼的金属能直接与非氧化性酸反应置换出 $H_2$，而几乎所有金属都能与氧化性酸反应(Pt、Au 需与王水反应)，但该类反应不是简单的置换反应，而是酸根中所包含的高氧化态非金属元素获得电子被还原。有些金属(如 Al、Zn 等)因“钝化”在常温下不能与浓硫酸、浓硝酸反应，但加热后可继续反应。

$$Hg + 4HNO_3(浓) = Hg(NO_3)_2 + 2NO_2\uparrow + 2H_2O$$

3) 产物的性质　有些金属与某些酸反应后生成的产物溶解度较小，覆盖在金属表面，使反应难以进一步进行。如：

$$Pb + H_2SO_4 \longrightarrow PbSO_4 \downarrow + H_2 \uparrow$$

4）酸的浓度　一般地讲，酸的浓度越大，反应越强烈，但有些酸的浓度不同时，产物不同，如硝酸与活泼金属的反应，浓度不同时分别得到 $NO_2$、NO、$N_2O$、$NH_4^+$ 等产物。

5）温度　加热可使反应加快，特别是一些动力学很慢的反应，加热使之能够进行。另外，加热使一些原来“钝化”或被溶解度很小的产物阻止的反应继续进行。

4. 与碱反应

一些两性元素可与强碱反应生成盐并放出 $H_2$，如 Al、Zn、Sb 等。

$$Zn + 2NaOH + 2H_2O \longrightarrow Na_2[Zn(OH)_4] + H_2 \uparrow$$
$$2Al + 2NaOH + 6H_2O \longrightarrow 2Na[Al(OH)_4] + 3H_2 \uparrow$$

5. 与盐反应（置换反应）

活泼金属可将活泼性差的金属从其盐中置换出来。

6. 配位作用

一些金属可与配体反应，生成配合物，如湿法冶金等。

$$4Au + 8KCN + O_2 + 2H_2O \longrightarrow 4K[Au(CN)_2] + 4KOH$$

常见金属的主要反应性质列于表 14－2 中。

**表 14－2　常见金属主要化学性质**

| 金　属 | K Ca Na | Mg Al Mn Zn Fe Ni Sn Pb | H | Cu Hg | Ag Pt Au |
|---|---|---|---|---|---|
| 与 $O_2$ 反应 | 易 | 常温下反应 | — | 加热时反应 | 不反应 |
| 与 $H_2O$ 反应 | 常温下反应 | 加热时反应 | — | 不反应 | |
| 与酸作用 | 取代非氧化性酸中的氢 | | — | 不反应 | |
| | 作用激烈 | 依次减弱 | — | $HNO_3$，浓 $H_2SO_4$ | 王水 |
| 与碱作用 | 仅 Al、Zn 等两性金属 | | | | |
| 与盐作用 | $M_{前} + M_{后}^{n+} \longrightarrow M_{前}^{n+} + M_{后}$ | | | | |
| | 金属在溶液中失去电子能力依次减弱，还原性依次减弱 | | | | |

常用离子势（$Z/r$）和路易斯酸碱的软硬度来评价金属离子的反应性。有关离子势的概念在元素概论中已予叙述，而路易斯酸碱的软硬度在配合物中也有介绍，这里不再重复，在后文将结合具体的物质讨论它们对物质性质的影响。

## 14.2　碱金属和碱土金属

碱金属（alkali metals）位于周期表的ⅠA，包括锂（Li，lithium）、钠（Na，sodium）、钾（K，potassium）、铷（Rb，rubidium）、铯（Cs，cesium）、钫（Fr，francium），其中 Fr 是放射性元素。本族元素因其氧化物溶于水呈碱性而得名。碱土金属（alkaline-earth metals）位于

周期表ⅡA，包括铍(beryllium，Be)、镁(magnesium，Mg)、钙(calcium，Ca)、锶(strontium，Sr)、钡(barium，Ba)、镭(radium，Ra)，其中Ra是放射性元素。本族元素因其氧化物溶于水也呈强碱性，与碱金属相似，又由于其氧化物的熔点较高，较难熔化，与“土性”元素Al相似，故得名。

### 14.2.1 碱金属和碱土金属的通性

碱金属元素和碱土金属的主要特性常数列于表14-3、14-4中。

**表14-3 碱金属元素的主要特性常数**

| 元素 | 锂(Li) | 钠(Na) | 钾(K) | 铷(Rb) | 铯(Cs) |
|---|---|---|---|---|---|
| 原子序数 | 3 | 11 | 19 | 37 | 55 |
| 价电子层结构 | $2s^1$ | $3s^1$ | $4s^1$ | $5s^1$ | $6s^1$ |
| 主要氧化值 | +1 | +1 | +1 | +1 | +1 |
| 原子半径/pm | 145 | 180 | 220 | 235 | 260 |
| 离子半径/pm | 60 | 95 | 133 | 148 | 169 |
| 第一电离能/$kJ \cdot mol^{-1}$ | 520.2 | 495.8 | 418.8 | 403.0 | 375.7 |
| 第二电离能/$kJ \cdot mol^{-1}$ | 7 298 | 4 562 | 3 052 | 2 633 | 2 234.3 |
| 电负性 | 0.98 | 0.93 | 0.82 | 0.82 | 0.79 |
| 熔点/K | 453.69 | 370.87 | 336.53 | 312.46 | 301.59 |
| 沸点/K | 1 615 | 1 156 | 1 032 | 961 | 944 |
| 密度/$g \cdot cm^{-3}$，293 K | 0.535 | 0.968 | 0.856 | 1.532 | 1.879 |
| 硬度 | 0.6 | 0.5 | 0.4 | 0.3 | 0.2 |
| 标准电极电势/V | −3.040 | −2.713 | −2.925 | −2.924 | −2.923 |

**表14-4 碱土金属的主要特性常数**

| 元素 | 铍(Be) | 镁(Mg) | 钙(Ca) | 锶(Sr) | 钡(Ba) |
|---|---|---|---|---|---|
| 原子序数 | 4 | 12 | 20 | 38 | 56 |
| 价电子层结构 | $2s^2$ | $3s^2$ | $4s^2$ | $5s^2$ | $6s^2$ |
| 主要氧化值 | +2 | +2 | +2 | +2 | +2 |
| 原子半径/pm | 105 | 150 | 180 | 200 | 215 |
| 离子半径/pm | 31 | 65 | 99 | 113 | 135 |
| 第一电离能/$kJ \cdot mol^{-1}$ | 899.5 | 737.7 | 589.8 | 549.5 | 502.9 |
| 第二电离能/$kJ \cdot mol^{-1}$ | 1 757 | 1 451 | 1 145 | 1 064 | 965.2 |
| 第三电离能/$kJ \cdot mol^{-1}$ | 14 849 | 7 733 | 4 912 | 4 138 | 3 600 |
| 电负性 | 1.57 | 1.31 | 1.00 | 0.95 | 0.89 |
| 熔点/K | 1 560 | 923 | 1 115 | 1 050 | 1 000 |
| 沸点/K | 2 742 | 1 363 | 1 757 | 1 655 | 2 143 |
| 密度/$g \cdot cm^{-3}$，293 K | 1.848 | 1.738 | 1.55 | 2.63 | 3.51 |
| 硬度 | 5.5 | 2.5 | 1.75 | 1.5 | 1.25 |
| 标准电极电势/V | −1.97 | −2.356 | −2.84 | −2.89 | −2.92 |

碱金属元素的价电子构型为 $ns^1$，都是非常活泼的金属，易失去 $ns^1$ 电子形成+1 氧化态的阳离子，$M^+$ 为 8e 构型(除 $Li^+$ 外)，很稳定且无色，它们的化合物都是离子型的。碱金属盐都易溶于水(半径较大的部分阴离子盐除外)，不水解。它们的氧化物和氢氧化物都显强碱性。

碱土金属元素的价电子构型为 $ns^2$，也是活泼性很强的金属，但比同周期碱金属差些。在反应时倾向于失去 2 个电子形成+2 氧化值的阳离子。虽然失去第二个电子需一定的电离能，但由于形成的+2 氧化值的化合物所释放出的晶格能很大，所以碱土金属仍显+2氧化态。$M^{2+}$ 也是 8e 构型，稳定且无色，其化合物也是离子型的。碱土金属的氯化物、硫化物、硝酸盐可溶于水，而碳酸盐、草酸盐、硫酸盐、磷酸盐中大多微溶或难溶于水。氧化物、氢氧化物也显强碱性，但氢氧化物的溶解度较小。

碱金属和碱土金属的性质呈规律性变化，电负性和电离能逐渐减小，熔沸点逐渐降低，这是因为随着电子层数的增加，核电荷对外层电子的吸引力逐渐减弱，同族元素的金属性从上到下逐渐增强。

锂和铍的原子半径和离子半径都很小，离子势较大，与同族元素相比，它们的性质有些特殊性，例如，它们形成的化合物的共价键成分通常较大。

## 14.2.2 单质的性质

碱金属和碱土金属的性质非常活泼，因此它们都是以化合物的形式存在于自然界中。一般用电解它们的熔融盐或在高温低压下用 Na 还原卤化物来制备其单质。

它们大都是银白色金属，半径较大，电子数较少，金属键较弱，因此都是低熔点、质软的轻金属，都可用刀切割，其中 Li、Na、K 比水轻。它们极易形成合金，钠钾合金因其比热容大，液化范围宽，用作核反应堆的冷却剂。而 Li 还被用于高能电池和储氢材料。它们都具有良好的导电、导热性能。碱土金属因有 2 个电子参与成键，其金属键比碱金属的要强，所以碱土金属的熔沸点、硬度、密度都比碱金属高得多。

碱金属具有较低的电离能，光照时电子可从表面逸出，产生光电效应。其中以 Cs 最灵敏，常用作制造光电管。碱金属和碱土金属或其挥发性盐在火焰上灼烧时，会产生特征的颜色，称为焰色反应(表 14-5)。这也是由于其电离能较小，电子易于被激发，且吸收光的波长在可见区的缘故。但 Be、Mg 的吸收光在紫外区而 Fr、Ra 的吸收光在红外区而无焰色反应。

**表 14-5 碱金属和碱土金属的焰色**

| 离子 | $Li^+$ | $Na^+$ | $K^+$ | $Rb^+$ | $Cs^+$ | $Ca^{2+}$ | $Sr^{2+}$ | $Ba^{2+}$ |
|---|---|---|---|---|---|---|---|---|
| 焰色 | 红 | 黄 | 紫 | 紫红 | 紫红 | 橙红 | 猩红 | 黄绿 |

强还原性是碱金属和碱土金属的特征性质。碱金属和碱土金属都可与大多数非金属，如氧、卤素、硫、氮、氢直接化合，形成离子型化合物，但 Li、Be 的部分化合物为共价型化合物。如 NaH、$CaH_2$ 为离子型化合物，而 LiH、$BeH_2$ 为共价型化合物。此外，它们还可形成复合型化合物，如 $LiAlH_4$ 等。其中，H 为-1 氧化态，但 $H^-$ 离子的半径变化范围很

大，在 LiH 中为 126 pm，而在 $CaH_2$ 中为 154 pm，这是因为带一个核电荷的 H 对两个电子的吸引力较弱，$H^{-1}$ 的电子云很容易变形，所以这些氢化物和复合型氢化物都是强还原剂，遇水即强烈水解放出 $H_2$。

$$2Li + H_2 \xlongequal{973 \sim 1\,073\ K} 2LiH$$

$$4LiH + AlCl_3 \xlongequal{乙醚} LiAlH_4 + LiCl_3$$

$$LiAlH_4 + 4H_2O = LiOH + Al(OH)_3 + 4H_2 \uparrow$$

碱金属和碱土金属单质都可从水或非氧化性酸中置换出 $H_2$，且反应程度从上到下逐渐强烈。遇水或酸因强烈放热即发生燃烧甚至爆炸。但 Li 与水反应较缓慢，虽然从电极电势看，Li 的还原性大于 Na，但 Li 的活泼性实际上小于 Na，原因是 Li 的熔点较高，与水反应放出的热不足以将其熔化成小球或液体，分散性差，又由于 LiOH 的溶解度较小，覆盖在 Li 的表面，障碍了反应的进行。另外，Mg 也因生成的 $Mg(OH)_2$ 难溶于水，覆盖于 Mg 的表面而使之在冷水中不反应，需加热促进反应。

$$2Na + 2H_2O = 2NaOH + H_2 \uparrow$$

$$Ca + 2H_2O = Ca(OH)_2 + H_2 \uparrow$$

碱金属及钙、锶、钡都可溶于液氨形成蓝色的导电溶液，溶液中含有溶剂化了的电子和金属离子，这种电子非常活泼，所以，这些金属的液氨溶液是一种低温下的强还原剂。但当长时间放置或有催化剂（如过渡金属氧化物）存在时，将会发生置换出 $H_2$ 的反应。

$$Na + (x+y)NH_3 = Na^+(NH_3)_x + e(NH_3)_y^-$$

$$2Na + 2NH_3 = 2NaNH_2 + H_2$$

碱金属和碱土金属都可将其他金属从其盐中置换出来，常用于制备稀有金属或贵金属等。但由于碱金属和碱土金属都可与水进行强烈反应，所以这些置换反应不能在水溶液中进行。

$$SiF_4 + 4Na = Si + 4NaF$$

$$ZrO_2 + 2Ca = Zr + 2CaO$$

在一定条件下，碱金属可与环状多醚类等一些化合物反应形成碱金属负离子化合物，如钠与二环己基-18-冠-6 反应生成的金黄色晶体中，一个钠得到电子变成 $Na^-$：

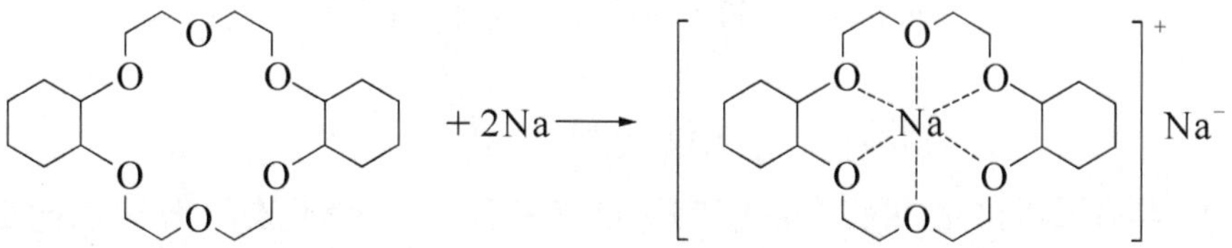


### 14.2.3 氧化物的性质

碱金属与氧作用可生成三种形式的氧化物：普通氧化物（oxides）、过氧化物（peroxides）和超氧化物（superoxides）。但钠主要得到 $Na_2O_2$，钾主要得到 $KO_2$。与臭氧作用还可生成臭氧化物。碱土金属与氧作用可得到普通氧化物，铍和镁表面可形成致密氧化物保护层。

1. 氧化物

碱金属的普通氧化物均为固体，颜色由 $Li_2O$ 到 $Cs_2O$ 依次加深，熔点依次降低，热稳定性依次减小。$Li_2O$ 的熔点高达 1 710 K，$Na_2O$ 在 1 548 K 升华，而其他碱金属氧化物在未到熔点时就已经分解(表 14－6)。碱土金属氧化物的熔沸点的变化趋势和热稳定性的变化趋势与碱金属相似，但碱土金属的离子电荷为＋2，且半径较小，氧化物的晶格能较大，所以其熔点比碱金属高得多，BeO 和 MgO 可作耐高温材料、高温陶瓷等，CaO 则大量用于建筑业。

**表 14－6　碱金属和碱土金属氧化物的颜色和熔点**

| 氧化物 | $Li_2O$ | $Na_2O$ | $K_2O$ | $Rb_2O$ | $Cs_2O$ |
|---|---|---|---|---|---|
| 颜色 | 白色 | 白色 | 淡黄色 | 亮黄色 | 橙红色 |
| 熔点/K | 1 710 | 1 407 | 813(分解) | 673(分解) | 768(分解) |
| $\Delta_f H_m^\ominus$/kJ·mol$^{-1}$ | −595.8 | −415.9 | −493.7 | 33.1 | 317.6 |
| 氧化物 | BeO | MgO | CaO | SrO | BaO |
| 颜色 | 白色 | 白色 | 白色 | 白色 | 白色 |
| 熔点/K | 2 851 | 3 098 | 2 886 | 2 804 | 2 246 |
| $\Delta_f H_m^\ominus$/kJ·mol$^{-1}$ | −609.4 | −601.7 | −635.5 | −592.0 | −558.1 |

碱金属氧化物与水反应生成氢氧化物，反应的激烈程度依次增强，其中 $Li_2O$ 与水作用缓慢，$Rb_2O$ 和 $Cs_2O$ 遇水即发生燃烧，甚至爆炸。与碱金属相似，碱土金属氧化物与水反应的激烈程度也依次增强，BeO 几乎不与水反应，MgO 与水缓慢作用生成 $Mg(OH)_2$，CaO、SrO、BaO 遇水反应剧烈，但产物氢氧化物的溶解度较碱金属小得多。

2. 过氧化物

碱金属和碱土金属均可生成过氧化物(除铍外)，过氧化物中存在着过氧离子 $O_2^{2-}$ ($[:\overset{..}{\underset{..}{O}}-\overset{..}{\underset{..}{O}}:]^{2-}$)，其中氧的氧化值为−1。$Na_2O_2$ 为淡黄色粉末，对热稳定，但易吸湿，与水、稀酸作用生成 $H_2O_2$，$Na_2O_2$ 与 $CO_2$ 反应放出 $O_2$，因此 $Na_2O_2$ 可用于氧气发生剂和漂白剂，也可用作防毒面具的填料，在高空飞行和潜水时作供氧剂和 $CO_2$ 吸收剂。

$$Na_2O_2 + 2H_2O \xlongequal{} 2NaOH + H_2O_2$$
$$2H_2O_2 \xlongequal{} O_2 + 2H_2O$$
$$2Na_2O_2 + 2CO_2 \xlongequal{} 2Na_2CO_3 + O_2$$

$Na_2O_2$ 具有强氧化性，可将 $Cr_2O_3$ 和 $Fe_2O_3$ 等氧化为＋6 氧化态的化合物，此反应常用于分解矿物。由于 $Na_2O_2$ 的强碱性，熔融反应物时不宜使用陶瓷、石英等容器，可采用铁制、镍制等容器。另外，熔融的 $Na_2O_2$ 与木炭、铝粉等强还原剂作用时因强烈放热而会发生爆炸，使用 $Na_2O_2$ 时需特别注意安全。

$$Cr_2O_3 + 3Na_2O_2 \xlongequal{} 2Na_2CrO_4 + Na_2O$$

$$Fe_2O_3 + 3Na_2O_2 = 2Na_2FeO_4 + Na_2O$$

3. 超氧化物

除 Li、Be、Mg 外，碱金属和碱土金属都可形成超氧化物。在超氧化物中存在超氧离子$O_2^-$（[:Ö—Ö:]⁻）。$O_2^-$是一个自由基，其中 O 的氧化值为$-1/2$。超氧化物都是强氧化剂，与水和稀酸反应放出$H_2O_2$和$O_2$，与$CO_2$反应放出$O_2$：

$$2MO_2 + 2H_2O = 2MOH + H_2O_2 + O_2$$

$$4MO_2 + 2CO_2 = 2M_2CO_3 + 3O_2$$

因此，超氧化物常用于急救器材中，除去$CO_2$和再生$O_2$。

4. 臭氧化物

$O_3$与 K、Rb、Cs 的氢氧化物反应可得到臭氧化物(ozonides)。

$$6MOH + 4O_3 = 4MO_3 + 2MOH \cdot H_2O(s) + O_2$$

$MO_3$不稳定，可缓慢分解放出$O_2$，遇水激烈反应生成氢氧化物并放出$O_2$。

$$2MO_3 = 2MO_2 + O_2$$

$$4MO_3 + 2H_2O = 4MOH + 5O_2$$

### 14.2.4 氢氧化物的性质

碱金属的氢氧化物都是白色固体，易溶于水且完全电离，显强碱性(LiOH 除外)。它们对皮肤、纤维、玻璃、陶瓷等都具有强腐蚀性，因此又称它们为苛性碱(caustic alkali)。它们在水中溶解度较大(表 14-7)，溶于水时放出大量的热。在空气中易吸湿潮解且可与$CO_2$反应生成碳酸盐，使用和保管时需注意密封且保持干燥。氢氧化钠(又称苛性钠、烧碱)和氢氧化钾(又称苛性钾)是常用的强碱，也是重要的化工原料，常可用作干燥剂、分解矿物原料、制备其他氢氧化物和氧化物等。NaOH 固体必须密封保存，以免吸收空气中的$CO_2$和$H_2O$。但市售 NaOH 固体总难免会含有$Na_2CO_3$，当需要不含$Na_2CO_3$杂质的 NaOH 溶液时，可先制备 NaOH 饱和溶液，密闭静置，使$Na_2CO_3$沉淀析出，然后取上层清液，用煮沸后冷却的新鲜蒸馏水稀释到所需浓度。由于氢氧化钠和氢氧化钾等的腐蚀性强，所以其浓溶液不能用玻璃容器来存放，试剂瓶也不能用玻璃塞，熔融的氢氧化钠和氢氧化钾的腐蚀性更强，使用时需注意安全，防止化学烧伤。

**表 14-7 碱金属和碱土金属氢氧化物的溶解性(298.15 K)**

| 氢氧化物 | LiOH | NaOH | KOH | RbOH | CsOH |
|---|---|---|---|---|---|
| 溶解度/(g/100 g $H_2O$) | 12.5 | 100 | 121 | 173* | 300* |
| 氢氧化物 | $Be(OH)_2$ | $Mg(OH)_2$ | $Ca(OH)_2$ | $Sr(OH)_2$ | $Ba(OH)_2$ |
| $K_{sp}$ | $6.92\times10^{-22}$ | $5.61\times10^{-12}$ | $5.5\times10^{-6}$ | $2.5\times10^{-2}$ | $2.55\times10^{-4}$† |
| 溶解度/(g/100 g $H_2O$) | — | 0.000 69§ | 0.16§ | 2.25 | 4.91 |

* 303 K；† $Ba(OH)_2 \cdot 8H_2O$，293 K；§ 293 K。

碱土金属的氢氧化物也是白色固体，在空气中易吸湿潮解，易吸收$CO_2$形成难溶性碳酸盐。它们的溶解度较小，由于溶解的部分全部电离，因此它们仍是强碱。从 Be 到 Ba 溶解度增加、碱性增加，$Be(OH)_2$为两性氢氧化物，而$Ba(OH)_2$为强碱。

$Ca(OH)_2$俗称熟石灰或消石灰，因价格低廉易得，大量用于化工生产和建筑业，也是常用的干燥剂和实验试剂。

### 14.2.5 常见盐

碱金属的盐大都是离子型化合物，易溶于水。但少数半径较大的阴离子的盐溶解度较小，如六羟基锑酸钠（$Na[Sb(OH)_6]$）、酒石酸氢钾（$KHC_4H_4O_6$）、四苯基硼酸钾（$K[B(C_6H_5)_4]$、氯铂酸钾（$K_2PtCl_6$）、六（亚硝酸根）合钴（Ⅲ）酸二钾钠（$NaK_2[Co(NO_2)_6]$）等。它们可用于鉴别$Na^+$、$K^+$。

碱土金属的盐中，与一价阴离子组成的盐易溶，如氯化物、硝酸盐、醋酸盐等，但氟化物因晶格能较大而难溶。与二价、三价阴离子的盐大都难溶，如草酸盐、碳酸盐、磷酸盐、硫酸盐（$MgSO_4$除外）、铬酸盐（$MgCrO_4$除外）等，但硫化物可溶。其中$CaC_2O_4$（白）、$SrSO_4$（白）、$BaCrO_4$（黄）溶解度较小且灵敏度较大，常分别用于鉴别$Ca^{2+}$、$Sr^{2+}$、$Ba^{2+}$离子。碱土金属的酸式盐大多可溶，例如其硫酸盐在浓硫酸中的溶解度大于在水中的溶解度，就是因为生成硫酸氢盐的缘故。向碳酸盐的悬浮液中通入过量$CO_2$可将难溶碳酸盐转变为可溶性碳酸氢盐，加热溶液赶出$CO_2$则又产生碳酸盐沉淀，这就是钟乳岩及溶洞形成的原因。其草酸盐、磷酸盐、铬酸盐等均可溶于稀盐酸、稀硝酸中。

$$MSO_4 + H_2SO_4(\text{浓}) \rightleftharpoons M(HSO_4)_2 (M = Ca、Sr、Ba)$$

$$CaCO_3 + CO_2 + H_2O \overset{\triangle}{\rightleftharpoons} Ca^{2+} + 2HCO_3^-$$

$$Ca_3(PO_4)_2 + 4H^+ \Longrightarrow 3Ca^{2+} + 2H_2PO_4^-$$

$$2BaCrO_4 + 3H^+ = 2Ba^{2+} + HCr_2O_7^- + H_2O$$

碱金属和碱土金属的盐易形成结晶水合物。离子所带电荷数越多，半径越小，水合作用越强，当其盐从溶液中结晶析出时，往往形成结晶水合物。对于碱金属离子而言，$Li^+$水合作用最强，$Cs^+$最弱，几乎所有的锂盐都是水合物，钠盐的水合物多于钾盐，而铷盐和铯盐的水合物则很少见。基于同样的原因，钠盐的吸湿性强于钾盐，所以分析化学中常用的标准试剂多为钾盐，配制炸药时选用$KNO_3$或$KClO_3$，而不用相应的钠盐。

碱土金属离子的半径比碱金属离子小，正电荷高，水合作用更强，碱土金属的盐更易形成结晶水合物，其无水盐吸湿性强。无水$CaCl_2$是常用的干燥剂，$MgCl_2$在纺织工业中常用作助剂保持棉纱的湿度和柔软性。

碱金属盐比碱土金属盐的热稳定性强；同族元素中，离子半径越大，盐的热稳定性越强。硝酸盐最不稳定，碳酸盐次之，卤化物、硫酸盐、磷酸盐等都很稳定。这是因为阳离子半径越小，正电荷越高，离子极化作用越强，盐的热稳定性就越差；阴离子半径越大，电子云变形性越大，盐的稳定性越差。

碱金属和碱土金属重要的盐有氯化钠、氯化钾、氯化钙、硫酸钡等。氯化钠：NaCl 是用途最为广泛和最重的钠盐，供食用、药用和作为化工原料用于制备 NaOH、金属钠、

$Na_2CO_3$、$Cl_2$、HCl 等无机物。KCl 也是制备其他钾盐、金属钾、KOH 等含钾化合物的基本原料。氯化钙：$CaCl_2 \cdot 6H_2O$ 是实验室常用的试剂，加热至 533 K 时脱水生成无水 $CaCl_2$。无水 $CaCl_2$ 有很强的吸湿性，是一种常用的干燥剂，由于它能与 $NH_3$ 和乙醇生成加合物，故不能用于干燥乙醇或氨。氯化钡：$BaCl_2 \cdot 2H_2O$ 是重要的可溶性钡盐，是实验室常用的试剂。可溶性钡盐对人、畜有害，致死量为 0.8 g，使用时要注意安全。硫酸钡（重晶石）：$BaSO_4$ 是制备其他钡盐的原料。将 $BaSO_4$ 与煤粉混合，在 1 173～1 473 K 煅烧可制得 BaS；BaS 与 HCl 反应可制得 $BaCl_2$；BaS 与 $CO_2$ 反应可制得 $BaCO_3$。

### 14.2.6 配合物

在周期系的所有金属元素中，碱金属形成配合物的能力是最弱的，常见无机配体及许多有机配体均难以与碱金属离子形成稳定的配合物。但随着冠醚和穴醚化合物的发现使碱金属配合物的研究获得了重大的进展。冠醚和穴醚既有疏水的外部骨架，又有亲水的能与金属离子形成配位键的内腔，不同的冠醚内腔大小不同，能选择性地与半径大小不同的金属离子形成稳定的配合物。冠醚和穴醚是常用的人工离子载体，在研究生物体内 $Na^+$、$K^+$、$Mg^{2+}$、$Ca^{2+}$ 等金属离子的跨膜转运中有重要的应用。

碱土金属形成配合物的能力比碱金属强，尤其是 $Ca^{2+}$ 和 $Mg^{2+}$ 的配合物较为常见。除了能形成大环配合物外，还能与 $C_2O_4^{2-}$、多磷酸根离子和 EDTA 等有机螯合剂形成较稳定的配合物。

### 14.2.7 对角线规则

在元素周期表中，ⅠA 族的 Li 元素与ⅡA 族的 Mg 元素、ⅡA 族的 Be 元素与ⅢA 族的 Al 元素，它们处于对角线的位置，这些元素的性质除了与同族元素相似外，还呈现“对角线”相似性，称为对角线规则。

金属 Li 和 Mg 在过量空气中燃烧均生成普通氧化物而不生成过氧化物，与水反应都较慢，它们的氢氧化物在水中的溶解度都比较小，受热时易分解，它们的许多盐表现出强共价性，如氟化物、碳酸盐、磷酸盐等都难溶于水等。金属 Be 和 Al 都是两性元素，都可被浓硝酸钝化，其氧化物都是熔点高硬度大的物质，氢氧化物都显两性且难溶于水，许多化合物都具有共价性，如其氯化物都易升华、易聚合、易溶于有机溶剂等。

对角线规则是一经验规则，可从离子极化的角度进行说明。同一周期最外层电子组态相同的金属离子，从左到右，随离子电荷数的增加，离子的极化作用增强；同一族元素电荷数相同的金属离子，从上到下，随离子半径的增加，极化作用减弱。对于对角线上邻近的两种元素，由于电荷和半径的影响正好相反，它们的极化作用比较接近，所以它们的性质具有许多相似性。

### 14.2.8 碱金属和碱土金属的生物效应和常见无机药物

碱金属元素中，Na、K 是人体必需元素，$Na^+$ 主要在细胞外液中，$K^+$ 主要在细胞内液中，它们在细胞内外液中的分布不均（细胞液中 $Na^+$ 约 10 $mmol \cdot L^{-1}$，$K^+$ 约 105 $mmol \cdot L^{-1}$；血浆中 $Na^+$ 约 143 $mmol \cdot L^{-1}$，$K^+$ 约 5 $mmol \cdot L^{-1}$），对控制细胞、血液、组织液的

电平衡，维持其正常渗透压和正常流通起重要作用。它们还存在于骨骼中。$K^+$还是一些酶的辅基。$Li^+$盐用于治疗精神疾病。碱土金属中，Ca、Mg 也是人体必需元素，主要分布在骨骼中，还存在于血浆和细胞外液中。$Ca^{2+}$对细胞间的信号传导起着重要作用，还对抑制肌肉神经的兴奋性、维持心肌正常收缩和促进凝血起重要作用。缺钙会引起骨质疏松等病症，儿童缺钙会引起营养不良，导致佝偻症。Mg 对维持肌肉神经的兴奋性起重要作用，$Mg^{2+}$是多种酶和合成酶的辅助因子或激活剂，参与 300 多种酶的反应，特别是与能量代谢相关的酶的反应，参与糖、脂肪、核酸、蛋白质等多类生命物质的代谢。

$Li_2CO_3$：抗狂躁型抑郁症药；NaCl：电解质补充药，配制大输液及洗涤黏膜和伤口；碳酸氢钠：制酸剂，中和胃酸及维持血液酸碱平衡；KCl：电解质补充药，用于低血钾症及洋地黄中毒引起的心律不齐；MgO：抗酸盐及轻泻药；$Mg(OH)_2$：制酸药；$MgSO_4$：内服用作泻剂，注射用作抗惊厥药；葡萄糖酸钙、氯化钙、碳酸氢钙、乳酸钙，补钙剂及镁中毒的拮抗剂；$CaSO_4 \cdot 2H_2O$，俗称石膏，清热泻火；煅石膏 $CaSO_4 \cdot 1/2H_2O$ 用作石膏绷带；$BaSO_4$：消化道造影剂。

# 14.3 过渡金属

周期表中ⅢB 到ⅡB 的元素，具有未充满 d 电子，价层电子构型为$(n-1)d^{1\sim10}ns^{1\sim2}$，称为过渡元素。而具有未充满 f 电子的镧系元素和锕系元素，价层电子层构型为$(n-2)f^{1\sim14}(n-1)d^{0\sim1}ns^2$，称为内过渡元素。其中第四周期的过渡元素(从 Sc 到 Zn)称为第一过渡系元素，也称为轻过渡元素；第五周期的过渡元素(从 Y 到 Cd)称为第二过渡系元素；第六周期的过渡元素(从 La 到 Hg，不包括镧系元素)称为第三过渡系元素；第七周期的过渡元素(从 Ac 到 112 号元素 Uub，不包括锕系元素)称为第四过渡系元素。第二、三、四过渡系元素又称为重过渡元素。因其都是金属元素，所以也称为过渡金属。

在自然界中，轻过渡元素的储量较多，其单质和化合物的用途十分广泛。重过渡元素的丰度大多数很小，但某些重过渡元素及其化合物却有非常重要的用途，如钨、铂、银、汞等。

## 14.3.1 过渡元素的基本性质

过渡金属的最外层 $ns$ 和次外层$(n-1)d$ 电子的能级相近，都可能参与成键，因此它们都有较多的氧化态，其低氧化态化合物多为离子型化合物，而高氧化态化合物的共价性较强，还有许多过渡金属可形成 M—M 键。由于既可利用空的$(n-1)d$ 轨道接受配体的电子对与配体形成配位键，又可提供 d 电子形成反馈键，因此存在种类繁多、结构形式丰富的配合物。其共同的特性包括：

1) 都是金属，大多数硬度较大，熔、沸点较高，导电性、导热性及延展性良好。

2) 多数元素在金属活动顺序表中位于氢以前，能够从非氧化性酸中置换出 $H_2$。但第二、三过渡系大多不能与强酸作用。

3) 大多具有多种氧化态，低氧化态时常以简单离子的形式存在于晶体或溶液中，高氧化态时则以氧化物、含氧酸盐及配合物的形式存在。

4）化合物大多具有一定的颜色。

5）由于镧系收缩，第三过渡系列元素的性质与第二过渡系列元素的性质具有很多相似性。

第一过渡系元素的重要性质参数列于表 14 - 8 中。

**表 14 - 8 第一过渡系元素的重要性质参数**

| 元素 | Sc | Ti | V | Cr | Mn | Fe | Co | Ni | Cu | Zn |
|---|---|---|---|---|---|---|---|---|---|---|
| 原子半径/pm | 161 | 145 | 132 | 125 | 124 | 124 | 125 | 125 | 128 | 133 |
| 离子半径/pm | 106(+1) | 96(+1) | 88(+1) | 86(+1) | 75(+1) | 75(+2) | 79(+2) | 83(+2) | 96(+1) | 88(+1) |
| 81(+3) | 81(+3) | 68 (+4) | 59(+5) | 52(+6) | 46(+7) | 69(+3) | 69(+3) | 62(+3) | 87(+2) | 74(+2) |
| 电负性 | 1.36 | 1.54 | 1.63 | 1.66 | 1.55 | 1.83 | 1.88 | 1.91 | 1.90 | 1.65 |
| 第一电离能/$kJ \cdot mol^{-1}$ | 633.1 | 658.8 | 650.9 | 652.9 | 717.3 | 762.5 | 760.4 | 737.1 | 745.5 | 906.4 |
| 第二电离能/$kJ \cdot mol^{-1}$ | 1 235.0 | 1 309.8 | 1 414.0 | 1 590.6 | 1 509.0 | 1 561.9 | 1 648.0 | 1 753.0 | 1 957.9 | 1 733.3 |
| 熔点/K | 1 814 | 1 941 | 2 183 | 2 180 | 1 519 | 1 811 | 1 768 | 1 728 | 1 357.8 | 692.68 |
| 沸点/K | 3 103 | 3 560 | 3 680 | 2 944 | 2 334 | 3 134 | 3 200 | 3 186 | 3 200 | 1 180 |
| 硬度(金刚石=10) |  | 4.0 |  | 9.0 | 6.0 | 4.5 | 5.5 | 4.0 | 3.0 | 2.5 |
| 密度/($g \cdot cm^{-3}$) | 3.0 | 4.51 | 6.1 | 7.20 | 7.30 | 7.86 | 8.9 | 8.9 | 8.92 | 7.14 |
| $\varphi^{\ominus}(M^{2+}/M)/V$ |  | −1.63 | −1.13 | −0.90 | −1.18 | −0.44 | −0.28 | −0.257 | −0.340 | −0.793 |
| $\varphi^{\ominus}(M^{3+}/M)/V$ | −2.03 | −1.21 | −0.838 | −0.74 | −0.287 | −0.04 | +0.45 |  |  |  |

1. 金属性

过渡元素的价层电子构型为$(n-1)d^{1\sim10}ns^{1\sim2}$，由于$(n-1)$d 电子也参与成键，键能大，晶格能高，所以过渡金属一般都有较高的熔点、沸点，且未成对电子数越多的元素，熔沸点一般越高，硬度、密度也越大。W 是熔点(3 683 K)最高的元素，Cr 是硬度最大的金属，锇、铱、铂是密度很大的金属单质。

同周期元素，从左到右，随着原子序数的增加，核电荷增加，而所增加的电子填在次外层$(n-1)$d 轨道上，由于$(n-1)$d 电子对外层 $ns$ 的屏蔽作用小，有效核电荷逐渐增大，对外层电子的吸引力增加，所以原子半径逐渐缓慢减小，至Ⅷ族附近，$(n-1)$d 较多，电子间的排斥作用增强，原子半径又开始增加。相反，电负性逐渐缓慢增加至Ⅷ族附近后再减小。第一、第二电离能变化的规律性差，总的趋势与电负性相似。而同族元素，原子半径逐渐增加，但由于镧系收缩，第二、第三过渡系的半径很接近(图 14 - 1)，其电离

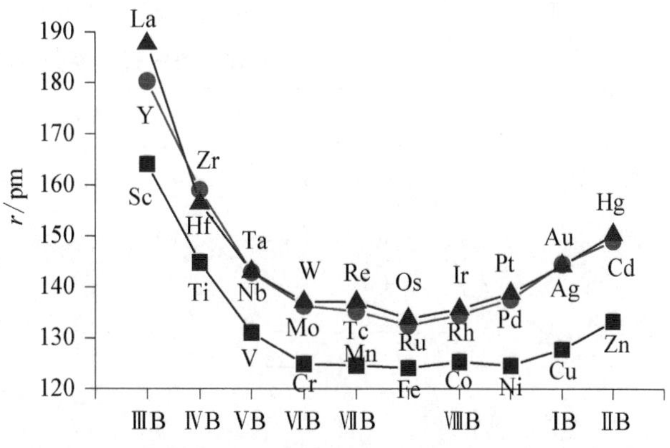

图 14 - 1 过渡元素的原子半径

能变化的总趋势逐渐增加，但时有交错。因此，钪族的活泼性较强，而铂系元素为惰性金属。第一过渡系金属较活泼，第二、第三过渡系金属较稳定。但由于反应中钛的金属表面易形成致密的钝态氧化物保护膜，以致在常温下钛不能与稀酸作用，而只能溶解在热的浓盐酸、热硝酸或氢氟酸中。它们的反应性能列于表 14－9 中。

**表 14－9　过渡元素的反应性**

| 试　剂 | 金　属 | 金属活泼性 | 主　要　产　物 |
|---|---|---|---|
| $H_2O$ | Sc Y La | 极活泼 | $M(OH)_3$ |
| 稀盐酸/稀硫酸 | Cr Mn Fe Co Ni Cd Ti(浓热 HCl) | 活泼 | $M^{2+}$ $M^{3+}$ |
| 稀硝酸 | Au Ag | 不活泼 | $Cu^{2+}$ $Ag^{+}$ |
| 浓硝酸 | V(热) Mo Tc Re Pd Hg | 不活泼 | $VO_2^{+}$ $MoO_4^{2-}$ $TcO_4^{-}$ $ReO_4^{-}$ $Pd^{2+}$ $Hg^{2+}$ |
| 王水 | Zr Hf Pt Au | 极不活泼 | $ZrO_2$ $HfO_2$ $[PtCl_6]^{2-}$ $[AuCl_4]^{-}$ |
| $HNO_3+HF$ | Nb Ta W | 惰性 | $[NbF_6]^{2-}$ $[TaF_7]^{2-}$ $[WOF_5]^{-}$ |
| 熔融 NaOH | Ru Rh Os Ir | 惰性 | $RuO_4^{2-}$ $Rh_2O_3$ $OsO_4$ $IrO_2$ |

许多过渡元素都能与活泼的非金属元素直接作用，生成相应的化合物。ⅣB～Ⅷ族的元素还能与原子半径较小的非金属(如 B、C、N 等)形成间充式化合物，这些化合物是由非金属原子钻到金属晶格的空隙中形成的，间充式化合物的硬度和熔点都高于单纯的金属，化学性质也变得更为稳定，因而在工业上有许多重要的用途。例如，碳化钨 $W_2C$ 是硬质合金钢，可用来制造某些特殊设备等。

2. 氧化态特征

由于 $ns$ 和 $(n-1)$d 电子都可参与成键，因此过渡元素具有多种氧化值，第一过渡系元素的氧化值见表 14－10。从左到右，同周期元素的最高氧化值随 d 电子数的增多而依次升高，可变氧化态的数目也依次增多，当 d 电子的数目达到 5 或超过 5 时，能级处于半充满状态，能量降低，稳定性增强，d 电子参加成键的倾向减弱，氧化值逐渐减少，可变氧化态的数目随之减少。从上到下，同族元素高氧化值趋于稳定。即第一过渡系元素低氧化值比较稳定，可以简单离子形式存在，而它们的高氧化值化合物通常以含氧酸盐的形式存在，且是强氧化剂，而第二、第三过渡系元素高氧化值化合物比较稳定，它们的低氧化值化合物通常具有还原性。过渡元素与非金属形成二元化合物时，通常只有电负性大且半径小、不易被极化的非金属才可与之形成高氧化态的化合物。

**表 14－10　第一过渡系元素的氧化值**

| 元　素 | Sc | Ti | V | Cr | Mn | Fe | Co | Ni | Cu | Zn |
|---|---|---|---|---|---|---|---|---|---|---|
| 价电子构型 | $3d^14s^2$ | $3d^14s^2$ | $3d^14s^2$ | $3d^14s^2$ | $3d^14s^2$ | $3d^14s^2$ | $3d^14s^2$ | $3d^14s^2$ | $3d^14s^2$ | $3d^14s^2$ |
| | | | | | | | | | $\underline{+1}$ | |
| | +2 | +2 | +2 | +2 | $\underline{+2}$ | $\underline{+2}$ | $\underline{+2}$ | $\underline{+2}$ | $\underline{+2}$ | $\underline{+2}$ |
| | $\underline{+3}$ | +3 | +3 | $\underline{+3}$ | +3 | $\underline{+3}$ | $\underline{+3}$ | $\underline{+3}$ | | |
| 氧化值* | | $\underline{+4}$ | $\underline{+4}$ | +4 | $\underline{+4}$ | +4 | +4 | +4 | | |
| | | | $\underline{+5}$ | +5 | +5 | +5 | | | | |
| | | | | $\underline{+6}$ | $\underline{+6}$ | +6 | | | | |
| | | | | | $\underline{+7}$ | | | | | |

＊有下划线的是常见氧化值。

3. 颜色及磁性特征

过渡元素的化合物通常具有一定的颜色。过渡金属元素的离子产生颜色的原因很复杂，主要有 d－d 电子跃迁、配体-金属电荷迁移等。不同金属离子，d－d 电子跃迁能量不同，所以会出现不同的颜色；同一金属离子不同配体，因构型、配体场强不同，d 能级分裂的程度不同，d 电子跃迁所需要的能量就不同。另外，一些配体和金属离子间还可产生配体-金属电荷迁移光谱，金属离子不同、配体不同，配体-金属电荷迁移光谱也会不同；像 $d^0$、$d^{10}$ 构型的离子，虽然没有 d－d 电子跃迁光谱，但可产生配体-金属电荷迁移光谱，所以也可具有较深的颜色。如 $MnO_4^-$（紫色）、$Cr_2O_7^{2-}$（红棕色）、$V_2O_5$（黄色），可以认为是由于极化作用，配体氧上的电子向中心金属离子跃迁而产生的荷移谱。$d^5$ 构型离子的化合物常具有淡颜色，这是由于存在自旋禁阻引起的（表 14－11）。

**表 14－11　第一过渡系元素水合离子的颜色**

| $d^0$ | $d^1$ | $d^2$ | $d^3$ | $d^4$ | $d^5$ | $d^6$ | $d^7$ | $d^8$ | $d^9$ | $d^{10}$ |
|---|---|---|---|---|---|---|---|---|---|---|
| $Sc^{3+}$<br>无色<br>$Ti^{4+}$<br>无色<br>$CrO_4^{2-}/Cr_2O_7^{2-}$<br>黄/红棕<br>$MnO_4^-$<br>紫红 | $Ti^{3+}$<br>紫红<br>$MnO_4^{2-}$<br>墨绿 | $Ti^{2+}$<br>褐色<br>$V^{3+}$<br>绿 | $V^{2+}$<br>紫<br>$Cr^{3+}$<br>蓝紫 | $Cr^{2+}$<br>蓝<br>$Mn^{3+}$<br>红色 | $Mn^{2+}$<br>肉红<br>$Fe^{3+}$<br>淡紫 | $Fe^{2+}$<br>浅绿 | $Co^{2+}$<br>粉红 | $Ni^{2+}$<br>绿 | $Cu^{2+}$<br>蓝 | $Cu^+$<br>无色<br>$Zn^{2+}$<br>无色 |

同样由于存在未成对电子，过渡金属及其化合物常具有顺磁性。但当其原子或离子中的电子都成对时，则表现为抗磁性。利用磁天平、顺磁共振谱学、穆斯堡尔谱学、磁圆二色性等技术，通过研究化合物的磁学表现，可以确定金属离子的价态、配位环境等。具有顺磁性的过渡金属单质、合金及化合物在超导、计算机及信息处理、靶向性药物设计等许多领域都有重要应用。

4. 氧化物及其水合物的酸碱性

过渡元素的氧化物及其水合物的酸碱性变化趋势，大致有如下规律：① 从左到右，同周期元素（ⅢB～ⅦB 族）最高氧化值的氧化物及其水合物的碱性逐渐减弱；② 从上到下，同族元素相同氧化值的氧化物及其水合物的碱性逐渐增强；③ 同一元素不同氧化值的氧化物及其水合物，一般低氧化态显碱性，高氧化态显酸性，且随氧化值升高酸性增强。例如，锰元素不同氧化值的氧化物及其水合物的酸碱性变化如下：

| | | | | | |
|---|---|---|---|---|---|
| 氧化值 | +2 | +3 | +4 | +6 | +7 |
| 氧化物 | $MnO$ | $Mn_2O_3$ | $MnO_2$ | $MnO_3$ | $Mn_2O_7$ |
| 水合物 | $Mn(OH)_2$ | $Mn(OH)_3$ | $Mn(OH)_4$ | $H_2MnO_4$ | $HMnO_4$ |
| 酸碱性 | 碱性 | 弱碱性 | 两性 | 酸性 | 强酸性 |

5. 配位性

过渡金属元素的原子或离子的价电子层中通常具有较多的 $(n-1)d$、$ns$、$np$、$nd$ 空轨道，由于这些轨道的能量又比较接近，有利于组成各种类型的杂化轨道。此外，这些元素的有效核电荷较大，离子的极化作用及变形性较强。所有这些都决定了过渡金属具有强烈的形成配合物的倾向。它们可以与许多无机配体、有机配体形成稳定的配合物。某些金属的原子（Fe、Co、Ni、Pt 等）还能与 CO（羰基）形成羰基配合物（简称羰合物），在这些配合物中，金属的氧化值为零甚至为负值。这些配合物在许多领域中都有极其重要的应用。它们与生物大分子配体（如蛋白质、核酸等）形成的配合物在生命活动中具有重要功能。

## 14.3.2 铬和锰

1. 成键特征及单质的性质

铬（chromium，Cr）是第一过渡系ⅥB 族元素。在自然界中铬的丰度较大，铬在地壳中的丰度约为 0.008 3%，重要的矿石有铬铁矿（$FeCr_2O_4$）、铬铅矿（$PbCrO_4$）、铬褚石矿（$Cr_2O_3$）等。炼钢所用的铬常由铬铁矿和碳在电炉中反应制得。

$$FeCr_2O_4 + 4C = Fe + 2Cr + 4CO$$

单质铬是银白色有光泽的金属，有延展性，是硬度最大的金属，铬易与其他金属形成合金，含有杂质的铬硬而脆。铬虽然强具有还原性，但由于其表面易生成钝态的氧化物保护膜，使铬具有很强的抗腐蚀性，因此铬不溶于浓 $HNO_3$或王水中。在工业上常在铁制品表面镀一层铬，以防其生锈，并具有抗腐、耐磨和保持光亮的性能，含铬 10%以上的钢材称为不锈钢。

铬的价层电子构型为 $3d^5 4s^1$，6 个电子都可参与成键，常见氧化值有+6、+3 和+2。铬的标准电势图和吉布斯能-氧化态图如图 14-2 所示。

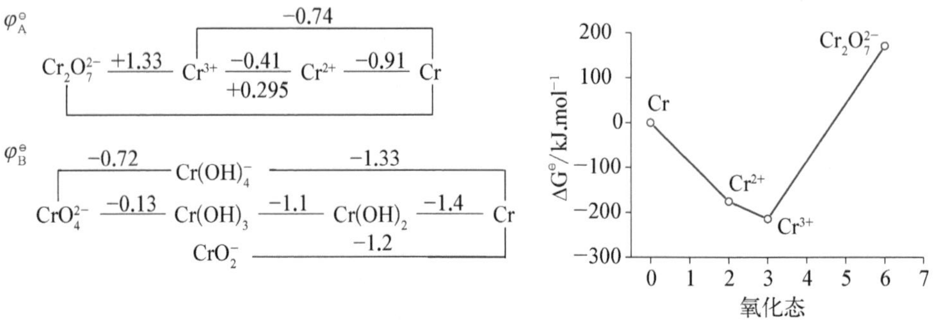


图 14-2 铬的电极电势图和酸性条件下的吉布斯能-氧化态图

从电势图和吉布斯能-氧化态图可以看出：① 酸性条件下，$Cr_2O_7^{2-}$ 具有较强的氧化性，而 $Cr^{3+}$ 是最稳定的氧化态（在吉布斯能-氧化态中处于最低点），因此，在酸性条件下 $Cr_2O_7^{2-}$ 的还原产物通常是 $Cr^{3+}$。② 无论是酸性介质还是碱性介质中，单质铬都具有强还原性。实际上，没有被钝化的铬非常活泼，常温下，能与稀 HCl 或稀 $H_2SO_4$ 作用，反应时先生成蓝色的 Cr（Ⅱ）溶液，继而被空气中的 $O_2$ 氧化为绿色的 Cr（Ⅲ）溶液；可以将 Ni、Sn 等从其盐中置换出来，但需在高温条件下才能与卤素、硫、氮等非金属单质直接化合。

$$Cr + 2HCl = CrCl_2 + H_2\uparrow$$

$$4CrCl_2 + O_2 + 4HCl \longrightarrow 4CrCl_3 + 2H_2O$$

锰(manganese,Mn)是第一过渡系ⅦB族元素。锰在地壳中的丰度为0.1%,含量位居所有过渡元素的第三位,仅次于铁和钛,并且分布广泛。常以软锰矿($MnO_2$)、黑锰矿($Mn_3O_4$)、菱锰矿($MnCO_3$)、水锰矿($Mn_2O_3 \cdot H_2O$)及褐锰矿($3Mn_2O_3 \cdot MnSiO_3$)等形式存在。用软锰矿由铝热法还原可制得纯度为95%~98%的锰,用电解硫酸锰的方法可制得纯锰。

$$3MnO_2 \xrightarrow{\triangle} Mn_3O_4 + O_2$$

$$3Mn_3O_4 + 8Al \longrightarrow 9Mn + 4Al_2O_3$$

锰在工业上被用来制造合金钢,以增加钢的硬度,使其具有抗强烈机械冲击、磨损和抗腐蚀的能力。锰铜合金的电阻系数几乎为零,因此常用来制备各种电器。

锰的价层电子构型为$3d^5 4s^2$,氧化态非常丰富,常见氧化值有+7、+4、+2、+6和+3。

图14-3为锰元素的标准电势图和吉布斯能-氧化态图。

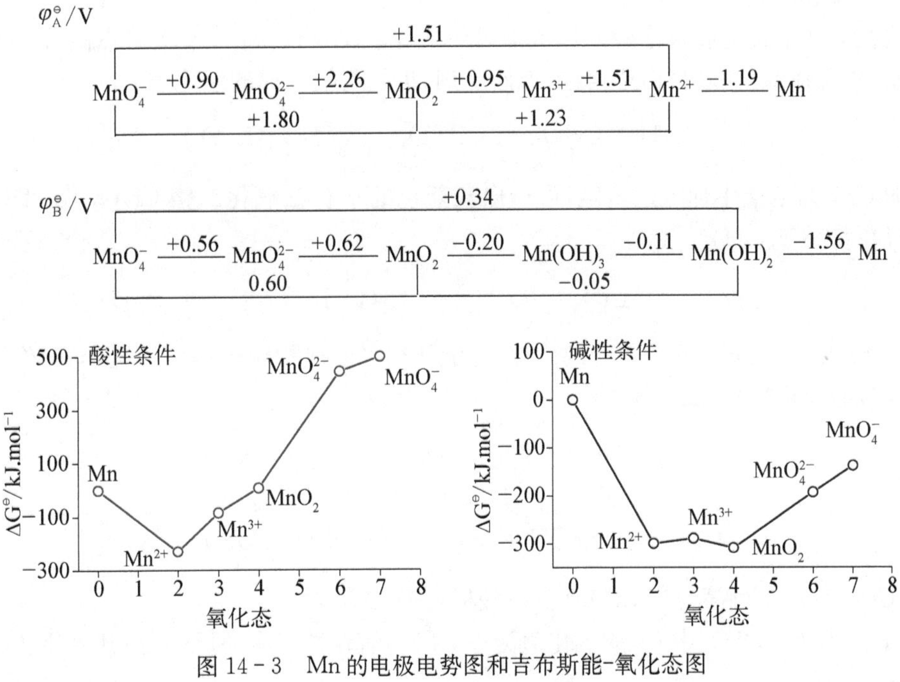


图14-3 Mn的电极电势图和吉布斯能-氧化态图

由电势图和吉布斯能-氧化态图可知:① 酸性介质中,其最高氧化态的化合物(高锰酸盐)具有强氧化性,而$Mn^{2+}$是最稳定的氧化态,因此,$MnO_4^-$的还原产物$Mn^{2+}$。② 无论在酸性还是在碱性介质中,$Mn^{3+}$和$MnO_4^{2-}$可发生歧化反应(在吉布斯能-氧化态图中,处于相邻两氧化态连线的上方),且在酸性介质中歧化反应进行的倾向很大。③ 单质Mn具有强还原性。它是第四周期元素中正电性最高的元素,非常活泼。块状时表面有氧化膜保护层,但粉末状在空气中会燃烧,溶于水放出$H_2$,易溶于稀酸生成$Mn^{2+}$的盐,能直接与多数非金属化合。锰还能与熔融的碱作用生成锰酸盐。

$$2Mn^{3+} + 2H_2O \rightleftharpoons Mn^{2+} + MnO_2 + 4H^+ \qquad K = 3.2 \times 10^9$$

$$3MnO_4^{2-} + 4H^+ \rightleftharpoons 2MnO_4^- + MnO_2 + 2H_2O \qquad K = 3.16 \times 10^{57}$$

$$Mn + S \xlongequal{\triangle} MnS$$

$$2Mn + 4KOH + 3O_2 \xlongequal{熔融} 2K_2MnO_4 + 2H_2O$$

2. 铬(Ⅲ)化合物的性质

$Cr^{3+}$的价层电子构型为$3d^34s^0$，为不规则电子构型，价电子层中空轨道较多，次外层电子的屏蔽作用较差，有效核电荷较大。因此$Cr^{3+}$化合物具有以下特性：① $Cr^{3+}$有强水解性；② 氧化物及其水合物具有明显的两性；③ 可发生 d－d 跃迁，所以化合物都有一定的颜色；④ $Cr^{3+}$有强配位性，容易与$H_2O$、$NH_3$、$X^-$、$CN^-$等配体形成 6－配位的配合物，这些配合物在水溶液中的重要特征是动力学惰性，即其配体取代反应的速率非常缓慢；⑤ 在八面体配体场中，3 个 d 电子处于能量最低的$t_{2g}$轨道，所以$Cr^{3+}$具有较大的稳定性，既不易被氧化为＋6 氧化态，也不易被还原为＋2 氧化态。

(1) 氧化物及其水合物

铬在空气中燃烧或重铬酸铵热解都可生成绿色的$Cr_2O_3$。$Cr_2O_3$熔点高，硬度大，微溶于水，常用作绿色颜料(俗称铬绿)或研磨剂，也是有机合成的催化剂。

$$(NH_4)_2Cr_2O_7 = Cr_2O_3 + N_2\uparrow + 4H_2O$$

向$Cr^{3+}$盐溶液中加入适量碱，可析出灰蓝色的水合三氧化二铬$Cr_2O_3 \cdot nH_2O$胶状沉淀，简写为$Cr(OH)_3$。

$$Cr^{3+} + 3OH^- = Cr(OH)_3\downarrow$$

$Cr_2O_3$和$Cr(OH)_3$具有明显的两性，与酸作用可生成相应的铬(Ⅲ)盐，与碱作用则生成深绿色的亚铬酸盐(chromite)。

$$Cr_2O_3 + 3H_2SO_4 = Cr_2(SO_4)_3 + 3H_2O$$

$$Cr(OH)_3 + 3HCl = CrCl_3 + 3H_2O$$

$$Cr_2O_3 + 2NaOH + 3H_2O = 2Na[Cr(OH)_4]$$

$[Cr(OH)_4]^-$可简写为$CrO_2^-$(亚铬酸根离子)。

$Cr_2O_3$和$Cr(OH)_3$中 Cr 的氧化值为＋3，既有氧化性又有还原性，但其氧化还原性能都较弱。

(2) 常见铬(Ⅲ)的盐

常见的可溶性铬(Ⅲ)盐主要有硫酸铬、氯化铬和铬钾矾。将$Cr_2O_3$溶于冷硫酸中可得紫色的$Cr_2(SO_4)_3 \cdot 18H_2O$。此外还有绿色的$Cr_2(SO_4)_3 \cdot 6H_2O$和桃红色的$Cr_2(SO_4)_3$。$Cr_2(SO_4)_3$和碱金属硫酸盐可形成铬矾，如铬钾矾$K_2SO_4 \cdot Cr_2(SO_4)_3 \cdot 24H_2O$。铬(Ⅲ)盐的主要性质如下：

1) 水解性和两性　可溶性铬(Ⅲ)盐溶于水时因$Cr^{3+}$水解，使溶液显酸性。

$$[Cr(H_2O)_6]^{3+} + H_2O = [Cr(OH)(H_2O)_5]^{2+} + H_3O^+$$

向其中加入碱，则生成灰绿色的 $Cr(OH)_3$ 胶状沉淀，继续加入碱，则生成亚铬酸盐。

$$\underset{\text{蓝紫色}}{[Cr(OH)(H_2O)_5]^{2+}} + 2OH^- \rightleftharpoons \underset{\text{灰绿色}}{Cr(OH)_3} + 5H_2O \rightleftharpoons H^+ + \underset{\text{绿色}}{CrO_2^-} + 6H_2O$$

2）配位性　　$Cr^{3+}$ 能与任何可提供电子对的配体形成配合物，它极易与 $NH_3$、$X^-$、$C_2O_4^{2-}$ 等无机配体和有机配体形成 6－配位数配合物。溶液中实际并不存在 $Cr^{3+}$，而是 $[Cr(H_2O)_6]^{3+}$。当溶液中存在其他配体时，$H_2O$ 可被取代，可形成一系列含 $H_2O$ 和其他配体或两种以上其他配体的混合配体配合物。

$$\underset{\text{紫色}}{[Cr(H_2O)_6]^{3+}} \xrightarrow{Cl^-} \underset{\text{蓝绿色}}{[CrCl(H_2O)_5]^{2+}} \xrightarrow{Cl^-} \underset{\text{绿色}}{[CrCl_2(H_2O)_4]^+}$$

$$\underset{\text{紫色}}{[Cr(H_2O)_6]^{3+}} \xrightarrow{3NH_3} \underset{\text{浅红色}}{[Cr(NH_3)_3(H_2O)_3]^{3+}} \xrightarrow{3NH_3} \underset{\text{黄色}}{[Cr(NH_3)_6]^{3+}}$$

$Cr^{3+}$ 在水解时还可形成一系列含羟桥配体（$OH^-$）的多核配合物。

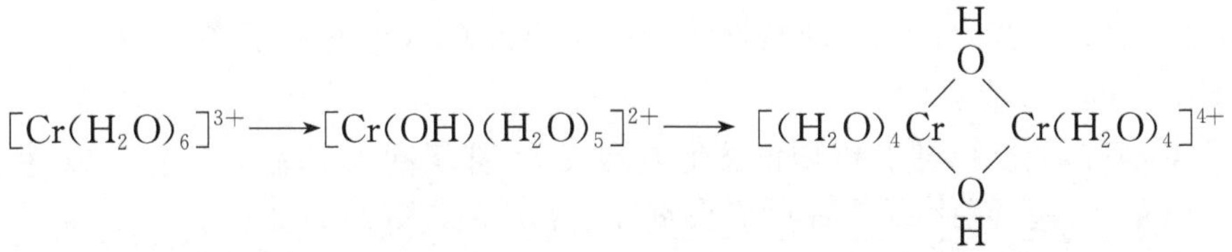


3）氧化还原性　　在酸性溶液中，$Cr^{3+}$ 很稳定，还原性很弱。在催化剂的作用下，只有过硫酸铵、高锰酸钾等少数强氧化剂才能将 $Cr^{3+}$ 氧化为 Cr(Ⅵ)。在碱性溶液中，$Cr^{3+}$ 可被 $H_2O_2$、$Cl_2$ 等强氧化剂氧化成铬酸盐。

$$2Cr^{3+} + 3S_2O_8^{2-} + 7H_2O \xrightarrow[\triangle]{Ag} Cr_2O_7^{2-} + 6SO_4^{2-} + 14H^+$$

$$2NaCrO_2 + 3H_2O_2 + 2NaOH = 2Na_2CrO_4 + 4H_2O$$

酸性溶液中向 $Cr^{3+}$ 的溶液中加入 Zn，可将 $Cr^{3+}$ 还原为蓝色的 $Cr^{2+}$，但 $Cr^{2+}$ 不稳定，可被空气中的 $O_2$ 氧化为绿色的 $Cr^{3+}$。

$$Zn + 2Cr^{3+} = Zn^{2+} + 2Cr^{2+}$$

$$4Cr^{2+} + O_2 + 4H^+ = 4Cr^{3+} + 2H_2O$$

在溶液中，$Cr^{3+}$ 的性质与 $Al^{3+}$ 和 $Fe^{3+}$ 有许多相似之处。例如，它们都具有水解性，与适量碱作用时均可生成氢氧化物沉淀等。但它们的性质也存在许多差异：$Cr^{3+}$ 能与浓氨水（加适量 $NH_4Cl$）作用，生成紫红色的 $[Cr(NH_3)_4(OH)_2]^+$，而 $Al^{3+}$ 和 $Fe^{3+}$ 在溶液中不能与 $NH_3$ 形成稳定的配合物；$Cr(OH)_3$ 和 $Al(OH)_3$ 的两性显著，而 $Fe(OH)_3$ 的酸性极弱，只能部分溶于浓的强碱；$Cr^{3+}$ 在碱性溶液中具有还原性，能被氧化剂氧化成为 Cr(Ⅵ) 的化合物，而 $Fe^{3+}$ 的还原性很弱，$Al^{3+}$ 则不能形成更高氧化值的化合物。利用它们性质上的差异可分离或鉴定以上三种离子。

3. 铬(Ⅵ)化合物的性质

Cr(Ⅵ)具有很强的极化作用,因此无论在晶体中或在溶液中都不存在简单的 $Cr^{6+}$。常见的铬(Ⅵ)化合物有三氧化铬 $CrO_3$、铬酸盐和重铬酸盐。其中 Cr—O 间具有很强的极化效应,可使集中于氧原子一端的电子向 Cr(Ⅵ)迁移而发生电荷迁移,从而使这些化合物呈现颜色。Cr(Ⅵ)化合物都有较大的毒性。

(1) 三氧化铬和铬酸

重铬酸盐与浓硫酸作用可得 $CrO_3$。$CrO_3$ 呈暗红色,强酸性共价氧化物,易溶于水,熔点较低,热稳定性较差,遇热时(707～784 K)分解为 $Cr_2O_3$ 和 $O_2$。

$$4CrO_3 \xlongequal{\triangle} 2Cr_2O_3 + 3O_2\uparrow$$

$CrO_3$ 的水溶液称为铬酸(chromic acid),$H_2CrO_4$ 为中强酸($K_{a1}=4.1$,$K_{a2}=10^{-5}$),仅存在于溶液中,在溶液中存在以下平衡:

$$2CrO_4^{2-} + 2H^+ \rightleftharpoons Cr_2O_7^{2-} + H_2O \qquad K = 4.2\times 10^{14}$$

加酸平衡右移,$Cr_2O_7^{2-}$ 浓度增大,溶液由黄色变为橙红色;加碱平衡左移,$CrO_4^{2-}$ 浓度增大,溶液由橙红色变为黄色。即酸性溶液中主要以 $Cr_2O_7^{2-}$ 的形式存在,碱性溶液中则主要以 $CrO_4^{2-}$ 的形式存在。

$CrO_3$ 具有强氧化性,遇有机物将发生剧烈反应,甚至起火。在工业上 $CrO_3$ 主要用于电镀业和鞣革业,还可用作纺织品的媒染剂和金属清洁剂等。

(2) 铬酸盐和重铬酸盐

重要的可溶性铬酸盐(chromate)有铬酸钾 $K_2CrO_4$ 和铬酸钠 $Na_2CrO_4$;重要的重铬酸盐(dichromate)有重铬酸钾 $K_2Cr_2O_7$(俗称红矾钾)和重铬酸钠 $Na_2Cr_2O_7\cdot 2H_2O$(俗称红矾钠)。其主要性质如下:

1) 氧化性　$CrO_4^{2-}/Cr_2O_7^{2-}$ 具有氧化性,且酸性越强氧化性越强。其还原产物都为 $Cr^{3+}$。

$$2Na_2CrO_4 + 2Fe + 2H_2O = Cr_2O_3 + Fe_2O_3 + 4NaOH$$

$$K_2Cr_2O_7 + 3H_2S + 4H_2SO_4 = Cr_2(SO_4)_3 + K_2SO_4 + 3S\downarrow + 7H_2O$$

$$K_2Cr_2O_7 + 6KI + 7H_2SO_4 = Cr_2(SO_4)_3 + 4K_2SO_4 + 3I_2\downarrow + 7H_2O$$

$$K_2Cr_2O_7 + 14HCl \xlongequal{\triangle} 2CrCl_3 + 2KCl + 3Cl_2\uparrow + 7H_2O$$

$$2Cr_2O_7^{2-} + 3CH_3CH_2OH + 16H^+ = 4Cr^{3+} + 3CH_3COOH + 11H_2O$$

将饱和 $K_2Cr_2O_7$ 溶液与浓硫酸按一定体积比混合,即可得到实验室常用的铬酸洗液。铬酸洗液具有强氧化性,可用于洗涤玻璃器皿上附着的油污,当洗液由棕红色转变为暗绿色时,表明大部分 Cr(Ⅵ)已转化为 $Cr^{3+}$,洗液基本失效。由于 Cr(Ⅵ)具有明显的生物毒性,大量使用洗液会造成环境污染,目前已逐渐被其他洗涤剂所代替。

2) 沉淀反应　铬酸盐中除碱金属盐、铵盐和镁盐外,一般都难溶于水,而重铬酸盐的溶解度通常较大。因此,无论是向铬酸盐还是向重铬酸盐溶液中加入 $Ag^+$、$Pb^{2+}$、$Ba^{2+}$

等离子时，均可生成难溶的铬酸盐沉淀。

$$2Ag^{+} + CrO_4^{2-} = Ag_2CrO_4\downarrow$$（砖红色）

$$2Pb^{2+} + Cr_2O_7^{2-} + H_2O = 2H^{+} + 2PbCrO_4\downarrow$$（黄色）

这些铬酸盐沉淀都具有特征颜色且易溶于强酸。以上沉淀反应常用于鉴定 $CrO_4^{2-}$ 或 $Ag^{+}$、$Pb^{2+}$、$Ba^{2+}$ 等金属离子。

3) 生成过氧基配合物　酸性溶液中，$Cr_2O_7^{2-}$ 与 $H_2O_2$ 作用时，可生成过氧基配合物 $CrO(O_2)_2$，过氧化铬酰在水溶液中不稳定，在乙醚中因生成配合物(图 14-4)而稳定并显蓝色。

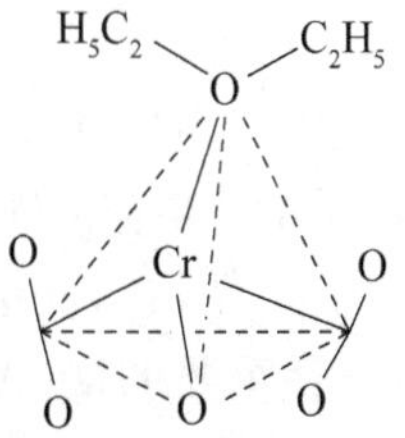

图 14-4　乙醚·过氧化铬酰的结构

$$Cr_2O_7^{2-} + 4H_2O_2 + 2H^{+} = 2CrO(O_2)_2 + 5H_2O$$

$$4CrO(O_2)_2 + 12H^{+} = 4Cr^{3+} + 7O_2\uparrow + 6H_2O$$

$$CrO(O_2)_2 + (C_2H_5)_2O = [CrO(O_2)_2\cdot(C_2H_5)_2O]$$（蓝色）

该反应是鉴定 Cr(Ⅵ)和 $H_2O_2$ 的灵敏反应。

4. 锰(Ⅱ)化合物的性质

多数锰(Ⅱ)盐易溶于水，如氯化锰、硫酸锰、硝酸锰等。但弱酸盐如碳酸锰(锰晶石)、磷酸锰及硫化锰等难溶。在水溶液中 $Mn^{2+}$ 常以肉红色$[Mn(H_2O)_6]^{2+}$形式存在，所以从溶液中获得的锰(Ⅱ)盐是结晶水合物，如 $MnCl_2\cdot 4H_2O$、$MnSO_4\cdot 5H_2O$、$Mn(NO_3)_2\cdot 6H_2O$ 等。锰(Ⅱ)化合物的主要性质如下：

1) 还原性　在酸性溶液中，$Mn^{2+}$ 十分稳定，只有铋酸钠 $NaBiO_3$ 或过二硫酸铵 $(NH_4)_2S_2O_4$ 等少数的强氧化剂在浓酸条件下才能将 $Mn^{2+}$ 氧化成 $MnO_4^-$(紫红色)。

$$2Mn^{2+} + 5NaBiO_3 + 14H^{+} = 2MnO_4^- + 5Bi^{3+} + 5Na^{+} + 7H_2O$$

该反应是鉴定 $Mn^{2+}$ 的特征反应(specific reaction)。实验中应注意 $Mn^{2+}$ 的量不能过大，否则过量的 $Mn^{2+}$ 可与 $MnO_4^-$ 反应生成棕色 $MnO_2$。

$$3Mn^{2+} + 2MnO_4^- + 2H_2O = 5MnO_2 + 4H^{+}$$

碱性介质中，$Mn^{2+}$ 的还原性较强，空气中的氧即可氧化 $Mn^{2+}$ 为 Mn(Ⅳ)。向 $Mn^{2+}$ 盐溶液中加入适量的 NaOH 溶液，可析出白色的 $Mn(OH)_2$ 沉淀，在空气中即被氧化成棕色的 $MnO(OH)_2$(或水合二氧化锰 $MnO_2\cdot nH_2O$)。

$$2Mn^{2+} + 2OH^{-} = Mn(OH)_2\downarrow$$（白色）

$$2Mn(OH)_2 + O_2 = 2MnO(OH)_2\downarrow$$（棕色）

2) 配位性　$Mn^{2+}$ 的价层电子构型为 $3d^5 4s^0$，处于半充满状态，比较稳定，所以 $Mn^{2+}$ 的大多数配合物为六配位的高自旋八面体构型。在正八面体场中，$Mn^{2+}$ 的 5 个 d 电子取 $t_{2g}{}^3 e_g{}^2$ 排布，电子从能量较低的 $t_{2g}$ 轨道跃迁到 $e_g$ 轨道时，要改变自旋方向，所需能量较高，这种跃迁称为自旋禁阻跃迁(spin-forbidden transition)，故 $Mn^{2+}$ 的配合物大多颜色较淡或无色。$Mn^{2+}$ 与一些强场配体也可形成低自旋配合物，如$[Mn(CN)_6]^{4-}$

等。$Mn^{2+}$也可形成配位数为4的正四面体配合物，由于d轨道在四面体场中的分裂能较小，电子发生d－d跃迁所需能量相对较低，故$Mn^{2+}$四面体型配合物的颜色通常较深。

3）沉淀反应　在溶液中，$Mn^{2+}$与$S^{2-}$、$PO_4^{3-}$、$CO_3^{2-}$、$C_2O_4^{2-}$等大多数弱酸的酸根离子作用时，均可生成难溶性沉淀。

$$Mn^{2+} + CO_3^{2-} \xlongequal{} MnCO_3\downarrow\text{（白色）}$$
$$Mn^{2+} + S^{2-} \xlongequal{} MnS\downarrow\text{（肉色）}$$

生成肉色MnS的沉淀反应可作为$Mn^{2+}$的鉴定反应。但由于MnS的溶度积常数较大，可溶于弱酸（如HAc），因此该反应要在近中性或弱碱性介质中进行。

5. 锰（Ⅳ）化合物的性质

最重要的锰（Ⅳ）化合物是二氧化锰$MnO_2$，在自然界中存在于软锰矿（pyrolusite）中。$MnO_2$为黑色粉末，不溶于水，常温下稳定，在加热至800 K以上分解为$Mn_2O_3$或$Mn_3O_4$和$O_2$，与浓硫酸作用时生成$MnSO_4$并放出氧气。

$$4MnO_2 \xlongequal{\triangle} 2Mn_2O_3 + O_2$$
$$3MnO_2 \xlongequal{\triangle} Mn_3O_4 + O_2$$
$$2MnO_2 + 2H_2SO_4\text{（浓）} \xlongequal{} 2MnSO_4 + O_2 + 2H_2O$$

$MnO_2$是重要的化工原料，有许多重要的用途，用于制备锰盐及锰的合金，作为氧化剂用于制造干电池，用作催化剂、玻璃工业的除色剂，作为软磁铁氧体的成分用于显示器等。$MnO_2$的主要性质如下：

1）氧化还原性　$MnO_2$中Mn的氧化态为＋4，既可被还原为＋2氧化态也可被氧化为＋6、＋7氧化态。

在酸性介质中，$MnO_2$是强氧化剂。$MnO_2$可将浓盐酸氧化放出$Cl_2$，这是实验室制备少量氯气的常用方法。

$$MnO_2 + 4HCl \xlongequal{} MnCl_2 + Cl_2\uparrow + 2H_2O$$

在碱性介质中，$MnO_2$具有还原性。例如，$MnO_2$与$KClO_3$、$KNO_3$等氧化剂一起加热熔融时，可被氧化成深绿色的锰酸钾。

$$3MnO_2 + 6KOH + KClO_3 \xlongequal{\text{熔融}} 3K_2MnO_4 + KCl + 3H_2O$$

2）配位性　锰（Ⅳ）可与某些无机或有机配体生成较稳定的配合物。例如，$MnO_2$与HF和$KHF_2$作用时，可生成金黄色的六氟合锰（Ⅳ）酸钾晶体。

$$MnO_2 + 2KHF_2 + 2HF \xlongequal{} K_2[MnF_6]\downarrow + 2H_2O$$

$KMnO_4$与浓盐酸在浓KCl溶液中可生成$K_2[MnCl_6]$沉淀。

$$2KMnO_4 + 16HCl\text{（浓）} + 2KCl\text{（浓）} \xlongequal{} 2K_2[MnCl_6]\downarrow + 3Cl_2\uparrow + 8H_2O$$

锰（Ⅳ）的配合物中较稳定的还有过氧基配合物$K_2H_2[Mn(O_2)_4]$等。

6. 锰(Ⅵ)、锰(Ⅶ)化合物的性质

锰(Ⅵ)化合物中，常见的是锰酸盐(manganate)，如 $K_2MnO_4$、$Na_2MnO_4$，它们只有在碱性条件下才能稳定存在，在酸性或近中性条件下发生歧化反应：

$$3MnO_4^{2-} + 4H^+ \longrightarrow 2MnO_4^- + MnO_2 + 2H_2O$$
$$3MnO_4^{2-} + 2H_2O \longrightarrow 2MnO_4^- + MnO_2 + 4OH^-$$

其歧化反应的趋势很大($K=3.16\times10^{57}$)，即使向锰酸盐溶液中通入 $CO_2$ 也会使歧化反应发生。

$$3MnO_4^{2-} + 2CO_2 \longrightarrow 2MnO_4^- + MnO_2 + 2CO_3^{2-}$$

向锰酸盐溶液中通入氯气或加入次氯酸盐等氧化剂，可将其氧化为高锰酸盐(permanganate)。

$$2MnO_4^{2-} + Cl_2 \longrightarrow 2MnO_4^- + 2Cl^-$$

高锰酸钾是最重要的锰(Ⅶ)化合物，常温下为稳定的深紫色晶体，易溶于水，其水溶液显紫红色。$MnO_4^-$ 的显色原因与 $Cr_2O_7^{2-}$ 相同，是由于 Mn—O 间电荷迁移的结果。$KMnO_4$ 的主要性如下：

1) 强氧化性　　在酸性溶液中，$MnO_4^-$ 是强氧化剂，本身被还原为 $Mn^{2+}$。

$$2MnO_4^- + 5H_2O_2 + 6H^+ \longrightarrow 2Mn^{2+} + 5O_2\uparrow + 8H_2O$$
$$2MnO_4^- + 5H_2C_2O_4 + 6H^+ \longrightarrow 2Mn^{2+} + 10CO_2\uparrow + 8H_2O$$

分析化学中常用以上反应测定 $H_2O_2$ 和草酸(盐)的含量。

$KMnO_4$ 在酸性溶液中作氧化剂时，反应开始时进行得较慢，当溶液中有 $Mn^{2+}$ 生成时，反应速率加快。这是 $Mn^{2+}$ 具有自身催化作用(autocatalysis)的缘故。

在近中性溶液中，$MnO_4^-$ 作氧化剂时，其还原产物为 $MnO_2$。在强碱性介质中，$MnO_4^-$ 作氧化剂的还原产物为 $MnO_4^{2-}$。

$$2MnO_4^- + I^- + H_2O \longrightarrow 2MnO_2\downarrow + IO_3^- + 2OH^-$$
$$2MnO_4^- + SO_3^{2-} + 2OH^- \longrightarrow 2MnO_4^{2-} + SO_4^{2-} + H_2O$$

2) 不稳定性　　$KMnO_4$ 在溶液中可缓慢地发生分解反应：

$$4MnO_4^- + 4H^+ \longrightarrow 4MnO_2\downarrow + 3O_2\uparrow + 2H_2O$$

光对 $KMnO_4$ 的分解反应具有催化作用，因此 $KMnO_4$ 溶液应保存于棕色瓶中。

加热 $KMnO_4$ 固体至 473 K 以上时，即发生分解反应：

$$2KMnO_4 \xlongequal{\triangle} MnO_2 + K_2MnO_4 + O_2\uparrow$$

实验室常用该反应制备少量氧气。

$KMnO_4$ 固体与浓 $H_2SO_4$ 作用时，生成棕绿色的油状物七氧化二锰 $Mn_2O_7$(高锰酸酐)，$Mn_2O_7$ 氧化性极强，遇有机物发生燃烧，稍遇热即发生爆炸，分解生成 $MnO_2$、$O_2$ 和 $O_3$。

$KMnO_4$主要用作氧化剂，除用作分析化学试剂外，还在工业上用作漂白剂，在日常生活及临床上，用于消毒杀菌和防腐等。

### 14.3.3 铁系元素和铂

第一过渡系第Ⅷ族元素铁(iron，Fe)、钴(cobalt，Co)、镍(nickel，Ni)，它们的性质非常相似，称为铁系元素。第二、第三过渡系的钌、铑、钯和锇、铱、铂的性质也比较相似，称为铂系元素。但铁系元素和铂系元素的性质差异显著。铁系元素的丰度较大，分布比较广泛，化学性质活泼，而铂系元素属于稀有金属，丰度很小，它们与金、银一起被称为贵金属，化学性质十分稳定。

铁在地壳中的，丰度为4.65%，排在氧、硅、铝之后，列第四位，在金属中位列第二。铁矿石是构成地壳的主要矿物之一，重要的有：磁铁矿 $Fe_3O_4$、赤铁矿 $Fe_2O_3$、褐铁矿 $2Fe_2O_3 \cdot 3H_2O$、菱铁矿 $FeCO_3$和黄铁矿 FeS 等。人类从大约在公元前约 4000 年时制成铁珠(使用来自外太空的陨石制造，也称为陨铁)到公元前 1200 年进入铁器时代，直至近代钢铁的广泛应用，铁在人类文明社会的进步和发展中起着重要作用。而今钢铁工业已成为国民经济的支柱产业，钢铁的产量常作为国家工业发展的标志。钴和镍的丰度分别为0.001 8%和0.005 8%，位列第 30 和 22 位，钴和镍在自然界中常与硫、砷结合并与其他金属共生，如辉钴矿 CoAsS、镍黄铁矿 NiS·FeS 等。铁、钴、镍是重要的金属结构材料，如铁磁体、合金钢，用于制造仪表、钻头、刀具、模具等。镍还具有贮氢和催化性能。利用镍对组氨酸的特殊结合性能，镍柱被广泛用于蛋白质的分离和纯化。

铂在自然界中主要以单质的形式存在，丰度为$5\times10^{-6}$。铂发现于 18 世纪中叶，但在当时并没有得到应用。19 世纪 20 年代后，俄罗斯曾用铂铸造钱币。随着现代科学技术的飞速发展，铂在许多领域都有非常重要的应用。

1. 铁系元素的成键特征和单质的性质

单质铁具有银白色金属光泽，延展性、导电性和导热性良好。具有强磁性，是很好的磁性材料。铁、钴、镍的价层电子层构型分别为 $3d^64s^2$、$3d^74s^2$，$3d^84s^2$，最外层都有 2 个电子，而且半径相似(表 14-8)，只是次外层 3d 电子数不同，所以性质很相似，都可表现+2 氧化态。从 Fe 开始，3d 电子超过 5 个，参与成键的可能性逐渐下降，Fe 常见氧化态还有+3，在强氧化剂作用下才出现最高氧化态+6，在某些情况下可出现+4 和+5 氧化态(如在细胞色素 P450 中)。Co 在碱性条件下可出现不稳定的+3 氧化态，而 Ni 的+3 氧化态即使在碱性条件下都是中强氧化剂。由于它们有未充满的 d 轨道，且 d 电子较多，因此其+2、+3 氧化态具有形成配合物的强烈倾向，它们还可与 π 型配体形成具有 p-d 反馈键的低价态配合物，如羰基配合物。

由电极电势值可知：① 铁、钴、镍都是中等活泼的金属，具有较强的还原性，活泼性依 Fe、Co、Ni 的次序减弱；② +2 氧化态在酸性介质中较稳定，在碱性介质中还原性较强，但还原性逐渐减弱；③ 在酸性介质中 $Fe^{3+}$ 是中等强度的氧化剂，而 $Co^{3+}$ 和 $Ni^{3+}$ 是强氧化剂。

(1) 还原性

在常温和无水情况下，块状铁系元素纯单质是稳定的。在潮湿的空气中时，铁易被锈蚀，生成水合氧化铁 $Fe_2O_3 \cdot nH_2O$(俗称铁锈)。水合氧化铁结构疏松，容易剥脱，不能形成有效的保护层，使锈蚀继续向内层扩展。铁的锈蚀是一个电化学的过程，每年由于钢铁锈蚀所造成的浪费约占全世界钢铁年总产量的 20%～30%，所以钢铁的防腐蚀极为重要。防止金属锈蚀的方法有很多，例如，在金属表面覆盖保护层(镀锌、镀锡、镀铬、镀搪瓷、刷油漆、涂高分子材料等)；用电化学的方法保护大型金属设备等。

在高温时，Fe、Co、Ni 能与卤素、氧、硫、氮等非金属剧烈反应，能从水中置换出 $H_2$。

$$2Fe + 3Cl_2 = 2FeCl_3$$
$$M + Cl_2 = MCl_2 (M = Co、Ni)$$
$$3M + 2O_2 = M_3O_4 (M = Fe、Co)$$
$$2M + O_2 = 2MO (M = Fe、Co)$$
$$M + S = MS (M = Fe、Co、Ni)$$
$$3Fe + 4H_2O = 2Fe_3O_4 + H_2 \uparrow$$

铁与非氧化性稀酸作用时，生成 $Fe^{2+}$ 盐；与氧化性稀酸作用时生成 $Fe^{3+}$ 盐；与浓硝酸、浓硫酸等强氧化性酸作用时，表面被钝化。因此，可以用铁制容器贮运浓硝酸或浓硫酸。但铁能够被热的浓碱溶液所侵蚀。

$$Fe + 2HCl = H_2 \uparrow + FeCl_2$$
$$Fe + 4HNO_3 = Fe(NO_3)_3 + NO \uparrow + 2H_2O$$

在盐酸和稀硫酸中，钴和镍比铁溶解得慢，得到 $Co^{2+}$ 和 $Ni^{2+}$ 盐。钴和镍与浓硝酸发生激烈反应，与稀硝酸反应缓慢，在热碱中稳定，实验室常用镍坩埚来熔融碱性物质。

(2) 配合物

在 373～473 K 和 20 MPa 的条件下，铁粉与一氧化碳作用生成五羰基合铁 $Fe(CO)_5$。常温下 $Fe(CO)_5$ 为淡黄色的液体。在金属羰基配合物中，CO 的碳原子提供一对孤对电子与中心金属形成 σ 键，同时中心金属的 d 电子又可以与 CO 的空反键 π 轨道形成反馈 π 键(如图 14-5 所示)。反馈 π 键的形成，不仅减少了中心金属原子过多的负电荷积累，而且还加强了 CO 的供电子能力，使配合物的稳定性增强。

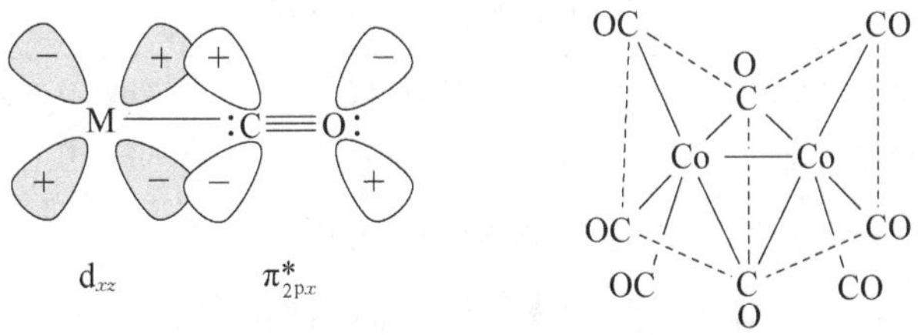


图 14-5 M—CO 间的成键形式和 $Co_2(CO)_8$ 的结构示意图

323 K 和常压下，活性 Ni 粉与 CO 作用得到无色挥发性液体 $Ni(CO)_4$(沸点 316 K)。在 393～473 K 和 25～30 MPa 的条件下，$CoCO_3$ 在 $H_2$ 气氛中与 CO 作用可得橙黄色的 $Co_2(CO)_8$(图 14-5)。

$$2CoCO_3 + 2H_2 + 8CO = Co_2(CO)_8 + 2CO_2 + 2H_2O$$

几乎所有的过渡金属都能形成羰基合物。这些羰基合物的熔点、沸点都比相应的金属化合物要低，易挥发、受热易分解为金属和 CO。利用这一特性，可通过金属羰基合物制得纯度很高的金属单质。值得注意的是，金属羰基合物有毒，且中毒后很难治疗。原因是吸入羰基合物蒸气后，血红素即与 CO 结合同时将胶态金属带到全身器官。所以制备和应用金属羰基合物时要小心防护。

$$Fe(CO)_5 \xlongequal{473 \sim 523\ K} Fe + 5CO\uparrow$$

2. 铁系元素的氧化物和氢氧化物的性质

Fe 有三种氧化物 FeO、$Fe_2O_3$ 和 $Fe_3O_4$。FeO 为碱性氧化物，溶于酸溶液中形成 $Fe^{2+}$ 盐。$Fe_2O_3$ 有 $\alpha$ 和 $\gamma$ 两种构型，$\alpha$ 型是顺磁性的，$\gamma$ 型是铁磁性的。自然界中存在的赤铁矿是 $\alpha$ 型的。将 $\gamma$ 型的 $Fe_2O_3$ 加热至 673 K 时，可转变成 $\alpha$ 型。$Fe_2O_3$ 常用作红色颜料、涂料、媒染剂、磨光剂，以及作为一些化学反应的催化剂等。$Fe_2O_3$ 是两性氧化物但碱性强于酸性，在低温制得的 $Fe_2O_3$ 易溶于强酸生成 $Fe^{3+}$ 盐，在 873 K 以上制得的 $Fe_2O_3$ 则不易溶于强酸，但与 NaOH 共融时生成 $NaFeO_2$。$Fe_3O_4$ 是黑色磁性物质，可以认为是氧化亚铁和氧化铁的混合物或铁(Ⅲ)酸亚铁(Ⅱ)$[Fe^{II}(Fe^{III}O_2)_2]$。

$$Fe_2O_3 + Na_2CO_3 \xlongequal{熔融} 2NaFeO_2 + CO_2\uparrow$$

Co 和 Ni 都可生成+2 和+3 氧化态的氧化物。它们都有一定的颜色，CoO 为灰绿色晶体，常温下反铁磁性，NiO 为暗绿色，$Co_2O_3$ 和 $Ni_2O_3$ 都是黑色，都难溶于水。它们都是碱性氧化物，能溶于酸但不溶于强碱。

向 $Fe^{2+}$、$Co^{2+}$、$Ni^{2+}$ 溶液中加入碱，可生成相应的氢氧化物沉淀，它们都是难溶于水的弱碱。白色的 $Fe(OH)_2$(ferrous hydroxide)具有强还原性，可迅速被空气中的 $O_2$ 氧化，变成红棕色的水合氧化铁。粉红色的 $Co(OH)_2$(cobalt hydroxide)在空气中慢慢被氧化为棕褐色的 $Co(OH)_3$(cobaltic hydroxide)，绿色絮状的 $Ni(OH)_2$(nickel hydroxide)在空气中稳定(图 14-6)。$Fe(OH)_2$ 和 $Co(OH)_2$ 对碱也能显示弱的反应性，与浓的强碱作用可形成 $[Fe(OH)_6]^{4-}$ 和 $[Co(OH)_4]^{2-}$ 离子。

碱性增强，氧化性增强 →

| | | |
|---|---|---|
| $Fe(OH)_2$(白色) | $Co(OH)_2$(粉红) | $Ni(OH)_2$(绿色) |
| $Fe(OH)_3$(棕红) | $Co(OH)_3$(棕色) | $Ni(OH)_3$(黑色) |

← 还原性增强，酸性增强

图 14-6 铁系元素的氢氧化物的性质

向 $Fe^{3+}$ 溶液中加入碱，可生成 $Fe(OH)_3$(ferric hydroxide)沉淀，氢氧化铁实际上是含水量不定的水合氧化铁($Fe_2O_3 \cdot H_2O$)。$Fe(OH)_3$ 略显两性，碱性强于酸性，只有新生成的 $Fe(OH)_3$ 沉淀才能溶于浓碱中，生成 $[Fe(OH)_6]^{3-}$(或写成 $FeO_2^-$)。控制 pH>3.5 的条件下向 $Co^{2+}$ 溶液中加入 $Cl_2$、NaOCl 等强氧化剂可制得 $Co(OH)_3$。在低于 298 K 时，向 $Ni^{2+}$ 溶液中加入强氧化剂可制得黑色 $Ni(OH)_3$。$Co(OH)_3$ 和 $Ni(OH)_3$ 都是强氧

化剂，可将 HCl 中的 $Cl^-$ 氧化为 $Cl_2$，与 $H_2SO_4$ 等非还原性酸作用放出 $O_2$。而 $Fe(OH)_3$ 的氧化性较弱，与盐酸反应生成的是 $FeCl_3$ 溶液。

$$2Co(OH)_2 + NaOCl + H_2O = 2Co(OH)_3 + NaCl$$
$$2Ni(OH)_2 + Br_2 + 2NaOH = 2Ni(OH)_3 + 2NaBr$$
$$2Co(OH)_3 + 6HCl = 2CoCl_2 + Cl_2 + 6H_2O$$
$$4Co(OH)_3 + 4H_2SO_4 = 4CoSO_4 + O_2\uparrow + 10H_2O$$
$$Fe(OH)_3 + 3HCl = FeCl_3 + 3H_2O$$

3. 铁系元素的盐的性质

(1) +2 氧化态的盐

$Fe^{2+}$、$Co^{2+}$、$Ni^{2+}$ 的氯化物、高氯酸盐、硝酸盐、亚硝酸盐、硫酸盐、硫代硫酸盐和醋酸盐等都易溶于水，碳酸盐、磷酸盐、硫化物等弱酸盐都难溶于水。可溶性亚铁盐在溶液中因 $Fe^{2+}$ 水解而呈弱酸性。可溶性盐从溶液中析出时常常带有结晶水，如 $FeSO_4 \cdot 7H_2O$（浅绿色，俗称绿矾）、$CoSO_4 \cdot 7H_2O$（红色）、$NiSO_4 \cdot 7H_2O$（绿色）。二氯化钴因含结晶水不同呈现不同的颜色。

$$\underset{\text{粉红}}{CoCl_2 \cdot 6H_2O} \xrightleftharpoons{325\ K} \underset{\text{紫红}}{CoCl_2 \cdot 2H_2O} \xrightleftharpoons{363\ K} \underset{\text{蓝紫}}{CoCl_2 \cdot H_2O} \xrightleftharpoons{393\ K} \underset{\text{蓝色}}{CoCl_2}$$

蓝色无水 $CoCl_2$ 在潮湿的空气中因吸水逐渐变成粉红色，利用这一性质，可用它来显示某些物质的含水量。例如，当含有 $CoCl_2$ 的硅胶干燥剂由蓝色变为粉红色时，表示吸水已达饱和，应放入设置温度为 120℃的烘箱内烘干后再使用。

$NiCl_2$ 也存在一系列的绿色水合物，加热逐渐失去结晶水。

$$NiCl_2 \cdot 7H_2O \xrightleftharpoons{239\ K} NiCl_2 \cdot 6H_2O \xrightleftharpoons{301\ K} NiCl_2 \cdot 4H_2O \xrightleftharpoons{337\ K} NiCl_2 \cdot 2H_2O$$

$Fe^{2+}$ 具有还原性，可被空气中的 $O_2$ 氧化，溶液久置时，会有棕色的碱式铁(Ⅲ)盐沉淀生成。因此，亚铁盐固体应密闭保存，溶液应新鲜配制。配制亚铁盐溶液时除要加入适量的酸抑制 $Fe^{2+}$ 的水解外，还应加入少量单质铁或抗氧剂，防止其被氧化。

$$4FeSO_4 + O_2 + 2H_2O = 4Fe(OH)SO_4$$

硫酸亚铁、硫酸钴、硫酸镍都可与碱金属等的硫酸盐形成复盐 $M^ISO_4 \cdot M^{II}SO_4 \cdot 6H_2O$（$M^I$=碱金属离子、$NH_4^+$，$M^{II}$=$Fe^{2+}$、$Co^{2+}$、$Ni^{2+}$），其中硫酸亚铁铵[$FeSO_4(NH_4)_2SO_4 \cdot 6H_2O$]俗称摩尔盐，比绿矾 $FeSO_4 \cdot 7H_2O$ 稳定，在分析化学中常用作还原剂。

$Fe^{2+}$、$Co^{2+}$、$Ni^{2+}$ 都可以形成多种配合物。$Fe^{2+}$ 常见的配位数为 6，$Co^{2+}$ 和 $Ni^{2+}$ 的 4 配位配合物也较常见，其中 $Co^{2+}$ 以四面体构型居多而 $Ni^{2+}$ 以正方形构型居多。

1) 氨配合物　$Fe^{2+}$ 很难形成稳定的氨配合物，向 $Fe^{2+}$ 溶液中加入氨水仅可得到 $Fe(OH)_2$ 沉淀，用无水 $FeCl_2$ 与 $NH_3$ 气作用获得的[$Fe(NH_3)_6$]$Cl_2$，遇水即分解为 $Fe(OH)_2$ 和 $NH_3$。向 $Co^{2+}$、$Ni^{2+}$ 溶液中加入过量氨水可形成[$Co(NH_3)_6$]$^{2+}$、[$Ni(NH_3)_6$]$^{2+}$。

$[Co(NH_3)_6]^{2+}$不稳定，在空气中慢慢被氧化为更稳定的$[Co(NH_3)_6]^{3+}$。

2) 氰配合物　向$Fe^{2+}$溶液中加入KCN溶液，先生成$Fe(CN)_2$白色沉淀，KCN过量时沉淀溶解得到稳定的$K_4[Fe(CN)_6]$，俗称黄血盐。$K_4[Fe(CN)_6]$常温下稳定，加热至373 K时，开始失去结晶水变成白色粉末，继续加热则发生分解。

$$K_4[Fe(CN)_6] \xlongequal{\triangle} 4KCN + FeC_2 + N_2\uparrow$$

$[Fe(CN)_6]^{4-}$能与$Fe^{3+}$、$Cu^{2+}$、$Cd^{2+}$、$Co^{2+}$、$Mn^{2+}$、$Ni^{2+}$、$Zn^{2+}$等离子生成特定颜色的沉淀，这些反应常用于鉴定这些离子。

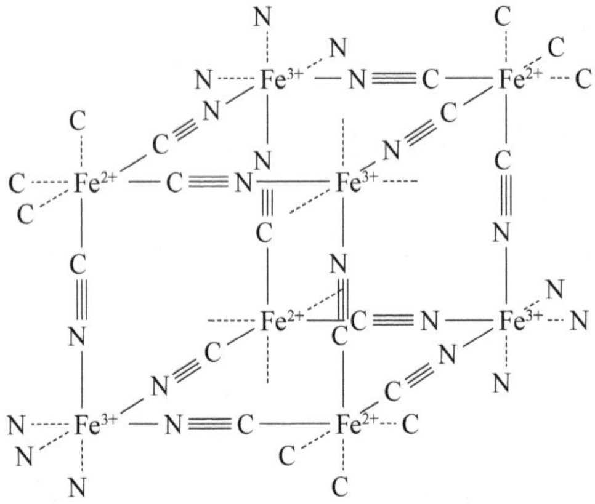

图 14-7　$Fe[Fe(CN)_6]^-$的结构

$[Fe(CN)_6]^{4-}$与$Fe^{3+}$作用时，生成深蓝色$KFe[Fe(CN)_6]$沉淀，俗称普鲁氏蓝(Prussian blue)，工业上常用作染料或颜料。普鲁氏蓝的结构如图14-7所示，$Fe^{2+}$和$Fe^{3+}$交替排列在立方体的角顶上，$CN^-$排列在立方体的每一条边上，在每间隔1个立方体的中心含有一个$K^+$。

$K_4[Fe(CN)_6]$与$NaNO_2$作用时，生成红色五氰·亚硝酰合铁(Ⅲ)酸钠$Na_2[Fe(CN)_5NO]$，俗称硝普钠，是一种降压药，硝普钠与硫离子反应生成紫红色$[Fe(CN)_5NOS]^{4-}$配离子，这是鉴别硫化物的灵敏反应。

$Co^{2+}$溶液与KCN溶液作用时，先生成红色$Co(CN)_2$沉淀，KCN过量时得到$K_4[Co(CN)_6]$，它不稳定，具有一定的还原性，稍受热即转化为$K_3[Co(CN)_6]$。

$$2[Co(CN)_6]^{4-} + 2H_2O \xlongequal{} 2[Co(CN)_6]^{3-} + 2OH^- + H_2$$

$Ni^{2+}$与$CN^-$形成很稳定的配合物$[Ni(CN)_4]^{2-}$。

3) 其他配体配合物　二(环戊二烯基)合铁(Ⅱ)$(C_5H_5)_2Fe$(二茂铁)是由1个$Fe^{2+}$和2个环戊二烯基离子($C_5H_5^-$)形成的配合物。两个$C_5H_5^-$环的平面相互平行(在液态时为重叠式构型，在固态时为交错式构型，如图14-8所示)，$Fe^{2+}$被夹在它们的中间。在每个$C_5H_5^-$中都存在一个$\pi_5^5$离域π键，这些离域π键中的电子与$Fe^{2+}$配位形成了有效的配位键。二茂铁常用作燃料的添加剂以提高油料的燃烧效率和除烟，还可用作导弹和卫星的涂料、高温润滑剂、紫外线吸收剂及橡胶和硅树脂的熟化剂等。环戊二烯基配体还可与许多金属离子形成配合物，如$Ti(C_5H_5)_2Cl_2$，有些还具有一定的抗肿瘤活性。

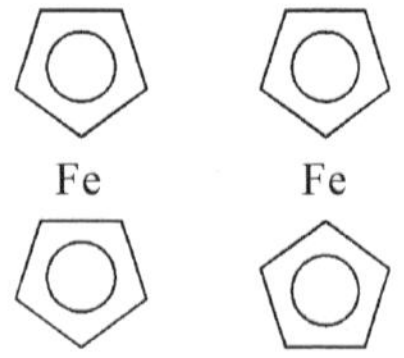


图 14-8　二茂铁的结构

$Co^{2+}$与$SCN^-$生成蓝色$[Co(NCS)_4]^{2-}$，可用于鉴别$Co^{2+}$。$[Co(NCS)_4]^{2-}$在水溶液中不稳定，而在丙酮或乙醚中稳定，因此在鉴定时常加入丙酮或乙醚，将其萃取到有机相中。向$[Co(NCS)_4]^{2-}$溶液中加入$Hg^{2+}$，则生成$Hg[Co(NCS)_4]$沉淀。$Ni^{2+}$与$SCN^-$形成的配合物很不稳定。

$Co^{2+}$ 与过量 $NaNO_2$ 生成的 $Na_3[Co(NO)_6]$，与 $K^+$ 形成难溶性黄色沉淀，常用于鉴定 $K^+$。

$$Co^{2+} + 7NO_2^- + 2HAc \xlongequal{\triangle} [Co(NO)_6]^{3-} + NO\uparrow + H_2O + 2Ac^-$$

$$2K^+ + Na^+ + [Co(NO)_6]^{3-} = K_2Na[Co(NO)_6]\downarrow(黄色)$$

$Ni^{2+}$ 与丁二酮肟(镍试剂)形成鲜红色的正四边形配合物，是鉴别 $Ni^{2+}$ 的特征反应。

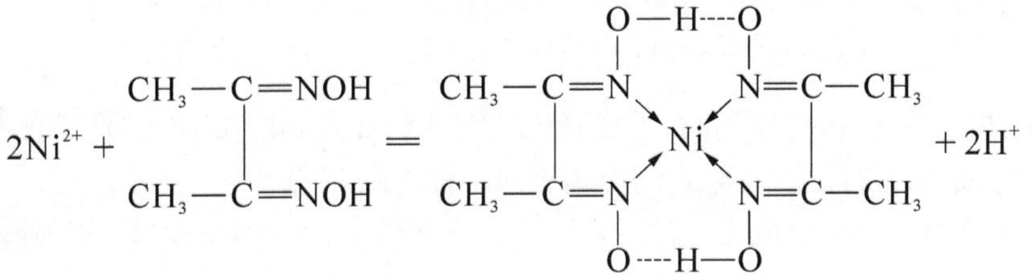

(2) +3 氧化态的盐

只有 $Fe^{3+}$ 可形成稳定的 $Fe^{3+}$ 盐。常用的 $Fe^{3+}$ 盐有三氯化铁 $FeCl_3$、硫酸铁 $Fe_2(SO_4)_3$、硝酸铁 $Fe(NO_3)_3$ 和硫酸铁铵 $NH_4Fe(SO_4)_2$。

$FeCl_3$ 属于共价型化合物，熔点(555 K)和沸点(588 K)较低，易溶于有机溶剂中，也易溶于水，溶于水时发生强烈水解。铁粉与氯气在高温下直接化合可得无水 $FeCl_3$，在673 K时，$FeCl_3$ 的蒸气中有双聚分子 $Fe_2Cl_6$ 存在，1 023 K 以上解离为单分子。无水 $FeCl_3$ 在空气中易潮解。$FeCl_3$ 主要用于有机染料的生产或在某些有机反应中作催化剂。在印刷制版业，$FeCl_3$ 用于腐蚀铜版。此外，$FeCl_3$ 能使蛋白质迅速凝聚，在医药上作外用止血剂等。

向铁屑溶于盐酸所得的 $FeCl_2$ 溶液中通入 $Cl_2$，再经浓缩结晶得到黄棕色水合晶体 $FeCl_3 \cdot 6H_2O$。加热则失去 HCl 而生成碱式盐。

在溶液中 $Fe^{3+}$ 常以 $[Fe(H_2O)_6]^{3+}$ 形式存在。但 $Fe^{3+}$ 的离子势(Z/r)大，极化作用强，在溶液中水解性显著。当 $Fe^{3+}$ 的浓度为 0.1 $mol \cdot L^{-1}$ 时，即使 pH=1，$Fe^{3+}$ 即开始水解。降低溶液的酸度，水解反应加剧，同时发生各种类型的缩合反应。加热促进水解，加酸则抑制水解。

$$[Fe(H_2O)_6]^{3+} + H_2O = [Fe(OH)(H_2O)_5]^{2+} + H_3O^+$$

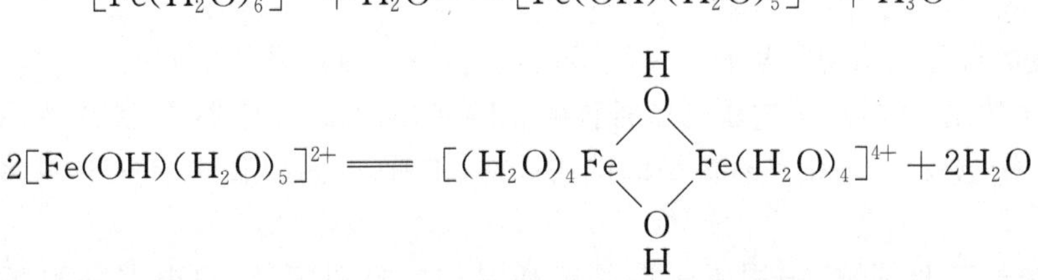

当溶液的 pH 为 2～3 时，缩合反应的倾向增强，水解产物聚合成多聚体，最终生成棕红色的水合三氧化二铁 $Fe_2O_3 \cdot nH_2O$ 沉淀，习惯上写成 $Fe(OH)_3$。

在酸性溶液中，$Fe^{3+}$ 是中强氧化剂，能将 $I^-$、$H_2S$ 氧化成单质 $I_2$、S，将 Sn(Ⅱ)氧化成 Sn(Ⅳ)等。

$Fe^{3+}$与$X^-$、$SCN^-$、$CN^-$、$C_2O_4^{2-}$、$PO_4^{3-}$、$NTA^{3-}$等许多配体都能形成稳定的配合物。$Fe^{3+}$与$SCN^-$作用，生成血红色的$[Fe(NCS)_n]^{3-n}$，该反应为鉴定$Fe^{3+}$的特征反应。

$$Fe^{3+} + nSCN^- = [Fe(NCS)_n]^{3-n}\text{(血红色)}$$

六氰合铁(Ⅲ)酸钾$K_3[Fe(CN)_6]$为红色晶体，俗称赤血盐，易溶于水。在碱性溶液中有一定的氧化性，在近中性溶液中有较弱的水解性，在强酸性条件下可放出HCN，故赤血盐溶液最好临用前新鲜配制，且不在强碱性或强酸性条件下使用。

$$4[Fe(CN)_6]^{3-} + 4OH^- = 4[Fe(CN)_6]^{4-} + O_2\uparrow + 2H_2O$$
$$[Fe(CN)_6]^{3-} + 3H_2O = Fe(OH)_3 + 3HCN + 3CN^-$$

$[Fe(CN)_6]^{3-}$与$Fe^{2+}$作用时，生成滕氏蓝沉淀(Turnbull's blue)。现已证明，滕氏蓝的结构和组成与普鲁氏蓝一样，它们应属于同一种物质。

$Fe^{3+}$与$F^-$作用时，生成无色的$[FeF_6]^{3-}$。在定性分析中，常加入$F^-$以掩蔽试剂中微量的$Fe^{3+}$对反应的干扰。

$Co^{3+}$不能形成稳定的盐，但其许多配合物比相应的$Co^{2+}$配合物稳定。$Co^{3+}$的价层电子构型为$3d^64s^0$，在配合物多数取低自旋($t_{2g}^6e_g^0$)排布，比较稳定。$Co^{2+}$的价层电子构型为$3d^74s^0$，在与强场配位体形成低自旋配合物时，排列在高能量$e_g$轨道上的1个电子很容易失去，显示还原性。$Co^{3+}$还能形成许多桥联多核配合物。钴的混合配体配合物的几何异构、光学异构现象也非常丰富。

4. 铂及其化合物的性质

铂(platinum，Pt)是银白色惰性金属，俗称白金，在酸性介质中还原性很弱。价层电子层构型为$5d^96s^1$，常见氧化态为+4和+2，最高氧化值为+6。

铂最突出的物理特性是可塑性和延展性，若将纯净的铂冷轧，可加工成厚度仅为2.5μm的箔。铂的熔点和沸点也很高。铂还具有很好地吸收氧气的能力，1体积铂可吸收70体积的氧。

铂的化学性质十分稳定，常温下与强酸、氢氟酸等均不发生反应，只能溶解于王水中，生成淡黄色的氯铂酸(chloroplatinic acid)$H_2[PtCl_6]$溶液。在高温条件下，铂可与氧、氟、氯、碳、磷、硫等非金属和过氧化钠等作用，在有氧化剂存在下与熔融的苛性碱作用转变为可溶性化合物。

铂优良的理化性质使它具有许多特殊的用途，主要有以下几个方面：

1) 在化学化工领域，铂用于制造各种耐腐蚀、耐高温的反应器皿(铂坩埚、铂蒸发皿、铂网、铂丝、铂电极等)。铂具有极高的催化活性，铂粉(也称铂黑)用于催化许多类型的化学反应。

2) 在电气工业领域，铂用于制造测定高温的电阻温度计、热电偶和耐高温的电炉丝等。

3) 在医药领域，单质铂可用作牙科合金，铂的某些配合物用于治疗癌症等。

4) 在珠宝业，铂用于加工成各类饰品等。

铂的最重要化合物是氯铂酸及其盐。铂与王水作用或四氯化铂溶于盐酸时均可生成氯铂酸：

$$3Pt + 4HNO_3 + 18HCl = 3H_2[PtCl_6] + 4NO\uparrow + 8H_2O$$

$$PtCl_4 + 2HCl = H_2[PtCl_6]$$

氯铂酸与碱金属氧化物作用，可生成氯铂酸盐。氯铂酸钠 $Na_2[PtCl_6]$为棕红色晶体，易溶于水和乙醇。氯铂酸的钾盐、铵盐、铷盐和铯盐都是难溶于水的黄色晶体，这一性质可用来鉴定 $K^+$、$NH_4^+$等离子。

在铂黑的催化下，氯铂酸盐与草酸盐、联氨等还原剂作用，可生成氯亚铂酸盐。

$$K_2[PtCl_6] + K_2C_2O_4 = K_2[PtCl_4] + 2CO_2\uparrow + 2KCl$$

$K_2[PtCl_4]$经$[PtI_2(NH_3)_2]$可转变为顺式一二氯・二氨合铂(II)(*cis*-platin)，通常称为“顺铂”，为淡黄色晶体，熔点为 541～545 K(分解)，溶解度为 0.257 7 g/100 g $H_2O$。*cis*-$[PtCl_2(NH_3)_2]$是抗癌谱系很广的一线抗肿瘤药物，但溶解性差、骨髓毒性等副作用及易产生耐药性是其很大的缺点。

$$K_2[PtCl_4] + 2KI + 2NH_3 = [PtI_2(NH_3)_2] + 4KCl$$

$$[PtI_2(NH_3)_2] + 2AgNO_3 + 2NaCl = cis\text{-}[PtCl_2(NH_3)_2] + 2AgI\downarrow + 2NaNO_3$$

需要注意的是，由 $K_2[PtCl_4]$直接与氨反应，所得到的是反式-二氯・二氨合铂(II)(*trans*-platin，反铂)，而反铂 *trans*-$[PtCl_2(NH_3)_2]$的抗癌活性很低。

$$[PtCl_4]^{2-} + 2NH_3 = trans\text{-}[PtCl_2(NH_3)_2] + 2Cl^-$$

在加热的条件下，$K_2[PtCl_6]$与 KBr 或 KI 作用时，可转化成深红色的 $K_2[PtBr_6]$或黑色的 $K_2[PtI_6]$。$[PtX_6]^{2-}$离子为正八面体构型的内轨型配合物，在溶液中非常稳定，其稳定性顺序按 F－Cl－Br－I 依次增大。

## 14.3.4 铜、银和锌、汞

铜(copper，Cu)和银(silver，Ag)是周期系 ds 区ⅠB 族元素。ⅠB 族也称为铜族元素，铜、银、金是人类最早知道的元素，因很早被人们用作钱币，因此有“货币金属”之称。它们在自然界分布很广，铜既以游离态的单质存在，也以硫化物、氧化物、碳酸盐等化合态形式存在，主要铜矿有黄铜矿 $Cu_2S\cdot Fe_2S_3$、辉铜矿 $Cu_2S$、赤铜矿 $Cu_2O$ 和孔雀石 $Cu(OH)_2\cdot CuCO_3$等。银广泛分布于硫化物矿中，以辉银矿 $Ag_2S$、角银矿 AgCl 为主。

锌(zinc，Zn)和汞(mercury，Hg)是周期系 ds 区ⅡB 族元素。ⅡB 族也称为锌族元素，它们都是亲硫元素，主要以硫化物存在于自然界中，如闪锌矿 ZnS、菱锌矿 $ZnCO_3$、辰砂 HgS 等。

1. 成键特征和单质的性质

铜族元素和锌族元素的外层价电子构型分别为$(n-1)d^{10}ns^1$和$(n-1)d^{10}ns^2$，与 s 区元素相似，最外层都只有 1 或 2 个电子。但是，s 区元素的次外层为 8 电子构型，而 ds 区元素次外层有 18 个电子，达到全满结构，由于 18 电子构型的屏蔽效应远小于 8 电子构型，故ⅠB、ⅡB 族元素的有效核电荷较大，外层电子受核的作用力较强，所以 ds 区元素的电离能和电负性比同周期 s 区元素显著增大，原子半径显著减小，其单质的化学性质远不如 s 区元素活泼。铜族元素和锌族元素的重要性质参数见表 14-12。

**表 14-12　铜族元素和锌族元素的重要性质参数**

| 元　素 | Cu | Ag | Au | Zn | Cd | Hg |
|---|---|---|---|---|---|---|
| 原子序数 | 29 | 47 | 79 | 30 | 48 | 80 |
| 原子半径/pm | 128 | 144 | 144 | 133 | 149 | 160 |
| 离子半径/pm | 96(+1) | 126(+1) | 137 (+1) | 88(+1) | 114(+1) | 125(+1) |
| | 87(+2) | 108(+2) | 99 (+3) | 74(+2) | 97(+2) | 110(+2) |
| 电负性 | 1.90 | 1.93 | 2.54 | 1.65 | 1.69 | 2.00 |
| 第一电离能/kJ·$mol^{-1}$ | 745.5 | 731.0 | 890.1 | 906.4 | 867.8 | 1 007.1 |
| 第二电离能/kJ·$mol^{-1}$ | 1 957.9 | 2 070 | 1 890 | 1 733.3 | 1 631 | 1 810 |
| 熔点/K | 1 357.8 | 1 234.9 | 1 337.3 | 692.68 | 594.22 | 234.32 |
| 沸点/K | 3 200 | 2 435 | 3 129 | 1 180 | 1 040 | 629.88 |
| 硬度(金刚石=10) | 3.0 | 2.7 | 2.5 | 2.5 | 2.0 | — |
| 密度/(g·$cm^{-3}$) | 8.92 | 10.49 | 19.32 | 7.14 | 8.65 | — |
| 电阻率/($\mu\Omega$·$cm^{-1}$,293 K) | 1.673 | 1.59 | 2.35 | 6.0 | 7.0 | 95.65 |

(1) 铜

单质铜是紫红色的金属(所有金属中仅铜和金有特殊的颜色)。铜最突出的物理性质是优良的导电性和导热性，在所有金属中仅次于银列第二位，铜的熔点、沸点较高，延展性和机械加工性能好。铜良好的机械加工性和耐腐蚀性使它在工业领域具有十分广泛的应用。铜被广泛用于制造电线和各种电气元件，还大量用于制造合金，如黄铜(含锌 5%~45%)、青铜(含锡 5%~10%)、白铜(含镍 13%~25%、锌 13%~25%)等。

铜的化学性质比较稳定，常温下，铜不与氧气和水作用，但能与卤素直接化合生成卤化铜 $CuX_2$。加热时，铜能与氧和硫直接化合生成 CuO 和 $Cu_2S$。铜在潮湿的空气中放置，其表面可逐渐生成一层绿色的铜锈(碱式碳酸铜)。铜与非氧化性稀酸不反应，只能溶解在硝酸、浓盐酸及热的浓硫酸中。

$$2Cu + O_2 + H_2O + CO_2 \xlongequal{} Cu(OH)_2 \cdot CuCO_3$$
$$3Cu + 2NO_3^- + 8H^+ \xlongequal{} 3Cu^{2+} + 2NO\uparrow + 4H_2O$$
$$2Cu + 4HCl(浓) \xlongequal{} 2H[CuCl_2] + H_2\uparrow$$

(2) 银

银的导电导热性能是所有金属中最好的。银比铜稳定，室温下不与氧气和水反应，但可与卤素发生缓慢反应，与含有 $H_2S$ 的空气接触时，表面生成黑色的 $Ag_2S$。即使在高温下也不与氢气、氮气或碳反应。银不溶于非氧化性酸，但溶于硝酸和热的浓硫酸中。

$$4Ag + 2H_2S + O_2 \xlongequal{} 2Ag_2S + 2H_2O$$
$$2Ag + 2H_2SO_4(浓) \xlongequal{} Ag_2SO_4 + SO_2 + 2H_2O$$

银大量用于摄影感光材料，还用于电镀、首饰、高容量电池、电器。在牙科上，银锡汞齐($Hg/\gamma-Ag_3Sn$)用于补牙。

(3) 锌

单质锌是银白色的金属,熔点和沸点比大多数过渡金属要低,属于低熔点金属。锌的化学性质比较活泼,在加热的条件下,锌能与绝大多数非金属元素直接化合。锌在潮湿的空气中放置,可生成碱式碳酸锌。

$$4Zn + 2O_2 + 3H_2O + CO_2 \longrightarrow ZnCO_3 \cdot 3Zn(OH)_2$$

锌是两性金属,既能与非氧化性稀酸作用置换出 $H_2$,也能与碱作用生成锌酸盐。锌还能与氨水作用生成锌氨配离子,这一性质不同于铝,铝不能与氨水作用。

$$Zn + 2NaOH + 2H_2O \longrightarrow Na_2[Zn(OH)_4] + H_2\uparrow$$

$$Zn + 4NH_3 + 2H_2O \longrightarrow [Zn(NH_3)_4](OH)_2 + H_2\uparrow$$

锌的主要用途是制造合金,如白铁以及制造干电池等。

(4) 汞

单质汞是室温下唯一的液态金属,具有流动性,又不润湿玻璃,在 273～573 K 之间体积膨胀系数均匀,所以汞常可用于制造温度计。室温下汞的蒸气压很低(273 K 时为 0.002 47 Pa,293 K 时为 0.16 Pa),汞蒸气在电弧中能导电,并能辐射出高强度的可见光和紫外光,被用于制造气压计、太阳灯等。利用它的高密度、导电性和流动性,汞被用作液封剂及大电流断路继电器等。汞的另一重要特性是能溶解金属形成汞齐,在冶金工业中用于提取贵金属等。

必须强调指出的是,汞有强烈的生物毒性,汞污染对人类的健康造成极大危害。实验室中应尽量少用和不用含汞仪器,必须使用汞时,由于汞的蒸气压低,一切操作都必须在通风橱中进行。临时存放少量汞时,必须在汞面上覆盖 10%的 NaCl 溶液,以免汞蒸气挥发。万一不慎洒落汞时,必须尽量将其收集起来。对无法收集的汞,应覆盖硫磺粉,使之转化成 HgS。

汞的活泼性较差,需加热至沸才能与氧气反应生成氧化汞,加热到 773 K 时又分解为汞和氧气,但在室温下汞与硫粉研磨时即可生成 HgS。汞不与非氧化性酸反应,但可溶解于热的浓硫酸和硝酸。

$$3Hg + 8HNO_3 \longrightarrow 3Hg(NO_3)_2 + 2NO + 4H_2O$$

若用过量 Hg 与冷的稀硝酸作用则生成 $Hg_2(NO_3)_2$。

$$6Hg + 8HNO_3 \longrightarrow 3Hg_2(NO_3)_2 + 2NO + 4H_2O$$

2. 铜化合物的性质

铜的价层电子构型为 $3d^{10}4s^1$,常见氧化值为+2 和+1,最高氧化值为+3。由 Cu 元素的标准电极电势图可知:① 在酸性溶液中,$Cu^+$ 不稳定,易发生歧化反应,生成 $Cu^{2+}$ 和 Cu;② $Cu^{2+}$ 具有一定的氧化性。如 $Cu^{2+}$ 可将氧化 $I^-$ 为 $I_2$,本身被还原成 Cu(Ⅰ)。

$$2Cu^{2+} + 4I^- \longrightarrow I_2 + 2CuI\downarrow(白色)$$

该反应能定量地完成，在分析化学中常用此反应测定 $Cu^{2+}$ 的含量。

(1) 铜(Ⅰ)化合物

氧化亚铜：氧化亚铜(cuprous oxide) $Cu_2O$ 外观呈红色，晶粒大小不同时可呈现黄色、橙色、棕红色等。$Cu_2O$ 的主要性质如下：

1) 热稳定性　$Cu_2O$ 对热十分稳定．加热至 1 508 K 时熔融，继续升高温度，才发生分解反应，生成单质 Cu 并放出 $O_2$：

$$2Cu_2O = 4Cu + O_2\uparrow$$

2) 与酸作用发生歧化反应　$Cu_2O$ 不溶于水，溶于稀酸时发生歧化反应。

$$Cu_2O + H_2SO_4 = CuSO_4 + Cu\downarrow + H_2O$$

3) 配合物　$Cu_2O$ 可溶于氨水和氢卤酸等配合剂中，形成配合物 $[Cu(NH_3)_2]^+$、$[CuX_3]^{2-}$。$[Cu(NH_3)_2]^+$ 很快被空气中的氧氧化，生成蓝色的 $[Cu(NH_3)_4]^{2+}$，该反应可用于除去气体中的氧。

$$Cu_2O + 4NH_3 + H_2O = 2[Cu(NH_3)_2]OH$$
$$Cu_2O + 4HX = 2H[CuX_2] + H_2O$$
$$4[Cu(NH_3)_2]^+ + 8NH_3 + 2H_2O + O_2 = 4[Cu(NH_3)_4]^{2+} + 4OH^-$$

卤化亚铜：卤化亚铜 CuX(X=Cl、Br、I)外观呈白色，均难溶于水，溶解度按 Cl—Br—I 的顺序依次减小。

CuX 可由 Cu(Ⅱ)盐与还原剂作用制得，常用的还原剂有 $SnCl_2$、$SO_2$、$Na_2S_2O_4$(连二亚硫酸钠)、Cu、Zn、Al 等。如用 Cu 作还原剂来制备 CuX 时，由于生成的 CuX 难溶于水，附着在 Cu 表面，影响反应的进行。可使 CuX 与过量的 $X^-$ 形成配位数为 2 或 4 的配合物，以促进反应完成。

$$2CuCl_2 + SnCl_2 = 2CuCl\downarrow + SnCl_4$$

CuX 与过量的 $CN^-$ 作用，生成非常稳定的 $[Cu(CN)_4]^{3-}$ ($K_{稳}=2\times10^{30}$)，因而 $Cu^{2+}$ 与 $CN^-$ 作用时，发生氧化还原反应，不能生成 $Cu^{2+}$ 的氰配离子。

$$2Cu^{2+} + 10CN^- = 2[Cu(CN)_4]^{3-} + (CN)_2\uparrow$$

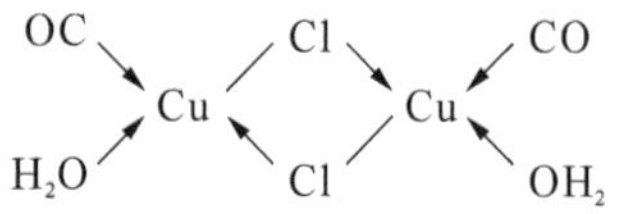


图 14-9　氯化羰基铜(Ⅰ)的结构

CuCl 的盐酸溶液能吸收 CO，形成氯化羰基铜(Ⅰ) $Cu(CO)Cl\cdot H_2O$(图 14-9)，该反应可定量地完成，因而可用于测定气体混合物中 CO 的含量。

(2) 铜(Ⅱ)化合物

氧化铜和氢氧化铜：当 $Cu^{2+}$ 与适量的强碱作用时，可生成淡蓝色的 $Cu(OH)_2$ 絮状沉淀。$Cu(OH)_2$ 主要显碱性也显微弱的酸性，能溶于酸也能部分溶于浓的强碱溶液中，与浓碱作用生成蓝紫色的 $[Cu(OH)_4]^{2-}$。

$$Cu(OH)_2 + 2OH^- = [Cu(OH)_4]^{2-}$$

$Cu(OH)_2$ 在溶液中加热至 353K 时，即脱水生成黑褐色的氧化铜：

$$Cu(OH)_2 \xlongequal{\triangle} CuO + H_2O$$

CuO(cupric oxide)是碱性氧化物，难溶于水，溶于酸时生成相应的盐。CuO 遇强热时可分解为 $Cu_2O$ 和 $O_2$：

$$4CuO \xlongequal{>1\,274\ K} 2Cu_2O + O_2 \uparrow$$

氢氧化铜具有氧化性，加热可将甲醛氧化为甲酸，将葡萄糖的醛基(—CHO)氧化成羧基(—COOH)，本身还原为砖红色的 $Cu_2O$ 沉淀。

$$2Cu(OH)_2 + CH_2OH(CHOH)_4CHO + 2OH^- \xlongequal{} Cu_2O\downarrow + CH_2OH(CHOH)_4COOH + 2H_2O$$

这一反应用来检验糖尿病人尿中的葡萄糖。

CuO、$Cu(OH)_2$ 都可溶于过量的氨水生成深蓝色的$[Cu(NH_3)_4]^{2+}$。

**案例 14-1**

临床上用来检验葡萄糖的试剂称为斐林试剂(Fehling reagent)，由硫酸铜溶液(A)、酒石酸钾钠和氢氧化钠溶液(B)组成。使用时将 A、B 两溶液等体积混合形成深蓝色酒石酸铜(Ⅱ)配合物，再与尿液中的葡萄糖反应，根据产生的沉淀的量的多少和颜色的深浅，确定尿中的含糖量。

硫酸铜：$CuSO_4 \cdot 5H_2O$，俗称胆矾，遇热可逐步失去结晶水，生成无水 $CuSO_4$。无水 $CuSO_4$ 为白色粉末，具有很强的吸水性，吸水后变为蓝色。故无水 $CuSO_4$ 可用作干燥剂，也可用来检验无水乙醇、乙醚等有机溶剂中微量的水。无水 $CuSO_4$ 加热至 923 K 时分解为 CuO 和 $SO_3$。

氯化铜：$CuCl_2$ 是共价化合物，既能溶于水，也能溶于乙醇、丙酮等有机溶剂中。$CuCl_2$ 放置在空气中易吸潮。加热 $CuCl_2$ 至 773K 时分解为 CuCl 和 $Cl_2$。

硝酸铜：$Cu(NO_3)_2$ 有 $Cu(NO_3)_2 \cdot 3H_2O$、$Cu(NO_3)_2 \cdot 6H_2O$ 和 $Cu(NO_3)_2 \cdot 9H_2O$ 三种水合物。遇热(<443K)分解生成碱式硝酸铜 $Cu(NO_3)_2 \cdot Cu(OH)_2$，进一步加热将分解为 Cu、$NO_2$ 和 $O_2$。

$Cu^{2+}$ 盐除卤化铜、硫酸铜、硝酸铜、亚硝酸铜、铬酸铜和醋酸铜等可溶于水外，大多不溶于水。$Cu^{2+}$ 与 $CO_3^{2-}$ 作用生成碱式碳酸铜沉淀，自然界中的碱式碳酸铜称孔雀石，溶于酸放出 $CO_2$，加热分解产生 CuO。$Cu^{2+}$ 与 $S^{2-}$ 生成的棕黑色 CuS 只能溶解在热 $HNO_3$ 或浓氰化钠溶液中。

$$2Cu^{2+} + 2CO_3^{2-} + H_2O \xlongequal{} Cu_2(OH)_2 \cdot CO_3\downarrow + CO_2\uparrow$$

$$3CuS + 2NO_3^- + 8H^+ \xlongequal{} 3Cu^{2+} + 2NO\uparrow + 3S\downarrow + 4H_2O$$

$$2CuS + 10CN^- \xlongequal{} 2[Cu(CN)_4]^{3-} + 2S^{2-} + (CN)_2\uparrow$$

$Cu^{2+}$ 具有很强的配位能力，可与氨、$X^-$、$S_2O_3^{2-}$、$P_2O_7^{4-}$、en 及许多有机配体形成稳定性不同的配合物，常见的配位数为 4、6。其中$[CuX_4]^{2-}$ 的稳定性较差，而

$[Cu(P_2O_7)_2]^{6-}$可作为铜的电镀液。铜(Ⅱ)的一些有机配合物可作为催化剂，如二(乙二胺)合铜(Ⅱ)($[Cu(en)_2]^{2+}$)用于催化 $H_2O_2$ 的分解反应，酞箐铜及其衍生物被用于生产从蓝色到绿色的颜料，广泛用于墨水、涂料和塑料制品。

(3) Cu(Ⅱ)和 Cu(Ⅰ)的相互转化

Cu(Ⅰ)的价电子构型为 $3d^{10}$，应该比 $3d^9$ 电子构型的 Cu(Ⅱ)稳定，并且 Cu 的第二电离能较高(1 958 $kJ \cdot mol^{-1}$)，Cu(Ⅰ)再失去 1 个电子形成 Cu(Ⅱ)的化合物并不十分容易，因此 Cu(Ⅰ)的化合物在气态或固态时是稳定的。另外，Cu(Ⅱ)的极化作用大于 Cu(Ⅰ)，所以高温条件下 Cu(Ⅱ)的化合物不稳定，易分解成 Cu(Ⅰ)的化合物。例如，CuO 受热分解为 $Cu_2O$ 和 $O_2$。

在水溶液中，由于 Cu(Ⅱ)电荷高、半径小、水合能比 Cu(Ⅰ)大得多，因此 Cu(Ⅱ)在溶液中很稳定，而 Cu(Ⅰ)在溶液中易发生歧化反应，生成 $Cu^{2+}$ 和 Cu。

$$2Cu^+ \rightleftharpoons Cu^{2+} + Cu \qquad K = 1.4 \times 10^6 (293\ K)$$

溶液中，Cu(Ⅰ)只存在于难溶性沉淀和稳定的配合物中，此时溶液中$[Cu^+]$很小，歧化反应的逆反应的电动势升高，反应向生成 Cu(Ⅰ)化合物的方向进行。

3. 银化合物的性质

(1) 氧化银和氢氧化银

在 $AgNO_3$ 中加入 NaOH，首先析出白色 AgOH 沉淀。常温下 AgOH 极不稳定，立即脱水生成暗棕色 $Ag_2O$ 沉淀。$Ag_2O$ 为一碱性氧化物，不稳定，加热至 573 K 完全分解为 Ag 和 $O_2$。$Ag_2O$ 微溶于水，可溶于硝酸，可与 $NH_3$、$CN^-$ 等配体形成配位化合物。

$$Ag_2O + 2HNO_3 \longrightarrow 2AgNO_3 + H_2O$$
$$Ag_2O + 4NH_3 + 2H_2O \longrightarrow 2[Ag(NH_3)_2]^+ + 2OH^-$$

$Ag_2O$ 还具有一定的氧化性，能将 CO、$H_2O_2$ 分别氧化为 $CO_2$、$O_2$。

$$Ag_2O + CO \longrightarrow 2Ag + CO_2$$

(2) 银盐

$AgNO_3$(silver nitrate)是最常见的可溶性银盐，为无色晶体，纯净的 $AgNO_3$ 对光稳定，但当其中含有极微量的有机杂质时，见光极易缓慢分解为 Ag 而显灰黑色，故 $AgNO_3$ 应保存于棕色瓶中。

$$2AgNO_3 \longrightarrow 2Ag + 2NO_2 \uparrow + O_2 \uparrow$$

$Ag^+$ 具有氧化性，可被中、强还原剂还原为单质 Ag。

$$2Ag^+ + H_3PO_3 + H_2O \longrightarrow 2Ag \downarrow + H_3PO_4 + 2H^+$$

向 $AgNO_3$ 溶液中加入氨水，先生成 $Ag_2O$ 沉淀，继而溶于过量的氨水形成$[Ag(NH_3)_2]^+$，加热时$[Ag(NH_3)_2]^+$可将醛基、酮基氧化成酸基，本身还原为单质 Ag：

$$2[Ag(NH_3)_2]^+ + RCHO + 2OH^- \longrightarrow RCOONH_4 + 2Ag \downarrow + 3NH_3 \uparrow + H_2O$$

该反应称为银镜反应，常用于鉴定醛类化合物。

除 $AgNO_3$、AgF、$AgNO_2$ 可溶，$Ag_2SO_4$、AgAc 微溶外，大多数 $Ag^+$ 盐都为难溶盐。向 $Ag^+$ 溶液中加入 $I^-$，从电极电势 $\varphi_A^\ominus(Ag^+/Ag)=0.799\ V$ 和 $\varphi_A^\ominus(I_2/I^-)=0.536\ V$ 看，应发生氧化还原反应，但由于 AgI 的 $K_{SP}$ 极小，所以发生的是沉淀反应：

$$Ag^+ + I^- \xlongequal{} AgI\downarrow(\text{黄色})$$

由于 $Ag^+$ 具有较强的配位能力，可与 $NH_3$、$S_2O_3^{2-}$、$CN^-$ 等形成稳定的配合物，一些难溶性银盐可溶于氨水或 KCN 等配合剂中，生成可溶性配离子。

$$AgCl + 2NH_3 \xlongequal{} [Ag(NH_3)_2]^+ + Cl^-$$
$$AgI + 2CN^- \xlongequal{} [Ag(CN)_2]^- + I^-$$

4. 锌化合物的性质

(1) 氧化锌和氢氧化锌

Zn 与 $O_2$ 直接化合得到 ZnO(zinc oxide)白色粉末，俗称锌白，常用作涂料，其优点是遇 $H_2S$ 不会变为黑色(ZnS 为白色)，也被调成膏状用作收敛杀菌药。ZnO 对热稳定，加热升华而不分解。ZnO 为两性氧化物，难溶于水，易溶于酸和碱。

$$ZnO + 2H^+ \xlongequal{} Zn^{2+} + H_2O$$
$$ZnO + 2OH^- + H_2O \xlongequal{} Zn(OH)_2 + 2OH^- \xlongequal{} [Zn(OH)_4]^{2-}$$

向锌盐溶液中加入适量的碱，即可生成白色的 $Zn(OH)_2$ 沉淀。$Zn(OH)_2$ 显两性，既能溶于酸也能溶于碱。

$$Zn(OH)_2 + 2H^+ \xlongequal{} Zn^{2+} + 2H_2O$$
$$Zn(OH)_2 + 2OH^- \xlongequal{} [Zn(OH)_4]^{2-}$$

$Zn(OH)_2$ 能溶于 $NH_3$ 生成 $[Zn(NH_3)_4]^{2+}$。如溶液中存在 $NH_4^+$，可与 $OH^-$ 结合生成 $NH_3\cdot H_2O$，有利于 $Zn(OH)_2$ 的溶解。

$Zn(OH)_2$ 受热时脱水生成 ZnO。

(2) 常见锌盐

锌盐除卤化锌、硫酸锌、硫代硫酸锌、硝酸锌、亚硝酸锌、醋酸锌等可溶外，大多不溶于水。可溶性锌盐因 $Zn^{2+}$ 水解显弱酸性。

氯化锌：$ZnCl_2$(zinc chloride)为白色吸湿性物质，有机合成中常用它作脱水剂。$ZnCl_2$ 有部分共价性，既能溶于水也可溶于乙醇等有机溶剂中。$ZnCl_2$ 在水中溶解度很大(333 g/100 g $H_2O$，283 K)，稀溶液时部分水解为 Zn(OH)Cl，在浓溶液中则可形成酸性很强的羟基·二氯合锌(Ⅱ)酸 $H[ZnCl_2(OH)]$。

$$ZnCl_2 + H_2O \xlongequal{} Zn(OH)Cl + HCl$$
$$ZnCl_2 + H_2O \xlongequal{} H[ZnCl_2(OH)]$$

$H[ZnCl_2(OH)]$ 能溶解金属氧化物，故在焊接金属时，常用 $ZnCl_2$ 浓溶液清洁金属表面。浸过 $ZnCl_2$ 溶液的木材不易腐烂。

$$FeO + 2H[ZnCl_2(OH)] \xlongequal{} Fe[ZnCl_2(OH)]_2 + H_2O$$

硫化锌：向 $Zn^{2+}$ 溶液中加入 $(NH_4)_2S$ 溶液生成白色 ZnS(zinc sulphide)沉淀。ZnS 及与 $BaSO_4$ 共沉淀所形成的混合物(锌钡白，俗称立德粉)都是白色颜料。在 ZnS 晶体中加入微量 Cu、Mn、Ag 作活化剂，光照后产生不同的荧光，用于制作荧光屏、夜光表等。ZnS 可溶于稀盐酸，但不溶于氨水、NaOH。

$Zn^{2+}$ 具有较强的配位能力，可与 $X^-$、$SCN^-$、$CN^-$、$NH_3$ 等及许多有机配体形成配位数为 4 的配合物，并且这些配合物通常是无色的。

5. 汞化合物的性质

汞的价层电子构型为 $5d^{10}6s^2$，可形成氧化值为 +2 和 +1 的两个系列化合物。汞的惰性电子对效应非常显著，$6s^2$ 电子不易参加成键，金属键的作用力很弱，金属的内聚力很小，熔点低(常温下为液态)，反应活性差。相反，Hg(Ⅱ)、Hg(Ⅰ)都有一定的氧化性。在酸性溶液中，+1 氧化值的亚汞离子可以稳定存在，亚汞离子为双原子离子 $[Hg:Hg]^{2+}$，两个 Hg(Ⅰ)共用 1 对 6s 电子，彼此达到稳定的电子构型。$Hg_2^{2+}$ 与 $Cu^+$ 不同，在溶液中 $Hg^{2+}$ 和 Hg 转化为 $Hg_2^{2+}$ 是自发过程。

$$Hg^{2+} + Hg \rightleftharpoons Hg_2^{2+} \qquad K = 69.4$$

要想使平衡向左移动($Hg_2^{2+}$ 发生歧化反应)，必须降低溶液中 $Hg^{2+}$ 的浓度。例如，当溶液中的 $Hg^{2+}$ 生成难溶性沉淀或生成稳定的配合物时，平衡将向生成 $Hg^{2+}$ 和 Hg 的方向移动。

(1) 氧化汞

在 $Hg^{2+}$ 溶液中加入强碱生成 $Hg(OH)_2$ 沉淀，$Hg(OH)_2$ 极不稳定，形成后立即分解为黄色 HgO，黄色 HgO 受热时可转化为红色 HgO，加热至 573 K 以上，则分解为 Hg 和 $O_2$。无论是红色 HgO 还是黄色 HgO 都有毒。

$$Hg^{2+} + 2OH^- = HgO\downarrow + H_2O$$

$$2HgO \xlongequal{573\ K} 2Hg + O_2$$

(2) 汞盐和亚汞盐

汞盐和亚汞盐除了氟化物、硝酸盐、亚硝酸盐等少数可溶外，大多不溶于水。重要的汞盐和亚汞盐有氯化物和硝酸盐。氯化汞(mercury chloride)为白色针状晶体，剧毒性共价化合物(内服 0.2～0.4 g 可致人死亡)，熔点低(573 K)，微溶于水，易升华，因此又称"升汞"。氯化亚汞(mercurous chloride)难溶于水，无毒，味略甜，又称"甘汞"，化学上常用其制作甘汞电极。氯化亚汞见光易分解，故应保存在棕色瓶中。

$$Hg_2Cl_2 \xlongequal{h\nu} HgCl_2 + Hg$$

硝酸汞和硝酸亚汞都可溶于水，并水解生成碱式盐，因此配制它们的溶液时应加入硝酸抑制水解。硝酸亚汞不稳定，可被空气中氧气氧化为硝酸汞，受热则易分解为 HgO。

$$2Hg(NO_3)_2 + H_2O = HgO \cdot Hg(NO_3)_2\downarrow + 2HNO_3$$

$$Hg_2(NO_3)_2 + H_2O = Hg_2(OH)(NO_3)\downarrow + HNO_3$$

$$2Hg_2(NO_3)_2 + O_2 + 4HNO_3 = 4Hg(NO_3)_2 + 2H_2O$$

$$Hg_2(NO_3)_2 \xlongequal{\triangle} 2HgO + 2NO_2$$

汞盐和亚汞盐的重要反应如下：

1）与碱作用　$Hg^{2+}$ 与碱溶液作用时生成黄色的 HgO 沉淀；$Hg_2^{2+}$ 与碱溶液作用则歧化为 HgO 和 Hg。

$$Hg^{2+} + 2OH^- \xlongequal{} HgO\downarrow(黄) + H_2O$$

$$Hg_2^{2+} + 2OH^- \xlongequal{} HgO\downarrow(黄) + H_2O + Hg\downarrow(灰黑)$$

2）与氨水作用　$Hg^{2+}$ 与氨水作用生成白色的氨基汞盐沉淀，氯化氨基汞 $HgNH_2Cl$ 和硝酸氨基汞 $HgNH_2NO_3$ 沉淀都可溶解在 $NH_3-NH_4NO_3$ 混合溶液中；$Hg_2^{2+}$ 与氨水作用，则发生歧化反应，生成白色的氨基汞盐沉淀和灰黑色的单质汞沉淀。

$$HgCl_2 + NH_3 \xlongequal{} HgNH_2Cl\downarrow(白) + NH_4Cl$$

$$Hg(NO_3)_2 + NH_3 \xlongequal{} HgNH_2NO_3\downarrow(白色) + HNO_3$$

$$HgNH_2NO_3 + NH_4^+ \xlongequal{} Hg^{2+} + 2NH_3 + NO_3^-$$

$$Hg_2Cl_2 + 2NH_3 \xlongequal{} HgNH_2Cl\downarrow(白) + NH_4Cl + Hg\downarrow(灰黑)$$

3）与 $H_2S$ 作用　$Hg^{2+}$ 与 $H_2S$ 作用生成黑色的 HgS 沉淀，HgS 能溶解在王水或部分溶解于浓 $Na_2S$ 溶液中；$Hg_2^{2+}$ 与 $H_2S$ 作用生成 HgS 和 Hg。

$$3HgS + 12HCl + 2HNO_3 \xlongequal{} 3H_2[HgCl_4] + 3S\downarrow + 2NO\uparrow + 4H_2O$$

$$HgS + Na_2S \xlongequal{} Na_2[HgS_2]$$

4）与 KI 作用　$Hg^{2+}$ 与适量 $I^-$ 作用生成橙红色的 $HgI_2$ 沉淀，$HgI_2$ 与过量 $I^-$ 作用生成无色配离子 $[HgI_4]^{2-}$；$Hg_2^{2+}$ 与适量 $I^-$ 作用生成黄绿色的 $Hg_2I_2$ 沉淀，$Hg_2I_2$ 与过量 $I^-$ 作用则发生歧化反应。

$$Hg^{2+} + 2I^- \xlongequal{} HgI_2\downarrow(橙红)$$

$$HgI_2 + 2I^- \xlongequal{} [HgI_4]^{2-}(无色)$$

$$Hg_2^{2+} + 2I^- \xlongequal{} Hg_2I_2\downarrow(黄绿)$$

$$Hg_2I_2 + 2I^- \xlongequal{} [HgI_4]^{2-} + Hg\downarrow(灰黑)$$

$[HgI_4]^{2-}$ 的碱性溶液称为奈斯勒(Nessler)试剂。奈斯勒试剂与微量 $NH_4^+$ 作用生成特殊的红色沉淀，此反应常被用于鉴定 $NH_4^+$。

$2HgI_4^{2-} + NH_4^+ + 4OH^- \xlongequal{}$ 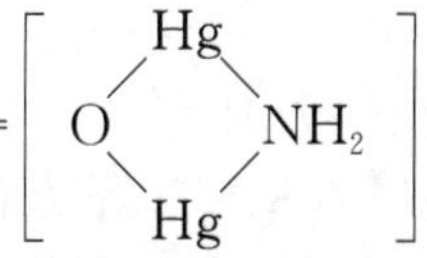 $I + 7I^- + 3H_2O$



红色沉淀

5）与 $SnCl_2$ 作用　$Hg^{2+}$ 和 $Hg_2^{2+}$ 具有氧化性，$Hg^{2+}$ 与少量 $SnCl_2$ 作用生成白色的 $Hg_2Cl_2$ 沉淀；若 $SnCl_2$ 过量时则进一步与 $Hg_2Cl_2$ 作用生成灰黑色的 Hg 沉淀。

$$2HgCl_2 + SnCl_2(少量) \xlongequal{} Hg_2Cl_2\downarrow(白色) + SnCl_4$$

$$Hg_2Cl_2 + SnCl_2(\text{过量}) \xlongequal{\quad} 2Hg\downarrow(\text{灰黑}) + SnCl_4$$

以上反应均可作为 $Hg^{2+}$ 和 $Hg_2^{2+}$ 的区别反应或鉴定反应。

### 14.3.5 过渡元素的生物效应和常用药物

第一过渡系列的 V～Zn 和第二过渡系列的 Mo 都是生命必需的微量元素，在生命活动过程中具有极其重要的作用。例如，它们具有载体作用，是许多酶的辅基和催化活性中心，维持生物大分子的构象和功能，参与电子转移和分子重排，参与激素的作用，促进新陈代谢以维持人体正常生理功能，以及调节体液内渗透压、离子平衡和酸碱度，传递生物信息，参与和调节蛋白质、核酸和 DNA 的合成等。

正常成人体内铬的总含量为 5～10 mg，广泛地分布于体内各组织器官中及体液中。铬的生物功能主要是参与机体的糖代谢和脂肪代谢，并具有胰岛素加强剂的作用。但铬也具有一定的生物毒性，其中铬(Ⅲ)的毒性较小，铬(Ⅵ)的生物毒性较大。铬(Ⅵ)中毒时可引起肝、肾、神经系统和血液系统的广泛病变，甚至造成死亡。

正常成人体内锰的总含量为 10～20 mg，主要分布在骨骼、肝、肾、胰腺及各组织中。锰被称为“生命的卫士”，有上百种生物酶需要锰作激活剂。含有锰(Ⅱ、Ⅲ)的酶对生物体内进行的氧化还原反应有重要的影响，与血糖的调节、血液的凝固、生长发育及中枢神经的正常运作有关。锰(Ⅱ)还参与软骨和骨组织的形成，影响脂类的代谢等。缺锰，会引起骨质疏松、神经衰弱综合征，影响智力发育和生殖能力等。锰还影响其他必需元素的含量及生物功能。此外，锰蛋白复合体是植物光合系统Ⅱ的重要组成部分。但过量锰会引起神经系统损伤和神经功能障碍，对免疫系统具有明显的生物毒效应等。

正常成人体内含铁约 4 200 mg，是人体中含量最多的必需微量元素。铁主要分布在血液及其他组织细胞中，是血红素等许多含铁酶和蛋白的活性中心，具有输送及储存 $O_2$、充当电子传递体参与机体的氧化还原反应等功能，在物质代谢和能量代谢中起着重要作用。缺铁可引起多种疾病，包括缺铁性贫血、中枢神经系统功能异常、机体免疫功能低下、生长期骨骼发育异常等。但铁也具有一定的生物毒性，长期过量服用铁营养剂时，可引起严重的中毒反应，甚至死亡。而遗传性及其他因素导致的铁过载与血色素沉着症、神经退行性疾病等密切相关。

钴是维生素 B12 和一些酶的重要组成成分。钴可激活很多酶，参与造血并影响甲状腺代谢。人体钴缺乏时容易患上贫血、记忆力差及抑郁症状。但钴过多可引起红细胞过多症、甲状腺和严重的心肌损伤等。镍存在于多种氢化酶中，催化氢的氧化还原反应，还是多种酶的激活源，参与多种酶蛋白的合成。镍具有刺激生血机能、调节催乳激素、稳定 DNA 结构、影响 DAN 合成和 RNA 复制等功能。镍最明确的生物功能是脲酶的催化中心，脲酶在许多植物、藻类、真菌及细菌中催化尿素降解为氨和碳酸。缺镍会影响铁的吸收，引起严重贫血。

正常成人体内含铜总量为 80～120 mg，主要以血浆铜蓝蛋白的形式存在，人体每日需从食物中摄取 2～5 mg 铜。铜是血浆铜蓝蛋白、超氧化物歧化酶(SOD)、细胞色素 C 氧化酶等活性中心的组成元素。血浆铜蓝蛋白具有亚铁氧化酶及抗氧化的作用，SOD 的功能是催化超氧离子自由基 $O_2^-$ 歧化为 $O_2$ 和 $H_2O_2$，以防护这种活性氧自由基对细胞及DNA 等造成的氧化损伤。此外，机体中的铜对造血系统和神经系统的发育、对骨骼和结缔组织的形成等都具有重要的影响。铜缺乏可引起免疫功能低下、机体应激能力降低、小细胞低色素性贫血、肝脏肿大、骨骼病变等。遗传性 Menkes 综合征患者因基因缺陷不能使肠黏膜吸收的铜转运至细胞间液或进入血液，从而表现为铜缺乏导致的综合征群；而遗传性 Wilson 病则是因患者基因缺陷，无法将体内的铜转运至排泌系统排出体外，从而造成铜在机体组织和器官中的堆积所引起。锌在人体内含量仅次于铁，正常成人体内含锌约 2 300 mg，主要分布在肌细胞和骨骼中。人体每日需从食物中摄取 12～16 mg的锌。锌被称为“生命之花”，参与机体的大多数生理生化反应，与蛋白质及核酸的代谢、生物膜的结构和稳定性、激素的分泌量及活性、细胞免疫功能的状态等都具有十分密切的关系。所有酶系中都有含锌酶，它们在机体的新陈代谢过程中具有极其重要的作用。含锌蛋白（如锌指蛋白）直接参与 DNA 的转录和复制，对机体的生长发育具有控制作用。缺锌可造成生长发育不良、智力低下、严重贫血、免疫功能低下及皮肤疾患等。通常认为锌的毒性较小，但长期超剂量服用含锌制剂时，也会引起严重的中毒反应，甚至造成死亡。

无机铬（Ⅲ）盐（如 $CrCl_3 \cdot 6H_2O$）或富含铬（Ⅲ）的啤酒酵母，用于临床治疗糖尿病和动脉粥样硬化症；二（烟碱酸根）・甘氨酸根合铬（Ⅲ），用于改善糖尿病患者糖耐量。高锰酸钾，消毒防腐剂，也可用于有机磷中毒时洗胃等。硫酸亚铁，抗贫血药，主要用于配制口服药剂治疗缺铁性贫血。琥珀酸亚铁、枸橼酸铁胺、葡萄糖酸亚铁、乳酸亚铁、富马铁临床用作口服补铁药物。右旋糖酐铁、山梨醇铁、复方卡铁，补铁药，可用于注射。顺铂及其衍生物卡铂、奥沙利铂等，抗癌药物。硫酸铜，外用制剂，用于治疗真菌感染引起的皮肤病。氧化锌，具有收敛、促进创面愈合的作用，常用于配制外用复方散剂、混悬剂、软膏剂和糊剂等，用于治疗各种皮炎和湿疹等。硝酸银，有收敛、腐蚀和杀菌作用。硫酸锌、葡萄糖酸锌、甘草酸锌、枸橼酸锌、乳清酸-精氨酸锌，补锌药物，主要用于治疗锌缺乏引起的疾病。黄色氧化汞（俗称黄降汞）和氯化氨基汞（白降汞），杀菌，主要用于配制外用制剂，治疗皮肤和黏膜感染等。氯化汞（升汞），杀菌力强，但毒性强烈，主要用于配制外科手术器械消毒液。氯化亚汞（甘汞、轻粉），外用可攻毒杀虫。红色硫化汞（朱砂、丹砂或辰砂），具有镇静安神和解毒作用，内服用于治疗惊风、癫痫，配成外用复方制剂具有消肿、解毒、止痛的功效。

## 14.4 镧系元素和锕系元素

镧系元素（lanthanide elements）包括从 57 号元素镧（La）到 71 号元素镥（Lu）共 15 种元素（也有人认为不包括 La 共 14 个元素），用符号 Ln 表示。锕系元素（actinide elements）包括从 89 号元素锕（Ac）到 103 号元素铹（Lr）共 15 种元素（也有人不包括 Ac），用符号 An 表示。它们属于周期系ⅢB 族元素，由于这些元素的最后 1 个电子是填充在 $(n-2)$f 亚层上的，所以又称之为 f 区元素或内过渡元素。

ⅢB族元素钪(Sc)和钇(Y)的氧化态特征、性质等与镧系元素十分相似,在自然界中常共存于同种矿物中,因此,钪、钇和镧系元素一起也被称作稀土元素(rare eath element),用符号RE表示。“稀土”这一名称来源于它们的矿物分布稀散,其氧化物和氢氧化物难溶于水,与碱土金属相应的化合物的性质类似。但实际上大部分稀土元素在地壳中的含量并不稀少,许多稀土元素的丰度比某些普通元素还要大得多。

稀土元素是重要的战略资源,在工业生产、航空航天、国防工业具有举足轻重的作用。我国的稀土资源十分丰富,已探明的储量占世界总储量的80%以上,稀土的生产能力居世界之首。在稀土的基础研究和应用研究领域,我国的科学家也取得了一些较高水平的成果。但是,如何利用好和保存好这些战略资源,提高稀土产品的科技附加值,而不是大量使用和出口粗加工品,是我国稀土研究和开发亟待解决的课题。

锕系元素都是放射性元素。92号元素铀以后的锕系元素都是人造元素。锕系元素中除铀、钍和钚大量用于核燃料,以及某些锕系元素在空间技术、生物学、核医学及气象学研究中有所应用外,目前对锕系元素性质的认识尚不充分。

## 14.4.1 镧系元素的原子结构与元素的性质

镧系元素(Ln)原子的基态电子构型是根据光谱实验的数据确定的。其价层电子构型可用通式$4f^{0\sim14}5d^{0\sim1}6s^2$表示。随着Ln原子序数的增大,核电荷依次增加,而增加的电子依次填充在f亚层上,由于电子都是填充在同一能级的轨道中的,且4f亚层对核电荷的屏蔽作用大,因此随着原子序数的增加,有效核电荷增加缓慢,以致Ln的性质十分相近,变化也很有规律。又由于4f和5d的能量十分接近,当电子在能级相近的轨道上填充时,以半充满、全充满或全空的状态排布比较稳定。因此,电子填充时有变化,如57号元素镧的价层电子构型为$4f^0 5d^1 6s^2$,而不是$4f^1 6s^2$。

1. 原子半径和离子半径

图14-10为Ln原子半径和$Ln^{3+}$半径图。从图中可以看出,随着Ln原子序数的增大,Ln原子半径缓缓减小,这种减小的趋势非常缓和,多数相邻Ln的原子半径大约相差1 pm。只有63号元素铕(Eu)和70号元素镱(Yb)的原子半径出现两个峰值,这是由于它们具有稳定的半充满($4f^7 6s^2$)和全充满($4f^{14} 6s^2$)的构型,对核电荷的屏蔽作用较大,因而使原子半径明显增大。$Ln^{3+}$的半径随原子序数增大而逐渐减小,且变化趋势十分规律,呈现明显的收缩现象。这种Ln的原子半径和$Ln^{3+}$半径随原子序数增大而逐渐减小的现象是4f电子屏蔽效应的特征现象,称为镧系收缩(lanthanide contraction)。

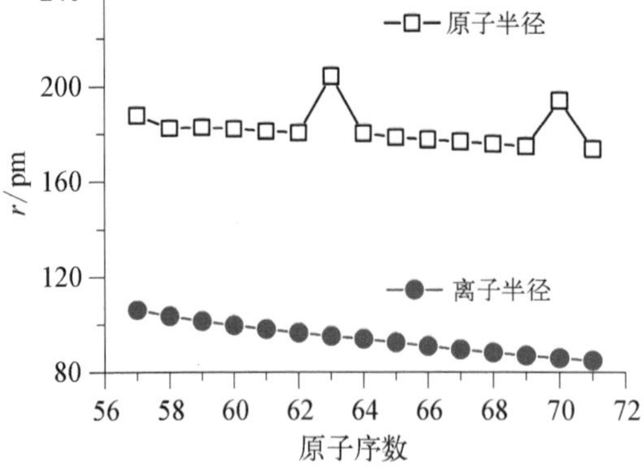


图14-10 镧系元素的原子半径和+Ⅲ氧化态离子半径

原子半径为配位数12时的数据

镧系收缩是元素化学中一个重要的现象。由于镧系收缩,使得周期系第二过渡系和第三过渡系元素的原子半径十分接近，它们的性质也非常相似，分离困难。

2. 金属活泼性

镧系元素都是非常活泼的金属，活泼性顺序由 La 到 Lu 递减，但差距较小，它们的金属活泼性十分相似。其活泼性仅次于碱金属和碱土金属，都是很强的还原剂。它们的单质都能与空气中的氧直接反应，尤其是在潮湿的空气中反应进行得很快，因此稀土金属单质应隔绝空气保存。常温下镧系元素也能与其他非金属元素直接化合。

3. 氧化态

镧系元素的特征氧化值为+3，由于 Ln 原子的 4f、5d 和 6s 能级比较接近，所以 Ln 的电子构型倾向于保持或接近全空、全充满和半充满的稳定状态，因而一些稀土元素的常见氧化值还表现为+4 或+2(表 14-13)。例如，$Ce^{4+}(4f^0 5d^0 6s^0)$、$Dy^{4+}(4f^8 6s^0)$、$Eu^{2+}(4f^7 6s^0)$、$Yb^{2+}(4f^{14} 6s^0)$等。

**表 14-13 镧系元素及其离子的价电子构型和颜色**

| 原子序 | 元素 | 符号 | 价电子层 | +Ⅱ | +Ⅲ | +Ⅳ |
|---|---|---|---|---|---|---|
| 57 | 镧 | La | $4f^0 5d^1 6s^2$ | | $4f^0$($La^{3+}$,无色) | |
| 58 | 铈 | Ce | $4f^1 5d^1 6s^2$ | $4f^2$($CeCl_2$) | $4f^1$($Ce^{3+}$,无色) | $4f^0$($CeO_2$,$CeF_4$,$Ce^{4+}$) |
| 59 | 镨 | Pr | $4f^3 5d^0 6s^2$ | | $4f^2$($Pr^{3+}$,绿色) | $4f^1$($PrO_2$,$PrF_4$,$K_2PrF_6$) |
| 60 | 钕 | Nd | $4f^4 5d^0 6s^2$ | $4f^4$($NdI_2$) | $4f^3$($Nd^{3+}$,浅黄) | $4f^2$($Cs_3NdF_7$) |
| 61 | 钷 | Pm | $4f^5 5d^0 6s^2$ | | $4f^4$($Pm^{3+}$,浅红,黄) | |
| 62 | 钐 | Sm | $4f^6 5d^0 6s^2$ | $4f^6$($SmX_2$,SmO) | $4f^5$($Sm^{3+}$,绿色) | |
| 63 | 铕 | Eu | $4f^7 5d^0 6s^2$ | $4f^7$($Eu^{2+}$) | $4f^6$($Eu^{3+}$,无色) | |
| 64 | 钆 | Gd | $4f^7 5d^1 6s^2$ | | $4f^7$($Gd^{3+}$,无色) | |
| 65 | 铽 | Tb | $4f^9 5d^0 6s^2$ | | $4f^8$($Tb^{3+}$,无色) | $4f^7$($TbO_2$,$TbF_4$,$Cs_3TbF_7$) |
| 66 | 镝 | Dy | $4f^{10} 5d^0 6s^2$ | | $4f^9$($Dy^{3+}$,黄色) | $4f^8$($Cs_3DyF_7$) |
| 67 | 钬 | Ho | $4f^{11} 5d^0 6s^2$ | | $4f^{10}$($Ho^{3+}$,浅红,黄) | |
| 68 | 铒 | Er | $4f^{12} 5d^0 6s^2$ | | $4f^{11}$($Er^{3+}$,浅黄) | |
| 69 | 铥 | Tm | $4f^{13} 5d^0 6s^2$ | $4f^{13}$($TmI_2$) | $4f^{12}$($Tm^{3+}$,绿色) | |
| 70 | 镱 | Yb | $4f^{14} 5d^0 6s^2$ | $4f^{14}$($YbX_2$,$Yb^{2+}$) | $4f^{13}$($Yb^{3+}$,无色) | |
| 71 | 镥 | Lu | $4f^{14} 5d^1 6s^2$ | | $4f^{14}$($Lu^{3+}$,无色) | |

4. 离子的颜色

多数 $Ln^{3+}$ 具有一定的颜色，这和离子中未成对电子数有关。例如，具有电子构型 $f^n$ 与 $f^{14-n}$($n$=0～7)的水合离子颜色相同或相近(表 14-13)，这些颜色来源于电子发生的 f-f跃迁以及 d-f 跃迁和配体-金属电荷迁移。

当 4f 轨道处于全空($4f^0$)、全满($4f^{14}$)或半满($4f^7$，自旋禁阻跃迁)状态时，离子是无色的，因为这些离子在可见光区无吸收光谱。当 4f 轨道处于接近全空、全满或半满状态时，即当 $Ln^{3+}$ 的电子构型为 $4f^1$、$4f^6$、$4f^8$ 及 $4f^{13}$ 时，其颜色接近无色或呈现淡淡的粉红色，这是因为这些离子的吸收光谱波长大部分落在紫外区或红外区。其他 $Ln^{3+}$ 的颜色按照 4f 轨道中成单电子的数目呈现周期性变化。

## 14.4.2 镧系元素的重要化合物

1. 氧化物

镧系元素都能生成 $M_2O_3$ 氧化物，且生成焓都很大，所以这些氧化物都有很高的稳定性。它们都是碱性氧化物，难溶于水，易溶于酸，并能从空气中吸收 $CO_2$ 和水蒸气形成碱式盐。$Ln_2O_3$ 的颜色变化与 $Ln^{3+}$ 的颜色变化规律相同。$Ln_2O_3$ 的熔点很高(>2 000℃)，可用于制造耐火材料、光学玻璃，用作玻璃抛光剂和着色剂等。

2. 氢氧化物

镧系元素的氢氧化物的碱性与碱土金属氢氧化物接近，不具有两性，在空气中放置时能吸收空气中的 $CO_2$ 生成碳酸盐。它们的溶解度很小，向 $Ln^{3+}$ 盐溶液缓慢加入氨水并严格控制 pH，可按溶度积由小到大依次沉淀出 $M(OH)_3$ 沉淀。

3. 常见的盐

镧系元素以及钇常见的盐主要有氯化物、硝酸盐、硫酸盐和草酸盐等。氯化物、硝酸盐和硫酸盐易溶于水，草酸盐难溶。常利用酸性溶液中这些稀土金属草酸盐难溶解的性质，将稀土金属离子与其他金属离子分离。根据其盐类溶解性差异，可将稀土元素分为两组(表 14-14)：

表 14-14 稀土元素的分组

| 阴离子 | 轻稀土元素 | 重稀土元素 |
|---|---|---|
| $F^-$ | 不溶于水 | 不溶于水 |
| $Cl^-$、$Br^-$、$I^-$、$ClO_4^-$ | | 易溶于水 |
| $BrO_3^-$、$NO_3^-$、$Ac^-$ | 易溶于水 | |
| $SO_3^{2-}$($M^I$复盐) | 不溶于 $M_2SO_4$ 溶液 | 溶于 $M_2SO_4$ 溶液 |
| $NO_3^{2-}$(碱式盐) | 中等溶解于水 | 微溶于水 |
| $PO_4^{3-}$ | 不溶于水 | 不溶于水 |
| $CO_3^{2-}$ | 不溶于水，也不溶于 $CO_3^{2-}$ 溶液 | 不溶于水，溶于 $CO_3^{2-}$ 溶液 |
| $C_2O_4^{2-}$ | 不溶于水，也不溶于 $C_2O_4^{2-}$ 溶液 | 不溶于水，溶于 $C_2O_4^{2-}$ 溶液 |

1) 轻稀土元素组　La、Ce、Pr、Nd、Pm、Sm。它们的化合物与相应的镧化合物性质相似，也称为铈分组。

2) 重稀土元素组　Eu、Gd、Td、Dy、Ho、Er、Tm、Yb、Lu。它们的化合物与相应的钇化合物性质相似，也称为钇分组。

4. 配合物

镧系元素形成配合物的能力与碱土金属中的钙和钡相似，其配位化学性质并不像过渡元素那样非常突出。按照软硬酸碱的规则划分，稀土金属离子属于硬酸，与属于硬碱的配位原子(如 F、O、N 等)易形成较稳定的配位键。

## 14.4.3 稀土元素的生物学效应及常用药物

目前的研究认为，稀土元素不是生命必需元素。但是，稀土元素广泛存在于动植物体内，并具有一定的生物学作用。我国在农业上使用稀土微肥和以防病虫害，畜牧业使用稀土饲料添加剂，以促进畜禽生长、提高饲料利用率。稀土元素呈现一定的抗凝血作用，凝血过程必须有 $Ca^{2+}$ 参与，稀土元素的离子半径和性质与 $Ca^{2+}$ 相近且配位空间适应性强，因此在体内可取代 $Ca^{2+}$，破坏了正常凝血过程而具有抗凝血作用。1951 年曾用 3-磺基异烟酸钕成功地治疗血栓疾病，患者迅速康复，且未复发。口服微量钪、镧、铈的氧化物、氯化物，可以改善脑血液循环和防护细胞不受侵害。从 20 世纪初开始，稀土化合物曾作为外用抗菌药物在临床上使用。1920 年，铈、钕和镨的硫酸盐溶液曾静脉注射用于治疗结核病。1950 年前后，草酸铈作为止吐药用于临床，其后还曾作为治疗消化道疾病的药物被载入多国药典。1982 年英国 Martindale 药典将硝酸铈作为治疗烧伤的药物收载。近几年来稀土元素及其化合物的药学研究又得到了进一步的发展。在临床上使用的含稀土药物有：$La_2(CO_3)_3 \cdot 4H_2O$，治疗晚期肾功能衰竭病人并发的高磷血症。"烧伤宁"，2.2%$Ce(NO_3)_3$ + 1% 磺胺嘧啶银，治疗烧伤。$[Gd(DTPA)(H_2O)]^{2-}$ (Magnevist)、$[Ga(DOTA)(H_2O)]^{-}$ (Dotarem)作为核磁共振成像造影剂，用于肿瘤的诊断。Phlog，钕、钐化合物制成的软膏，用于治疗湿疹皮炎、过敏性皮肤炎、牙龈炎、鼻炎、静脉炎等炎症。磺基水杨酸稀土化合物具有很好的镇痛、镇静与解热作用。

为阐明稀土元素对人类和对农业及生态环境的影响，我国生物无机化学工作者经过不懈努力，在稀土进入生物体后的物种分布、稀土的跨膜转运、稀土对细胞中钙内流的影响、稀土对细胞的一系列生物效应的影响等方面取得了许多研究成果。

### 14.4.4 锕系元素概述

1. 电子层构型

锕系元素都是放射性元素，前四种元素锕、钍、镤、铀存在于自然界中，其余 11 种属于超铀元素，为人工合成元素。锕系元素的电子层构型见表 14-15，它们与镧系元素相似，具有 $5f^n7s^2$ 和 $5f^{n-1}6d^17s^2$ 两种类型，但 5f→6d 所需的能量比 4f→5d 所需的能量更小，所以锕系元素中前面一半元素具有保持 d 电子的强烈趋向。

**表 14-15 锕系元素的价电子组态、常见氧化值及半径**

| 原子序数 | 元素 | 符号 | 价电子层结构 | 氧化值 | 原子半径/pm | 离子半径/pm | | | | |
|---|---|---|---|---|---|---|---|---|---|---|
| | | | | | | +2 | +3 | +4 | +5 | +6 |
| 89 | 锕 | Ac | $6d^17s^2$ | <u>+3</u> | 189.8 | | 111 | | | |
| 90 | 钍 | Th | $6d^27s^2$ | (+3)，<u>+4</u> | 179.8 | | 108 | 99 | | |
| 91 | 镤 | Pa | $5f^26d^16s^2$ | +3，+4，<u>+5</u> | 164.2 | | 105 | 96 | 90 | 83 |
| 92 | 铀 | U | $5f^36d^16s^2$ | +3，+4，+5，<u>+6</u> | 154.2 | | 103 | 93 | 89 | 82 |
| 93 | 镎 | Np | $5f^46d^16s^2$ | +3，+4，<u>+5</u>，+6，+7 | 150.3 | | 101 | 92 | 88 | 81 |
| 94 | 钚 | Pu | $5f^67s^2$ | +3，<u>+4</u>，+5，+6，+7 | 152.3 | | 100 | 90 | 87 | 80 |
| 95 | 镅 | Am | $5f^77s^2$ | (+2)，<u>+3</u>，+4，+5，+6 | 173.0 | | 99 | 89 | 86 | |
| 96 | 锔 | Cm | $5f^76d^16s^2$ | <u>+3</u>，+4 | 174.3 | | 98.6 | 88 | | |
| 97 | 锫 | Bk | $5f^97s^2$ | <u>+3</u>，+4 | 170.4 | | 98.1 | 87 | | |

续 表

| 原子序数 | 元素 | 符号 | 价电子层结构 | 氧化值 | 原子半径/pm | 离子半径/pm | | | | |
|---|---|---|---|---|---|---|---|---|---|---|
| | | | | | | +2 | +3 | +4 | +5 | +6 |
| 98 | 锎 | Cf | $5f^{10}7s^2$ | (+2), $\underline{+3}$ | 169.4 | | 9 706 | | | |
| 99 | 锿 | Es | $5f^{11}7s^2$ | (+2), $\underline{+3}$ | 169 | | 97 | | | |
| 100 | 镄 | Fm | $5f^{12}7s^2$ | (+2), $\underline{+3}$ | 194 | | 97 | | | |
| 101 | 钔 | Md | $5f^{13}7s^2$ | (+2), $\underline{+3}$ | 194 | | 96 | | | |
| 102 | 锘 | No | $5f^{14}7s^2$ | (+2), $\underline{+3}$ | 194 | 113 | 95 | | | |
| 103 | 铹 | Lr | $5f^{14}6d^17s^2$ | $\underline{+3}$ | 171 | 112 | 94 | | | |

注：画线的为常见氧化值

2. 原子半径和离子半径

锕系元素最外层的电子构型基本相同，锕以后的元素电子依次填充 5f 电子层，它们对外层电子的屏蔽作用强而相互间的屏蔽作用较差，有效核电荷依次缓慢增加，原子半径和离子半径依次减小，称为锕系收缩(actinide contraction)，这使得锕系元素之间的性质非常相似。锕系收缩的程度比镧系收缩的程度要大，特别是前面 4 个元素尤为显著。

3. 氧化态

锕系元素不仅 7s、6d 电子参与成键，5f 电子亦可以参与成键，所以大多存在较多的氧化态。但随着原子序数增加，核电荷增加，5f 与 6d 间的能极差变大，5f 电子不易参与成键，因此，从 Cm 开始，氧化态不再多样化，比较稳定的氧化值为+3。

4. 离子颜色

锕系元素的离子颜色变化规律与镧系元素相似，如 $5f^0$、$5f^7$、$5f^{14}$ 电子构型的离子都是无色的，其余常都有颜色(表 14-16)。

**表 14-16 锕系元素离子的颜色**

| 元素 | $An^{3+}$ | $An^{4+}$ | $AnO_2^+$ | $AnO_2^{2+}$ |
|---|---|---|---|---|
| Ac | 无色 | | | |
| Th | | 无色 | | |
| Pa | | 无色 | 无色 | |
| U | 粉红 | 绿色 | | 黄色 |
| Np | 紫色 | 黄绿 | 绿色 | 粉红 |
| Pu | 深蓝 | 黄褐 | 红紫 | 橙色 |
| Am | 粉红 | 粉红 | 黄色 | 棕色 |
| Cm | 无色 | | | |

5. 单质和化合物的性质

锕系元素具有银白色光泽，外观像银，都是放射性元素，在暗处遇荧光物质能发光。它们的熔沸点比镧系元素稍高，密度稍大，且金属结构的变体较多。它们都是活泼金属，在空气中迅速变暗，生成氧化膜，其中钍的氧化膜有保护性。它们可与大多数非金属反应，与非氧化性酸、沸水或水蒸气反应放出 $H_2$，与碱不反应。

$\alpha$ 衰变和自发裂变是锕系元素的重要核特性，随着原子序数的增大，半衰期依次缩短，铀 238 的半衰期为 44.68 亿年；铹 260 的半衰期只有 3 min。锕系元素的毒性和辐射（特别是吸入人体内的 $\alpha$ 粒子）危害较大，必须在有防护措施的密闭工作箱中操作这些物质。在人工合成的锕系元素中，只有钚、镎、镅、锔的年产量达千克级以上，锎仅为克量级，锿以后的元素量极少，半衰期很短，仅用于研究。用途比较多的只限于铀和钍，钚在某些情况下用作核燃料。

它们的氯化物、硫酸盐、硝酸盐、高氯酸盐可溶于水，氢氧化物、氟化物、硫酸盐、草酸盐不溶于水。大多数锕系元素能形成配位化合物，配位数主要为 6 和 8，许多锕系元素还可形成较高的配位数，如 10、11、12 等，配位数为 7、9 的配合物在其他元素中少见，而在锕系元素中也常见。

**【科学家简介】 恩斯特·菲舍尔(Ernst O. Fischer, 1918～2007)**

恩斯特·菲舍尔，德国化学家，早期著名物理学家卡尔·菲舍尔(Karl Fischer)的儿子。1918 年 11 月 10 日出生于德国慕尼黑，1952 年在慕尼黑技术大学获博士学位（师从 Walter Hieber 教授），1959～1964 年任慕尼黑大学无机化学教授，1964～1984 年任慕尼黑技术大学无机化学教授。

有机金属化学，研究金属-碳化合物的一门化学分支学科，不但是理解维生素 B12 等分子结构的基础，也是化学工业的基础。菲舍尔毕生从事元素有机化合物的研究，是过渡金属有机化学和茂金属化学的开拓者。早在他的博士论文中就探讨了“二茂铁”的合成方法，后来又提出了二茂铁和二苯铬的特殊的“夹心结构”（“三明治”型化合物），开辟出“茂金属化学”这个新的研究领域，开创了合成材料的新天地。这类过渡金属的 $\pi$ 络合物可作为高效高选择性催化剂、汽油防爆剂、火箭助燃剂和抗辐射剂等。菲舍尔和威尔金森(Geoffrey Wilkinson，英国化学家)因这些开创性的研究工作荣获 1973 年诺贝尔化学奖。

# 习　题

## 碱金属和碱土金属元素

1. 回答下列各题：

(1) 碱金属过氧化物作供氧剂时所依据的反应原理是什么？有何优缺点？

(2) 在以水为溶剂的反应系统中，为什么不能用碱金属作还原剂？

(3) 碱金属的液氨溶液为什么是蓝色的，且具有较高的导电性和顺磁性？

(4) 商品 NaOH 为何常含有杂质 $Na_2CO_3$？如何配制不含 $Na_2CO_3$ 杂质的 NaOH 溶液？

(5) 实验室中盛放强碱的试剂瓶为何不能用玻璃塞？

(6) 对角线元素 Li－Mg、Be－Al 性质相似，与本族元素同类化合物相比较常有许多差异,原因是什么?

(7) 碱金属氧化物的颜色、熔点及稳定性的变化规律是什么？如何解释?

(8) 在保管和使用碱金属、碱土金属氢氧化物时需注意哪些事项?

2. 解释下列事实:

(1) 锂的标准电极电势比钠低,但锂与水作用时却不如钠反应剧烈。

(2) 碱土金属单质比同周期的碱金属单质熔点高、硬度大。

(3) $CaH_2$能在空气中燃烧,遇水放出 $H_2$,遇热则发生分解反应。

(4) 碱金属和碱土金属的盐大多具有吸湿性,其离子半径越小的盐吸湿性也越强。

(5) 碱土金属碳酸盐的热分解温度从 Be→Ba 依次升高。

(6) $Mg(OH)_2$难溶于水,但能溶于 $NH_4Cl$ 溶液中。

(7) $BaCO_3$能溶于 HAc,而 $BaSO_4$则不能溶于 HAc,却能溶于浓 $H_2SO_4$。

(8) $Ba^{2+}$有毒,但 $BaSO_4$却可用作 X 光检查人体消化系统疾病时的造影剂。

(9) 粗食盐比精盐更易潮解。

(10) 碱金属离子的盐大多可溶,但与半径较大的阴离子的盐的溶解度较小。

3. 完成下列反应式:

(1) $Na+NH_3\longrightarrow$

(2) $Mg+N_2\longrightarrow$

(3) $Na_2O_2+H_2O\longrightarrow$

(4) $KO_2+CO_2\longrightarrow$

(5) $MgCl_2\xrightarrow{\triangle}$

(6) $BaO_2+H_2SO_4$(稀)$\longrightarrow$

4. 如何用简便可靠的方法鉴定(区别)下列各组物质?

a. 大理石和石膏 b. 纯碱和烧碱 c. 石灰和消灰石 d. 泻盐和重晶石

5. 在 6 个没有标签的试剂瓶中分别装有白色的固体试剂,已知它们是: $Na_2CO_3$、KOH、MgO、$CaCO_3$、$CaCl_2$和 $BaCl_2$,试用简便可靠的方法识别它们。

6. 在 6 个没有标签的试剂瓶中分别装有无色溶液,已知它们是: NaOH、$Na_2CO_3$、KOH、$MgCl_2$、$CaCl_2$、$BaCl_2$,如何用简便的方法区别它们?

7. 联系结构解释下列问题:

(1) 联系结构说明 s 区元素典型的活泼金属特性、氧化态特性、单质的物理特性及其化合物的离子性特性,并解释其递变规律的成因。

(2) 应用分子轨道理论说明碱金属和碱土金属的过氧化物和超氧化物能够存在的原因,并比较其稳定性相对大小。

(3) 应用 ROH 规则指出 s 区元素氢氧化物的碱性递变规律,并联系结构加以解释。

8. 已知混合溶液中含有 $Na^+$、$Mg^{2+}$、$Ca^{2+}$和 $Ba^{2+}$四种离子,如何分离它们(用流程式表示分离方案)?

## 过渡元素

1. 解释下列事实(可用反应方程式表示):

(1) 酸性溶液中用 Zn 还原 $Cr_2O_7^{2-}$ 时，溶液的颜色橙色→绿色→蓝色，最后又变为绿色。

(2) 向 $K_2Cr_2O_7$ 溶液中加入 $Pb(NO_3)_2$ 溶液，生成黄色 $PbCrO_4$ 沉淀，该沉淀溶于浓盐酸又得到一种绿色溶液。

(3) $Cr(OH)_3$ 可溶解在 $NH_3$—$NH_4Cl$ 溶液中。

(4) $[Mn(H_2O)_6]^{2+}$ 为粉红色，$MnO_2$ 为黑色，$MnO_4^{2-}$ 为墨绿色，而 $MnO_4^-$ 紫红色。

(5) $Mn(OH)_2$ 沉淀在空气中放置，颜色由白色变为褐色。

(6) 深绿色的 $K_2MnO_4$ 遇酸则变为紫红色的溶液和棕色的沉淀。

(7) Fe 与 $Cl_2$ 作用得到 $FeCl_3$，Fe 与盐酸作用得到 $FeCl_2$。

(8) 向 $FeSO_4$ 溶液中加入少量单质碘，碘不褪色，再向溶液中加入 $NaHCO_3$ 后，碘的颜色褪去。

(9) Co(Ⅲ)盐不稳定而其配离子稳定，Co(Ⅱ)则相反。

(10) $[Ni(NH_3)_4]^{2+}$ 和 $[NiCl_4]^{2-}$ 为四面体结构，而 $[Pt(NH_3)_4]^{2+}$ 和 $[PtCl_4]^{2-}$ 为平面正方形结构。

(11) 铜器在潮湿的空气中放置时会慢慢生成一层铜绿。

(12) 当汞洒落后无法收集时，常撒上硫磺粉。

2. 回答下列问题：

(1) 在 $Cr(NO)_n$ 中 NO 是个 3 电子体，$n$ 的数目是多少？

(2) $KMnO_4$ 溶液为何应贮存在棕色瓶中？

(3) 为什么不能将 $KMnO_4$ 固体与浓硫酸混合？

(4) 若 $Cr^{3+}$、$Al^{3+}$ 和 $Fe^{3+}$ 离子共存，应如何分离它们？

(5) $FeCl_3$ 溶液与 $Na_2CO_3$ 溶液作用时为何生成的是氢氧化铁沉淀，而不是碳酸铁沉淀？

(6) $Fe^{3+}$ 能腐蚀 Cu，而 $Cu^{2+}$ 又能腐蚀 Fe，二者是否有矛盾？试应用有关电对的电极电势说明之。

(7) 为什么在溶液中不能用 $Fe^{3+}$ 与 $I^-$ 反应制备 $FeI_3$？

(8) 配制 $FeSO_4$ 溶液时，为什么要配在稀硫酸中并加入铁钉？

(9) 为什么 $PdCl_2$ 稀溶液可以用来检验 CO？

(10) 一种蓝绿色溶液，可能是铜盐也可能是镍盐，如何鉴别？

(11) 向氯化钴稀溶液加入浓盐酸，溶液的颜色有何变化？为什么？

(12) 实验室使用铂制器皿时，应注意哪些事项，为什么？

(13) 银器放久了会变暗，为什么？如何处置？

(14) 在金属焊接时，为何常用浓 $ZnCl_2$ 溶液处理金属表面？

(15) 向 $Cu^{2+}$ 溶液中滴加 $CN^-$ 溶液，有何现象？若 $CN^-$ 过量，又有什么现象？

(16) 汞与硝酸反应，当汞过量时为何生成的是硝酸亚汞？

(17) 总结 $Cu^+$ 和 $Hg_2^{2+}$ 进行歧化反应的规律，并解释它们的差异。

(18) 亚铁盐易被空气中的氧所氧化，补铁药物在选择和制剂过程中应注意哪些问题？可采取哪些措施提高药物的稳定性？

3. 以重铬酸钾为原料，制备下列化合物：

(1) 铬酸钾；(2) 三氧化二铬；(3) 三氧化铬；(4) 三氯化铬

4. 以二氧化锰为原料，制备下列化合物：

(1) 硫酸锰；(2) 锰酸钾；(3) 高锰酸钾；(4) 锰

5. 制备下列化合物：

(1) 由金属铂制备 *cis*-$[PtCl_2(NH_3)_2]$

(2) 由金属汞制备甘汞

6. 根据锰元素的标准电势图讨论以下问题：

(1) 试计算 Mn(Ⅲ)歧化反应的平衡常数，并说明歧化反应的趋势大小；(2) 试通过计算说明 $MnO_4^{2-}$ 离子稳定存在时，溶液的 pH 最低为多少？

7. 完成并配平下列反应方程式：

(1) $K_2Cr_2O_7 + H_2S + H_2SO_4 \longrightarrow$

(2) $CrCl_3 + NaOH + Br_2 \longrightarrow$

(3) $K_2Cr_2O_7 + H_2SO_4$(浓)$\longrightarrow$

(4) $MnO_2 + HCl$(浓)$\longrightarrow$

(5) $MnO_2 + Fe^{2+} + H^+ \longrightarrow$

(6) $KMnO_4 + KI + H_2O \longrightarrow$

(7) $KMnO_4 + Na_2SO_3 + NaOH \longrightarrow$

(8) $PbO_2 + Mn^{2+} + H^+ \longrightarrow$

(9) $FeCl_3 + KI \longrightarrow$

(10) $FeSO_4 + O_2 + H_2O \longrightarrow$

(11) $FeCl_3 + K_2C_2O_4 + H_2SO_4 \longrightarrow$

(12) $Fe(OH)_3 + KClO + KOH \longrightarrow$

(13) $Co(OH)_3 + HCl \longrightarrow$

(14) $Ni(OH)_2 + Br_2 + NaOH \longrightarrow$

(15) $Cu_2O + H_2SO_4 \longrightarrow$

(16) $Cu_2O + NH_3 + NH_4Cl + O_2 \longrightarrow$

(17) $Ag^+ + S_2O_3^{2-}$(适量)？$\xrightarrow{\text{放置}}$

(18) $CuS + HNO_3$(热)$\longrightarrow$

(19) $CuSO_4 + KI \longrightarrow$

(20) $Hg^{2+} + I^-$(适量)？$\xrightarrow[\text{过量}]{I^-}$？

(21) $Hg_2Cl_2 + NH_3 \longrightarrow$

(22) $HgCl_2 + SnCl_2$(适量)？$\xrightarrow[\text{过量}]{SnCl_2}$？

8. 向 $Cr(NO_3)_3$溶液中逐滴加入 NaOH 试液，先有灰蓝色胶状沉淀生成，继而沉淀溶解，溶液变成深绿色。此时加入适量的 $H_2O_2$ 试液，溶液变成黄色，加酸至过量，溶液由黄色变为橙红色，再加入适量的 $H_2O_2$试液和少量的乙醚，溶液显蓝色，放置后溶液又变成绿色。试写出每一步变化的反应方程式。

9. 有一锰的黑色粉末状化合物 A，不溶于水，与浓硫酸反应得淡红色溶液 B 并发出无色气体 C。向 B 的溶液中加入强碱得白色沉淀 D，D 露置于空气中转化为棕色物质 E。将 A 与 KOH、$KClO_3$一起熔融得绿色物质 F，通入 $CO_2$于 F 的溶液得紫色溶液 G，同时析出物质 A。试问 A、B、C、D、E、F、G 各为何物，写出相关反应方程式。

10. 向一含有三种阴离子的混合溶液中滴加 $AgNO_3$溶液至不再有沉淀为止。过滤，滤液呈紫色，用硫酸酸化后加入 $Na_2SO_3$溶液则紫色消失。用硝酸处理沉淀时，其中的砖红色沉淀溶解为橙红色溶液，仍有白色沉淀不溶。经洗涤后该白色沉淀不溶于 NaOH 但溶于氨水。指出三种阴离子各是什么？写出相关反应方程式。

11. 有一种棕黑色的铁化合物固体 A，与盐酸作用生成浅绿色溶液 B，同时放出臭味气体 C，将 C 通入 $CuSO_4$溶液，可生成棕黑色沉淀 D。将 $Cl_2$通入 B 中可得到黄色液体 E，向 E 中加入 KSCN 试液得血红色液体 F，向 F 中加入 NaF 固体，生成无色溶液 G。试指出 A、B、C、D、E、F 和 G 各为何种物质，并写出有关的反应方程式。

12. 白色固体化合物 A，微溶于水，加热能升华。在 A 的溶液中加入 NaOH 溶液生成黄色沉淀 B。B 不溶于 NaOH 溶液但溶于 $HNO_3$。在 A 的溶液中通入 $H_2S$ 生成黑色沉淀 C。C 不溶于浓 $HNO_3$，但溶于 $Na_2S$ 溶液，得溶液 D。在 A 的溶液中加入 $AgNO_3$溶液生成白色沉淀 E。E 不溶于 $HNO_3$，但溶于 $NH_3$水得溶液 F。向 A 的溶液中滴加 $SnCl_2$溶液，产生白色沉淀 G，继续加入 $SnCl_2$溶液，最后得到黑色沉淀 H。试确定 A、B、C、D、E、F、G、H 各为何物，并写出相关反应方程式。

13. 向含有 $Fe^{3+}$、$Cu^{2+}$、$Zn^{2+}$、$Hg^{2+}$、$Hg_2^{2+}$、$Cr^{3+}$和 $Mn^{2+}$离子的混合溶液中加入过量的氨水，溶液中有哪些物质？沉淀中有哪些物质？若将氨水换成 NaOH 试液又将如何？

14. 如何鉴定下列离子？试分别写出各离子的鉴定反应方程式：

$Cr^{3+}$、$Mn^{2+}$、$Fe^{3+}$、$Co^{2+}$、$Ni^{2+}$、$Ag^{+}$、$Cu^{2+}$、$Zn^{2+}$、$Hg^{2+}$、$Hg_2^{2+}$

15. 如何分离鉴定下列各组混合离子溶液：

(1) $Zn^{2+}$、$Mn^{2+}$、$Ag^{+}$、$Fe^{3+}$

(2) $Cr^{3+}$、$Hg^{2+}$、$Al^{3+}$、$Cu^{2+}$

(3) $Ag^{+}$、$Mn^{2+}$、$Zn^{2+}$、$Fe^{3+}$

(4) $Cr^{3+}$、$Al^{3+}$、$As^{3+}$、$Fe^{3+}$

# 第 15 章　生物无机简介

**内容摘要**

生物无机化学的蕴生和发展差不多经历了半个世纪，而作为一个独立学科的建立，却是近 30 年的事情，通常人们把国际期刊 Journal of Inorganic Biochemistry 的创立（1971 年）作为标志。生物无机化学可以最简单地定义为对处于生命环境中的金属离子进行研究的科学，它是无机化学（特别是配位化学）、生物化学、医学临床化学、营养化学、环境科学等学科相互渗透、相互融合的产物，是当代自然科学中十分活跃的一个领域。本章主要从生物金属元素总论、生物配体及其金属配合物、金属配合物与核酸的相互作用、无机药物化学以及环境生物化学等方面阐明生物化合物的结构、性能、它们在生命体中的作用规律以及这些方面和生物功能之间的关系。由于大一新生所涉及的化学基础知识和生物专业知识都还较有限，所以本章的很多内容也仅仅是点到为止，没有深入地进行阐述。

## 15.1　生物金属元素总论

### 15.1.1　生物元素的分类

元素周期表中有 100 多种元素，它们与生命的关系应该存在一定的规律，只不过目前我们尚未完全了解这些规律，它们所起的作用见表 15 - 1。

**表 15 - 1　元素的生物学作用总览**

| 元　　素 | 生　物　功　能 | 元　　素 | 生　物　功　能 |
|---|---|---|---|
| 碱金属 | 电荷中和，电位闸门，结构稳定作用 | 过渡金属 | 电子传递，氧化还原，催化 |
| 碱土金属 | 信使，酶激活因子，结构调节 | 主族非金属元素 | 生命物质的基本构筑材料 |

目前已知的生物元素有 30 多种，可以分成四大类：必需元素、有益元素、沾染元素和污染元素。这里，“必需”的含义是：元素存在于健康组织中，并和一定的生物学功能有关，从有机体中去除这些元素会引起再生性生理病变，而且这些生理病变在重新摄入该元素后可逆转。有益元素是指没有这些元素时生命尚可维持，但不能认为是健康的。此外，约有 20～30 种普遍存在于组织中的元素，其浓度可变，其生理作用尚未完全确定，这些元素被称为沾染元素。如果沾染元素的浓度已经达到可觉察的生理上或形态上病变症状的地

步时，就称为污染(有害)元素。以上四类元素之间的界限并不是十分固定的，同种元素有时是有益的，有时又会是有害的，这与元素在生物体内的浓度和存在形式有关。例如三价铬[Cr(Ⅲ)]对防治心血管病有重要作用，而六价铬[Cr(Ⅵ)]有致癌作用。

生物金属离子广泛参与生命过程，发挥形形色色的生物学功能，其精巧程度和微妙性令人惊叹，大致可概括为以下几种：

1) 在激发和调控过程中作为激发剂或控制剂，如 $Ca^{2+}$ 作为肌肉收缩的触发剂；

2) 在结构的形成和裂解中起作用，包括充当模板，如金属离子及其配合物能对某些蛋白质结构起稳定作用，金属离子也影响核酸和核苷酸的结构和功能；

3) 起路易斯酸的作用，金属离子能接受电子而起路易斯酸的作用；

4) 作为氧还催化剂参与氧化还原反应过程，金属离子往往作为金属酶的活性中心或辅基起作用。

### 15.1.2 生物金属元素的选择与演化

海洋是生命的发祥地，最原始的生命形态当由海洋中较为丰富的元素组成，它们选择利用的金属元素也应是海洋中的浓度较高者。

在生物演化过程中，生物体对元素的选择利用必定遵循某些规律，这些规律还有待进一步探讨，但大致可以从以下几方面考虑：

1. 丰度规则

当完成某种生物学功能有若干种元素可供选择时，生物体就选择自然环境中丰度最高的那种元素。构成人体 99.9 %以上的 11 种宏量元素以及 Fe、Zn、Cu、Mn、I 等必需微量元素，它们的丰度无论是在地壳中还是在海水中都是相当高的。

2. 生物利用度规则

在丰度规则前提下，生物利用度也起决定作用。丰度虽高，但若可利用度低，也不会被选择为必需元素；反之亦然。例如，元素 Ti 的丰度很高，但由于该元素的常见离子 $Ti^{4+}$ 在 pH=6～8 的生物体液中难于溶解和输运，从而导致极低的利用度，因而未被生物所利用。

3. 有效性规则

生物体总是选择更加有效的化合物加以利用。例如，在铁氧还蛋白中的功能单位是铁硫原子簇；黄素氧还蛋白则是以黄素单核苷酸作为辅酶。这两种蛋白都有传递电子的功能，由于后者不如前者有效，它只是在缺铁介质中被利用，而铁含量丰富的细胞就不含黄素氧还蛋白。被选用的元素需在与生物大分子结合成某种特殊形式的情况下去完成功能，离开这一特定的大分子就不能发挥作用。

4. 基本适宜规则

某种金属元素若被选择，它就具有完成某种功能的能力。换言之，某种金属元素由于适应某一特定配位环境，从而能够有效地发挥某种功能。业已存在的就是基本适宜的。例如，血红蛋白的生物功能是载氧，它利用了 $Fe^{2+}$ 离子；但是，若无特定的蛋白质与 Fe(Ⅱ)结合，则 Fe(Ⅱ)就会被 $O_2$ 氧化而丧失其可逆性地结合并释放 $O_2$ 的功能。

### 15.1.3 生命所需的金属元素

在周期表中的八十多种金属元素中，生物体系仅利用了其中的一少部分，这是十分耐人寻味的。按照在生物体中的含量，生物元素可分为主量（或称宏量）元素和微量（或称痕量）元素两类，主量元素包括：O、C、H、N、P、S、Ca、K、Cl、Na、Mg 11 种元素，构成人体总重量的 99.95%；微量元素包括：Fe、Zn、Cu、V、Cr、Mn、Co、Mo、Ni、Cd、F、Br、I、Se、Si、Sn、Pb、Hg、Li、B 等，它们在生物体中的总含量不大于 0.05%，但起着重要的作用。其中最常见的是碱金属和碱土金属离子，它们在生物体内的分布有一突出特征，即它们的浓度变化有一定的规律：在细胞内，$K^+$ 离子的浓度要比 $Na^+$ 离子的浓度高得多；而在细胞外情况却正好相反。对于 $Mg^{2+}$ 离子来说，也是细胞内侧浓度高于外侧的浓度。

下面重点介绍几种重要的生命必需金属元素：

钙是人体含量最丰富的元素之一，百余年的医学实践证明钙在人体中起着非常重要的作用。人体是由骨骼支撑的，其主要成分是钙，人体有 99%以上的钙存在于骨骼和牙齿中，这些细胞质中的钙盐（主要为磷酸钙）使机体有坚硬的结构支架。另外，钙在神经、肌肉应激、神经冲动传递、心动节律的维持、血液凝固、细胞粘着等生理过程中有举足轻重的作用。

人体对钙的吸收是主动的，但对膳食中钙的吸收却很不完全，通常食物中 80%左右的钙不能被利用，这主要是钙能与食物中的植酸、草酸以及脂肪酸形成不溶性钙盐所致，如：① 谷物中的植酸可与钙形成难溶的植酸钙；② 蔬菜中的草酸与钙结合形成难溶的草酸钙；③ 膳食纤维过多时，其中的糖醛酸可与钙结合；④ 膳食中脂肪过多或消化不良时，脂肪酸与钙结合形成钙皂。维生素 D 可促进钙的吸收，使血钙含量升高，促进骨中钙沉积。第一代的补钙制剂，主要是以无机盐为主。这些无机盐在胃的消化过程中，消耗大量的胃酸，或者存在不同程度的副作用。第二代补钙制剂则主要是以有机盐为主，如乳酸钙、葡萄糖酸钙等有机钙盐。这类钙制剂产品的溶解性比第一代产品好，对胃肠刺激性也较小。

铁是生物体系中最为常见的微量元素，从 25 亿年以前地球大气层中出现了氧气以来生物体系就形成了一种对铁的依赖性。一个普通成年人的体内约含 5～6 g 铁。所有的植物、动物及细菌（除乳酸杆菌）都利用铁，包括核苷酸的还原（DNA 合成）、能量的产生（呼吸作用）、能量的转换（光合作用）、氮的还原、氧的输运（呼吸、肌肉收缩）。铁作为人体内必需的微量元素之一，可在体内被反复利用，排出的数量很少。如果膳食供铁不足，会导致血红蛋白含量低，即缺铁性贫血，此时应给予铁剂治疗，常用铁剂有硫酸亚铁、乳酸亚铁、柠檬酸铁、甘油磷酸铁等。

人体含锌量为 1.4～2.3 g，约为含铁量的一半。人体的各个组织都含有痕量的锌，主要集中于肝脏、肌肉、骨骼和皮肤（包括头发）。由于 Zn 是较强的路易斯酸，因而是许多酶不可缺少的组分。人体内至少有 18 中锌酶和 14 种锌离子激活酶，已表征了的有：Cu・Zn超氧化歧化酶（清除超氧离子自由基）、碳酸酐酶（一种富含于血红细胞中，与维持血液 pH 有关的蛋白质）、乙醇脱氢酶以及一系列涉及糖、蛋白质及核酸代谢中的水解酶。对于缺锌症，用 $ZnSO_4$ 和维生素 B 等做成复锌片进行预防和治疗，效果良好。从理论上分析，葡萄糖酸锌、乳酸锌、柠檬酸锌等也是有效的锌制剂。

铜对于哺乳动物的正常生长发育是必需的。一个 70 kg 重的人，体内含铜 0.25 g 左右，其含量在微量生物金属中居第三位，仅次于铁与锌。铜在体内的作用是参与氧化还原反应，约有 10 多种酶含有铜。铜参与的典型的生物学反应如下：① 氧分子的可逆性结合，如血蓝蛋白；② 氧分子的活化，如多巴胺羟化酶(dobamine hydroxylase，在合成肾上腺素中起重要作用)、酪氨酸酶；③ 电子传递，如质体蓝素(plastocyanins)；④ 以 Cu 作为氧化活性金属的超氧化歧化反应，如超氧化歧化酶 SOD。

## 15.2　生物配体及其金属配合物

生物体中的金属元素往往不是以自由离子的形式存在，而是与生物分子中的配位原子结合在一起以配位化合物的形式存在。我们把能与生物金属配位结合的离子和分子称为生物配体。生物配体所提供的配位原子一般是具有孤对电子的 N、O、S 等。根据分子量的大小，生物配体大致可分为大分子配体和小分子配体两类：蛋白质、核酸、多糖以及糖蛋白、脂蛋白等属于大分子配体，它们的相对分子量可达近万乃至几千万；小分子配体有氨基酸、核苷酸、卟啉以及一些简单的酸根离子如 $Cl^-$、$SO_4^{2-}$、$HCO_3^-$、$PO_4^{3-}$ 等；另外还有一些简单分子配体如 $O_2$、$H_2O$、NO、CO、胺类及羧酸等。

### 15.2.1　氨基酸和多肽的金属配合物

α-氨基酸常作为二齿配体，利用其 α-碳上的氨基和羧基作为配位基团同金属离子作用，形成较稳定的五元环螯合物。某些 α-氨基酸的侧链基团，如组氨酸的咪唑基团，酪氨酸的酚基，半胱氨酸的巯基等也可以同金属离子配位。

多肽分子与金属离子形成配合物时，除 N-端氨基和 C-端羧基，以及氨基酸侧链的某些基团可供配位外，肽链中的羰基和亚氨基也可能参与配位。

### 15.2.2　蛋白质的金属配合物

蛋白质分子中有很多氨基酸残基，其中能起配位作用的基团似乎很多。但人们发现在通常情况下，分子中的配位基团只有处于有利位置时，它们对金属离子的配位作用才占主导地位，这样就避免了生成过于多种多样的配合物的可能性。图 15-1是蛋白质分子羧肽酶 A 中两个咪唑基团(来自第 69 位和第 196 位的组氨酸残基)和 1 个羧酸(来自 72-Glu(谷氨酸)残基)与 Zn 配位所生成的配合物的结构示意图。

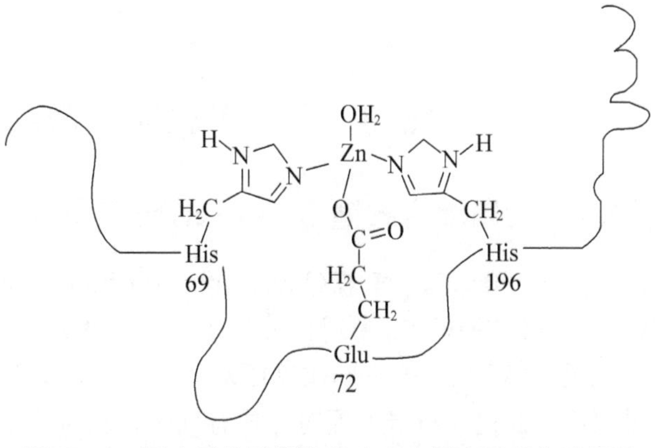


图 15-1　蛋白质分子羧肽酶 A 与金属离子配位示意图

### 15.2.3 金属特化单元和辅基

大自然在利用生物金属时常常形成一些特化单元(specialized units),这些特化单元可以像现代电子元件那样插入需要它们的地方,发挥特定的生物学功能。例如,呼吸作用是细胞代谢中的一个极为重要的氧化过程,反应中营养物被裂解并产生能量。已知有三类载氧蛋白,它们是:血红蛋白(hemoglobin)家族,血蓝蛋白(hemocyanin)和蚯蚓血红蛋白(hemerythrin)。图15-2示出氧合血红蛋白的金属活性中心。

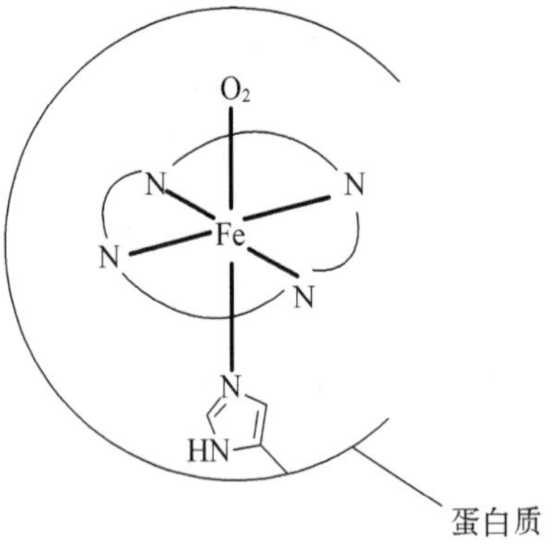

图15-2　氧合血红蛋白的金属活性中心

注:仅将4个吡咯的4个N原子列出

其中的血红素辅基就是一种很典型的金属特化单元,血红素辅基就是铁卟啉。卟啉的母体化合物是卟吩,卟吩是由4个吡咯环以次甲基相连而成的多环化合物,是一个具有多个双键的共轭大π键体系(图15-2)。

### 15.2.4 核酸的金属配合物

一个核苷酸分子有三部分,及戊糖环、碱基和磷酸基,其中的每一部分都可能与金属离子发生相互作用,作用的强弱与金属离子及配位体都有关。一般来说,碱基的配位能力最强,磷酸基次之,戊糖环上的羟基最弱。当金属离子较硬,如$Ca^{2+}$、$Mg^{2+}$等,与它们发生配位作用的是磷酸基,其中O原子作为配位原子。例如三磷酸腺苷(ATP)的水解需要$Mg^{2+}$的参与,ATP是细胞中普遍存在的一种重要的分子,其$Mg^{2+}$配合物常作为磷酰基和核苷酸基转移酶的底物。对于过渡金属离子,往往是碱基作为配位基团,以碱基上的N原子作为配位原子,O原子也可能参与配位。有些软硬度居中的金属离子,它们既能与磷酸基成键,又同时能与碱基配对,而且配位情况与溶液的pH及温度有关。例如,$Cu^{2+}$可与几种单磷酸核苷酸形成配合物,既与磷酸基配位,也与嘌呤碱的N7或嘧啶碱的N3配位。

## 15.3 金属配合物与核酸DNA的作用

### 15.3.1 金属配合物键合DNA的研究现状

1953年,詹姆斯·沃森(James Watson)和弗朗西斯·克里克(Francis Crick)提出了DNA双螺旋结构模型,为现代分子生物学的发展奠定了基础。具有G:C和A:T沃森·克里克(Watson-Crick)碱基配对的DNA双股螺旋是遗传信息储存、表达和稳定传递的重要载体。这一特异性配对方式有利于核酸结构的稳定;大沟、小沟中官能团的分布有利于蛋白酶、金属离子以及具有生物功能的金属配合物与DNA的作用。

近三十年，小分子金属配合物与 DNA 键合的研究已逐渐引起了人们的重视。小分子与 DNA 键合常会诱发许多生物效应，比如，阿霉素和柔红霉素分子的芳基部分嵌入 DNA 碱基对间；水合顺铂和 DNA 链上鸟嘌呤碱基配位而使它们具有抗癌作用；溴化乙锭和二氨基吖啶因能嵌入 DNA 分子而成为研究 DNA 结构以及药物与 DNA 结合的探针。

含杂环的药物与 DNA 作用时，平面芳香配体部分嵌入 DNA 相邻碱基对之间。这一插入作用是药物与 DNA 结合的一个重要模式。对于插入剂本身而言，由于金属、配体可以改变，因而对试剂的结构设计具有广泛的灵活性，对探索金属配合物与 DNA 的作用机理、寻找 DNA 的结构探针具有重要意义。

1. DNA 与小分子的作用方式

目前研究发现有许多分子及许多重要的物质(包括污染物、致癌物、药物等)均能与 DNA 发生相互作用。如：杂环基染料可以通过其分子结构中所具有的平面型芳香环嵌入 DNA 的碱基双链之间。一些平面正方形和八面体构型的具有 2～3 个平面型芳香环配位体的过渡金属配合物也能通过配位体而嵌入 DNA 的双链中，特别是 Pt、Cu、Zn 等配合物。根据 DNA 分子的特有双螺旋结构，这些分子和 DNA 相互作用方式分为：① 静电结合：与带负电荷的核糖-磷酸骨架通过静电引力相互作用，结合于螺旋的外部；② 沟结合：与核酸的大沟或小沟的碱基对的边缘直接相互作用；③ 嵌插结合：在碱基对之间嵌入平面。小分子与核酸结合的部位是核酸的碱基、磷酸骨架和戊糖环(图 15－3)。相互作用的靶位有：① 以小沟(对于序列均一的 B 型 DNA 而言，其大小为 0.57 nm)为靶点，如偏端霉素、纺锤霉素、氨茴霉素；② 以大沟(对于序列均一的 B 型 DNA 而言，其大小为 1.17 nm)为靶点，如 $Ru(phen)^{3+}$(phen 为 1,10－邻菲咯啉)、纺锤霉素；③ 以双链为靶点，如阿霉素、柔红霉素。

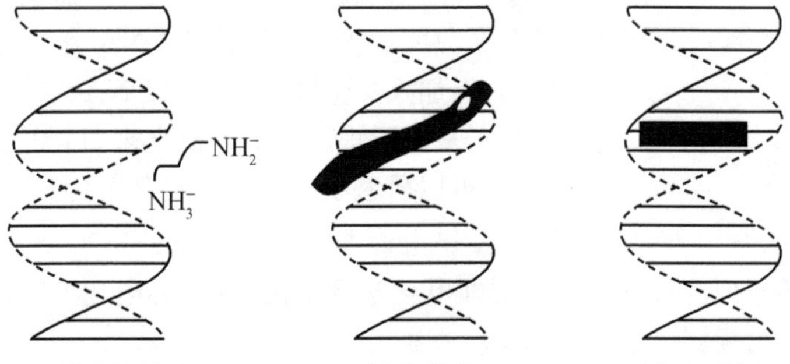

(a) 静电结合　(b) 沟结合　(c) 嵌插结合

图 15－3　小分子与 DNA 作用的三种方式

2. 金属配合物与核酸 DNA 相互作用的光谱学研究方法

小分子金属配合物和 DNA 相互作用的方式和机理的研究，对探索配合物在抗肿瘤药物、抗菌药物、分子生物学、生物工程技术及其它相关领域的应用具有非常重要的意义。

用于研究金属配合物与 DNA 相互作用的光谱技术主要有紫外-可见吸收光谱、分子荧光光谱、圆二色谱、共振拉曼光谱、红外光谱等技术等。这里简单介绍前两种方法。

(1) 紫外-可见光谱

紫外-可见吸收光谱法是研究小分子与核酸相互作用机理的最常用、最方便的方法。含有碱基发色团的双螺旋结构DNA分子，其紫外吸收光谱在260 nm附近有一强的吸收峰，可根据相互作用前后DNA或其他分子的吸收谱带的变化对二者相互作用模式进行判断。增色效应和减色效应是DNA特有的与其双螺旋结构紧密相关的光谱性质。

对DNA的吸收光谱来说，当分子发生轴向收缩、构象变化等轴向变化时，产生减色效应及红移现象，且作用越强减色效应越明显；当DNA双螺旋遭到破坏时，产生增色效应。对于金属配合物等小分子的特征吸收谱带，如该分子与DNA发生嵌插作用，则该分子的吸收光谱出现减色效应和红移现象，且作用越强减色效应越明显；如该分子与DNA发生静电或沟槽作用，紫外可见吸收光谱将出现较小的红移，且减色效应不明显，部分会出现增色效应。

(2) 荧光光谱

荧光光谱法是一种研究DNA与其他分子相互作用的快速、灵敏的谱学技术。尤其是对具有荧光特性靶向化合物，更是一种理想的研究方法。可根据其与DNA作用前后荧光强度的变化，对二者作用模式进行判断。对于自身荧光较低的某些金属配合物来说，当与DNA发生嵌插作用时，荧光猝灭受到抑制，配合物的荧光强度增强；对于某些药物分子，可借助荧光探针。溴化乙锭(EB)是应用最早的荧光探针，被广泛应用于抗癌药物的筛选和小分子与DNA作用的研究。EB是一个具有共轭效应的芳香性平面分子，能平行地插入DNA的双股螺旋内部的碱基对之间形成堆积。EB本身具有较弱的荧光，而DNA分子没有荧光，当EB分子平行地插入DNA后，EB分子固定于DNA分子内部，使得EB分子的刚性增强而且碰撞猝灭减小，因而荧光显著增强。另外，EB分子只能插入双股螺旋的DNA分子中，不能插入单股DNA中。当加入的金属配合物与DNA发生嵌插或沟槽作用时，EB分子从双股螺旋中被置换出来，则荧光显著降低，利用这一性质，可以研究小分子金属配合物与DNA作用的情况。

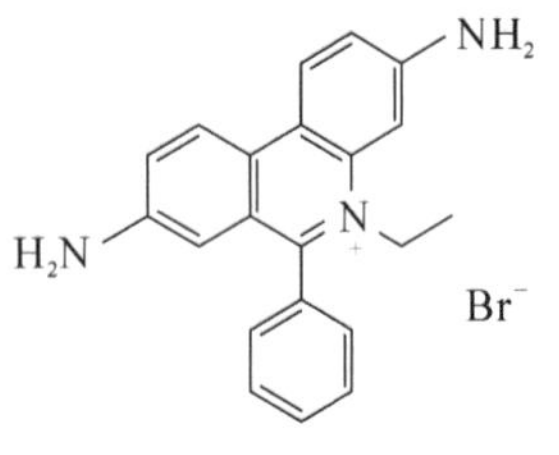


图15-4　溴化乙锭(EB)的结构式

3. 金属配合物与核酸DNA相互作用的电化学研究方法

利用电化学原理进行分析的方法即电化学分析法，或简称电化学方法。这里着重介绍几个在生物无机领域应用较多的实验方法。

(1) 循环伏安法

用微电极电解被测物质的溶液，根据得到的电流-电极极化曲线来进行分析的方法称为极谱法或伏安法。如果用液态电极作为工作电极，如滴汞电极即称为极谱法；如果用固定或固态电极作为工作电极，如石墨、铂电极，则称为伏安法。循环伏安法是研究药物与DNA作用方式的有力工具之一。当配合物中存在插入基团且以插入方式与DNA结合时，因其扩散系数大幅度下降而导致其特征氧化还原峰电流下降。同时如果峰电位移动，表明配合物与DNA分子中带负电荷的磷酸基团可能存在静电结合。

比如，在 Tris - HCl 缓冲溶液中，配合物$[Co(phen)_2dppz]^{3+}$(dppz 为二吡啶并[3,2 - a：2,3 - c]吩嗪)与一定浓度的 DNA 在室温下反应 30 min 后，以 200 mV/s 的扫描速度测其循环伏安谱，双股螺旋 DNA 在−0.400～−1.000 V 下无氧化还原峰，而配合物则表现出特征的 CV 谱。当往$[Co(phen)_2dppz]^{3+}$中加入 DNA 后，配合物的特征氧化还原电流均明显下降，且峰电位有位移。

(2) 电泳

在外电场的作用下，带电粒子，如不处于等电状态的蛋白分子，将向着与其电性相反的电极移动，这种现象称为电泳(electrophoresis)。而某种带电颗粒在电场中的泳动速度主要取决于它所带的净电荷量及颗粒的大小和形状。利用电泳技术，可对带不同电荷、不同分子量的混合物进行分离和分析。

区带电泳是由于在支持物上电泳时各组分因泳动度不同分布成区带而得名。按照支持介质的物理性状，可将区带电泳分为四类：① 滤纸电泳和薄膜电泳；② 粉末电泳；③ 细丝电泳；④ 凝胶电泳。最常用的支持介质是聚丙烯酰胺和琼脂糖凝胶，前者用于分离蛋白质和寡聚核苷酸，后者适于核酸的分离和研究。

1) 聚丙烯酰胺凝胶电泳　　聚丙烯酰胺凝胶电泳(PAGE)以聚丙烯酰胺凝胶为电泳的支持介质。聚丙烯酰胺是由单体丙烯酰胺在交联剂 N, N′-甲叉双丙烯酰胺作用下经聚合而成的大分子。PAGE 具有如下优点：① 样品用量少(1～100 μg)；② 稳定性好，机械强度高；③ 可根据被分离物质分子大小控制凝胶浓度；④电渗作用小。SDS - PAGE 电泳法常用于蛋白质分析。SDS(十二烷基磺酸钠)具有消除电泳中蛋白质电荷因素的作用，这样蛋白质的电泳迁移率就完全取决于其分子的大小。电泳时，将足量的 SDS 和巯基乙醇加入蛋白质样品溶液中，使蛋白质分子中的二硫键还原，并使蛋白质- SDS 复合物带上相同密度的负电荷，其量大大超过了蛋白质分子原有的电荷量，从而掩盖了不同蛋白质原有的电荷差别。另外，SDS 与蛋白质结合后还可以引起蛋白质的构象改变，蛋白质-SDS 复合物形成近似于“雪茄烟”形状的圆棒，并且不同蛋白质的 SDS 复合物的短轴长度都一样，约为 18Å。这样，蛋白质的电泳行为不再受电荷和形状的影响，而只取决于相对分子量的大小。

2) 琼脂糖凝胶电泳　　琼脂糖是从琼脂中提取出来的、由 D -半乳糖和 3, 6 -脱水- L -半乳糖结合的链状多糖。琼脂糖凝胶用于电泳具有以下优点：① 区带均匀、整齐，分辨率高，重复性好；② 透明而不吸收紫外线，可直接用紫外检测仪作定量测定；③ 电泳速度快。缺点是电渗作用大。琼脂凝胶电泳常用于分析金属配合物对 DNA 的断裂方式及产物。通常以超螺旋形式存在于自然界中的双链环形质粒 DNA 作为 DNA 切割研究的底物。配合物首先使超螺旋 DNA(SC DNA，Form Ⅰ)上的一条链发生任意切割而在环上形成一个缺口，由此形成的 DNA 称为开环 DNA，也称为 nicked DNA(NC DNA，Form Ⅱ)。如配合物随后对其进行的第二次切割发生在另一条链上，并且存在于互补链的这两个切口相距十个碱基对左右时，则会有线性 DNA(LC DNA，Form Ⅲ)出现。继续对其进行切割可导致 DNA 完全降解为不易通过电泳检测的、大小不同的片断。通常再用琼脂糖凝胶电泳检测 DNA 链断裂以后所得到的产物。不同形式的 DNA 在电泳中的迁移速率不同，区分为位置不同的条带，如超螺旋 DNA 的迁移速率最快而对应于电泳图中最下方的条带，nicked DNA 的迁移速率最慢而处于电泳图的最上端，线性 DNA 的速率介于两者之间则其泳带位置位于上述两条泳带中间(图 15-5)。

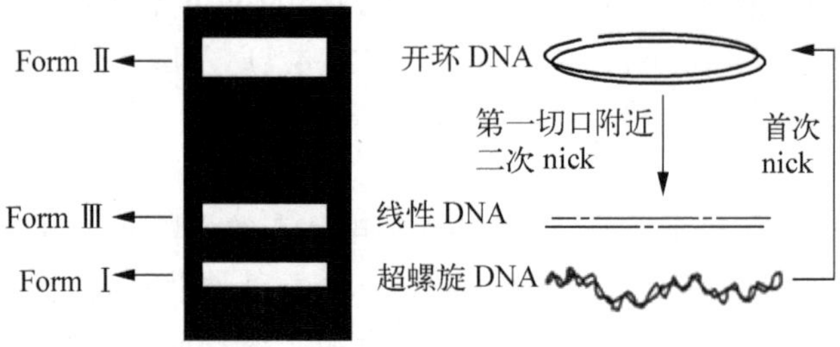


图 15-5　DNA 切割的三种形态

4. 小分子配合物键合 DNA 的波谱学研究

目前除了应用经典的荧光、紫外、循环伏安、圆二色谱等手段外，一维、二维核磁共振(NMR)技术为研究抗癌配合物与 DNA 的作用机理提供了有力的手段。比如选用与 DNA 有较大键合亲和力的平面芳香配基配合物以及特定序列的寡聚核苷酸片段，一方面可以通过$^{1}H$、$^{13}C$、$^{14}N$、$^{31}P$ 的 NMR 谱研究配合物与 DNA 反应的插入位置、交换速率、键合位点的特异性以及键合构型，另一方面从理论上进行构象分析，模拟分子反应动力学过程，通过动态模拟计算出配合物与寡聚核苷酸片段结合的最佳构象，这将对指导新型 DNA 断裂试剂的设计、合成以及筛选高活性的抗癌药物具有重要的意义。另外，电子顺磁共振(EPR)、穆斯堡尔(Mossbauer)谱等技术方法也是研究金属配合物与 DNA 作用方式的重要技术方法。

## 15.3.2　小分子配合物键合 DNA 研究的新动向

最近，DNA 的电传导性引起了科学家的广泛兴趣。我们知道，蛋白质不是一个好的电子导体，电子只能不规则地穿越其肽链骨架和分子中氨基酸侧链。DNA 具有不同于蛋白质的独特的结构特点：由碱基对排列的双链结构，造成整齐的 $\pi$ 电子堆积。因此，电子是否可以不受阻碍地通过长距离的 DNA 分子？为此，科学家设计了一系列实验进行研究，在一段明确碱基对数量的 DNA 一端共价结合一电子给予体，另一端为电子接受体，在其不同的氧化-还原状态下通过光谱信号观察电子移动的距离和速率情况。在改变 DNA 链长度的情况下，重复进行实验，这样可以获得距离和速率的关系。而金属配合物因曾含有可提供电子的配体和可接受电子的空轨道，既可作为电子给予体，又可作为电子接受体，在研究 DNA 电传导性方面有极大的优势。

## 15.3.3　大自然对核酸-金属相互作用的利用

前面讨论了金属离子及其配合物与核酸之间的基本作用与研究方法，现在我们将讨论转向大自然如何利用金属离子去构筑金属蛋白、核酸及含有能与 DNA 和 RNA 相互作用的其他小分子天然产物。

1. 金属离子起结构作用——锌指结构域

金属离子在生物体系中所起的主要作用之一是提供结构中心，指导蛋白质的折叠作用。择形识别有助于金属配合物对 DNA 上的特定部位进行定位识别。同样地，互补形状的识别是 DNA 调节蛋白发挥位点识别的重要方面。在这些蛋白分子中，金属离子表现出具有规定肽链上与核酸发生特异性相互作用区域的形状或折叠形式的作用。“锌指”调节蛋白是这方面最突出的例子。“锌指”调节蛋白是一类含锌的 DNA 结合蛋白。Klug 等在对核酸结合转录因子ⅢA(TFⅢA)中的氨基酸顺序进行研究后发现，TFⅢA 含有 9 个不完整的重复序列，各自约含 30 个氨基酸残基，每个重复的保守位点上含 2 个 Cys、2 个 His 及 3 个疏水性残基。每个重复域中的 2 个胱氨酸(Cys)上的巯基及 2 个组氨酸(His)上的咪唑基与锌离子发生配位，构成“锌指结构域”。由此得出假设，每个重复肽段形成一个独立的核酸结合域，其折叠结构由锌离子的配位作用稳定。这种肽段结构单元称为“锌指”。

“锌指”的结构到底如何？1991 年，人们获得了结合在寡聚核苷酸片段上的三锌指结构域的晶体结构，发现锌指结合于 DNA 的大沟之中，其中 α-螺旋区处于沟中，但锌与核酸无直接相互作用，即锌离子在此起规定蛋白质折叠及三维框架结构的作用。这种由金属中心确定的结构具有识别核酸上与其互补的结构的能力。

值得注意的是，锌指结构单元并不是核酸结合蛋白中唯一的金属基元，甚至也不是唯一的含锌结构基元。那么为什么大自然在这些核酸结合蛋白中选择了锌？锌的天然丰度自然是一个重要的因素。另一个重要因素是，锌在其中无氧化还原性，而氧还活性会促使 DNA 损伤。所以，选择锌离子进入核酸结合蛋白中是非常恰当的。

2. 金属离子起调节作用

金属离子及其配合物对生物化学过程起调节作用，其中金属调节蛋白通过与金属相关的结构相互作用影响基因信息的表达。它们不同于锌指蛋白，而是通过充当触发器或“开关”来起作用，即根据金属离子存在与否，对转录作用进行遏止或激活。许多金属离子在过高浓度时会产生细胞毒性，此时生物体就合成出一整套蛋白体系来螯合这些金属离子并对它们解毒。为了能及时合成出这些蛋白并使之有效工作，就必须使负责对它们进行编码的基因迅速转录。与此同时，DNA 本身还必须受到保护，不受高浓度金属离子的损害。于是，就需要这样一些金属调节蛋白，它们在无金属离子时与 DNA 相结合，起遏止转录的作用；而在金属离子的浓度达到某种阈值时能紧密地、选择性地与特定金属离子结合，使转录作用发生放大。

3. 金属离子在药物中起主导作用

除顺铂外，目前使用的 DNA 结合药物绝大多数是从细菌、真菌、植物或其他生物体系中获得的天然产品。它们大都含有复杂的有机结构部分，包括多肽，糖类结合功能团。这些天然产物能与 DNA 有效地结合，方式包括插入、小沟结合，或两种模式的混合。这些抗肿瘤剂常通过与 DNA 结合后发生烷化或 DNA 断裂反应，引起 DNA 损伤而发挥其功效。

博雷霉素是从链霉菌属培养物中分离出的糖肽衍生物，是在临床上广泛采用的一类天然抗肿瘤抗生素。其与 DNA 结合并引起 GT 及 GC 序列的单链断裂。特别重要的是，这种切割需有 Fe(Ⅱ)和氧的参与。因此可以把 Fe-博雷霉素视为天然存在的无机配合物类药物。但 Fe-博雷霉素在 DNA 上如何取向，以及其中金属的配位情况仍有待研究。

对于博雷霉素作用的化学过程，目前普遍认可的作用机理是：在氧存在下，先生成$Fe(II)O_2$物种，然后迅速转化为铁的超氧化物，后者利用某种有机还原剂或另一当量的Fe-博雷霉素，发生单电子还原作用，结果生成形式上可表示为Fe(III)-过氧化物的物种，并发生O—O键断裂，形成所谓的“活化博雷霉素”。

其他金属如铜、钴也能使博雷霉素活化，但作用机理途径与Fe-博雷霉素不同。自然界是否还有其他能与DNA结合同时含有螯合金属离子的天然产物，并能将它们用于DNA切割过程？这还有待于研究。对于这类过程的不断深入了解将会引导人们发展新一代的过渡金属药物，它们将能够选择性地、有效地以DNA为作用靶位，并切割DNA。

4. 金属离子起催化作用

金属离子除了在维系核酸结构和调制蛋白过程中起作用外，还在以核酸为作用底物的各种复合酶中起作用。例如，RNA聚合酶及DNA拓扑异构酶必须有$Zn^{2+}$存在才能发挥功能；DNA酶Ⅰ需要$Ca^{2+}$参与才能发挥催化活性等。目前对于金属离子参与这些酶催化过程的了解还很不够，这当然是对我们的新挑战。

## 15.4 无机药物化学

### 15.4.1 无机药物简介

1. 抗癌铂试剂

铂配合物是目前应用最广泛的抗癌药物之一，自从1969年卢森堡(Rosenberg B.)首次报道了顺铂的抗癌活性后，无数科学工作者对铂类抗癌配合物进行了广泛、深入的研究，合成了2 000多种铂类抗癌活性配合物，但进入临床阶段的只有二十几种。在世界范围内，进入临床应用的除顺铂外，也仅卡铂一种。另外，还有两种铂配合物的使用在某些国家得到认可，奥沙利铂在法国和一些欧洲国家用于转移性结肠癌的二级治疗；萘达铂的使用在日本获得批准。鉴于一些代表性的铂配合物已在前面相关章节做了一定的介绍，这里不再赘述。

2. 金属抗癌剂

除铂类金属抗癌药外，另一类具有前途的抗癌药物是钌配合物，大多数报告认为钌的配合物具有低毒性、排泄快的特点，更重要的是钌配合物易于被肿瘤组织吸收。1984年意大利化学家首次发现钌配合物的抗肿瘤活性。目前最著名的当属[*cis*-$Ru(II)(DMSO)_4Cl_2$]和{*trans*-$[Ru(III)Cl_4(DMSO)Im]^-$}(DMSO为二甲基亚砜)，它们易溶于水，可静脉注射，对路易斯肺癌等显示出高活性。

钌的配合物对转移性肿瘤的活性比原发性肿瘤高，某些钌配合物目前已进入Ⅰ期或Ⅱ期临床阶段，以配合物NAMI-A和KP1019为代表。NAMI-A[图15-6(a)]于1999年进入Ⅰ期临床，2003年进入Ⅱ期临床，是第一个进入临床的钌配合物。吲唑配合物KP1019[图15-6(b)]是对染色肿瘤有特殊活性的配合物。

另外，镓盐有抗肿瘤活性，最近在肺癌处理和临床癌治疗中发现，镓盐对于顺铂有协

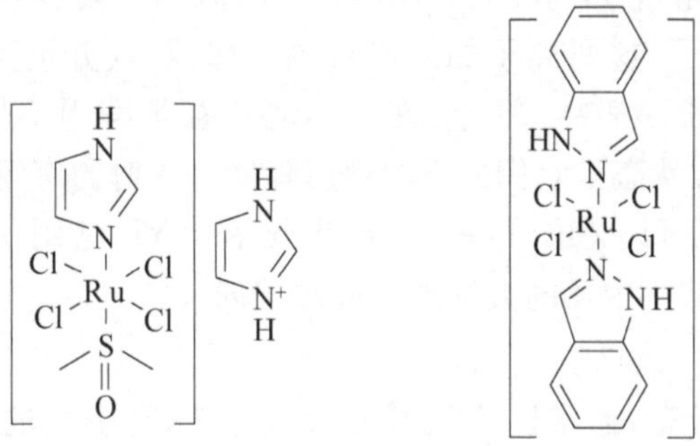

(a)　　(b)

图 15-6　钌的配合物

同作用,引起了人们很大的兴趣。

3. 金的抗关节炎药物

一些金(Ⅰ)的硫醇配合物(图 15-7)被用于临床治疗风湿性关节炎。在绝大多数金的硫醇盐中,金同配体的比例为 1∶1,而且是通过硫醇 S-桥形成的聚合体。一价金离子对硫醇盐硫原子有很强的亲和作用,但同氧、氮配体只有微弱的作用,因此含硫醇半胱氨酸(特别是那些低 p$K_a$ 值的)蛋白质可作为 Au(Ⅰ)的靶点。

(a)　　(b)

图 15-7　金(Ⅰ)的硫醇配合物

4. 铋抗溃疡药

铋药物用来治疗胃肠疾病已有两个多世纪的历史了。这些药物包括铋的硝酸盐、水杨酸盐,以及胶态次柠檬酸铋等。它们都是 Bi(Ⅲ)化合物。铋类药物的结构大都未知,Bi(Ⅲ)的配位数在 3～10 之间变化,其配位几何结构也常不规则。Bi(Ⅲ)对细菌 helicobacter pylori 的抗菌活性,可能对其治疗溃疡有重要意义。

5. 抗感染试剂

在医药学中,银和它的化合物长期以来就一直被用作抗微生物试剂,很低浓度的银就有抗菌活性且毒性不大。婴儿的眼睛在一出生就滴入浓度为 0.1% $AgNO_3$ 溶液来防止新生儿的眼炎。磺胺嘧啶合银临床用作抗微生物和抗真菌试剂,是一种难溶性的聚合物,可缓慢地释放 Ag(Ⅰ),可制作成软膏,涂于患处,用在严重烧伤时防止细菌感染。另外在许多国家中,锑已被用作药物,如 N-甲基葡萄糖胺锑酸酯和锑鎓葡萄糖酸钠在临床中用来治疗利什曼病(一种由细胞内的寄生物引起的疾病)。

6. 放射性诊断试剂

磁共振成像系统(MRI)是目前临床诊断中一个强有力的工具。通过外用顺磁性的对照试剂，用$^1H$ NMR能检测出正常体内和病态体内组织的区别。大多数对照试剂中含有Gd(Ⅲ)、Mn(Ⅱ)或Fe(Ⅲ)离子，这些离子的未成对电子都较多(分别为7，5，5高自旋态)，电子自旋弛豫时间都较长。某些Gd(Ⅲ)的配合物已被批准用于临床试验，且被广泛用来检测血脑屏障的非正常状态。它们的低渗透压降低了注射的疼痛感。

另外放射性核素$^{99m}Tc$、$^{201}Tl$、$^{111}In$、$^{67}Ga$、$^{51}Co$、$^{51}Cr$和$^{169}Yb$已用于临床诊断成像，$^{99m}Tc$的配合物已被批准用做抑制中风的大脑灌注成像试剂。

7. 作为胰岛素模拟物的金属钒化合物

钒有三价、四价、五价等价态，通常以钒氧键的形式存在，有多变的立体化学配位结构。1980年，Schecher等首先发现$VO^{2+}$有很好的体外胰岛素活性；1985年，McNeill报道了钒化合物的体内胰岛素活性。目前许多不同配位结构的四价氧钒化合物和五价过氧钒化合物被发现具有很好的胰岛素活性，其中双-3-羟基-2-甲基-4-吡喃酮氧钒化合物BMOV[Bis(matolato)oxovanadium(Ⅳ)，$VO(ma)_2$](图15-8)是一个很有潜力的胰岛素模拟制剂，双氧配体能增加药物的溶解度，去质子化基团能使其与$VO^{2+}$形成中性的金属化合物，从而使其能制成口服制剂。

8. 心血管系统药物

低自旋Fe(Ⅲ)的配合物硝普钠(图15-9)是唯一的用于临床的亚硝酰基配合物，它经常用来降低血压，在输液后几秒内就能立见功效。该药的药效取决于NO的释放，它可放松脉管的平滑肌，在体内的反应包括：还原成$[Fe(CN)_5(NO)]^{3-}$，然后释放氰根，进而释放NO。作为不带电荷的小分子，NO很容易通过细胞膜；又由于它是含不成对电子的自由基，所以高度活泼，成为理想的信使分子。

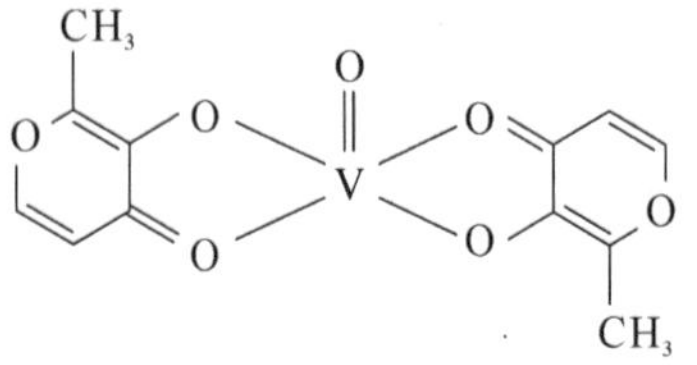


图15-8 BMOV

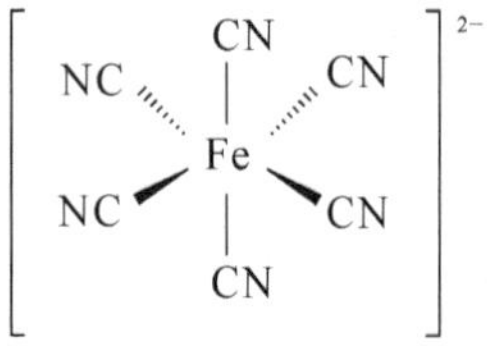


图15-9 低自旋Fe(Ⅲ)的配合物硝普钠

## 15.4.2 无机抗癌药物设计原理

随着顺铂治疗癌症的成功，掀起了无机药物设计、合成的高潮，如何设计和筛选低毒、高效、广谱或靶向金属抗癌药物，是当今化学家和药物学家的重要课题。

1. 金属抗癌剂活性的两极互补原理

通过对有代表性的Pt、Ru、Ti、Sn、Pd、V 6类180余个具有抗癌活性的金属配合物的结构、活性及其抗癌机理的研究，发现金属抗癌剂分子存在某些共同的结构特点和作用规律，并把这一规律概括为“两极互补原理”。此原理分三个层次：① 分子结构的两极互补，即有活性的药物分子在结构和性质上总是存在着亲水性和疏水性，正电性和负电性的两极；相应地在体液中则呈现易离去基团和较稳定基团。② 受体-底物作用方式的两极互补，即药物分子和靶分子的相互作用总是经由“活性中间体”通过电荷控制和轨道控制这种电价性和共价性两极互补的作用方式，与 DNA 骨架上的磷酸氧位点（电价性）和嘌呤，嘧啶的氮位点（共价性）键合。③ 受体-底物在对称性上的两极互补，即对于手性药物分子与 DNA 的作用，表现出药物分子的左手对映体与右手 DNA 的键合，形成左手与右手两极互补的复合体。

2. 两极互补原理的应用

金属抗癌剂分子本身并不是在体内起抗癌作用的真实结构，可称其为“前-抗癌分子”，它们进入生物体后要经历水解、输运、跨膜等过程并在细胞内生成“活性中间体”$[cis-A_nM(H_2O)_2]^{m+}$，再与靶分子 DNA 作用，发挥其抗癌作用。其中 A 为结合稳定的亲脂性基团，可为一个、两个或多个，其作用，一是携带整个分子跨膜（包括细胞膜和细胞核膜），透过脂质核心；二是 DNA 的疏水内侧通过对脂性配体 A 的牵拽，使金属离子移向碱基环氮位点，形成共价配键。M 为金属离子，与 M 结合的水分子必须至少有两个，且处于邻位结构。这是个高度活泼的分子，与靶分子作用时可脱去水分子，与 DNA 的负性亲核基团发生双齿（或多齿）螯合作用，因其能与生物分子发生“多点挂钩，柔顺契合”的特殊作用，满足“最大成键原理”，达到一定的键合程度。

金属抗癌剂在体内的作用过程可简略概括为下列方程：

$$DX_2 + 2H_2O = [D(H_2O)_2]^{2+} + 2X^- \qquad (15-1)$$

$$[D(H_2O)_2]^{2+} + DNA = [DNA-D]^{2+} + 2H_2O \qquad (15-2)$$

式中，$DX_2$ 为前-抗癌分子，$[D(H_2O)_2]^{2+}$ 为其水解产生的活性中间体；DNA - D 为 DNA - 药物复合物。$DX_2$ 水解产生的 $[D(H_2O)_2]^{2+}$ 的速度是化合物是否具有抗癌活性的关键，若 $DX_2$ 水解太快，则生成的 $[D(H_2O)_2]^{2+}$ 可与其他生物分子结合而不能到达核内 DNA 附近；若 $DX_2$ 水解太慢，则会导致核内 DNA 附近 $[D(H_2O)_2]^{2+}$ 浓度太低，不能有效地与 DNA 结合，只有适中的 $DX_2$ 水解速度才能使它有效地与 DNA 结合，而表现出抗癌作用。

另外，某些分子在对称性上也遵循两极互补原理。一些典型的手性配合物如 $[Ru(phen)_3]^{2+}$（phen 为 1，10-邻菲咯啉）等具有识别 DNA 构象的功能，即 Λ 型（左手）及 Δ 型（右手）分别与 DNA 的 Z 型（左手）及 B 型（右手）相识别，即左识左，右识右。其作用方式是通过一个配体环平面插入 DNA 碱基对之间，而另外两个配体环平面露在外边，对称性不匹配的手性配合物则由于空间位阻而不能亲和插入。1985 年研究人员惊奇地发现左手型的 $(Phen)_2RuCl_2$ 对 B 型 DNA 有很强的“左亲右”共价成键作用，并提示它可能成为潜在的抗癌药物。抗菌药物喹诺酮类也表现出左手性药物分子较右手性分子活性高 10 倍以上的现象。很可能这是一个普遍规律，因为仅靠左亲左，右亲右这种主要是范德华力引起的插入亲和作用较弱，所以 $[Ru(phen)_3]^{2+}$ 等识别化合物没有抗癌活性；而药物的左亲右（DNA）作用却能形成强的共价键，足以使 DNA 交联而导致结构破坏，因而具有抗癌活性。

两极互补原理概括了金属抗癌剂的分子结构、作用方式、立体选择性的特点，使纷乱复杂的各种金属抗癌剂变得条理清晰而有章可循，这对选择性地合成金属抗癌剂具有一定的指导意义。总之，金属抗癌剂的研究是一个方兴未艾的领域，是生物无机化学的典型课题，高效、广谱、低毒的金属抗癌剂的筛选及其作用机理的研究是当前急需解决的问题之一，需要广大科技工作者为之努力。

生物无机是一门内容丰富，相对来说比较年轻的学科，已经引起了表面上看来并不相关的多种学科研究人员的兴趣。合成化学家、光谱学家、电化学家、理论化学家、医药学家、生物化学家以及分子生物学家在化学与生物学的交界处相遇，受到许多激动人心的课题的挑战。这些课题的研究主要借助于光谱学、化学以及生物学的技术，不过这些问题主要还是通过运用化学原理来解决。

要想全面地开展此领域的研究，需要具备无机化学、配位化学、结构化学、量子化学、有机化学、生物化学和基因工程等多方面的知识和多种实验方法，所以需要同学们打好基础，有朝一日深入地踏入这片年轻的领域，为我国生物无机化学学科的发展作出应有的贡献。

**【科学家简介】 罗莎琳·埃尔西·富兰克琳(R. E. Franklin,1920～1958)**

英国物理化学家与晶体学家，1920～1958。她所做的研究，专注于DNA、病毒、煤炭与石墨等物质的结构。其中她做出了关键性的观察：DNA存在两种不同的形态A和B，得到了这两种形态的最清晰的图片。她所拍摄的DNA晶体绕射图片“照片51号”，以及关于此物质的相关数据，是詹姆斯·沃森与佛朗西斯·克里克解出DNA结构的关键线索。就像照片本身所暗示的那样，它的主人被隐藏在图形背后，不经人特别提醒，人们就不会想起这位拍摄者。在1962年的诺贝尔生理医学奖颁奖典礼上，富兰克林已因患病于1958年去世而与奖项无缘。但作为一位杰出的女科学家，她在DNA发现过程中所作出的关键性贡献将被永远载入史册。

# 参考文献


北京师范大学.1992.无机化学[M].北京:高等教育出版社
北京师范大学.2010.无机化学[M].北京:高等教育出版社
陈虹锦.2008.无机与分析化学[M].北京:科学出版社
董元彦.2006.无机及分析化学[M].北京:科学出版社
冯清.2008.Basic Chemistry[M].武汉:华中科技大学出版社
傅献彩.大学化学(上)[M].北京:高等教育出版社,1999
龚汉璋.1991.医用基础化学[M].兰州:兰州大学出版社
郭丽萍.晶体结构基础[M].武汉:武汉理工大学出版社,2002
李东方.2005.基础化学[M].北京:科学出版社
刘德育.2009.无机化学[M].北京:科学出版社
刘新锦.2010.无机元素化学[M].北京:科学出版社
南京大学.1998.无机及分析化学[M].北京:高等教育出版社
祁嘉义.2003.基础化学[M].北京:高等教育出版社
邵学俊.2003.无机化学[M].武汉:武汉大学出版社
史启祯.1998.无机化学与化学分析[M].北京:高等教育出版社
松天佑.2009.无机化学[M].北京:高等教育出版社
魏祖期.2004.基础化学[M].北京:人民卫生出版社
魏祖期.2005.基础化学学习指导[M].北京:人民卫生出版社
魏祖期.2006.基础化学[M].北京:人民卫生出版社
武汉大学.1994.无机化学[M].北京:高等教育出版社
席晓岚.2008.基础化学[M].北京:科学出版社
谢吉民.2008.无机化学[M].北京:人民卫生出版社
徐春祥.2007.基础化学[M].北京:高等教育出版社
徐春祥.2008.无机化学.北京:高等教育出版社
徐家宁.2000.无机化学例题与习题[M].北京:高等教育出版社
许锦善.2005.无机化学[M].北京:人民卫生出版社
严宣申.普通无机化学[M].北京:北京大学出版社,1999
阎芳.基础化学[M].济南:山东人民出版社,2009
杨频.2002.生物无机化学原理[M].北京:科学出版社

张礼和. 2005. 化学学科进展[M]. 北京:化学化工出版社

张天蓝. 2008. 无机化学[M]. 北京:人民卫生出版社

张欣荣. 2007. 基础化学[M]. 北京:高等教育出版社[M]

竺际舜. 2001. 无机化学习题精解[M]. 北京:科学出版社

Catherine E. 2005. *Inorganic Chemistry*[M]. 2nd edn. Essex:PEARSON

D. E. 2001. *Goldberg*. *Fundamentals of Chemistry* [M]. McGraw-Hill Higher Education

DF Shriver. 1999. *Inorganic Chemistry*[M]. Oxford University Press, 3rd Ed.

EH Cathrine, GS Alan. 2005. *Inorganic Chemistry*. 2nd Ed [M].Ashford Colour Press

http://www.webelements.com/

JE House. 2008. *Inorganic Chemistry*. *1st*[M]. Elsevier Academic Press

Peter Atkins. 2002. *Atkins' Physical Chemistry* [M]. 7th ed. Oxford University Press

Robert G. Mortimer. 2008. *Physical Chemistry* (*Third edition*) [M]. Printed in Canada

William W. 1993. *Inorganic Chemistry*: A Unified Approach Second Edition[M]. Academic Press, INC.

# 中英文对照表

## A

| | | |
|---|---|---|
| 阿伏加德罗常数 | Avogadro constant | 5 章 |
| 锕系收缩 | actinide contraction | 14 章 |
| 锕系元素 | actinide elements | 14 章 |
| 砹 | astatine，At | 13 章 |
| 氨 | ammonia | 13 章 |
| 氨合反应 | ammoniation；ammonation | 13 章 |
| 氨解反应 | ammonolysis；aminolysis | 13 章 |
| 铵盐 | ammonium salts | 13 章 |
| 螯合物 | chelate | 11 章 |
| 螯合剂 | chelating agent | 11 章 |
| 螯合效应 | chelate effect | 11 章 |

## B

| | | |
|---|---|---|
| 半电池 | half cell | 8 章 |
| 半电池反应 | half cell reaction | 8 章 |
| 半反应 | half-reaction | 8 章 |
| 半衰期 | half life | 3 章 |
| 半透膜 | semipermeable membrane | 5 章 |
| 钡 | barium，Ba | 14 章 |
| 铋 | bismuth，Bi | 13 章 |
| 碧玉 | jade | 13 章 |
| 标准摩尔反应吉布斯自由能变 | standard Gibbs free energy of reaction | 2 章 |
| 标准摩尔燃烧焓 | standard molar enthalpy of combustion | 2 章 |
| 标准摩尔熵 | standard entropy | 2 章 |
| 标准摩尔生成焓 | standard molar enthalpy of formation | 2 章 |
| 标准摩尔生成吉布斯自由能 | standard Gibbs free energy of formation | 2 章 |
| 标准平衡常数 | standard equilibrium constant | 4 章 |

| | | |
|---|---|---|
| 标准氢电极 | standard hydrogen electrode，SHE | 8 章 |
| 标准溶度积常数 | standard solubility product constant | 7 章 |
| 波函数 | wave function | 9 章 |
| 波粒二象性 | wave-particle duality | 9 章 |
| 铂 | platinum，Pt | 14 章 |
| 不等性杂化 | nonequivalent hybridization | 10 章 |


## C


| | | |
|---|---|---|
| 敞开体系 | open system | 2 章 |
| 超分子 | supermolecule | 10 章 |
| 超氧化物 | superoxides | 14 章 |
| 沉淀 | precipitation | 7 章 |
| 沉淀的转化 | transformation of precipitation | 7 章 |
| 沉淀-溶解平衡 | precipitation-dissolution equilibrium | 7 章 |
| 成键分子轨道 | bonding molecular orbital | 10 章 |
| 臭氧 | ozone | 13 章 |
| 臭氧化物 | ozonides | 14 章 |
| 氚 | tritium | 13 章 |
| 磁量子数 | magnetic quantum number | 9 章 |
| 次磷酸 | hypophosphorous acid | 13 章 |
| 催化剂 | catalyst | 3 章 |
| 催化作用 | catalysis | 3 章 |


## D


| | | |
|---|---|---|
| 大环效应 | macrocyclic effect | 11 章 |
| 单齿配体 | monodentate ligand | 11 章 |
| 弹性碰撞 | elastic collision | 3 章 |
| 氮 | Nitrogen，N | 13 章 |
| 氘 | deuterium | 13 章 |
| 导带 | conduction band | 10 章 |
| 等价轨道 | equivalent orbitals | 9 章 |
| 等容过程 | isochoric process | 2 章 |
| 等渗溶液 | isotonic solution | 5 章 |
| 等温方程式 | isothermal equation | 4 章 |
| 等温过程 | isothermal process | 2 章 |
| 等性杂化 | equivalent hybridization | 10 章 |
| 等压过程 | isobaric process | 2 章 |
| 低渗溶液 | hypotonic solution | 5 章 |

| | | |
|---|---|---|
| 底物 | substrate | 3 章 |
| 碲 | tellurium，Te | 13 章 |
| 碘 | iodine，I | 13 章 |
| 电池反应 | cell reaction | 8 章 |
| 电动势 | electromotive force，*E* | 8 章 |
| 电负性 | electronegativity | 9 章 |
| 电极 | electrode | 8 章 |
| 电极电势 | electrode potential | 8 章 |
| 电极反应 | electrode reaction | 8 章 |
| 电解质 | electrolyte | 6 章 |
| 电离能 | ionization energy | 9 章 |
| 电偶极矩 | electric dipole moment | 10 章 |
| 电泳 | electrophoresis | 15 章 |
| 电子成对能 | electron pairing energy | 11 章 |
| 电子亲和能 | electron affinity | 9 章 |
| 电子云 | electron density | 9 章 |
| 电子组态 | electronic configuration | 9 章 |
| 叠氮酸 | hydrazoic acid | 13 章 |
| 定态 | stationary state | 9 章 |
| 多巴胺羟化酶 | dobamine hydroxylase | 15 章 |
| 多齿配体 | polydentate ligand | 11 章 |
| 多相催化 | heterogeneous catalysis | 3 章 |
| 多元酸 | polyprotic acid | 6 章 |

**E**

| | | |
|---|---|---|
| 二级反应 | second order reaction | 3 章 |
| 二偏硅酸 | metadisilicic acid | 13 章 |
| 二氧化氮 | nitrogen dioxide | 13 章 |
| 二氧化硅 | silicon dioxide | 13 章 |
| 二氧化硫 | sulfur dioxide | 13 章 |
| 二氧化碳 | carbon dioxide | 13 章 |

**F**

| | | |
|---|---|---|
| 矾 | alum | 13 章 |
| 反铂 | *trans*-platin | 14 章 |
| 反键分子轨道 | antibonding molecular orbital | 10 章 |
| 反渗透 | reverse osmosis | 5 章 |
| 反应分子数 | molecularity of reaction | 3 章 |

| | | |
|---|---|---|
| 反应机理 | reaction mechanism | 3 章 |
| 反应级数 | order of reaction | 3 章 |
| 反应进度 | extent of reaction | 2 章 |
| 反应热 | heat of reaction | 2 章 |
| 反应商 | reaction quotient | 4 章 |
| 钫 | francium，Fr | 14 章 |
| 非极性分子 | nonpolarmolecule | 10 章 |
| 非极性共价键 | nonpolar covalent bond | 10 章 |
| 沸点 | boiling point | 5 章 |
| 沸点升高 | boiling point elevation | 5 章 |
| 分步沉淀 | fractional precipitation | 7 章 |
| 分解反应 | decomposition | 12 章 |
| 分裂能 | splitting energy | 11 章 |
| 分子轨道理论 | molecular orbital theory | 10 章 |
| 分子间氢键 | intermolecular hydrogen bond | 10 章 |
| 分子间作用力 | intermolecular force | 10 章 |
| 分子内氢键 | intramolecular hydrogen bond | 10 章 |
| 分子筛 | molecular sieve | 13 章 |
| 风化 | efflorescence | 12 章 |
| 封闭体系 | closed system | 2 章 |
| 氟 | fluorine，F | 13 章 |
| 负极 | anode | 8 章 |
| 复合反应 | complex reaction | 3 章 |
| 富勒烯碳 | fullerenes | 13 章 |

## G

| | | |
|---|---|---|
| 钙 | calcium，Ca | 14 章 |
| 高锰酸盐 | permanganate | 14 章 |
| 铬 | chromium，Cr | 14 章 |
| 铬酸 | chromic acid | 14 章 |
| 铬酸盐 | chromate | 14 章 |
| 功 | work | 2 章 |
| 汞 | mercury，Hg | 14 章 |
| 共轭碱 | conjugate base | 6 章 |
| 共轭酸 | conjugate acid | 6 章 |
| 共轭酸碱对 | conjugate acid-base pair | 6 章 |
| 共价键 | covalent bond | 10 章 |
| 孤对电子 | lone pair electron | 10 章 |

| | | |
|---|---|---|
| 孤立体系 | isolated system | 2章 |
| 钴 | cobalt, Co | 14章 |
| 固态 | solid | 2章 |
| 光敏剂 | radiosensitizer | 13章 |
| 光谱化学序列 | spectrochemical series | 11章 |
| 光驱动疗法 | photodynamic therapy | 13章 |
| 广度性质 | extensive properties | 2章 |
| 硅 | Silicon, Si | 13章 |
| 硅酸 | silicic acid | 13章 |
| 硅酸钠 | sodium silicate | 13章 |
| 硅藻土 | diatomite | 13章 |
| 国际纯粹和应用化学联合会 | International Union of Pure and Applied Chemistry, IUPAC | 8章 |
| 过程 | process | 2章 |
| 过渡态理论 | theory of transition state | 3章 |
| 过渡元素 | transition element | 9章 |
| 过二硫酸钠 | sodium persulfate | 13章 |
| 过氧化氢 | hydrogen peroxide | 13章 |
| 过氧化物 | peroxides | 14章 |

## H

| | | |
|---|---|---|
| 海森堡测不准原理 | Heisenberg's uncertainty principle | 9章 |
| 焓 | enthalpy | 2章 |
| 核磁共振成像 | magnetic resonance imaging, MRI | 11章 |
| 核酶 | ribozyme | 3章 |
| 化合反应 | combination | 12章 |
| 化学动力学 | chemical kinetic | 3章 |
| 化学反应 | reaction | 2章 |
| 化学反应速率 | rate of a chemical reaction | 3章 |
| 化学键 | chemical bond | 10章 |
| 化学平衡的移动 | shift of chemical equilibrium | 4章 |
| 还原 | reduction | 8章 |
| 还原剂 | reductant | 8章 |
| 还原态 | reduction state, Red | 8章 |
| 环境 | surrounding | 2章 |
| 缓冲范围 | buffer range | 6章 |
| 混乱度 | disorder | 2章 |
| 活度 | activity | 5章 |

| | | |
|---|---|---|
| 活度积常数 | activity product constant | 7 章 |
| 活度因子 | activity factor | 5 章 |
| 活化分子 | activated molecule | 3 章 |
| 活化能 | activation energy | 3 章 |
| 活性炭 | active carbon | 13 章 |

## J

| | | |
|---|---|---|
| 基态 | ground state | 9,10 章 |
| 激发态 | excited state | 9 章 |
| 极化 | polarizing | 10 章 |
| 极性分子 | polar molecule | 10 章 |
| 极性共价键 | polar covalent bond | 10 章 |
| 几何异构体 | geometrical isomerism | 11 章 |
| 镓 | gallium, Ga | 13 章 |
| 钾 | potassium, K | 14 章 |
| 价层电子对互斥理论 | valence shell electron pair repulsion theory | 10 章 |
| 价键理论 | valence bond theory | 10 章 |
| 简并轨道 | degenerate orbitals | 9 章 |
| 碱金属 | alkali metals | 14 章 |
| 碱土金属 | alkaline-earth metals | 14 章 |
| 键参数 | bond parameter | 10 章 |
| 键长 | bond length | 10 章 |
| 键合异构 | linkage isomerism | 11 章 |
| 键角 | bond angle | 10 章 |
| 键能 | bond energy | 10 章 |
| 胶体渗透压 | colloidal osmotic pressure | 5 章 |
| 焦硅酸 | disilicic acid | 13 章 |
| 焦磷酸 | pyrophosphoric acid | 13 章 |
| 焦硫酸盐 | pyrosulphate | 13 章 |
| 焦亚磷酸 | pyrophosphorous acid | 13 章 |
| 角量子数 | angular quantum number | 9 章 |
| 解离常数 | dissociation constant | 6 章 |
| 解离度 | degree of dissociation | 5,6 章 |
| 金刚石 | diamond | 13 章 |
| 金属键 | metallic bond | 10 章 |
| 禁带 | forbidden band | 10 章 |
| 晶格能 | lattice energy | 10 章 |
| 晶体场稳定化能 | crystal field stabilization energy, CFSE | 11 章 |

| | | |
|---|---|---|
| 晶体渗透压 | crystalloid osmotic pressure | 5 章 |
| 肼 | hydrazine | 13 章 |
| 径向分布函数 | radical distribution function | 9 章 |
| 绝热过程 | adiabatic process | 2 章 |
| 均相催化 | homogeneous catalysis | 3 章 |

**K**

| | | |
|---|---|---|
| 苛性碱 | caustic alkali | 14 章 |
| 扩散 | diffusion | 5 章 |

**L**

| | | |
|---|---|---|
| 拉平效应 | leveling effect | 6 章 |
| 镧系收缩 | lanthanide contraction | 14 章 |
| 镧系元素 | lanthanide elements | 14 章 |
| 镭 | radium, Ra | 14 章 |
| 类卤素 | halogeniod | 13 章 |
| 累积稳定常数 | overall stability constant | 11 章 |
| 离子半径 | ionic radius | 10 章 |
| 离子的电荷 | ionic charge | 10 章 |
| 离子氛 | ion atmosphere | 5 章 |
| 离子积 | ionic product | 6 章 |
| 离子键 | ionic bond | 10 章 |
| 离子强度 | ionic strength | 5 章 |
| 离子相互作用理论 | ion interaction theory | 5 章 |
| 锂 | lithium, Li | 14 章 |
| 连二亚硫酸钠 | sodium dithionite | 13 章 |
| 连续光谱 | continuous spectrum | 9 章 |
| 两可配体 | ambidentate ligand | 11 章 |
| 两性物质 | amphiprotic species | 6 章 |
| 量子 | quantum | 9 章 |
| 量子数 | quantum number | 9 章 |
| 磷 | phosphorus, P | 13 章 |
| 磷酸 | phosphoric acid | 13 章 |
| 膦 | phosphine | 13 章 |
| 零级反应 | zero order reaction | 3 章 |
| 硫 | sulphur, S | 13 章 |
| 硫代硫酸钠 | sodium thiosulfate | 13 章 |
| 硫化氢 | hydrogen sulphide | 13 章 |

| | | |
|---|---|---|
| 硫化锌 | zinc sulphide | 14 章 |
| 硫氰 | thiocyanate | 13 章 |
| 硫酸 | sulfuric acid | 13 章 |
| 卤化物 | halides | 13 章 |
| 卤素 | halogen | 13 章 |
| 卤素互化物 | interhalogens | 13 章 |
| 铝 | aluminum，Al | 13 章 |
| 氯 | chlorine，Cl | 13 章 |
| 氯铂酸 | chloroplatinic acid | 14 章 |
| 氯化汞 | mercury chloride | 14 章 |
| 氯化锌 | zinc chloride | 14 章 |
| 氯化亚汞 | mercurous chloride | 14 章 |

**M**

| | | |
|---|---|---|
| 玛瑙 | agate | 13 章 |
| 满带 | filled band | 10 章 |
| 酶 | enzyme | 3 章 |
| 酶催化反应 | enzyme catalysis | 3 章 |
| 镁 | magnesium，Mg | 14 章 |
| 锰 | manganese，Mn | 14 章 |
| 锰酸盐 | manganate | 14 章 |
| 摩尔 | mole | 5 章 |
| 摩尔分数 | mole fraction | 5 章 |
| 摩尔质量 | molar mass | 5 章 |

**N**

| | | |
|---|---|---|
| 内过渡元素 | inner transition element | 9 章 |
| 内界 | inner sphere | 11 章 |
| 内能 | internal energy | 2 章 |
| 钠 | sodium，Na | 14 章 |
| 能带 | energy band | 10 章 |
| 能级 | energy level | 9 章 |
| 能级交错 | energy level interlaced | 9 章 |
| 能量守恒定律 | law of conservation of energy | 2 章 |
| 能斯特方程 | Nernst 方程 | 8 章 |
| 镍 | nickel，Ni | 14 章 |
| 凝固点 | freezing point | 5 章 |
| 凝固点降低 | freezing point depression | 5 章 |

| | | |
|---|---|---|
| 凝结 | condensation | 5 章 |

## P

| | | |
|---|---|---|
| 排斥态 | repellent state | 10 章 |
| 配合物 | coordination compound | 11 章 |
| 配体 | ligand | 11 章 |
| 配位 | coordination | 12 章 |
| 配位键 | coordination bond | 10 章 |
| 配位平衡 | coordination equilibrium | 11 章 |
| 配位效应 | coordination effect | 7 章 |
| 配位原子 | coordination atom | 11 章 |
| 硼 | boron, B | 13 章 |
| 硼砂 | borax | 13 章 |
| 硼酸 | boric acid | 13 章 |
| 碰撞理论 | collision theory | 3 章 |
| 铍 | beryllium, Be | 14 章 |
| 偏硅酸 | metasilicic acid | 13 章 |
| 偏磷酸 | metaphosphoric acid | 13 章 |
| 偏硼酸 | metaboric acid | 13 章 |
| 偏亚磷酸 | metaphosphorous acid | 13 章 |
| 平均速率 | average rate | 3 章 |
| 屏蔽效应 | screening effect | 9 章 |
| 钋 | polonium, Po | 13 章 |
| 普鲁氏蓝 | Prussian blue | 14 章 |

## Q

| | | |
|---|---|---|
| 歧化反应 | disproportionation reaction | 12 章 |
| 气态 | gas | 2 章 |
| 气相 | gas phase | 5 章 |
| 铅 | Lead, Pb | 13 章 |
| 强电解质 | strong electrolyte | 5 章 |
| 强度性质 | intensive properties | 2 章 |
| 羟胺 | hydroxylamine | 13 章 |
| 氢 | hydrogen | 13 章 |
| 氢化物 | hydride | 12 章 |
| 氢键 | hydrogen bond | 10 章 |
| 氢氧化钴 | cobalt hydroxide | 14 章 |
| 氢氧化铝 | aluminium hydroxide | 13,14 章 |

| | | |
|---|---|---|
| 氢氧化镍 | nickel hydroxide | 14 章 |
| 氢氧化铁 | ferric hydroxide | 14 章 |
| 氢氧化亚铁 | ferrous hydroxide | 14 章 |
| 氢原子光谱 | hydrogen spectral series | 9 章 |
| 氰 | cyanide | 13 章 |
| 蚯蚓血红蛋白 | hemerythrin | 15 章 |
| 区 | block | 9 章 |
| 区分效应 | differentiating effect | 6 章 |
| 取代 | substitution | 12 章 |
| 取向力 | orientation force | 10 章 |
| 缺电子性 | electron deficiency | 13 章 |

**R**

| | | |
|---|---|---|
| 热 | heat | 2 章 |
| 热力学第二定律 | the second law of thermodynamics | 2 章 |
| 热力学第三定律 | the third law of thermodynamics | 2 章 |
| 热力学第一定律 | the first law of thermodynamics | 2 章 |
| 溶度积规则 | rule of solubility product | 7 章 |
| 溶剂 | solvent | 5 章 |
| 溶解 | dissolution | 7 章 |
| 溶血 | hemolysis | 5 章 |
| 溶液 | solution | 5 章 |
| 溶质 | solute | 5 章 |
| 铷 | rubidium，Rb | 14 章 |
| 软碱 | soft base | 11 章 |
| 软锰矿 | pyrolusite | 14 章 |
| 软酸 | soft acid | 11 章 |
| 弱电解质 | weak electrolyte | 5 章 |

**S**

| | | |
|---|---|---|
| 三偏硅酸 | metatrisilicic acid | 13 章 |
| 三氧化二磷 | phosphorus trioxide | 13 章 |
| 三氧化硫 | sulfur trioxide | 13 章 |
| 色散力 | dispersion force | 10 章 |
| 铯 | cesium，Cs | 14 章 |
| 熵 | entropy | 2 章 |
| 砷 | arsenic，As | 13 章 |
| 渗透 | osmosis | 5 章 |

| | | |
|---|---|---|
| 渗透浓度 | osmolarity | 5 章 |
| 渗透压 | osmotic pressure | 5 章 |
| 升华 | sublimation | 5 章 |
| 生成 | formation | 2 章 |
| 生物矿化 | biomineralization | 7 章 |
| 石墨 | graphite | 13 章 |
| 石英 | quartz | 13 章 |
| 始态 | initial state | 2 章 |
| 水合 | hydration | 12 章 |
| 水解 | hydrolysis | 12 章 |
| 水晶 | Irish diamond | 13 章 |
| 水溶液 | aqueous solution | 2 章 |
| 顺铂 | *cis*-platin | 14 章 |
| 瞬时速率 | instantaneous rate | 3 章 |
| 锶 | strontium, Sr | 14 章 |
| 速率常数 | rate constant | 3 章 |
| 速率方程式 | rate equation | 3 章 |
| 速率控制步骤 | rate-determining step | 3 章 |
| 酸碱缓冲溶液 | buffer solution of acid-base | 6 章 |
| 酸碱效应 | acid-base effect | 7 章 |

**T**

| | | |
|---|---|---|
| 铊 | thallium, Tl | 13 章 |
| 碳 | Carbon, C | 13 章 |
| 碳酸 | carbonic acid | 13 章 |
| 特征反应 | specific reaction | 14 章 |
| 锑 | antimony, Sb | 13 章 |
| 铁 | iron, Fe | 14 章 |
| 同分异构体 | isomers | 11 章 |
| 同离子效应 | common ion effect | 6,7 章 |
| 同素异形体 | allotrope | 13 章 |
| 铜 | copper, Cu | 14 章 |
| 途径 | path | 2 章 |

**W**

| | | |
|---|---|---|
| 外界 | outer sphere | 11 章 |
| 王水 | aqua regia | 13 章 |
| 稳定常数 | stability constant | 11 章 |

| | | |
|---|---|---|
| 稳定轨道 | stable orbit | 9 章 |
| 无定形碳 | amorphous carbon | 13 章 |
| 无机盐 | inorganic salt | 12 章 |
| 五氧化二磷 | phosphorus pentoxide | 13 章 |
| 物质波 | matter wave | 9 章 |
| 物质的量 | amount of substance | 5 章 |
| 物质的量分数 | amount-of-substance fraction | 5 章 |
| 物质的量浓度 | amount-of-substance concentration | 5 章 |

## X

| | | |
|---|---|---|
| 硒 | selenium, Se | 13 章 |
| 稀溶液的依数性 | colligative properties of dilute solution | 5 章 |
| 稀土元素 | rare eath element | 14 章 |
| 锡 | Tin, Sn | 13 章 |
| 系统 | system | 2 章 |
| 线状光谱 | line spectrum | 9 章 |
| 硝酸 | nitric acid | 13 章 |
| 硝酸银 | silver nitrate | 14 章 |
| 锌 | zinc, Zn | 14 章 |
| 溴 | bromine, Br | 13 章 |
| 血红蛋白 | hemoglobin | 13,15 章 |
| 血蓝蛋白 | hemocyanin | 15 章 |

## Y

| | | |
|---|---|---|
| 亚铬酸盐 | chromite | 14 章 |
| 亚磷酸 | phosphorous acid | 13 章 |
| 亚硫酸 | sulfurous acid | 13 章 |
| 亚硫酸钠 | sodium sulphite | 13 章 |
| 亚硒酸 | selenous acid | 13 章 |
| 亚硝酸 | nitrous acid | 13 章 |
| 盐桥 | salt bridge | 8 章 |
| 盐效应 | salt effect | 6,7 章 |
| 氧 | oxygen, O | 13 章 |
| 氧化 | oxidation | 8 章 |
| 氧化还原电对 | redox electric couple | 8 章 |
| 氧化还原反应 | oxidation-reduction reaction | 8 章 |
| 氧化剂 | oxidant | 8 章 |
| 氧化铝 | aluminium oxide | 13 章 |

| | | |
|---|---|---|
| 氧化态 | oxidation state, Ox | 8章 |
| 氧化铜 | cupric oxide | 14章 |
| 氧化物 | oxide | 12, 14章 |
| 氧化锌 | zinc oxide | 14章 |
| 氧化亚铜 | cuprous oxide | 14章 |
| 氧化值 | oxidation number | 8章 |
| 氧氰 | cyanate | 13章 |
| 液态 | liquid | 2章 |
| 液相 | liquid phase | 5章 |
| 一级反应 | first order reaction | 3章 |
| 一氧化氮 | nitric oxide | 13章 |
| 一氧化二氮 | nitrous oxide | 13章 |
| 一氧化碳 | carbon monoxide | 13章 |
| 异构现象 | isomerism | 11章 |
| 铟 | Indium, In | 13章 |
| 银 | silver, Ag | 14章 |
| 硬碱 | hard base | 11章 |
| 硬酸 | hard acid | 11章 |
| 永久偶极 | permanent dipole | 10章 |
| 有效核电荷 | effective nuclear charge | 9章 |
| 有效碰撞 | effective collision | 3章 |
| 诱导力 | induction force | 10章 |
| 元反应 | elementary reaction | 3章 |
| 原电池 | primary cell | 8章 |
| 原子轨道波函数的线性组合 | linear combination of atomic orbitals | 10章 |
| 原子化热 | heat atomization | 10章 |

## Z

| | | |
|---|---|---|
| 杂化 | hybridization | 10章 |
| 杂化轨道 | hybrid orbital | 10章 |
| 杂化轨道理论 | hybrid orbital theory | 10章 |
| 锗 | Germanium, Ge | 13章 |
| 蒸发 | evaporation | 5章 |
| 蒸气压 | vapor pressure | 5章 |
| 蒸气压下降 | vapor pressure lowering | 5章 |
| 正常沸点 | normal boiling point | 5章 |
| 正硅酸 | silicic acid | 13章 |
| 正极 | cathode | 8章 |

| | | |
|---|---|---|
| 质量分数 | mass fraction | 5 章 |
| 质量摩尔浓度 | molality | 5 章 |
| 质量浓度 | mass concentration | 5 章 |
| 质量作用定律 | law of mass action | 3 章 |
| 质体蓝素 | plastocyanins | 15 章 |
| 质子 | proton | 6 章 |
| 置换反应 | displacement | 12 章 |
| 中和 | neutralization | 12 章 |
| 中心原子 | central atom | 11 章 |
| 终态 | final state | 2 章 |
| 重铬酸盐 | dichromate | 14 章 |
| 周期 | period | 9 章 |
| 逐级稳定常数 | stepwise stability constant | 11 章 |
| 主量子数 | principal quantum number | 9 章 |
| 状态 | state | 2 章 |
| 状态函数 | state function | 2 章 |
| 紫水晶 | amethyst | 13 章 |
| 自动催化 | autocatalysis | 3 章 |
| 自连接作用 | catenation | 13 章 |
| 自身催化作用 | autocatalysis | 14 章 |
| 自旋禁阻跃迁 | spin-forbidden transition | 14 章 |
| 自旋量子数 | spin quantum number | 9 章 |
| 足球烯 | buckyball；footballene；soccerballene | 13 章 |
| 族 | group | 9 章 |
| 钻穿效应 | penetration effect | 9 章 |

# 附录 1　有关计量单位

**表 1　国际单位制(SI)的基本单位**

| 量的名称 | 单位名称 | 单位符号 | 量的名称 | 单位名称 | 单位符号 |
|---|---|---|---|---|---|
| 长度 | 米 | m | 热力学温度 | 开[尔文] | K |
| 质量 | 千克 | kg | 物质的量 | 摩[尔] | mol |
| 时间 | 秒 | s | 发光强度 | 坎[德拉] | Cd |
| 电流 | 安[培]① | A | | | |

① [ ]内的字，是在不致混淆的情况下可以省略的字。

**表 2　包括 SI 辅助单位在内的具有专门名称的有关 SI 导出单位**

| 量 的 名 称 | 单位名称 | 单位符号 | 用 SI 单位表示 |
|---|---|---|---|
| 1. 频率 | 赫[兹] | Hz | $s^{-1}$ |
| 2. 力，重力 | 牛[顿] | N | $kg \cdot m \cdot s^{-2}$ |
| 3. 压力，压强；应力 | 帕[斯卡] | Pa | $N/m^2$ |
| 4. 能[量]，功，热 | 焦[耳] | J | N • m |
| 5. 功率，辐射通量 | 瓦[特] | W | J/s |
| 6. 电荷[量] | 库[仑] | C | A • s |
| 7. 电位，电压，电动势 | 伏[特] | V | W/A |
| 8. 电容 | 法[拉] | F | C/V |
| 9. 电阻 | 欧[姆] | Ω | V/A |
| 10. 电导 | 西[门子] | S | A/V |
| 11. 磁通[量] | 韦[伯] | Wb | V • s |
| 12. 磁通[量]密度，磁感应强度 | 特[斯拉] | T | $Wb/m^2$ |
| 13. 电感 | 亨[利] | H | Wb/A |
| 14. 摄氏温度 | 摄氏度 | ℃ | |
| 15. 光通量 | 流[明] | Im | cd • sr |
| 16. 光照度 | 勒[克斯] | Ix | $lm/m^2$ |
| 17. 放射性活度 | 贝可[勒尔] | Bq | $s^{-1}$ |
| 18. 吸收剂量 | 戈[瑞] | Gy | J/kg |
| 19. 剂量当量 | 希[沃特] | Sv | J/kg |

# 附录 2　一些基本的物理常数

| 物　理　量 | 符　号 | 数　值 | 单　位 |
|---|---|---|---|
| 光速 | $c$ | $2.997\,925\times10^{8}$ | $m\cdot s^{-1}$ |
| 质子电荷 | $e$ | $1.602\,19\times10^{-19}$ | C |
| 电子电荷 | $-e$ | $-1.602\,19\times10^{-19}$ | C |
| 玻尔兹曼常数 | $k$ | $1.380\,66\times10^{-23}$ | $J\cdot K^{-1}$ |
| 法拉第常数 | $F$ | $9.648\,53\times10^{4}$ | $C\cdot mol^{-1}$ |
| 摩尔气体常数 | $R$ | $8.314\,41$ | $J\cdot K^{-1}\cdot mol^{-1}$ |
| 普朗克常数 | $h$ | $6.626\,18\times10^{-34}$ | $J\cdot s$ |
| 电子静止质量 | $m_e$ | $9.109\,53\times10^{-31}$ | kg |
| 玻尔半径 | $a_0$ | $5.291\,77\times10^{-11}$ | m |
| 阿伏伽德罗常数 | $N_A$ | $6.022\,14\times10^{23}$ | $mol^{-1}$ |

# 附录3　一些物质的热力学数据(298.15 K)

| 物　质 | 状　态 | $\Delta_f H_m^\ominus/(kJ \cdot mol^{-1})$ | $\Delta_f G_m^\ominus/(kJ \cdot mol^{-1})$ | $S_m^\ominus/(J \cdot K^{-1} \cdot mol^{-1})$ |
|---|---|---|---|---|
| Ag | c | 0.0 | 0.0 | 42.6 |
| AgCl | c | −127.0 | −109.8 | 96.3 |
| AgBr | c | −100.4 | −96.9 | 107.1 |
| AgI | c | −61.8 | −66.2 | 115.5 |
| $AgNO_3$ | c | −124.4 | −33.4 | 140.9 |
| $Ag_2O$ | c | −31.1 | −11.2 | 121.3 |
| Al | c | 0.0 | 0.0 | 28.3 |
| $Al_2O_3$(刚玉) | c | −1 675.7 | −1 582.3 | 50.9 |
| $AlCl_3$ | c | −704.2 | −628.8 | 109.3 |
| $B_2O_3$ | c | −1 273.5 | −1 194.3 | 54.0 |
| Ba | c | 0.0 | 0.0 | 62.8 |
| BaO | c | −548.0 | −520.3 | 72.1 |
| $BaCl_2$ | c | −855.0 | −806.7 | 123.7 |
| $BaCO_3$ | c | −1 216.3 | −1 137.6 | 112.1 |
| $BaSO_4$ | c | −1 473.2 | −1 362.2 | 132.2 |
| $Br_2$ | g | 30.9 | 3.1 | 245.5 |
| $Br_2$ | l | 0.0 | 0.0 | 152.2 |
| HBr | g | −36.3 | −53.4 | 198.7 |
| C(金刚石) | c | 1.9 | 2.9 | 2.4 |
| C(石墨) | c | 0.0 | 0.0 | 5.7 |
| CO | g | −110.5 | −137.2 | 197.7 |
| $CO_2$ | g | −393.5 | −394.4 | 213.8 |
| Ca | c | 0.0 | 0.0 | 41.6 |
| $CaCl_2$ | c | −795.4 | −748.8 | 108.4 |
| CaO | c | −634.9 | −603.3 | 38.1 |
| $CaCO_3$(方解石) | c | −1 207.6 | −1 129.1 | 91.7 |
| $CaSO_4$ | c | −1 434.5 | −1 322.0 | 106.5 |
| $Cl_2$ | g | 0.0 | 0.0 | 223.1 |

续 表

| 物　质 | 状　态 | $\Delta_f H_m^\ominus/(kJ \cdot mol^{-1})$ | $\Delta_f G_m^\ominus/(kJ \cdot mol^{-1})$ | $S_m^\ominus/(J \cdot K^{-1} \cdot mol^{-1})$ |
|---|---|---|---|---|
| HCl | g | −92.3 | −95.3 | 186.9 |
| Co | c | 0.0 | 0.0 | 30.0 |
| $CoCl_2$ | c | −312.5 | −269.8 | 109.2 |
| Cu | c | 0.0 | 0.0 | 33.2 |
| CuS | c | −53.1 | −53.6 | 66.5 |
| $Cu_2O$ | c | −168.6 | −146.0 | 93.1 |
| CuO | c | −157.3 | −129.7 | 42.6 |
| $CuSO_4$ | c | −771.4 | −662.2 | 109.2 |
| $F_2$ | g | 0.0 | 0.0 | 202.8 |
| HF | g | −273.3 | −275.4 | 173.8 |
| Fe | c | 0.0 | 0.0 | 27.3 |
| $Fe_2O_3$ | c | −824.2 | −742.2 | 87.4 |
| $Fe_3O_4$ | c | −1 118.4 | −1 015.4 | 146.4 |
| $H_2$ | g | 0.0 | 0.0 | 130.7 |
| $H^+$ | aq | 0.0 | 0.0 | 0.0 |
| $H_2O$ | g | −241.8 | −228.6 | 188.8 |
| $H_2O$ | l | −285.8 | −237.1 | 70.0 |
| $H_2O_2$ | l | −187.8 | −120.4 | 109.6 |
| Hg | l | 0.0 | 0.0 | 75.9 |
| $HgCl_2$ | c | −224.3 | −178.6 | 146.0 |
| HgO(红色) | c | −90.8 | −58.5 | 70.3 |
| $HgI_2$(红色) | c | −105.4 | −101.7 | 180.0 |
| HgS | c | −58.2 | −50.6 | 82.4 |
| $I_2$ | c | 0.0 | 0.0 | 116.1 |
| $I_2$ | g | 62.4 | 19.3 | 260.7 |
| HI | g | 26.5 | 1.7 | 206.6 |
| K | c | 0.0 | 0.0 | 64.7 |
| KCl | c | −436.5 | −408.5 | 82.6 |
| KBr | c | −393.8 | −380.7 | 95.9 |
| KI | c | −327.9 | −324.9 | 106.3 |
| $KMnO_4$ | c | −837.2 | −737.6 | 171.7 |
| KOH | c | −424.6 | −378.7 | 78.9 |
| Mg | c | 0.0 | 0.0 | 32.7 |
| MgO | c | −601.6 | −569.3 | 27.0 |
| $MgCO_3$ | c | −1 095.8 | −1 012.1 | 65.7 |
| $MgSO_4$ | c | −1 284.9 | −1 170.6 | 91.6 |
| Mn | c | 0.0 | 0.0 | 32.0 |

续　表

| 物　质 | 状　态 | $\Delta_f H_m^\ominus/(kJ \cdot mol^{-1})$ | $\Delta_f G_m^\ominus/(kJ \cdot mol^{-1})$ | $S_m^\ominus/(J \cdot K^{-1} \cdot mol^{-1})$ |
|---|---|---|---|---|
| $MnO_2$ | c | −520.0 | −465.1 | 53.1 |
| $N_2$ | g | 0.0 | 0.0 | 191.6 |
| $NH_3$ | g | −45.9 | −16.4 | 192.8 |
| $N_2H_4$ | l | 50.6 | 149.3 | 121.2 |
| $N_2H_4$ | g | 95.4 | 159.4 | 238.5 |
| $HN_3$ | l | 264.0 | 327.3 | 140.6 |
| $HN_3$ | g | 294.1 | 328.1 | 239.0 |
| $NH_4Cl$ | c | −314.4 | −202.9 | 94.6 |
| $NH_4NO_3$ | c | −365.6 | −183.9 | 151.1 |
| NO | g | 91.3 | 87.6 | 210.8 |
| $NO_2$ | g | 33.2 | 51.3 | 240.1 |
| $N_2O_4$ | l | −19.5 | 97.5 | 209.2 |
| $N_2O_4$ | g | 11.1 | 99.8 | 304.4 |
| $HNO_3$ | l | −174.1 | −80.7 | 155.6 |
| Na | c | 0.0 | 0.0 | 51.3 |
| NaCl | c | −411.2 | −384.1 | 72.1 |
| $Na_2CO_3$ | c | −1 130.7 | −1 044.4 | 135.0 |
| $NaNO_3$ | c | −467.9 | −367.0 | 116.5 |
| NaOH | c | −425.6 | −379.5 | 64.5 |
| $O_2$ | g | 0.0 | 0.0 | 205.2 |
| $O_3$ | g | 142.7 | 163.2 | 238.9 |
| P(白) | c | 0.0 | 0.0 | 41.1 |
| P(红) | c | −17.6 | — | 22.8 |
| $PCl_3$ | l | −319.7 | −272.3 | 217.1 |
| $PCl_5$ | c | −443.5 | — | — |
| Pb | c | 0.0 | 0.0 | 64.8 |
| $PbCl_2$ | c | −359.4 | −314.1 | 136.0 |
| PbO(黄色) | c | −217.3 | −187.9 | 68.7 |
| $PbSO_4$ | c | −920.0 | −813.0 | 148.5 |
| $Pb_3O_4$ | c | −718.4 | −601.2 | 211.3 |
| $PbO_2$ | c | −277.4 | −217.3 | 68.6 |
| PbS | c | −100.4 | −98.7 | 91.2 |
| S(斜方) | c | 0.0 | 0.0 | 32.1 |
| S(单斜) | c | 0.3 | — | — |
| $H_2S$ | g | −20.6 | −33.4 | 205.8 |
| $SO_2$ | g | −296.8 | −300.1 | 248.2 |
| $SO_3$ | g | −395.7 | −371.1 | 256.8 |

**续 表**

| 物　质 | 状　态 | $\Delta_f H_m^\ominus/(kJ \cdot mol^{-1})$ | $\Delta_f G_m^\ominus/(kJ \cdot mol^{-1})$ | $S_m^\ominus/(J \cdot K^{-1} \cdot mol^{-1})$ |
|---|---|---|---|---|
| $SiO_2$(石英) | c | −910.7 | −856.3 | 41.5 |
| $SnCl_2$ | c | −325.1 | — | — |
| SnO(四方) | c | −280.7 | −251.9 | 57.2 |
| $SnO_2$(四方) | c | −577.6 | −515.8 | 49.0 |
| $SbCl_3$ | c | −382.2 | −323.7 | 184.1 |
| Zn | c | 0.0 | 0.0 | 41.6 |
| $ZnSO_4$(S) | c | −982.8 | −817.5 | −110.5 |
| ZnS(闪锌矿) | c | −206.0 | −201.3 | 57.7 |
| $CH_4$ | g | −74.6 | −50.5 | 186.3 |
| $C_2H_4$ | g | 52.4 | 68.4 | 219.3 |
| $C_2H_6$ | g | −84.0 | −32.0 | 229.2 |
| $C_2H_5OH$ | l | −277.6 | −174.8 | 160.7 |

# 附录 4　常见弱酸、弱碱的解离常数

| 化　合　物 | 温度(℃) | 分步 | $K_a$(或 $K_b$) | 化　合　物 | 温度(℃) | 分步 | $K_a$(或 $K_b$) |
|---|---|---|---|---|---|---|---|
| 砷　酸 $H_3AsO_4$ | 18 | 1 | $5.62\times10^{-8}$ | 焦磷酸 $H_4P_2O_7$ | 18 | 1 | $1.4\times10^{-1}$ |
| | | 2 | $1.70\times10^{-7}$ | | | 2 | $3.2\times10^{-2}$ |
| | | 3 | $2.95\times10^{-12}$ | | | 3 | $1.7\times10^{-6}$ |
| 亚砷酸 $H_3AsO_3$ | 25 | | $6\times10^{-10}$ | | | 4 | $6\times10^{-9}$ |
| 硼　酸 $H_3BO_3$ | 20 | 1 | $7.3\times10^{-10}$ | 过氧化氢 $H_2O_2$ | 25 | 1 | $2.24\times10^{-12}$ |
| 碳　酸 $H_2CO_3$ | 25 | 1 | $4.30\times10^{-7}$ | 氢硫酸 $H_2S$ | 18 | 1 | $9.1\times10^{-8}$ |
| | | 2 | $5.61\times10^{-11}$ | | | 2 | $1.1\times10^{-12}$ |
| 甲　酸 HCOOH | 20 | | $1.77\times10^{-4}$ | 硫　酸 $H_2SO_4$ | 25 | 2 | $1.20\times10^{-2}$ |
| 醋　酸 $CH_3COOH$ | 25 | | $1.76\times10^{-5}$ | 亚硫酸 $H_2SO_3$ | | 1 | $1.54\times10^{-2}$ |
| 氯乙酸 $ClCH_3COOH$ | 25 | | $1.36\times10^{-3}$ | | | 2 | $1.02\times10^{-7}$ |
| 丙　酸 $C_2H_5COOH$ | 25 | | $1.34\times10^{-5}$ | 硒　酸 $H_2SeO_4$ | | 2 | $1.2\times10^{-2}$ |
| 草　酸 $H_2C_2O_4$ | 25 | 1 | $5.9\times10^{-2}$ | 亚硒酸 $H_2SeO_3$ | 25 | 1 | $3.5\times10^{-3}$ |
| | | 2 | $6.4\times10^{-5}$ | | | 2 | $5\times10^{-8}$ |
| 铬　酸 $H_2CrO_4$ | 25 | 1 | $1.8\times10^{-1}$ | 硅　酸 $H_4SiO_4$ | 25 | 1 | $2.2\times10^{-10}$ |
| | | 2 | $3.20\times10^{-7}$ | | 25 | 2 | $2\times10^{-12}$ |
| 氢氰酸 HCN | 25 | | $4.93\times10^{-10}$ | | 30 | 3 | $1\times10^{-12}$ |
| 氢氟酸 HF | 25 | | $3.53\times10^{-4}$ | | | 4 | $1\times10^{-12}$ |
| 次氯酸 HClO | 25 | | $2.88\times10^{-8}$ | 苯甲酸 $C_6H_5COOH$ | 25 | | $6.25\times10^{-5}$ |
| 次溴酸 HBrO | 25 | | $2.51\times10^{-9}$ | 邻苯二甲酸 | 25 | 1 | $1.29\times10^{-3}$ |
| 次碘酸 HIO | 25 | | $2.29\times10^{-11}$ | $o-C_6H_4(COOH)_2$ | | 2 | $2.88\times10^{-6}$ |
| 碘　酸 $HIO_3$ | 25 | | $1.69\times10^{-1}$ | 苯　酚 $C_6H_5OH$ | 25 | | $1.02\times10^{-10}$ |
| 高碘酸 $H_5IO_6$ | 18.5 | 1 | $2.3\times10^{-2}$ | 氨 $NH_3\cdot H_2O$ | 18 | | $1.76\times10^{-5}$ |
| | | 2 | $4\times10^{-9}$ | 羟　胺 $NH_2OH$ | 25 | | $1.07\times10^{-8}$ |
| | | 3 | $1\times10^{-15}$ | 联　氨 $NH_2NH_2$ | | 1 | $3.0\times10^{-6}$ |
| 亚硝酸 $HNO_2$ | 25 | | $4.6\times10^{-4}$ | | | 2 | $7.0\times10^{-15}$ |
| 磷　酸 $H_3PO_4$ | 25 | 1 | $7.52\times10^{-3}$ | 甲　胺 $CH_3NH_2$ | | | $4.2\times10^{-4}$ |
| | | 2 | $6.23\times10^{-8}$ | 苯　胺 $C_6H_5NH_2$ | | | $4.2\times10^{-10}$ |
| | | 3 | $2.2\times10^{-13}$ | 六次甲基四胺 | | | $1.4\times10^{-9}$ |
| 亚磷酸 $H_3PO_3$ | 18 | 1 | $1.0\times10^{-2}$ | 氢氧化钙 $Ca(OH)_2$ | 25 | 1 | $3.74\times10^{-3}$ |
| | | 2 | $2.6\times10^{-7}$ | | | 2 | $4.0\times10^{-2}$ |

# 附录5 常见难溶电解质的溶度积常数(298.15 K)

| 化合物 | 溶度积 | 化合物 | 溶度积 | 化合物 | 溶度积 |
|---|---|---|---|---|---|
| $Ag_2[Co(NO_2)_6]$ | $8.5\times10^{-21}$ | $As_2S_3[2HAsO_2, 3H_2S]$ | $2.1\times10^{-22}$ | $Ca(OH)_2$ | $4.68\times10^{-6}$ |
| $Ag_2C_2O_4$ | $5.40\times10^{-12}$ | $Ba(IO_3)_2$ | $4.01\times10^{-9}$ | $Ca_3(PO_4)_2$ | $2.07\times10^{-33}$ |
| $Ag_2(CN)_2$ | $8.1\times10^{-11}$ | $Ba(IO_3)_2\cdot 2H_2O$ | $1.5\times10^{-9}$ | $CaC_2O_4$ | $1.46\times10^{-10}$ |
| $Ag_2CO_3$ | $8.45\times10^{-12}$ | $Ba(IO_3)_2\cdot H_2O$ | $1.67\times10^{-9}$ | $Pb(IO_3)_2$ | $3.68\times10^{-13}$ |
| $Ag_2Cr_2O_7$ | $2.0\times10^{-7}$ | $Ba(MnO_4)_2$ | $2.5\times10^{-10}$ | $Pb(OH)_2$ | $1.42\times10^{-20}$ |
| $Ag_2CrO_4$ | $1.12\times10^{-12}$ | $Ba(OH)_2$ | $5\times10^{-3}$ | $Pb(SCN)_2$ | $2.11\times10^{-5}$ |
| $Ag_2S$ | $6.3\times10^{-50}$ | $Ba(OH)_2\cdot 8H_2O$ | $2.55\times10^{-4}$ | $Pb_3(PO_4)_2$ | $8.0\times10^{-43}$ |
| $Ag_2SO_3$ | $1.49\times10^{-14}$ | $Ba_2P_2O_7$ | $3.2\times10^{-11}$ | $PbBr_2$ | $6.60\times10^{-6}$ |
| $Ag_2SO_4$ | $1.20\times10^{-5}$ | $Ba_3(AsO_4)_2$ | $8.0\times10^{-51}$ | $PbC_2O_4$ | $8.51\times10^{-10}$ |
| $Ag_3AsO_3$ | $1\times10^{-17}$ | $BaC_2O_4$ | $1.6\times10^{-7}$ | $PbCl_2$ | $1.17\times10^{-5}$ |
| $Ag_3AsO_4$ | $1.03\times10^{-22}$ | $BaCO_3$ | $2.58\times10^{-9}$ | $PbCO_3$ | $1.46\times10^{-13}$ |
| $Ag_3PO_4$ | $8.88\times10^{-17}$ | $BaCrO_4$ | $1.17\times10^{-10}$ | $PbCrO_4$ | $2.8\times10^{-13}$ |
| $Ag_2[Fe(CN)_6]$ | $1.6\times10^{-41}$ | $BaF_2$ | $1.84\times10^{-7}$ | $PbF_2$ | $7.12\times10^{-7}$ |
| $AgBr$ | $5.35\times10^{-13}$ | $BaHPO_4$ | $3.2\times10^{-7}$ | $PbHPO_4$ | $1.3\times10^{-10}$ |
| $AgBrO_3$ | $5.34\times10^{-5}$ | $BaSO_3$ | $8\times10^{-7}$ | $PbI_2$ | $8.49\times10^{-9}$ |
| $AgC_2H_3O_2$ | $1.94\times10^{-3}$ | $BaSO_4$ | $1.07\times10^{-10}$ | $Pb(OH)Cl$ | $2\times10^{-14}$ |
| $AgCl$ | $1.77\times10^{-10}$ | $Bi(OH)_3$ | $4\times10^{-31}$ | $PbS$ | $9.04\times10^{-29}$ |
| $AgCN$ | $5.97\times10^{-17}$ | $Bi_2S_2$ | $2\times10^{-78}$ | $PbS_2O_3$ | $4.0\times10^{-7}$ |
| $AgI$ | $8.51\times10^{-17}$ | $BaAsO_4$ | $4.43\times10^{-10}$ | $PbSO_4$ | $1.82\times10^{-8}$ |
| $AgIO_3$ | $3.17\times10^{-8}$ | $BaO(NO_2)$ | $4.9\times10^{-7}$ | $Pd(SCN)_2$ | $4.38\times10^{-23}$ |
| $AgN_3$ | $2.8\times10^{-9}$ | $BaO(NO_3)$ | $2.82\times10^{-3}$ | $PdS$ | $2\times10^{-37}$ |
| $AgNO_2$ | $3.22\times10^{-4}$ | $BiOBr$ | $3.0\times10^{-7}$ | $PtS$ | $1\times10^{-52}$ |
| $AgOH$ | $2.0\times10^{-8}$ | $BiOCl[Bi^{3+}, Cl^-, 2OH^-]$ | $1.8\times10^{-31}$ | $CaC_2O_4\cdot H_2O$ | $2.34\times10^{-9}$ |
| $AgSCN$ | $1.03\times10^{-12}$ | $BiO(OH)$ | $4\times10^{-10}$ | $CaC_4H_4O_6\cdot 2H_2O$ | $7.7\times10^{-7}$ |
| $AgSeCN$ | $4.0\times10^{-16}$ | $BiOSCN$ | $1.6\times10^{-7}$ | $CaCO_3$ | $4.96\times10^{-9}$ |
| $Al(OH)_3[Al^{3+}, 3OH^-]$ | $1.3\times10^{-33}$ | $BiPO_4$ | $1.3\times10^{-23}$ | $CaCrO_4$ | $7.1\times10^{-4}$ |
| $Al(OH)_3[H^+, AlO_2^-]$ | $1.6\times10^{-13}$ | $Ca(IO_3)_2$ | $6.47\times10^{-6}$ | $CaF_2$ | $1.46\times10^{-10}$ |
| $AlPO_4$ | $9.63\times10^{-21}$ | $Ca(IO_3)_2\cdot 6H_2O$ | $7.54\times10^{-7}$ | $CaHPO_4$ | $1.0\times10^{-7}$ |

续　表

| 化　合　物 | 溶度积 | 化　合　物 | 溶度积 | 化　合　物 | 溶度积 |
|---|---|---|---|---|---|
| $CaSiO_3$ | $2.5\times10^{-8}$ | $CuCl$ | $1.72\times10^{-7}$ | $K_2[PtBr_6]$ | $6.3\times10^{-5}$ |
| $CaSO_3$ | $6.8\times10^{-8}$ | $CuCN$ | $3.2\times10^{-20}$ | $K_2[PtCl_6]$ | $7.48\times10^{-6}$ |
| $CaSO_4$ | $7.10\times10^{-5}$ | $CuCO_3$ | $1.4\times10^{-10}$ | $K_2Na[Co(NO_2)_6]\cdot H_2O$ | $2.2\times10^{-11}$ |
| $CaSO_4\cdot 2H_2O$ | $1.3\times10^{-4}$ | $CuCrO_4$ | $3.6\times10^{-6}$ | $KClO_4$ | $1.05\times10^{-2}$ |
| $Cd(CN)_2$ | $1.0\times10^{-8}$ | $CuI$ | $1.27\times10^{-12}$ | $KHC_4H_4O_6$ | $3\times10^{-4}$ |
| $Cd(IO_3)_2$ | $2.49\times10^{-8}$ | $CuOH$ | $1\times10^{-14}$ | $KIO_4$ | $8.3\times10^{-4}$ |
| $Cd(OH)_2$ | $5.27\times10^{-15}$ | $CuS$ | $1.27\times10^{-36}$ | $Li_2CO_3$ | $8.15\times10^{-4}$ |
| $Cd_2[Fe(CN)_6]$ | $3.2\times10^{-17}$ | $CuSCN$ | $1.77\times10^{-13}$ | $Mg(IO_3)_2\cdot 4H_2O$ | $3.2\times10^{-3}$ |
| $Cd_3(AsO_4)_2$ | $2.17\times10^{-33}$ | $Fe(OH)_2$ | $4.87\times10^{-17}$ | $Mg(OH)_2$ | $5.61\times10^{-12}$ |
| $Cd_3(PO_4)_2$ | $2.53\times10^{-33}$ | $Fe(OH)_3$ | $2.64\times10^{-39}$ | $Mg_3(PO_4)_2$ | $10^{-23}\sim10^{-27}$ |
| $CdC_2O_4\cdot 3H_2O$ | $1.42\times10^{-8}$ | $Fe_2(P_2O_7)_3$ | $3\times10^{-23}$ | $MgCO_3$ | $6.82\times10^{-6}$ |
| $CdCO_3$ | $6.18\times10^{-12}$ | $Fe_2S_3$ | $1\times10^{-88}$ | $MgCO_3\cdot 3H_2O$ | $2.38\times10^{-6}$ |
| $CdF_2$ | $6.44\times10^{-3}$ | $FeAsO_4$ | $5.7\times10^{-21}$ | $MgCO_3\cdot 5H_2O$ | $3.79\times10^{-6}$ |
| $CdS$ | $1.40\times10^{-29}$ | $FeCO_3$ | $3.07\times10^{-11}$ | $MgF_2$ | $7.42\times10^{-11}$ |
| $Co(IO_3)_2\cdot 2H_2O$ | $1.21\times10^{-2}$ | $FeF_2$ | $2.36\times10^{-6}$ | $MgHPO_4\cdot 3H_2O$ | $1.5\times10^{-6}$ |
| $Ca(OH)_2$(粉红色) | $1.09\times10^{-15}$ | $FePO_4$ | $1.3\times10^{-22}$ | $Mn(IO_3)_2$ | $4.37\times10^{-7}$ |
| $Ca(OH)_2$(蓝色) | $5.92\times10^{-15}$ | $FePO_4\cdot 2H_2O$ | $9.92\times10^{-29}$ | $Mn(OH)_2$ | $2.06\times10^{-13}$ |
| $Ca(OH)_3$ | $1.6\times10^{-44}$ | $FeS$ | $6.3\times10^{-18}$ | $Mn_2[Fe(CN)_6]$ | $8.0\times10^{-13}$ |
| $Co_2[Fe(CN)_6]$ | $1.8\times10^{-15}$ | $Hg(OH)_2$ | $3.13\times10^{-26}$ | $Mn_3(AsO_4)_2$ | $1.9\times10^{-29}$ |
| $Co_3(AsO_4)_2$ | $6.79\times10^{-29}$ | $Hg_2(CN)_2$ | $5\times10^{-40}$ | $MnC_2O_4\cdot 2H_2O$ | $1.70\times10^{-7}$ |
| $Co_3(PO_4)_2$ | $2.05\times10^{-35}$ | $Hg_2(IO_3)_2$ | $2.0\times10^{-14}$ | $MnCO_3$ | $2.24\times10^{-11}$ |
| $CoC_2O_4$ | $6.3\times10^{-8}$ | $Hg_2(OH)_2$ | $2.0\times10^{-24}$ | $MnS$ | $4.65\times10^{-14}$ |
| $CoCO_3$ | $1.4\times10^{-13}$ | $Hg_2(SCN)_2$ | $3.12\times10^{-20}$ | $(NH_4)_2PtCl_6$ | $9.0\times10^{-6}$ |
| $\alpha$-CoS | $4.0\times10^{-21}$ | $Hg_2Br_2$ | $6.41\times10^{-23}$ | $Ni(IO_3)_2$ | $4.71\times10^{-5}$ |
| $\beta$-CoS | $2.0\times10^{-25}$ | $Hg_2C_2O_4$ | $1.75\times10^{-13}$ | $Ni(OH)_2$ | $5.47\times10^{-16}$ |
| $\gamma$-CoS | $3.0\times10^{-26}$ | $Hg_2Cl_2$ | $1.45\times10^{-18}$ | $Ni_2[Fe(CN)_6]$ | $1.3\times10^{-15}$ |
| $Cr(OH)_3$ | $6.3\times10^{-31}$ | $Hg_2CO_3$ | $3.67\times10^{-17}$ | $Ni_3(AsO_4)_2$ | $3.1\times10^{-26}$ |
| $CrAsO_4$ | $7.7\times10^{-21}$ | $Hg_2CrO_4$ | $2.0\times10^{-9}$ | $Ni_3(PO_4)_2$ | $4.73\times10^{-32}$ |
| $CrF_3$ | $6.6\times10^{-11}$ | $Hg_2F_2$ | $3.10\times10^{-6}$ | $NiC_2O_4$ | $4\times10^{-10}$ |
| $Cu(IO_3)_2$ | $7.4\times10^{-8}$ | $Hg_2HPO_4$ | $4.0\times10^{-13}$ | $NiCO_3$ | $1.42\times10^{-7}$ |
| $Cu(IO_3)_2\cdot H_2O$ | $6.94\times10^{-8}$ | $Hg_2I_2$ | $5.33\times10^{-29}$ | $\alpha$-NiS | $3\times10^{-19}$ |
| $Cu_2[Fe(CN)_6]$ | $1.3\times10^{-16}$ | $Hg_2S$ | $1.0\times10^{-47}$ | $\beta$-NiS | $1\times10^{-24}$ |
| $Cu_2P_2O_7$ | $8.3\times10^{-16}$ | $Hg_2SO_3$ | $1.0\times10^{-27}$ | $\gamma$-NiS | $2\times10^{-26}$ |
| $Cu_2S$ | $2\times10^{-27}$ | $Hg_2SO_4$ | $7.99\times10^{-7}$ | $Pb(Ac)_2$ | $1.8\times10^{-3}$ |
| $Cu_3(AsO_4)_2$ | $7.93\times10^{-36}$ | $HgC_2O_4$ | $1.0\times10^{-7}$ | $Pb(BO_2)_2$ | $1.6\times10^{-36}$ |
| $Cu_3(PO_4)_2$ | $1.39\times10^{-37}$ | $HgI_2$ | $2.82\times10^{-29}$ | $Pb(BrO_3)_2$ | $2.0\times10^{-2}$ |
| $CuBr$ | $6.27\times10^{-9}$ | $HgS$ | $6.44\times10^{-53}$ | $Sb(OH)_3$ | $4.0\times10^{-42}$ |
| $CuC_2O_4$ | $4.43\times10^{-10}$ | $K_2[PdCl_6]$ | $6.0\times10^{-6}$ | $Sb_2S_3$ | $1.5\times10^{-93}$ |

续表

| 化合物 | 溶度积 | 化合物 | 溶度积 | 化合物 | 溶度积 |
|---|---|---|---|---|---|
| $Sn(OH)_2$ | $1.4\times10^{-28}$ | $SrCO_3$ | $5.60\times10^{-10}$ | $Zn_3(AsO_4)_2$ | $3.12\times10^{-28}$ |
| $Sn(OH)_4$ | $1\times10^{-56}$ | $SrF_2$ | $4.33\times10^{-9}$ | $Zn_3(PO_4)_2$ | $9.0\times10^{-33}$ |
| $SnS$ | $1.0\times10^{-25}$ | $SrSO_3$ | $4\times10^{-8}$ | $ZnC_2O_4$ | $2.7\times10^{-8}$ |
| $SnS_2$ | $2.5\times10^{-27}$ | $SrSO_4$ | $3.44\times10^{-7}$ | $ZnC_2O_4\cdot2H_2O$ | $1.37\times10^{-9}$ |
| $Sr(IO_3)_2$ | $1.14\times10^{-7}$ | $Zn(BO_2)_2\cdot2H_2O$ | $6.6\times10^{-11}$ | $ZnCO_3$ | $1.19\times10^{-10}$ |
| $Sr(IO_3)_2\cdot6H_2O$ | $4.65\times10^{-7}$ | $Zn(IO_3)_2$ | $4.29\times10^{-6}$ | $ZnCO_3\cdot H_2O$ | $5.41\times10^{-11}$ |
| $Sr(IO_3)_2\cdot H_2O$ | $3.58\times10^{-7}$ | $\gamma-Zn(OH)_2$ | $6.86\times10^{-17}$ | $ZnF_2$ | $3.04\times10^{-2}$ |
| $Sr(OH)_2$ | $3.2\times10^{-4}$ | $\beta-Zn(OH)_2$ | $7.71\times10^{-7}$ | $ZnS$ | $2.93\times10^{-25}$ |
| $Sr_3(AsO_4)_2$ | $4.29\times10^{-19}$ | $\varepsilon-Zn(OH)_2$ | $4.12\times10^{-17}$ | $\alpha-ZnS$ | $1.6\times10^{-24}$ |
| $Sr_3(PO_4)_2$ | $4.0\times10^{-28}$ | $Zn[Hg(SCN)_4]$ | $2.2\times10^{-7}$ | $\beta-ZnS$ | $2.5\times10^{-22}$ |
| $SrC_2O_4$ | $5.61\times10^{-7}$ | $Zn_2[Fe(CN)_6]$ | $4.0\times10^{-16}$ | $ZnSeO_3$ | $2.6\times10^{-7}$ |
| $SrC_2O_4\cdot H_2O$ | $1.6\times10^{-7}$ | | | | |

# 附录 6　常见配合物的累积稳定常数

| 配体 | 金属离子 | $\lg\beta_1$ | $\lg\beta_2$ | $\lg\beta_3$ | $\lg\beta_4$ | $\lg\beta_5$ | $\lg\beta_6$ |
|---|---|---|---|---|---|---|---|
| $NH_3$ | $Ag^+$ | 3.24 | 7.05 | | | | |
| | $Cd^{2+}$ | 2.65 | 4.75 | 6.19 | 7.12 | 6.80 | 5.14 |
| | $Co^{2+}$ | 2.11 | 3.74 | 4.79 | 5.55 | 5.73 | 5.11 |
| | $Co^{3+}$ | 6.7 | 14.0 | 20.1 | 25.7 | 30.8 | 35.2 |
| | $Cu^+$ | 5.93 | 10.86 | | | | |
| | $Cu^{2+}$ | 4.31 | 7.98 | 11.02 | 13.32 | 12.86 | |
| | $Hg^{2+}$ | 8.8 | 17.5 | 18.5 | 19.28 | | |
| | $Ni^{2+}$ | 2.80 | 5.04 | 6.77 | 7.96 | 8.71 | 8.74 |
| | $Zn^{2+}$ | 2.37 | 4.81 | 7.31 | 9.46 | | |
| $Cl^-$ | $Ag^+$ | 3.04 | 5.04 | 5.04 | 5.30 | | |
| | $Bi^{3+}$ | 2.44 | 4.70 | 5.0 | 5.6 | | |
| | $Cu^+$ | 3.16 | 5.37 | 4.7 | 2.8 | | |
| | $Fe^{3+}$ | 1.48 | 2.13 | 1.99 | 0.01 | | |
| | $Hg^{2+}$ | 6.74 | 13.22 | 14.07 | 15.07 | | |
| | $Pb^{2+}$ | 1.62 | 2.44 | 1.70 | 1.60 | | |
| | $Sb^{3+}$ | 2.26 | 3.49 | 4.18 | 4.72 | | |
| | $Sn^{2+}$ | 1.51 | 2.24 | 2.03 | 1.48 | | |
| | $Zn^{2+}$ | 0.43 | 0.61 | 0.53 | 0.20 | | |
| $CN^-$ | $Ag^+$ | | 21.1 | 21.7 | 20.6 | | |
| | $Cd^{2+}$ | 5.48 | 10.60 | 15.23 | 18.78 | | |
| | $Cu^+$ | | 24.0 | 28.59 | 30.30 | | |
| | $Fe^{2+}$ | | | | | | 35 |
| | $Fe^{3+}$ | | | | | | 42 |
| | $Hg^{2+}$ | | | | 41.4 | | |
| | $Ni^{2+}$ | | | | 31.3 | | |
| | $Zn^{2+}$ | | | | 16.7 | | |
| $F^-$ | $Al^{3+}$ | 6.11 | 11.15 | 15.00 | 17.75 | 19.37 | 19.84 |
| | $Fe^{3+}$ | 5.28 | 9.30 | 12.06 | | | |

| 配体 | 金属离子 | $\lg\beta_1$ | $\lg\beta_2$ | $\lg\beta_3$ | $\lg\beta_4$ |
|---|---|---|---|---|---|
| 柠檬酸根 | $Ag^+$ | 7.1(以 $HL^{3-}$ 为配体) | | | |
| | $Al^{3+}$ | 20.0 | | | |
| | $Cd^{2+}$ | 11.3 | | | |
| | $Co^{2+}$ | 12.5 | | | |
| | $Cu^{2+}$ | 14.2 | | | |
| | $Fe^{2+}$ | 15.5 | | | |
| | $Fe^{3+}$ | 25.0 | | | |
| | $Ni^{2+}$ | 14.3 | | | |
| | $Zn^{2+}$ | 11.4 | | | |
| 磺基水杨酸根 | $Al^{3+}$ | 13.20 | 22.83 | 28.89 | |
| | $Cd^{2+}$ | 16.68 | 29.08 | | |
| | $Co^{2+}$ | 6.13 | 9.82 | | |
| | $Cr^{3+}$ | 9.56 | | | |
| | $Cu^{2+}$ | 9.52 | 16.45 | | |
| | $Fe^{2+}$ | 5.90 | 9.90 | | |
| | $Fe^{3+}$ | 14.64 | 25.18 | 32.12 | |
| | $Mn^{2+}$ | 5.24 | 8.24 | | |
| | $Ni^{2+}$ | 6.42 | 10.24 | | |
| | $Zn^{2+}$ | 6.05 | 10.65 | | |
| 酒石酸根 | $Bi^{3+}$ | | | 8.30 | |
| | $Ca^{2+}$ | | 9.01 | | |
| | $Cu^{2+}$ | 3.2 | 5.11 | 4.78 | 6.51 |
| | $Fe^{3+}$ | | | 7.49 | |
| | $Pb^{2+}$ | | | 4.7 | |
| | $Zn^{2+}$ | | 8.32 | | |
| 铬黑 T | $Ca^{2+}$ | 5.4 | | | |
| | $Mg^{2+}$ | 7.0 | | | |
| | $Zn^{2+}$ | 13.5 | 20.6 | | |

续表

| 配体 | 金属离子 | $\lg\beta_1$ | $\lg\beta_2$ | $\lg\beta_3$ | $\lg\beta_4$ | $\lg\beta_5$ | $\lg\beta_6$ |
|---|---|---|---|---|---|---|---|
| $I^-$ | $Ag^+$ | 6.58 | 11.74 | 13.68 | | | |
| | $Bi^{3+}$ | 3.63 | | | 14.95 | 16.80 | 18.80 |
| | $Cd^{2+}$ | 2.10 | 3.43 | 4.49 | 5.41 | | |
| | $Pb^{2+}$ | 2.00 | 3.15 | 3.92 | 4.47 | | |
| | $Hg^{2+}$ | 12.87 | 23.82 | 27.60 | 29.83 | | |
| $P_2O_7^{2-}$ | $Ca^{2+}$ | 4.6 | | | | | |
| | $Cu^{2+}$ | 6.7 | 9.0 | | | | |
| | $Mg^{2+}$ | 5.7 | | | | | |
| $SCN^-$ | $Au^+$ | | 23 | | 42 | | |
| | $Ag^+$ | | 7.57 | 9.08 | 10.08 | | |
| | $Co^{2+}$ | −0.04 | −0.70 | 0 | 3.00 | | |
| | $Cu^+$ | | 11.00 | 10.90 | 10.48 | | |
| | $Fe^{3+}$ | 2.95 | 3.36 | | | | |
| | $Hg^{2+}$ | | 17.47 | | 21.23 | | |
| | $Zn^{2+}$ | 1.62 | | | | | |
| $S_2O_3^{2-}$ | $Ag^+$ | 8.82 | 13.46 | 14.15 | | | |
| | $Cu^+$ | 10.35 | 12.27 | 13.71 | | | |
| | $Hg^{2+}$ | | 29.86 | 32.26 | 33.61 | | |
| $C_2O_4^{2-}$ | $Al^{3+}$ | 7.26 | 13.0 | 16.3 | | | |
| | $Co^{2+}$ | 4.79 | 6.7 | 9.7 | | | |
| | $Co^{3+}$ | | | ~20 | | | |
| | $Cu^{2+}$ | 6.16 | 8.5 | | | | |
| | $Fe^{2+}$ | 2.9 | 4.52 | 5.22 | | | |
| | $Fe^{3+}$ | 9.4 | 16.2 | 20.2 | | | |
| | $Mn^{3+}$ | 9.98 | 16.57 | 19.42 | | | |
| | $Ni^{2+}$ | 5.3 | 7.64 | ~8.5 | | | |
| | $Zn^{2+}$ | 4.89 | 7.60 | 8.15 | | | |
| $Ac^-$ | $Fe^{2+}$ | 3.2 | 6.1 | 8.3 | | | |
| | $Fe^{3+}$ | 3.2 | | | | | |
| | $Hg^{2+}$ | | 8.43 | | | | |
| | $Pb^{2+}$ | 2.52 | 4.0 | 6.4 | 8.5 | | |

| 配体 | 金属离子 | $\lg\beta_1$ | $\lg\beta_2$ | $\lg\beta_3$ | $\lg\beta_4$ |
|---|---|---|---|---|---|
| 乙二胺 | $Ag^+$ | 4.70 | 7.70 | | |
| | $Cd^{2+}$ | 5.47 | 10.09 | 12.09 | |
| | $Co^{2+}$ | 5.91 | 10.64 | 13.94 | |
| | $Co^{3+}$ | 18.7 | 34.9 | 48.69 | |
| | $Cu^+$ | | 10.80 | | |
| | $Cu^{2+}$ | 10.64 | 20.00 | 21.0 | |
| | $Fe^{2+}$ | 4.34 | 7.65 | 9.70 | |
| | $Hg^{2+}$ | 14.3 | 23.3 | | |
| | $Mn^{2+}$ | 2.73 | 4.79 | 5.67 | |
| | $Ni^{2+}$ | 7.52 | 13.80 | 18.06 | |
| | $Zn^{2+}$ | 5.77 | 10.83 | 14.11 | |
| 乙二胺四乙酸根 | $Ag^+$ | 7.32 | | | |
| | $Al^{3+}$ | 16.3 | | | |
| | $Ba^{2+}$ | 7.86 | | | |
| | $Bi^{3+}$ | 27.94 | | | |
| | $Ca^{2+}$ | 10.69 | | | |
| | $Cd^{2+}$ | 16.46 | | | |
| | $Co^{2+}$ | 16.31 | | | |
| | $Co^{3+}$ | 36 | | | |
| | $Cr^{3+}$ | 23.4 | | | |
| | $Cu^{2+}$ | 18.80 | | | |
| | $Fe^{2+}$ | 14.32 | | | |
| | $Fe^{3+}$ | 25.1 | | | |
| | $Hg^{2+}$ | 21.7 | | | |
| | $Mg^{2+}$ | 8.7 | | | |
| | $Mn^{2+}$ | 13.87 | | | |
| | $Ni^{2+}$ | 18.62 | | | |
| | $Pb^{2+}$ | 18.04 | | | |
| | $Sn^{2+}$ | 22.11 | | | |
| | $Sr^{2+}$ | 8.73 | | | |
| | $Zn^{2+}$ | 16.50 | | | |

# 附录 7　标准电极电势表(298.15 K、101.325 kPa)

(1) 酸性条件

| 电　极 | 电　极　反　应 | $\varphi^{\ominus}$/V |
|---|---|---|
| $Ca^{+}/Ca$ | $Ca^{+}+e^{-} \rightleftharpoons Ca$ | −3.80 |
| $Li^{+}/Li$ | $Li^{+}+e^{-} \rightleftharpoons Li$ | −3.045 |
| $Cs^{+}/Cs$ | $Cs^{+}+e^{-} \rightleftharpoons Cs$ | −3.026 |
| $K^{+}/K$ | $K^{+}+e^{-} \rightleftharpoons K$ | −2.924 |
| $Ba^{2+}/Ba$ | $Ba^{2+}+2e^{-} \rightleftharpoons Ba$ | −2.912 |
| $Sr^{2+}/Sr$ | $Sr^{2+}+2e^{-} \rightleftharpoons Sr$ | −2.899 |
| $Ca^{2+}/Ca$ | $Ca^{2+}+2e^{-} \rightleftharpoons Ca$ | −2.868 |
| $Ra^{2+}/Ra$ | $Ra^{2+}+2e^{-} \rightleftharpoons Ra$ | −2.8 |
| $Na^{+}/Na$ | $Na^{+}+e^{-} \rightleftharpoons Na$ | −2.714 |
| $No^{2+}/No$ | $No^{2+}+2e^{-} \rightleftharpoons No$ | −2.50 |
| $La^{3+}/La$ | $La^{3+}+3e^{-} \rightleftharpoons La$ | −2.379 |
| $Mg^{2+}/Mg$ | $Mg^{2+}+2e^{-} \rightleftharpoons Mg$ | −2.363 |
| $Ce^{3+}/Ce$ | $Ce^{3+}+3e^{-} \rightleftharpoons Ce$ | −2.336 |
| $Nd^{3+}/Nd$ | $Nd^{3+}+3e^{-} \rightleftharpoons Nd$ | −2.323 |
| $Lu^{3+}/Lu$ | $Lu^{3+}+3e^{-} \rightleftharpoons Lu$ | −2.28 |
| $Pm^{2+}/Pm$ | $Pm^{2+}+2e^{-} \rightleftharpoons Pm$ | −2.2 |
| $[AlF_6]^{3-}/Al$ | $[AlF_6]^{3-}+3e^{-} \rightleftharpoons Al+6F^{-}$ | −2.07 |
| $Np^{3+}/Np$ | $Np^{3+}+3e^{-} \rightleftharpoons Np$ | −1.856 |
| $Be^{2+}/Be$ | $Be^{2+}+2e^{-} \rightleftharpoons Be$ | −1.847 |
| $Al^{3+}/Al$ | $Al^{3+}+3e^{-} \rightleftharpoons Al$ | −1.662 |
| $Md^{3+}/Md$ | $Md^{3+}+3e^{-} \rightleftharpoons Md$ | −1.65 |
| $Ti^{2+}/Ti$ | $Ti^{2+}+2e^{-} \rightleftharpoons Ti$ | −1.63 |
| $Zr^{4+}/Zr$ | $Zr^{4+}+4e^{-} \rightleftharpoons Zr$ | −1.53 |
| $UO_2^{2+}/U$ | $UO_2^{2+}+4H^{+}+6e^{-} \rightleftharpoons U+2H_2O$ | −1.444 |
| $Pa^{3+}/Pa$ | $Pa^{3+}+3e^{-} \rightleftharpoons Pa$ | −1.34 |
| $[SiF_6]^{2-}/Si$ | $[SiF_6]^{2-}+4e^{-} \rightleftharpoons Si+6F^{-}$ | −1.24 |

续 表

| 电　极 | 电 极 反 应 | $\varphi^{\ominus}$/V |
|---|---|---|
| $Mn^{2+}/Mn$ | $Mn^{2+} + 2e^- \rightleftharpoons Mn$ | −1.18 |
| $Nb^{3+}/Nb$ | $Nb^{3+} + 3e^- \rightleftharpoons Nb$ | −1.099 |
| $Se^{2-}/Se$ | $Se + 2e^- \rightleftharpoons Se$ | −0.927 |
| $Cr^{2+}/Cr$ | $Cr^{2+} + 2e^- \rightleftharpoons Cr$ | −0.913 |
| $H_3BO_3/B$ | $H_3BO_3 + 3H^+ + 3e^- \rightleftharpoons B + 3H_2O$ | −0.87 |
| $SiO_2$(quartz)/Si | $SiO_2 + 4H^+ + 4e^- \rightleftharpoons Si + 2H_2O$ | −0.857 |
| $Zn^{2+}/Zn$ | $Zn^{2+} + 2e^- \rightleftharpoons Zn$ | −0.762 8 |
| $Cr^{3+}/Cr$ | $Cr^{3+} + 3e^- \rightleftharpoons Cr$ | −0.744 |
| $S^{2-}/Ag_2S, Ag$ | $Ag_2S + 2e^- \rightleftharpoons 2Ag + S^{2-}$ | −0.691 |
| $H^+/As, AsH_3$ | $As + 3H^+ + 3e^- \rightleftharpoons AsH_3$ | −0.608 |
| $Ga^{3+}/Ga$ | $Ca^{3+} + 3e^- \rightleftharpoons Ga$ | −0.549 |
| $H_3PO_2/P, Pt$ | $H_3PO_2 + H^+ + e^- \rightleftharpoons P + 2H_2O$ | −0.508 |
| $Ti^{2+}/TiO_2, Pt$ | $TiO_2 + 4H^+ + 2e^- \rightleftharpoons Ti^{2+} + 2H_2O$ | −0.502 |
| $H_3PO_3, H_3PO_2/Pt$ | $H_3PO_3 + 2H^+ + 2e^- \rightleftharpoons H_3PO_2 + H_2O$ | −0.499 |
| $H_2C_2O_4, CO_2/Pt$ | $2CO_2 + 2H^+ + 2e^- \rightleftharpoons H_2C_2O_4$ | −0.49 |
| $H^+, B(OH)_3/BH_4^-, Pt$ | $B(OH)_3 + 8H^+ + 7e^- \rightleftharpoons BH_4^- + 3H_2O$ | −0.481 |
| $H_3PO_3/P, Pt$ | $H_3PO_3 + 3H^+ + 3e^- \rightleftharpoons P + 3H_2O$ | −0.454 |
| $Fe^{2+}/Fe$ | $Fe^{2+} + 2e^- \rightleftharpoons Fe$ | −0.440 2 |
| $Cr^{3+}/Cr^{2+}$ | $Cr^{3+} + e^- \rightleftharpoons Cr^{2+}$ | −0.407 |
| $Cd^{2+}/Cd$ | $Cd^{2+} + 2e^- \rightleftharpoons Cd$ | −0.402 9 |
| $H^+, Se^{2-}/H_2Se, Pt$ | $Se + 2H^+ + 2e^- \rightleftharpoons H_2Se(aq)$ | −0.399 |
| $I^-/PbI_2, Pb$ | $PbI_2 + 2e^- \rightleftharpoons Pb + 2I^-$ | −0.364 |
| $H^+/Cu_2O, Cu$ | $Cu_2O + 2H^+ + 2e^- \rightleftharpoons 2Cu + H_2O$ | −0.36 |
| $SO_4^{2-}/PbSO_4, Pb$ | $PbSO_4 + 2e^- \rightleftharpoons Pb + SO_4^{2-}$ | −0.358 8 |
| $Cd^{2+}/Cd(Hg)$ | $Cd^{2+} + 2e^- \rightleftharpoons Cd(Hg)$ | −0.352 1 |
| $In^{3+}/In$ | $In^{3+} + 3e^- \rightleftharpoons In$ | −0.338 2 |
| $CN^-/[Ag(CN)_2]^-, Ag$ | $[Ag(CN)_2]^- + e^- \rightleftharpoons Ag + 2CN^-$ | −0.31 |
| $Co^{2+}/Co$ | $Co^{2+} + 2e^- \rightleftharpoons Co$ | −0.277 |
| $H_3PO_4, H_3PO_3/Pt$ | $H_3PO_4 + 2H^+ + 2e^- \rightleftharpoons H_3PO_3 + H_2O$ | −0.276 |
| $Cl^-/PbCl_2, Pb$ | $PbCl_2 + 2e^- \rightleftharpoons Pb + 2Cl^-$ | −0.267 5 |
| $Ni^{2+}/Ni$ | $Ni^{2+} + 2e^- \rightleftharpoons Ni$ | −0.257 |
| $Mo^{3+}/Mo$ | $Mo^{3+} + 3e^- \rightleftharpoons Mo$ | −0.2 |
| $HCO_2H, CO_2/Pt$ | $CO_2 + 2H^+ + 2e^- \rightleftharpoons HCO_2H$ | −0.199 |
| $I^-/AgI, Ag$ | $AgI + e^- \rightleftharpoons Ag + I^-$ | −0.152 |
| $Sn^{2+}/Sn$ | $Sn^{2+} + 2e^- \rightleftharpoons Sn$ | −0.137 5 |
| $Pb^{2+}/Pb$ | $Pb^{2+} + 2e^- \rightleftharpoons Pb$ | −0.126 2 |
| $NH_3/[Cu(NH_3)_2]^+, Cu$ | $[Cu(NH_3)_2]^+ + e^- \rightleftharpoons Cu + 2NH_3$ | −0.12 |

续 表

| 电 极 | 电 极 反 应 | $\varphi^{\ominus}$/V |
|---|---|---|
| P(red),$PH_3$/Pt | P(red)$+3H^++3e^- \rightleftharpoons PH_3$(g) | −0.111 |
| P(white),$PH_3$/Pt | P(white)$+3H^++3e^- \rightleftharpoons PH_3$(g) | −0.063 |
| $H^+$/$Ag_2S$,Ag | $Ag_2S+2H^++2e^- \rightleftharpoons 2Ag+H_2S$ | −0.036 6 |
| $Fe^{3+}$/Fe | $Fe^{3+}+3e^- \rightleftharpoons Fe$ | −0.036 |
| $H^+$/$H_2$,Pt | $2H^++2e^- \rightleftharpoons H_2$ | ±0.000 0 |
| $CuI_2^-$/Cu | $CuI_2^-+e^- \rightleftharpoons Cu+2I^-$ | 0 |
| $Br^-$/AgBr,Ag | $AgBr+e^- \rightleftharpoons Ag+Br^-$ | 0.071 03 |
| $BrO_3^-$/$AgBrO_3$,Ag | $AgBrO_3+e^- \rightleftharpoons Ag+BrO_3^-$ | 0.071 03 |
| $S_2O_3^{2-}$,$S_4O_6^{2-}$/Pt | $S_4O_6^{2-}+2e^- \rightleftharpoons 2S_2O_3^{2-}$ | 0.08 |
| $H^+$,$NH_2OH$/$N_2$,Pt | $N_2+2H_2O+2H^++2e^- \rightleftharpoons 2NH_2OH$ | 0.092 |
| $W^{3+}$/W | $W^{3+}+3e^- \rightleftharpoons W$ | 0.1 |
| $Ge^{4+}$/Ga | $Ce^{4+}+4e^- \rightleftharpoons Ce$ | 0.124 |
| $H^+$,$S^{2-}$/$H_2S$,Pt | $S+2H^++2e^- \rightleftharpoons H_2S$(aq) | 0.142 |
| $Sn^{4+}$,$Sn^{2+}$/Pt | $Sn^{4+}+2e^- \rightleftharpoons Sn^{2+}$ | 0.151 |
| $Cu^{2+}$,$Cu^+$/Pt | $Cu^{2+}+e^- \rightleftharpoons Cu^+$ | 0.153 |
| $H^+$,BiOCl/Bi | $BiOCl+2H^++3e^- \rightleftharpoons Bi+Cl^-+H_2O$ | 0.158 3 |
| $SO_4^{2-}$,$H_2SO_3$/Pt | $SO_4^{2-}+4H^++2e^- \rightleftharpoons H_2SO_3+H_2O$ | 0.172 |
| $SCN^-$/AgSCN,Ag | $AgSCN+e^- \rightleftharpoons Ag+SCN^-$ | 0.222 4 |
| $Cl^-$/AgCl,Ag | $AgCl+e^- \rightleftharpoons Ag+Cl^-$ | 0.222 4 |
| $Ge^{2+}$/Ga | $Ce^{2+}+2e^- \rightleftharpoons Ce$ | 0.24 |
| $Cl^-$/$Hg_2Cl_2$,Hg | $Hg_2Cl_2+2e^- \rightleftharpoons 2Hg+2Cl^-$ | 0.268 2 |
| $Re^{3+}$/Re | $Re^{3+}+3e^- \rightleftharpoons Re$ | 0.3 |
| $H^+$,$BiO^+$/Bi | $BiO^++2H^++3e^- \rightleftharpoons Bi+H_2O$ | 0.302 |
| $Bi^{3+}$/Bi | $Ba^{3+}+3e^- \rightleftharpoons Bi$ | 0.308 |
| $UO_2^{2+}$,$U^{4+}$/Pt | $UO_2^{2+}+4H^++2e^- \rightleftharpoons U^{4+}+2H_2O$ | 0.327 |
| $Cu^{2+}$/Cu | $Cu^{2+}+2e^- \rightleftharpoons Cu$ | 0.337 |
| HCN,$(CN)_2$/Pt | $(CN)_2+H^++2e^- \rightleftharpoons 2HCN$ | 0.37 |
| $TcO_4^-$/Tc,Pt | $TcO_4^-+8H^++7e^- \rightleftharpoons Tc+4H_2O$ | 0.472 |
| $Bi^+$/Bi | $Bi^++e^- \rightleftharpoons Bi$ | 0.5 |
| $Cu^+$/Cu | $Cu^++e^- \rightleftharpoons Cu$ | 0.521 |
| $I^-$/$I_2$,Pt | $I_2+2e^- \rightleftharpoons 2I^-$ | 0.535 5 |
| $I_3^-$/$I_2$,Pt | $I_3^-+2e^- \rightleftharpoons 3I^-$ | 0.536 |
| $H_3AsO_4$,$HAsO_2$/Pt | $H_3AsO_4+2H^++3e^- \rightleftharpoons HAsO_2+2H_2O$ | 0.56 |
| $MnO_4^-$,$MnO_4^{2-}$/Pt | $MnO_4^-+e^- \rightleftharpoons MnO_4^{2-}$ | 0.564 |
| $H^+$,$SbO^+$/$Sb_2O_5$,Pt | $Sb_2O_5+6H^++4e^- \rightleftharpoons 2SbO^++3H_2O$ | 0.581 |
| $[PtCl_6]^{2-}$,$[PtCl_4]^{2-}$/C | $[PtCl_6]^{2-}+2e^- \rightleftharpoons [PtCl_4]^{2-}+2Cl^-$ | 0.68 |
| $H_2O_2$/$O_2$,Pt | $O_2+2H^++2e^- \rightleftharpoons H_2O_2$ | 0.695 |

续表

| 电极 | 电极反应 | $\varphi^{\ominus}/V$ |
|---|---|---|
| $H^+, C_6H_4O_2, C_6H_4(OH)_2/Pt$ | $C_6H_4O_2 + 2H^+ + 2e^- \rightleftharpoons C_6H_4(OH)_2$ | 0.699 3 |
| $Rh^{3+}/Rh$ | $Rh^{3+} + 3e^- \rightleftharpoons Rh$ | 0.758 |
| $Fe^{3+}/Fe^{2+}$ | $Fe^{3+} + e^- \rightleftharpoons Fe^{2+}$ | 0.771 |
| $TcO_4^-/TcO_2, Pt$ | $TcO_4^- + 4H^+ + 3e^- \rightleftharpoons TcO_2 + 2H_2O$ | 0.782 |
| $Hg_2^{2+}/Hg$ | $Hg_2^{2+} + 2e^- \rightleftharpoons 2Hg$ | 0.788 |
| $Ag^+/Ag$ | $Ag^+ + e^- \rightleftharpoons Ag$ | 0.799 1 |
| $[AuBr_4]^-/Au$ | $[AuBr_4]^- + 3e^- \rightleftharpoons Au + 4Br^-$ | 0.854 |
| $Hg^{2+}/Hg$ | $Hg^{2+} + 2e^- \rightleftharpoons Hg$ | 0.854 |
| $Hg^{2+}, Hg_2^{2+}/Pt$ | $2Hg^{2+} + 2e^- \rightleftharpoons Hg_2^{2+}$ | 0.91 |
| $NO_3^-, HNO_2/Pt$ | $NO_3^- + 3H^+ + 2e^- \rightleftharpoons HNO_2 + H_2O$ | 0.943 |
| $H^+, NO_3^-/NO, Pt$ | $NO_3^- + 4H^+ + 3e^- \rightleftharpoons NO + 2H_2O$ | 0.957 |
| $VO^{2+}/V_2O_5, Pt$ | $V_2O_5 + 6H^+ + 2e^- \rightleftharpoons 2VO^{2+} + 3H_2O$ | 0.957 |
| $Pd^{2+}/Pd$ | $Pd^{2+} + 2e^- \rightleftharpoons Pd$ | 0.987 |
| $[AuCl_4]^-/Au$ | $[AuCl_4]^- + 3e^- \rightleftharpoons Au + 4Cl^-$ | 1.002 |
| $HNO_2/N_2O_4, Pt$ | $N_2O_4 + 2H^+ + 2e^- \rightleftharpoons 2HNO_2$ | 1.065 |
| $Br^-, Br_2(aq)/Pt$ | $Br_2 + 2e^- \rightleftharpoons 2Br^-$ | 1.066 |
| $H, IO_3^-, I^-/Pt$ | $IO_3^- + 6H^+ + 6e^- \rightleftharpoons I^- + 3H_2O$ | 1.085 |
| $Br^-, Br_2(l)/Pt$ | $Br_2 + 2e^- \rightleftharpoons 2Br^-$ | 1.087 3 |
| $H^+, ClO_3^-, ClO_2/Pt$ | $ClO_3^- + 2H^+ + e^- \rightleftharpoons ClO_2 + H_2O$ | 1.152 |
| $Ir^{3+}/Ir$ | $Ir^{3+} + 3e^- \rightleftharpoons Ir$ | 1.156 |
| $H^+, ClO_4^-, ClO_3^-/Pt$ | $ClO_4^- + 2H^+ + 2e^- \rightleftharpoons ClO_3^- + H_2O$ | 1.189 |
| $Pt^{2+}/Pt$ | $Pt^{2+} + 2e^- \rightleftharpoons Pt$ | 1.2 |
| $ClO_3^-, HClO_2/Pt$ | $ClO_3^- + 3H^+ + 2e^- \rightleftharpoons HClO_2 + H_2O$ | 1.214 |
| $H^+, MnO_2, Mn^{2+}/Pt$ | $MnO_2 + 4H^+ + 2e^- \rightleftharpoons Mn^{2+} + 2H_2O$ | 1.224 |
| $HClO_2, ClO_2/Pt$ | $ClO_2 + H^+ + e^- \rightleftharpoons HClO_2 + H_2O$ | 1.227 |
| $H^+, H_2O/O_2, Pt$ | $O_2 + 4H^+ + 4e^- \rightleftharpoons 2H_2O$ | 1.229 |
| $H^+, Cr_2O_7^{2-}, Cr^{3+}/Pt$ | $Cr_2O_7^{2-} + 14H^+ + 6e^- \rightleftharpoons 2Cr^{3+} + 7H_2O$ | 1.33 |
| $HCrO_4^-, Cr^{3+}/Pt$ | $HCrO_4^- + 7H^+ + 3e^- \rightleftharpoons Cr^{3+} + 4H_2O$ | 1.35 |
| $Cl^-/Cl_2(g)/Pt$ | $Cl_2 + 2e^- \rightleftharpoons 2Cl^-$ | 1.359 5 |
| $H^+, ClO_4^-, Cl^-/Pt$ | $ClO_4^- + 8H^+ + 8e^- \rightleftharpoons Cl^- + 4H_2O$ | 1.389 |
| $H^+, ClO_4^-, Cl_2/Pt$ | $ClO_4^- + 8H^+ + 7e^- \rightleftharpoons 1/2Cl_2 + H_2O$ | 1.39 |
| $No^{3+}/No^{2+}$ | $No^{3+} + e^- \rightleftharpoons No^{2+}$ | 1.4 |
| $NH_3OH^+, N_2H_5^+/Pt$ | $2NH_3OH^+ + H^+ + 2e^- \rightleftharpoons N_2H_5^+ + 2H_2O$ | 1.42 |
| $H^+, ClO_3^-, Cl^-/Pt$ | $ClO_3^- + 6H^+ + 6e^- \rightleftharpoons Cl^- + 3H_2O$ | 1.451 |
| $Pb^{2+}, H^+/PbO_2, Pt$ | $PbO_2 + 4H^+ + 2e^- \rightleftharpoons Pb^{2+} + H_2O$ | 1.455 |
| $H^+, ClO_3^-, Cl_2/Pt$ | $ClO_3^- + 6H^+ + 5e^- \rightleftharpoons 1/2Cl_2 + 3H_2O$ | 1.47 |
| $HClO, Cl^-/Pt$ | $HClO + H^+ + 2e^- \rightleftharpoons Cl^- + 2H_2O$ | 1.482 |

续　表

| 电　极 | 电　极　反　应 | $\varphi^{\ominus}$/V |
|---|---|---|
| $Au^{3+}/Au$ | $Au^{3+}+3e^- \rightleftharpoons Au$ | 1.498 |
| $H^+,MnO_4^-,Mn^{2+}/Pt$ | $MnO_4^-+8H^++5e^- \rightleftharpoons Mn^{2+}+4H_2O$ | 1.51 |
| $HBrO,Br_2(aq)/Pt$ | $HBrO+H^++e^- \rightleftharpoons 1/2Br_2(aq)+H_2O$ | 1.574 |
| $HBrO,Br_2(l)/Pt$ | $HBrO+H^++e^- \rightleftharpoons 1/2Br_2(l)+H_2O$ | 1.596 |
| $HClO,Cl_2/Pt$ | $HClO+H^++e^- \rightleftharpoons 1/2Cl_2+H_2O$ | 1.611 |
| $HClO_2,Cl_2/Pt$ | $HClO_2+3H^++3e^- \rightleftharpoons 1/2Cl_2+2H_2O$ | 1.628 |
| $HClO_2,HClO/Pt$ | $HClO_2+2H^++2e^- \rightleftharpoons HClO+H_2O$ | 1.645 |
| $Au^+/Au$ | $Au^++e^- \rightleftharpoons Au$ | 1.691 |
| $SO_4^{2-},H^+/PbSO_4,PbO_2$ | $PbO_2+SO_4^{2-}+4H^++2e^- \rightleftharpoons PbSO_4+2H_2O$ | 1.691 3 |
| $MnO_4^-,H^+/MnO_2,Pt$ | $MnO_4^-+4H^++3e^- \rightleftharpoons MnO_2+2H_2O$ | 1.695 |
| $Ce^{4+},Ce^{3+}/Pt$ | $Ce^{4+}+e^- \rightleftharpoons Ce^{3+}$ | 1.72 |
| $H^+/N_2O,N_2,Pt$ | $N_2O+2H^++2e^- \rightleftharpoons N_2+H_2O$ | 1.766 |
| $H_2O_2,H_2O/Pt$ | $H_2O_2+2H^++2e^- \rightleftharpoons 2H_2O$ | 1.776 |
| $H^+,BrO_3^-,Br^-/Pt$ | $BrO_3^-+6H^++6e^- \rightleftharpoons Br^-+3H_2O$ | 1.842 |
| $Co^{3+},Co^{2+}/Pt$ | $Co^{3+}+e^- \rightleftharpoons Co^{2+}$ | 1.92 |
| $Ag^{2+}/Ag$ | $Ag^{2+}+e^- \rightleftharpoons Ag^+$ | 1.98 |
| $S_2O_8^{2-},SO_4^{2-}/Pt$ | $S_2O_8^{2-}+2e^- \rightleftharpoons 2SO_4^{2-}$ | 2.01 |
| $H^+/O_2,O_3,Pt$ | $O_3+2H^++2e^- \rightleftharpoons O_2+2H_2O$ | 2.076 |
| $HFeO_4^-/Fe_2O_3,Pt$ | $2HFeO_4^-+8H^++6e^- \rightleftharpoons Fe_2O_3+5H_2O$ | 2.09 |
| $H^+/XeO_3,Xe,Pt$ | $XeO_3+6H^++6e^- \rightleftharpoons Xe+3H_2O$ | 2.1 |
| $S_2O_8^{2-},HSO_4^-/Pt$ | $S_2O_8^{2-}+2H^++2e^- \rightleftharpoons 2HSO_4^-$ | 2.123 |
| $H^+,H_2O/O(g),Pt$ | $O+2H^++2e^- \rightleftharpoons H_2O$ | 2.421 |
| $F^-/F_2,Pt$ | $F_2+2e^- \rightleftharpoons 2F^-$ | 2.866 |
| $HF/F_2,Pt$ | $F_2+2H^++2e^- \rightleftharpoons 2HF$ | 3.053 |

（2）碱性条件

| 电　极 | 电　极　反　应 | $\varphi^{\ominus}$/V |
|---|---|---|
| $OH^-/Ca(OH)_2,Ca$ | $Ca(OH)_2+2e^- \rightleftharpoons Ca+2OH^-$ | −3.02 |
| $OH^-/Ba(OH)_2,Ba$ | $Ba(OH)_2+2e^- \rightleftharpoons Ba+2OH^-$ | −2.99 |
| $OH^-/Mg(OH)_2,Mg$ | $Mg(OH)_2+2e^- \rightleftharpoons Mg+2OH^-$ | −2.69 |
| $H_2AlO_3^-/Al$ | $H_2AlO_3^-+H_2O+3e^- \rightleftharpoons Al+4OH^-$ | −2.33 |
| $Al(OH)_4^-/Al$ | $Al(OH)_4^-+3e^- \rightleftharpoons Al+4OH^-$ | −2.328 |
| $OH^-/Al(OH)_3,Al$ | $Al(OH)_3+3e^- \rightleftharpoons Al+3OH^-$ | −2.31 |
| $OH^-/Bi_2O_3,Bi$ | $Bi_2O_3+3H_2O+6e^- \rightleftharpoons 2Bi+6OH^-$ | −2.31 |
| $SiO_3^{2-}/SiO_2,Pt$ | $SiO_3^{2-}+3H_2O+4e^- \rightleftharpoons Si+6OH^-$ | −1.697 |
| $OH^-,HPO_3^{2-},HPO_2^-/Pt$ | $HPO_3^{2-}+2H_2O+2e^- \rightleftharpoons H_2PO_2^-+3OH^-$ | −1.65 |

续 表

| 电　　极 | 电 极 反 应 | $\varphi^\ominus$/V |
|---|---|---|
| $OH^-/Mn(OH)_2, Mn$ | $Mn(OH)_2+2e^- \rightleftharpoons Mn+2OH^-$ | −1.56 |
| $OH^-/ZnO, Zn$ | $ZnO+H_2O+2e^- \rightleftharpoons Zn+2OH^-$ | −1.26 |
| $OH^-/Zn(OH)_2, Zn$ | $Zn(OH)_2+2e^- \rightleftharpoons Zn+2OH^-$ | −1.249 |
| $H_2BO_3^-, BH_4^-/Pt$ | $H_2BO_3^-+5H_2O+8e^- \rightleftharpoons BH_4^-+8OH^-$ | −1.24 |
| $ZnO_2^{2-}/Zn$ | $ZnO_2^{2-}+2H_2O+2e^- \rightleftharpoons Zn+4OH^-$ | −1.215 |
| $CrO_2^-/Cr$ | $CrO_2^-+2H_2O+3e^- \rightleftharpoons Cr+4OH^-$ | −1.2 |
| $OH^-, PO_4^{3-}, HPO_3^{2-}/Pt$ | $PO_4^{3-}+2H_2O+3e^- \rightleftharpoons HPO_3^{2-}+3OH^-$ | −1.05 |
| $SO_4^{2-}, SO_3^{2-}/Pt$ | $SO_4^{2-}+H_2O+2e^- \rightleftharpoons SO_3^{2-}+2OH^-$ | −0.93 |
| $P, PH_3/Pt$ | $P+3H_2O+3e^- \rightleftharpoons PH_3(g)+3OH^-$ | −0.87 |
| $OH^-, NO_3^-/N_2O_4, Pt$ | $2NO_3^-+2H_2O+2e^- \rightleftharpoons N_2O_4+4OH^-$ | −0.85 |
| $OH^-/H_2, Pt$ | $2H_2O+2e^- \rightleftharpoons H_2+2OH^-$ | −0.828 |
| $OH^-/Cd(OH)_2, Cd(Hg)$ | $Cd(OH)_2+2e^- \rightleftharpoons Cd(Hg)+2OH^-$ | −0.809 |
| $OH^-/Co(OH)_2, Co$ | $Co(OH)_2+2e^- \rightleftharpoons Co+2OH^-$ | −0.73 |
| $OH^-/Ni(OH)_2, Ni$ | $Ni(OH)_2+2e^- \rightleftharpoons Ni+2OH^-$ | −0.72 |
| $OH^-, AsO_2^-/As$ | $AsO_2^-+2H_2O+3e^- \rightleftharpoons As+4OH^-$ | −0.68 |
| $OH^-, SbO_2^-/Sb$ | $SbO_2^-+2H_2O+3e^- \rightleftharpoons Sb+4OH^-$ | −0.67 |
| $SbO_3^-, SbO_2^-/Pt$ | $SbO_3^-+H_2O+2e^- \rightleftharpoons SbO_2^-+2OH^-$ | −0.59 |
| $SO_3^{2-}, S_2O_3^{2-}/Pt$ | $2SO_3^{2-}+3H_2O+4e^- \rightleftharpoons S_2O_3^{2-}+6OH^-$ | −0.571 |
| $OH^-, HS^-/S, Pt$ | $S+H_2O+2e^- \rightleftharpoons HS^-+OH^-$ | −0.478 |
| $S^{2-}/S, Pt$ | $S+2e^- \rightleftharpoons S^{2-}$ | −0.476 27 |
| $OH^-, NO_2^-/NO, Pt$ | $NO_2^-+H_2O+e^- \rightleftharpoons NO+2OH^-$ | −0.46 |
| $OH^-/Cu_2O, Cu$ | $Cu_2O+H_2O+2e^- \rightleftharpoons 2Cu+2OH^-$ | −0.36 |
| $OH^-, H_2O_2/O_2, Pt$ | $O_2+2H_2O+2e^- \rightleftharpoons H_2O_2+2OH^-$ | −0.146 |
| $CrO_4^{2-}/Cr(OH)_3, Pt$ | $CrO_4^{2-}+4H_2O+3e^- \rightleftharpoons Cr(OH)_3+5OH^-$ | −0.13 |
| $OH^-/Cu(OH)_2, Cu_2O, Pt$ | $2Cu(OH)_2+2e^- \rightleftharpoons Cu_2O+2OH^-+H_2O$ | −0.08 |
| $SeO_4^{2-}, SeO_3^{2-}/Pt$ | $SeO_4^{2-}+2H_2O+2e^- \rightleftharpoons SeO_3^{2-}+2OH^-$ | 0.05 |
| $[Co(NH_3)_6]^{3+}, [Co(NH_3)_6]^{2+}/Pt$ | $[Co(NH_3)_6]^{3+}+e^- \rightleftharpoons [Co(NH_3)_6]^{2+}$ | 0.108 |
| $OH^-/Hg_2O, Hg$ | $Hg_2O+H_2O+2e^- \rightleftharpoons 2Hg+2OH^-$ | 0.123 |
| $OH^-/Co(OH)_2, Co(OH)_3, Pt$ | $Co(OH)_3+e^- \rightleftharpoons Co(OH)_2+OH^-$ | 0.17 |
| $ClO_3^-, ClO_2^-/Pt$ | $ClO_3^-+H_2O+2e^- \rightleftharpoons ClO_2^-+2OH^-$ | 0.33 |
| $OH^-/Ag_2O, Ag$ | $Ag_2O+H_2O+2e^- \rightleftharpoons 2Ag+2OH^-$ | 0.344 |
| $ClO_4^-, ClO_3^-/Pt$ | $ClO_4^-+H_2O+2e^- \rightleftharpoons ClO_3^-+2OH^-$ | 0.36 |
| $OH^-/O_2, Pt$ | $1/2O_2+H_2O+2e^- \rightleftharpoons 2OH^-$ | 0.401 |
| $CO_3^{2-}/Ag_2CO_3, Ag$ | $Ag_2CO_3+2e^- \rightleftharpoons 2Ag+CO_3^{2-}$ | 0.47 |
| $MnO_4^-/MnO_2, Pt$ | $MnO_4^-+2H_2O+3e^- \rightleftharpoons MnO_2+4OH^-$ | 0.595 |
| $MnO_4^{2-}/MnO_2, Pt$ | $MnO_4^{2-}+2H_2O+2e^- \rightleftharpoons MnO_2+4OH^-$ | 0.6 |
| $BrO_3^-, Br^-/Pt$ | $BrO_3^-+3H_2O+6e^- \rightleftharpoons Br^-+6OH^-$ | 0.61 |

**续 表**

| 电 极 | 电 极 反 应 | $\varphi^{\ominus}$/V |
|---|---|---|
| $ClO_2^-$,$ClO^-$/Pt | $ClO^- + H_2O + 2e^- \rightleftharpoons ClO^- + 2OH^-$ | 0.66 |
| $OH^-$,$H_3IO_6^{2-}$,$IO_3^-$/Pt | $H_3IO_6^{2-} + 2e^- \rightleftharpoons IO_3^- + 3OH^-$ | 0.7 |
| $ClO_2^-$,$Cl^-$/Pt | $ClO_2^- + 2H_2O + 4e^- \rightleftharpoons Cl^- + 2OH^-$ | 0.76 |
| $BrO^-$,$Br^-$/Pt | $BrO^- + H_2O + 2e^- \rightleftharpoons Br^- + 2OH^-$ | 0.761 |
| $ClO^-$,$Cl^-$/Pt | $ClO^- + H_2O + 2e^- \rightleftharpoons Cl^- + 2OH^-$ | 0.81 |
| $OH^-$/$O_3$,$O_2$,Pt | $O_3 + H_2O + 2e^- \rightleftharpoons O_2 + 2OH^-$ | 1.24 |

本附录数据摘自 Lide DR. CRC Handbook of Chemistry and Physics。